No digas nada

Una vida de Charly García

No digas nada

Una vida de Charly García

Sergio Marchi

No digas nada

Una vida de Charly García

Título: *No digas nada*
Primera impresión en Colombia: marzo, 2025

© 2024, Penguin Random House Grupo Editorial, S.A.
Humberto I 555, Buenos Aires
penguinlibros.com
© 2025, Penguin Random House Grupo Editorial, S. A. S.
Carrera 7ª No.75-51. Piso 7, Bogotá, D. C., Colombia
PBX: (57-601) 743-0700

Penguin Random House Grupo Editorial apoya la protección de la propiedad intelectual y el derecho de autor. El derecho de autor estimula la creatividad, defiende la diversidad en el ámbito de las ideas y el conocimiento, promueve la libre expresión y favorece una cultura viva. Gracias por comprar una edición autorizada de este libro y por respetar las leyes del derecho de autor al no reproducir, escanear ni distribuir ninguna parte de esta obra por ningún medio sin permiso previo y expreso. Al hacerlo está respaldando a los autores y permitiendo que PRHGE continúe publicando libros para todos los lectores. Por favor, tenga en cuenta que ninguna parte de este libro puede usarse ni reproducirse, de ninguna manera, con el propósito de entrenar tecnologías o sistemas de inteligencia artificial ni de minería de datos.

Impreso en Colombia-*Printed in Colombia*

ISBN: 978-628-7794-00-9

Impreso por Editorial Nomos, S.A.

Prólogo a la edición 2024

No digas nada: una vida de Charly García se publicó por primera vez en octubre de 1997. Se convirtió en un *best seller* fulminante para alegría del autor y del biografiado, que declaró públicamente sentirse representado. Los fanáticos del músico lo leyeron varias veces, lo disfrutaron enormemente y anduvieron "con el libro bajo el brazo por la vida", cosa que García, con sorpresa, me comentó en su momento. Luego de la quinta edición, se procedió a la sexta, de bolsillo, que actualizaba los hechos a 2007, diez años después de la publicación original. Dos ediciones más tarde, el libro estaba nuevamente agotado, de manera que en 2013 accedí a que se hiciera una octava, la que tiene tapa plateada, un color muy simbólico en la obra de García. Pero no quise actualizarla. Hacía cuatro años que yo me había alejado de la intimidad de Charly, esa que permitió que *No digas nada* fuera un libro único; una fuente de la cual abrevaron muchísimos otros libros, sitios de internet, canales de YouTube, tuiteros, blogueros y otros bichos que vagaban por ahí. Sin embargo, agregué un nuevo texto llamado Souvenir, en el que intenté explicar mi alejamiento y mi posición de aquel momento con respecto a García.

Esta nueva edición actualizada de *No digas nada* consigna los acontecimientos de relevancia sucedidos en la vida del artista hasta mayo de 2024, y decidí que era hora de hacerlo cuando me percaté de que el libro original había cumplido un cuarto de siglo y que mucha gente todavía seguía demandándolo. Durante el trabajo de actualización comprobé varias cosas. Una de ellas es que hubo muchas vicisitudes en torno a la vida pública y privada de Charly García, más de las que podría haber supuesto cuando me puse a trabajar en el período 2008-2024. Lo que también me quedó claro es que mi punto de vista con respecto a Charly ha seguido cambiando: la distancia ayuda a enfocar mejor las cosas. Y eso crea un problema insoluble para el autor: no se puede mantener el mismo tono de cercanía que posibilitó el libro original. Hay cosas que en la cotidianidad y la emergencia se ven de una manera, y que a la distancia y con la cabeza serena se observan de un modo diferente. Es parte de la religión.

¿Y qué hay de la relación personal? En estas nuevas páginas cuento con el mayor detalle posible mi acompañamiento en el período de recuperación que transcurrió en la chacra de Palito Ortega, donde estuve de cuerpo presente, y también los motivos que llevaron a que un día decidiera irme de su lado, poco antes del Concierto Subacuático en Vélez Sarsfield. Decisión de la que no me arrepiento en absoluto: quise quedarme pero me fui. Y estuve en lo correcto. No elegí el momento, pero Charly ya tenía su vida encarrilada y mi ausencia no iba a causar zozobra en él. Tiempo después, en Uruguay, le preguntaron en una conferencia de prensa sobre mi libro, pero eligió hablar sobre mí. "Mirá, él estuvo cerca, él estuvo. Ahora te voy a dar un dato de Sergio Marchi: lo único que come es milanesas con puré (risas). No puede comer otra cosa. Ahora me odia, me parece. Sí, sí, sí. Se hizo fan de Spinetta". Si bien el "menú Marchi" es bife con puré, acepté la broma pero puedo aclarar ahora que nunca lo odié, y que siempre fui fan de Spinetta, Pappo, Cerati y muchos otros artistas. Fue el mismo Charly el que me dijo que "la mejor posición posible es la de fan". Lo que sucede es que cuando uno está escribiendo un libro, el apego debe ser a la verdad y hay que evitar que el fanatismo la nuble.

Me pasó en la primera parte de *No digas nada*; menos en la actualización de 2007, y menos en esta. No se trata de cariño, ni de revancha o desprecio hacia Charly, todo lo contrario: creo que la mejor manera de ser amigo de alguien es no mintiéndole.

Cuando me fui de su lado lo anuncié en Facebook con un texto muy tenue y amable que hasta dejaba la puerta entornada. ¿Pero odiarlo? Jamás. Un enojo fundamentado está muy lejos de ese sentimiento llamado odio. Los que me odiaron fueron algunos de los que integraron sus posteriores entornos, sobre todo Mecha Iñigo. ¿Por qué? Porque en su momento, cuando dijo que quería tener hijos con Charly yo sostuve que era una chica con un plan. Y no me equivoqué. Solamente que el plan había sido urdido por Charly más allá de los que Mecha pudiera haber pensado. Ahora es ella la que está atrapada. El viejo truco de andar por la sombra: la novia como rehén. García tiene un campo gravitacional que altera cualquier trayectoria calculada.

Mecha logró muchas cosas al lado de Charly y en esa cercanía se centra su existencia. No soy quien para juzgarla, ni me interesa. Recuerdo el agresivo mensaje privado por Twitter (ahora X) que me envió su madre en los días calientes (lo tengo guardado), y también las burlas de Mecha ante una opinión que publiqué en mi muro de Facebook. "¿Marchi? ¡Marchitado!". Me recordó las cargadas de la escuela primaria. Luego, las distintas productoras me fueron negando la entrada a sus conciertos y hasta estuve excluido de la jornada de festejos de sus 70 años, que incluía una mesa con todos los que escribieron libros sobre García, por pedido expreso de Mecha. Lo mismo sucedió en su BIOS, donde querían contar conmigo pero Mecha no lo permitió. No me quejo. Su proscripción me enaltece. Que viva la rivalidad, como canta el propio Charly en un tema de *Random*.

En 2016, me lo encontré al mismísimo artista en Boris, un reducto que ya no existe, cuando el INAMU invitó a músicos y periodistas a celebrar el rescate del material de Music Hall, sello quebrado que tuvo bajo contrato a Serú Girán, Miguel Mateos, León Gieco, Miguel Cantilo y otros artistas. Cuando lo vi venir en silla de ruedas, le hice una reverencia y lo saludé con buena onda.

—Vos estás siendo muy malo conmigo últimamente —me reprochó.

—¿Cómo puedo ser malo con vos si no te veo desde hace siete años? —fue mi respuesta—. ¿Querés que hablemos?

—¿Ahora?

—No, cuando vos quieras.

—Hablá con Mecha.

Era el modo de mandarme al muere y lo supe enseguida. Igual saludé a Mecha ese día y le pedí disculpas si algo de lo que yo había escrito la había ofendido. "Qué bueno que lo puedas ver", me dijo y hablamos de algún problema de salud que tenía, ante lo que le ofrecí recomendaciones de especialistas si necesitaba. Charly me miró con cara de culo todo el tiempo que duró aquel encuentro de músicos, autoridades y periodistas, lo que quedó inmortalizado en mi iPad, una de cuyas fotos aparece en este nuevo volumen.

En otra ocasión Mecha me envió un mail porque escribí en algún lado que no me gustaba la foto de tapa de *Rolling Stone* que le había hecho Nora Lezano, aclarando que no criticaba la foto sino la imagen de loco que daba Charly en ella sosteniendo a un gato negro, que resultó ser de Mecha y que convive con ellos en Coronel Díaz. "¿Vos te querías comprar un perro?", cantó el artista en su tema "Gato de metal". Ironías de la vida. Al toque apareció el mail de Mecha: "Dice Charly que por qué no te mirás al espejo. Cuidate vos la imagen". Dudo que Charly haya visto mi Facebook alguna vez: Mecha hace ventriloquia con Charly. Nora dejó de dirigirme la palabra por años. Y así funciona hoy el mundo García, donde Mecha es la que prende y la que apaga la luz, porque el propio Charly lo quiso así y él está feliz con esa situación, aunque de vez en cuando reniegue. Yo le escribí a ella una sola vez para decirle que quería invitar a Charly a participar de *Ruido de magia*, la biografía oficial de Luis Alberto Spinetta, que tuve el honor de escribir, por pedido expreso de la familia de Luis, y aclarando que si yo era obstáculo, él podía hablar con otro periodista: no me iba a poner en medio de la historia, ni tampoco tenía necesidad de verlo. Fueron dos mails que tuvieron el eco de los grillos en la noche. No insistí cuando hice la biografía de Gustavo Cerati.

Mi relación personal con Charly ha quedado atrás pero este libro es parte de la historia de ambos y merecía una actualización, aunque el punto de vista hoy se sitúe lejos de la mirada original: ya no soy la persona de veinticinco años atrás; observo las cosas, las situaciones y las canciones desde otro lugar. Tuve el privilegio de ser su amigo durante un buen tiempo y tengo el honor de haber escrito este libro. Nada me impide seguir disfrutando de su música cuando me apetece, ni el encuentro con amigos y amigas de aquellos años, donde lo celebramos a la vez que nos preocupamos ante cualquier percance de salud y le deseamos lo mejor. Todos lo queremos mucho y bien.

Supongo que esta canción durará por siempre, porque la obra de Charly está ahí y él también. Al momento de escribir este prólogo, García se dispone a cumplir 73 años, una cifra que hubiéramos estimado imposible en los 90, cuando las papas siempre estaban calientes. Hace no mucho, le mandé un beso por medio de un amigo en común que lo sigue viendo cuando se puede. "Charly recibió tu beso con una sonrisa", fue la respuesta que me llegó. Con eso, para mí es suficiente.

El lector de esta edición 2024 de *No digas nada* encontrará que hay prólogos que desaparecieron simplemente por una cuestión narrativa, para que el relato fluya sin inconvenientes. Continúo vistiendo la camiseta del afecto para con Charly, pero ya lejos de su hechizo veo las cosas diferentes, con menos distorsión y con la experiencia que te dan los años. No me confunda, señor, por favor. Yo solo soy uno más bajo el sol. Y el astro rey de estas páginas es Charly García.

Sergio Marchi
Mayo de 2024

—*Al Maestro, con cariño.*

—*A Gabriela, con amor.*

—*A mis padres, que no pudieron verlo terminado.*

—*A los aliados.*

—*To The Boss.*

—*Al recuerdo de mi querido alumno Sergio Miri (edición 2024).*

—*A la memoria de María Gabriela Epumer y Carlos García López (edición 2024).*

Vida privada me suena a privación de vida.
Me encanta mi vida pública.
¿La intimidad? Cuando estoy cagando en el baño.
CHARLY GARCÍA. Enero, 1997. En su hogar.

Prefacio

*Todo se construye y se destruye tan rápidamente/
Que no puedo dejar de sonreír.*
CHARLY GARCÍA, "PARTE DE LA RELIGIÓN", 1987.

Descubrí el rock en 1974 cuando tenía once años. Una tarde de sábado que jamás olvidaré, vi por *Sábados de súper acción* la película *Help* de Los Beatles, y a partir de ese momento mi vida cambió radicalmente. Algo se despertó en mi sangre y nunca volví a ser el de antes. Sentí una instantánea identificación con ese "socorro" que Los Beatles cantaban rodeados de nieve y cagándose de risa. ¿De qué se reían mientras pedían auxilio? Creo que de mí. Ellos parecían ser la respuesta a un propio pedido de ayuda del que no tuve conciencia hasta varios años más tarde. Jamás lo había formulado, pero ellos escucharon y me respondieron con una música que supo meterse allí donde no había palabras.

Los Beatles vinieron al rescate en un momento jodido, cobrándose un mínimo precio: me hicieron dejar atrás lo que había escuchado hasta ese momento, cosas como Donald y su tema "Tiritando". Por algún lado quedaron las astillas de una guitarra criolla que destruí saltándole encima por la impotencia de no saber tocarla y la poca paciencia para aprender. La colección de discos de "Alta Tensión" y los bailes de *malikibú*, balcón a balcón, con mis vecinas del séptimo, también se perdieron en el frenesí de los compases de "I saw her standing there". Incluso mis deberes de escolar pasaron a un segundo plano, como un requisito a cumplir para poder dedicarme a investigar esa nueva fascinación, tan sobrenatural e irresistible como fueron los discos de rock.

Mis maestros de escuela no podían comprender a qué obedecía ese ruido que yo hacía en la chapa del banco de colegio donde se guardaban los útiles. Esa costumbre se convirtió en la manera más primal de expresar algo que no podía decirse de otro modo. Apenas pude familiarizarme con ese universo nuevo que llegaba de la mano de Los Beatles, comencé a practicar ese barullo infernal queriendo ser como Ringo Starr: un baterista. Hasta hoy sigo haciendo ese ruido sobre mesas, baterías o mis piernas. No quiero ni puedo evitarlo: me sale de las tripas y logra brindarme un estado de satisfacción que aumenta si hay una buena canción e instrumentos verdaderos de por medio.

Ese ruido y la pasión por el rock and roll me llevaron muy lejos, a lugares y situaciones que jamás podría haber previsto y este libro es una de ellas. Sin embargo, durante la adolescencia se convirtieron en el refugio que me protegería de un mundo cotidiano que me resultaba francamente insoportable y hostil. Tras completar la colección de Los Beatles y aprender todos los redobles de Ringo, la discoteca fue habitada por nuevos inquilinos como los Rolling Stones, Who, Emerson Lake & Palmer y Yes, seguidos de muchos otros.

Un año más tarde, entrando a mi casa después del colegio, escuché que mis vecinos del sexto piso ponían el tocadiscos a todo volumen y cantaban... en castellano. Eran apenas mayores, pero yo no comprendía qué era eso que cantaban con tan profunda emoción y aun menos el idioma que, si bien era castellano, me resultaba francamente extraño en un contexto de rock. ¿Por qué les gustaba tanto? ¿Qué había despertado en ellos? ¿En castellano? ¿Era eso rock?

Sí, era rock: se trataba de Sui Generis y mis vecinos eran, como tantos otros adolescentes, fanáticos. *Adiós Sui Generis* fue el primer disco de rock nacional que se acomodó junto a

Beatles, Rolling y otros intérpretes. La banda que integraba junto a otros pibes del barrio, cuyo modesto equipamiento consistía en una guitarra acústica, una criolla con cuatro cuerdas como bajo y una silla a modo de batería, decidió cambiar el inglés que inventamos a través de la fonética beatle, a un rudimentario pero sincero castellano.

Ariel Torrone, cantante de aquella banda, fue quien me llevó a mi primer concierto de rock en 1977: el Festival del Amor, convocado por un tal Charly García, pianista y amigo, según rezaba la firma de los afiches. Me pareció que ese flaco de bigotes a dos colores, alto y con lentes, escribía canciones que tenían que ver conmigo, sin saber muy bien por qué. Desde ese 11 de noviembre de 1977, descubrí el sabor de la libertad y nació en mí una rebeldía que me iba a ayudar a crecer y a entender ciertas cosas.

Nunca más los asaltos o los bailes barriales: desde entonces mis fines de semana transcurrieron en recitales, propios y ajenos. Me dediqué a tocar y a ver cómo tocaban otros. La escritura llegó a los 16, y mis primeras críticas en una revista subterránea fueron sobre Serú Girán. Nuevamente Charly García aparecía en mi vida. Vi casi todos los conciertos del cuarteto, desde el debut en el bochornoso "Festival para la genética humana", hasta la despedida de Pedro Aznar en Obras el 6 de marzo de 1982.

La parábola de Serú Girán ha sido uno de los hechos más importantes de mi adolescencia; yo también fui un jovencito indignado por el sonido de mierda del debut de la banda, en un Luna Park a beneficio, pero no arrojé las pilas: las necesitaba para grabar las nuevas canciones de García. Serú Girán era un grupo al que valía la pena seguir: tenía buenas canciones y músicos excelentes que conocían tanto la belleza de la melodía como el frenesí rítmico que te llena de testosterona.

A los 20, ya en el periodismo, seguí de manera profesional los conciertos de Charly García, y comencé a conocer por medio de reportajes a todos los protagonistas del rock nacional:

Lerner, Porchetto, Lebón, Baglietto, Suéter, Yorio, Spinetta, Mestre, Aznar, Los Twist, Pappo, Los Abuelos de la Nada y muchos otros. Paradójicamente, Charly fue al último que conocí; no me sentía especialmente fanatizado por su música o su personalidad, aunque ambas me gustaban y mucho.

Mi primera entrevista con Charly García la hice en su casa junto a Eduardo de la Puente, en diciembre de 1984, apenas editado *Piano Bar*. Fue una nota que duró una hora y media y de la que salimos muy contentos con los resultados: García siempre fue un tipo muy piola para entrevistar, y su predisposición a la charla hizo que nuestro trabajo resultara de lo más sencillo y divertido. No era un reportaje más. Pero en ese momento, yo no lo sabía.

— • —

Entre esa primera nota de diciembre de 1984 y su llamado para hacer un libro juntos en septiembre de 1993, Charly y yo nos encontramos varias veces por motivos profesionales o por obra de la casualidad. En las entrevistas siempre nos cagamos de risa: su humor corrosivo nunca falla. Comenté muchos de sus discos y de sus conciertos para diferentes medios; supongo que habrá leído alguno de esos artículos, aunque jamás me hizo ninguna referencia al respecto.

Tal vez hayan sido los encuentros fortuitos los que más influencia tuvieron en nuestra relación. En 1985 coincidimos en la casa de Andrés Calamaro, tras una cena de amigos, y terminamos todos en La Esquina del Sol viendo a Fito Páez y Juan Carlos Baglietto. Dos años más tarde me lo encontré en una playa de Río de Janeiro, y tuvo la gentileza de invitarme a una de las sesiones de grabación de *Parte de la religión*.

Poco tiempo después, Elizabeth Vernaci tuvo un programa diario en FM Continental (*Cuento 105*), que carecía de producción periodística. Con varios colegas decidimos hacerle la gamba a la Negra aunque no hubiera dinero de por medio y realizamos algunas notas para el programa. Lalo Mir, su productor general, distribuyó las tareas. A mí me tocó entrevistar —¡oh, casualidad!— a Charly en la sala de ensayo de la calle Humboldt.

—¿Vos venís por el programa de Lalo? Pasá y sentate sobre ese ánvil al lado del piano que ahora comenzamos a ensayar. Detrás mío hay un barcito: servite lo que quieras y ponete cómodo —me recibió Charly en persona.

El tipo no sólo me franqueaba el acceso a la nota, sino que me invitaba a presenciar el ensayo sentado junto a él, cerca de aquella tentadora mesita a sus espaldas. La generosidad de Charly se me reveló en esa larga noche que para mí terminó a las cinco de la mañana y para ellos muchos días después. Interrumpió el ensayo por la mitad para la entrevista y él hizo la nota; tomó el grabador, indagó a sus músicos, les pidió que hicieran sonar algunos efectos para revelar trucos del show y además me ofreció que grabara directamente de la consola algunas cositas para que tuviera más material. Esas cositas fueron una versión de "Something" de Los Beatles, "Slow Down" de Larry Williams, dos tomas de "La balsa" (una la cortó por la mitad para hacer otra mejor), "Jugo de tomate frío", y otras dos tomas de "Bancate ese defecto". ¿Podía pedir algo más? Definitivamente, no. Pero algo increíble me sucedió aquella noche: Fernando Samalea, su baterista, me pidió que lo reemplazara diez minutos mientras llamaba a su novia por teléfono. Lo miré a Charly, como pidiéndole permiso, y no hubo objeción alguna.

Abrumado por la responsabilidad, me senté en la batería, marqué cuatro y comencé a tocar con la banda. Increíblemente, todo salió bien, y no desentoné como baterista fortuito en aquella formación que tenía a "nenes" como Fernando Lupano, El Negro García López, Fabián Quintiero y Alfi Martins. Charly parecía más sorprendido que yo, e incluso, cuando escuchamos la grabación, tuvo palabras de elogio por mi performance. Esto era demasiado: no sólo me fui de allí con un material formidable para una nota, sino que había tenido el alto honor de tocar con Charly García, sin salir mal parado.

Seamos francos: mi intervención en todos estos sucesos fue la de alguien que se limita a seguir lo que va sucediendo. Si alguien era merecedor de algún laurel, era Charly, que me permitió lucirme. Y lo hizo de onda, porque sí o porque estaba de buen humor aquella noche. O quizá le caí simpático: dos semanas más tarde recibí una invitación personal para irme de gira con él a su primera presentación en Rosario.

— • —

Con el correr del tiempo se fueron dando más casualidades. Recuerdo otra noche en Prix D' Ami, donde terminé tocando la batería junto a Charly en guitarra, Rinaldo Raffanelli en el bajo, Claudio Gabis en otra guitarra y Moris como voz líder. Samalea, muchacho generoso, me cedió los palillos para tocar "Sábado a la noche", el último bis de aquella velada. Cuando abandoné el escenario, caí en brazos de García, completamente emocionado.

—Loco, ¡estuviste bárbaro! Desde ahora en adelante sólo voy a leer tus notas —me dijo, mientras me abrazaba una y otra vez, riendo.

Más tarde, en 1988, creo, coincidimos en una fiesta que se hizo en un palacete de la avenida Callao. El lugar era lujoso, como si fuera una joyería que decide abrir sus puertas a los vagabundos del rock. Yo entré de colado, con Tito Losavio, formalmente invitado. En el balcón, me encontré con Miguel Ríos, el rockero español. Subiendo las escaleras, en una habitación que parecía ser de alguna doncella del Medioevo, apareció Charly, un tanto sacado.

—Sentate a la batería, comenzá a hacer un ritmo, que yo ya bajo —me ordenó.

Cinco minutos más tarde estábamos zapando en formato de trío con Charly en bajo y Tito en guitarra. García estaba enloquecido y en cada tema se acercaba más al suelo. La última canción, "It's So Hard", de John Lennon, la hizo directamente acostado.

Otra noche, en 1992, salí con una señorita que me gustaba mucho. La mano no venía muy clara y la noche se tornó cada vez más confusa. Fuimos al Roxy a ver a Os Paralamas Do Sucesso, quienes hicieron un show formidable. Buscando la comodidad y la oportunidad de los sillones del VIP, nos dirigimos al piso superior. Miré el escenario desde arriba, divisando a Charly con la guitarra y a Pedro Aznar con el bajo. En la batería no había nadie. Le dije a la chica que me disculpara un momento y me precipité sobre el instrumento. No había romance que me hiciera perder esa chance: una mitad de Serú Girán que necesita un baterista. ¡Qué suerte que no vino Moro!

García tenía un pedo como para cinco, pero igual hicimos un set de 40 minutos con temas de Beatles y Rolling. Hacer base con Aznar era tan fácil y placentero como conducir un auto nuevo por una ruta recién inaugurada. Charly tocaba la guitarra automáticamente supongo, porque su cuerpo ya no le respondía. Paulatinamente iba perdiendo la posición vertical, se inclinaba como la torre de Pisa, para finalmente derrumbarse sobre el público que lo devolvía al escenario. No sé si el improvisado show fue bueno, pero yo caminaba sobre nubes cuando terminamos y fui a buscar a la chica. Además, supuse que la performance la habría sorprendido lo suficiente como para que la conquista fuera una mera cuestión de maniobras.

Me equivoqué: la chica se fue del lugar apenas terminó la zapada. Esa noche, la decepción no fue tan amarga.

— • —

Pasaron más de trece años del primer encuentro y hoy mi vida se encuentra particularmente ligada a la de Charly García. Jamás supuse que Charly García y yo pudiéramos hacernos amigos; sin embargo, así sucedió. La pasión mutua por la música permitió que nos encontráramos en la vida: el rock and roll hizo de puente mágico sobre todas las cosas que podrían poner una distancia incalculable entre dos personas con vivencias muy diferentes. Creo que a través de los encuentros musicales nos fuimos conociendo más allá de las profesiones y lugares de pertenencia.

Tal vez por eso, en septiembre de 1993, por medio de un amigo común, Charly me propuso que hiciéramos un libro y creo que a partir de pasar mucho tiempo juntos se creó un vínculo entre nosotros. Por una cantidad de cosas que saldrán a la luz en estas páginas, Charly no logró el tiempo necesario ni la tranquilidad requerida para involucrarse en este proyecto, en el que contribuyó con charlas y permitiéndome el acceso a su intimidad, algo que jamás podré pagarle ni aunque me hiciera millonario. Este libro no pretende ser una biografía; su ambición es mucho más modesta: narrar una serie de sucesos transcurridos en distintos tiempos y lugares que tienen en común la impronta genial que genera Charly a su paso. Que cada cual se haga la película que más le guste.

El lector sabrá encontrar el sentido más conveniente y descubrir algunos detalles de ficción, unos pocos enmascaramientos pudorosos que no alteran la esencia de los acontecimientos. Es importante aclarar que ésta tampoco es la mirada oficial de su historia, ya que salvo la lectura de unos borradores muy diferentes, Charly me dejó escribir con libertad y sin ningún tipo de censura. Este libro solamente intenta hacer justicia con la vida y la carrera de uno de los artistas más sorprendentes de la historia del rock argentino.

La idea es poder mostrar varios aspectos de una fascinante personalidad rescatando cosas que pasan al olvido con la velocidad con que los acontecimientos se suceden unos a otros: su honestidad a rajatabla, su excelente calidad como persona, su inteligencia, su humor y por sobre todo, su genio, esa rara capacidad que Charly tiene para hacer crecer una flor en el medio del desierto.

Se han escrito y dicho millones de cosas sobre Charly García, lo que hace y lo que le pasa. Algunas son falsas, otras verdaderas. Este libro se basa en la premisa de que nadie está autorizado a ser juez de otro, aunque a menudo juzgue los acontecimientos desde mi propia perspectiva, cayendo en una contradicción tan evidente como inevitable. También invoco la parcialidad de contar todo esto teniendo puesta la camiseta del afecto. Sepa el lector disculpar las distorsiones del caso.

Sergio Marchi

1. Ángeles y predicadores

Simplemente llamame Lucifer, porque
ando necesitando cierto freno.
JAGGER - RICHARDS.

La sala de ensayo de Charly García queda allá donde Palermo se hace más anciano que nunca. Todavía sobrevive la vieja fisonomía barrial en esas dos casas remodeladas y convertidas en una, que incluyen una pileta. En algún momento fue un lugar coqueto en donde imperaba un cierto orden sobre los objetos. Después las cosas le hicieron una toma de judo al orden y se acabó la paz.

Todo era diferente en 1993. En la sala de estar, los visitantes aguardaban el pasaporte que les permitiera ingresar al interior. Cecilia —que se iría poco después— y Laura —que aguantaría hasta 1995—, secretarias de El Artista, siempre estaban para recibir a la gente; eran como una aduana femenina y gentil que oficiaba de filtro para que García pudiera crear en paz. Se trataba de un lugar sobrio, con un touch de elegancia que se reflejaba en el marco y el vidrio que protegían el rostro de Miles Davis, fotografiado por Anton Corbijn. Los dos ambientes del frente eran sendas oficinas: la más chica estaba ocupada por Laura y Cecilia y la que daba a la calle, bastante amplia, era el despacho de Charly. Bah, lo sigue siendo, aunque al día de hoy no es mucho lo que lo ocupa. Antes sí: recuerdo que allí hacía los reportes, reuniones con sus músicos, y que nos hemos quedado conversando hasta cualquier hora sobre cualquier cosa.

Una vez traspuestas las oficinas del frente, se llega a un cuadrado que tiene tres salidas: la que corresponde a una cocina que no se usa, salvo como improvisado bar; la que da al baño y la que pasa a la sala propiamente dicha. El baño supo ser una paquetería, iluminado con unos tubos fluorescentes muy finitos que abrazaban el contorno del espejo. Higiénico y funcional, estaba ocupado por una pequeña población de frasquitos de sales eternamente vacíos.

La sala misma era un lugar que parecía no terminar nunca. Para tener una idea de su superficie, habrá que pensar en las dimensiones de una pista de patinaje estándar, pero siempre fue imposible deslizarse sobre ruedas.

Ayer, la gravedad estaba perversamente alterada por el sonido; hoy, la gobierna el caos y la eterna movilidad de los objetos, en permanente rebeldía. En el fondo hay una pileta de natación. Frente a ella surge un minúsculo complejo edilicio que en realidad es como una casa adicional de dos plantas, que sobrevivió la reforma y que aún conserva la exacta arquitectura que un tano albañil supo otorgarle al construirla.

Durante algunos años, La Bruja Suárez vivió en la parte de abajo. Bruja es un armoniquista amigo de Charly que se instaló allí, en una suerte de departamentito con cocina, living, baño y habitación. El lugar pide a gritos una mano de pintura. Arriba hay una habitación amplia y actualmente vacía que podría haber sido ocupada por Charly. Por lo menos, ésa fue una idea que corrió por un tiempo: que Charly viviera allí, en su sala de ensayo. Pero es prácticamente imposible que se decida a abandonar su departamento de Coronel Díaz y Santa Fe. "Me gusta el ruido y tener el shopping enfrente", diría a quien le propusiera mudarse.

De tanto vivir en esa esquina, su oído absoluto llegó a la conclusión de que el 80% de las bocinas de los autos están afinadas en si. García siempre estuvo intrigado por el hecho. Debe ser difícil tener oído absoluto, andar por la vida sabiendo qué nota es cada uno de los ruidos que escuchamos, albergar esa sintonía finísima de significados ocultos para la mayoría de los mortales. A veces, cuando el ruido y la vida lo superan, Charly se pone las manos en los oídos, como buscando la salvación en el silencio.

Pero fue en su sala de ensayo donde me citó por el asunto del libro.

—Bienvenido a este trabajo, Sergio. Espero que no sea muy sacrificado —fueron sus primeras palabras, seguidas de un fraternal abrazo.

Agradecí, le dije que lo del sacrificio lo veríamos con el andar y me quedé por allí escuchando cómo fluía la música. Charly tenía una remera con la cara del Gato Félix, propiedad de su hijo Miguel. García llegó a un insólito trato con su hijo: "Podés usar mis camisas, pero no mires a las chicas", le propuso medio en broma, medio en serio. Desde los teclados dirigía a su banda en la que estaban Fabián Quintiero, Fernando Samalea, Fernando Lupano y María Gabriela Epumer. En aquel momento, se preparaban para salir a tocar por los barrios, aprovechando cines del conurbano bonaerense que pudieran servir como teatros. El Zorrito Quintiero oficiaba como eventual manager.

Si bien aquellos eran tiempos tranquilos, para Charly se trataba de momentos decisivos: estaba cerrando una época de su vida y de su carrera, para inaugurar un nuevo capítulo. "La hija de la Lágrima", título para una futura ópera-rock, ya rondaba por su cabeza y era una promesa para su público. La reunión de Serú Girán en River, a diez años de la separación original, no fue un acontecimiento del todo feliz y en esa época era tan sólo un recuerdo más. Ya era pasado al igual que 1992 y aquel verano feroz de Punta del Este.

— • —

No era muy común que el cantante Donald estuviera en la calle a esas horas de la madrugada. Una de sus hijas había ido a un baile en la casa de una amiga y como buen padre la fue a buscar. Ya estaban por volver a casa, cuando distinguieron un tumulto, que a lo lejos se confundía con las luces de Punta del Este. Precavido, cerró las puertas. Y lo bien que hizo: una turba se dirigía rumbo al automóvil. Donald trató de entender la situación: un tipo alto y flaco que corría como loco era perseguido por una muchedumbre. Estaba por arrancar e irse, cuando su hija le pegó el grito de alerta.

—¡Charly! ¡Papá, es Charly! Abrile la puerta que lo corren —gritó ella.

Efectivamente, era Charly que llegó muy agitado al automóvil. Donald le abrió las puertas, puso primera y salieron carpiendo justo a tiempo para evitar el linchamiento. Atrás quedaron las furiosas bestias. La hija de Donald no lo podía creer, ni él tampoco. Trató de saber qué era lo que había acontecido pero el relato de Charly no le brindó demasiadas precisiones. Dejó a su hija en casa y se ofreció a alcanzar a García hasta su lugar de residencia.

—Donald: cantá Pinocho —le pidió Charly en el camino de vuelta a su departamento.

Era una petición rara, ya que "Pinocho" fue el único hit de los Maky Mak's, un efímero grupo de su hermano Buddy Mc Cluskey. Donald tuvo varios éxitos como los inolvidables "Tiritando", "Compañeros" y "Scababadí-bidú", el primer reggae argentino, pero Charly lo asociaba con el tema de Buddy. Tuvo que hacer un esfuerzo para recordar la canción. Se puso a cantar y enseguida García se animó con los coros. "No sabés las armonías que hacía", me contó Donald tiempo más tarde. Lo dejó en su hogar, Charly agradeció, y al día siguiente fue a ver el show de Donald. Lógicamente, terminaron tocando juntos.

— • —

La persecución fue algo constante en aquel paso de Charly por Punta del Este: lo persiguieron las chicas, después los amigos de las chicas, los *dealers*, los dueños de los pubs y los hoteles, los fotógrafos, los periodistas, y finalmente la policía y las autoridades uruguayas. Fue declarado "persona no grata" y casi deportado de Punta del Este. Charly definió aquel veraneo como "la resaca después de la borrachera de Serú Girán".

"Lo de Punta del Este fue todo un delirio —resume Zoca, quien llegó a la ciudad balnearia alarmada por la situación—. Charly me llamó para que viniera. Tenía un departamento en José Ignacio, estaba con Miguel, su hijo, y no andaba del todo bien. Se cortó la pierna con una ventana y hubo que llamar a un médico. Fue al hospital, le hicieron una curación y salió caminando. Pero después Charly dijo que le habían dado morfina. No sé de dónde lo sacó".

El que quiso llevárselo de Uruguay fue el pastor Carlos Novelli. Pero García no quería ir a su granja de rehabilitación en la localidad de Diego Gaynor. Charly no tenía la menor intención de iniciar tratamiento alguno; sólo pretendía que lo dejaran tranquilo. Cuando las papas quemaron accedió a ir a "Gloria Gaynor", tal su bautismo del establecimiento, para escaparse de Uruguay y la prensa. Lo que siguió después fue un bochorno: Novelli fletó un micro especial para llevar a los periodistas a la granja, a visitar a la nueva atracción del lugar. Charly, que se resistía a convertirse en punto de interés turístico, se las tomó a los pocos días. No eran las vacaciones que Novelli prometió y encima se sentía controlado. "Una noche me despierto y veo a un pelotudo que me está vigilando en la oscuridad. Loco ¿qué soy? ¿Un mono?". Llamó a su hijo, que lo rescató a bordo de un remise.

El escándalo siguió en Buenos Aires. Novelli no se daba por vencido y lo iba a buscar a su casa con un tal Patiño, psicólogo del establecimiento, para seguir con un supuesto tratamiento que tuvo el peor de los comienzos. Con el correr del tiempo y a medida que la situación adquiría características patéticas,

Novelli llegó a convencerse de que Charly era el diablo y procedió a hacerle un exorcismo. A él le pareció divertido y, no sin asombro, se sometió a tal práctica. Novelli rezaba, mascullaba cosas en latín y daba vueltas a su alrededor, invocando la presencia del Maligno. García se hartó rápidamente.

—¿Quién eres? —le preguntó Novelli, completamente en trance.

—¡Soy el diablo! —contestó Charly, impostando la voz.

Novelli lo duchó en agua bendita hasta que García lo sacó carpiendo de su departamento. Todo fue una locura hasta que Charly se fue a Nueva York. No volvió a ver a Carlos Novelli, que murió pocos meses después del encuentro. Charly se sintió apenado cuando se enteró.

— • —

De esa clase de cosas se recuperaba Charly a fines de 1993. En la pierna le quedó una cicatriz, como recuerdo de aquellos días esteños, pero pudo recobrar la tranquilidad. Habiéndose sacado de encima el peso de la reunión de Serú Girán y los efectos colaterales posteriores, García estaba listo para ponerle el punto final a toda esa etapa. "Tiene que ver con una visión que tengo de mis ciclos. Para mí, *Filosofía barata y zapatos de goma* se acabó: agotó un ciclo que puede llegar a volver, pero es como que hubo tantas cosas...", dijo Charly tratando de definir aquel momento.

El cierre se iba a hacer oficial en diciembre de 1993 en Ferro. Era un buen momento para hacerlo. *Filosofía barata y zapatos de goma* fue editado en 1990 y de alguna manera marcó un punto de inflexión en la carrera de Charly. Sus primeros tres discos como solista, *Yendo de la cama al living*, *Clics modernos* y *Piano Bar*, fueron tres obras maestras en las que Charly marcó rumbos que después seguirían otros artistas, sin que ninguno pudiera arrimársele de verdad. Aunque siempre tuvo tantos detractores como fanáticos, Charly era inalcanzable en esa época. Su música despedía luz, desparpajo, originalidad, atrevimiento. No se cansaba de llenar estadios y de presentar espectáculos de vanguardia que elevarían el estándar del resto de los músicos, actitud que se inició con Serú Girán.

Después vino otra etapa iniciada en 1987 con *Parte de la religión*, la que se prolongó a través de *Cómo conseguir chicas*, y *Filosofía barata y zapatos de goma*, buenos discos que profundizaron un estilo maduro y convenientemente asentado. Tras ellos, diversos proyectos e inconvenientes ocuparon el tiempo de Charly y agregaron un poco de confusión en una carrera, hasta ese momento, inmaculada e imposible de pasar por alto. En 1991, una internación de tres meses en una clínica psiquiátrica "para gente que está un poco nerviosa", amenazó la concreción del segundo disco de Tango, su grupo fantasma con Pedro Aznar que en esa ocasión planeaba incluir a Gustavo Cerati. Se iba a llamar *Tango 3*, pero los proyectos de Soda Stéreo hicieron que Gustavo no pudiera ser de la partida. Así las cosas, Charly y Pedro cambiaron de número y compusieron *Tango 4*.

Más tarde apareció el proyecto de la reunión de Serú Girán que ocupó todo 1992. Un disco en estudio, una gira de cuatro shows, dos de ellos en River y un disco doble en vivo que terminó de mezclarse en 1993. Los conciertos dejaron mucho que desear; Charly parecía haber perdido el interés sobre el escenario y saboteó, quizá sin darse cuenta, el mágico momento del reencuentro. La cara de culo de David Lebón mostraba su mala onda con todo el asunto. Pedro Aznar cometió errores infantiles, habló demasiado intentando explicar lo inexplicable y no pudo sustraerse al caos que generó Charly, quien arrastró a sus compañeros en su derrape. Ni siquiera Oscar Moro fue el mecanismo de relojería de las épocas doradas. Las más de cien mil personas que fueron a los shows en River sintieron que, esta vez en serio, el sueño había terminado. La reunión se asemejó peligrosamente a una pesadilla.

Una vez concluidos los compromisos de Serú Girán, Charly

quedó libre para retomar su carrera solista, pero para que ésta pudiera avanzar había que cerrar un capítulo. Qué mejor que cerrarlo en Ferro, tocando todos los temas para que la gente los recordara, los disfrutara y los cantara y Charly pudiera ponerlos a un costado para dedicarse a inaugurar una tercera etapa.

En ese momento tan particular estaba inmerso García cuando nos juntamos en su sala a conversar de todo esto.

—*Se te ve en un momento intenso.*

—Un momento intenso, y de llegar... Porque te dicen que la Argentina tiene un techo. Bueno, ¡bang!, volemos el techo a la mierda. Lo que hacemos no es para vendérselo a los americanos, aunque bien podríamos intentarlo. Te doy un ejemplo. Tocamos la semana pasada en Los Ángeles, y después del show, la gente salió a la calle, me contaron, y empezó una pelea: los colombianos contra los mexicanos, los mexicanos contra los argentinos. Todos adueñándose de mi persona como si fuera un partido de fútbol. Y eso, justamente, es lo que yo no quiero hacer. No es mi proyecto ser el padre del rock, ni de nadie. Sé que durante épocas estuve tirando mi data inconscientemente, jugándome las bolas, o delirantemente. Explicar eso me parece estúpido; me gusta mucho más documentarlo para que la gente encuentre la explicación.

—*¿Cómo sería eso?*

—Sería un antivideoclip; en un clip se muestra la canción, lo que le pasa al tipo y es un plomo, generalmente es una redundancia de la canción que hace que el tema sea peor. Es más piola tirar datos, señales, cañitas voladoras, pálidas y que la gente en su mente, en su racionalidad, en su espiritualidad, rellene lo que falta.

Quiero hacer un libro divertido y que también desmitifique. Porque leí algunos reportajes viejos donde yo tiraba ciertas pautas. Por ejemplo: "Si esta sociedad no cambia, es imposible que la música cambie". Cosas así, que tenían que ver con una ideología. Parece ser que esas ideologías han pasado de moda, pero no han pasado de moda para mí. Hay una cosa que tiene el artista, o el artesano. De repente me decían: "está la dictadura, no podés decir eso", y yo lo decía de alguna manera. Ahora te dicen que se acabó el comunismo. ¿Y qué? Yo puedo ser comunista si quiero. Que algo se haya terminado en el mundo no quiere decir que se haya terminado para mí. O que no haya elaborado mis ideas y que las pueda tirar de alguna manera.

Entonces, como parece que respuestas no hay, todo el mundo dice "bueno, pero yo hago preguntas". Eso es lo corriente y es bastante certero también. Pero a mí me gustaría poder dar algunas respuestas.

—*¿A qué te referís cuando hablás de respuestas? ¿Cuáles son las preguntas?*

—¿Puede un chico en Argentina dedicarse a lo que quiere? ¿Tiene que echarle la culpa al establishment que no lo deja? ¿Tiene que jugarse? ¿Hasta qué punto? ¿Hasta el punto de morirse por su ideal? Yo tengo algunas respuestas para eso...

—*Creo que la pregunta se resume en cuál es el límite. ¿Hay una frontera? ¿Cuál es?*

—Según algunos hay una frontera, según otros no hay fronteras. Yo creo en la frontera: es la imaginación de uno, la propia inteligencia para plantear una respuesta de un modo que pueda ser entendida por gente que a uno le interesa, y no entendida por gente que a uno no le interesa y que puede llegar al punto de matarte. Eso yo nunca lo tuve conscientemente, siempre fue una mano medio intuitiva. ¿Por qué García zafó? Ésa sería otra pregunta. Porque puede hacer lo que quiere, supuestamente, y también no tan supuestamente. Porque si yo quisiera tener un ejército, bueno, eso sería una suposición... pero dentro de lo poco que yo hago, que son canciones, shows o simplemente tocar...

—*Sin embargo, eso que vos llamás poco te cuesta bastante. Quizás no ahora, pero en la época de la dictadura... era arriesgado.*

—Ahora soy consciente de lo que me puede llegar a pasar. En un momento no lo era, porque ante tanta negrura nosotros estábamos en otra. Digo estábamos y en esto lo incluyo a Spinetta, Nito Mestre y algunos más... No era que no nos dábamos cuenta, pero era tal el opuesto... Se dijo tanto que nosotros éramos la resistencia. Eso surgió más de la gente que de nosotros. Nuestra resistencia era vestirnos de mujer. Elaborándolo ahora, fue como que los tipos se despistaron, no nos pudieron agarrar. No nos pudieron poner una etiqueta de comunista o de cualquier cosa.

—*En todo caso, vos tenías una etiqueta de artista.*

—Sí, pero esa etiqueta siempre es jodida, en cualquier momento.

—*¿Por qué?*

—Tener la etiqueta de artista es como si tuvieras una marca que te descalificara.

—*Al contrario: es una marca que te enaltece.*

—Bueno, pero el artista es tan culposo, sensible y vulnerable... En la época progresiva, Charly García hacía música comercial. En ese entonces me hacían unas preguntas terribles; cosas con otros músicos (esa supuesta rivalidad con Spinetta), como si a mí me hubieran inventado. Tener éxito te trae culpa. Yo tuve mucho éxito en algún momento y se me denigró por eso. Yo lo siento y lo sentí. Cuando hice *Clics modernos*, me dijeron que me había vendido a Fiorucci; no entendieron la ironía. Cosas así, me han pasado miles.

— • —

Algunos rockeros son como viejas que se escandalizan por cualquier cosa. Charly, un humorista nato, ha tenido que salir a explicar millones de veces varias de sus mejores bromas. Él no fue ni el primero ni el último músico de rock en aceptar la ayuda de un sponsor para alivianar los costos de sus recitales. En todo caso, fue el primero en hacerlo abiertamente cuando los jeans Fiorucci auspiciaron su primer show en Ferro, el 25 de diciembre de 1982. Un espectáculo costoso y sin precedentes en nuestro país, con una escenografía diseñada por Renata Schussheim que, al fin del concierto, se destruía mientras Charly tocaba "No bombardeen Buenos Aires".

Se lo criticó ferozmente por el hecho de aceptar un sponsor al igual que por cantar "no bombardeen Barrio Norte", sin entender la ironía de la situación ni la representación de un personaje, lo que equivale a no comprender el arte. Se dijo, una vez más, que Charly García se había vendido al establishment al aceptar la publicidad en su concierto, afirmación ridícula por donde se la mire ya que la mera utilización del dinero es, de por sí, una transa con un sistema cuya máxima autoridad está representada por un papel verde con la cara de George Washington. O de José de San Martín, para el caso.

No era nada nuevo: desde que Sui Generis editó *Vida* en 1972, Charly tuvo que vérselas con los dinosaurios.

2. Ojos de videotape

Hay un lugar al que puedo ir/ cuando estoy bajoneado, cuando estoy triste/ y es mi mente/ y allí no hay tiempo/ cuando estoy solo.
THE BEATLES (LENNON-MC CARTNEY),
"THERE'S A PLACE".

Carlos Alberto García nació el 23 de octubre de 1951. Fue anotado como García Moreno, pero en 1995 decidió cambiar el García Moreno por el García Lange, tomado de su abuela Maurine (Mauricia) Lange, por el cual se identifica con una prosapia familiar que tiene una tradición de genialidad. Charly siempre menciona que su abuelo paterno hizo el puerto de la ciudad de Buenos Aires y el torreón de Mar del Plata y que su padre era físico y matemático. Lejos de la exageración, la historia es verídica y la teoría genética parecería encontrar una ratificación en sus cualidades musicales, propias de un genio, y en la inteligencia de su hijo Miguel Ángel, un bocho de la computación con una marcada sensibilidad artística.

Charly siempre dice que Carmen, su madre, no recuerda a qué hora nació. "No sé —suele comentar ácidamente—, creo que estaba muy ocupada con otras cosas". Pero Carmen sí que se acuerda, o por lo menos otorga un dato preciso: Carlitos nació a las 12.50. Su signo astrológico es Escorpio, aunque su carta natal indica que todos los planetas estaban, a la hora exacta de su nacimiento, alineados en Libra. Por lo tanto, García tiene características de ambos signos, y a veces dice que es de Libra, simplemente porque su máximo ídolo, John Lennon, también lo era. Gente que sabe asegura que Charly es de Libra.

Sin embargo, a la hora de la verdad, Charly García está amparado por la fortaleza de los escorpiones, un signo que provee de una protección especial a los nacidos en él. Una de sus mayores características es la resurrección; cuando parece que el escorpión está definitivamente abatido, ése es el momento en que se recupera. Esto lo he presenciado en Charly no una sino decenas de veces. En varios momentos de su vida, Charly corrió riesgos mortales. Al día siguiente, inevitablemente, uno contemplaba atónito la recuperación. En este preciso instante no sé por cuánto tiempo más vivirá García pero —y deseo estar en lo cierto— creo que él es del tipo que nos va a enterrar a todos los saludables del planeta.

Carlitos García era un niño hermosísimo. Distintas fotos familiares nos lo muestran como un bebé robusto y con una simpática serenidad en su rostro. Primogénito, gozó de la exclusividad de los mimos paternos hasta que llegó su hermano Enrique, a los dos años. Después arribarían a la familia Daniel y Josi.

Por no ir a la exposición "Rock Nacional: 30 años", Char-

Carlos Alberto García Lange a mediados de la década del 50.

ly se perdió de ver una fotografía suya en una balanza con su madre que asombró a todos los que se pararon a darle un vistazo. Parece que hay gente que no cree que Charly García haya sido niño alguna vez.

Carlos Jaime García Lange, papá de Charly o Carlitos, venía de una familia adinerada, por lo que sus hijos estaban destinados a crecer en un hogar donde los problemas económicos no existían. Es más: cada uno llegó a tener su propia habitación, su niñera personal, un cuarto de juegos y otro de costura para Carmen. Sin embargo, en ese hogar no había una ostentación de dinero ni pretensiones de realeza, aunque don Carlos Jaime portara sangre azul: Lange Van Domcelaar.

Premonitoriamente quizá, sus padres le hicieron un regalo a Carlitos cuando aún no había cumplido los tres años: un pianito de juguete. Como todo niño, lo inspeccionó, lo aporreó y finalmente comenzó a jugar con él. Un buen día Carmen escuchó una melodía, como de cajita de música. Fue a averiguar el origen del ruido y se encontró con que Charly iba tocando una por una las teclitas, creando algo parecido a una melodía.

Entonces, un pensamiento se instaló en la mente de sus padres: quizás el chico tuviera alguna clase de talento musical, una predisposición natural para la música. Carmen estaba segura y su marido trataba de no darle demasiado vuelo a su locura, propensa a cobrar alas ante el menor estímulo. Finalmente decidieron hacer una prueba con el piano de un vecino. Llevaron a su hijo y lo sentaron enfrente del instrumento. Charly se quedó quieto un rato, pero pronto descubrió que esa cosa enfrente de él funcionaba igual que su juguete a pesar de su enorme escala. Naturalmente, comenzó a tocar como si no hubiera hecho otra cosa en su vida.

Sus padres no podían creerlo, ni mucho menos el vecino. Charly era un niño prodigio de casi tres años, con un instintivo conocimiento musical que le venía desde algún lugar imposible de detectar. Era un milagro o algo que se le parecía muchísimo. Pronto comenzarían sus clases de piano. A los milagros había que ayudarlos.

— • —

Carlitos García comenzó sus estudios de música en el Conservatorio Thibaud Piazzini en el año 1956 con la profesora Julieta Sandoval. Había entre sus compañeros más niñas que niños, cada uno con cierto grado de aptitud y algunos troncos de esos a los que las madres los envían a estudiar piano porque era algo bien visto en esa época. La primera actuación de Charly García en público de la que existe testimonio data del sábado 6 de octubre de 1956, a las seis de la tarde. Como se puede ver en el programa, Carlitos Alberto García Moreno interpretó dos piezas, una de ellas anónima y la otra una canción de su profesora. Todo parecía ir muy bien y Charly progresó rápidamente. No fue el único de esos conciertos. En alguno de ellos ya se vería su propia impronta: en el medio de interpretaciones de Chopin, el compositor clásico favorito de Charly, el niño comenzó a tocar sus melodías propias. Nadie se dio cuenta, salvo su profesora. Repetiría el truco varias veces a lo largo de su corta carrera como músico clásico. Julieta Sandoval era una profesora de las de antes. Amorosa, pero sumamente estricta a la hora de los deberes y la educación que según ella debía tener todo futuro concertista. Charly recuerda muy bien esos tiempos.

"Yo tocaba música clásica todo el tiempo, y la música popular me daba asco, no entendía nada. Tocaba Chopin, Bach y hasta prendía las velas. Venían los vecinos, y me querían cortar los brazos. Comencé a componer cuando cumplí los nueve años; ahí salieron las primeras cosas que tenían que ver con lo que yo escuchaba en ese momento, y obviamente era muy derivativo. Más tarde quise componer en serio pero mi maestra, que era una divina aunque muy aferrada al catolicismo y a la música clásica, me hizo sentir que no había lugar para mí en eso (lo clásico). Que podía, sí, ser un buen concertista, pero no un creador. Y ahí es cuando llegan Los Beatles".

Pero mucho antes del arribo de Los Beatles, en el hogar de Charly pasaron cosas que habrían de marcarlo de por vida.

— • —

A mediados de la década del 50, viajar a Europa era casi una utopía. No eran tan habituales los viajes en avión como ahora, y era mucho más económico hacer la travesía en barco. Los padres de Charly decidieron realizarlo antes de tener más hijos. Ya había nacido Enrique, el hermano de Charly. Era una buena oportunidad, Carmen consiguió los pasajes, la situación económica de la familia era aún muy sólida y había con quien dejar a los chicos.

Charly no había cumplido aún los 5 cuando sus padres viajaron. Las distintas versiones familiares disienten acerca de si los chicos se quedaron con su abuela, con una tía poco paciente y propensa a la paliza, o con sus respectivas niñeras. Lo cierto es que Charly sintió muy dolorosa y negativamente la ausencia de sus padres. Incluso en momentos en que está mal, Charly recuerda esa época angustiante de su vida. "Me dejaron con dos boludas y el piano", supo decir más de una vez. Fue el piano lo que lo salvó, a esa edad en que las heridas marcan para siempre a un niño que después, de adulto, podrá o no resolver esas cuestiones que quedan en su inconsciente.

Charly encontró dos cosas: el clavo y la cruz. Por un lado, se aferró al piano con todas sus fuerzas, y gracias a él pudo soportar el estar tanto tiempo alejado de sus padres. Pero su cuerpo acusó el efecto desarrollando vitíligo, una enfermedad de la piel que se origina, entre otras cosas, a raíz de trastornos nerviosos. A Charly le dejó la mitad de la cara blanca. La crisis actual de Charly García no se inició por la fama, las presiones del éxito y la vida disipada, aunque todo esto la haya profundizado terriblemente. Su origen debemos buscarlo en ese momento de su vida en que se sintió como Cristo en la cruz, preguntándose por qué sus padres lo habían abandonado. En "Say No More" hay pistas que conducen inevitablemente a aquellos momentos.

Por el cariño inmenso que aún hoy siente por su padre (y por su madre, aunque no lo reconozca), intenta creer que la culpa es de otra gente. El día en que *Clarín* publicó la crónica de su recital del 23 de octubre de 1996, con el que festejó su cumpleaños número 45, Charly se puso completamente furioso. Dejó un mensaje urgente en mi contestador en el que hablaba de Mercedes Sosa, de que el show no debía seguir. Me pedía que, si yo estaba allí, fuera para su casa o le mandara una señal.

Cuando llegué, Charly estaba enardecido. La palabra "patético", referida a su show, lo sacó de quicio. Aceptó que le pusiera una mano en el hombro y lo llevara a su habitación para conversar. Utilicé la táctica del grabador, al que le habló gritando, como si tuviera vida propia y fuera su peor enemigo. De repente paraba, y volvía a comenzar. Estuvimos unas tres horas y Charly se fue calmando paulatinamente. Él quería que yo publicara esas barbaridades en el diario; yo le dije que lo iba a intentar, pese a que sabía que tal cosa era imposible. Días más tarde, me agradeció que no lo hubiera hecho.

Las barbaridades no eran, para nada, mentira: muchas de las cosas que Charly dijo ese día tenían un sentido real y la fuerza de la verdad desnudando la hipocresía. Alguien de afuera hubiera pensado en llamar al manicomio. Pero una de las tantas cosas que dijo aquella tarde fue referida a su problema de la cara blanca. Fue pura asociación libre.

"Por ejemplo, que todos los que vinieron al Ópera se pongan en la puerta del teatro. Algo lindo tengo que mostrar, loco. Me quedan dos: o irme porque esto es una locura, y uno que trata de hacer las cosas bien está impedidísimo porque todavía se creyeron a los peronistas y todas esas pelotudeces. ¿Entendés loco? Empecemos por ahí. Evita, todo eso, ¿están locos o qué? ¿Por qué no se hacen comunistas o algo? ¿Vos entendés cuál es? Son mentiras, loco. Yo tengo la mitad de la cara blanca ¿sabés por qué? Porque cuando se murió Evita, mi viejo no tenía un catzo que ver con nada. No puso un cordoncito en la fábrica, y por ese detalle a mí se me volvió la mitad de la cara blanca. Mi viejo y yo ¿qué carajo tenemos que ver con Perón y todo eso? Y yo la defiendo a Evita, porque cuando vino Madonna a casa, yo le dije 'Get a real job'. Los diarios no sirven para nada".

La verdad es que, cuando volvieron sus padres, se encontraron con que su hijo Carlitos tenía la mitad decolorada. Lo del cordoncito fue anterior.

— • —

El papá de Charly era uno de los dueños de la primera fábrica de fórmica del país. Cuando murió Evita, él no puso el crespón negro de rigor con que los trabajadores despedían a la venerada dirigente política. En épocas del peronismo, ese detalle era obligatorio y a partir de esa omisión, Carlos Jaime comenzó a ser perseguido por las autoridades justicialistas. Ésa es una de las explicaciones que surgen acerca de lo que motivó aquel viaje a Europa: persecución política. Ese crespón negro fue como una señal ominosa que marcaría el rumbo de la situación familiar de los García.

Cuando Josi, la hermana menor de Charly, habla de su padre, lo hace con el mismo respeto y admiración con que Charly y mucha otra gente lo recuerda. "Mi viejo era un tipo con un humor tremendo. Siempre muy sobrio, nunca un mocasín, pero dentro de esa estructura tenía un vuelo tremendo. Era muy inteligente y muy sensible. Aparentemente era el más

Días felices. Carlos Jaime García Lange y su primogénito Carlitos.

cuerdo de la tierra, pero si profundizabas un poco estaba loco como un tomate. Fue un tipo que nació en la opulencia, en una casa que era un delirio, súper gigante, con mucha herencia de familia, y hermanos y hermanas como la tía Carmelucha, que es una diosa. El tío Chucho era pintor e hizo todos los cuadros del puerto de la ciudad de Buenos Aires. Mi viejo era como un dandi de Caballito, muy pintón, onda David Niven.

"Papá era daltónico, confundía los colores, y a lo mejor salía a la calle vestido de verde, creyendo que era marrón. Un día salió y le gritaron ¡loro! Él se dio cuenta de que el gris y el azul eran lo seguro. Él era un tipo al que vos le dabas un disco de tango, la posibilidad de cantarlo, un vaso de vino, un partido de truco, y era feliz; no necesitaba nada más.

"Escribió libros de física y química. Arreglaba todo; una vez reparó el auto cambiando la correa del motor y reemplazándola con un cinturón. Dejó trunca la carrera de Ingeniería, y después hizo todo lo posible: tuvo la fábrica de fórmica, una de camisetas, hizo libretos de radio, hasta que mis viejos se gastaron toda la plata. Viajaron a Europa, compraron mil cosas, acciones que después no valían nada: lo estafaron. A partir de ahí llegó a una gran depresión y comenzó a dar clases de física y matemática arengado por sus amigos, a los que conocía de primer grado y siguió viendo hasta su muerte".

La relación entre Charly y su padre es crucial para entender por qué hoy pasan algunas de las cosas que pasan. El asunto es que desde la vuelta de los padres de Europa, las cosas comenzaron a empeorar notoriamente. Inés Raimondo, viuda de Enrique, hermano de Charly, me contó una tarde que la fábrica de fórmica tuvo que cerrar porque uno de los socios de Carlos Jaime García Lange se mandó una cagada y se vino a pique el negocio. Tuvieron que vender una propiedad en Paso del Rey y Carmen debió salir a trabajar para sostener a su familia.

— • —

La infancia de Charly transcurrió entre la escuela primaria, las clases de piano y los ejercicios correspondientes. Un señor llamado Guillermo Otero, que dijo ser vecino suyo en esos tiempos, aseguró que cuando él practicaba "se caían los cuadros de mi casa". Charly afirma que jamás durmió de chico, y que nadie se convierte en profesor de piano a los doce años si duerme. Tal vez fuera porque tenía sueños espantosos de los que se despertaba con la culpa de quien comete un crimen. Carlitos no había hecho nada, pero no podía evitar esa sensación horrorosa.

Lo que sucedía era simple: se sentía reprimido por una educación que tenía como base la culpa y el castigo. La prédica católica de Julieta Sandoval se hacía sentir. Por suerte, Carlitos era un chico inquieto y tenaz lector desde los cinco años. Su madre, incluso, se sorprendía con los razonamientos de su hijo mayor que parecían los de un grande. "De chico —recuerda Charly—, me gustaban, principalmente, tres temas: los dinosaurios, los planetas y los mitos griegos". Un poco más tarde se interesó por los mitos de la religión católica, y después fue un apasionado lector de Homero, devorándose *La Ilíada* y *La Odisea*. Esos libros lo llevaron por otros mundos, menos angustiantes para un niño.

Le costaba conciliar la noción del sacrificio que le imponía su profesora, la rigidez del cristianismo y otros dogmas, con la libertad de los sonidos musicales. Esas contradicciones se hicieron carne en la mente de Carlitos, que creció sintiendo que tenía dentro de sí un ángel y un demonio. Suponer por eso que Charly García es un esquizofrénico es equivocarse por completo. Pero es verdad que le resultó un proceso difícil el comprender cómo suceden las cosas en el mundo y lo distinto que es lo ideal de lo real.

Carmen Moreno comenzó a trabajar fuerte en radio, como productora de "Folklorísimo", un programa muy exitoso en donde distintas estrellas de la canción telúrica se convirtieron en invitados estables. Carmen les habló a todos de su hijo, y no exageraba cuando decía que era un Mozart de nuestros tiempos. Eso lo comprobó Mercedes Sosa, un día en la casa de los García Moreno, al escuchar tocar a Carlitos y comentarle por lo bajo a Ariel Ramírez: "Este chico es como Chopin".

Otro de los que se sorprendieron fue Eduardo Falú, quien descubrió que lo de Carlitos iba más allá de un talento natural para la música. Una noche, en un show producido por Carmen, se puso a ejecutar la guitarra para probar sonido. A poco de tocar se escucha una vocecita:

—El maestro tiene una cuerda desafinada —le dice Carlitos a su madre, que no pudo evitar que Falú escuchara.

—A ver ¿qué es lo que dice el chango? —se acerca Falú, divertido.

—Nada, Eduardo. Le pareció que había una cuerda desafinada —intentó zafar Carmen.

—¿Ah sí? ¿Cuál es? —insiste Falú.

—Ésta —le responde Charly señalando la quinta cuerda.

El maestro hace vibrar el la y comprueba que, efectivamente, está desafinada. Así todos descubren que Carlitos tenía oído absoluto, una capacidad con la que nace solamente una persona entre cada millón.

— • —

Carlitos creció tratando de conciliar el mundo ideal del arte elevado que él aprendía en piano, con lo que veía todos los días. A los doce años se recibió de profesor de teoría y solfeo. Pero poco tiempo antes había encontrado la válvula liberadora más importante de su corta existencia. Fue una canción, un sonido, un llamado de la sangre.

Corría el año 1964, el sonido de Los Beatles comenzaba a llegar a la Argentina, y había captado el oído inquieto de Carlitos. Allí acabaron los sueños de sus padres, de tener un concertista en la familia. En ese instante terminó aquel futuro de un auditorio en el que señores de sonrisa y frac aplauden un concierto de música clásica. Fue como si el mundo comenzara a rotar al revés, como si todas las certezas de su educación volaran por los aires en una explosión de sonido.

"Cuando escuché a Los Beatles —evoca entusiasmado—, me volví loco: pensaba que era música marciana. Música clásica de Marte. Enseguida comprendí el mensaje: 'tocamos nuestros instrumentos, hacemos nuestras canciones y somos jóvenes'. Para mi época y mi formación, eso era muy raro. No se suponía que los jóvenes hicieran canciones y cantaran. Lo primero que escuché de ellos fue 'There's a place'. Me di cuenta de lo que pasaba con las cuartas y un par de cosas interesantes más. Y ahí, ¡kaboooom!, acabó mi carrera de músico clásico".

Muere un concertista de piano. Nace una estrella de rock and roll.

3. No soy un extraño

¿Te gustaría saber cuál es el gran drama de mi vida?
Que he puesto mi genio en vivir y en mis obras sólo el talento.
OSCAR WILDE.

Sui Generis iba a ser el grupo que, en 1972, patearía el tablero del rock nacional. Ni Charly García ni Nito Mestre tenían la menor idea de que el éxito los esperaba a la vuelta de la esquina. Lo cierto es que su disco debut, *Vida*, vendió la friolera de 80 mil unidades (cifra impresionante para el mercado de aquellos tiempos), produciendo un cisma.

En primer lugar, no se parecían a nada de lo que había habido hasta aquel entonces. No encajaban en ninguno de los nichos en los que el rock se había encorsetado. Eran jóvenes, no muy agraciados, frescos y ligeramente ingenuos. Tuvieron un suceso fulminante y pronto se consagraron como uno de los grupos más populares en la historia del rock nacional en una meteórica carrera que apenas duró tres años en su etapa profesional. Lo que llevó a pensar que si tenía cuatro patas, ladraba y movía la cola, debía ser un perro: rápidamente se los etiquetó como comerciales. Esa prematura condena produjo en Charly una herida que aún hoy le causa algunas molestias.

¿Qué fue lo que provocó esta reacción antediluviana ante un recién llegado que debería haber sido recibido con todos los honores? Básicamente, celos y envidia. Había que ser muy ciego para no darse cuenta de que Sui Generis tenía un talento verdadero y de que Charly García estaba destinado a ser un compositor importante, no sólo del rock sino de la historia de la música argentina. Era, además, un pianista que cualquiera de los músicos que lo verduguearon al límite de la ofensa hubiera deseado tener en su banda. Sui Generis poseía un carisma peculiar; se los veía como desvalidos, pero con la gente de su lado eran imbatibles. Habría que hablar con Pierre Bayona ("¡el auténtico Broadway Danny Rose!", como lo llama Charly), que fue el primero en darse cuenta y se convirtió en el manager de Sui Generis.

No por nada, Billy Bond, hoy un productor en San Pablo, declaró para MTV a fines de 1996: "Charly García es un músico de la puta madre". El Bondo comprendió rápidamente, en 1972, quién era Charly García y lo hizo tocar en La Pesada del Rock and Roll, cagándose en los prejuicios de mucha gente de su sector que tuvo que hacer caso a lo obvio: tenían ante sus narices a un pianista único que tocaba rock and roll como los dioses. García era como un Jerry Lee Lewis, o un Little Richard, pero componía canciones adolescentes y elaboradas con delicadeza que esos retrógrados, en su pretendida dureza, rechazaban. Bond se iba a encargar de que el pibe curtiera y aprendiera. "Blanditos, pero decentes", sentenció Bond. Charly pensaba diferente.

—Eso de "blando" era un prejuicio estúpido. En esa época estaban James Taylor y Elton John y decir que eso era blando... no sé. Yo tenía esa información. James Taylor no era blando: un drogadicto que hace canciones melódicas no es blando. O Elton John. En cuanto lo escuché me dije: ah, entonces puedo tocar el piano yo también. Yo, hasta entonces, para tocar rock usaba la guitarra eléctrica y ahí vi que en el piano también se puede hacer rock. Uno puede tocar con diez Marshall y ser un blando, o tocar con una guitarra acústica y ser re-duro.

En otra noche, en otro lugar y en otro tiempo (Palais Rosso,

1985) Luca Prodan hablaba de Sid Vicious que, según él, era un tarado al que hubiéramos echado a los diez minutos. "Man, yo te doy una guitarrita y vos solo, con tu voz y eso, haceme latir acá" —dijo golpeándose el pecho a la altura del corazón. En distintas épocas, Prodan y García pensaban lo mismo a pesar de ser tan diferentes.

— • —

"Yo lo adoro a Charly", asegura Litto Nebbia. "Lo respeto mucho porque es un tipo completamente original. Cuando debutaron con Sui Generis, fue como teloneros en un recital con mi grupo Huinca. En esa época eran cinco. Después lo invité a Charly a un programa de radio que yo tenía y tocamos los dos juntos al aire. Cuando Sui Generis editó *Confesiones de invierno*, me acercaron dos temas para que yo tocara el piano y arreglara otro; no se hizo porque con el tipo de la compañía en donde ellos grababan nos odiamos y prácticamente les prohibió que grabaran conmigo. Conocí la carrera de Sui Generis por los discos. Cuando lo conocí a Charly, él vino a mi casa de Olivos. Estaba por firmar el contrato. Era muy flaquito, muy sano, ingenuo. Y yo, que siempre fui muy peleador, le di mucha máquina".

Luis Alberto Spinetta siempre fue muy prudente con respecto a sus declaraciones sobre Charly García. Tal vez por esa característica suya, no quiso hablar para este libro. Hubiera sido interesante saber qué le pasó a él por la cabeza cuando en 1972 apareció Sui Generis. En ese momento, Luis estaba en su etapa de rock pesado con Pescado Rabioso y supongo que le debe haber causado una extraña sensación descubrir a Nito y Charly tocando con el pianito y la flauta y causando tanto escombro. Pero Luis no es fanático ni tonto y se debe haber dado cuenta de que algo acontecía allí. Según le comentó a Eduardo Berti para su libro *Crónicas e iluminaciones*: "La música de Sui Generis nunca me gustó. Me pareció siempre una música carente de swing. Al lado de la de Almendra me parecía algo tipo María Elena Walsh, pero a partir de 'Tango en segunda' y de la propuesta de La Máquina de Hacer Pájaros y Serú Girán me fui acercando, me empezó a gustar cada vez más su música y hoy pienso que (Charly) es un verdadero monstruo de la canción de acá y de todos lados. Un compositor increíble".

Otro que no duda sobre lo que representa Charly García es Fito Páez. "Charly García es uno de los compositores del siglo —asegura el rosarino—. La música más importante que atravesó este siglo en Argentina fue el tango, el folklore en otra instancia, y la otra música fue el rock. En este punto, Charly inventa una nueva manera de contar el mundo pop, renovándolo, refrescándolo y dándole gravedad y gracia. Antes estuvieron Manal, Los Gatos, Almendra, pero es Charly el que instala la idea pop en la gente. Esto es innegable. Lo ha hecho con una gracia muy divina y con una originalidad única. Tiene años de su vida componiendo canciones a lo Dylan, a lo Lennon, a la altura de los grandes del pop que él admira mucho. Y todo eso con un color local que es muy lindo. Charly es un tipo que ha mirado este lugar del mundo como nadie. Ha sacado unas fotos de los argentinos que son increíbles. No hay estrategia en esto: él es un artista. Esto se puede decir de muy poca gente". Por muchas otras conversaciones off the record que hemos tenido sobre el tema a lo largo de los años, me consta que Páez no dice esto para quedar bien. "Odio de mi parte hacia él, no hay, ni público ni privado —aclara—. Es un tipo que está siempre en mi boca y en la de nuestros amigos, pero bien. Para quererlo, alabarlo, mimarlo y abrazarlo. Charly es un personaje muy especial. Yo ni siquiera creo que él tenga una cosa de odio para conmigo, a pesar de que hace cuatro años que no nos vemos. De verdad, te lo digo. Mucha gente que está a nuestro alrededor arma este tipo de tensiones. Pero no hay conflicto ni enfrentamiento. Eso es el afuera, un afuera dañino y muy hijo de puta".

— • —

León Gieco fue otro de los que se dieron cuenta al toque de quién era Charly García y enseguida lo reconoció como a uno de su mismo palo. Un agitado mediodía de 1996, García me comentó que él consideraba a León como un amigo del alma. Sabe positivamente que Gieco va a estar siempre a su lado y en cualquier circunstancia en que él solicite su presencia. También advirtió esa lealtad desde el primer momento: entre tantos cuchillos que pasaban como salutación al recién llegado al rock, Charly pudo percibir la mirada alentadora de León.

—*León, ¿cómo conociste a Charly?*

—Lo vi por primera vez en el estudio de Pepe Netto. Con Miguel y Eugenio organizábamos recitales en diferentes teatros y hacíamos canjes con músicos de otros lados. Un día organizamos un concierto en el teatro Luz y Fuerza y contratamos a Sui Generis para que fueran soportes. Primero tocaban ellos y después nosotros, que éramos los auténticos dueños de la pelota. Aparecieron todos los Sui Generis —eran como seis— con el gordo Pierre, personaje mítico, que me dijo que no podían empezar ellos porque les faltaba el tecladista y no sabían dónde estaba. Entonces tuvimos que salir a tocar primero, con Miguel y Eugenio y, al toque que terminamos, apareció Charly. Cazamos enseguida que se había escondido para asegurarse la actuación central. Con el tiempo, llego a la conclusión de que Charly siempre hizo lo mismo: él siempre cerró los espectáculos todas las veces que nos fuimos de gira. Maneja esa actitud desde el vamos.

—*Tu primera impresión de Charly, entonces, no debe haber sido del todo favorable.*

—No, sí que fue favorable. En esa actuación, los Sui Generis eran una banda: Nito, Charly y cuatro más. Lo escuché tocar a García e inmediatamente pensé que ese tipo era un genio. Y eran chicos todavía. En un rock, Charly comenzó a tocar con las manos y con las patas: con el talón tocaba las partes agudas del piano. El director del teatro me vino a buscar a la butaca y me quería matar.

"Sacame a este hijo de puta de acá, porque yo suspendo

todo", me encaró muy enfurecido. "Lo voy a matar, me está arruinando el piano".

"No te lo está rompiendo" quise calmarlo. "¿No te das cuenta de que este tipo es un genio? ¡Mirá cómo está tocando! Además, yo no me puedo subir al escenario: en estos momentos es de ellos. Andá vos y enfrentá a la gente, a ver qué te dicen".

"No, el que lo tiene que sacar del escenario sos vos".

"Disculpame, flaco: yo soy músico, no policía".

Ahí pensé lo bueno que sería armar una banda y que el tecladista fuera Charly. Súper iluso, yo. De todos modos, me terminé dando el gusto: mi tercer disco, *El fantasma de Canterville*, lo presentamos en el teatro Odeón con Charly en teclados, Nito en voces y flauta, Alfredo Toth en bajo, Oscar Moro en batería y Rodolfo Gorosito en guitarra. Yo era del campo, pero no pelotudo.

— • —

Sui Generis entró al circuito del rock nacional de la mano de Pierre Bayona, quien se encargó de apretar los botones exactos. Primero convenció a Jorge Álvarez, que había fundado junto con otros jóvenes el legendario sello Mandioca y que en 1972 era el director de Talent, etiqueta rockera de Microfón. Álvarez tardó en asimilar el concepto de Sui Generis, pero mientras el hombre captaba, Pierre ayudaba a que Nito y Charly comenzaran a codearse con el ambiente.

Es así como Charly realiza su primera grabación para *Cristo Rock*, el disco debut de un pibe de Mercedes: Raúl Porchetto. Charly tocaba muy bien piano y órgano. A raíz de esa grabación, Billy Bond lo convocó para La Pesada del Rock and Roll, grupo con el que hizo una gira por el interior. Según lo recuerdan algunos memoriosos, durante un show en Tucumán había un hombre vestido de mujer en el camarín, que pasaba con una bandejita llena de ácidos, convidando a los músicos que, viendo lucecitas de colores, subían al escenario felices y contentos. Pero más allá de la aventura, Charly tuvo que bancarse muchas gastadas de sus compañeros.

"Yo toqué con La Pesada —recordó Charly en 1993—, todos se burlaban de mí, y yo seguía tocando: cling, cling, cling, cling. Me pongo un yeso en la mano y toco las octavas del rock and roll, ése era mi lema. Cuando quería hacer algo distinto me batían Chopin. Yo me la bancaba. Dentro de la música clásica, en ese momento, yo era un capo. Después vinieron Los Beatles y todo al demonio, pero tenía la info de la clásica. En La Pesada, yo podía tocar en una mano Procol Harum porque sabía cosas que ellos no. Cuando hicimos *Vida*, se pasaban dos días sacando los temas, porque tenían más de tres tonos. Me verdugueaban, pero a la vez había un aguante. Yo para ellos era un blandengue y ellos eran duros".

— • —

Más allá de las diferencias estilísticas, lo que más les molestó a algunos músicos y a un sector intolerante del público rockero fue que Sui Generis con su éxito le abriera las puertas del rock a un montón de pibes que, hasta ese momento, no habían conectado con nadie. Los rockeros que fueron a los primeros festivales B.A. Rock, tenían veintipico de años y estaban consustanciados con la mística de la movida. Cuando Sui Generis atrajo a los adolescentes, ellos lo sintieron como una invasión que iba a desvirtuar las estrictas bases sobre las cuales el rock había construido su fortaleza. En realidad, lo que Sui Generis hizo fue ampliar esas bases y aumentar la cantidad de gente en la historia, la misma que después descubriría a otras bandas.

Sui Generis tuvo un éxito fulminante. *Vida*, su primer disco, tenía canciones simples, accesibles y con letras que hablaban el lenguaje de la adolescencia. Charly acertó sin proponérselo: Sui Generis les enseñó a cantar a esos adolescentes, a partir de las propias dudas hechas canciones. Además, éstas podían ser tocadas con una guitarra criolla, por lo que el repertorio de

Vida comenzó a animar fogones de campamento, aumentando la felicidad de muchos jóvenes que lograban su primer éxito con la viola a partir de una canción de Sui Generis.

Pero, a la distancia, lo que tal vez haya constituido la gran fortaleza del dúo era su facilidad para denunciar la hipocresía, la doble moral y el doble discurso de la sociedad argentina, en un lenguaje que cualquier adolescente podía entender. Fue como una clarificación de los códigos herméticos que hasta ese entonces manejó el rock, pero sin caer en la protesta desembozada o en una cosa panfletaria.

Vida se grabó casi a escondidas con la complicidad de Billy Bond, ya que Jorge Álvarez no estaba totalmente convencido y él, a su vez, tenía que hacer que Mario Kaminski, dueño de Microfón, diera el OK definitivo. El registro se inició después que Porchetto completó *Cristo Rock*, en donde Charly tocó algunos teclados.

"El primer tema que grabamos —recuerda Nito Mestre— fue 'Amigo, vuelve a casa pronto', y Charly le puso al piano unas tachuelas para que sonara como un clavicordio. Yo no quise cantar 'Toma dos blues', porque me daba la impresión de que estaba fuera de lugar dentro del concepto del disco, entonces lo cantó Charly. Cuando puse la voz de 'Canción para mi muerte', a las nueve de la mañana en Phonalex, me mandé tal gallo que nunca lo voy a olvidar en mi vida. Todos los de La Pesada estaban detrás del vidrio y se cagaban de la risa. La grabación fue un garrón: teníamos que ir a la mañana bien temprano y en colectivo. La foto de tapa la sacamos en una obra de la calle Medrano. La otra la hicimos en la calle Vidt, donde vivía Charly en aquel momento".

— • —

Cuando Nito y Charly viajaban en un micro, rumbo a un show en Castelar en 1973, García le dijo a su compañero que tenía un tema nuevo.

—Pero lo quiero cantar yo solo, con la guitarra —recalcó.
—No hay problema, hacelo —fue la contestación de Nito. Ese tema era nada menos que "Confesiones de invierno".

"Con Charly jamás tuvimos problemas de cartel o de ubicación. Nunca discutíamos las voces, ni qué iba a cantar cada uno. Era una cosa obvia para nosotros", contó Mestre.

La alianza entre Sui y el público se consolidó en 1973, cuando el dúo editó su segundo disco. En *Confesiones de invierno* los progresos fueron evidentes: las letras mejoraron y la participación de una orquesta en algunas canciones clave como "Rasguña las piedras" y "Tribulaciones, lamentos y ocaso de un tonto rey imaginario o no", contribuyó a dotar al dúo de un acompañamiento más sólido, sin desvirtuar un estilo directo y simple. Charly ganó en confianza y se lanzó a hablar de sí mismo con un tono más personal en "Cuando ya me empiece a quedar solo" (en donde la música de Charly inicia su contacto con el tango) y "Confesiones de invierno". Las críticas a la sociedad se agudizaron en "Lunes otra vez" y "Aprendizaje", desarrollando códigos nuevos en "Bienvenidos al tren" y "Mr. Jones", un tema que García compuso para mostrarles a los pesados que, si él quería, Sui Generis podía hacer rock and roll sin envidiarle nada a nadie.

Para Nito Mestre "*Confesiones...* fue un disco mucho más pulido, al que llegamos más preparados. Lo grabamos en ocho canales, en los estudios de RCA. La cosa fue más hilvanada porque éramos más profesionales. La producción fue más ambiciosa: llamamos a Gustavo Beytelman para que hiciera los arreglos de orquesta y Juan José Mossalini hizo el bandoneón en 'Cuando ya me empiece a quedar solo'. El disco tuvo una venta brutal". Recién cuando esa ratificación llegó y sólo entonces, García dejó atrás uno de los fantasmas que le estaba comiendo la cabeza: ¿y si la música no daba, qué? Los que vieron la llegada de Sui Generis al rock con celos y envidia, no tenían la menor idea de todo lo que García y Mestre habían batallado para llegar, ni todas las pálidas que se habían tenido que comer. "El éxito fue bienvenido al mango —reconoce Mestre—. Nosotros yiramos durante tres años. Nuestra rutina era salir con la guitarra, ir a un lado, tomar el colectivo, el subte, ir a otro lado. Molestar, molestar, molestar".

¿Había otra opción?

4. Botas locas

Si te dijera sobre qué trata realmente nuestra música,
probablemente nos arrestarían.
BOB DYLAN.

"Lo de Sui Generis pudo ser porque sentíamos que valía la pena. Pero hubo que pelearla mucho. Justo cuando yo estaba por desistir, sucedió. Yo tenía una mujer embarazada, sin un mango. Estaba viviendo en una plaza, la de San Martín, porque me habían echado de mi casa. Esos tiempos fueron rejodidos. Yo tuve que vender un equipo de bajo. En ese momento, apareció el Gordo Pierre, y con pequeños trabajos fuimos llegando. Esa experiencia me rindió a mí y creo que les rinde a todas las personas. Cuando me encuentro con alguien del jet set que me dice 'a mí me hubiera gustado ser como vos pero yo tuve que...' Loco, era tu opción. Esa onda de 'voy a transar y después voy a hacer lo mío', no existe: una vez que transaste, jamás podrás hacer lo tuyo. Lebón, Pappo, Spinetta: podrás decir lo que quieras de ellos, pero nunca se los cogieron".

Charly recordaba muy bien todo lo que pasó antes que Sui Generis pudiera ser un grupo que diera de comer a sus integrantes. Jamás lo va a olvidar: una gran parte de su fuerza está basada en esa experiencia que muy pocos conocen. Durante seis años, Sui Generis luchó a brazo partido contra la adversidad, antes de que la taba se diera vuelta y pudieran respirar sin sobresaltos. Este capítulo da cuenta de una parte de esa lucha, de la que sólo salieron victoriosos Nito y Charly. En 1993, Mestre recordaba que "con García nos teníamos una fe ciega, criminal casi". De no haber sido tan tenaces, quién sabe qué se hubiera hecho de sus vidas.

Pero para llegar a aquel Sui Generis que no trascendió (1967-1971), será bueno recordar la historia de Casandra Lange, una suerte de grupo paralelo que Charly formó a fines de 1994, cuando se reencontró con uno de los Sui que no conocieron la fama: Juan Bellia. Volver a tomar contacto con el viejo amigo le revivió momentos de su adolescencia y las ganas de volver a tocar esas canciones que hicieron de Charly un músico de rock. En Casandra Lange participaron miembros de su grupo de acompañamiento: Fernando Samalea, Fabián Quintiero y María Gabriela Epumer, más el agregado de Juan Bellia. Fernando Lupano, que también integraba su banda, no se puso muy contento con la situación y creyendo que la idea era un delirio, se fue de vacaciones. Posteriormente se desvinculó del grupo de Charly.

Casandra Lange (cuyas escasas actuaciones en vivo quedaron registradas en el disco *Estaba en llamas cuando me acosté*) fue un momento brillante para Charly, quien atravesó un período de tranquilidad y genialidad musical que se vio reflejado en su interpretación de temas clásicos del rock. Vi el primer show de la banda en un teatro de Pinamar, en donde los músicos tocaron detrás de una cortina de nailon, tratando de dar el ambiente radial pretendido (el primer show de Casandra Lange fue en el auditorio de FM 100). El público, desafortunadamente, había ido a escuchar los temas de García y no disfrutó plenamente de un repertorio cantado en inglés. Tras las calamitosas presentaciones de *La hija de la Lágrima* en el teatro Ópera en septiembre de 1994, García volvió a producir buena música en vivo. La gente no entendió que aquello fue un divertimento de verano. Una pena, porque Charly tocó y cantó maravillosamente bien. Todo culminó con un concierto alucinante en Mar del Plata, en el que Charly cerró un festival con su repertorio habitual. En muy contadas ocasiones lo volví a ver tan entero. Esto aconteció en los primeros meses de 1995. De tan buen humor estaba García que invitó al escenario a Nito Mestre para cantar "Canción para mi muerte". También participaron de ese show Héctor Starc y Herbert Vianna. Pero este proceso comenzó unos pocos meses atrás, en diciembre de 1994, cuando Charly fue dado de alta de su segunda internación psiquiátrica.

— • —

En el mundo existe muy poca gente que sepa tantas canciones como Charly García. A lo largo de mi vida he conocido un número imposible de músicos de toda raza, pelambre y talento, a través de las entrevistas que mi oficio de periodista me llevó a realizar, por haber tocado con ellos o por haber sostenido encendidas discusiones en toda clase de reuniones sociales. Muchos eran más virtuosos que Charly, más disciplinados, más disipados o más geniales (de éstos sólo hallé un par). Pero nadie sabe más canciones.

Pese a la cura de desintoxicación a la que fue sometido, Charly salió exactamente igual que como había entrado, salvo por algunos kilos recuperados al escarnio. Era el mismo estado maníaco, el mismo código de palabras, el mismo comportamiento errático e imprevisible, la misma carga de autodestrucción potenciada por el largo encierro. No había pasado ni una semana desde que había vuelto a ver la calle. Tomaba vino tinto de la botella —no tardó en volver al whisky— y el líquido le manchaba la remera. Caminaba de aquí para allá, parloteaba sin ton ni son. La furia parecía consumirlo. Nada había cambiado. Todo estaba igual, o tal vez peor: ya no existía la posibilidad de que la medicina, al menos la tradicional, pudiera hacer algo por ese hombre.

Cuando hablamos por teléfono aquel lunes le dije que tenía el día libre y le propuse que fuéramos al cine. Le encantó la idea; había muchas películas que se estrenaron durante la temporada en que permaneció alejado a la fuerza, y tenía ganas de ver alguna. Yo me había hecho hasta un esquema de cómo podíamos entrar al cine sin que la gente lo advirtiera, y que él disfrutara de un buen filme. El plan fracasó estrepitosamente. En esas ocasiones nunca pude evitar sentirme como el Coyote al que, tras activar una trampa genial, se le cae encima una roca.

Pero no me encontré con el Correcaminos aquella tarde, sino con el Demonio de Tasmania. García era como un tornado que avanzaba por la casa. Fernando Samalea, Fabián Quintiero y Juan Bellia se quedaron un rato, hasta que García canceló la salida cinematográfica porque tenía que cuidar a una amiga que había enfermado.

—Es algo que terminé de perfeccionar en la clínica ¿sabés? Ahora soy el Enfermero Perfecto.

Me pidió que lo acompañara en tan noble tarea y no hubiera podido rehusarme sin sentirme poco samaritano. Cruzamos la avenida Santa Fe con el semáforo en rojo y sin mirar. Me limité a seguir sus pasos y a rezar para que supiera lo que estaba haciendo. Milagrosamente, los autos detuvieron su marcha. Hubo frenadas y puteadas que se transformaron en ovaciones apenas los enfurecidos conductores reconocieron su silueta.

La gente lo saludaba en la calle; le hablaban, le gritaban palabras de aliento o simplemente se limitaban a abrir bien grandes los ojos. Todos parecían contentos de verlo fuera de la clínica. Llegamos a un departamento chico, de un ambiente, en donde había algunos instrumentos, un par de libros y un poco de desorden.

La enferma estaba bastante bien y no sólo en el sentido clínico de la frase. Pensé que Charly iba a proceder a una revisación exhaustiva y me refugié en la cocina, muerto de vergüenza de convertirme en testigo de la íntima relación enfermero-paciente. Al rato la chica entró a la cocina.

—¡No se te ocurra irte y dejarme sola con él! —me suplicó.

Yo pensé que eso era lo que ella quería, ya que al fin y al cabo había llamado al "enfermero" solicitando cuidados y medicina, rogándole por favor que acudiera a su encuentro. Cuando regresamos a su casa, Charly me reveló el concepto de Casandra Lange al tiempo que se instalaba en el sillón de su living. Hizo alusión al mito de Casandra, pero muy por encima —con el tiempo comprobé que conocía con profundidad buena parte de la mitología griega—. Le interesó más hablar de una vieja canción suya llamada "El tuerto y los ciegos", de Sui Generis, en donde se menciona a Casandra. El año 1974 era una época de cegueras varias, de oscuridades próximas y Charly ya se perfilaba como un rey tuerto.

Casandra Lange fue, en aquella tarde de 1994, el nombre del amor para Charly. La pitonisa y el apellido noble del abuelo paterno. La mujer perfecta. La salvadora. El problema para la Casandra griega era que nadie creía en su capacidad para ver el futuro. En el caso de Lange, ni siquiera creyeron en su probable existencia. Sólo Charly estaba dispuesto a creer y el concepto era una manera de invocar su presencia.

—Agarrá un lápiz y papel que vamos a hacer un disco.

Para ese entonces había aprendido que si uno se aventuraba a seguir sus indicaciones, se subía a un barco que navegaría sin brújula y sin mapa. En el peor de los casos habría que nadar. Por eso agarré mi anotador, un marcador de esos que despiden un olor que intoxica, mientras Charly conectaba un teclado con un re roto sobre una estructura inestable. Lo enchufó a un equipo y comenzó a tocar. El departamento se movía como si fuera el Poseidón a la hora del remolino y el té en cubierta.

La experiencia fue notable. Pese a que soy rápido escribiendo, jamás pude seguirle el ritmo a Charly, que me dictaba títulos e intérpretes originales de un repertorio que abarcaba, por lo menos, tres décadas de rock. Tocaba las canciones en el teclado roto con los acordes exactos y las letras textuales. Cantaba con fuerza en inglés y no pifiaba ni una nota. Ni siquiera se detenía a recordar comienzos, puentes y estribillos. Era, sencillamente, una computadora perfecta que lanzaba datos almacenados durante toda una vida de escuchar música. Daba gusto.

Charly tocaba sus temas favoritos, pero no se limitaba a la partitura original, sino que zapaba en el medio, sugería arreglos, climas, texturas y desarrollos. Yo no terminaba de escribir correctamente Thunderclap Newman, cuando Charly ya estaba tocando una de las más desconocidas canciones de Elton John.

—Una vez gané un premio por tocar ésta en un bar de Europa. Creo que era otra ronda de cerveza. Me hicieron un desafío y lo gané. Aquel boludo no podía creer que yo supiera "Chamaleon" de Elton John.

Yo ni siquiera creí que el tema existiera. Supuse que era una invención de Charly hasta que un día, mirando las ofertas de una disquería de Constitución, me topé con *Blue Moves*, disco en el que finalmente hallé el título. Cuando García paró para tomar otro trago, la lista de Casandra Lange ya abarcaba 32 canciones anotadas. Pero entre las que tocó sin mencionar su nombre, y varias que descartó en el acto, la cuenta debe haber ascendido a medio centenar de títulos.

Después de semejante maratón de música y habiendo cumplido con el servicio de escriba, me escabullí hacia mi casa con un terrible dolor de cabeza y una debilidad atroz. Muy pocas veces me he sentido tan mal. Recorrí las cuadras como un zombi que no ha encontrado un cerebro para la cena y se derrumba a cada paso. García me había chupado toda la energía.

— • —

Juan Bellia entró en la escena cuando llamó a Charly para saludarlo por su cumpleaños número 43, el que muchos recordarán por un festejo televisivo en el programa *3.60*, del que participó Diego Armando Maradona. Ese reencuentro le sirvió a Charly para rememorar los tiempos en que él y Juan eran amigos y compañeros de grupo en lo que fue el primer Sui Generis. Ambos eran fanáticos de Los Beatles y les gustaba mucho el grupo Vanilla Fudge, cuyos músicos fueron Mark Stein, tecladista y cantante, el guitarrista Vince Martelli, el bajista Tim Boggert y el baterista Carmine Appice, los dos últimos formarían un trío con Jeff Beck. De esa predilección por grupos y solistas británicos, surge lo que Charly denominó en joda durante aquellos días: "la mitología inglesa", refiriéndose a esa etapa dorada del Londres psicodélico post *Sergeant Pepper* y algunas cosas del pre *Pepper*, etapa que permaneció en los libros de historia como el "Swinging London", entre 1965 y 1968. Charly ya estaba haciendo barullo con Alejandro Correa y Beto Rodríguez en esa época y Juan Bellia se sumó a ellos. Todos sabían sólo unos escasos rudimentos de música, menos Charly que ya era profesor de piano y cabeceaba para marcar los cambios de acordes a sus compañeros. Las fechas del debut del incipiente grupo varían, según el encargado de recordar la historia, pero se debe haber producido en 1966.

El primer nombre más o menos firme del grupo fue To Walk Spanish, extraído del título de un libro de texto en inglés. Primero interpretaron a sus artistas favoritos y después Charly comenzó a hacer sus propias canciones con letras de Alejandro Correa. En aquel momento, Charly era Charlie, como Charlie Watts, el baterista de los Rolling Stones. Fue una idea de la que sus compañeros del Dámaso Centeno se burlaron. Pensaron que un nombre tan ridículo como el de Charlie García no podía funcionar. Es curioso, pero ningún americano pensó lo mismo de Jerry García, cantante de Grateful Dead.

— • —

Carlos Alberto Mestre (Nito) arribó un poco más tarde a esta historia. Él era, al igual que Charly, otro alumno del Dámaso Centeno.

"Yo sabía de oídas que había un pibe que tocaba en el colegio —recuerda Nito—. Por alguna razón, cambié de turno durante una semana. Yo solía ir a la mañana, y comencé a ir a la tarde. Un buen día entro a la sala de música y Charly estaba tocando el piano en un recreo".

Nito también estaba metido en la música con su propio grupo, The Century Indignation, cuyo principal compositor era Carlos Piégari. Charly deslumbró a Mestre con sus conocimientos de teoría musical.

Lamentablemente, a la semana siguiente, Nito retomó su curso a la mañana. Pero el próximo año compartieron las aulas y se hicieron compinches: durante todo cuarto año y parte de quinto, la dupla Mestre-García daría que hablar a los profesores del colegio por su comportamiento indisciplinado, hasta que finalmente la dirección del establecimiento tomó la decisión de separarlos. Ambos eran considerados buenos alumnos, tratables, pero no juntos. "Nos separaron por quilomberos —confirma Nito—. Pero no éramos nosotros solos, sino que había una pandilla de seis o siete que se sentaba al fondo de la división. Charly estaba en el banco de atrás del mío o en el de al lado. Una vez tuvo un problema con la profesora de castellano, porque él se dedicaba a dibujar mientras la mina daba clase".

La cosa se puso al rojo vivo cuando, en un silencio de la profesora de castellano, Charly dijo "y a mí qué me importa". Era claro que el interés de Charly estaba completamente volcado hacia el arte y que su permanencia en el colegio era sólo una obligación. Después de ese incidente, Charly y Nito dejaron de ser compañeros de aula. Pero a ellos qué les importaba. Ya habían decidido ser compañeros en la música. Y eso sí era importante.

— • —

La fusión entre To Walk Spanish y The Century Indignation dio lugar a Sui Generis. "Al comienzo —dijo Charly en 1994—, Sui Generis estaba en una onda tipo Vanilla Fudge o

Procol Harum". Charly congenió con el compositor de The Century Indignation, aunque pocas de sus colaboraciones llegaron a ver la luz.

Los Gatos todavía no habían grabado "La balsa", por lo que, al igual que la mayoría, Sui Generis era un grupo con canciones en inglés. No tardarían en abordar el castellano, pero eso no sucedió hasta que Charly, en aquel momento más proclive a escribir música que letras, se hizo cargo. El staff de Sui Generis fue cambiando con el correr de los años. Además de Charly, Nito, Juan Bellia y Carlos Piégari, en un comienzo estaban Alejandro Correa y Beto Rodríguez, baterista que reemplazaría Paco Prati. Las madres de los chicos del grupo no veían bien que sus hijos se la pasaran todo el tiempo con la música. Cuando terminaron el secundario llegó el momento en que tuvieron que decidir qué hacer con sus vidas; habían volcado la balanza a favor de la música, pero era una información difícil de comunicar a sus padres.

Charly contaba con la protección de su madre, Carmen, frente a la seriedad de su padre, Carlos Jaime, quien pretendía que su hijo estudiara una carrera universitaria primero, y que después se volcara a la música. Josi García Moreno, hermana de Charly, recuerda que "nuestro viejo, parado en la vereda de la compensación, tenía que frenar los delirios de mamá. La relación de papá con Charly era la mano que le iba a cortar el pelo. Mi viejo no podía entender; para él la cosa era ir al colegio, al secundario, la universidad, una carrera y después te dedicás a la música. Mi vieja, con un poco más de visión, decía: '¿Por qué, si él quiere ser músico?'. La respuesta de mi viejo era: 'Porque se va a cagar de hambre'".

Por lo menos, en un inicio, don Carlos Jaime tuvo razón: la música sólo daba pérdidas. Nito Mestre no la sacó más fácil: su madre quería que dejara el grupo y se dedicara de lleno a sus estudios de Medicina. A tal punto llegó su fervor, que llamaba a las madres de los otros músicos para conseguir aliadas en su cruzada.

En algún momento de su desarrollo, ya a fines de los años 60, Sui Generis tuvo una base rítmica de músicos profesionales que se dedicaban a tocar música tropical en bailes del Gran Buenos Aires. Ellos eran Rolando Portich, bajista, y Miguel Mazza, baterista. Sui Generis ensayaba en el sótano de un almacén, en donde el divertimento de los recién llegados consistía en un juego llamado "la mosca". Utilizaban dos latas de arvejas, hacían una sopa espantosa, la tomaban, la vomitaban, y la volvían a tomar.

Durante esa etapa, Sui Generis tocó en colegios y en algunas ciudades chicas de la provincia de Buenos Aires. Algunos recuerdan con cariño el show en Vedia, provincia de Buenos Aires, como Charly. "Era la época en que nos íbamos a los pueblos del interior en tren con los equipos y la batería. Entonces llegábamos y el dueño del lugar nos pedía que nos cambiáramos la ropa. Como no teníamos otras pilchas, lo que hacíamos era cambiar de ropa entre nosotros. En esa época, nos tiraban de todo".

Sui Generis ya tenía sus canciones propias. Algunos títulos que sobrevivieron al olvido son "Monoblock", "Vampiro", "Juana" y "Supernena". Una vez consolidado el material comenzó el peregrinaje de Charly y Nito por las compañías grabadoras, en busca de la oportunidad para hacer un disco. La banda ya estaba sufriendo presiones familiares, el desgaste del tiempo y no tardaron en aparecer los síntomas de la apatía, un cáncer para cualquier grupo de rock. Charly supo instintivamente que era necesario algo que permitiera mostrar que el camino a recorrer valía la pena.

— • —

"Supernena" parecía ser el "hit" con que Sui Generis convencería a los ejecutivos. Alguien —presumiblemente la mamá de Charly— les consiguió una entrevista con Horacio Malvicino. Charly le mostró la canción, pero Malvicino dictaminó que le faltaban arreglos. Sin desanimarse, volvió al día siguiente con una nueva versión de "Supernena", con muchos arreglos. Allí Malvicino le dijo que era muy linda, pero que tenía que ser más simple. Ni siquiera pensó en mostrarle una ópera rock que había compuesto. La obra se llamó "Theo" y algunos de sus fragmentos terminaron en temas como "Eiti-Leda" y algunos riffs de La Máquina de Hacer Pájaros.

Una conversación con García permitió entender que hubo otra entrevista con ejecutivos de una discográfica, que aparentemente sucedió en 1969. Charly decía que en los peores momentos de su vida, pensaba que las cosas podrían haber sucedido de otra manera. Y que estaba agradecido de que no hubiera sido así.

—Uno podría haber terminado haciendo "Y péguele fuerte". ¿Conocés esa canción? —me preguntó.

—*Sí, estaba en un disco de Sótano Beat, creo. La tocaba el grupo Solvente y fue el tema de un comercial de YPF.*

—Bueno, cuando fuimos a la RCA, estaba Lalo Fransen. Yo le canté las canciones con la guitarrita, como hacía siempre, y el tipo me dijo: "Está bien, pero si querés grabarla, del otro lado tenés que poner esta otra". ¡Minga! Me fui llorando de esa entrevista. Pero al fin y al cabo hice la mía, lo que me da una especie de chapa para decir "hey, puta soy (todos los músicos lo somos), pero a mí nadie me cogió". Nadie me violó esa cosa que tiene el artista. Pasa con mucha gente que en algún momento transó. Y esa gente tiene una debilidad, porque sabe que fueron penetrados, como una mujer violada. Y el recuerdo de la violación no se borra. Yo no tengo esa mancha y de eso hago uso y abuso. No hay mácula. Me pueden joder por lo que quieran, pero nadie me convenció de nada de lo que yo no haya querido ser convencido. No soy el único: mucha gente, como Spinetta, como Litto Nebbia, nunca les vendieron nada, y por eso tienen la chapa que tienen. Pero no es fácil: en ese momento no sabés si vas a poder comer o no, si vas a tener una casa, si vas a tener una carrera o si vas a tener que ir a pintar paredes.

"En esos momentos sos un mártir, porque nadie te entiende. Ahí nos emparentamos con Dios. Si fuera Dios no me van a poner en una parrilla, pero esos tipos te ponían en una parrilla espiritual, emocional. No es lindo exponer tus cosas y que se burlen, o las tergiversen, o traten de poner sus basuras en tu música. Por suerte, ni Nito ni yo transamos. Si no daba, no daba. No nos arengaban las ganas de ser famosos: a nosotros nos arengaban Los Beatles, y después Los Shakers y Los Gatos.

— • —

A fines de 1971, apareció en escena Pierre Bayona, quien creyó en las posibilidades de Sui Generis. Lo que no sabía era que el grupo estaba a punto de desintegrarse por la cantidad de frustraciones acumuladas. Varios abandonaron el barco, porque comenzó a pintar el porro y eso asustó a algunos. El éxodo provocó una gran crisis en el seno de Sui Generis, aunque no haya sido el fumo la cuestión fundamental sino su detonante: el grupo llevaba cuatro o cinco años sin mayores progresos y todos estaban muy cansados.

La crisis se agudizó en 1971 por la colimba de Charly, uno de sus temores más concretos. Y con razón: no lo pasó nada bien. Para él, la conscripción fue lo más horroroso que un ser humano pueda imaginar; una cárcel, una tortura, un purgatorio. Una prolongación de la esclavitud escolar, elevada a potencia militar. Ningún pelo largo, ninguna música. Cero creación. Subordinación y valor. La madre de Charly se preocupó mucho cuando llegó el temido momento del reclutamiento y trató por todos los medios de evitarle esa penuria. Sólo logró, no sin esfuerzo, conseguirle un destino aceptable en Campo de Mayo.

Charly debió alistarse como todo ciudadano, teniendo que poner a Sui Generis en compás de espera. Su estadía en el Ejército causó problemas de disciplina: no se quedaba firme, hablaba de más y mostraba una expresión altiva en vez de bajar la cabeza como el resto. Al comienzo, Charly se bancó ese régimen brutal como un señorito, pero a medida que el tiempo transcurría comenzó a rebelarse.

— • —

Cuando Charly vio que el séptimo de caballería no acudía al rescate, decidió forzar los acontecimientos actuando irresponsablemente. Y cuando lo apretaron, simuló locura, dijo que sufría del corazón y hasta se llegó a intoxicar con pastillas, por lo que lo mandaron al hospital. Realmente no estaba muy bien, se sentía mareado y no podía coordinar sus movimientos. Asegura haber tenido una visión. Un ángel, una visita celestial que permaneció un instante frente a él y se fue. Cuando se le pasó el malestar, compuso la letra y la música de "Canción para mi muerte". Le dio forma final cuando cayó Nito Mestre de visita con una guitarra.

Para que no quedara ninguna duda de que no podía pertenecer al Ejército, Charly llevó a cabo una serie de desmanes que pusieron ese hecho en evidencia. Fingió todo lo que pudo una variada gama de desórdenes físicos. Pero cuando vio que los médicos no le creían, decidió hacer algo tremendo, algo que evitara que fuera devuelto al regimiento: tomó el cuerpo de un muerto de una de las camas del hospital, lo puso en una silla de ruedas y lo llevó a tomar sol por ahí.

—Lo vi muy pálido —declaró cuando lo sorprendieron.

El soldado García fue sometido a exámenes psicológicos que lo declararon "maníaco-depresivo, con personalidad esquizoide", recomendando así su baja. Ésa fue una de las pocas cosas con que el Ejército la pegó y lo dejaron ir a comienzos de 1972. De esa experiencia salió otra canción que se llamó "Botas locas".

—Así comencé mi larga carrera de éxitos —rió una tarde, frente a la pileta de su sala de ensayo—, gracias al Ejército Argentino.

— • —

Una vez liberado de la colimba, Charly trató de mantener unido a Sui Generis y detener el éxodo. Pero fue inútil.

—El único que se la rebancó fue Nito. Creo que quedamos los que teníamos que quedar —dictaminó.

Nito Mestre lo recuerda con mayor comprensión: "Sui Generis se fue reduciendo por conflictos internos. Charly y yo nos comenzamos a quedar solos porque no pasaba nada. Estaba Paco Prati en la batería y Rolando Portich en el bajo. Teníamos que tocar en Mar del Plata, pero al no pasar nada, Rolando se había ido de vacaciones, y sin bajo la batería no tenía mucho sentido. Lo queríamos conservar a Paco, tratamos de que cantara, pero no daba. Así fue que Charly y yo salimos, los dos solos, a tocar en Mar del Plata como soportes de Pedro y Pablo. Nos llevamos una gran sorpresa porque a la gente le comenzó a gustar nuestra onda. Nosotros nos cagábamos de risa, hablábamos con la gente, decíamos lo que se nos ocurría, total, no había nada que perder.

"Después vinimos a tocar a Buenos Aires, con otro grupo, pero Pierre Bayona nos dijo que no, que toda la gente que nos vio en algún lado, prefería que tocáramos los dos solos. Así hicimos el teatro ABC, dos meses, viernes, sábados y domingos. Charly y yo nos íbamos a repartir los volantes a la calle y tratábamos de levantarnos minas mientras tanto. Les decíamos que vinieran al show, que no sabían lo que se iban a perder y que el día de mañana se iban a arrepentir si no venían. ¡Y tuvimos razón! Eso lo hacíamos todos los santos días, y fue glorioso no quedarnos atrás. Sin embargo, para mí, fue raro el hecho de que los demás se fueran".

Charly jamás dudó de que las cosas saldrían bien, aunque en algún momento pensó en abandonar la lucha.

—*¿Tenías un plan alternativo de vida que no contemplara la música?*

—No, no tenía un plan muy definido. Podría haber sido psicólogo (risas); con eso enrollé a mi familia durante dos o tres años mientras daba vueltas. Pero tuve suerte. No digo que nunca podría haberme prostituido; el hambre y la desesperación pueden llevar a hacer muchas cosas. En el momento justo tuve una oportunidad y me mandé para adelante. Siempre creí en lo que hacía, sin soberbia, pero convencido.

5. Los dinosaurios

Combato a la autoridad. La autoridad siempre me gana.
JOHN COUGAR MELLENCAMP, 1983.

Con la llegada de Los Beatles a su vida (pronto se sumaron Rolling Stones, Bob Dylan y Byrds, entre otros), Carlitos comenzó a ser Charly. El arribo del rock and roll alarmó al papá de Charly y ambos no tardaron en chocar. Sensibles y orgullosos, crecieron en mundos separados y en órbitas en constante colisión. Cuando Charly se dejó el pelo largo, su padre amenazó con cortárselo: lo mismo que sucedió en millones de hogares del mundo entero. Charly contaba con la protección de su madre frente a los embates de su padre; en un comienzo, no pudo entender por qué causaban tanta oposición Los Beatles, pero su inteligencia no tardó en comprender el poder que le daban. Y se hizo fuerte.

Josi, la menor de la familia, recuerda que Charly tocaba el piano todo el día cuando ella era muy chiquita. "Me fascinaba ir a su cuarto y verlo tocar. Mi casa era un poco rara: en el living se escuchaba tango, en el cuarto de Quique y Dany, por ahí Quique tocaba alguna zamba; yo me encerraba en mi pieza con mis amigas, y en la habitación de Charly reinaba el rock and roll. Según por donde caminaras, escuchabas un ritmo diferente. Con Charly lo que más compartíamos era la música: recuerdo cuando él abría un libro de Los Beatles lleno de dibujos, se lo ponía en el atril del piano y por ahí cantábamos algunas cositas.

"Charly siempre fue el protegido de mi madre. Era el que cortaba una alfombra y se hacía un chaleco, pero sin pagar un precio en el momento. Las facturas le fueron llegando después, a lo largo de la vida. Otra historia. Quique hacía una vida más estándar: tenía sus amigos, cantaba folklore, le gustaba un poco el rock y no jodía. Pero estaba sujeto a las comparaciones: era el segundo después de un monstruito como Charly. Daniel también hacía la suya, y yo era una nena buena. En aquella época, la conexión más fuerte con mis hermanos era con Charly: me fascinaba poder cantar con él".

La cuñada de Charly, Inés Raimondo, tardó un tiempo en comprender al papá de los chicos, que después sería su suegro. "Es verdad —reconoce—, tenía esos resabios medio derechosos, pero era un tipo tan bondadoso, de tan buena entraña, que enseguida le perdonabas cualquiera de esas ideas que él pudiera llegar a manifestar. Me acuerdo que chocaba con Charly, no lo podía entender. Recuerdo en especial una discusión por un bombín, un sombrero viejo, que Charly quería conservar para usarlo en los shows, y el padre lo corrió por toda la casa para tirarlo a la basura. Y Charly ya tenía 21. Fue poco antes de que se fuera a vivir con María Rosa. La familia vivía en la calle Vidt".

— • —

Alicia Gieco siempre recuerda algunas salidas que hacía con León, y otra pareja amiga: la de Charly y María Rosa Yorio. Cuando entraban a algún lugar a tomar algo, las viejas se daban vuelta y miraban sin comprender. ¿Cómo podía ser que dos chicas tan "bien" anduvieran con semejantes sujetos?

María Rosa Yorio no tuvo nada que ver con el rock and roll hasta 1972. Lo suyo era una simpatía a distancia. Ella estudiaba teatro y estaba en otra cosa completamente distinta, hasta que una amiga del colegio le propuso que fueran a ver a una banda alucinante que tocaba en el teatro ABC. "Entonces fuimos a ver a Sui Generis —se acuerda casi riéndose María Rosa—. Ese día no había luz en el teatro y ellos tocaban con velas. Si bien yo no era del palo, la música me gustó porque tenía algo de clásico. Volví al sábado siguiente con mi amiga porque la primera vez habíamos ido con un tipo con el que yo estaba saliendo. Fuimos las dos solas y nos sentamos en primera fila. Charly me gustó mucho; primero me enganché con el compositor, el artista. Entonces le acerqué mi teléfono, y él me mangueó cigarrillos. Más tarde me llamó. Él estaba de novio con una chica llamada Maggie, que trabajaba en 'Hair' y era mayor que él. Cuando nosotros establecimos la relación, ella era la novia oficial y yo la chica para salir. No manteníamos relaciones sexuales, sólo salíamos. A él le costaba mucho dejarla, aunque quería, y de alguna manera me hacía sentir que yo era la chica para salir".

Las cosas iban a cambiar. Charly ya estaba buscando el hueco que le permitiera irse de su casa y escapar de la cantinela de su padre. Sui Generis no era conocido a comienzos de 1972. María Rosa, en cambio, se había enganchado con él, pero no se bancaba ser la novia clandestina. "Un día me enojé y le mandé decir por Nito que no lo quería ver más. Charly me llamó, me citó en un bar y me preguntó si yo quería ser su mujer. Le dije que sí, después nos casamos y más tarde nació Miguel. Nuestro primer hogar fue una pensión en Aráoz y Soler, antes de casarnos. Él tuvo una onda muy interesante conmigo: yo no me llevaba muy bien con mi vieja y cuando la situación se hizo insostenible, nos fuimos a la pensión. Esto fue antes de *Vida* o cuando comenzó a grabarlo. Nos costaba muchísimo mantenernos, y estuvimos un año allí. Cuando Charly comenzó a trabajar, nunca más paró, y nos fuimos a vivir a una casa de la calle Tacuarí. En la pensión no nos dejaban escuchar música a un volumen alto, entonces conectábamos dos auriculares y escuchábamos a Pink Floyd y Procol Harum. De todas maneras, éramos muy protegidos por la comunidad de la pensión, que era gente humilde. Yo aprendí a cocinar ahí.

"A pesar de la imagen de locura que uno puede recibir de él, Charly es un tipo que cuida determinados valores. Como esposa me cuidó muchísimo, me valoró y me ayudó mucho en mi carrera musical. Él es un tipo de sólidos principios morales, aunque pueda parecer extraño".

— • —

Una vez independizado y con su carrera musical funcionando, Charly sintió la necesidad de ir más lejos, de encontrar nuevos desafíos, de vencer nuevas resistencias. "Yo soy un tipo antagónico —me explicó una vez—, si vos me decís, por ejemplo, que te gusta Nirvana yo te voy a decir que a mí no, aunque también me guste. Es para que la conversación fluya, a ver dónde va. Porque si te digo que sí, coincidimos y ya no hay más que hablar. Me gusta la mecánica de la discusión. Ojo, soy antagónico pero no pelotudo".

Sin embargo, cuando Charly García decidió emprenderla contra las instituciones en 1974, no lo hizo por antagonismo sino porque ya había acumulado las fuerzas suficientes como para meterse en esa batalla. El antagonismo, en todo caso, fue contra su público y con su propio entorno. Si *Vida* y *Confesiones de invierno* habían funcionado, quizás otras de sus ideas podrían tener idéntico éxito.

Sui Generis había cambiado: ya no eran Nito y Charly solos. En algunos shows participó uno de los músicos que García más admiraba, David Lebón, y después Rinaldo Raffanelli y Juan Rodríguez se incorporaron como base rítmica estable. "A Charly lo conocí cuando se hizo el proyecto de La Biblia con el Ensamble Musical de Buenos Aires —precisa Rinaldo—. Se armó una banda básica con Juan Rodríguez en la batería, Nacho Smilari en la guitarra, yo en bajo y Charly en teclados. Tuvimos un clic inmediato, humana y musicalmente. Al tiempo me invitó a Sui Generis a tocar la guitarra, porque ya había hecho *Confesiones...*, y tenía ganas de sacarse toda la onda adolescente. Después pasé al bajo porque García quería que Sui fuera un conjunto, y que la guita se dividiera en cuatro partes iguales".

En la Argentina, la situación política se tornaba sumamente inestable. Por un lado la Triple A y por el otro ERP y Montoneros iban a sumergir al país en la violencia. Juan Domingo Perón ya estaba por su tercera presidencia y moriría el 1º de julio de 1974. Su mujer, María Estela Martínez, más conocida como Isabelita, jamás tuvo la personalidad necesaria ni la autoridad requerida para poner orden. José López Rega comenzaba a ejercer su nefasta influencia. Los políticos no atinaban a ofrecer soluciones y algunos comenzaron a golpear la puerta de los cuarteles.

No era el momento más oportuno para juzgar a las instituciones. O tal vez sí.

— • —

"A la velocidad con que García arrancó —asegura Raffanelli—, no lo podía seguir nadie". Era verdad.

El disco iba a llamarse *Instituciones*, a secas, y Sui Generis daría un vuelco fundamental en su música. Charly comenzaba a mostrar ambiciosas melodías, soberbios arreglos, nuevos instrumentos como el melotrón y el mini-Moog, que aceleraban notablemente la evolución del conjunto. El sonido de grabación mejoró en un ciento por ciento y la obra cobró rápidamente dimensión de "disco conceptual". Hubiera sido una magnífica ópera-rock. Hubo muchos músicos invitados como Jorge Pinchevsky, David Lebón, María Rosa Yorio, Alejandro Correa, León Gieco, Oscar Moro, Carlos Cutaia y Billy Bond.

Todo andaba sobre ruedas cuando una tarde, Jorge Álvarez convocó al grupo a una reunión urgente: desde un alto cargo gubernamental había llegado la orden de que Sui Generis no debía concretar su sátira a las instituciones. Las amenazas físicas fueron veladas, pero concretamente el sello Microfón podía ser clausurado.

"Vino Jorge Álvarez y nos contó lo que pasaba —explica Rinaldo—. Nos dijo que no convenía poner esas letras, porque por menos habían llevado en cana a varios. A Charly no le gustó nada y quiso tirar el proyecto abajo. Con Nito le dimos manija y le propusimos que cambiara todo, pero para que quedara igual. Y así fue. Charly se encontró con un desafío poético: enmascarar la cosa para decir lo mismo. No cedió ni un milímetro".

"Botas locas" y "Juan Represión" fueron suplantadas por dos nuevas composiciones escritas muy rápidamente: "Tema de Natalio" y "Tango en segunda". Los temas que sufrieron cambios en sus textos fueron "Instituciones", "Las increíbles aventuras del Sr. Tijeras" —absolutamente premonitoria de la censura que Sui iba a sufrir en carne propia— y "Para quién canto yo entonces". El título del disco fue levemente modificado de *Instituciones* a *Pequeñas anécdotas sobre las instituciones*.

Casi 20 años más tarde, el disco fue editado en compact en una colección por el sello Microfón. Ya en una nueva época democrática, se le sugirió a García volver a editar la obra tal cual él la había concebido. "De ninguna manera —contestó ofuscado a Jorge Álvarez—, los discos no se cambian. Ahora banquenselá, porque fueron ustedes los que quisieron que yo cambiara todo. En todo caso, pongan las dos canciones que no salieron como bonus tracks". Así se hizo.

— • —

Pequeñas anécdotas sobre las instituciones fue un éxito de críticas, pero no tuvo la venta masiva de los dos discos anteriores de Sui Generis. A Charly lo deprimió esa realidad que fue constatando en los recitales, cuando quería presentar las nuevas canciones y el público le pedía las viejas. Había allí un desencuentro que se iría repitiendo periódicamente; sucedió con La Máquina de Hacer Pájaros, en los comienzos de Serú Girán, en *Clics modernos*: el público esperaba otra cosa que la que Charly, o Sui Generis en este caso, ofrecía. Además, García encontró oposiciones internas: los managers y productores no admitían el cambio y tiraban para atrás constantemente. Esto finalmente dio por tierra con la idea de Charly de sacar un nuevo disco de Sui Generis en 1975, que se iba a llamar *Ácido* (finalmente se optó por un título más sutil: *Ha sido*). Más tarde, Sui Generis voló por los aires.

"Jamás llegué a entender por qué 'Ha sido' no se editó —revela Rinaldo—, porque lo grabamos y todo. Era una cosa muy loca, con letras de Charly que hablaban de los gusanos de la mente de la gente. Eso sí: no era Sui Generis tal cual se lo conoció". El grupo tuvo que resignarse con un simple de uno de los temas de la obra: "Alto en la torre". "Fabricante de mentiras", "Nena", "Bubulina", "Entra" y otras canciones que no llegaron a ver la luz (aunque luego aparecieron en el repertorio de distintos momentos de Charly) eran el núcleo fundamental de ese disco que reflejaba el masivo consumo de ácido de aquellos días, una droga que García probó aunque nunca fue muy afecto a ella.

Al ver que *Pequeñas anécdotas...* no encontraba el eco deseado, y con *Ha sido* —otro título premonitorio— reducido a un simple, Charly comenzó a hartarse de Sui Generis y decidió irse del grupo. Obviamente, sabía que su partida significaba, lisa y llanamente, la disolución. Pero no especuló con eso: irse era un grito de sus entrañas. Se sentía estancado, con un entorno que le impedía crecer, con un público atorado en una postal que ya le parecía muy vieja. Si tocaba mal, no importaba: los aplausos llegaban igual y los billetes seguían entrando. Fue una encrucijada difícil para su alma de artista. Optó por la única salida honorable que encontró.

— • —

La decisión de Charly cayó como una bomba en el cuartel general de Sui Generis. Nito Mestre, dentro de todo, se lo tomó bien; él también sentía que el grupo había alcanzado un techo y que iba a ser complicado seguir avanzando. Por otro lado, García había crecido tanto que su participación musical quedaba reducida a una expresión minúscula. El desarrollo instrumental de la banda lo había relegado un poco, y todas estas cuestiones lo fueron alejando de Charly. Y sin una buena relación entre ambos, Sui Generis no existía. Una serie de shows desafortunados terminaron por convencerlos.

Jorge Álvarez, en cambio, puso el grito en el cielo: "¡Vas a matar a la gallina de los huevos de oro, boludo!", le dijo a Charly. Después de una larga discusión, comprendió que no había modo de disuadirlo y tuvo la brillante idea de hacer un recital de despedida. Se pusieron de acuerdo en hacer una función en el Luna Park. Con un proyecto grande a la vista, la atmósfera dentro de la banda cambió radicalmente y los ensayos de Sui Generis recobraron el entusiasmo perdido.

La noticia de la separación de Sui Generis causó un estruendo en el ambiente y el público del rock nacional. Si el dúo llenaba el Luna Park, iba a ser la primera banda en lograrlo por sí sola, creando así un precedente histórico. Los que acusaban a Sui Generis de haber "ablandado el rock con una música liviana y carente de significado" se mordieron los codos de rabia cuando se agotaron las once mil entradas puestas a la venta. Jorge Álvarez emitió cuatro mil más que desaparecieron en cuestión de instantes. De esa manera, se decidió hacer otra función el mismo día: 5 de septiembre de 1975.

Los afiches de "Adiós Sui Generis" cubrieron toda la ciudad y no tardaron en ser tapados por los graffitis de los fanáticos de la banda. Casi todos decían lo mismo: "¿por qué se separan?". El detalle no le pasó inadvertido a León Gieco, que en esa época era muy amigo de Nito y Charly, y lo motivó para escribir un texto despidiendo al grupo de sus amigos. Gustó tanto que terminó siendo leído en off por Jorge Álvarez, al comienzo de la segunda función. De esa escritura sólo sobrevivió un pedazo, que aparece al comienzo del disco doble que registró la despedida: "Adiós Sui Generis, y que tengan una hermosa vida".

La idea de grabar los shows en el Luna Park y de filmar una película con ellos fue lo que terminó de darle proporciones faraónicas al final de Sui Generis. Nadie en la Argentina se había animado a tanto.

— • —

Un mes antes de los conciertos del Luna Park, Sui Generis tocó en Montevideo. Pese a que la censura los había obligado a dejar de lado en su último disco de estudio los temas "Juan Represión" y "Botas locas", este último seguía figurando en la lista de temas de los recitales. En Uruguay la dictadura militar no dejaba resquicio por donde pudiera colarse un poco de libertad, y el show de Sui Generis fue seguido con especial atención por la policía (para "garantizar el orden") y los servicios de inteligencia. "Botas locas" fue la señal que esperaban para arrestarlos. Escucharon la letra, vieron la repercusión que despertó y procedieron.

Rinaldo Raffanelli no se lo olvida más. "Fueron presos hasta los equipos. Después nos hicieron declarar a todos por separado. El primero en ir fue Charly, que cuando volvió nos hizo señas de que dijéramos que no sabíamos las letras. Va Juan Rodríguez y cuando le preguntan por la letra de los militares dice que es el baterista y no canta. Yo hago lo mismo, digo que toco el bajo, y Nito dice que toca la flauta. Después nos soltaron a todos. Cuando estuvimos lejos le preguntamos a Charly qué era lo que había hecho. El Flaco les cambió toda la letra de 'Botas locas' y les hizo creer que era un tema nacionalista. En vez de 'si ellos son la patria, yo soy extranjero' les dijo 'si ellos son la patria, yo me juego entero'. Fue increíble, lo hizo todo en el momento y sin consultarnos. La sangre de pato de García nos salvó la vida".

— • —

25.600 espectadores es, aún hoy, una excelente cifra para un concierto de rock, equivalentes a seis Obras o a una cancha de Ferro llena. Pero en 1975 era una cantidad suficiente como para que los diarios se fijaran por primera vez en el rock como espectáculo y no como una nota de color para "policiales". El malevaje extrañado miraba sin comprender las gigantescas colas de ingreso al Luna Park. Los shows fueron un éxito categórico y todos los que pertenecieron al rock nacional como público hicieron acto de presencia. Hubo gente que llegó a las siete de la mañana.

Sui Generis podría haber hecho un repertorio basado en *Vida* y *Confesiones de invierno*, bien demagógico, pero optaron por una sana combinación entre los éxitos que la gente quería escuchar y las canciones que ellos tenían ganas de tocar. Varios temas nuevos fueron estrenados en aquella noche: "La fuga del paralítico", un instrumental de García; "Nena", "Bubulina" y "Fabricante de mentiras", del inédito *Ha sido*; "La niña juega en el gran jardín", de Rafanelli; "Canterville", un tema que "habla de la pálida, loco", perteneciente al proyecto Porsuigieco; y "El blues del levante", una canción destinada a entrar en el panteón del rock nacional: fue el tema que más le pidieron a Charly que tocara hasta 1980 y nunca volvió a hacerlo.

Se vivió un clima de histeria en esos shows: la gente no quería que Sui Generis muriera y eso se hizo claro cuando los de la primera función se resistieron a desalojar el Luna Park para que entrara el público de la segunda. El show fue bastante bueno, pese a las deficiencias acústicas del Luna Park; hubo, no obstante, muchos pifies y desprolijidades propias de la emoción.

Cuando los últimos espectadores desaparecieron por la calle Corrientes, Charly se tomó un taxi junto a su mujer María Rosa y se fueron a comer al restaurante Zumbier, hoy desaparecido, en Corrientes y Callao. Allí los encontraron León Gieco y Alicia, que se fueron caminando del Luna. "Veníamos pensativos —recuerda León—; yo sentía una mezcla de admiración y celos, porque tenían un éxito muy grande. Cuando llegamos al restaurante, encontramos a Charly y María Rosa. El Flaco me dijo: 'Loco, hace media hora dominaba a un Luna Park lleno de gente y ahora estoy solo'. No lo olvidaré jamás".

— • —

Pero no fue ése el final de Sui Generis: Jorge Álvarez había vendido shows de despedida en el interior del país. De cualquier manera, la banda estaba desarticulada y se mandó a la ruta para cumplir con los últimos compromisos. La organización fue desastrosa y el desánimo reinante se transformó en depresión. Tocaron en Córdoba, algunas localidades del sur, y dieron el último show en Caleta Olivia ante ochenta personas, con un sonido espantoso. A la vuelta, el micro sufrió un accidente. Charly se acuerda, y se ríe de la situación. "La separación misma fue por abandono. El accidente fue al sur de la provincia de Buenos Aires, en un lugar llamado 'la curva de la muerte'. El chofer con los equipos venía dado vuelta (es medio estúpido zarparse en la curva de la muerte ¿no?), el micro volcó y los equipos fueron a parar a la mierda, quedando desparramados sobre unos acantilados. La visión era tremenda: un sintetizador en la punta de un acantilado, unos baffles más abajo. Ahora me río, pero me quise morir en el momento. Lo que más lamento es no haber tenido una máquina de fotos, porque era casi una cosa artística ver tantos equipos desparramados en ese lugar. Y ésa fue la señal más clara de que no podíamos seguir. ¡Si ya no nos quedaba nada!".

Rinaldo completa el cuadro de desolación: "Lo único que

se salvó de los equipos fue el mini-Moog de Charly, y después se lo afanaron en el aeropuerto. Cuando el avión pasó por Trelew nos agarró una tormenta y se empezó a mover a lo loco. Estábamos con una mufa tremenda, parecía que estábamos malditos. Y cuando llegamos, con Nito nos tomamos un taxi en Aeroparque: ¡y chocamos! Lo tomamos como un aviso".

6. Promesas sobre el bidet

Tener un solo vicio es demasiado:
hay que tener por lo menos dos.
A.A.

Tres fueron los shows que Charly García hizo a lo largo de su carrera en el estadio de Ferro, en Caballito, su barrio natal. El primero de ellos se llevó a cabo el 25 de diciembre de 1982, inaugurando su carrera solista. En aquella mágica noche, se presentaron como grupos soporte dos bandas apadrinadas en cierto modo por Charly: Los Abuelos de la Nada y Suéter.

Fue la primera vez que un solista de rock nacional llenaba una cancha; tras la separación de Serú Girán a comienzos de aquel año, existía una gran expectativa por ver a Charly en acción, alimentada por el impecable nivel de su disco *Yendo de la cama al living*. Valdrá la pena recordar que un mes antes, tres empresarios rockeros hicieron la cuarta edición de B.A. Rock, con todos los grupos del momento, que atrajeron a dieciséis mil personas. Charly solo llenó Ferro con veinticinco mil.

"Me acuerdo que había un solazo tremendo —dice Gustavo Bazterrica, guitarrista de Los Abuelos de la Nada, y por aquel entonces miembro del primer grupo solista de Charly—; se caían todos los pajaritos. La primera prueba de sonido fue a las tres de la tarde con un calor infernal. Yo estrené una viola sintetizada que me dio Charly antes de irse a Suiza a buscar a Zoca. Me dijo que la aprendiera bien, porque iba a tocarla en vivo cuando presentara el disco. Y así fue. El problema fue que a esa guitarra le dio el sol toda la tarde, y cuando hice el primer solo, empezaron a salir unos sonidos extrañísimos. Fue algo terrible".

Además de Bazterrica, en el grupo de Charly estaban Willy Iturri en la batería, Andrés Calamaro en teclados y Cachorro López en bajo. Iturri se acuerda de estar en la terraza del Bauen, a punto de cambiarse para ir a tocar a Ferro, y ver un frente de tormenta que se había instalado en Buenos Aires. "Se largó un viento tal que las reposeras de la terraza chocaban entre sí —dice Iturri—; pero teníamos tantas ganas de tocar que la tormenta tuvo que irse a otra parte".

"Ferro fue muy interesante —asegura Andrés Calamaro—. Charly estaba en una quinta que había alquilado en Acassuso, ensayamos ahí unos días y nos quedamos a dormir la noche anterior al show. Concentramos en la quinta, y al día siguiente había una suite en el Bauen, arriba, que iba a servir como aguantadero del día del concierto. Durante la prueba de sonido la temperatura había llegado a 39 grados, los teclados crujían del calor que hacía. Cuando volvimos al Bauen se desató una tormenta de locos; los sofás en la terraza del hotel navegando, pero finalmente fue una de esas tormentas cortas de verano y tocamos.

"Nosotros hicimos en diciembre Ferro, y en marzo Obras. A mí, los Obras me gustaron más; fueron mejores y más tranquilos. Creo que vino Spinetta uno de esos días. La característica de los conciertos en Ferro fueron los simulacros de bombardeo que ilustraban aquella canción ("No bombardeen Buenos Aires"). Después la banda se discontinuó porque Cachorro decidió dedicarse a full a Los Abuelos, El Vasco también, ¿y yo qué iba a hacer? Me acuerdo que lo charlamos en una discoteca de la calle Junín, donde nos regalaban pantalones".

— • —

El segundo Ferro, como todos los demás, también se produjo cerca de fin de año. Era el regreso de Charly después de haber estado internado en la clínica psiquiátrica de Palermo durante tres meses, entre agosto y octubre de 1991. Su público no pudo faltar a lo que era una cita de honor para celebrar su liberación.

El primero en tomárselo a la joda fue el propio García, tan poco dado a compadecerse de sí mismo. Hubo un video con toques chaplinescos que presentaba a su banda, Los Enfermeros, quienes se encargaban de controlarlo en una farsa tan genial como graciosa. Charly entró al escenario en una ambulancia que lo dejó en una rampa al costado: él mismo abrió el telón y comenzó el show. García estaba gordo. Bueno, todo lo gordo que un flaco como él puede llegar a estar, pero en excelente forma.

Poco después de su salida de la clínica, hizo una breve gira por cines de barrio como para reencontrarse. Fui a uno de esos conciertos en Martínez. Poco antes de iniciarse el show, divisé en una puerta que daba a camarines la figura de Rinaldo Raffanelli conversando con Fernando Lupano. Me acerqué a saludar. Al rato vi que Charly se asomaba y hacía señas para llamar a alguien. Le avisé a Lupano y García dijo no con la cabeza. Le dije a Rinaldo que lo llamaban, pero Charly me señaló con el dedo y me indicó que pasara.

Cuando llegué al final del pasillo, lo busqué pero no lo vi por ningún lado. Raro. En ese mismo momento, alguien me agarró del cogote, me tapó los ojos y me secuestró. Traté de zafar y sentí que me ponían un porro en la boca. Recuperé la visión, García me guiñó un ojo, y me dijo "enjoy the show". Cuando todo terminó me quedé un rato en la sala y a los cinco minutos salió Charly que me pidió una opinión del espectáculo.

—Muy bien —le dije—, me encantó la lista de temas, y me parece que todos tocaron bárbaro. Da la impresión de que todavía falta un poco de ritmo.

—Después de tres meses de clínica, ¿qué querés? —contestó.

Recibí una invitación a cenar a la Costanera y no había terminado de aceptar, cuando me vi arrastrado en una veloz carrera a una limusina en donde Charly esperaba con dos chicas y una botella. Eran sus acompañantes terapéuticas. Dos bellezas que bebían como cosacos.

Poco tiempo después vino lo de Ferro. El Negro García López salió vestido de médico, Hilda Lizarazu se veía preciosa con un delantal blanco y una cofia, mientras que Fernando Samalea, Fernando Lupano y Fabián Quintiero lucían ese verde horrible de los delantales de hospital. El único vestido de calle era Charly. "Ese Ferro fue mucho mejor que el otro", recuerda hoy Lupano.

— • —

El tercero ("el otro") y último Ferro correspondió a diciembre de 1993. Era el cierre de una etapa, así como un momento de transición para una banda que se formó en 1987. Ya no estaban en ella ni Alfi Martins, que se mudó a Nueva York, ni el Negro García López, que prefirió hacer su cosa solista, ni Hilda Lizarazu, que se abocó a Man Ray. El escenario fue circular y trajo unas cuantas complicaciones; a la hora de tocar se vio que era muy difícil mantener idéntico nivel de atención en cuatro costados diferentes. La idea era buena pero al no poder ser ensayada todo lo necesario, dificultó la comunicación, que era el objetivo principal perseguido por Charly.

"Quiero que el concierto sea del autor al consumidor —me dijo Charly, pocos días antes del show—, sin nada en el medio. No vamos a tener pantallas de video ni usaremos máquinas. Estoy conectado con la música, estoy sensible. Pasé por muchas cosas para llegar a esto. Llegué hasta un límite, que no fue impuesto por mí sino por gente que me cazó y me puso en un lugar. Eso no me puede pasar dos veces. Mi intención no era suicidarme, ni morirme, ni nada de eso. Está bien: me doy cuenta de que el efecto García es fuerte.

"Yo probé demasiadas cosas, en el sentido de estar en la Quinta Avenida de Nueva York y ponerme en el medio de la calle, esperar a que venga el bondi y frenarlo con la mirada. Estas cosas te dan algo por un lado, pero por el otro... es una omnipotencia terrible. La gente hace esas cosas, u otras de similar calibre, pero no se traducen en obras del mismo voltaje. Podés ser Sid Vicious, pero se murió. ¿Cuál es el chiste? Lo podés hacer una vez, dos veces; estás con diez mil mujeres: ¡ay, qué bárbaro que soy! Puedo dominar a Mirtha Legrand, a la prensa, OK. Siento que eso me cansa, porque no me hace bien. Ja, ja, ja: pero llego a mi casa y me pongo a llorar. ¿Cuál es? ¿Puedo hacer cualquier cosa? Es un chiste, pero la energía... te la encargo.

"Ahora, la idea es apuntar mejor. No demostrarle a todo el mundo que para que te des cuenta de lo que quiero, te paro el colectivo con la jeta, que es lo que mata a mucha gente, muchos artistas. Ahora me gustaría no explicar tanto, no demostrarme a mí tanto, no sentirme herido por algunas cosas. Ahora soy free lance: no me caso con nadie, no formo parte de una agencia. Estoy en el 'do it yourself'. Ahora estoy en una mano heavy-light. Yo soy heavy, lo sé, pero la intención va a ser light, en el sentido de que no le voy a venir a la gente con mis problemas. Quiero tocar música, quizás algún día quiera hacer una película. Ferro cierra una etapa: hay un cambio de vida. Lo que estoy componiendo ahora sale del mismo lugar, pero con otro rigor, otras cosas. No estoy haciendo *La hija de la Lágrima* porque me la pide la compañía. Pero también sé que si no laburo bajo presión, no hago las cosas. Por eso me puse fechas tentativas. Para secarte, tenés que desagotar la bañera".

—*Cuando hablás de un cambio de vida, ¿a qué te referís concretamente?*

—A darme espacio, a no sentir presiones. No me metí en la música para ser el jefe de una fábrica, que si paro se mueren de hambre millones de personas. Eso incluye competencias, chismes. Quiero terminar con todo eso. En cuanto a los cambios... me acuerdo que a vos no te gustaba la Coca-Cola, pero un día te gustó. Es eso: cambiar de placeres, aunque no cambiar del todo. Me aburrí de muchas cosas que de vez en cuando uno las hace, porque te divierten. Siento que ya cerré eso. Hoy, siento más divertido el desafío de hacer canciones. Ahora me está saliendo una catarata de temas. La cosa es: ¿de qué va a hablar el tema? ¿Qué va a pasar? Yo quiero pasar a otro plano. Ahora me voy a mudar al quinto piso, ya me llevé la lámpara. Si uno se acomoda en una cosa, no crecés: sos rastrojero toda la vida.

Ése fue el sentido del show en Ferro: terminar con una etapa y comenzar otra distinta. El timing de García era perfecto y el momento era conveniente. El cambio iba a darle la renovación necesaria para empezar desde otro lugar algo diferente. Ferro estuvo lleno. Aunque la voz de Charly no haya tenido tiempo de aclararse lo suficiente tras un largo sueño del que fue despertado justo como para llegar al escenario, la cosa fue una fiesta. La gente cantaba más fuerte que García. Lo que no molestó a nadie, salvo a la crítica.

1994 era el año en que *La hija de la Lágrima* haría su aparición. "La ópera tiene que ser una obra de ingeniería", me comentó Charly a bordo de un taxi. Ya la tenía craneada, según explicó. Si bien las canciones todavía no estaban formalmente plasmadas, creatividad no faltaba. Yo mismo había podido ver cómo Charly generaba música a lo loco en los ensayos.

Una de esas noches llegó Gustavo Bazterrica de visita, justo en el momento en que la banda discutía con García el horario de ensayo del día siguiente. Él estaba de mal humor porque los chicos querían hacer un intervalo para ver el partido de la selección. García gusta del fútbol, pero no posee la paciencia como para ver un partido. Incluso, lo juega bastante bien, aunque se canse rápido. El asunto es que contestaba a cada pregunta, ya hastiado, con un sonido diferente del teclado.

Bazterrica fue la excusa para terminar con la discusión e

iniciar una zapada de la que participaron Bruja con la armónica y Samalea. García tocaba piano, hacía los bajos con otro teclado, fumaba, bebía y cantaba al mismo tiempo. Se le ocurrió un riff que fue inmediatamente seguido por Bazterrica en la guitarra. Me pidió que grabara con el notero lo que iba saliendo. Finalmente, Charly puso acordes, secuencias, puentes, y generó un tema llamado "Shame" o "Shake", con ritmo de rock y un toque funk a lo Prince. Mi pequeño grabador fue desbordado por el volumen. Hicieron una versión, y después otra, completamente diferente, como si fuera un remix.

Todos nos fuimos a la oficina de adelante para chequear los resultados con un equipo más decente. Pero Charly regresó a la sala y volvió con una guitarra y un equipo. Nos pidió a Samalea y a mí que tocáramos la percusión con dos ceniceros de pie. Logramos un sonido espantoso golpeando en la chapa y pateando el piso de madera como si fuera el bombo de una batería. García fue inventando la canción al tiempo que la grababa; fue como una especie de raga-rock que armó con letra improvisada en inglés. Por una de esas felices coincidencias que sólo suceden cuando Charly está presente, esa grabación humilde y casera terminó sonando como si fuera un demo grabado en estudio.

En media hora, Charly había dejado sentadas las bases de dos canciones nuevas. Cualquiera de ellas hubiera tenido destino de hit de haber sido conservada. El caos y el desorden deben haber dado cuenta de ellas. Con lo que García descarta, hay grupos que saldrían de pobres.

7. En la ruta del tentempié

> *Es mejor arder que desvanecerse.*
> NEIL YOUNG, "MY, MY, HEY, HEY".

La hija de la Lágrima era una vieja deuda que Charly tenía con él mismo y con su público. Lo primero que García compuso en su vida con fines medianamente profesionales fue, justamente, una ópera rock. Era la época de Tommy, la obra del grupo The Who que creó el género, a fines de los 60. La ópera que Charly compuso en aquellos años se llamó "Theo", la interpretaba el pre-Sui Generis y, según cuenta la leyenda, fue registrada en un pequeño grabador. Duraba veinte minutos. Sin embargo, Charly asegura que su ópera fue compuesta antes de "Tommy", pero que su inspiración sí fueron The Who con su segundo álbum *A quick one while he's away*.

La hija de la Lágrima fue una ópera-rock que concretó a veinticuatro años de "Theo" y en condiciones muy diferentes. Todo el mundo sabe la historia de Barcelona: una riña callejera entre dos mujeres presenciada por Charly. Una le pega a la otra con una chancleta y le profiere la famosa línea: "Y no te olvides nunca que yo soy la hija de la Lágrima". Las damas peleaban por el querer de un hombre. Charly quedó impactado por la situación. "Jamás había visto tanta violencia, así, a la chancleta".

—Ése es el nombre de mi próximo disco —le dijo a Fabián Quintiero, que lo acompañaba en la ocasión.

Tardó cuatro años en cumplir su autoprofecía, pero iba a llevarla adelante costara lo que costase. El precio fue alto. Demasiado.

— • —

Se habían hecho unas "bonitas tres" de la madrugada de un martes. Charly y yo nos quedamos un rato más en la sala tras un ensayo, charlando un poco y tocando canciones de Steely Dan. Era increíble: la bestia se sabía todos los tonos, las alteraciones, las inversiones y las letras de esas sofisticadas páginas compuestas por Donald Fagen y Walter Becker. No creo que las haya estudiado; Charly no es de los tipos que estudian las cosas de otros. Pero tampoco me explico cómo hace para mantener esas canciones en la memoria. Interpretamos unas cuantas: "Deacon Blue", "Hey Nineteen", "Babylon Sisters", "Rikki, don't lose that number" y "The fez". A veces tropezaba con algún tono, y ahí daba la impresión de estar sacándolas en el momento, como si tuviera una computadora tan veloz en la cabeza que pudiera internarse en esos moños musicales y desatarlos en cuestión de segundos. A 20 años de ser compuestas, las canciones de Steely Dan han envejecido tan bien que parecen recién estrenadas y muy acordes con estos tiempos cínicos.

Esa noche, Charly colocó el primer acorde de *La hija de la Lágrima*. Estuvo toda la madrugada trabajando con un viejo teclado, manchado con aerosol y desvencijado por el uso. Era uno de esos cosos con parlantes que podían admitir una pequeña grabación.

—Escuchá esto: es la Obertura de la ópera —me dijo apenas trapasé el umbral de la puerta de su departamento al día siguiente.

Muy rudimentariamente se podían distinguir los basamentos de la "Overture" que iniciaría la ópera. García había dado el puntapié inicial a un trabajo largamente anticipado y que iba a hacer saltar por los aires todos los planes que Charly había delineado a fines de 1993. "*La hija de la Lágrima* es un viaje de ida", me aseguró una tarde y yo no le quise creer.

— • —

Durante un par de meses le perdí el rastro, hasta que una tarde de febrero de 1994 me llama Laura López, secretaria de García. Charly quería verme esa noche en ION. En realidad, no tenía nada que decirme, salvo que no me perdiera aquellas sesiones, que estaba invitado a ellas. Cierto pudor natural me había hecho desistir de ir a la grabación, por no perturbar al genio en su salsa. Poco a poco comprendí que al genio no hay nada que pueda perturbarlo, o que, en todo caso, él decidiría qué es lo que quería que lo perturbase.

En el estudio, que no quepa duda alguna, Charly es el amo y señor. Todo debe estar como a él le gusta, y hacerse a su manera, aunque sea la menos conveniente. A esta altura de los acontecimientos, ¿quién podría discutirle algo? Y si Charly quiere traerse un televisor gigante con un video láser, para ver *Sueños* de Akira Kurosawa, o *2001, Odisea del espacio*, mientras mezcla, para inspirarse, está en todo su derecho. Si se le antoja llenar de polaroids las paredes del estudio, y colocar muñequitos de dinosaurio sobre toda la consola de grabación, también puede hacerlo.

Si está bien, Charly es una persona sumamente respetuosa y educada que pide las cosas por favor. Es naturalmente gracioso y si está de buen humor, uno puede llegar a morir de risa. No está de joda todo el tiempo, pero pone algunos bocadillos sublimes. Es complicado entender su código, pero Osvel Costa, el técnico que sobrevivió a la grabación de la ópera, comprendía el significado de términos como "cataflón", "frin-fran-flun", "mumble mumble" o "Pirú-pirú".

Otra cosa que impresiona cuando uno observa a Charly en el estudio es que ese tipo, tan caótico y desordenado, siempre sabe cómo sigue la cosa, cómo debe instrumentarse el próximo paso. Es rapidísimo y cuesta seguirle el ritmo. Quizá lo único que García desconozca es el momento de detenerse. En aquellas sesiones, todos íbamos cayendo uno a uno y él seguía en pie hasta que el último asistente había perdido la posición vertical.

Las sesiones tenían un horario estipulado que comenzaba a las siete de la tarde. La salida... vemos; ahí se originó el famoso refrán: La entrada es gratis, la salida... vemos. Aproximadamente a las siete u ocho de la mañana se levantaba campamento... si la sesión era de las livianas. Ha pasado algunas veces que los técnicos de un estudio tuvieron que diagramar guardias para abastecer a García, que se quedó días grabando.

La primera vez que fui al estudio, todo parecía ser de lo más normal. Además de Charly, estaban Samalea (una suerte de co-piloto en aquellas sesiones) y María Gabriela Epumer en la sala grabando unas guitarras.

—Tengo algo para que hagas —me dice Samalea.

—Cuidado, que te va a mandar a chupar algunas pijas en Pueyrredón, que a esta hora arde —avisa Charly.

—¡¡¡No, al Once, no!!! —pido misericordia.

El destino no fue menos cruel. El baterista me muestra un libraco que versa sobre la Atlántida y me marca un capítulo en donde el autor hace una complicada descripción de raros templos. Fernando quiere que los lea, los interprete y los dibuje. Pequeño detalle: no sé dibujar, pero me ofrezco a leerlo y contárselo a Charly, que sí dibuja bien —y dio muestras de ello durante esas sesiones—. El asunto es que a medianoche, yo estaba en un lugar apartado del estudio tratando de entender qué catzo era "la arquitectura gubernamental de Atlantis". Jamás lo logré.

— • —

En la cabina de control el Comandante García se ha hecho poner un Marshall y él mismo graba unas guitarras distorsionadas para "Jaco y Chofi" un tema instrumental de la ópera, dedicado a Jaco Pastorius, quien fuera bajista de Weather Report. Charly lo conoció en persona cuando fue a tocar con Serú Girán a un festival de jazz en Río de Janeiro durante 1980. "Fue el único tipo en mi vida que logró ponerme verdaderamente nervioso. Jamás vi a nadie con tanta energía en esta tierra", jura.

Serú Girán ya era una potencia en la Argentina y aquél fue el primer desafío en el exterior y enfrente de un público exigente. Weather Report, en cambio, era una banda considerada como una divinidad para los entendidos. Gran parte del mérito le correspondía a Jaco Pastorius, uno de los músicos más geniales de este siglo. Revolucionó el modo de tocar el bajo eléctrico e impuso el sonido "fretless", tocando un bajo sin trastes. Eran los tiempos del jazz-rock, una corriente que pegó muy fuerte en la comunidad musical de Buenos Aires. Hasta Serú acusaba influencias de Weather Report, las que se reflejaron, de movida, en el estilo de Pedro Aznar. "Tengo que reconocer que Pedro fue muy, pero muy rápido, y cazó la de Pastorius antes que nadie y mejor que ninguno. No tengo ninguna duda de que Pedro es uno de los mejores bajistas de la tierra", concluye Charly.

Weather Report, Serú Girán, Pat Metheny y otros músicos compartieron el hotel. "Estábamos en el Intercontinental de Río en el Festival de Jazz —explica Zoca—. En el comedor, Jaco se acercaba a nosotros y nos decía algo así como 'esa ensalada está muy buena'. Después venía, nos mostraba otra cosa y nos decía, 'tienen que comer eso, está bárbaro'. Cada tanto molestaba con algo. Charly ya estaba harto, pero él es muy respetuoso: para pelearse con alguien, tiene que tocarle algo muy fuerte. En un momento, Charly le paró el carro y le dijo 'está bien, ya vamos a comer la ensalada, basta'. Yo lo vi tan sacado a Jaco... Estábamos en la pileta, nos sacábamos fotos y

Jaco nos venía a decir que no sacáramos fotos, porque él era indio, y las fotos nos robaban el alma. Era muy raro".

En realidad, Jaco le codiciaba la mujer a Charly, que comprendía la situación, pero le daba no se qué frenarlo, no tanto porque el otro fuera un músico talentoso y famoso como él. O tal vez sí: porque Jaco, con su manera de ser, había fascinado a Charly. "Hola, soy Jaco Pastorius, el bajista más grande del mundo", fueron las palabras que eligió como presentación, desde el comienzo y hasta el final de su carrera. Se encargó de hacérselo saber a García durante su estadía en Río de Janeiro.

"Lo vi hacer cada cosa: Jaco se tomó la línea más grande del mundo, pegó tres vueltas carnero en el aire y se tiró a la pileta. El tipo doblaba los dedos hasta la muñeca. Jamás vi a nadie hacer eso. A Pedro lo humilló y le dijo 'todos me roban, y vos también me robás'. ¿O no? Y es verdad: si hasta los teclados ahora vienen con un sonido de fábrica que se llama Jaco. Joe Zawinul era un viejo verde. Wayne Shorter tocaba y tenía una mujer rarísima. La única aproximación a lo humano era Peter Erskine. Cuando los vi acá y fui al camarín, no me dieron bola. '¿Dónde es la fiesta?', les dije para tirarles una onda. 'Nosotros somos la fiesta'. Eso me contestaron".

Una noche Charly y Zoca escucharon golpes en la puerta de su habitación. Se despertaron y no vieron nada por la mirilla. Cuando abrieron comprobaron que en el pasillo no había nadie, pero encontraron algo extraño: dos líneas blancas, larguísimas, hacían un curioso recorrido que iba desde la puerta de su habitación hasta la otra punta del hotel. "Seguimos el rastro, cual Hansel y Gretel, y llegamos a la habitación de Jaco hechos Pablo Mármol y Pedro Picapiedra. Le golpeamos la puerta, y cuando nos abrió le dijimos a coro: 'Jaco, sos el más grande del mundo'".

— • —

García ha terminado de grabar las murallas de sonido con su guitarra, en una distorsionada variante de la "pared de sonido", patentada por el productor Phil Spector. Era la hora de la percusión de "Jaco y Chofi", y Samalea graba unas cajas chinas, "que suenan muy Kurosawa", explica didáctico García, que sugiere usar palillos en vez de mazas.

—Eso, dale con los palos nomás: suena más Kurosawa todavía —confirma.

Después de eso... el toque industrial.

—Vamos a armarlo —ordena Charly a su asistente, incorporándose de inmediato—. Eduardo, tirame unas herramientas.

El plomo revolvió en un bolso y extrajo varias herramientas. Charly eligió un destornillador tamaño familiar y comenzó a golpear diversas superficies metálicas. Eduardo Rodríguez desapareció como alma que se la lleva el diablo hacia una región menos conflictiva. Charly escogió un pie de micrófono todo oxidado en una de las cabinas del fondo. Cuando ya estaban por hacer la toma, Eduardo retornó con un matafuego gigantesco.

—¿No querías industrial, Charly? —le pregunta.

El Jefe castiga a la mole metálica con su destornillador, cruza unas opiniones con Osvel y lauda sobre la insólita situación.

—Tu moción ha sido aceptada.

Se microfonea el extintor, se hace un rápido chequeo de sonido y Samalea, en una toma, da cuenta de él. El maldito matafuego sobrevivió a la primera mezcla de "Jaco y Chofi", pero no a la segunda: tantos golpes para terminar olvidado por la historia. El mundo es ingrato.

— • —

Jaco Pastorius murió el 21 de septiembre de 1987, a los 36 años de edad. Su final fue trágico: un patovica le rompió la crisma en Fort Lauderdale. La policía encontró al bajista más grande del mundo tirado en la vereda y bañado en sangre. El que lo golpeó, Luc Havan, un refugiado vietnamita de 25 años, dijo que le negó la entrada al club Midnight Bottle porque el músico estaba borracho y abusivo. Lo empujó, cayó al suelo y se golpeó la cabeza contra el pavimento, aseguró. Sin embargo, la policía no creyó en la palabra de este campeón de artes marciales.

Pastorius fue admitido en el hospital a las cuatro y veinte de la madrugada. Había perdido mucha sangre y estaba en estado de coma. Por su fuerte naturaleza, incentivada por la práctica activa de deportes durante la adolescencia, Jaco sobrevivió en estado vegetativo durante cuatro días, tras los cuales le sacaron el respirador por decisión familiar. Sus pulmones dejaron de trabajar inmediatamente, pero su corazón siguió al *groove* de la vida durante tres horas más. Su muerte dejó sin consuelo a millones de fans en el mundo entero.

Pero Jaco Pastorius había muerto mucho antes, cuando el éxito, la fama, las drogas y la bebida tejieron a su alrededor una red de la cual no supo, no pudo o no quiso liberarse. Tras su alejamiento de Weather Report, inició una lenta decadencia que lo acercaba más y más al desastre. Ninguno de los intentos desesperados de los que lo amaban pudo evitar la fatalidad.

Primero fue el declive artístico; las compañías grabadoras, tras mucho intentar razonar con él, lo declararon inmanejable. Después, los músicos comenzaron a cansarse de su comportamiento irracional, de la dieta de alcohol y cocaína que tan tiránicamente lo gobernaba, de los desplantes y del progresivo deterioro de sus otrora sorprendentes cualidades musicales. Jaco estuvo en una clínica psiquiátrica en donde fue diagnosticado como "maníaco-depresivo". Hizo un tratamiento de rehabilitación que no dio resultado por su falta de voluntad.

Como en un efecto dominó, fueron derrotados sus amigos y su familia. Hubo músicos que trataron de llegar a él de todas las maneras posibles, pero no había caso. Nadie pudo detener el derrotero de Jaco Pastorius. En esa tremenda etapa estaba Jaco cuando Charly se lo volvió a encontrar en Nueva York.

"Cuando fui a verlo a The Bottom Line, ya era el final. Lo mataron a los quince días. El bajo sonaba todo mal. Lo esperé para saludarlo y después le hice la gamba y fuimos a tocar a otro lugar. Lo hice por los buenos tiempos".

8. Raros peinados nuevos

Los rubios se divierten más.
ROD STEWART, 1979.

Todavía hacía calor en aquel lunes de marzo. Las sesiones de *La hija de la Lágrima* fueron bastante caóticas ya que Charly entró sin ningún tema definido al estudio y creó la ópera en tiempo real, a medida que la grababa. Esto hizo que se perdiera mucho tiempo, aunque Charly aprovechó un fin de semana en que su grupo descansó para seguir adelante con el proceso creativo. La fiebre que lo poseía era muy alta y competía con sus reservas físicas. "Hay veces en que me quiero ir a dormir, pero la canción sigue sonando", me dijo tratando de explicar lo que le sucedía.

Estaba solo en su departamento, los teléfonos desconectados y los sentidos alterados. En una escapada pasó por una vidriera que tenía un vestido de mujer que le gustó. Lo compró sin preguntar el precio, ante la mirada incrédula del vendedor que trataba de calcular el talle de Charly. Era marrón clarito, con miles de florcitas y remataba en una pollera. La indumentaria se completó con unas calzas negras y unas sandalias del mismo color. Así estaba uniformado cuando llegué al estudio.

—Charly, ¿qué hacés vestido así? —le pregunté, inocentemente.

—¡Soy la hija de la Lágrima! —bramó, sin dejar de mover los botones de la consola de grabación.

No hice más preguntas. Cuando García está en ese frenesí, es mejor tomar una distancia prudente. Se lo veía cansado, ojeroso, luchando para no perder la concentración. Su cabeza saltaba de un pensamiento a otro. Después de un rato, todos nos fuimos al hall y lo dejamos a solas con el técnico.

A la media hora se escuchó una explosión. La pesada puerta de ION que comunica el pasillo con el hall se abrió de una patada, rebotando ruidosamente contra la pared. Charly, guitarra eléctrica en mano conectada a la consola por un cable larguísimo, había salido a dar una vuelta.

—Corrámonos —sugirió alguien.

—No, quédense. Voy a hacer mi show para ustedes —nos ataja García.

Bajo la luz de una dicroica, hizo su solo mientras se arrodillaba y se bamboleaba sin perder el tempo ni la tonalidad. Era su viaje, pero también era consciente de que todos estaban esperando a que terminara y mientras eso sucedía, decidió divertir al personal. Charly disfruta aprovechando los lugares vacíos y el hall se convirtió en tierra liberada.

Regresamos al estudio a comprobar los resultados y un poco más tarde llegó Daniel, hermano de Charly, que al verlo vestido de esa manera le agarró un ataque de risa.

—¡Uy, Ramona! —exclama, recordando a una vieja mucama de la familia.

García se da vuelta y le contesta.

—Lo que pasa es que vos siempre te burlás de los artistas —dice como ofendido, y acto seguido se pone a limpiar la consola con los bordes de su vestido.

— • —

Charly decide confundir a todo el mundo el 5 de mayo de 1994. Cuando toco el timbre de su casa, alguien me abre la puerta, se corre para dejarme pasar y lo que encuentro en el living me paraliza. Es Charly... teñido de rubio. Me pone su ojo derecho a dos centímetros y me congela, como un reptil que hipnotiza a su presa.

Fue ayer nomás, en el ensayo, que su pelo estaba normal. Ahora luce un amarillo furioso con algunas raíces negras. Su aspecto es sencillamente desconcertante. También luce un corte desparejo por detrás. Todo se lo ha hecho él mismo con la ayuda de Chochi Coiffeur, uno de sus plomos, y una tintura que compró en Llongueras.

Faltaba apenas una hora para su concierto gratuito en el hall del teatro San Martín. La ansiedad por mostrar el nuevo material lo llevó a aquel show que se planeó con muy poca anticipación. Su humor no era del mejor, aunque disparó algunas bromas corrosivas que hicieron inmediato impacto en sus músicos. María Gabriela Epumer se ganó el apodo de "María Julia", por ser incondicional de "Carlitos". Fernando Lupano tenía un esguince de tobillo a causa de un partido de fútbol. Charly lo retó.

—¿No sabés que el deporte hace mal? Tomar sol te hace mierda, jugar al fútbol ni te cuento y nadar es lo peor de todo. Dedicate a la prostitución. ¿Por qué no te ponés una buena pilcha? Vení, elijamos algo.

Lupano le señala su remera, completamente en harapos, rota en el cuello, gastada: lo único que ha sobrevivido es el logo de Nirvana.

—Esta remera es todo un mensaje —se defiende García, que con el pelo rubio ha logrado un efecto Kurt Cobain—. Sí, yo soy Kurt Cobráin —afirma haciendo la seña del garpe.

Falta media hora para salir a tocar, Charly continúa en calzoncillos asegurando que "lo bueno de no tener espejos es que nunca sabés cómo estás". En ese instante arriba al departamento Fabián Quintiero, que al ver a García estalla en carcajadas.

—¡Sos el más hijo de puta de todos! —aúlla el Zorrito.

Después de unas cuantas vueltas, la delegación se pone en

marcha. Por primera vez, Charly sale rubio a la calle. Los que lo miran se quedan alelados, y él se divierte como loco con el desconcierto ajeno, así que se pone a encarar a la gente para sorprenderla, algo que le encanta. Era increíble ver la reacción del ciudadano común ante Charly García rubio.

Subimos a la combi, pero él no se relaja. Está en plena ebullición y le exige al chofer que ponga a Los Beatles. "Bien fuerte", le grita. La cinta está rota. No hay música. García protesta: quiere parar en una disquería a comprar algo para el viaje. Tampoco hay tiempo. Se enoja, y lanza el casette por la ventanilla. Cada vez que paramos en un semáforo, mira a la calle para testear su nuevo look, y se da cuenta de que nadie lo reconoce. Al llegar a la calle Uruguay, Charly ya tiene medio cuerpo afuera de la combi y saluda a la gente. Un par de viejas lo observan como si fuera un monstruo del espacio. Una adolescente que sí descubre quién es ese rubio, se toma la cara con las dos manos. Charly suspira.

—Ah, qué bueno es ser rubio, joven y degenerado —concluye.

En los viejos tiempos, cuando la producción era calculada al detalle, siempre había alguien con un *handy* que avisaba la llegada del artista; "estamos a doscientos metros, ahora doblamos por Sarmiento, estamos a cincuenta metros". Cuando falta una cuadra, García recobra la atención y ordena a su tropa.

—OK, cuando lleguemos al teatro no le den bola a nadie, porque si no van a terminar en el escenario equivocado haciendo Hamlet durante los próximos doscientos años —indica con voz de mando.

— • —

Charly no lo sabe, pero en el teatro San Martín la situación está fuera de todo control. Con tres mil personas adentro, y varios cientos afuera, el lugar es una olla a presión, y nosotros el condimento de la sopa humana. El escenario está "protegido" por ocho o nueve sacrificados hombres que sostienen una valla. Y la gente empuja fuerte. Apenas uno de los forzudos se canse... el desastre.

Ajeno a todo esto, García se sienta en posición de flor de loto en un montacargas que baja muy lento. Parece un Buda protestón que se queja por todo. Atravesamos unos pasillos dignos de la película *This is Spinal Tap*, y arribamos a camarines. En determinado momento, alguien dice que es la hora de tocar. Charly le da un último sorbo al whisky, enchufa su guitarra en un Marshall en miniatura que se cuelga en el pantalón y sale corriendo por el pasillo.

Me dice que vaya adelante y le abra camino. Corro como si me persiguiera Mandinga. Se abre una puerta y me ciegan los fogonazos de los flashes. Me zambullo a un costado y dejo pasar a Charly, que atraviesa sin dejar de tocar el campo minado de fotógrafos y cámaras de televisión. Hace un sprint en el tramo final, pega un salto y cae parado en el centro del escenario al ras del piso. Las luces le pifian y alumbran a un espacio vacío, tornando la atmósfera impredecible.

Fue un show corto y caótico que podría haber sido un bodrio para todos los fans. Los acoples no dejaban de ulular. La gente estaba incómoda y muerta de calor. No se podía ni respirar. La banda largó con "Overture" de *La hija de la Lágrima*, con "Víctima" pegadito como en el disco. Después vendrían los grandes éxitos: "De mí", "No voy en tren", y "Yendo de la cama al living".

Cuando suenan estas canciones y el público salta, todo se vuelve extraordinariamente precario: los valientes del vallado no pueden contener a la masa. Puede ocurrir un accidente en cualquier momento, y el asunto comienza a parecerse peligrosamente a Altamont, aquel recital de los Stones en 1969 donde un Hell's Angel apuñaló a un pibe que sacó un revólver y apuntó al escenario. Acá sólo falta el loco con un puñal, pero sin la posibilidad de evacuar a Charly en helicóptero, tal como pasó con los Rolling. Lo único que al final sucederá es la invasión del escenario por parte de una rubia que se abraza a Charly, como si fuera un salvavidas en el medio del océano.

—¿Cogerías conmigo? —le pregunta Charly, como para romper el hielo.

—¡¡¡Síííííí!!! —responde la rubia antes que alguien se la lleve.

Llegando al final del show, el vallado cede y una amplia porción del público ocupa el escenario, arremolinándose alrededor de Charly, que trata de zafar del abrazo sin lograrlo. La seguridad viene al rescate, pero la liberación se hace imposible. Sus anteojos vuelan por el aire y Charly los atrapa antes que una fuerte embestida de los custodios del teatro se lo lleve al camarín.

—¡Fiú!, estuvo cerca —suspira, desplomándose sobre una silla frente a un ventilador.

Al día siguiente, el evento saldría en la tapa de todos los diarios. A Charly no le hace gracia.

—Mirá lo que es el subdesarrollo —comenta—. Cobain tuvo que matarse; en cambio, yo me tiño el pelo y ya está.

— • —

Nirvana fue el último grupo que impactó en García, que durante los 80 escuchó las distintas bandas que iban surgiendo sin encontrar ningún favorito. Mencionó un par de veces a The Cure, pero no fue muy insistente. Nirvana, en cambio, le hizo explotar la cabeza. "Cuando escuché *Nevermind* —contó—, jamás pude pasar más allá del tercer tema. Había algo que me impedía seguir, como mucha energía. Oí esas tres canciones miles de veces y me dieron vuelta".

Charly está convencido de que Nirvana es el gran grupo de los 90 y con razón. La muerte de Cobain le produjo una profunda impresión, seguida de una gran tristeza. Yo tuve la suerte de entrevistar a Cobain cuando vino a tocar a la Argentina y Charly quiso saber todo acerca de nuestro encuentro. Le parecía un tipo "en serio", que no simulaba nada. Al igual que con Jaco Pastorius, Charly encontró en Cobain alguien que se le parecía, no tanto por su suicidio sino por la honestidad de su música, por el flash de ese sonido furioso, tan en carne viva.

"En un determinado momento dejé de escuchar a Nirvana —confesó—, porque si no toda mi nueva música iba a terminar sonando así". En realidad, García tenía suficiente con su propio conflicto emocional como para andar dándose máquina con uno ajeno, como los acontecimientos posteriores habrían de demostrar.

9. La vanguardia es así

> *Random is not whatever.*
> CHARLY GARCÍA.

Poco antes del mundial de fútbol que tanto nos hizo sufrir en junio de 1994, Charly decidió pasar a la siguiente etapa de la grabación de *La hija de la Lágrima*, o sea la mezcla: el proceso final en donde todo lo que se ha registrado se acomoda sonoramente en algún lugar, se pule o, simplemente, se borra. Le costó muchísimo llegar a esa instancia por no tener una idea definida antes de iniciar la grabación. La obra de ingeniería que según Charly debería haber sido la ópera se inició sin planos y se construyó sin mucho respeto por las normas ortodoxas de grabación.

La mezcla se hizo en Nueva York con Joe Blaney. Para reforzar el equipo, Charly se llevó consigo a Mario Breuer, su técnico argentino de cabecera, y también viajaron algunos de sus músicos. Hasta ese momento, las sesiones se habían desarrollado en el más estricto desorden y no por una cuestión de fiaca atribuible a García (que trabajó como un esclavo), sino por el hecho de que su mente saltaba de una cosa a la otra haciendo todo por medio del sistema random.

El random es un proceso aleatorio, en el que el azar o la casualidad son la variable principal. Pero como bien dice el propio García, el random no es cualquier cosa, sino una operación que generalmente llevan a cabo máquinas que establecen, por un sistema algorítmico, distintos órdenes, otorgan parámetros determinados casi por capricho o toman por idéntico procedimiento determinadas decisiones. Para ejemplificar, si se pulsa la tecla "random" o "shuffle" en una compactera, la máquina elegirá un tema del CD al azar. El random, en manos humanas, equivale a encomendarse a la Divina Providencia, o en el mundo de Charly, "buscar una cosa y encontrar otra".

No debe estimarse esto como descuido: cuando un músico comete un error, puede haber sembrado el germen de una gran canción o encontrar algo distinto de lo que buscaba, hallando de esa manera una cosa completamente inesperada que puede o no servir a sus fines. Un error puede significar un mensaje enviado por lo más inspirado del inconsciente. El asunto es que al sistema random hay que tomarlo con pinzas y saber cuándo puede funcionar y cuándo no. El problema con Charly era que su cerebro se había convertido en un torbellino tal que le impedía acercarse con total eficiencia a tan complejo sistema de trabajo.

Para explicar esta decisión, habrá que tomar muy en cuenta que el azar le deparó no pocas sorpresas a Charly García. Una de ellas fue *Piano Bar*.

— • —

Charly y Zoca se tomaron unas buenas vacaciones en Belo Horizonte durante 1984. *Clics modernos* había sido un éxito categórico en la carrera de García y era hora de recargar la batería creativa. "Estábamos en lo de los padres de Zoca en Belo Horizonte —explica García—. Compraba discos en la plaza de Minas Gerais y pasaba las tardes escuchándolos en la casa, que me parecía un buen ambiente, haciendo tapas de casetitos. Estaba muy copado con eso, y siempre tenía el Yamaha PS-55 a mano. Podía conectarlo con un grabador, hacer una música, cantar y tocar arriba de lo que hubiera hecho.

"Con Zoca somos muy limpios, y allá la gente se baña mucho por el calor. En determinado momento puse el aparato esperando que hiciera una cosa, pero se retobó e hizo otra. Me puse a descubrir qué era lo que estaba haciendo, y ahí apareció el riff de 'Promesas sobre el bidet'. Lo dejé, y nos fuimos a almorzar; allá, el almuerzo es sagrado: El Santo Almuerzo. La cena... vemos; nadie estaba en la casa, pero no importó. Había una gran mesa con todo lo que te imagines. Después de comer me fui a bañar, y cuando estaba en la ducha, se me ocurrió todo lo que iba a hacer con ese riff que quedó grabado. Le pedí a Zoca que me trajera lápiz y papel. A todo esto, yo estaba con la ducha al mango y lleno de champú. Ella me trajo lo que le pedí, y se sentó en el bidet. Yo escribía bajo el agua, y la lluvia me lo iba borrando. Así salió.

"Ese tema ilustra cómo fue hecho todo *Piano Bar*: portátil. Por ejemplo, me iba a Ouro Preto, una ciudad con cien iglesias de oro en el medio de la montaña y me llevaba todo. Mientras entretenía a los hermanos y amigos de Zoca con mis cosas, grababa y escribía canciones. Cuando tuve diez de esas, dije 'mando'. Y volví a Buenos Aires: directamente al estudio".

— • —

Piano Bar era un concepto que Charly almacenó en su mente durante dos años. Incluso, estuvo por ser el título para *Clics modernos*, otro fruto del azar, que apareció en forma de graffiti en una pared neoyorquina. "La idea salió —contó Charly— imaginándome *Grandes valores del tango*, pero en el futuro: con todos nosotros ahí. Todo el ambiente, con pelucas, y tomando tragos exóticos de colores verdes y rojos. Eso sería en la Confitería Ideal: tendría que ser ahí. Todo lleno de mármol. Y cada vez que se muere uno, poner un busto. Por ejemplo, hacer transfusiones de sangre para los que están muy reventados, mano clínica, y poner un pasillo largo que dé a un jardín. Entonces cuando uno ya no tiene ganas de vivir, va por ese camino y del otro lado hay una máquina que te aplasta.

"Claro que me veo ahí. Creo que si no te ves ahí, es como que no te ves mucho. Tenés que verte ahí porque es algo real: están ahí porque rememoran una época, y por ahí algo queda. Como por ahí queda el Club del Heavy Metal en Villa Soldati, donde se reúnen a escuchar discos de Pappo. O el Club Moderno, donde escuchan los de Los Twist. Un paraíso artificial, de neón, bien moderno"[1].

— • —

Desde Belo Horizonte, Charly alquiló el estudio, llamó a la banda y les pidió que lo fueran a buscar al aeropuerto. Willy Iturri, Pablo Guyot y Alfredo Toth esperaron firmes en Ezeiza, y cuando llegó Charly fueron al estudio sin ni siquiera dejar las valijas en su casa. Una vez allí, decidió grabar inmediatamente siguiendo el proceso iniciado en Brasil.

"El método de grabación fue el siguiente: yo les daba una brevísima guía de cómo era el tema, sin muchos datos. Me preguntaban en qué tono, y yo les decía que tocaran lo que quisieran. La mano 'poné mi micrófono acá, que yo agarro el chinflún y vamos'. Ésa es, un poco, la forma de trabajar de Bob Dylan y de John Lennon: ¿qué tocás? Lo que tenés que tocar.

"No te digo que todo quedó grabado en toma uno, pero las bases estuvieron en tres días. 'Cerca de la revolución' está todo tocado en vivo en el estudio. Yo me ponía una vincha para que no se me cayeran los auriculares, y me movía para todos lados arengándolo a Iturri, o cabeceándole a Guyot para avisarle que venía el solo. En ese tema, quedó grabado un error: cuando se resuelve el solo hay alguien que sigue en el mismo tono y

---

1. Declaraciones extraídas del reportaje "Charly vs. el Mundo", publicado en la revista *Twist y Gritos*, en enero de 1985. Entrevista hecha por Eduardo de la Puente y Sergio Marchi.

parece que se cayera el edificio. Pero la onda del disco daba como para que esos errores formaran parte de la cosa".

A García siempre le gustó ordenar las canciones de sus discos por lado. Hay temas que nacieron para abrir los discos, como "Demoliendo hoteles", canciones ideales para cerrar la primera faz, y otros que piden a gritos ser incluidos como el segundo tema del lado dos. "Era la bendita época en que había discos —rezonga Charly, que tal vez por eso odie a los compactos—; yo no tenía el primer tema del lado dos, y grabábamos esa tarde. Me levanté a las diez de la mañana y me puse a grabar los ruidos de la calle. Justo pasaba un colectivo, el 92, creo, y quedó. En Nueva York me preguntaban cómo era Buenos Aires, les ponía ese casete y les decía 'es esto'. Sobre los ruidos yo tocaba la guitarra, y eso es lo que escuchás en la primera parte de 'No se va a llamar mi amor', tema en el que hablaba de la estupidez de no poder titular una canción como 'Mi amor', por esa norma de Sadaic de que no podía haber dos canciones con el mismo título".

— • —

Una semana más tarde se agregó Fito Páez a la grabación, justo para tocar sus partes de teclados y ayudarlo a Charly con los coros. Se encontró con la grabación muy adelantada. Para él, "Total interferencia" fue una gran sorpresa: la primera canción compuesta por Charly García y Luis Alberto Spinetta. Ambos gigantes mantuvieron una excelente relación desde que hicieron un recital juntos, con Serú Girán y Spinetta Jade en 1980, y terminaron con el Boca-River del rock nacional, pero en 1984 se acercaron muchísimo más, hasta el punto de querer intentar algo juntos. Nadie fuera del ambiente musical supo de esta unión hasta 1986, cuando tomó estado público la idea de hacer un disco en colaboración que nunca prosperaría.

"Total interferencia" fue compuesta un verano en una quinta que Charly había alquilado. Spinetta fue a visitarlo. Charly tenía su piano y le propuso que compusieran una canción. Acordaron roles y Luis producía lo que Charly generaba desde las teclas, indicándole una estructura y sugiriéndole partes. Crearon una maravillosa canción que fue destinada a ser el último tema de *Piano Bar*. Nadie pudo sacar a Fito Páez del control de mando de los estudios ION mientras Charly lo grababa.

"Quedó un diálogo con Fito —revela Charly—, que grabamos cuando él estaba en la consola y yo en el estudio. Sabíamos que era el último tema del disco, y hay un papo larguísimo entre los dos, del cual una parte quedó. Lo grabamos de acuerdo al orden que yo tenía en la cabeza, que terminó siendo el definitivo". Sin embargo, Fito Páez recuerda que Charly tuvo algunas dudas a la hora de decidir qué hacer con la canción. "Era la primera vez que un tema de Charly y Luis iba a tener un registro —confirma Páez—. Charly no lo quiso poner y yo le insistí para que lo pusiera. Con él nadie puede manejar nada: él maneja todo. Yo estaba del otro lado de la consola con Da Silva y tuvimos una charla larga de 20 minutos, él en el micrófono, en donde decidió que iba a hacer el tema, que lo iba a cantar y lo iba a meter en el disco. Después todo es muy sugerente: un tema de Charly y Luis que se llame 'Total interferencia' parece como si fuera una suerte de emblema argentino. Dos personas maravillosas haciendo un tema que se llame así. Yo percibí que el asunto tenía una gravedad histórica".

— • —

La mezcla de *Piano Bar* fue insólita. Era el segundo disco que Charly iba a mezclar en Nueva York con Joe Blaney. La idea original era pedirles a los técnicos de ION, Roberto Fernández y Jorge Da Silva, que cada uno mezclara el disco como le pareciese, para que Charly se las mostrara a Joe y trabajaran juntos en la mezcla final. Pero el diablo metió la cola, o más bien Amílcar Gilavert, un personaje legendario del rock nacional, "¡el creador del enmascaramiento sonoro!", quien apareció en aquellas sesiones con una propuesta para García, que supuestamente le evitaría tener que mezclar de nuevo en Estados Unidos.

"Me propone hacer el primer disco digital de la Argentina. Yo voy en ésa, y lo hacemos en una semana. A todo esto, yo veía que la música iba a parar a un Grundig (una videocasetera) y me parecía rarísimo. ¿Sistema Pal-N grabando sonido? Amílcar me aseguró que sólo había que encontrar una Pal-N en Nueva York y cortar el disco. Entonces arreglé con Ted Jensen, que es uno de los 'cortadores' máximos para hacer ese trabajo.

"Lo que había que hacer demandaba unas cuatro horas como máximo. El laburo del corte era muy misterioso; hace algunos años, en Argentina, vos no podías ir al corte. La primera vez que me dejan ir a uno, fue en la vieja RCA de la calle Paroissien. Todos los empleados de guardapolvo, como si fueran de la NASA. El corte es el último paso de un disco, y es muy delicado porque te pueden cagar el disco o, tal vez, mejorarlo; es casi tan importante como la mezcla. En una sala había un tipo de anteojos y guardapolvo, onda fugado del Tercer Reich. Después descubrí por qué era así el asunto.

"En esa época los discos quedaban perfectos: la misión de los monos era que la aguja no pasara ni cayera demasiado del punto cero. El corte es como un disco al revés: un acetato donde ponen la púa que hace el surco con la música. Si el surco es muy ancho, o grave, la púa salta; y si es muy finito, o agudo, te hace un seseo. Pero volvamos: voy a ese corte, paso por la cantina, me compro un sándwich y me pongo al lado del tipo. Le pregunto si puedo fumar, y me deja como diciendo 'vaya y pase por esta vez'. Cuando terminé el pucho lo tiré en un tacho con restos de acetato y explotó todo.

"Con Ted Jensen, la cosa fue distinta: no sólo iba al corte a ver, sino que opinaba, porque ya había cortado con él *Clics*..., en un piso once lleno de discos de oro que Jensen cortó, como

Synchronicity de The Police y otros. La oficina del mono te daba impresión: había baffles enormes, después una hilera de baffles más chiquitos, y al final el lugar donde se sienta el monito. Cuatro sistemas para escuchar, y una radio para escucharlo en el baño mientras cagás, si querés. A *Clics...* lo aceleramos un poquito para que ganara brillo.

"Cuando llegué con el videocasete de *Piano Bar*, se lo di a Jensen. El tipo me mira y me dice '¿Qué es esto? ¿Una porno?'. El asunto es que con eso no se podía hacer el corte, porque además de la video Pal-N había que conseguir un decodificador de garompas muy difícil de explicar. Encima yo me tenía que ir a México al día siguiente porque me esperaba el capo de la Warner Brothers para hacer una transa de difusión de mi material. Después estaba en el hotel con Pepe Vinci, mi manager de aquel entonces, mirando 'la porno' y preguntándome qué carajo iba a hacer de mi vida.

"Me fui a la casa de Joe Blaney con unos casetes del disco para mostrárselo y pedirle consejo. Su mujer estaba cocinando, de aquí para allá, y en un momento le pregunta al marido 'Joe, ¿este tema no suena más bajo que el anterior?'. Entonces, lo que yo creía que era mi obra maestra, se iba cayendo como Pompeya. Allí, Joe pronunció su famosa frase: 'los casetes son para las putas, los compacts para los yuppies, y un disco es un disco'. Tenía razón: la mezcla estaba muy desprolija, las canciones mataban, pero todo era un quilombo".

La solución que encontró Blaney fue mezclar todo de nuevo: era la única manera. Charly no fue a México al día siguiente, por lo que el hombre de la Warner Brothers todavía debe seguir odiándolo. Puso la plata de su bolsillo y mezcló otra vez en Electric Lady. "Cuando escuché el disco —contó muchos años después Blaney— me gustaron las canciones, pero no el sonido. Tuvimos que rehacer algunas cosas en Nueva York, ya que la música se grabó originalmente en Buenos Aires. El sistema siempre es el mismo: Charly se compra algunos juguetitos en la calle 48 y se va al estudio. En esta ocasión,

Charly se bajó una botella de whisky durante la regrabación de las voces, pero no me molestó porque las tomas se sucedían unas a otras sin problemas. Pero hay cosas que te dañan la voz inexorablemente. Y las que le gustan a Charly, son muy malas para la garganta".

— • —

Exactamente diez años y unos cuantos discos más tarde, Charly y Joe volvían a encontrarse para *La hija de la Lágrima*. La garganta y el temperamento de García acusaban el paso del tiempo. "Por momentos siento que Charly tiene un gran desprecio por el arte de la grabación —confiesa Joe—. En *La hija de la Lágrima*, corría los micrófonos de lugar, subía los volúmenes, modificaba la ecualización de los instrumentos. En síntesis, ¡delirio!". Mario Breuer, técnico de grabación, veterano de muchas batallas, no quiso meterse demasiado en ésta y volvió a Buenos Aires prontamente.

"Charly ya había pasado mucho tiempo grabando —aclara Joe—, y en el momento de la mezcla grabó muchas cosas de nuevo, como que no estaba muy seguro: quiso poner un teclado, después más guitarras, hizo nuevas voces, y comenzó a quedarse despierto dos o tres días. Eso dificultó tremendamente la comunicación; era imposible obtener algún feedback de su parte. En la mezcla se puso muy difícil y fue duro conseguir un buen sonido porque Charly grabó todo en una forma que yo no hubiera preferido, sin usar micrófonos adecuados. Su *span* de atención era cada vez más corto. Llegó un momento en que lo único que yo quería era que terminase el maldito disco".

Poco antes que el ansiado final llegase para Joe y todos los que participaron en *La hija de la Lágrima*, Charly recibió un llamado de Claudio Gabis, quien lo invitó a participar de un disco que estaba haciendo con músicos y temas clásicos del rock nacional. Cuando terminó el disco, para alivio de todos,

Charly sacó un pasaje directo a Madrid para encontrarse con Gabis. "Me da la impresión —me explicó en ese momento Gabis— que Charly va y viene, y de acuerdo al día podrás entenderte mejor o peor con él. Algunos días estuvo muy difícil y otros fue brillante".

Cuando Charly estaba grabando "Jugo de tomate frío" con Gabis en Madrid, sucedió el famoso incidente de la efedrina, por el cual el equipo argentino se quedó sin Diego Armando Maradona. La selección tenía grandes jugadores y había alcanzado un buen rendimiento en los dos primeros partidos del mundial. Viendo jugar al resto de los equipos, Argentina parecía ser una candidata natural al título. La baja de Maradona, seguida por la (¿lesión?) de Claudio Caniggia, dejó a los albicelestes sin dos jugadores clave.

García se sintió muy movilizado por todo lo que pasaba con Maradona, e inmediatamente hizo una canción: el famoso "Maradona Blues". El tema se grabó rápidamente y Charly llamó a Buenos Aires para tratar de conectarse con el crack. Le pasaron el teléfono del celular de Maradona, que estaba en Los Ángeles, viendo desde las plateas Argentina vs. Rumania. Segundos antes de la primera pitada, Charly le hizo escuchar la canción por teléfono. Fue una de las pocas alegrías que Maradona recibió por aquellos días. Era el primer saludo entre las dos potencias, que quedaron en conocerse personalmente cuando ambos llegaran a Buenos Aires.

10. Fax U

Si no sos paranoico, es porque estás desinformado.

Al regresar de Nueva York y de su escala en Madrid, con *La hija de la Lágrima* bajo el brazo, Charly comenzó a actuar raro. ¡Chocolate por la noticia! Pero esta vez, raro era raro. Jamás lo vi tan preocupado por defender un disco, ni tan alterado por la depresión "posparto" después de editar uno. *La hija de la Lágrima* era muy especial y también "un viaje de ida", como lo definió. Y él, de eso entiende. ¿Adónde iba este viaje en particular? Ésa era la pregunta del millón. Nadie lo sabía y mucho menos Charly, que ya estaba en pleno trayecto.

La tapa era un huevo como el de Alien, sobre un fondo negro. El huevo parecía un cono metálico, como una lágrima plateada, metalizada, recubierta de mercurio, la materia intraterrena con que García alimentaba su creación. La Lágrima era propietaria de una fábrica de mercurio, reina de una civilización bajo la tierra. Su hija, la protagonista de la ópera, descubría el amor en el mundo real, es decir en la superficie y con ello también llegaba la decepción, el desencanto, la pérdida de la inocencia con un deseo de venganza y redención personal al mismo tiempo.

El nudo real de la trama está por el medio, en "Fax U", el único tema medianamente estructurado con el que Charly ingresó en los estudios. La consigna de la canción nace del visceral rechazo que él tiene por los contestadores automáticos y faxes. "Durante un tiempo tuvimos contestador —revela Zoca—, pero después hubo que sacarlo, porque siempre estaba lleno de mensajes horribles. Llamaban muchos locos, gente pirada, que andaba mal y le decía cosas espantosas a Charly; él se ponía como loco". García tiene otra explicación: para él dificultan la comunicación. "Es ridículo —se indignó una tarde—, vos llamás y sabés perfectamente que del otro lado hay un boludo haciéndose la paja detrás de la máquina". Para él, es un filtro inadmisible. Cuando quiere que sus teléfonos paren de sonar, directamente los desenchufa.

En la ópera pasa lo mismo: la hija de la Lágrima llama a su amado de otro mundo, encuentra una máquina, y se saca. "Nadie me enseñó cómo sentir", canta Charly en "Kurosawa" explicándolo todo. "¡Fax U! Adoro la teletransportación y en este momento me gustaría usarla para ir y cagarte a patadas mientras te reís de mí del otro lado del cable". Después vienen las chiquilinadas, la huida, el dolor que no cesa y Miles Davis diciendo "weird, weird" (extraño, extraño) antes de la conclusión que tiene que ver con el movimiento: los dos temas finales son "Locomotion", el clásico de Goffin y King, y "Andan". El eterno movimiento de la venganza y la redención, que nunca llegan del todo. A la "locomoción" le cuesta arrancar —de hecho, comienza tres veces—. "Andan" arranca con adrenalina, primera palabra de la canción que es como una conclusión final del compositor. El disco termina y el viaje está en marcha. El nuevo capítulo de la carrera de Charly García ha comenzado.

Personalmente, *La hija de la Lágrima* me gusta mucho más ahora que en 1994. Con el correr del tiempo se la puede entender mucho mejor: eran 72 minutos de música nueva de Charly García. No era fácil digerirlo de movida, con el equipo a todo volumen y el propio intérprete haciéndome señas y hablando por encima, a los gritos. Ésa fue la primera vez que la escuché terminada, frente a él y en su casa, por lo que tuve sensaciones encontradas.

La primera fue de sorpresa, al oír la obra terminada y bastante bien, teniendo en cuenta el caótico proceso que insumió. Es más: por momentos había dudado de que pudiera terminar el disco. No por una cuestión de talento, sino por el estilo desordenado del trabajo, que al final se reflejó en la obra. "Es el disco más desprolijo que hice", reconoció. Pero desprolijo y todo, era bueno, tenía contenido y esa llama genial que García siempre deposita en sus discos. Nunca ha hecho un disco enteramente malo. A lo largo de su carrera se mandó un par de mocos, pero al lado el tipo siempre te pone una flor; y éste era un jardincito al que le había crecido mucho la maleza.

La otra sensación que tuve era que iba a haber cierta decepción: mucha gente, sobre todo en las radios, estaba esperando aquel disco plagado de hits y Charly estaba navegando en aguas mucho más profundas. Más allá de "Chipi-Chipi", un tema que hizo en diez minutos cuando le dijeron que el disco no tenía hits, sólo "La sal no sala" podía tener ese sabor a éxito. Pero esa inquietud era más de la industria que de los fans: la gente quería ver de qué se trataba, y así la ópera arrancó con 60 mil copias vendidas en una semana, lo que la convertía en "disco de platino". Finalmente, llegó a vender algo más de 120 mil, una de las cifras más altas de la discografía de Charly García. Y obtenida con un disco en cuya tapa no figuraba su nombre: sólo un huevo alienígeno o una lágrima de mercurio.

— • —

Distintas personas me habían comentado la peculiar relación de Charly con los teléfonos. "No le gusta hablar por teléfono —me contó Nito Mestre—, pero porque es muy ansioso: quiere que las cosas sucedan y no esperar. Le gusta que lo llamen, más que llamar él. Para comunicarse, prefiere derivar y que otro haga el llamado. Es por su ansiedad". Totalmente verídico: algunas veces en su casa, me ha pedido —siempre por favor— que llamara a alguna persona de su parte: cuando la comunicación estaba establecida, recién ahí agarraba el tubo.

Un día de la semana siguiente, a las ocho de la mañana, sonó el teléfono en mi casa.

—Hola, loco: le puse una demanda a Pity —me saludó Charly nervioso y con una voz que no vaticinaba tiempos de paz.

—¿Qué? —traté de entender.

—Sí, le puse una demanda. Todo está muy caliente, loco. Todo mal.

—¿Pero Pity no es tu productor? Charly, mañana tenés el primer show de *La hija de la Lágrima* —intenté tranquilizarlo.

No fue posible, me vestí y fui a su casa. Allí me di cuenta de que algo muy pesado sucedía. Charly me presentó a su abogado y me dijo que la demanda ya estaba en marcha. Al otro día comenzaba la primera de las diez funciones previstas para presentar el disco. Había mucha gente en su casa, pero nadie supo decirme, ni siquiera Charly, el porqué de tanto alboroto. Sé que era una cuestión de guita, de desconfianza hacia el productor que él mismo había contratado para llevar adelante las presentaciones, pero aún hoy no entiendo qué la motivó.

Charly estaba al rojo vivo y hacía tiempo que no dormía. Nada podía calmarlo: gritaba, gesticulaba y zapateaba sobre el piso de madera de su departamento del quinto piso en un malambo surrealista. Imposible razonar, sólo me quedaba mirar. Charly quería que yo estuviera alerta: "Don't lose focus" (no pierdas foco), me repetía una y otra vez. Hablaba por teléfono, conectaba cables, iba y venía por el departamento, y se peleaba con todo el mundo. Sólo amainó cuando apareció Miguel con una bandeja giradiscos.

— • —

Al otro día, a la tarde, me hizo llamar al trabajo por medio de uno de sus plomos. Era el día del estreno, pero ya se corrían los rumores de cancelación.

—Decime, ¿qué limusina preferís? ¿Negra o blanca? —me descolocó con la pregunta.

—Negra: bien clásica —le respondí por azar.

—Como me gustan a mí, bien —coincidió y cortó.

Pocos minutos más tarde, me volvió a llamar su asistente: Charly quería que yo fuera para allá. No podía en mi horario de trabajo, pero el propio García tomó el teléfono y me lo pidió como un favor.

En el departamento, el panorama era desalentador: Charly seguía sin dormir, hecho un manojo de nervios, muy angustiado, dando órdenes que se cancelaban unas a otras. Zoca, que estaba en Alemania, llamó desde larga distancia porque presentía que algo andaba mal. García le dijo una barbaridad. Todo terminaba así. Desde el teatro comenzaron a llamar los músicos y asistentes para ver qué ordenaba Charly. Y él no estaba en condiciones de ordenar nada: contrataba y despedía gente a lo loco.

Traté de comprender qué hacía yo allí. No tardé en hallar una respuesta: Charly me nombró, en una breve ceremonia, su manager. Comprendí que, esta vez sí, había perdido la razón. Jamás había manejado nada, salvo los autitos chocadores del desaparecido Ital-Park. Bueno, esto era algo parecido pero me rehusé; le expliqué que no tenía capacidad para eso, pero no pude negarme: cuando Charly me dijo que ya no entendía lo que estaba pasando, que todo era una conjura en su contra, que lo iban a garcar y que todo iba a ser un horror, le dije sí.

—Muy bien —festejó—, ¡estás contratado! ¿Cuáles son tus planes?

Planes, planes. Vicente López y Planes. ¿Qué planes? Viene uno de los músicos más exitosos del país, te nombra manager y claro que quiere un plan. Le pedí unos minutos para pensar; el nombramiento tan repentino requería de algún tipo de meditación. "Piensa, piensa, piensa", me dije recordando a Homero Simpson. Respiré hondo, y le expliqué lo que, para mí, había que hacer.

—Bueno —carraspeé, como sabiendo—. Como todo está mal, vamos a cancelar estos shows: estás muy nervioso y no te conviene salir a tocar así, en medio de tantos problemas. Paremos la pelota contra el piso. Vos andate a dormir, descansá, que yo me voy al teatro a arreglar la cosa.

—¡¡¡Estás despedido!!! —aulló.

Mi permanencia en el cargo fue de cuatro minutos y medio: todo un récord.

— • —

Despedido y todo, Charly no me dejó ir: quería que fuera con él al teatro como garantía de no sé qué. Justo llegó su secretaria, un asistente y cuando su iluminador comunicó por teléfono que todo estaba más o menos listo, salimos para el teatro.

Limusina negra... con una raya amarilla en el techo. El auto de alquiler había quedado cancelado, a Dios gracias. Paramos un taxi, y Charly subió adelante con una videofilmadora, grabando toda clase de charlas con peatones y automovilistas que lo reconocían. Coronel Díaz, Paraguay, Azcuénaga, y el tránsito que se atasca. Ante la espera, Charly abre la puerta del auto, se baja, sale corriendo y entra en un negocio.

Rápido de reflejos, Chochi lo sigue, y yo me mando atrás. Entra al negocio al tiempo que Charly sale echando vapor. No es una metáfora: tenía un frasco de desodorante de ambientes, fragancia "Siempre verde", y rociaba por todos lados, en una variante aromática de la pintura de aerosoles que suele utilizar en esos ánimos vengativos. El taxi estaba parado en el medio de la calle, los autos tocaban bocina, y García los rociaba.

—¡¡¡Esto es droga, señores!!! —declamaba, divertido.

Bajamos por Corrientes y llegamos al Ópera entre chorros

de desodorante de ambientes. El taxista estaba tan feliz que no nos quiso cobrar. Unas cuadras antes de arribar, García me asignó otro papel en aquella novela.

—Cuando yo diga la clave, vos te subís al escenario: es lo único que tenés que hacer —me indicó.

Era mucho más fácil que ser manager. Charly entró inmediatamente a la sala, y cuando el personal lo vio, casi se desmaya. A nadie le pasó desapercibido su alto grado de nerviosismo y descontrol. Todos entraron en pánico: nadie sabía cómo terminaba esa historia.

Finalmente jugué mi papel: subí al escenario y fui como un observador designado por Charly en una reunión entre él, la banda (socia del espectáculo), gente del teatro y el abogado de García en una negociación en la que se llegó a un tipo de acuerdo. No me pidan que explique cuál era el problema: nadie lo sabía a ciencia cierta. Que Charly estaba enojado con Pity, era lo único real. La función de esa noche se cancelaba y se pasaba para el día lunes.

Había una cláusula en el nuevo arreglo que sacó de quicio a García: "Todos los músicos deberán presentarse convenientemente descansados y en condiciones a la hora del show". No era tan grave, pero Charly lo sintió como una intromisión.

—Es ridículo: me pagan para que duerma —se quejó.

Pero para Charly, un acuerdo debe cumplirse. Esa noche, finalmente, se dignó a descansar.

— • —

El día del estreno, el teatro estaba repleto cuando Charly entró. En la mano llevaba unas flores que le había mandado Juanse a la casa. Había un stand con remeras que portaban el famoso huevo de la tapa del disco, cosa que no le gustó por lo que lo dio vuelta antes de bajar por la puerta que conduce a camarines.

La primera parte del show fue absolutamente normal. "Y

no te olvides nunca que yo..., yo... soy Charly García", fueron sus primeras palabras. El público estalló en aplausos y asistió a la primera parte de *La hija de la Lágrima*. La puesta en escena era formidable, como una ópera imaginada por Dalí. Pero poco a poco se fue notando cierto clima de incomodidad en Charly, que se olvidaba algunas letras, desafinaba otro poco y deambulaba por el escenario en pleno random.

Después del intervalo, el caos: Charly perdió el control, y la emprendió contra el empresario desde el micrófono. No vale la pena recordar aquella sarta de palabras que vomitó en esa noche en que la furia pudo con la música. Durante el resto del show, el público asistió estoicamente a un recital hidrófobo; la banda hizo todo lo mejor que pudo, pero fue imposible disimular lo de Charly, que saboteó el desarrollo normal del show. Inconexo, furioso, desparramando bilis a cada paso, Charly fue incontenible esa noche. El público estaba alelado, pero en ningún momento dejó de aplaudir o de cantar las canciones: ése era el modo en que sus aliados le hacían la gamba.

Fueron diez las funciones, y hubo de todo; en muy pocas García alcanzó un nivel de tranquilidad que le permitiera hacer un show normal. Pero comenzó a jugar con el concepto de su propio deterioro. Una noche subió al escenario en silla de ruedas. En el brazo de la silla había una cámara atada que iba grabando imágenes que, por medio de otra máquina, se reproducían en la pantalla del fondo. Charly movía la silla, y la imagen cambiaba. Podía ser un pie de María Gabriela, la nuca de Lupano, un platillo de Samalea, o la cámara enfocando el público.

Para el día de la última función, Charly me pidió que fuera nuevamente a ver el show. Me dijo que todo iba a estar bien, y así fue: aunque no le daba como para hacer uno de esos shows en donde él brilla como sabe, era algo mucho más decente que lo que todos vimos en esa nefasta primera función. Otra noche fui a su casa y chequeamos uno de los más tremendos en video. Para él, todo parecía estar bien: el show era una masa.

No aceptó ninguna de todas las objeciones que yo le marqué y se disgustó con ellas. Al fin y al cabo, yo era otro boludo que no entendía el sentido de su performance. "Ahora no toco, performeo". Era como una representación de una parodia de sí mismo, pero él insistía en ver otra cosa, algo sublime que nosotros, los mortales, estábamos impedidos de captar.

— • —

El que mejor ha descrito esos estados es Charly mismo. Años atrás me lo explicó: "Creativamente, yo estaba a mil. Pero algo en mí no estaba junto. Mi cuerpo iba para un lado y mi cabeza para el otro"[2]. A otros periodistas les dijo algo más gracioso: "Parecía Fassbinder en Mandrax"[3]. Así se refirió a la cadena de hechos que derivó en su primera internación en una clínica psiquiátrica en 1991. Ahora, la historia parecía volver a repetirse.

Que algo en él no estaba junto, era evidente. Pero, ¿cuál es la manera más conveniente de ayudar a alguien que no pide socorro y que se enoja si se lo ofrecen? ¿Cuál es el punto en que alguien no puede tomar decisiones sobre su propia vida? ¿Quién puede relevar a alguien del mando de sí mismo? Esas preguntas iban a contestarse por sí solas en el transcurso de los días para Charly. Son preguntas que yo me he hecho a menudo. Mi decisión fue simplemente estar a su lado y tratar de sugerir cursos de acción adecuados para sortear las diversas coyunturas. Lamentablemente, no encontré un eco en él cuando se los planteé.

Con el correr del tiempo se vio que las internaciones psiquiátricas no son el remedio adecuado para curar a alguien que no tiene desórdenes mentales en el sentido clínico. La cabeza

---

[2]. "Locura enmarcada", reportaje publicado en *Revista Rock & Pop* en enero de 1992. Entrevista de Sergio Marchi.

[3]. "La pasión según Charly", reportaje publicado en *Página/12*, en noviembre de 1991. Entrevista de Rodrigo Fresán y Eduardo Berti.

de Charly siempre fue una coctelera, pero loco no estaba. ¿Pasado tal vez? Seguramente. El asunto es que a un tipo con una sensibilidad tan pronunciada, el encierro forzoso le crea una angustia e impotencia que lo puede matar. No fuera a ser peor el remedio que la enfermedad.

Si Charly estaba enfermo, ¿cuál era su mal? Muchos le han echado la culpa a la química y al alcohol, cosas que contribuyeron a agravar la situación. Lo que más me asustaba, entre otras cosas, era la privación de sueño: un estado con el que no pocos artistas han coqueteado, desde Dalí hasta Marilyn Manson. "Cuando pasás un día sin dormir, entrás en estado alfa", me desayunó una mañana Charly. Ese estado alfa podía ser interesante, pero no como método cotidiano de provocar una alteración de la realidad. En este caso el insomnio artificial venía por el miedo a que algo pasara mientras él dormía. Lisa y llanamente: paranoia.

La paranoia no es necesariamente mala: puede ayudar a que alguien se mantenga alerta y desconfiado en momentos límite. "Perfect awareness is perfect paranoia" (la conciencia perfecta es la paranoia perfecta), dice un póster que está en un capítulo de "The X-Files". Charly tenía motivos como para pensar que alguien estaba tejiendo un plan secreto a su alrededor para internarlo. Estaba alerta, desconfiado y sin dormir. No podía haber paz que durase demasiado con las cosas de esa manera.

11. Cinema Verité

El demonio me obligó a hacerlo la primera vez.
La segunda, lo hice porque quise.
ROBERT FULGHUM.

Javier Martínez, el baterista, compositor y cantante de Manal, me lo dijo con todas las letras: "Charly es un tipo admirable: una de las cosas que yo más le admiro es cómo supera sus crisis, y lo creativo que es para llevar su vida adelante. Por eso creo que es un artista de raza: yo descreo de los artistas que sólo hacen, valga la redundancia, una manipulación de la expresión artística que dominan. Un artista es uno, cuando es un artista en su vida. Y Charly es un tipo creativo, además, en su vida, para superar crisis y para crecer. Tiene otra cosa que también admiro mucho, y es su persistencia, su perseverancia, la vocación que tiene de ser un juglar, un poeta, de ser un artista popular. Son dos datos que se agregan a lo que ya se sabe de él: que hace buenas canciones, que toca bien, que es sorprendente".

Quizá todo lo que yo estaba viendo tan cerca no fuera sino una repetición cíclica: una tormenta normal en el modo de vida de Charly García. Algo que le sucede cada tanto y en circunstancias diferentes, por motivos variables, pero que es inherente a su ser, y que tampoco quiere, puede o sabe evitar.

Como se rehúsa a hablar seriamente de estas cuestiones, es difícil saber siquiera lo que él verdaderamente piensa de todo lo que le sucede. Está claro que nunca lo va a decir: quizás en ese secreto, custodiado por pistas falsas que él mismo se encarga de sembrar, radique una buena porción de su misterio. El truco es no revelar el truco.

Por una natural curiosidad de la que no está exento el afecto, me puse a investigar un poco más en su historia y en su vida, para ver si podía ir encontrando piezas que me ayudaran a armar un rompecabezas, un mapamundi que me permitiera poder entender mejor estos momentos de furia, caos y sonidos. Cronológicamente, lo primero con que me topé fue la crisis del final de Sui Generis, resuelta en esa fuga hacia adelante de la cual Charly hizo un arte y parió algunas de sus mejores obras.

— • —

Cuando Sui Generis se separó en 1975, Charly García entró en crisis. Todo lo que había sucedido con el dúo superó cualquier fantasía y lo puso en un estado de desconcierto total y absoluto. Sui Generis pasó de seis a dos integrantes, para inmediatamente conocer la fama —tras años de infortunio— y transformarse en uno de los referentes más importantes de la historia del rock nacional. Llenar el Luna Park impregnaba la situación de contenido histórico: fueron los primeros en hacerlo, y el que primero llega deja su huella para la posteridad. Los pasos futuros habrían de ser de gran responsabilidad para Charly, no sólo por las expectativas que la gente puso en él, sino por las propias ambiciones. Todo junto le creó un gran estado de confusión que superaría de la mejor manera: produciendo música.

"Recuerdo sus fobias al teléfono —contó María Rosa Yorio— y una gran dificultad para hacer cosas que no tuvieran que ver con la música. Nos costaba encontrar lugares dignos donde vivir. En ese momento, cuando yo estaba embarazada,

Charly salió a buscar un departamento y cuando fui a ver lo que había conseguido... era terrible". Con el correr del tiempo su gusto inmobiliario mejoraría notablemente.

Pipo Lernoud, pionero del periodismo del rock argentino, regresó a Buenos Aires en 1974, después de una larga temporada en Europa. Como estaba desconectado de todo lo que pasaba, le prestaron algunos discos; entre ellos estaban los de Sui Generis. Las canciones le gustaron y quiso conocer a la persona que las había compuesto. Los Jaivas hicieron la presentación de rigor y Charly y Pipo se hicieron amigos. Hoy, Lernoud recuerda aquel período de naciente amistad.

"En esa época —explica Lernoud—, Charly vivía una fama que lo jodía. Esa personalidad, producto de mambos que le conocemos ahora, la tuvo siempre. Era un tipo que se ponía nervioso cuando había mucha gente, muy tímido. Me parece que él no había conseguido sintonizar bien sus capacidades. La sensación era: un tipo creativo, que componía canciones impresionantes, que en dos frases te pintaba la situación, en el cuerpo de una persona que no parecía ser esa persona. A la vez, no podías tener una conversación seria con él.

"Yo lo empecé a ver seguido cuando estaba tanteando cosas nuevas. Sui Generis se separó cuando él dijo que se había acabado el grupo, y entró en un proceso experimental que siguió en La Máquina de Hacer Pájaros. Charly comenzó a ir al psicoanalista; estaba medio perdido después de lo de Sui, aislado por la fama, por los músicos que lo envidiaban y lo catalogaban de blandito. Pasó por un proceso angustiante hasta que La Máquina fue algo definitivo. En ese período, Charly andaba con un cohete en el orto, huía del mundo, siempre encerrado en un departamentito, o viviendo en la casa de los amigos, Nito, Rinaldo, David. Zapando con ellos se formó el núcleo de lo que después sería Polifemo: David, Rino y Juan Rodríguez".

Charly necesitaba estar en movimiento; poner en marcha el escape, y llenar ese vacío que le había dejado el final de Sui

Generis. Pero antes había que terminar algunas cosas, viejos proyectos con los amigos.

— • —

Un día de 1974, Raúl Porchetto, León Gieco y Nito Mestre se reunieron en la casa de Charly García y María Rosa Yorio de la calle Tacuarí. En el encuentro participó un abogado como asesor: la intención era formar una compañía editorial para evitar que les siguieran robando derechos de autor. La cosa se frenó cuando los músicos se desayunaron con que llevar adelante ese proyecto era una cuestión tediosa, burocrática y complicada.

"Charly, que no aguanta esas charlas ni medio minuto —aclara León—, dijo enseguida que mejor hiciéramos un concierto. Agarramos las guitarras y nos pusimos a tocar de inmediato. De repente, García dice 'ya está: Por-Sui-Gieco... y su banda de avestruces domadas'. Una cargada a mí porque yo tenía la Banda de Caballos Cansados. Alguien, no sé quién, consiguió el Auditorio Kraft para hacer el concierto. Teníamos carteles para vía pública y había que pegarlos. Lo tuvimos que hacer nosotros mismos. Fue alucinante, los cuatro con un tacho de engrudo empapelando la calle Corrientes. De una vereda pegábamos Nito y yo, y en la otra estaba Raúl pegando los carteles y Charly moviendo la cabeza de un lado para el otro. Pese a que nos junaban, la gente no nos jodía".

El recital se llevó adelante con un perfil bajo, pero el público sobrepasó las instalaciones del Auditorio Kraft (posteriormente Auditorio Buenos Aires), en el subsuelo de una galería en la calle Florida. Para los músicos fue grato poder mostrar algo de unión en un ambiente dividido por las lenguas largas y venenosas. Todos disfrutaron por un rato el lujo de ser los Crosby, Stills, Nash & Young de Argentina. Compartiendo una gira de tres conciertos por la provincia de Buenos Aires ("¡Con perros y todo!", afirma Nito Mestre) conformaron un repertorio con temas nuevos en donde cada uno de los cuatro músicos tenía una participación idéntica y sin problemas de cartel. Un proyecto distendido, sin las presiones de un grupo formal. Una transición perfecta. Con la repercusión obtenida en aquellos cálidos conciertos, no tardaron en llegar ofertas que proponían recrear Porsuigieco en el Luna Park o, si se animaban, en la cancha de San Lorenzo. García fue el que no quiso hacerlo, y trató de que todo tuviera una onda más informal, limitado a un par de apariciones anuales y un disco cada tanto. Lo único que sucedió después fue la grabación de un solo LP.

Se comenzó a grabar en los estudios Music Hall, pero el trabajo tuvo que cambiar de domicilio; los músicos abandonaron disgustados el estudio luego de comprobar una extraña costumbre de la casa: la de los ordenanzas que buscaban drogas en los ceniceros del establecimiento. Se mudaron a Phonalex, en la calle Dragones, del barrio de Belgrano. Nito Mestre comentó al respecto que "ese disco lo grabamos por separado y tardamos seis o siete meses en hacerlo. Los que más íbamos a las sesiones éramos León, Charly y yo. Porchetto faltaba bastante y María Rosa también. Fue largo pero divertido y en el medio aparecieron cosas como 'La colina de la vida', que lo hicimos en una hora libre".

"Un día Charly me llama a casa —cuenta León—, y me dice que tiene un tema nuevo pero que era para que lo cantara yo". Cuando el disco es editado en 1976, ya bajo los tiempos siniestros del "proceso de reorganización nacional", la censura detecta cierto peligro en "El fantasma de Canterville" (la parte "pero siempre fui un tonto que creyó en la legalidad", se cantaba tan fuerte en los recitales que el verdadero sentido de la canción quedaba al desnudo). Para la segunda tirada del disco, el grupo debe reemplazarla. Y allí Charly saca de la galera "Antes de gira", una hermosa página que cuenta la vida de los músicos. Tras la grabación, cada uno de ellos sigue su camino, sin perder la conexión, cruzándose en discos, escenarios y fiestas.

— • —

En el medio hubo un cambio de nombre. O de letras: Charly, que hasta ese entonces firmaba como Charlie, adoptó la "y". Después vino un trueque: Sui Generis dejaba paso a La Máquina de Hacer Pájaros. "Era lo que yo quería hacer —dice Charly—; La Máquina era como Sui al comienzo: un grupo eléctrico con una música muy loca, onda Vanilla Fudge, Procol Harum. Después fue cambiando porque yo siempre quise ser uno más de la banda, y no el líder. Simplemente un componente que aportaba al funcionamiento del grupo".

La Máquina de Hacer Pájaros se gestó en la sala de ensayo de un grupo amigo. Oscar Moro fue el primer reclutado porque ya en las grabaciones de *Pequeñas anécdotas sobre las instituciones*, le había dicho a Charly que quería tocar con él. Después arribó José Luis Fernández, quien supo ser el primer bajista del grupo de Pino Marrone, Aníbal Kerpel y Gonzalo Farrugia, al que más tarde entraría Gustavo Montesano y se llamaría Crucis. Fernández se sumó al incipiente grupo de García.

La banda debutó en Cosquín, Córdoba, en un show como trío en el que ya tocaban algunos de los temas que conformarían el primer disco. Allí estuvo presente Gustavo Bazterrica, un joven prolijo que se convertiría en guitarrista de La Máquina. Después, se sumaría Carlos Cutaia para completar la formación del equipo. Cutaia era un tecladista brillante que tocó en Pescado Rabioso y que también participó en *Pequeñas anécdotas sobre las instituciones*.

"Lo primero que hicimos fue un ciclo en La Bola Loca —recuerda Gustavo Bazterrica—, un boliche que tenía Atilio Stampone en el que entraban 200 personas. Tocábamos de jueves a domingo, y los fines de semana hacíamos doble función. Así nos fuimos fogueando". El hecho de tener dos tecladistas daba la oportunidad de que el grupo pudiera lucirse con los arreglos y máxime teniendo en cuenta las habilidades de Cutaia, que se sacaba chispas con García, quien le reconoce un gran aporte de conocimientos.

Consolidando la banda, los sorprendió el golpe militar de 1976. La Argentina iba a entrar en una larga noche represiva, y los campos de concentración de disidentes o simplemente sospechosos se nutrirían de la sangre de gente joven. La situación acrecentó los temores ocultos de García que suponía, no sin lucidez, que él podía entrar en la lista negra. Comenzó a salir a la calle lo menos posible, tomando alocadas precauciones como envolverse en una frazada al estilo beduino para tomar un taxi, o esperar en el hall del edificio a que viniera uno.

Paralelamente a este proceso, Charly García estaba entusiasmado con la idea de ser padre. En marzo de 1977 nació Miguel Ángel García, un hermosísimo bebé, saludable y curioso. Sus padres lo criaron con todo el amor del mundo, pese a que entre ellos las cosas no andaban bien: meses más tarde, María Rosa y Charly se separaron. García estaba con todo su mambo de La Máquina y María Rosa se sentía sola. Este estado de cosas se fue profundizando y ella fue encontrando el afecto y el apoyo que necesitaba en otra persona: Nito Mestre.

"Yo me mandé una cagada —dijo María Rosa en 1993—, que fue irme con su mejor amigo. Sin embargo, cada vez que nos vemos él siempre me tira una onda de afecto".

— • —

La Máquina de Hacer Pájaros duró muy poco tiempo, todo 1976 y buena parte de 1977. Pero ese año y medio escaso le rindió a Charly como el doble. En primer lugar, le sirvió para recuperar la confianza en sí mismo como creador, probando que podía seguir componiendo para otro proyecto que no fuera Sui Generis: la música de La Máquina se situó a años luz de aquel dúo con Nito Mestre. El estilo grupal era tan sofisticado como sutil. Charly había abordado el género del rock sinfónico, muy en boga por aquella época, y fue el único que lo hizo en serio, con conocimiento de causa, pero sin apartarse demasiado de lo que son las canciones, y evitando los clichés habituales, que a la larga hicieron del estilo una parodia de sí mismo. Había otros grupos abordando esa temática, de los cuales el mejor fue Crucis, seguido por Espíritu y Ave Rock. Ninguno de ellos llegó a las cimas musicales que alcanzó La Máquina, bautizada así en honor a una historieta del dibujante Crist, cuyo protagonista se llamaba, justamente, García.

El repertorio del primer disco del grupo fue compuesto íntegramente por Charly, aunque la idea rectora era que el peso creativo no cayera sobre su espalda. El apuro y el talento que se abría paso hicieron que las cosas sucedieran de esa manera y que los resultados fueran brillantes. Por otro lado, La Máquina tenía individualidades que desequilibraban por sí solas: la solidez de Moro, la ductilidad de José Luis Fernández, la capacidad de Gustavo Bazterrica, y Charly funcionando en perfecto timing con Carlos Cutaia. Era el equipo perfecto y salió a la cancha goleando, aunque a la hinchada le sorprendiera el estilo de juego.

El primer disco de La Máquina fue el más contundente entierro del fantasma de Sui Generis, que sobrevolaba constantemente la cabeza de García. El público no comprendía del todo bien las letras herméticas, pero en tiempos violentos como aquéllos de 1976 donde la vida no tenía valor alguno, Charly hizo prevalecer su inteligencia y su música, teniendo que resignar una comunicación más directa. El disco fue presentado formalmente en el mes de noviembre en el teatro Astral, durante un show que venció todas las resistencias.

Además de ser el músico principal de La Máquina de Hacer Pájaros, García se multiplicó para ayudar a varios colegas. Grabó teclados en *Humanos*, tercer disco de Pastoral, grupo al que periodistas de la época veían como el natural sucesor de Sui Generis. Charly apoyó musicalmente a Nito Mestre y María Rosa Yorio en su proyecto de Los Desconocidos de Siempre. Su primer éxito fue "Fabricante de mentiras", un tema de Sui Generis que le fue cedido a Nito. Ese apoyo se continuaría en el tiempo con la cesión de varias canciones como "Iba acabándose el vino", que María Rosa Yorio cantó en el grupo durante 1979, y "Afuera de la ciudad", que figuró en *20/10* cuando Mestre se lanzó como solista.

Durante ese prolífico 1976, García, además, impulsó el primer disco de Crucis, en donde figura como "supervisor de sonido y programador de sintetizador", ya que Charly, además de ser experto en teclados eléctricos, prestó una invalorable ayuda al convencer a Jorge Álvarez de las bondades del cuarteto de Pino Marrone. En 1978, con Crucis ya separado, García grabó unas teclas en *Homenaje*, primer disco solista de Gustavo Montesano. Otra colaboración de aquellos años se reflejó en el tercer disco del Trío Lluvia, que interpretó "Pensé dos palabras" y "Te daré algunas cosas", dos canciones de Charly prácticamente desconocidas ante la pobre repercusión obtenida por aquel registro. Más tarde, en 1982, colaboraría con el dúo Moro-Satragni, cantando y componiendo "Cómo me gustaría ser negro".

— • —

Mientras La Máquina de Hacer Pájaros tocaba en el interior durante 1977, los temas nuevos se iban gestando durante los ensayos en el sótano de un club del que Gustavo Bazterrica supo tener carné. Las condiciones del lugar eran pésimas: cada vez que llovía se inundaba. Hartos de ver sus equipos jugando carreras de natación contra los roedores, naturales moradores del sucucho, los músicos abandonaron el club apenas consiguieron otra sala de ensayo. Pero, pese a lo adverso de las condiciones, en ese inhóspito recinto fue creado el repertorio del segundo disco del grupo. Charly entendió que era necesario un nuevo álbum con un concepto central, tal cual lo fue *Pequeñas anécdotas sobre las instituciones*. Tras largas cavilaciones, se decidió por lo que más le gustaba después de la música: el cine[4].

---

4. Películas favoritas de Charly García: Todo Federico Fellini - *2001, Odisea del espacio* - *Sueños*, de Akira Kurosawa - Todos los filmes de

García adora el séptimo arte y, en especial, la época dorada del Hollywood de las décadas del 40 y el 50. Las divas parecen ejercer una especial fascinación en él: Marilyn Monroe, Greta Garbo, Bette Davis, Rita Hayworth, Lauren Bacall, Ingrid Bergman. Sin embargo, uno de sus grandes héroes de Hollywood —y filósofo de cabecera— es Billy Wilder, hombre considerado como "el mejor guionista de todos los tiempos". Uno de los libros favoritos de Charly García es *Nadie es perfecto*, escrito por Wilder.

Cuando llegó la hora de tomar el cine como inspiración para el segundo disco de La Máquina de Hacer Pájaros, el terror era la película cotidiana en la Argentina de 1977.

— • —

Así como en el primer disco de La Máquina de Hacer Pájaros lo fundamental fue la música, en *Películas*, grabado en los estudios ION durante el invierno de 1977, sobresalieron las letras compuestas por Charly. En el momento histórico, como suele suceder con los textos de García, muchos no los comprendieron, pero poco más tarde se pudo descubrir que de lo que se hablaba era de cómo sobrevivir en un paisaje desolado por medio de la imaginación, sin por ello perder el contacto con la realidad. Pero detrás de estos temas principales, asomaron otros: los brillos de la fama, las perversiones ocultas, la búsqueda de la identidad, las creencias fundamentales, el aburrimiento y la separación de María Rosa.

Estrenado en vivo en el teatro Coliseo, *Películas* fue el disco que consolidó a La Máquina de Hacer Pájaros en el afecto popular; prueba de esto fue que a los pocos meses la banda se presentó en el Luna Park con un lleno total. Fue un concierto

---

Woody Allen - *The Thing* - *El ciudadano* - *Brazil* - *Batman* - *Metrópolis* - Todos los filmes de David Cronenberg - *El extraño mundo de Jack* - *The Mask* - *Quadrophenia* - *La historia sin fin* - *Amadeus* - *Ed Wood*.

bastante loco, con Cutaia vestido como un conocido conde rumano y portando un candelabro, al comienzo; luego sería toda la banda disfrazada y tocando un rock and roll bien cuadrado con Charly haciendo el papel de un Mick Jagger criollo.

Pero el brillante futuro quedó eclipsado por una crisis que llevó a la disolución final de La Máquina en octubre de 1977. Probablemente el grupo haya quedado atrapado en ese efecto dominó que concluyó en la disolución de Crucis, Invisible, Espíritu y Pastoral, por distintas razones entre las que no estuvieron ajenas la situación económica, ni el clima hostil hacia el rock que instaló la dictadura militar. Pero en el seno de La Máquina de Hacer Pájaros pesaban otros asuntos.

"En La Máquina —explica Bazterrica—, estábamos metidos en los megaarreglos, lo que hacía necesario ensayar muchísimo. Éramos todos tipos con buen bagaje técnico, capaces de tocar al borde de la dificultad. Estábamos todos muy entusiasmados, pero después no lo pudimos manejar. Yo no iba a los ensayos: había empezado a fumar y estaba hecho un pelotudo; era pendejo, me quedaba haciendo huevo con una minita. Y Charly me dio el olivo". El lugar de Bazterrica fue ocupado por Alejandro "Golo" Cavotti, ex Bubú, y el equilibrio interno comenzó a tambalear.

Influyeron en la disolución los conflictos personales de Charly, quien todavía no se había recuperado de lo de Sui Generis cuando debió afrontar la llegada de su hijo y la posterior separación de su mujer. Se le acumularon varios problemas y no pudo timonear con buena mano la ida de Bazterrica, la llegada del nuevo guitarrista y otras cuestiones. Pero él ya estaba un poco cansado. Comprendió que, otra vez, era el único capaz de tomar las decisiones y de llevar el barco a buen puerto, y prefirió el naufragio grupal para poder curar sus propias heridas. En un ensayo, anunció que se iba del grupo pero a cambio ofreció dejarles el nombre para que ellos pudieran continuar sin él. Fue un buen gesto que no prosperó: sin García, La Máquina de Hacer Pájaros se quedaba sin motor.

Charly se fue tras los pasos de su nuevo amor que había llegado de Brasil: Zoca.

— • —

Si como dicen algunos, la crisis es una oportunidad para el cambio, Charly supo cómo aprovechar ésta, de donde surgió La Máquina, un capítulo necesario para la epopeya de Serú Girán. Habrá que entender a estas alturas que Charly es un artista dramático, y que ese arte se suele colar en su vida personal, causando exóticos trastornos.

Sin embargo, lo que sucedía en octubre de 1994 era de una naturaleza distinta, y ya iba más allá de malestares pasajeros. *La hija de la Lágrima* había terminado con su edición y los diez conciertos en el Ópera, pero ni aun así Charly pudo hallar el punto de la tranquilidad. El show no paraba nunca, y no fuimos pocos los que nos preguntamos qué sucedería cuando el tiempo se encargara de establecer la propia finitud de las cosas. Ese interrogante fue también el motor que encendió cierta curiosidad felina en la imaginación de Charly. "Toda *La hija de la Lágrima* se hizo en tiempo casi real —explicó Charly un año después de esto—. No había demos, ni afinador electrónico, nada. Yo tenía un poco de datas, pero había un gran misterio que era '¿dónde termina esto?'. Como te conté una vez, era exactamente la analogía del pibe que tiene puesto un dedo en el dique, y que cuando lo saca...".

Era jugar con fuego. Todos sabemos qué fue lo que sucedió con el gato cuando se pasó de curioso.

12. Bailando a través de las colinas

> *No necesito un doctor.*
> HUMBLE PIE, 1971.

Desde que comenzó a escribir canciones, Charly imaginó finales trágicos, para sí o para sus personajes. Eso ha dado mucho que hablar a periodistas y estudiosos de la música, que creyeron estar en posesión de una clave secreta, atribuyéndose el descubrimiento de una fórmula que permitiría predecir a García en estos derrapes aparentemente anunciados en canciones. Yo mismo seguí atando cabos locamente, buscando pasadizos ocultos que me permitieran acceder a una comprensión más cabal de los hechos.

Es verdad que la muerte y la pobreza han aparecido reiteradamente en sus composiciones, como señalando una suerte de futurología acerca de un destino absolutamente probable para cualquiera: nadie está exento de una desgracia, de una mala racha, de la mala suerte, o de equivocaciones que se encadenan unas con otras y que terminan dando un resultado funesto. Con el tiempo aprendí que ese pesimismo por lo que vendrá, que abunda en sus canciones, no forma parte del discurso habitual de Charly que, parafraseando a un grupo llamado Timbuk 3, asegura que "el futuro es tan brillante que voy a tener que usar anteojos oscuros".

Curiosamente, esa temática trágica se ha hecho presente desde el mismísimo comienzo. Y el comienzo fue *Vida*, de Sui Generis. Y el primer tema fue... "Canción para mi muerte", conformando una extraña paradoja. "Hubo un tiempo en que fui hermoso, y fui libre de verdad": el paraíso perdido que no volverá, la pérdida de la inocencia; otro ítem que abarca toda la carrera de García llegando hasta "Say No More", en donde una voz femenina alude a la historia de Adán y Eva perdiendo el candor original: "Ya lo dijeron los primeros habitantes de este planeta. No coman de esta fruta: les traerá problemas".

"Cuando ya me empiece a quedar solo" es quizá la canción más conocida de García que hace alusión al desamparo y a la soledad en un futuro que muchos creen que ya ha llegado a su vida. Pero existen otros ejemplos, como "Tribunas del futuro pobre"[5], "Instituciones"[6], "Ruta perdedora"[7], "El mendigo en el andén"[8], "Noche de perros", "Viernes 3 A.M.", "Canción de Hollywood"[9] y "Fanky"[10], cuyos versos son inequívocos en ese sentido de tragedia que, me animo a suponer, corresponde más a la fascinación de Charly por los destinos que han corrido varias estrellas de Hollywood (Marilyn Monroe, Bela Lugosi), que por su creencia de que al final del camino habrá solamente sorpresas desagradables.

Este libro tuvo varios formatos, entre ellos, el de una novela ambientada en el año 2001, que comenzaba con... la muerte de Charly García. Por diversas razones, este proyecto fue des-

---

5. Del disco *Pubis angelical*. Charly García, 1982. Banda de sonido de la película dirigida por Raúl de la Torre y protagonizada por Graciela Borges.

6. Del disco *Pequeñas anécdotas sobre las instituciones*, interpretado por Sui Generis. Charly García, 1974.

7. De *Películas*, interpretado por La Máquina de Hacer Pájaros. Música: José Luis Fernández, letra: Charly García, 1977.

8. De *Serú Girán*, interpretado por Serú Girán. David Lebón y Charly García, 1978.

9. De *La grasa de las capitales*, interpretado por Serú Girán, Charly García, 1979.

10. De *Cómo conseguir chicas*. Charly García, 1988.

cartado y cuando le comenté su existencia en febrero de 1997, Charly me dijo "no, loco, 2001 es muy pronto". Sin embargo, muchas de las cosas que le sucedieron en la década del 90 hicieron pensar que sus propios vaticinios lo habían alcanzado.

En materia de autoprofecías, siempre pensé que la canción que más se podría acercar, en ese momento determinado, era "Tribulaciones, lamentos y ocaso de un tonto rey imaginario o no", de Sui Generis. Una historia clásica que reflejaba la futilidad de ser rey, y los inconvenientes que tal cargo ocasiona. De alguna manera, Charly es un monarca —"un rey todo mal, pero rey al fin", como lo definiera Mario Breuer—, y una mañana me pareció muy cierto aquello de "estoy desnudo, si quieren verme, bailando a través de las colinas".

— • —

Esa mañana, Charly estaba en su modalidad Tarzán: en bolas y a los gritos por el departamento del quinto piso que ocupó por algunos meses de 1994. La luz se colaba como podía por las ventanas semiabiertas. Afuera, el tráfico de las nueve de la mañana era un rugido intolerable. El día anterior habíamos estado de cinco a ocho de la tarde haciendo una suerte de sesión espiritista para conjurar el espíritu de Serú Girán, con la idea de hacer una película propia, en un rechazo simbólico a la "Peperina" perpetrada por Raúl de la Torre. La idea no prosperó, aunque un alocado guión quedó grabado.

Soy de los que creen que cuando el teléfono suena temprano, del otro lado de la línea hay un problema. Si es una buena noticia, llamará después del mediodía. Miércoles a las 8:25 de la mañana, para mí, sólo podía ser un llamado del infierno. Mi mujer se revolvió en la cama y se sacudió para despertarme.

—No atiendo —dije como un autómata.

—¿Mirá si pasa algo? —me sugirió ella tiernamente.

—Que pase sin mí —contesté, mientras me di vuelta y buscaba desesperado el punto del sueño.

El contestador hizo su tarea. El silencio terminó de despertarme, no pude resistir la tentación de oír quién llamaba y paré la oreja.

—¿Quién podrá ser? —musité mientras me incorporaba.

—Alguien que se equivocó —se decidió mi mejor mitad, ya resignada a madrugar.

—Si se equivocó, quiere hablar con un consultorio, acordate —vaticiné.

Terminé la frase con el beep. Era Charly. "Mumble, mumble, mumble, je, je, je, mumble, mumble". Sílabas furiosas que salían a borbotones del parlante del contestador. Comprendí, a medias, algún vago significado. Cortó. Al minuto volvió a sonar. Esta vez, era Laura López, la secretaria de Charly por aquel entonces.

—Por favor, Sergio, si estás ahí, atendé o llamá a lo de Charly.

Tomé el teléfono de inmediato. No se sabía muy bien lo que pasaba, pero había problemas. Charly ladraba en el fondo y también se escuchaba un ruido de objetos que chocaban entre sí. No pedí mayores detalles y me dispuse a tomar una ducha veloz y correr las siete cuadras. Haría de cuenta que decidí volcarme al aerobismo, sería lo mejor. ¿Qué podría haber sucedido? Charly por lo menos estaba vivo y con toda la voz, según el ruido de fondo. ¿Ladrones, policías, vecinos, fanáticos golpeando a su puerta, acreedores? Los diez shows de *La hija de la Lágrima* ya habían quedado atrás. ¿Ahora qué?

Alborotado y aleteando como un pájaro, completamente desnudo, iba y venía, recorriendo aquel famoso trecho "de la cama al living", produciendo un efecto escalofriante. Sólo que éste era otro departamento del mismo edificio, de un trazado similar al del séptimo, en donde se compuso aquella canción. Laura estaba al borde del colapso: Charly la había despertado a las cinco y desde las seis, cuando llegó al departamento, en su vida no hubo paz. Tres días sin dormir producen un efecto potente del estado alfa que no ve la hora de cambiar a beta y así hasta el final del alfabeto griego. Lo más terrible era la intensidad del brote y... ¡desnudo! Desde ese entonces aprendí que cuando Charly se pone en bolas, mujeres y niños primero... Yo estaba pasmado y sentí una extraña sensación de vergüenza, que no era ajena sino propia, por meterme en la casa de un hombre desnudo y con tantos problemas. Por suerte, recordé que me habían llamado.

—Loco ¿vos viste? —me dijo, sulfatado, mientras me abrazaba y me llevaba a la habitación para contarme la historia.

La historia es... que no había historia. Porque García hablaba de De la Torre, Serú, el teatro Ópera, *La hija de la Lágrima*, su familia, internación, Pity, Novelli, Kalina, Andrea del Boca, Maradona, y otros personajes y entidades edilicias o artísticas de idéntico grado de celebridad. Demasiado como para entenderlo de un tirón, medio dormido, y con la historia contada por un hombre desnudo que no se queda quieto ni por un segundo. He visto a miles de hombres al natural en clubes, en vestuarios, en piletas y hasta en prostíbulos paraguayos, pero ninguno me provocó esa sensación de pudor como García.

—Charly, ¿no podrías ponerte algo? Me da vergüenza —le solicité encarecidamente.

Aquello lo hizo enojar, o ya venía enojado de antes y agarró impulso, pero entre protestas se puso un par de jeans negros (la bragueta quedó abierta, como muda amenaza), mientras se quejaba y monologaba. Cada vez que Laura quería hablarle, se enloquecía, aunque le preguntara si quería tomar un té. Tránsito, en su manso silencio, parecía una enfermera de la Cruz Roja, caminando impertérrita entre la balacera de palabras. Yo no terminaba de entender la razón de mi presencia en aquel conflicto, o mejor dicho, no quería darme cuenta.

Traté de ordenar el equipo, ya diezmado (durante la noche desfiló toda una galería de personajes). A Laura la envié a la casa de mi novia, porque esa-chica-no-daba-más e iba a ser necesario alguien lúcido para cuando yo me fuera al trabajo; supuse que nadie iba a querer acercarse a García mientras lanzara vapor. El teléfono no había parado de sonar ni un segundo y lo desconecté para intentar algún tipo de diálogo. Charly se puso a hacer otras conexiones: del televisor a un amplificador y de ahí a unos parlantes. La tele era una mole de peso incalculable que sólo cuatro plomos bien desarrollados serían capaces de mover.

Supongo que todo esto es lo que Charly suele llamar "la venganza". "Eso es lo único de lo que tengo que curarme", dice a menudo cuando se toca alguna cuestión relacionada con lo médico. Creí que más que un doctor le hacía falta una buena medicina: una pastilla para elefantes o una mina que se lo cogiera hasta que ya no pudiera mover un dedo. No sé, algo que lo dejara quieto por-el-amor-de-Dios. Poco a poco, las cosas se calmaron cuando el video-láser fue conectado a la televisión.

El "menta-agua-y-dos-hielos", una supuesta fórmula de la felicidad que comenzó a consumir García en aquel entonces, se alternaba con el whisky, al igual que con Los Who y Tom Petty. Con Los Beatles llegó la serenidad, y comenzamos a cantar algunos temas del disco *For Sale*, hasta que sonó el portero eléctrico. Charly fue a abrir. Así terminó la calma chicha que venía de Liverpool.

García regresó hecho una fiera. Mientras, yo cantaba "Eight days a week", cada vez más fuerte, como tratando de volver a desviarlo hacia la música. Apagó la tele y comenzó a caminar en un círculo demoníaco, casi ritual, en donde yo ocupaba el centro exacto. Respiraba agitado, y bufaba, mirándome feo, fijo y hosco. Presentí algo malo, y no tenía que ver con la poca afinación de mi voz.

—¿Qué acontece? —pregunté con una falsa calma.
—Vas a ver lo que acontece —me aseguró con la convicción de un ayatollah.

Dos minutos más tarde vi pasar a un señor diminuto, con un andar similar al de Cornfield, personaje de la serie *Duckman*, pero con la fisonomía de un mini-Porky. El sujeto no era demasiado mayor, pero sí muy simpático.

—Las cuerdas, Charly, cuidá las cuerdas —le reclamó apenas traspasó el umbral.

García le chumbó algo. El hombre se presentó a sí mismo como El Señor Ele o Mister L. Charly me presentó a mí como un periodista amigo que había ido para hacer un libro. Eso captó la atención de El Señor Ele. Todos aceptamos el café de Tránsito. Ocupamos la mesita del living y Charly se sentó como un tahúr presto a despellejar a su víctima. Trajo una carpeta roja en la que estaban unos borradores que yo había escrito, y que él aún no había leído. Mister L leyó en voz alta la primera oración.

—"Charly García es una ametralladora humana: siempre está cargado y a punto de disparar hacia donde menos uno imagina". ¡Maravilloso! Me recuerda a una vieja palabra: escópito —dijo el mini-Porky.

—Ma qué escópito ni escópito —bramó García, mientras cerraba la carpeta y destruía la tapa.

—Che, pará, ése es el libro —traté de atajarlo.

—Es mi libro, soy yo, es mío.

—Bueno, pero yo lo escribí. No lo rompas.

—Entonces, llevate a este ser de mi vista —aulló mientras se paraba. Reflectores a El Señor Ele, que ya sudaba grueso. Lo invité a tomar un café abajo, mientras García reiniciaba aquel fandango demoledor con que me había recibido.

El Señor Ele me contó que era el analista de Miguel, hijo de Charly, y que también lo había atendido a él en la época de La Máquina de Hacer Pájaros, cuando su mayor problema era el dinero que no le pagaban o le robaban, según contó el terapeuta. Le di un panorama de la actividad de Charly en los últimos días, y noté que sacudía la cabeza a cada oración. El hombre no tenía muchas esperanzas de poder ayudar cuando llegó y ahora estaba seguro de no poder hacerlo. Sin embargo, quiso hacer otro intento pero antes fue a visitar a Miguel. Volví a lo de Charly, mentalizado para estar tranquilo.

Nuevamente me encontré con el rey de las teclas y la psicopateada. Revolvía unos compactos mientras yo me sentaba en una silla con las piernas cruzadas y a una distancia saludable. Vislumbré un poco de tranquilidad cuando vi que sacaba *Gorilla* de James Taylor de la caja. Me equivoqué; inmediatamente me lo arrojó como un ninja, en un viaje directo a mi yugular. Él estaba muy endemoniado y yo la jugaba de samurai. No sé qué extraña fuerza oriental me hizo atraparlo en el aire, antes que el compacto me perforara la garganta. Nos seguimos mirando a los ojos; él, como defraudado de que yo no cayera al piso, y yo intentando saber cuál era la salida más cercana. Los dos sabíamos que el que bajaba la mirada, perdía. La sostuvimos hasta que él se movió.

—I don't impress you? —vociferó en ese falsetto que tantas canciones ha alegrado.

Acto seguido, amenazó con levantar su televisor de 34 mil pulgadas —ese armatoste en el living, sí—. Su idea de aplastarme con la tele me dio risa. Él también se rió y simulamos luchar. Nos enredamos, caímos en el sillón, y la pata de alguno apretó el play del videoláser: Los Beatles volvieron a cantar.

García creyó en algún momento que yo formaba parte de un complot contra él, para internarlo o impedirle la ejecución de algún plan. Lo comprendí claramente cuando Mister L volvió a la escena y tras una charla, Charly lo echó sin miramientos. Yo también caí en la volteada. Mister L se levantó y resbaló, dislocándose un tobillo. Charly supuso que era un ardid.

—Vamos, vamos, no me haga circo —lo instó a apurar su partida—. Y vos —me dijo mirándome furioso—, andá a escribir diez mil libros a tu casa... pero no sobre mí.

Después cerró la puerta con violencia y continuó con su rally destructor.

13. Pequeñas delicias de la vida conyugal

Mi amada está lejos de acá/ en un país hipernatural.
LA MÁQUINA DE HACER PÁJAROS, 1977.

El día anterior a la irrupción de Mister L en el escenario de aquel octubre del '94, Charly le dictó a mi grabador buena parte de la trama de su propia versión de "Peperina". Para poder entender aquel formidable ejercicio de asociación libre tuve que refrescar la memoria volviendo a Serú Girán, camino que me llevó directamente a la persona de Marisa Pederneiras, o sea Zoca, mujer de Charly durante toda una década.

Serú Girán comienza cuando Charly y Zoca se conocen, y ese detalle es importante, porque en la reunión de Serú Girán en 1992, a diez años del final de aquella agrupación, el emblema fue la figura de un ángel femenino. Es que cuando la conoció parecía un ángel caído del cielo, y no se trata de una exageración literaria: Zoca estaba vestida de ángel en el ballet de Oscar Araiz cuando bailaba en la obra *María, María*. Esto sucedió en 1977 y después de mucho tiempo tratando de convencerla —años—, Zoca aceptó hablar y contarme la historia.

— • —

Charly estaba muy aburrido por aquellos días de 1977. Sentía que había llegado a un punto en el que La Máquina de Hacer Pájaros no podía dar más. Con ese grupo grabó dos discos excelentes, y pudo sobrellevar la angustia que le provocó la separación de Sui Generis.

Pero la vida no se detuvo en aquel 5 de septiembre de 1975, cuando Sui Generis se separó en el Luna Park. Después vino el nacimiento de Miguel, y otra separación: la de Charly y María Rosa Yorio. Estaba solo y medio perdido: su mujer se había ido a Brasil con su mejor amigo. Si bien Charly todavía residía en el departamento de la calle Tacuarí, en el que convivió con María Rosa, la separación ya se había producido si no en los hechos, en el corazón de ambos. Aquélla era una casa vacía.

Fue Renata Schussheim quien invitó a Charly a ver al ballet de Oscar Araiz. Esa noche, Zoca estaba de muy mal humor, porque se había peleado con un uruguayo que también formaba parte de la compañía de baile. Tenía 17 años y no conocía a nadie en Buenos Aires, de manera que cuando se le pasó el enojo fue al lobby del hotel, y no encontró a su gente. El conserje le dijo que se habían ido a comer, y Zoca decidió alcanzarlos. El enojo le había abierto el apetito.

En el restaurante, Zoca no pudo sentarse a la mesa con su hermana porque allí estaba el uruguayo de mentas, así que se fue a la mesa grande y ocupó un lugar vacío, a todas luces predestinado. Renata le presentó al tipo que tenía enfrente.

—Zoca, te quiero presentar a Charly García, uno de los mejores músicos de acá —dijo la Schussheim.

La brasileña lo saludó sin tener la menor idea de quién era el sujeto. Después de la cena, Charly invitó a todos a su casa a tomar algo y a escuchar un poco de música. El Flaco ya le había echado el ojo a la adolescente malhumorada. Era un departamento chico, pero muy bonito, que se vio repentinamente invadido. Esa noche, García fue el anfitrión perfecto, y agasajó a todo el mundo tocando el piano para ellos. Las chicas le pedían canciones que él tocaba sin equivocarse.

—Ey, qué bien que toca —le comentaron a Zoca por lo bajo. A ella lo que más le gustó fue su amabilidad, su simpatía y una cierta timidez, aunque ese día no se dio cuenta de todos esos sentimientos.

Charly tocó canciones de rock, algunas propias y otras ajenas, un poco de jazz —"que lo tocaba muy bien", aseguró Zoca— y algo de música clásica. Entre tragos y cánticos los sorprendió la madrugada.

— • —

Charly comenzó a frecuentar seguido el teatro y el hotel de la compañía, y no porque fuera un fanático del ballet. Solía mandarle flores a Zoca. Caballero de los de antes. Días más tarde, García cayó en cama con un fuerte estado gripal. Mandó un remís —toda una paquetería en aquella época—, para que fuera a buscarla a Zoca. Quería verla. El chofer la abordó cuando salía del teatro y le rogó que acudiera a la cita, cual Cupido Motorizado. Que Charly ya le había pagado el viaje, que volaba de fiebre, que le prometió que la iba a llevar. La brasileña desconfió y no aceptó; no lo conocía al chofer y recién estaba conociendo a Charly. Ella era chica y la situación muy rara. Zoca se fue al hotel, mientras el celestino sobre ruedas volvió a la calle Tacuarí sin pasajeros.

Al rato sonó el teléfono en la habitación de Zoca.

—¿No me creíste? Estoy enfermo de verdad; por favor, vení a verme —reclamó Charly desde el teléfono.

Zoca, después de sopesar los pros y los contras, se decidió; paró un taxi y se fue para allá. El tipo no mentía: tenía una fiebre de los demonios. Inmediatamente la brasileña bajó a comprarle cosas para comer, aspirinas y otros elementos útiles cuando uno está en la cama y enfermo; después le tomó la temperatura y lo colmó de cuidados. De pronto, Charly le pareció una persona tierna, muy cálida, muy dulce, necesitada de afecto.

—Me encanta que me cuiden así —le confesó Charly, con total honestidad.

Zoca sonrió y le acarició el rostro.

Era el comienzo de un gran amor entre ambos. Un amor que sería puesto a prueba por el destino y que demostraría ser más fuerte que lo que ellos mismos imaginaron.

— • —

Una noche, a horas inconfesables de la madrugada, Charly golpeó la puerta de la habitación de Zoca. Él ya era otro huésped del hotel, en donde alquiló un cuarto para poder estar más cerca de su enamorada. Cuando Zoca abrió lo encontró con una sonrisa de oreja a oreja, y una botella del mejor whisky en la mano.

—¿Qué pasa? —preguntó adormilada.

Charly García y Zoca en San Pablo, 1978.

—Vamos a festejar —le propuso García—, me acabo de separar de La Máquina de Hacer Pájaros, y ya tengo un nuevo proyecto. Lo otro se acabó, ahora es esta nueva cosa. Conmemoremos.

Zoca había ido a un par de shows de La Máquina de Hacer Pájaros en lugares chiquitos, y no sabía que ese grupo tenía los días contados. Charly ya había conseguido salirse con la suya, y convenció a David Lebón de que armaran un grupo juntos. La Máquina se separó porque Charly quería dejar de ser el centro de la banda. Le interesaba cotejar fuerzas, no ser el líder, ser uno más, y en La Máquina, pese al excelente nivel de los músicos, tal premisa no se había conseguido.

Charly conocía a David Lebón desde la época de Sui Generis, y siempre fue un gran admirador de su primer disco solista. Lebón había abandonado a Polifemo y se había refugiado en una banda devocional llamada Seleste. Charly lo fue a visitar en dos o tres oportunidades, a la hora en que Lebón despertaba. Lo quiso entusiasmar, y lo cortejó casi con la misma tenacidad que empleó en conquistar a Zoca. Le llevaba facturas para desayunar. Pero David no quería saber nada: su paso por Polifemo lo había dejado un tanto herido, y prefería un perfil más bajo al que podría acceder colaborando con Charly.

—Lo quise convencer. Pero después me di cuenta de que con facturas no lo iba a lograr —comentó.

Cuando Charly apareció en la casa de David con una botella de whisky —J.B. para más datos—, los vientos comenzaron a ser más favorables.

— • —

No se llamaban aún Serú Girán, pero Charly y David sacaron el prototipo a la cancha el 11 de noviembre de 1977 en el Festival del Amor, un multitudinario recital que se llevó a cabo en el Luna Park, como despedida de Charly, quien había anunciado sus planes de vivir un tiempo en Brasil. También era el adiós a La Máquina de Hacer Pájaros, que tocó aquel día por última vez. El estadio estuvo lleno de bote a bote. Además de David y Charly, estaban a bordo José Luis Fernández, el bajista de La Máquina y Gonzalo Farrugia, baterista de Crucis. Tocaron juntos aquel día y el repertorio elegido se basó en gran parte en nuevas versiones de los temas de David correspondientes a su primer disco solista, como "Dos edificios dorados" y "Hombres de mala sangre", ambos favoritos de Charly.

Para el público lo más fuerte de la noche fue la no anunciada reunión de Sui Generis, en un segmento en el que Charly y Nito cantaron las viejas canciones, algunas de ellas nunca grabadas, como "Gabi". Todos los amigos de García estuvieron allí esa noche: Gustavo Santaolalla, Mónica Campins, María Rosa Yorio, Pino Marrone, Aníbal Kerpel, Golo Cavotti, León Gieco, Raúl Porchetto, los hermanos Makaroff, los miembros de La Máquina, Sui Generis y David Lebón.

Fueron más de cuatro horas de música en las que hubo sorpresas de lo más variadas. Una chiflatina sepultó la intención de cantar "Volver a los 17", de Violeta Parra, no por alguna connotación política sino porque la guitarra acústica estaba desafinada. En cambio, el público festejó a rabiar "El rock del ascensor", con los hermanos Makaroff. La cosa fue tan caótica, como genial y emotiva. La espontaneidad hizo que se produjeran mezclas de músicos, temas y estilos. Tal cual Charly lo quiso.

Lo difícil fueron los ensayos con Nito Mestre para Sui Generis.

"Fue la primera de las reuniones de Sui Generis —contó Nito Mestre—. Todas fueron extraoficiales. La del Festival del Amor, en 1977, fue un poco controvertida desde mi punto de vista, porque en realidad podríamos haber hecho la oficial. Por varios motivos no quisimos hacerlo, pero Charly quería un festival con todos, y yo tenía que estar. No pude decir que no y tocamos algunos temas. Fue un momento difícil porque Charly se estaba separando de María Rosa, y ella y yo comenzamos a ser pareja. Pero él ya la había conocido a Zoca y se iba para Brasil con David. Un bolonqui que se fue solucionando solo. Por ahí hubo algún grito, algún llanto, pero las cosas fueron como fueron. No nos llegamos a pelear por aquel asunto. Charly me rompió un par de ropas en un acto de enojo. Nada más".

— • —

Zoca tuvo que seguir viajando con el ballet de Oscar Araiz y después volver a la casa de sus padres en Belo Horizonte, cerca de fin de año. En enero su madre, Isabel, le pasa un llamado telefónico.

—Es tu novio de la Argentina —le dice.

Charly estaba instalado en un hotel de la ciudad. Había llegado sin avisar haciendo un viaje alocado en tres avionetas distintas. Una lo llevó a Porto Alegre, otra a Río de Janeiro y la tercera lo depositó en Belo Horizonte.

—¿Qué? ¿Está en un hotel? No, Zoca, no podés dejar al chico en un hotel. Andá a buscarlo, que agarre sus cosas y que se quede en casa con nosotros —le pidió Isabel a su hija.

Charly fue recibido como un hijo más por los padres de su novia brasileña. Nadie se asombró de verlo por más que su aspecto no fuera de lo más corriente que se podía encontrar en plaza. Es más: les cayó muy simpático, y García no tardó en encariñarse con Isabel. Al fin y al cabo, toda la familia de Zoca tiene una compañía de baile, y el hecho de que el muchachito fuera músico no constituyó obstáculo alguno. Todos eran artistas en esa casa, algunos de ellos artistas de la vida, quizá la disciplina más difícil de conquistar. Charly estaba sumamente a gusto, y para terminar de completar la cosa, Isabel cocinaba muy bien, lo que en el universo de García siempre fue un dato muy importante más relacionado con el corazón y el sabor, que con el hambre.

— • —

DAVID: (...) Serú fue la idea del Flaco...
CHARLY: Mentira, no me echés la culpa a mí (risas).
DAVID: Él me vino a buscar a mí...
CHARLY: Sí, y te corrompí; te llevé por esas playas, esos lugares espantosos como Buzios y te conseguí las mejores mujeres (más risas)[11].

— • —

Buzios fue una recomendación de Zoca. Un lugar encantador, lleno de hermosos paisajes, y por aquellos años, lo suficientemente tranquilos como para atraer a la inspiración. Según contó la brasileña, "Buzios fue una etapa muy divertida. Yo me quedé en Belo Horizonte, pero viajaba a Buzios constantemente. Estaba lleno de locos fumando porros todo el tiempo. Caminábamos por la playa con Charly, buscando caracoles. Íbamos al bolichito de un tipo, llevábamos instrumentos, y tocaban allí. En la casa donde Charly y David vivían se juntaba mucha gente. Primero tuvieron una casa chiquita en el centro, con una piletita que los hijos de David llenaban con detergente. Antes que ellos llegaran, Charly y yo teníamos una habitación en el piso de arriba, y él se tiraba a la pileta desde la ventana. Era lo que más le gustaba. Charly siempre ha sido feliz en el agua".

Le pregunté a Zoca si era verdad la leyenda de que se mantenían sobre la base de una dieta de pescado, el que era provisto por David Lebón, especialista en el arte de la caña. "No —me explicó—, el que pescaba era el hijo de David, Nicolás, que se hizo amigo de los pescadores del lugar y siempre nos man-

---

11. Reportaje logrado por Luciano Di Vito y Fernando González en 1988. Fueron oficialmente los únicos en poder juntar a los cuatro Serú para una nota que después derivó en zapada. "¿Sabés cuánto nos costó la nota? Sólo un cajón de cerveza", reveló Di Vito. Extractos del reportaje reproducidos exclusivamente para este libro por gentileza de los autores.

daban pescado. Que yo recuerde, David no pescaba nada. Al menos los días que yo estuve en Buzios".

— • —

Charly: Después de mucho ir para allá y para acá, decidimos irnos a Brasil, a Buzios, y alquilamos una casa con nuestro "amigo" Oscar López. Esperamos como dos meses que llegaran los instrumentos, y una vez que llegaron...

David: Mientras tanto nos tomamos todo...

Charly: ... nos pusimos a componer esas maravillosas canciones.

David: Con un hangover de aquéllos (risas). Plomeamos los equipos.

Charly: Después yo me tuve que venir acá, a buscar un poco de dinero.

David: Yo me quedé buceando, buscando pescados para poder comer.

Charly: Mejillones todos los días. Y después pensamos que un dúo no era una buena idea. Le hablé a Moro, y me recomendaron a Pedro.

— • —

Oscar Moro fue una elección natural a la que David y Charly arribaron después de descartar a Gonzalo Farrugia, quien se radicó en Estados Unidos y cuando se les hizo difícil encontrar un baterista brasileño que se adaptara a su onda y a sus planes. Moro tocó con Charly en La Máquina de Hacer Pájaros, y reemplazó a David en Color Humano, en 1972, cuando Lebón emigró a Pescado Rabioso.

Pedro Aznar, en cambio, fue una sugerencia de otras personas. Él ya había formado parte del grupo Alas, con Gustavo Moretto y Carlos Riganti, y realizó algunas actuaciones con Pastoral. A García le dijeron que el chico era increíble y no le mintieron. Charly fue a verlo a Jazz & Pop, un boliche en donde tocaba con el grupo de Raúl Parentella. Cuando volvió a Buzios, le contó a Zoca: "Conocí a un pibe divino que toca el bajo como los dioses. No sé dónde estuvo metido, yo nunca lo vi. Directamente, es una biblia. Lo que toca, lo que sabe. Es lo que necesitamos para el grupo".

Por aquel entonces el repertorio había comenzado a cobrar forma con "Nena" ("Eiti Leda"), un tema de Charly al que Sui Generis nunca le terminó de encontrar la vuelta, "Seminare", "Serú Girán", "El mendigo en el andén", "Autos, jets, aviones, barcos" y "Voy a mil". Charly y David habían desarrollado un lenguaje que representaba cosas del mundo real en un idioma abstracto. "Cosmigonón" era el cosmos. "Eiti Leda" es Coca-Cola. "Gisofanía", el mundo paterno. "Lirán marino" y "Lirán Ivino" son los dos perros que Zoca tenía en Belo Horizonte, un setter y una caniche muy celosa.

Billy Bond fue el productor "elegido" para grabar el proyecto en la ciudad de San Pablo, donde se había radicado. Charly tenía un contrato con Sazam, subsello de Music Hall. Las cosas con Billy Bond y Oscar López no andaban del todo bien. Su relación con el presidente de la ya extinta etiqueta nunca fue de lo mejor (se profesaban un odio mutuo). Planes eran planes y había que llevarlos adelante.

Sólo faltaba la base rítmica, es decir Moro y Aznar. Y ver qué tal funcionaba todo.

— • —

En Buenos Aires, alguien alquiló una combi para llevar los equipos y los dos músicos. Fue un viaje larguísimo y pesadillesco, pero finalmente Pedro y Oscar arribaron a su destino, a eso de las tres de la mañana.

—Hola, por fin llegamos —saludó la base, algo magullada por un viaje que pareció eterno.

—Hace siglos que los estábamos esperando —dijeron a coro Charly y David.

Inmediatamente descargaron equipos e instrumentos, los acomodaron y se pusieron a tocar. El resultado haría historia.

Debutaron en el Festival para la Genética Humana en julio de 1978, y presentaron su primer disco con una orquesta en Obras. "Debutamos en Obras: fracasamos en Obras; vinimos de Brasil creídos que éramos como Genesis", reconoció Charly. Juan Alberto Badía produjo aquel concierto. Tras él, Charly y David salieron a vender ellos mismos los shows con una motito.

Después llegó Daniel Grinbank a hacerse cargo. Pero remontar la cuesta se hizo difícil, porque las críticas los destrozaron. Ni siquiera una serie de estupendos shows en el teatro Premier pudieron aliviar la carga. Serú Girán se recuperó en 1979 con *La grasa de las capitales*, muchísimas giras al interior y un ciclo en el Auditorio Buenos Aires, en donde fueron adelantando el material ante un público que jamás excedía las 200 personas. En ese segundo disco, Charly comenzó a manejar más directamente el doble sentido y la ironía, dos de sus armas más contundentes. En 1980, Serú Girán tomó revancha al llenar Obras junto con el grupo Raíces. La banda ya estaba cocinando el material que desembocaría en *Bicicleta*, su tercer disco. Aquel día, se estrenó "Inconsciente colectivo".

Serú había alcanzado su mejor funcionamiento y eso se reflejó claramente en *Bicicleta*, disco que les abrió las puertas del éxito a través de temas como "A los jóvenes de ayer", "Cuánto tiempo más llevará", "Canción de Alicia en el país" y "Encuentro con el diablo". A fines de 1980, Serú mostró su poderío al convocar a un recital gratuito en la Rural, en el que hubo unas 50 mil personas, una cifra inédita para el rock nacional.

—¿*Qué fue lo peor de Serú Girán?*

DAVID: Yo creo que lo peor fue cuando vinieron los Montoneros a hablarnos, para ir a tocar a Cuba. Se hicieron pasar por empresarios de Europa. Nosotros estábamos en otra cosa, les dijimos que vinieran a hablar, y ahí nos dijeron que eran Montoneros. Hubo como un tembleque porque teníamos cierto miedo. Eso fue lo peor que yo pasé, por lo menos. Creo que lo demás lo manejamos rebien. Era un momento difícil. En los momentos duros, te vas haciendo también, y comprendés un poco de cosas. Es duro, pero tenés un resto después.

—¿Y lo mejor?

David: Lo mejor fue el grupo. La música, los ensayos, las giras eran un cago de risa, la pasábamos rebién.

Charly: Un pico fue cuando tocamos en Río en 1980, cuando conocimos a Pastorius.

David: La pileta con la barra, eso era impresionante (risas).

Moro: Además tocamos dos veces. Era en un festival muy importante, como era el Río Jazz Festival. Y la primera vez, mucha gente estaba en la playa...

David: No me olvido más del stage-manager, que era muy pedante. Echaba a todos, a Stanley Clarke, a todo el mundo. Y cuando tocamos a la noche nos dijo "si tocan cinco minutos más, les corto el sonido". Cuando terminamos nos dijo que si hubiéramos tocado media hora, igual nos habría dejado porque le encantó nuestra música. Era un tipo muy importante...

Charly: Todas las giras fueron buenas.

David: Fue un grupo muy humano. Siempre permanecimos muy unidos y en contacto. Si surgía algún problema, estábamos allí, al toque. El trabajo le da inspiración a todo el mundo, todos estaban bien. Era un mundo aparte.

— • —

La reunión de Almendra en 1979 fue el primer síntoma que permitió alentar una esperanza de recuperación del rock nacional, que así comenzaba a dejar atrás el bajón que se inició en 1977. Serú Girán puso en claro que ese nuevo capítulo en la historia de la música joven argentina no se iba a escribir sobre la base de la nostalgia. La carga energética de la banda prendió en el público, que tomó sus recitales como un ámbito de libertad en el que se podía despachar a gusto contra la dictadura militar.

La crítica musical sucumbió ante la innegable calidad de Serú Girán, pero aún quedaban bolsones de resistencia en Córdoba. Patricia Perea, corresponsal de *El Expreso Imaginario* en las sierras, les dio con un bate de béisbol en uno de sus informes. Los músicos no comprendieron el porqué, ya que el público había parecido más que conforme con el show. Es recordado el comentario en el que hablaba de las "voces hermafroditas" de la banda. Perea tuvo una efímera relación amorosa con Daniel Grinbank y su personaje inspiró *Peperina*, que al igual que *Bicicleta* fue producido por ellos mismos y editado bajo su propio sello: SG Discos. Ese cuarto disco consolidó la consagración del grupo como "Los Beatles argentinos".

Por otro lado, Serú Girán siempre apostó al crecimiento, lo cual se hizo evidente en sus conciertos, armados a gran escala y con una buena cantidad de recursos escénicos que marcó un estándar muy alto en cuanto a iluminación, sonido y organización, y en ese sentido hay que reconocer la visión de Daniel Grinbank. Durante 1981, el grupo tocó siempre a sala llena y en las mejores condiciones.

—*¿Alguna vez un generalito de turno los jodió?*
DAVID: No estábamos de acuerdo con lo que estaba pasando, pero nunca hubo nada pesado.
PEDRO: "Viernes 3 A.M" estuvo en las listas de censura y no lo podían pasar por la radio.
CHARLY: Nunca hubo nada grave, sólo un par de policías que se metieron en los camarines y que los sacamos a patadas. Generábamos mucha energía, como una quesera alrededor del grupo. No venía mucho monitoraje. Cuando alguien se infiltraba, afuera.

— • —

A fines de 1981, una vez que el grupo dejó atrás los increíbles shows en el teatro Coliseo con que despidieron su mejor año, el destino golpeó la puerta de Pedro Aznar. El Mono Fontana lo felicitó por teléfono, comentándole los elogios que Pat Metheny hizo de la música que Aznar le alcanzó en aquel Río Jazz Festival. Después de mucho pensarlo, el bajista eligió el receso de la banda para anunciar su desvinculación. Fue una movida lógica: el grupo dispondría de tiempo para su reemplazo, y él podría cumplir con su cometido de ir a estudiar al Berklee College of Music, en Boston, y así poder acercarse aun más a Metheny, con quien finalmente terminaría trabajando.

El golpe fue durísimo y Serú Girán no pudo recuperarse. Tras evaluar la idea de reemplazar a Pedro con dos músicos (un bajista y un tecladista), decidieron separarse. Tardaron en tomar una decisión y por eso aquel 6 de marzo de 1982 en Obras, donde grabaron su disco final, *No llores por mí, Argentina*, se convirtió en un recital hecho de apuro para despedir a Pedro con todos los honores. Después, verían.

—¿*Cómo vivieron el 6 de marzo de 1982?*

CHARLY: Fue bueno, buenísimo. Lo grabamos en vivo. Él no lo quería hacer.

PEDRO: ¿Quién?

CHARLY: Vos. Él se negaba a la grabación del disco, pero no se negó a las regalías.

PEDRO: Cómo me vilipendian.

CHARLY: Para mí, el mejor concierto fue el del Coliseo.

PEDRO: Pará. ¿Cómo es esto?

CHARLY: Vos no querías grabar el disco en vivo. Estabas empecinado en no grabar.

PEDRO: ¿Por qué?

MORO: No sé, cosas tuyas (risas).

DAVID: Ahora resulta que nos separamos por un error: Pedro quería grabar (risas).

—*¿Cómo fue que se separaron?*

DAVID: Por él (risas).

PEDRO: Yo me voy...

CHARLY: Tenía una novia japonesa que era imbancable (risas). Todos los días a la tintorería, de blanco teníamos que salir (risas). Un espanto.

PEDRO: No puede ser. Preguntale a ellos por qué se separaron, yo me fui del grupo. Lo del disco puede haber venido por una cuestión...

DAVID: ¿Otra vez con el disco?

PEDRO: No, pará. Yo avisé que me iba del grupo seis meses antes, y ante un período de recesión que veníamos planeando, porque habíamos trabajado mucho. Dijimos que íbamos a parar dos meses, durante el verano del '82. Ése me pareció el momento más lógico para anunciar mi decisión de irme del grupo porque daba tiempo a...

DAVID: Hijo de... (risas).

PEDRO: Eso iba a dar tiempo de buscar a otra persona, o que cambiara la cosa, o lo que fuera. Eso nunca pasó. Ellos planeaban seguir con el grupo, pero cuando yo me fui nunca se planteó que el grupo se separaba o se rompía. ¿Es cierto o no?

DAVID: Es verdad.

PEDRO: Cuando hicimos ese recital, fue una despedida mía, no era el adiós Serú Girán. Por lo tanto, no hubo una gira monstruo como se podría haber hecho.

CHARLY: ¡Estamos a tiempo! (risas).

PEDRO: Se hizo un solo recital, porque se pensaba seguir. Yo me fui y no quería saber nada más.

—*¿Por qué tomaste esa decisión?*

PEDRO: Yo quería estudiar, y ése era un buen momento para encararlo. Era algo que tenía que hacer.

—*¿Cómo siguió la cosa?*

DAVID: Una tarde fuimos a la casa de Charly, y nos pusimos a hablar de cómo íbamos a seguir encarando la cosa, porque cuando él se fue era muy difícil reemplazarlo. Estábamos encariñados con una forma de trabajo que era muy rápida, y era muy buena. Aparte, él tocaba también teclados y cantaba. Serú fue uno de los pocos grupos de la época que tenía tres tipos cantando. Entonces, después pensamos seguir con Charly, pero al final decidimos que el grupo como estaba, estaba bien, y si seguíamos iba a ser distinto. No iba a ser lo mismo.

PEDRO: Una cosa más para que se vea que yo no tuve la culpa (risas). Hubo propuestas para que el grupo tuviera un impasse, mientras yo estaba estudiando. Para que a mi vuelta hiciéramos unos conciertos, y después yo me volviera a ir...

DAVID: ¿Volviste ya? (risas).

PEDRO: Después se descubrió que era muy poco práctico ese sistema.

MORO: Era muy difícil cambiar, porque ya teníamos una imagen, y nos iba a ser complicado trastocarla.

DAVID: No iba a ser lo mismo. Podríamos haber hecho otra cosa, hubiera sido un grupo muy bueno. Yo le decía a Charly de poner a dos tipos: un tecladista y un bajista que cantara. Pensamos en muchas cosas, incluso pensamos en grabar un disco los dos, pero lo íbamos a dejar a Moro afuera. Entonces, cortamos por lo sano.

Retirarse a tiempo fue una decisión sumamente sabia por parte de Serú Girán. Con el correr de los años, la banda fue adquiriendo proporciones míticas que, habiendo estado presente en la mayoría de sus conciertos, considero sumamente justa. Haciendo un salto de doce años en el tiempo, con la intención de reintroducirlos en el cumpleaños número 43 de Charly García, se me hace que su mayor error en aquel festejo fue, precisamente, el no saber parar.

14. Amigo, vuelve a casa pronto

> *No quiero morir en La Falda:*
> *¡quiero morir en Hollywood, comechoclos!*
> CHARLY GARCÍA.

Por cómo vinieron las cosas, la fórmula de la felicidad compuesta a base de menta, agua y dos hielos no funcionó bien para Charly, ya que terminó en el lugar que menos quería: una clínica psiquiátrica. Cuando sucedió, muchos de sus allegados suspiraron con alivio. Los días previos se habían puesto demasiado agitados por su comportamiento errático y destructivo. Dadas esas coordenadas, la situación comenzó a deteriorarse hasta un punto en que se hizo insostenible. Ya nadie sabía si Charly se había puesto fuera de todo control y si en algún momento iba a haber un corte de algún tipo. Era posible suponerlo: si la cosa no mejoraba, algo iba a caer (como él cantó en "Víctima"), pero nadie podía prever qué, quién y con qué fuerza.

    Los días previos a ese primer día de noviembre, Charly estaba completamente desbocado y el miedo latente en todos era... que se muriera. La otra posibilidad era la de una internación por la fuerza, por propia voluntad, o que un médico tomara cartas en el asunto. Pero a ese juego no se juega si no es con el ancho de espadas. Y menos con García.

Yo fui expulsado del campamento tres días antes. Me mostró tarjeta roja por medio de terceros, enojado conmigo por un carácter transitivo que devino de aquella accidentada matiné con Mister L. Mi salida fue elegante; Laura López me anotició que el libro había quedado cancelado. Fue todo un castigo, del que después Charly se arrepentiría motu proprio. Lo que aún hoy me resulta increíble es que en el medio del vértigo haya podido darse cuenta del equívoco. Laura me dijo que quiso llamarme, pero la menta, el agua y los malditos dos hielos lo llevaron lejos. Muy lejos de cualquier cosa.

Su mamá, Carmen, hizo lo que creyó correcto: trató de evitar la muerte de su hijo y no la culpo por ello. Charly no pudo perdonárselo y cortó el contacto durante décadas. Con los resultados a la vista, puede decirse categóricamente que la internación no funcionó. Pero habiendo estado presente esos días, pude ver que ninguna otra cosa que no fuera una patada de burro hubiera detenido a Charly en su derrape. Antes, las pedía. "Un par de veces me pidió que le metiera una piña en la mandíbula, pero no he podido", me explicó Quebracho, su histórico plomo, casi nostálgico de esos tiempos. Si lo hubiera hecho, la mandíbula de Charly sería un mito más del rock.

Hubo una chica en la trampa que, según publicaron los diarios, desempeñó un papel decisivo: rubia, ex modelo, ya sin el carmín de la pasarela pero con las ojeras de la edad, bajó sonriente del ascensor con García, increíblemente repuesto del jaleo de la jornada anterior. Se dijo que ella lo convenció y que a través de su madre le tramitaron la internación, así como también existe otra versión que habla de la inmediata acción de una de las prostitutas (que solicitó por teléfono), que conocía una clínica capaz de encargarse de estos tremendos asuntos. "Free Padilla, Kill ladilla", es toda la información que se dispone sobre este nimio asunto femenino por parte de García. Charly, además de asegurar tener filmada la internación, dice que los acontecimientos no sucedieron de esta manera.

Lo único cierto en esto es que un team de cinco robustos

enfermeros se hizo presente en la sala de ensayo y puso fin a tres días de destrozos y demás atropellos a entidades físicas de todo tipo. "Al ver la lluvia de piñas que se venía, dije 'voy yo'. Eso fue lo único que tuvo de voluntario". Ya su posición era indefendible, y nadie opuso resistencia, ni él mismo, fatigado por el escarnio. García fue a su departamento en busca de algunas cosas y se subió a la ambulancia.

— • —

Era la segunda vez que se intentaba una internación forzosa en aquel año. La primera había cobrado forma real pocos días antes y las versiones difieren acerca del real desenvolvimiento de los hechos. Alguna vez, Tránsito, el ama de llaves de Charly García, una señora de edad a la que él adora, ha sido la encargada de detener aquella barbarie. Y si utilizo el término barbarie es porque creo que en la Argentina han pasado demasiadas cosas raras, como para que una internación por la fuerza se parezca de alguna manera a un secuestro. Pero en honor a la verdad, nadie pudo alcanzar ninguna otra solución.

El único que creyó ciegamente en Charly fue su hijo Miguel. En esta ronda del averno, el pibe siempre estuvo incondicionalmente del lado de su padre. Aun en los peores momentos. "Cada uno sabe por qué hace las cosas que hace y cómo lo hacen sentir —dice Miguel—. Esa mano 'porque esta persona vive en un infierno', quizá no era tan así. Cuando cayeron los monos, yo los quise parar y fue re-denso. El viejo estaba en su delirio y yo estaba con uno de sus plomos. Los tipos eran cinco médicos, que los mandó cualquiera. Acá vinieron a patotear. Me trabaron la puerta desde afuera, para tener la situación controlada. Cuando quise mirar por la mirilla, me la taparon con la mano. Yo le quemé con un pucho la mano al tipo, y me puso una carpeta. Estaba adentro, salí, cerré y dejé la llave adentro, para que por más que me agarraran de los pelos, ellos no pudieran entrar. Los quías se pusieron redensos. Yo estaba con un plomo y el chabón lloraba de lo pesada que estaba la situación. Las ambulancias estaban en la puerta. Y yo los frené ese día.

"Creo que fueron preocupaciones familiares, entendibles y reales, pero quizás el peligro no fue tan así, y quizás el peligro se podía tratar de otras maneras. Cuando cayeron los tipos éstos, lo único que transé es que pasara uno solo, que era médico, a hacerle un chequeo al viejo. Porque me manipularon con la telenovela de que si no los dejaba pasar, podía haber una tragedia. Tenían todo un sistema de venir a reventarte la casa, pero ellos no sabían qué pasaba adentro. Capaz que estábamos con una escopeta".

— • —

Lo que yo entendí cuando Charly finalmente ingresó en la clínica era que se trataba de una solución momentánea. Un parate, un tiempo en un limbo de algodones, inyecciones y tranquilizantes que iba a frenar a Charly por un rato, pero que no iba a solucionar ningún problema. Pocos días antes de que esa internación se efectivizara, había logrado comprender que el verdadero problema para todos nosotros era que nadie sabía qué hacer para darle una mano. Ante eso, decidí esperar. Ahora, con Charly internado, se podía utilizar ese tiempo muerto para tratar de intentar algo diferente.

Tuve la suerte de poder hacer un par de entrevistas en Chile. Una era con Gilby Clarke, ex Guns N' Roses, y la otra con Steven Tyler, cantante de Aerosmith. Decidí aprovechar la situación y buscar algún consejo "profesional". Steven era mi hombre. Entrado en los 40, Steven Tyler había protagonizado un exitoso caso de recuperación después de haber caído en la decadencia más total y absoluta, producto de su abuso de alcohol y todas las drogas que uno pudiera imaginarse, entre ellas la campeona de todos los pesos: la heroína. Tuvo marchas y contramarchas, períodos de reviente absoluto y convalecencias que terminaban en recaídas.

Finalmente, Steven pudo levantarse del barro de la decadencia y volvió, con notable energía, a liderar a Aerosmith consumando así una resurrección artística y comercial que los llevó al éxito más grande de su carrera. Eso es posible cuando se está en un grupo y uno debe responsabilizarse por sus acciones y los efectos que éstas puedan ocasionar a los compañeros de banda. Y teniendo a otro como Joe Perry en la misma situación, resultaba más fácil atravesar ese paisaje desértico que representa la abstinencia de drogas para un junkie. Además, en Estados Unidos sí hay métodos para dejar las drogas, conducidos por ex dependientes y que dan bastante buen resultado. En la Argentina, la rehabilitación por drogas no existe, y el tema está tan mal encarado que lo único que se hace es empeorar el problema día a día.

Steven no tenía la pinta del ex drogadicto arrepentido que sermonea con el manual de la moral y las buenas costumbres; no se golpeaba el pecho en un mea culpa actoral: simplemente se había levantado y vuelto a sus cosas con la energía renovada. Nada de monólogos sabihondos sobre moralidad, voluntad y arrepentimiento. El mono volvió al trabajo, a hacer lo que hacía antes, pero sobrio. Y funcionó: Aerosmith inició la etapa más exitosa de su carrera, llenando estadios en todo el mundo, incluso en países que descubrieron a la banda recién a partir de 1986, desconocedores felices quizá, de sus discos de los 70.

Tenía la intuición de que Steven podía darme una mano. De afuera, parecía un tipo sensible y piola con el que se podía conversar de estas cosas, y que efectivamente tendría algo para decir. Afortunadamente, no me equivoqué: Steven Tyler resultó ser un tipazo. Y, lo mejor de todo... conocía a Charly García. En el diario sólo fue publicada una parte de la charla total, la más potable para la opinión pública. El resto era una cosa mía, una charla que excedía los límites del periodismo, y que tenía que ver con una búsqueda de soluciones para el problema de un amigo. Pero publiqué algunos párrafos referidos a Charly porque, obviamente, pensaba que iba a leer el reportaje y que sería una manera de comunicarme con él. Que supiera que pese a su negativa a seguir adelante con el proyecto, mi compromiso personal con él seguía intacto. Y que estaba decidido a buscar una solución diferente o unas palabras que pudieran servirle. Lo que él hiciera después con ellas, sería asunto suyo.

Contra lo que yo podía llegar a pensar, cuando le planteé a Steven que tenía un problema con un amigo que no podía parar, el tipo fue todo oídos y dio muestras de un gran interés por aportar soluciones. Realmente sentí que brotaba de él un oleaje de comprensión y lo vi muy preocupado por García. Aquí está lo que conversamos en el Hotel Sheraton de Chile acerca del tema.

—*¿Creés en el destino?*
Steven Tyler: Sí, sí. Pasan muchas cosas que estaban destinadas a pasar. A veces es muy difícil de aceptar, como cuando se te muere tu mejor amigo. Ahí se pone complicado el asunto. Ahí es cuando le decís a Dios "hey, esperá un momento. Mi mejor amigo se pegó un tiro en la cabeza. ¿Por qué te lo llevás?". Le empezás a preguntar a Dios por qué pasan las cosas que pasan, pero la mayoría de las veces creo en el destino. ¿Por qué me preguntás? (ríe).

—*Te pregunto porque, tal vez, puedas ayudarme con un amigo mío.*
S.T.: Sí, seguro.
—*El músico más famoso de la Argentina. Es un tipo llamado Charly García...*
S.T.: Charly García, lo conozco.
—*¿Lo conocés?*
S.T.: Sí, me dio uno de sus discos la última vez que estuvimos en Buenos Aires.
—*Él es amigo mío y ahora está en una clínica.*
S.T.: Oh, pero eso está bárbaro.

—*Bueno, no tuvo precisamente una sobredosis...*

S.T.: Bueno, pero podés tener una sobredosis... Yo tuve dos o tres sobredosis y eso no significa necesariamente que te vayas a morir. La gente asocia esas dos palabras, pero yo he tenido una sobredosis y me he despertado al día siguiente con una aguja en el brazo.

—*¿Cuál es la mejor manera de salir de todo eso?*

S.T.: Teniendo una sobredosis. Lo mejor que le podría pasar a él es que, en el medio de su carrera, tenga una sobredosis y se caiga al piso enfrente de todo el mundo. Ahí es cuando finalmente comenzás a tomártela en serio.

—*Cuando vos estuviste en esa situación, ¿qué era lo que debía hacerse? ¿Qué podemos hacer por Charly?*

S.T.: Decirle que lo querés, que es la persona más importante del mundo, pero que si no se arregla no es bueno para nadie. A ver... ¿él está en una clínica de rehabilitación, no?

—*No exactamente: es una clínica psiquiátrica, que hace psicoterapia, hay médicos, nutricionistas...*

S.T.: Mal, mal. No es bueno. No lo es porque nadie allí adentro tuvo lo que él tiene. La única manera en que pude ponerme sobrio fue hablando con otros que me decían "sí, yo también me inyecté cocaína. Yo tomé cocaína por años, y tuve dos sobredosis". ¿Ah sí? ¿Y cómo te limpiaste? Es así: porque Charly no va a escuchar a un doctor que le diga (pone voz solemne): "Si no dejás la bebida, te vas a dañar el hígado". A los drogadictos no les importa, les chupa un huevo. La cosa es el cerebro. Si yo puedo calmar mi cerebro, puedo hablar con vos como estamos hablando. Pero el secreto es que los drogadictos han estado tan volados durante tanto tiempo, que pueden conversar de forma aparentemente natural. Si me pongo nervioso, me tomo un trago y te digo: "¿Y cuál es tu pregunta de mierda?". De eso se trata todo.

Están los que tienen problemas con las mujeres. "Soy un hombre, no puedo tener problemas con el culo de una mujer". Yo ahora puedo mirar a una mujer y sentirme un hombre en serio. Todas son boludeces. Se trata de alejarse de las drogas y de comenzar todo de nuevo. Todos los hombres tienen miedo de las mujeres, todo hombre tiene miedos y ansiedades y no se siente cómodo con esas cosas. Todos lo hacemos. Pero tenés que aprender a manejar tus problemas cara a cara. Y eso es lo que Charly necesita: una rehabilitación con la gente. Drogadictos y alcohólicos. Ésa es la única cosa que funciona. Para mí, fue Alcohólicos Anónimos, cuando me metí dentro de una habitación, llena de borrachos, y la gente era como "huija", se ven así. Pero no tenían alcohol en el cuerpo. Se siente bien uno ahí. Es muy loco. Fui a Japón con la banda y me sentí como en casa.

—*Mi visión del problema es que Charly se cree el rey y por eso le permiten y se permite todo.*

S.T.: Todos somos mortales. Yo lo llamo "Terminal Uniqueness". Ser estrella de rock and roll es un estado de locura, porque tenés a todas las chicas alrededor tratando de cazarte, montones de dinero, todo el mundo sabe tu nombre y empezás a creértela. Pero si te morís, o mejor, si te cortás el dedo, te sale sangre como a todos los demás. Somos iguales. Se necesita un sacudón en el cerebro, y la única forma de conseguirlo es en Alcohólicos Anónimos.

—*La fama debe jugar un gran factor en todo esto.*

S.T.: Sí, yo tuve que aprender a manejarme otra vez con respecto a mi relación con la gente, al punto de poder seguir adelante con mis cosas, sin traicionar mi manera de ser. Ahora, lo único que me jode con respecto a la fama es cuando me siguen al baño. "Loco, ¿no ves que estoy meando?". Pero lo peor de todo es que no te escuchan. Por ejemplo, yo entro a algún lugar y otra gente entra simplemente porque yo estoy ahí. Y yo hago lo mismo que todos los demás: voy a hacer compras. O a cenar. "Disculpame, no quiero ser un boludo y molestarte mientras cenás, pero ¿me podrías dar tu autógrafo". Sos un boludo y me molestás. Pero no te escuchan y no les importa: todo lo que quieren es un pedazo de vos. Y eso es lo que Charly debe estar sintiendo.

—*¿Hay alguna cosa que quisieras decirle a Charly?*
S.T.: (Piensa). Charly, si vas a hacer alguna cosa, buscá un Alcohólicos Anónimos o un Narcóticos Anónimos, y andá, andá, andá. Andá todos los días durante 30 días, y vas a tener tu carrera de vuelta, vas a poder sacarte ese peso de la espalda. El secreto es que tenés que ir todos los días, durante un mes. Nosotros lo llamamos 90-90: noventa encuentros en noventa días. Andá allí todos los días, y eso va a salvar tu vida. De otra manera, Charly, o te vas a morir, o vas a terminar en la cárcel, o vas a terminar en un loquero, preguntándote qué se hizo de tu gran carrera y con todo tu dinero.

— • —

La historia siguió su curso. Steven, por su lado, inició discretas averiguaciones sobre Charly. Creo que se sintió tocado por la situación, y trató de ver si podía dar una mano de un modo más activo. Cuando llegó a Buenos Aires y hubo atendido sus asuntos, llamó a una asistente argentina (cuyo nombre no revelaremos) y habló con ella sobre Charly. Steven Tyler estaba decidido a visitar a Charly en la clínica. Se hicieron las tratativas que terminaron en una charla con el jefe del establecimiento, quien dijo que iban a estudiar el asunto. Tal vez el domingo fuera un buen día. Justo en el que Steven partía por la tarde. Quedaba la mañana.

El viernes mi reportaje es tapa del *Suplemento Joven*. Charly lo lee en la clínica y queda impactado muy favorablemente. "Sí, es tal cual", dicen que dijo. Fueron comentarios discretos, respetuosos e inteligentes. Charly entró en una crisis de ansiedad y le mandó una carta a Steven, la cual llegó a sus manos. "Voy a leerla y de acuerdo a eso vemos si conviene o no que lo visite", dictaminó. Steven tocó esa noche con Aerosmith y no volvió a hablar del tema García. Nunca se supo lo que decía esa carta y si ella tiene algo que ver con el repentino distanciamiento del tema. Supongo que sí. Charly no supo nada de esto hasta un tiempo después de su salida de la clínica. Lo último que se conoció de aquella historia fue que gente vinculada a Aerosmith llamó desde Estados Unidos para ver cómo seguía Charly. Supuestamente fue el terapeuta de los Aerosmith, quien estuvo con ellos en Buenos Aires, un sujeto que diseñó un sistema de recuperación de adictos en la cárcel. Aparentemente la cosa funciona. Aerosmith nunca ha estado más fuerte: cuando terminó la entrevista, Steven me agarró del brazo para ayudarme a levantar y casi me hace aterrizar encima de Joe Perry, que tomaba sol con una rubia alucinante.

15. Demoliendo hoteles

Para la mayoría de la gente, la fantasía es ir manejando un gran auto, con todas las chicas que querés y con plata para pagar por ello. Siempre lo fue, lo es y lo será. Y el que diga que no, habla boludeces.
MICK JAGGER.

"Entramos juntos a Edelweiss y allí estaba Armando Manzanero. Nos saludamos y me pidió que le presentara a Charly. Le avisé que era bravo, pero él quería conocerlo en serio. Llamé a Charly, le presenté a Manzanero y él se le puso a dos centímetros y le cantó una versión punk de 'Esta tarde vi llover'. Pobre hombre, quedó aterrorizado".

Joaquín Sabina y Charly García se vieron algunas veces entre 1993 y 1995, antes de hacerse amigos. El respeto y la admiración del español no pudieron en un comienzo contra el prejuicio y la desconfianza del argentino. "La primera vez que yo vine a la Argentina —relata Sabina— había escuchado muy poquita cosa de Charly, pero ya había notado ese sabor genial que tiene. Quería conocerlo e ingenuamente le dije a un tipo de mi casa de discos que lo invitara al concierto. Éste lo llamó y le dijo 'Oye, que hay aquí un cantante que se llama Sabina y tal, que quiere conocer rockeros argentinos'. Y García le contestó: 'Yo no soy rockero, soy músico, pero no te desanimes'. El tipo no se desanimó, le echó un disco mío por debajo de la puerta y Charly lo tiró por el balcón".

Eso fue a fines de 1993, cuando Sabina había alcanzado un gran pico de popularidad en Buenos Aires, lo que le dio la oportunidad de presentarse en la cancha de Ferro. Era su idea homenajearlo en persona, sobre el escenario y tocando. Sabina quería conectarse con el rock de acá y finalmente invitó a Los Caballeros de la Quema a que abrieran su show. Para la ocasión, Joaquín intentó cantar "Los dinosaurios". "Que no la canté, porque con sólo empezarla, la gente se hizo cargo de la letra. Fue un momento muy emocionante. Mi intención no era sólo homenajear a Charly, sino homenajear a todo el gran rock argentino, que yo creo que es el mejor en mi idioma. En España fue más un mimetismo del rock and roll sajón. Aquí se inventó".

— • —

Charly salió de la clínica exactamente a un mes de su ingreso. Los médicos comentaron, no sin sorpresa, la rapidez con que trabajó el metabolismo del paciente. Tuvo muy poco contacto con el mundo exterior —salvo por los fotógrafos de prensa amarilla— y una buena relación con los otros internados, a los que deleitó con algunos improvisados recitales. "Ayudé a comer a una anoréxica", me contó cuando deliramos con el capítulo "¿Qué hiciste tú en la clínica, papá?". En realidad, no hizo mucho, salvo pensar todo lo que lo dejara su dieta de pastillas sedantes. Hizo buenas migas con una psicomotricista y sobre todo con un musicoterapeuta que le habilitó un teclado y le regaló el libro *Las cosas que hacemos sin saber por qué*, de Robert Fulghum. García supo apreciarlo desde el primer párrafo; de allí tomó algunas ideas que él desarrollaría a lo largo de sus dos próximos discos: *Estaba en llamas cuando me acosté*, el disco que grabó bajo el nombre de Casandra Lange y *Say No More*). Lo que menos le gustó en la clínica era que lo llamaran Carlos y por eso colocó un cartel en su habitación que decía "My name is Charly", en un acto inspirado por Prince.

En la clínica, Charly no estuvo como un recluso cinco estrellas. Se le ofreció cambiar de establecimiento, pero se rehusó, sabedor de que cualquier mudanza aumentaría su tiempo fuera de circulación. De acuerdo con su parecer, esta segunda internación, sin embargo, fue mejor que la primera: más corta (un mes contra tres), y sin clases de gimnasia obligatorias a las nueve de la mañana. Laura López, su secretaria, fue todos los días a llevarle comida —la de la clínica dejaba que desear—; cuando le anoticiaron que Charly sería dado de alta el miércoles, lo miró a los ojos y distinguió en ellos el inconfundible brillo de la venganza.

Era natural: Charly sentía que nunca había estado loco e iba a hacer pagar a su familia el tiempo perdido con la indiferencia y algunos dardos verbales. Pero la factura no tardaría en extenderse al resto de la raza humana.

— • —

La primera aparición pública de Charly García, más allá del malón fotográfico que lo asoló apenas puso un pie afuera del centro médico, tardó menos de 24 horas en producirse. Al otro día estaba alegremente parloteando en *Hola, Susana*, tomando agua en un vaso y ocultando otro (portador de un líquido menos saludable) a la cámara, aunque en realidad no se esforzaba demasiado. Susana Giménez ha logrado algunos de los mejores reportajes televisivos que se le han hecho a García; su candor al preguntar parece otorgarle a Charly el campo propicio para lucir su mejor humor. El diálogo comenzó de lo más picante.

—Estás más gordito —observó Susana.

—Vos también —pegó Charly donde duele. Después le dijo que no, que era un chiste, pero la cara de Susana fue de terror.

—¿Qué fue lo primero que hiciste cuando saliste? —preguntó inocentemente la animadora.

—No te lo puedo decir porque por eso me internaron —dejó los tantos en claro.

Días más tarde, la internada fue Susana Giménez a raíz de un pico de estrés —"una venita del cerebro o algo así", García dixit— y Charly se sintió culpable. Volvió a disculparse mandándole flores al sanatorio. Eran los primeros días después de su salida y todo el mundo le mandaba flores a él. Recuerdo que recibió un armatoste muy feo, pesadísimo, que parecía una canasta de frutas embalsamadas. "El genio ha vuelto", decía la tarjeta. Fue una penosa tarea bajarla por el ascensor con Laura López, muertos de risa, y encomendarle a un taxista que la llevara a la clínica. Idea de García, claro está. No podíamos parar las carcajadas cuando nos imaginamos a la enfermera recibiendo el paquete.

— • —

A la noche siguiente al programa de Susana, Charly y Andrés Calamaro se fueron a pasear al centro.

—¿Qué hacemos? —preguntó Calamaro.

—Quedémonos a ver a Pet Shop Boys —contestó Charly.

—No, vayamos a ver a Sabina, que toca en el Gran Rex.

—No, es un pesado.

—Te equivocás: es un tío fantástico, te admira mucho.

—Ah ¿me admira mucho? Entonces, vayamos a ver a Sabina.

Me encontré con ambos en el Ópera, conversando estas cuestiones. Era la primera vez que veía a García desde la increíble mañana con Mister L, un mes atrás. Estaba tímido, le rehuía a la gente y se ocultaba detrás de mi mujer. Le pregunté qué andaba haciendo. "Random", me contestó y ahí comprendí cómo venía la mano: exactamente igual que antes. El mes en la clínica no había servido de nada. Su herida era espiritual y no cerebral y solamente él podría curarla, dijo. También comentó un par de cosas extrañas, como que lo habían echado de la casa y que Sabina lo bancaba. Quedamos en encontrarnos en el camarín del teatro de enfrente.

Así fue: cuando terminó el show de Pet Shop Boys crucé la calle y Charly ya había tocado una versión thrash de "Los dinosaurios" con Fernando Samalea.

—Entró como suele, directamente al escenario —asegura Sabina—; no recuerdo muy bien en qué parte, pero el asunto es que entró. Pancho (mi guitarrista) y yo nos pusimos de rodillas y el público se puso de pie. Y esa noche nos vinimos a este hotel, a esta misma habitación y estuvimos improvisando un rato largo. Él estaba sin lugar dónde ir. Tuvo problemas para entrar en el hotel. Alguien se puso a discutir y yo salí a decir que lo invitaba yo, que era mi amigo, que era Charly García.

—Justamente: por eso —contestó el conserje.

—Vino y empezamos a hacer un blues hablado, que continuamos dos o tres años después. El caso es que estuvo aquí y se vengó de otros hoteles y me cobraron no sé cuánto. Yo vi la habitación y lo único que había hecho era descolgar las cortinas".

Una vez más, las versiones sobre lo sucedido difieren. Un gerente de la casa discográfica de Sabina supo sugerir que, además de eso, acontecieron otras divertidas aventuras en las que García pasaba el rato arrojando billetes de cien dólares por la ventana. La más real alude a una feroz borrachera, después de arrancar las cortinas a las que Sabina aludió en su relato. Charly estaba casi en bolas destrozando las cortinas y un viejo, que casi se muere del susto, lo divisó por la ventana. Cuando fue al baño, su secretaria tomó la botella de tequila que Charly había comprado, tiró la mitad por el lavabo del vestíbulo de la suite y completó el contenido con agua.

Ni lerdo ni perezoso, Charly salió del baño al grito de "¡no me engañarás!", y sacó otra botella intocada de abajo de la cama. A fuerza de toc-toc, la liquidó. Se quedó desmayado prontamente. Como le dolía la cabeza, pidió a Laura una toalla con agua. Pensando que la tranquilidad había arribado, Laura bajó la guardia, pero cuando volvió con la toalla Charly ya no estaba en la cama. Al toque, escuchó ruidos en el pasillo: García corría en bolas por todo el Panamericano y la gente salía de las habitaciones a mirar. Lograron frenar su carrera en el cuarto piso —él estaba en el noveno— y subió por el ascensor los pisos que había bajado por las escaleras con la toalla mojada en la cintura, como si fuera un faquir.

Fueron dos o tres noches de delirios. En algún momento, exhausta, la secretaria se fue a dormir a su casa. A la noche, su hermana recibió un llamado de Sabina, que preguntaba cómo se hacía para dormirlo. Laura no quiso contestar.

—Decile que le cante —gritó desde la cama.

Se desconoce lo que hizo Sabina, pero García durmió como un bendito aquella noche.

— • —

Ya fuera del Panamericano, y restablecido en sus funciones de demonio, nos vimos en su casa y le di la cinta con el mensaje de Steven Tyler. Lo escuchó no menos de seis veces.

—¿Ves? Este hombre tiene razón: es ésa la que hay que hacer. Pero ése no es mi problema. Si yo quiero salir de esto, salgo —dijo, dejando un amplio margen de duda entre los presentes.

Fue una semana infernal tras la cual se fue de vacaciones a Río. Allí fue intentando bajar los escalones de la locura, y la jugada no le salió tan mal. Recuperando el humor, invitó a su banda al Brasil, pero la prudencia grupal primó sobre el repentino entusiasmo de García, que ante la negativa quiso vengarse contratando a la banda del Sheraton de Río, lo que trajo un recuerdo de diez años atrás: fue exactamente en ese hotel donde celebró con el Negro García López, su violero de aquel tiempo, su decisivo apoyo en una batalla contra la policía de Mendoza.

El conflicto bélico sucedió en 1987, durante la gira presentación de *Parte de la religión*, que terminó abruptamente en Cuyo cuando se llevaron a Charly preso junto con García López. "No fue exactamente una trompada —me aseguró el Negro—, le pregunté a un cana qué tenía que hacer para ir con Charly y me dijo 'te tenés que mandar una cagada, huevón', entoncés empujé a uno que me había pegado. Nos mandaron a celdas separadas".

El show de Mendoza fue el cuarto y último de la gira. "Charly tuvo un problema en el avión —cuenta Quebracho— con un diputado o un político de Mendoza que le dijo algo feo y García, que no se come una, le tiró el vaso de whisky en la cara. El tipo le dijo 'me las vas a pagar', y a la noche teníamos a toda la policía en el show esperando que Charly se mandase alguna para llevárselo. Incluso escuché a un comisario que le comentaba a otro, 'a éste, hoy lo llevamos preso'. Teníamos que hacer dos shows. A mí me pareció un despropósito que tuviera que tocar cuatro horas, porque su entrega es total y no se va a cuidar porque tiene una segunda función. El primer show estuvo bárbaro, y el segundo venía bien hasta que una barrita se apostó cerca del escenario y comenzó a joderlo. Tanto que Charly se sacó, se puso en bolas y empezó a girar en cueros por ahí. Eso fue suficiente para que la policía se enardeciera y lo fueron a buscar a camarines".

Una de las espectadoras privilegiadas y con mejor ubicación dentro del caos fue Fabiana Cantilo, corista del grupo en aquel concierto. "En Mendoza, Charly ve a uno que le tira mala onda —explica Fabi—. El animal del productor nos hizo hacer dos estadios seguidos. En la segunda función rodamos juntos por el escenario, porque él me agarró de la pollera y para que no se me viera nada, yo me tiré al piso y me fisuré una costilla. Nunca se lo dije a nadie para que no hubiera lío. Rodamos; quise participar en el juego acrobático del señor para que no quedara como un boludo tirándome de la pollera".

Cuando terminó el show, Charly estaba notablemente exaltado. El camarín funcionó a modo de trinchera de guerra, donde los músicos y los asistentes se apostaron con la intención de repeler al enemigo. García se puso a romper botellas de gaseosa, tamaño familiar, contra la pared. "Estaba resacado —cuenta Cantilo—, no podía parar. Le pedí que se sentara, y me hizo caso. Hasta que llegó alguien que gritó '¡nos tienen rodeados!' y Charly se paró y volvió al ejercicio anterior de romper botellas. Era todo un reguero de vidrios".

La policía mendocina golpeó furiosamente la puerta.

—¿Quién es? —se hizo el boludo Charly.

—La policía, abran —respondieron del otro lado.

—¿Y qué culpa tengo yo si no estudiaron? —replicó.

"Nos quedamos encerrados y no nos dejaban salir —narra Quebracho—; para colmo, la puerta trasera estaba atascada. Entró la cana, hubo una serie de cabildeos y forcejeos; incluso al Negro le pegaron un bastonazo. Finalmente se llevaron a Charly de muy mala manera: esposado con las manos atrás, como si fuera un delincuente. Al Negro se lo llevaron también".

García López pensó que habían torturado a Charly cuando finalmente se juntó con él en la comisaría. "Tenía la cara violeta", afirma. Quebracho, que llegó a las seis de la mañana, se dio cuenta de que Charly no estaba violeta de los golpes, sino que tenía la cara llena de sellos.

—Como estaba apurado, me hice el trámite yo mismo —aclaró García.

"Para cuando yo llegué, Charly ya se había hecho amigo de todos los tipos de la comisaría", concluyó Quebracho. García recompensó aquel gesto del Negro García López con una semana a todo trapo en Río de Janeiro. En el hotel le dieron una consigna: "mejorarse y gratinarse". Y a eso se dedicaron.

— • —

Tras su estadía en Río, a poco de su salida de la clínica en diciembre de 1994, Charly retornó a Buenos Aires con el concepto de Casandra Lange en la cabeza. Estaba muchísimo más tranquilo, súper simpático y de mejor humor. Hablamos de esto en los primeros días de 1995.

—*Me quedé pensando en lo que me dijiste: que Casandra Lange funciona como una terapia.*

—Sí.

—*Al final, después de tanta clínica, la terapia tuviste que encontrarla y administrártela vos.*

—Y... sí. Cantar y reír es buenísimo. Y hacer estos temas, no con la guitarrita, como siempre los toqué, sino con banda y todo... Yo tengo un repertorio alucinante en la cabeza. Debo ser una de las personas que más canciones saben en el planeta.

—*Recuerdo la noche de la lista: 32 canciones (Charly ríe).*

—Claro, estoy cantando esto y no me acuerdo de Charly García. En ese sentido es una terapia porque, como dice Joni Mitchell: "Te amo cuando me hacés olvidar de mí". Me gusta olvidarme y verlo a Bellia, después de tanto tiempo. No sé: es lindo. ¿A quién no le gusta tocar estos temas? ¡Y bien! El asunto es que me planteé esta terapia. Para el psicoanálisis sería una terapia, para mí es tocar música, y para la gente espero que sea un lindo espectáculo. Pero es cierto: porque como yo no estoy loco, y nunca estuve loco me parece, y me mandaron... fui a una clínica psiquiátrica, lo mejor que pude hacer es pasar el tiempo, ayudar al que pude, integrarme y todas esas cosas. Ahora, la fórmula mágica no existe. Creo que lo más que se acercó a un consejo fue el casete que me diste vos del pibe de Aerosmith. Me imagino la boca de él diciendo "go, go, go". Pero ése tampoco es mi problema. Esto me viene bárbaro, porque estar tirado, de vacaciones, mirando el sol, un ratito está bien. También es una forma de mantener a la banda unida, aunque Lupano esté en Brasil; no se justifica hacer todo un quilombo para que él venga a tocar.

"Es una forma de que me cicatricen heridas, se olviden malas cosas y que cuando llegue el invierno yo me ponga las pilas y empiece a componer o whatever. Creo que esto me da la oportunidad de mover los dedos, de cantar, de estar con gente linda (los quiero a todos muchísimo). No sé, en algún momento esto va a pasar...

—*Mataría que esto pasara, pero que quedara este clima...*

—Lo que pasa es que si Juan hace algunas partes, las trae y cantamos estas canciones es una cosa de cope. Y otra cosa es lo que yo hago profesionalmente. Vos sabés como soy yo, obsesivísimo, que compongo ya con la parte de todos. Creo que después de Casandra voy a retomar *La hija de la Lágrima*. Porque después de este baño frío que me estoy dando en el alma, la voy a poder encarar de otra manera.

—*¿Por qué baño frío?*

—Porque *La hija de la Lágrima* es muy torturante. Creo que ahora me voy a poder meter más en lo musical. Además por lo que todo el mundo sabe, que me peleé con un productor y todo eso, se hizo muy tenso. Creo que es una buena forma de probar otras cosas.

—*Lo que pensaba es si cuando vuelva* La hija de la Lágrima *no volverá...*

—¿El horror?

—*O si podrás darle un buen final.*

—Yo estoy tirando para adelante como loco.

—*Viendo las cosas en perspectiva, ¿cómo ves eso que llamamos "horror"? ¿Como una nube negra que pasó? ¿Como una tormenta que ya terminó definitivamente?*

—No sé, se dieron un montón de cosas. Estuve mucho tiempo sin grabar, estuve con una historia que está en mi cabeza y que no la conté... quizás eso me hizo meterme muy para adentro: saber que soy yo el único que sabe la historia completa de *La hija de la Lágrima*. Volver de las sesiones de grabación y estar solo: no podía estar con nadie realmente. O sea, me apartaba de la mística, de lo que fuera eso. Fue una elección obviamente, pero evidentemente pagué un precio caro por eso.

—*Altísimo...*

—Sí, pero no estoy... el disco está. Por eso tengo ganas de revisarlo...

—OK, *vos sabés que el disco está. Pero vos podrías no haber estado...*

—No, no fue para tanto. Creo que... no, nunca estuve a ese punto por lo menos en lo que a mí respecta. Aunque hacer quinientas mil funciones después de ensayar... a todo el mundo le puede agarrar un derrame, mucho te puede pasar. Pero además me sirvió para aclarar muchos tantos con mi familia, cosas así. También me sirvió para que en vez de patear al caído, la gente me levantara. Mercedes Sosa me dijo una cosa muy grossa: vas a ver que los primeros días que salís, todo te va a parecer muy raro. Porque todos se comportan de una manera rarísima con vos: todos son sanos, todos son como Heidi, y vos no te encontrás. Ya pasó ese tiempo. Me estoy encontrando con una persona grande que canta canciones de su adolescencia...

—*Y esa persona grande, que canta canciones de su adolescencia... ¿Es muy distinta del adolescente que las cantaba por primera vez?*

—No, no es muy distinta. Lo distinto es que antes salía a la calle y miraba a la gente. Ahora no puedo hacer eso, me miran más a mí. Pero, volviendo a esos primeros días conflictivos, cuando uno sale de un lugar y todos te miran como un bicho raro; era nomás cruzar la calle y recibir el afecto de la gente. Quizás eso sea un buen síntoma: empiezo a dejarme querer.

—*Te cuesta...*

—Es que nunca me creí mucho la del pop-star, y todo eso. Es lindo tener minitas abajo que gritan tipo Los Beatles, y vos estás arriba pensando que gritan por vos. Es lindo, pero... nunca me la creí. No sé, mirá donde estamos[12]... Con Casandra Lange es como si me pusiera la máscara[13] y salgo de beatle.

---

12. La charla se desarrolló una tarde de verano en la sala de Charly. Conversamos en el living de Bruja, armoniquista y casero del lugar. Las paredes necesitarían un tratamiento de pintura y la infraestructura es de lo más austera.

13. Referencia a la película *The Mask*, de Jim Carrey, estrenada a comienzos de 1995.

—*Hablando de máscaras, ¿la clínica fue una suerte de enmascaramiento?*

—No, el enmascaramiento es otra cosa. Lo de la clínica tiene más que ver con los mosaicos.

—*¿Los mosaicos?*

—Sí. Por ejemplo, vas a una clínica, y son todos cuadrados así porque Freud les dijo esto. El que se sale de ahí, no tiene sentido. La Iglesia cristiana es igual, si uno mira cosas como que Jesucristo murió por los pecados de otros, no por los de uno, porque justamente yo nací quinientos mil años después de él. Su trip es Su Trip. Buda, todo eso, es muy lindo. Pero te salís un centímetro y es como el Partido Comunista. O el Partido Peronista, que ni siquiera existe (risas).

Me acuerdo cuando Lennon dijo que Los Beatles eran más populares que Jesús. No era ninguna mentira. ¿Por qué te creés que lo mataron? La única verdad es la irrealidad. Y chupate esa mandarina. La realidad es del que la tiene, y si nosotros tuviéramos más guita, la realidad la impondríamos nosotros. Pará, te aclaro algo: Cristo, por ahí mataba, pero las instituciones de la Iglesia, te la debo.

—*El problema no es el original, sino el Simulcop.*

—Sí, pero el original, vemos, y el Simulcop, vemos. Y seguimos viendo que sale Hitler y se le ocurre algo. Estamos viviendo el sueño de otra persona. Yo no tengo nada que ver con todo eso, vino Hitler y se puso a matar a todo el mundo. La mentira cae por su propio peso, pero se lleva a doscientos millones de personas muertas.

16. No voy en tren

Pasan los músicos. Quedan los artistas.
CHARLY GARCÍA.

Casandra Lange fue un período feliz en la carrera de Charly García, o por lo menos así lo recuerdo. Si nos atenemos a cómo habían quedado las cosas después de *La hija de la Lágrima*, con esas diez funciones que alarmaron a todos los fans de Charly y la internación forzosa que no sirvió de mucho, no había demasiados motivos para ser optimistas. Pero la trayectoria, la persona y la obra de García son tan sólidas que pueden resistir casi cualquier cosa. Lejos de cualquier tragedia, griega o de las otras, Casandra Lange fue un divertimento de verano en el que se hicieron tres shows en la costa, rematando con aquel formidable concierto en el Festival de la Canción de Mar del Plata en el que participaron Herbert Vianna y otros invitados, interpretando no ya los covers que hacía Casandra, sino el material del propio Charly.

Casandra Lange tuvo de todo: hasta su propio avión privado con el que fueron a un show en Chile. Un empresario trasandino, que no paró hasta que le vendieron un show, puso su avión para que los músicos se trasladasen rápidamente y no tuvieran que alterar sus compromisos. García estaba chocho con la idea de un jet privado y llegó a ponerle un cartel con el nombre de su musa inspiradora. Pero el verano terminó, y con él se fue este período del que queda como testimonio grabado el disco *Estaba en llamas cuando me acosté*. Hecho con lo mínimo, suena decente e interesante. Participó en él un personaje mítico: Andrew Loog Oldham, primer manager y productor de los Rolling Stones, el hombre que encerró a Mick Jagger y Keith Richards en una habitación, obligándolos a componer una canción. Oldham conoció a Charly a través de Juanse. Allí colaboró con un recitado en "Sympathy for the devil".

Pedro Aznar tocó el bajo en "You just keep me hangin' on", a falta de Fernando Lupano, que abandonó el grupo de Charly. "Casandra Lange odia a los bajistas", comentó jocoso García, quien para evitar hablar del desvinculamiento de Fernando aseguró que "él fue el único de nosotros que se pudo ir de vacaciones". Pero Fernando no volvió. "A mí me pareció raro que apareciera Juan Bellia a darnos órdenes a nosotros —aclaró Lupano—, que siempre las recibimos de Charly o tocamos lo que a nosotros nos parecía si él no nos indicaba otra cosa. A mí no me importaba si era amigo de García desde la niñez, o si tenía un proyecto con él. Nada de eso me pareció serio y me fui".

García es un bajista de primera, como lo reconoce todo el mundo (Lupano incluido) y si bien su mano izquierda se hizo cargo de los bajos (tocándolos en los teclados) en la gira de Casandra Lange, no podía estar abocado a esa tarea. La ida de Lupano iba a ser el comienzo del final del grupo que más tiempo estuvo con Charly: nueve años.

— • —

La primera banda de acompañamiento que tuvo Charly fue aquélla con Andrés Calamaro, Cachorro López, Gustavo Bazterrica y Willy Iturri. Su duración abarcó las presentaciones de *Yendo de la cama al living* en 1982 y comienzos de 1983, sin tiempo de desarrollarse. El problema fue que tres de los músicos estaban en Los Abuelos de la Nada y tuvieron que dejar la banda de García.

Justamente Charly fue el que produjo aquel primer disco de Los Abuelos, ese que los catapultó a la fama. "Charly organizó la grabación con lucidez digna de productor, como tiene que ser —sostiene Andrés Calamaro—. Sabemos que Charly maneja un estudio como si fuera un instrumento y además vino a la sala, fue disciplinado, tuvo un primer contacto con las canciones, opinó. A mí me hubiera gustado una mayor complicidad entre Charly y Miguel Abuelo, pero no se dio. Hubo un día en que se entendieron muy bien, cuando grabamos "En la cama o en el suelo". Cerrar el disco con "Se me olvidó que te olvidé", también fue un gran acierto de producción. El descubrimiento de Charly fue "Sin gamulán". Aunque Cachorro venía de tocar reggae en Bristol, fue Charly quien sugirió el bombo en el segundo y cuarto compás de cada tiempo. Fue una grabación que no tuvo momentos de angustia, aunque sí un poco de tensión. Tóxicamente controlada, de sobria ebriedad, sin grandes borracheras; más bien un high importante pero feliz. Nosotros presentamos ese disco en el Coliseo con Charly; al año siguiente se separó Serú, él se hizo solista y yo formé parte de su banda".

Ese romance entre Charly y Los Abuelos de la Nada llegó a su fin al año siguiente cuando se enfrentó con Miguel Abuelo en Mar del Plata durante una gira de Los Abuelos. "Habíamos tocado en el teatro Capitol, creo —intenta recordar Calamaro— y antes o después, algunos de nosotros tomamos ácido. Fuimos al boliche. Miguel se pidió una 7 UP y se quedó en el costado de la barra, medio serio, algún gesto lo habría enojado... Y en un momento, así, a cuento de nada, le dio un mamporro a Charly. Miguel era bastante gallito, por supuesto, muy guapo. Y Charly, supongo, se habrá puesto un poco histérico. No sé a quién habrán tenido que agarrar".

— • —

Para las giras y presentaciones de *Clics modernos*, Charly tuvo que encontrar otra banda. Ya tenía a dos miembros de la anterior que se habían quedado: Willy Iturri y Daniel Melingo. Fue natural que convocara a Pablo Guyot y Alfredo Toth, que con Iturri secundaron a Raúl Porchetto en su momento de mayor éxito. Para los coros, Charly agregó a una chica que se estaba haciendo notar en Los Twist: Fabiana Cantilo.

Ambos se conocían de antes y la relación se dio en los estudios Del Jardín en 1982, cuando Charly grabó la banda de sonido de *Pubis angelical*. "Yo estaba haciendo la ópera rock *Romeo y Julieta* con Zavaleta —cuenta Fabiana—. Charly me preguntó si quería cantar, dije que sí y me pidió que volviera al día siguiente. Lo hice, y él había compuesto una canción para que yo cantara. Era 'Trasatlántico Art Déco', que es la primera cosa que grabé en mi vida. Me hizo grabar cinco canales, con cinco voces diferentes y yo me quería matar. Después nos hicimos como amigos y nos empezamos a ver todos los días. Él estaba con Zoca que iba y venía, y tuvimos una especie de romance que terminó al año. Me iba a ver a donde yo cantaba y así conoció a Los Twist. Le encantó y nos produjo el disco. Después me llevó a una gira con él, a la que también fueron El Gonzo y Melingo. Ahí conocí a Fito".

Fito Páez estaba en los comienzos de su carrera, como tecladista, arreglador y compositor de la banda de Juan Carlos Baglietto, cuando conoció a su viejo ídolo. "Mi primer encuentro con Charly fue en 1977, cuando él tocaba con La Máquina de Hacer Pájaros: yo de fan, yendo a charlar con él en la puerta del Club Sportivo América. Después lo seguí al hotel, pidiéndole una firma y él sacándome de encima. Lo hice con pudor, vergüenza y un gran caradurismo. Pasó el tiempo y nos encontramos en el camarín del teatro Coliseo, cuando yo tocaba con Juan Carlos Baglietto y presentábamos 'Actuar para vivir'. Yo creo que fue a husmear con Andrés (Calamaro) al teatro Coliseo a ver de qué iba este pibe. Habrán tomado un trago, vieron dos o tres temas y se fueron. Charly, muy amoroso, se sentó al lado mío. Yo tenía 19 años; él venía con Andrés, que tenía unos anteojos celestes muy lindos. Ellos eran el único glam de Buenos Aires. Charly se me sienta al lado y me dice: 'Hola, vos sos Fito, me dijeron que tenías una bronca conmigo. ¿Por qué?'. Y yo le dije: '¿Cómo voy a tener bronca con vos? Si soy fan tuyo desde chiquito, que te iba a pedir autógrafos y me sacabas de los hoteles a patadas'. Ya en esos años, sin conocernos, había una tensión de afuera, como que yo era el nuevo Charly. Me lo decían como si fuera un agravio y para mí era un piropo. ¡Sí, está bien, pero le copia todo! ¡Para mí era un absoluto halago y lo sigue siendo! Estoy orgulloso de cargar en mis espaldas su influencia para toda la vida".

Fue Daniel Grinbank quien le dio la noticia de que Charly lo quería como tecladista de su nueva banda. "Yo me caí de espaldas —continúa Fito—, ni siquiera soñaba con la posibilidad, era muy niño, muy ingenuo, venía de una provincia: Buenos Aires era como un monstruo y creí que me esperaba mucho más tiempo de underground. En la reunión con Grinbank ni siquiera se habló de dinero. No me importaba: yo iba a tocar con Dios.

"Me acuerdo de la primera reunión con Charly, en su casa. Estaban Willy, Alfredo, Pablo, Melingo, Gonzo, Fabi, Charly y yo. Yo era un pajuerano que no entendía nada, sin dientes, casi; fumaba mucho, comía Mentholyptus. Escuchamos *Clics modernos* y me volví a caer de culo. Era un marciano: hizo ingresar al mundo pop la tecnología de una manera formidable. Hay algo en esa frialdad tecnológica que es de una osadía muy original. Esas palmas de 'No soy un extraño', que son como siniestras, te hielan la sangre. Esas baterías. Un concepto lisérgico, novedoso, frío. No fue el ingreso a los ochenta: creo que Charly hizo un ingreso al futuro".

El grupo se completaría con otro miembro de Los Twist: El Gonzo, un saxofonista a quien Charly le echó el ojo mientras producía a Los Twist, otro de los descubrimientos que hizo en aquella época. "Un día que tocamos con Los Twist en Satchmo —evoca Pipo Cipolatti—, Charly fue a vernos, le encantó y terminó operándonos el sonido. A los dos días tocamos en el festival Pan Caliente, estábamos en una lista como de 30 grupos. Llegó Charly y dijo que iba a tocar con nosotros. Imaginate: humillamos. Éramos como seis guitarristas, Melingo, Charly, Gringui, Calamaro, yo, y otros más. Los demás grupos eran todos barbones. Nosotros estábamos chochos: la primera vez que tocábamos en un escenario grande, y encima con García.

"Fue Charly quien le propuso a Grinbank producirnos porque tenía horas y cinta sobrantes en Panda. Nosotros llevábamos demos a todos lados y nadie nos daba bola. Decían que no iba a pasar nada. Nosotros nos juntábamos a ensayar dos o tres semanas para tocar, y un lunes apareció Charly en la sala y nos dijo: 'el viernes entran a grabar'. El domingo teníamos el disco terminado. Charly produjo, dirigió la cosa. Nos hizo grabar todo el show, después metimos algunas voces. Tocamos un tema detrás del otro. Tocó el piano en 'Salsa', tocó unos teclados en el 'Hulla-hulla', y en 'Cleopatra' propuso hacer 'Tu tumba, tu tumba', ese arreglo cortado que antes era todo derecho.

"Después, como siempre, siguió pintando en los shows. En Einstein siempre había ese ambiente de que los músicos se bajaban a pegarle a algún borracho molesto. Charly aprovechaba para subir a tocar y Luca Prodan para colgarse de los travesaños".

— • —

Los GIT, Fito, Fabiana Cantilo, El Gonzo y Daniel Melingo conformaron la mejor banda que Charly García haya tenido jamás, al menos como solista. Los conciertos con los que presentó *Clics modernos* en el Luna Park fueron soberbios y mi memoria no los olvidará mientras viva. Todos los que participaron coinciden. "Como músico —afirma Willy

Iturri—, Charly me dio absoluta libertad para tocar o improvisar, siempre dentro de alguna pauta. Con él decidimos que yo tocara con la batería de costado, porque nos gustaba vernos, comunicarnos con la mirada". A Fito Páez, en cambio, lo hizo tocar de espaldas. Fabiana Cantilo tuvo la impresión de que no era por celos. "Charly lo aconsejaba mucho a Fito, porque sabía que Fito era bueno. Él lo admiraba mucho: cuando estábamos tocando *Clics modernos,* Fito ya estaba con los demos de *Del 63,* su primer disco".

El propio Fito, en cambio, no tiene una sombra de duda. "Me hacía tocar de espaldas porque no quería que la gente me conociera —dice muerto de risa—. Era menos tiempo de él como famoso. Charly es muy inteligente, hace todo con una precisión de relojería. ¡A éste, que lo quieren tanto, y Baglietto, que canta sus canciones y que lo aplauden todo el tiempo, de espaldas! Yo me cagaba de risa, ¡gocé tanto esa etapa! Fue una experiencia asombrosa y aprendí muchas cosas".

El grupo le dio a Charly un sólido respaldo musical, a tal punto que *Piano Bar* le insumió solamente 30 días. Pero lo más importante es que con esa banda, García atravesó momentos difíciles sobre el escenario y no hubo miedos, ni renuncios. La asombrosa memoria de Páez no olvidará jamás aquel paisaje de Catamarca. "Charly había dicho que hacía mucho tiempo que él no iba a tocar a aldeas o algo así. A la gente de Catamarca se le había quedado grabado. Cuando vamos con la gira de *Piano Bar,* los tipos vienen con naranjas, tomates y huevos. Cuando salimos a tocar le comienzan a tirar de todo a Charly, a lo que él responde esquivando muy elegantemente sin decir nada. De repente el estadio comienza '¡Y dale Fito, dale dale Fito!'. Charly, que es más listo que el hambre, se cruza el escenario ¡y me da un bruto chupón de lengua hasta acá! (se señala la tráquea). Los tomates y los huevos me los empezaron a tirar a mí. Después fue todo el estadio gritando 'Fito Puto'. Muy listo, Charly, muy genial, dio vuelta la situación en un segundo. Muy capo".

Una de las historias más memorables es la de Córdoba, en 1983, donde se produjo aquella mítica bajada de lompas. "Empezó siendo un poco dramática la situación en Córdoba —continúa Fito—, porque Charly empuja el piano y lo quiere tirar abajo del escenario. Si se llega a caer ese piano, salvado por Quebracho, se matan dos o tres personas. No sé qué le pasó, se fue al carajo y tuvo necesidad de decirle al mundo que él tenía esa pija ahí y que tenía un par de huevos y que era macho, era puto, era todo. Tuvo la necesidad de expresar algo y lo hizo de una manera muy contundente. Salvo los Doors en Miami, cuando Morrison se hizo la paja en el escenario, no sé si hubo en el mundo algo así. Fue una expresión pública y se armó un revuelo impresionante".

El revuelo periodístico que causó el culo de Charly al aire agigantó un hecho minúsculo hasta llevarlo a proporciones desmesuradas. La democracia recién se había restablecido en nuestro país y la cola de García fue como la bandera verde para nuestro pacato destape argento, mucho más modesto y pudoroso que el español.

Aquel grupo se disolvió en octubre de 1985, en el famoso Festival Rock & Pop que duró tres días en la cancha de Vélez. Las cosas habían empezado a ponerse turbias: Fito Páez ya tenía su carrera solista encaminada, los GIT su primer disco solista (producido por Charly) y con eso la unidad de aquella banda comenzó a tambalear, por la dispersión de intereses. El festival también tenía sus dificultades: el granizo transformó el campo en un lodazal, la gente comenzó a protestar y a pelearse entre sí, destrozando de paso el alambrado. El sistema de sonido, anulado por la lluvia. Había llegado el momento de la actuación de Charly García y después les tocaría el turno a los grupos Blitz (Brasil) y La Unión (España).

Una vez que Charly hubiera terminado de tocar, no iba a quedar nadie y eso era evidente desde el vamos. Los organizadores le pidieron a García que en vez de tocar antes, cerrara el festival, cosa que lo puso de mal talante (dos horas de espera). También le solicitaron otro favor: que saliera a tranquilizar al público. Solo, con un micrófono que apenas se escuchaba, con señas, utilizando ese increíble poder de comunicación del que está dotado, Charly paró la furia de la gente. Pero no pudo con la propia.

El show que brindó aquella noche fue memorable por varios motivos, entre ellos los musicales. Pero en algún momento Charly perdió el control de sí, por primera vez. Se comportó violento, embistió a un camarógrafo que filmaba y terminó arrojando su micrófono inalámbrico a unos imbéciles que lo molestaron —nunca faltan—. "En el festival Rock & Pop yo lo pasé muy mal —recuerda Fito—. Habíamos estado muy tensos ya a la tarde, en la prueba de sonido. Durante el show, Charly se tiró de la tarima de Willy Iturri, cayó mal, se enojó y agredió a un camarógrafo. Participar en eso con él me hizo sentir muy mal". Cuando terminó el concierto, se escuchó por el sistema de sonido a un pibe que, sin saberlo, transmitía: "Loco, tengo el micrófono de Charly", dijo y continuó riendo hasta que la señal se perdió.

Así terminó aquella banda.

— • —

Ya más tranquilo, Charly formó Las Ligas en 1986: un nuevo grupo con pibes que venían asomando desde el underground de Buenos Aires. El más curtido era Andrés Calamaro. Richard Coleman, Christian Basso y Fernando Samalea tocaban en Fricción por aquel entonces, pero Charly los conoció en la grabación del segundo disco solista de Calamaro, *Vida cruel*, en donde también participó Luis Alberto Spinetta. "Era la época en que los dos andaban juntos —revela Calamaro—. Vinieron por Panda y por un momento pensaron que nosotros podíamos ser la banda de ellos dos. Ellos tenían 'Hablando a tu corazón', 'Rezo por vos' y 'Una sola cosa'. De alguna manera, nos pareció que sí, más vale que no nos íbamos a perder esa chance.

"Las Ligas es un nombre que nunca me gustó. Te imaginarás que entre todos podríamos haber encontrado uno mejor. Ensayamos en una quinta, tocamos en Chile y tocamos acá en Le Paradis, en Temperley. Yo cantaba mucho más, tocaba más teclados y Richard tenía un encare de la armonía totalmente diferente. Si Charly jamás descansa en la armonía vulgar, Richard tampoco. Para Richard los acordes de tres notas no existían. Inventaba una armonía diferente para cada canción según su gusto".

Coleman venía de una escuela musical completamente diferente de la de Charly y era el líder de Fricción. Lo primero que hizo con García fue meter una guitarra en "Tu arma en el sur", un tema que compuso para el disco de Fabiana Cantilo que estaba produciendo en aquel momento, *Detectives*. "Yo creo que Charly nos puso Las Ligas —dice Coleman— por lo histéricos que éramos con el pelo y los maquillajes. Para mí, él fue un excelente maestro y aprendí muchísimo sobre el armado de una banda en el escenario. Cuando yo tenía problemas con un acorde, él venía con la viola y me lo mostraba. Si yo tenía algo raro que quería meter, lo trabajaba, se lo presentaba y si le cabía, allá íbamos. Fue una experiencia muy interesante.

"De un día para el otro, Charly nos pidió que estuviéramos al día siguiente a las siete de la mañana en Plaza de Mayo, porque salíamos en directo para el *Today Show* de Estados Unidos. Hubo una exhibición de granaderos, le hicieron un reportaje a Charly y salimos tocando todos nosotros vestidos de negro, con los pelos parados, a las ocho de la mañana de un domingo. Una cosa marciana".

Una vez más, los proyectos personales de cada uno de los miembros del grupo conspiraron contra la continuidad de esta nueva formación de la banda de García. "La banda no duró demasiado —resume Coleman—, porque cada uno quiso seguir con lo suyo. Cuando tocamos en España hablé con Charly, le dije que quería seguir con Fricción y no hubo problemas. Una sola vez chocamos, porque a los dos nos gustaba la misma chica: lo resolvimos una noche cuando terminamos los tres juntos".

— • —

"A partir de allí me dije que no iba a trabajar más con los músicos de otros o de otras bandas", concluyó Charly. Así fue: la etapa de *Parte de la religión*, inaugurada en 1987, la encararía con otro grupo. Se sabe que en el mundillo musical se comentan los cambios de músicos; los que van de una banda a otra y los que no tienen destino fijo tratan de anoticiarse de las vacantes. Entre profesionales del rock, la excitación es bastante parecida a la que produce la apertura del libro de pases en el fútbol, pero con muchísima menos plata y mayor chusmerío personal.

El grupo, que alguna vez se llamó Los Enfermeros, Los Indeseables, Los Toc-Toc o Los Party Arruiners, duró exactamente nueve temporadas —de 1987 a 1995—, con algunas variantes en el medio. Fernando Samalea fue el miembro más estable de todos ellos y el que llegó al principio y se fue último. El baterista formó parte de Las Ligas y de Fricción; parado ante la disyuntiva de tener que optar por una de las dos bandas, eligió a Charly.

En junio de 1987, Charly me contó (en portuñol) cómo se armó aquel grupo. "Todo comenzó en Florianópolis; allí conocí a Samalea. Teníamos un grupo llamado Batman y Robin. Éramos especialistas en trepar ventanas del cuarto de las chicas. Ahí con Fernando dijimos ¿qué necesitamos? Un negro. Lo llamamos al Negro García López. Después precisamos un bajista; había uno negro de NYC pero no pudo venir. Después hubo otro postulante que se quedó en su casa y conocimos a Lupano, la pieza exacta para el bajo, además de ser el símbolo sexual del grupo. Luego apareció el Zorrito; había dudas porque su ídolo es Nick Rhodes de Duran Duran (lo leí en una revista). Con Alfi hubo otra duda: un sueldo más. Pero humilló con su sampler de Glenn Miller y Ray Conniff. Se encarga del Cinemascope y los efectos hollywoodenses. Creo que es una banda clásica: ensayamos todos los días de 5 de la tarde a 3 de la mañana. Compré un libro que se llama *Ídolos de la música*, que tiene mis canciones con los tonos y lo sacamos como estaba. No, en serio, tratamos de sonar como el disco y después cada uno puede meter un poquito".

— • —

Durante los años que fueron desde 1987 hasta 1995 inclusive, éstos fueron los músicos que secundaron a Charly en sus discos y conciertos. Alfi Martins fue el primero en irse, porque decidió radicarse en Estados Unidos. Después llegó Hilda Lizarazu para encargarse de los coros hasta 1993, cuando prefirió dedicarse a su grupo Man Ray. El Negro García López fue la primera baja que conmocionó el equilibrio interno; en 1992 decidió seguir una carrera solista que aún hoy continúa con intermitencias. A Charly no le gustó nada su deserción pero ante la voluntad inquebrantable del morocho, tuvo que buscar un reemplazante. Los pronósticos de aquel tiempo indicaron que los candidatos a ocupar la vacante de García López eran Tito Losavio de Man Ray y Jorge Minissale de Suéter.

Las especulaciones en torno a la plaza del guitarrista de Charly García terminaron en 1993, cuando arribó al grupo María Gabriela Epumer con quien Charly intentó reemplazar no sólo al Negro sino también a Hilda. Guitarrista y cantante, María Gabriela podía cumplir las dos funciones al mismo tiempo. La Epumer, Samalea y Quintiero fueron los sobrevivientes de *La hija de la Lágrima*. Fernando Lupano quedó en el camino por diferentes razones, más allá del poco convencimiento que le despertó el proyecto Casandra Lange.

"Si quiere terminar una relación —cuenta Lupano—, Charly comienza a generar problemas para que todo se acabe. No es que pone la cara y dice las cosas de frente. Creo que él tiene un problema de comunicación muy grande. Hasta 1990, todo estuvo bárbaro. En la banda con Charly, aprendías a lo pavote todo el tiempo. Después el caudal de información comenzó a disminuir. Lo económico también influyó; al principio cobrábamos por shows y había una continuidad de laburo. Nuestra guita se cuidaba. Después nos asoció 50 y 50; había shows en los que ganábamos fortunas y otros normales. Nos convenía ser socios, pero era 50 por ciento de todo... Si Charly quería un chimpancé del África, yo tenía que pagar mi porcentaje. Él se aprovechaba de eso. Ésas son las cosas como persona que no me cierran, porque en un punto es un caretón. El manejo del dinero, del poder: tiene cosas que son caretas, justo de lo que él reniega. Verlo romper cosas delante de gente que no tenía esa clase de cosas, o tirar plata delante de los que no la tenían... Él siempre nos mantuvo, yo me compré mi casa porque trabajaba con él, que quede claro; pero más allá de mi mosca, me molesta un tipo que tira la plata cuando hay gente que se muere de hambre. Cada uno puede hacer lo que quiera, pero a mí no me cierra".

— • —

A poco de irse Fernando Lupano, Charly recibió la invitación de la MTV para hacer su *Unplugged*. La cohesión interna de su banda era bastante inestable. Juan Bellia, que sólo iba a ser parte de ella mientras durase el proyecto Casandra Lange, quiso quedarse. Ni Samalea ni Fabián Quintiero estuvieron conformes con esa decisión, mientras que María Gabriela Epumer se mantuvo neutral con la idea de no agregar marea al oleaje. Charly, en vez de dar un corte, no se animó a encarar el problema de frente y la crisis se fue ahondando, porque Bellia no se perdía ni un ensayo.

Hasta ese momento, García venía bien, pero la interna de la banda le devoró la paciencia y la locura volvió a ganarlo poco a poco. Ulises y Erica Di Salvo, cellista y violinista respectivamente, fueron convocados para reforzar el perfil acústico que las canciones de Charly debían exhibir en *Unplugged*. Su presencia ayudó a poner el acento en el lugar necesario: la música. Pero nadie allí dentro cedió su posición. El grupo fue terminante con Charly: si Juan Bellia iba a Miami a grabar el especial para MTV, nadie más iría. Las cosas se solucionaron cuando Charly decidió invitar a su amigo a presenciar el show, pero no a formar parte del espectáculo. De esa manera, acercaba las cosas a un punto medio, sin definir del todo la situación. Un buen truco.

17. Llorando en el espejo

> *Las cópulas y los espejos son abominables,*
> *porque multiplican el número de los hombres.*
> JORGE LUIS BORGES, "TLÖN, UQBAR,
> ORBIS TERTIUS", *FICCIONES*.

"En *Unplugged* hubo riesgo quirúrgico", graficó por aquellos días Fabián Quintiero. Era notorio que el grupo estaba pinchado, cansado de las idas y venidas de Charly y con escasa cohesión. Sin embargo, para el concierto acústico que se emitió en MTV, García pudo abstraerse de todos los problemas que lo rodeaban, alcanzando un importante grado de inspiración que lo llevó a tocar muy bien.

Ayudaron a esa distensión Erica y Ulises Di Salvo, músicos de extracción clásica cuya labor más destacada se produjo en orquestas de tango como la de Juan de Dios Filiberto. No tenían gran experiencia dentro del rock, pero sí una actitud tranquila, positiva y de mucha concentración que favoreció la conexión de García con la música. "Charly en realidad buscaba dos chicas —explica Ulises Di Salvo—, una cellista y una violista, pero no es fácil encontrar a la gente adecuada. Luis Morandi le habló de Erica y de mí, y él nos citó para un ensayo en su sala al día siguiente. Practicamos algunas cosas con Fabián (Quintiero) y María Gabriela (Epumer). Charly llegó como a la medianoche, hablamos un poco y nos pusimos a tocar. Estuvimos hasta las cuatro de la mañana y después él nos dijo que lo que tocamos era exactamente lo que él quería". Charly bautizó a los hermanos como "los Braile", porque eran capaces de leer una partitura a primera vista.

Finalmente, García partió a Miami y brilló en *Unplugged*, asombrando hasta a sus propios músicos que recuerdan una serie de ensayos difíciles. El público no lo supo, pero ellos salieron a tocar con un poco de miedo por lo que pudiera pasar. Por suerte, nada aconteció, salvo la música que le ganó la partida a los nervios, la histeria previa y el descontrol cotidiano. "Charly no es boludo y sabía que lo de MTV era grosso —dice Ulises—, por eso se puso las pilas". Todo estuvo bien hasta la grabación, después Charly se tornó bravo. La banda parecía deshilacharse con el correr de los días y García no pudo hacer nada para evitarlo. "Eso me quedó claro después de la grabación —asegura Ulises—. La sensación era que habíamos ganado un campeonato, pero no hubo festejo. Charly demoró en el hotel y nadie lo esperó. Terminamos comiendo cada uno por su lado". Dos semanas más tarde, Charly viajó a Nueva York para mezclar con Joe Blaney.

En esta ocasión, el ánimo de "venganza" con el que Charly suele justificar algunos desmanes se tradujo en crear un clima aterrador para todos los que convivieron con él en Miami, sin trasladarlo al escenario, por suerte. De buen humor se presentó el 2 de mayo en los estudios de MTV. Pidió que no le gritaran ídolo porque le iban a cagar la grabación y se puso a tocar. Su voz rindió bastante bien ese día y encontró hermosísimos arreglos para sus viejas canciones. Que se haya olvidado la letra de "Viernes 3 A.M.", con las cosas como estaban de agitadas, fue más distracción que desidia.

Hello!, tal el nombre del disco grabado en Miami, da cuenta de un García inspirado y tranquilo tocando el piano con una sorprendente concentración. Como el de los viejos tiempos. Fue uno de los casos en que la música fue más fuerte que todo lo demás: una banda que fuera del escenario se caía a pedazos, se transformó en un grupo eficiente que sacó lustre a las gloriosas páginas del show.

A pesar de aquel triunfo que vendió más de 50 mil copias, excelente cifra si se tiene en cuenta que se trata de un repertorio harto conocido, el riesgo quirúrgico fue más fuerte que la voluntad de Fabián Quintiero para quedarse en el barco. *Unplugged* fue el momento en que tomó la decisión de abandonar el grupo. De aquella aguerrida banda del '87, sólo quedaría Fernando Samalea, hombre de paciencia casi infinita.

Lo primero que hizo Charly a su regreso del periplo *Unplugged* fue despedir a todo el mundo. T-o-d-o-s. Después, volvió a contratarlos, y a despedirlos. El tiempo devoraba los días previos a un show en Lima, Perú. Y la banda no aparecía, o mejor dicho, estaban todos en sus casas, esperando el desenlace de esta novela. García estaba emperrado en ir a Perú. "Me voy a comunicar con los incas", vaticinó.

Cuando faltaba menos de una semana hizo una convocatoria repentina y armó un equipo de emergencia con los que le dijeron sí: los regresos de Carlos García López e Hilda Lizarazu a la formación titular se combinaron con la aparición de Rinaldo Raffanelli (que se incorporó al grupo después de Perú), Juan Bellia y el baterista Pablo Guadalupe. Los comentarios de aquel show no difieren demasiado entre sí, e indican que fue uno de esos maratones desquiciados de Charly, contenido un poco por la presencia escénica de Hilda y la guitarra del Negro. Finalmente, el moreno se quedó en la banda con Rinaldo. Hilda declinó cualquier propuesta de continuidad. Samalea y María Gabriela Epumer volverían al seno del grupo después de esa excursión.

— • —

Reconocí de inmediato la voz de Charly en mi contestador. "Quiero invitarte a una fiesta", dijo y logró intrigarme. Al día siguiente me llamó al diario y me comunicó que el 27 de junio de 1995, un miércoles a la noche, Sui Generis iba a reunirse en Prix D'Ami. La idea se originó en la cabeza de Charly la noche del lunes en el teatro Cervantes, durante un homenaje a Carlos Gardel donde conocidos intérpretes intentaron dar versiones del maestro. Charly fue invitado por Ulises Di Salvo, su cellista, que tocaba ese día. Adora a Gardel desde chico, cuando lo descubrió por televisión, viendo una película en la que El Morocho cantaba desde la cubierta de un barco.

—Charly, vos sos Gardel —le gritaba la gente.

—¿Y por qué no me avisaron antes? —respondió divertido.

—¿Qué es lo que más te gusta de Gardel? —preguntó una cronista de espectáculos.

—Su cuenta de Sadaic.

Se instaló en un palco y vio el espectáculo mientras bebía un whisky. Allí se le ocurrió la idea de hacer "Sui Generis, 20 años después". Su ansiedad se anticipó al aniversario real que era el 5 de septiembre. Lo mismo daba; llamó a Nito Mestre, quien agarró viaje de inmediato y reservaron Prix D'Ami.

Fue un impulso de una noche que se hizo realidad en dos días. Instantáneo, inmediato, como a Charly le gusta. Invitó a toda su familia, con la que estaba peleado por su internación en una clínica psiquiátrica en noviembre de 1994, y a unos cuantos amigos. Existía un clima que daba como para una reconciliación familiar. El lugar estaba repleto de un público predispuesto a recordar las viejas canciones.

Más que el retorno de Sui Generis, aquello fue "El regreso de los muertos vivos": una película de terror. Literalmente, García masacró el repertorio entero de Sui Generis con una vocación digna del Marqués de Sade. Más allá de que no hubiera habido ensayo suficiente, de que las voces ya no llegaran a los registros de la juventud, de que Charly se comportara como un demente y de que la banda estuviera desorientada como heladero en abril, hubo sobre el escenario una secreta venganza contra su familia.

Nito Mestre no le fue en zaga en los desmanes aunque nunca pudo equiparar la capacidad de destrucción de García, quien aun en esa impronta terrorista creó un espacio artístico. "Cuando ya me empiece a quedar solo", "Blues del levante", "Amigo, vuelve a casa pronto", "Bienvenidos al tren", "Bubulina", "Canción para mi muerte" y otras páginas fueron ejecutadas sin misericordia.

—¡Éste es el festival de Amnesy! —decretó Charly, ya en la mitad de la matanza, cuando trataba infructuosamente de recordar los tonos de las canciones. Fue lo único gracioso de la noche. Eso, y el grito de Nito Mestre, cuando García amenazó con tirar una guitarra acústica desde el escenario.

—Charly, no tirés esa viola, que anda —le dijo al borde del desmayo.

— • —

Me fui sin pasar por camarines, de muy mal talante por ver a García tocando para el culo, cantando pésimamente y ofreciendo un espectáculo tan decadente. Lo que más me mortificaba era la sospecha de que todo eso fue a propósito; conozco bien su prodigiosa memoria, su oído absoluto y sé que es francamente imposible que, aun en el peor de los estados, García no recuerde los acordes exactos de sus propias canciones. Aquello fue un crimen planeado fríamente. ¿Pero por qué? No quise quedarme sin respuestas, y lo llamé al día siguiente.

—Hola, Charly. ¿Tenés cinco segundos? —lo ataqué de entrada.

—No —se defendió por reflejo.

—Bueno, te llamo en otro momento —concedí.

—No, si es por teléfono sí. ¿Qué querés?

—Te llamo por el show de anoche, no me quedó en claro qué quisiste hacer.

—Nada, qué sé yo —se hizo el desentendido.

—¿Estás conforme con el show?

—Sí, acá estamos todos recontentos. Ahora estoy con Nito, pero me estoy yendo a poner unos pianos en el disco de Pedro Aznar.

—¿Contentos? —repetí, incrédulo.

—Sí, Nito está recontento, yo también. Rino está feliz, Moro ni te cuento, Samalea al palo, Ulises no sabés.

—Pero fue un bochorno.

—¿No estuvo bueno? Y bueh...

—Se te vio completamente desconcentrado a vos en particular y a la banda en general.

—Ma qué desconcentrado, si todavía estamos acá: concentradísimos todos.

—No entiendo la lógica.

—Sí, la lógica es que yo los vi a todos ustedes. Lo que vos viste anoche fue un espejo. Man in the mirror, ésa es la clave. Si querés, llamame mañana. Está todo grabado, todo filmado. Podemos verlo.

—La crítica te va a hacer mierda.

—¿Y quién los conoce? Que no me vengan a hinchar las pelotas.

—Mañana seguimos, no te robo más tiempo —lo liberé.

—Chau.

— • —

No lo llamé al día siguiente. Ver la filmación del desastre no iba a dejar nada en limpio a ninguno de los dos. Hemos visto en video otros conciertos suyos que fueron desastrosos para mí y geniales para él. Es como si se negara a reconocer cualquier error, aunque esté grabado en video. En ese sentido, no hay discusión que valga y ni siquiera él se abre a esa posibilidad. A lo sumo, acusará recibo de cualquier crítica subiendo el volumen de su voz o de la tele.

Si lo que se vio en aquella noche fue un espejo, reflejaba algo espantoso. La especial invitación a su familia, con la que no tenía una buena relación, me hizo atar cabos: fue un espectáculo para que ellos, los que lo habían internado, vieran bien de cerca el monstruo que habían creado. Sin embargo, era difícil explicarse por qué eligió a Sui Generis como vehículo y además por qué sometió al público a semejante martirio. Ése es uno de los puntos en donde todos los senderos se confunden y el aventurero queda dando vueltas en círculos.

A través del tiempo que he pasado con Charly, fui comprobando que él mantiene una extraña relación con los espejos. La conexión se hizo evidente una noche de enero de 1997, cuando Charly vino a cenar por primera vez a mi casa. Lo primero que llamó su atención pese a la abundancia de compactos y vinilos, fue el espejo del living. Se comportó como si hubiera sido la primera vez que vio uno: se plantó enfrente y realizó extraños movimientos, como verificando su exacto funcionamiento, a la manera de la Pantera Rosa. Primero ensayó unos pasos de baile, luego se levantó la remera proyectando su magro abdomen y se la anudó en el pecho. Conforme con los resultados, se sentó a la mesa para finalmente cenar los ñoquis con peceto que mi mujer le había preparado especialmente. Cada cual ve lo que quiere o lo que puede ver en un espejo, pero Charly siempre ha visto algo diferente en ellos: su función y el efecto que causa sobre las personas.

— • —

Charly es un tipo que no cree en los consejos. No los da, y se niega a recibirlos, aunque reconoce que "cuando me pongo en pedo, le doy algunos consejos a mi hijo". No obstante, un día me dio uno: "Te recomendaría no tener demasiados espejos". Viniendo de un artista —y todo gran artista tiene un ego muy grande—, parece hasta algo saludable: si el espejo hace perder tiempo con la propia imagen, su ausencia permitirá que esa imagen pueda descansar y renovarse. Pero una cosa es aborrecer los espejos y otra completamente distinta es ser uno, bancándose en carne propia la fatigosa tarea de reflejar imágenes ajenas. Ser un espejo, te la encargo. ¿Será esa la explicación que permita entender a Charly García en los 90?

Él mismo se empecina en verlo de esa fantástica manera. Recuerdo su furia cuando vio el comentario que hizo un diario de su recital en el teatro Ópera el 23 de octubre de 1996. Estaba fuera de sí, y me llamó por teléfono. Estuve como seis horas en su casa, tratando de que entendiera que las críticas musicales vierten la opinión personal de aquel que las firma, o a lo sumo de un medio, que no expresan una verdad universal y que el público sacaría sus propias conclusiones: que, como él suele afirmar, los que lo siguen no son manada. Lógicamente, para él no fue suficiente.

—¿Ves? —vociferó—. Lo que viste ahí en el Ópera fue el espejo de un psicópata.

El psicópata no era él, sino el crítico que utilizó un término que lo sacó de quicio: patético. Siendo yo también periodista, Charly me usó como espejo de aquel otro que hizo el comentario. Los espejos comenzaban a multiplicarse, y me pregunté qué papel jugaban en todo esto.

Hay varias teorías. La más simple es que Charly, efectivamente, se ha convertido en un espejo de la realidad argentina y refleja con su cuerpo la horrible decadencia de un país en carne viva. Bastará con estar mínimamente al tanto de las cosas que suceden en la Argentina, para asignarle a esta explicación un cierto grado de veracidad. Pero si Charly refleja la imagen ajena, ¿dónde está la suya? ¿En sus propias canciones?

— • —

Siguiendo esa hipótesis, traté de encontrar el reflejo del propio Charly en sus propias canciones, tomando nota de menciones a espejos que encontré en ellas. Es probable que el lector pueda ayudar en esta tarea encontrando otros espejos que se han pasado por alto.

En un tema, los espejos son sonrisas[14]; en otro, Charly llora en un espejo y no puede ver[15], y en el tercero que encontré, los espejos esconden su reflejo. Ese tema se llama "Vampiro", y fue uno de los primeros temas que Charly compuso.

La canción volvió a la vida en 1991, cuando Charly y Pedro Aznar grabaron en *Tango 4* una versión formidable, que cuenta con la guitarra invitada de Gustavo Cerati reproduciendo sarcófagos (así figura en los créditos). Un tema bellísimo con el sello inconfundible de García, injustamente ignorado al igual que *Tango 4* en general. Allí vi una luz. La recomendación de no tener espejos sería sumamente coherente viniendo de boca de un vampiro.

Los vampiros nunca duermen, sólo se esconden del sol y para Charly dormir es una práctica que va cayendo progresivamente en desuso. Bien podría ser un vampiro *sui generis*, que adquirió la capacidad de tolerar los rayos del sol y que en el camino fue aprendiendo la buena educación de no chupar la sangre ajena (aunque sí su energía). Hay gente que jura haberlo visto en dos o tres puntos de Buenos Aires a la misma hora del día: ¿quién sino un ser sobrenatural podría desplazarse con tanta velocidad por el tránsito? Yo mismo he dejado a García en un restaurante y me he ido con Fernando Lupano en su auto: cuando llegamos al Roxy, García ya estaba en el escenario tocando. Solamente un ser que pudiera sobrevolar la ciudad podría ser capaz de semejante proeza. O García es definitivamente un vampiro, o finalmente perfeccionó el sistema de teletransportación sobre el que cantaba en *La hija de la Lágrima*. De inmediato pienso que la idea es ridícula: los vampiros humanos no existen, y Bela Lugosi está muerto, pero enseguida me viene a la cabeza una imagen de Charly con una

---

14. "Adela en el carrousel". Charly García *Parte de la religión*, 1987, Sony Argentina.

15. "Llorando en el espejo". Charly García, *Peperina*, 1981, SG Discos.

capa a la altura de los bigotes en una de sus tantas películas hogareñas, realizadas bajo el influjo de Eduardo Madera.

Una cosa lleva a la otra y es imposible pasar por alto el film *Adiós Sui Generis*, en donde Charly aparece caracterizado como un vampiro con la boca llena de sangre, mientras suena su solo de teclados en el mítico show del Luna Park. Mucho más reciente es el tema "Un vampiro bajo el sol", compuesto por Herbert Vianna y Fito Páez para el disco *Dos margaritas* de Paralamas Do Sucesso. El brasileño me comentó que el tema tenía más que ver con *Crónicas de vampiros*, libro de Anne Rice, que con el propio García. "Charly no es un vampiro —asegura Vianna—, pero se emparenta con ellos por la soledad y la eternidad que tienen los condenados a vivir para siempre. En Buenos Aires nos preguntaban qué opinábamos de que Charly se hubiera teñido de rubio, se hubiera puesto una remera de Nirvana y tocara gratis para la gente. Nada: es un día más en su eternidad".

Un tiempo más tarde Herbert y Charly se encontraron, y el brasileño aprovechó la ocasión para preguntarle qué opinaba de la canción. La respuesta de García lo dejó pensando. "Es verdad —asintió—: soy un vampiro y voy a vivir cien años". La reflexión tranquilizó a Herbert, preocupado por la longevidad de García, pero a mí me puso más nervioso. A confesión de parte, relevo de pruebas.

— • —

Hay veces en que Charly es el espejo, pero hay otras en que todos podemos ser un espejo para él. Quizás eso sea lo que encuentra en algunas de esas febriles charlas que mantiene con pocas personas. Allí, su interlocutor es el espejo: muchas veces lo único que Charly puede o quiere encontrar en la persona que tiene enfrente es el propio reflejo pasando por los ojos de otro. Y viceversa.

Mucha gente que se jacta de conocer bien a Charly se horroriza de las cosas que él contesta, ignorando que su papel se limita simplemente a hacer de frontón: a devolver lo que se le lanza. Ejemplo práctico:

—*Charly, no te veo muy bien últimamente, ¿te pasa algo?* —sería el ejemplo.

Respuestas posibles: a) modalidad natural, y b) modalidad especular.

a: "Loco, todo está bien".

b: "Y yo no te veo bien a vos. Quizás a vos te pasa algo".

Devolución inmediata del balón que entra en el campo de la duda a una velocidad increíble. La habilidad de su interlocutor puede retener la pelota y controlarla lo mejor posible durante la conversación, o hacerse un gol en contra, en cuyo caso no habrá conversación posible. Tan sólo un monólogo interior. A través de la modalidad especular, Charly devuelve cualquier flecha que se le tire. Es un método de defensa infalible que asoció alguna vez con el ping-pong.

—*¿Cuál es el truco, entonces?* —pregunté un día tratando de entender el funcionamiento de la cosa.

—El truco es nunca decir quién es uno. Los Beatles nunca dijeron que eran Los Beatles, dejaron que la gente pusiera sus expectativas en ellos. En "Anochecer de un día agitado" tenés la respuesta. Yo fui el primero que estaba en la cola de Lavalle el día que la estrenaron a las dos de la tarde. La vi veintisiete veces seguidas en el cine Iguazú.

Ejemplo: la escena de George Harrison que entra, por aburrido o porque Ringo estaba en otro lado, en el lugar donde está el diseñador de modas. Se encuentra con una chica que le comienza a hacer preguntas, y él contesta que no se siente calificado para responder preguntas de la moda y todo eso; pero cuando le preguntan por algo específico, dice que le parece una cagada. Entonces el diseñador de modas se brota y dice "echen a este tipo, sáquenlo de mi vista, fuera". Y no sabe que ese tipo es George Harrison. John Lennon nunca dijo que era John Lennon en el transcurso de la película. El asunto es dejar que la gente diga de vos todo. Es como jugar al ping-pong. Hacés pelotita: el otro se va engranando, engranando, engranando, hasta que en un momento te deja la pelotita ahí arriba como para que vos le pegues, y lo elimines o no, depende de tus ganas de seguir con el juego. De eso aprendí mucho.

—*¿Del ping-pong?*

—Del ping-pong, de Lennon, de Los Beatles y elaboré algunas respuestas que, a través de los años, me fueron dando resultado. Repito: el truco es nunca decir quién es uno. De pronto, en una conversación, el tipo que te viene a hablar comienza a indicarte cosas. Uno trata, dentro de la humildad que puede tener un artista, de seguirle la corriente. Y en un momento, te dice "pero lo que pasa es que vos sos Charly García". Entonces la pelotita está ahí arriba. Y tu raqueta contesta: "y vos no".

—*Fin del juego.*

—Hay veces que te dicen eso como un insulto. Otra variante es: "Pero lo que pasa es que vos estás adelantado". Sí, dos minutos. O si no contestarles: "vos estarás atrasado". Yo no me siento adelantado a nada. Eso, a veces, te lo dicen como una sentencia degradante. Sí, yo asumo que soy Charly García. ¿Serlo es una porquería? Hay veces que la gente piensa que vino Alá y me dijo: "vos sos Charly García y tenés los poderes del mundo para hacer lo que quieras". Y yo soy Charly García, porque un poco lo inventé yo, otro poco porque se dieron las circunstancias y porque me decían Charly en el secundario.

— • —

El reflejo más loco de todos es el que se proyecta en la gente en presencia de Charly García. Es lógico que sus fans se alboroten cuando lo ven y sin embargo son los que mejor se comportan. El problema es el reflejo que su persona produce en el medio pelo, en un segmento de la población que no consume rock y que se transforma en presencia de un famoso. El efecto García es como un licor que les hace sacar aspectos escondidos de su personalidad; gente supuestamente normal se convierte en un ser repulsivo en cuestión de segundos. García que se resiste a convertirse en póster y comportarse como si fuera de papel, ya no tiene mucha paciencia para jugar al ping-pong, pero trata de mantener las cosas en una escala reducida, cuando tal gentileza le es posible.

Una noche estábamos comiendo en un restaurante árabe del barrio, María Gabriela Epumer, Fernando Samalea, Fabián Quintiero, Fernando Lupano, Charly, yo y tal vez alguien más. Una buena parte de los comensales miraba a nuestra mesa con más o menos disimulada atención. Algunos, más que nada niños, se acercaban a pedirle un autógrafo a Charly. Una señora desagradable, entrada en años y carnes, solicita el suyo. Charly toma una lapicera y una servilleta, firma y se lo da. La señora no queda conforme.

—Ponele "para Pablo" —insiste, arengada.

García respira hondo, y vuelve a escribir.

—¿No me ponés la fecha? —se pone pesada la vieja.

Charly, que intenta terminar desde hace tiempo con el platillo árabe que tiene enfrente, le escribe la fecha en números romanos, agrega algún simbolito, y se lo entrega sin mirar.

—¿Y esto qué es? —pregunta, despreciando el garabato con que el artista la obsequió.

—¿No quería la fecha? Ésa es la fecha.

—Escribímela bien, no seas malo —vuelve a la carga.

—¿Puedo seguir comiendo con mis amigos? —se cansa un Charly hambriento y con ganas de evitar un incidente desagradable que él no provocó.

—Lo que pasa es que sos un odioso —clava la vieja su puñal.

Charly queda cabizbajo. Lo han insultado sin motivo y, por alguna razón, le dolió más de la cuenta. La señora era una reverenda estúpida que se hubiera merecido una soberana patada en el culo. Pero a él le duele, ¿qué se puede hacer frente a eso? No quiso arruinar la cena con una reacción desproporcionada de esas que se le conocen. Un día que está gentil, y la gente lo trata mal. Así funciona el espejo: de tanto reflejar mierda, a veces le tiran un cascote. Hablamos del tema una tarde en la sala.

—*A veces atraés a una clase de gente, que se comporta muy extraña: la que se acerca a vos porque sos conocido. Un tipo de persona especialmente molesto.*

—Están los que escuchan los discos y conocen las letras, y como el disco dice bastante, podés sacar al tipo, qué le está pasando, y se identifican con eso. Y están los que me conocen cada vez que me pasa algo raro. Esa gente es como que te cobra algo: te juzgan sin conocerte, porque jamás escucharon un puto disco, entonces primero que escuchen lo que hago. Y se ponen a opinar de moral, y ahí es cuando la cosa se pierde: porque tu libertad termina cuando comienza la del otro. Hay gente que viene con 20 repasadores para que les firmes, una locura...

—*Encima te piden que pongas la fecha.*

—Totalmente, ¿qué querés? Como si uno fuera de ellos. Ey, pará un poco...

—*Y si no lo hacés te dicen que sos un odioso...*

—¿Cuáles son las cosas que más se dicen de mí? Que soy insoportable, que estoy más allá del bien y del mal, como si alguien, puta, pudiera estarlo. Que soy insoportable: si yo lo soy, creo que hay gente más insoportable. Cuando viene el tipo y no viene de buena manera, me abraza o me da un beso y se me cae la copa, no es muy agradable. Cuando salgo con una chica, o con alguien, la persona que está a mi lado es una sombra. Hay gente educada, pero a los otros no les importa nada, pisan gente para llegar a vos y cuando llegan te preguntan: "¿Vos sos radical?". Y si les decís que no, por ahí por ahí. En la época de *Clics modernos* o *Piano Bar*, era medio así.

— • —

Las músicas del mundo reflejadas por García son diferentes y a menudo mejores. En este caso, el reflejo es una deformación: como si fuera uno de esos espejos que están en los parques de diversiones y que te hacen gordo, flaco, chino, alto o bajo. Probablemente su disco *Estaba en llamas cuando me acosté* muestre esa capacidad mucho mejor que la conocida versión castellana del tema de The Byrds "Feel a whole lot better" ("Me siento mucho más fuerte"), que es prácticamente idéntica por la sencilla razón de que es perfecta.

León Gieco recuerda un detalle del cumpleaños número 40 de Charly que se celebró en su casa, que tiene que ver con este asunto. "Nosotros poníamos el CD de Los Beatles, y él hacía unos arreglos arriba que te juro por Dios que si lo escuchaba Paul Mc Cartney se lo llevaba con él a Londres". Cuando García interpreta, por caso, a Los Beatles, trata de hacerlos tal cual (¿para qué cambiar algo?), pero igual le salen a su manera (que es exactamente hacerlos lo más parecidos posibles). Con otras canciones se toma pequeñas licencias que ayudan a una presentación distinta del tema o hace una completa remodelación que lo deja irreconocible.

Todos comenzamos imitando a otros desde que hablamos por primera vez y los músicos, antes de componer, interpretan. En el caso de Charly, como en cualquier otro, es inevitable ver el reflejo de otras músicas. El abanico estilístico que abarcan esos reflejos viene desde el folk a lo James Taylor de Sui Generis y llega hasta el funk onda Prince de sus trabajos solistas, pasando por las melodías tipo Steely Dan o Elton John de Serú Girán. Como a todos los artistas que generan una obra voluminosa, a Charly le llegó el tiempo en que sus canciones reflejaban a otras de su cosecha compuestas anteriormente. A eso se lo suele llamar estilo y al reflejo, influencias. Lo divertido es ver cómo todos estos haces de sonidos actúan en la música de García y él va eligiendo o descartando reflejos, dándoles espacios, lugares, sentidos y nuevos contenidos, con férreo dominio y un gusto admirable.

— • —

Tommy, el chico ciego, sordo y mudo, protagonista de la ópera que Pete Townshend compuso en 1969 y que The Who interpreta hasta nuestros días, se lo pasa frente al espejo aunque no pueda verse. Hay algo en el tacto, uno de los pocos sentidos que le responden, que encuentra satisfacción en acariciar el contorno de la propia imagen invisible a sus ojos. En un momento del desarrollo de la ópera, Tommy rompe el espejo y encuentra la liberación, recuperando así la vista, el oído y la voz. Ya no será el mago del pinball: el sentido que desarrolló a partir de la carencia de otros se hizo añicos al mismo tiempo que el espejo. En cambio, Tommy podrá tener una existencia normal. ¿Y es eso un premio o un castigo?

Caído del trono de los dioses, Tommy disfrutará la vida como todos los demás y no podrá volver atrás. Quizá para alguien que desarrolló un potencial tan oculto en el resto de los normales, no haya peor castigo que vivir sin su don una existencia supuestamente "normal". Probablemente algo de esto haya querido decirnos García en "El tuerto y los ciegos": "La mediocridad para algunos es normal/ la locura es poder ver más allá".

¿Y qué habrá más allá del espejo?

—Si vos querés saber qué es estar loco —afirma Charly—, andá al espejo en el que te mirás todos los días y rompelo. Después mirate ahí: vas a ver lo que se siente. Si se rompió tu espejo, quiere decir que no tenés ningún control sobre nada y que no podés volver. Y si lo hacés, es un horror. Verse en un espejo roto: eso es estar loco. Y te aseguro que duele más que cualquier otra cosa.

Quizá Carlitos rompió el espejo un tiempo atrás y quedó atrapado en la dimensión de Charly García. Seguro es que algo se rompe cuando un artista pasa a transformarse en un personaje público. Pero a lo mejor no es más que una distorsión. Lo que preocupa a todos es si Charly García no ha estado a punto varias veces de romper su propio espejo, llevándose consigo a Carlitos. Y lo que yo puedo decir al respecto es que, hasta el momento, he visto muchos vidrios rotos en su casa pero ninguno correspondía a un espejo. Aunque Carlitos sólo aparezca muy de vez en cuando.

18. Pasajero en trance

Yo les vi el culo a todas.
TÍTULO DEL LIBRO DE TRÁNSITO.

Tránsito fue un símbolo en la vida de García, a la que se incorporó como empleada doméstica alrededor de 1982. Abuela de Totó, mítico asistente de Serú Girán que murió a comienzos de 1997, cuando le preguntaban la edad, respondía que era "la niña de 1920". Nació en Santiago del Estero; durante muchos años manejó los quehaceres del hogar y cuidó que todo estuviera lo más presentable posible. "¿Tránsito? —me dijo Charly, una noche—. Cuidado, estás hablando de un nivel de persona muy alto".

En las ocasiones en que la casa de Charly se transformaba en una tienda del horror, Tránsito parecía un Casco Blanco de la ONU, con su calma y su andar tranquilo. Si ella fue un símbolo, debió representar la fidelidad, la tranquilidad, la seguridad, un regazo de madre, un vaso de Coca-Cola al despertar y un guiso casero. Era la que llevaba la comida y espantaba a los indeseables. "Una de las tantas ironías de mi vida es que varias internaciones me las pararon Tránsito y un par de putas amigas", reveló Charly esa misma noche. Fuerte imagen la de un hombre solo, desvalido, que es salvado del infierno de los mosaicos blancos tan sólo por la determinación de dos prostitutas decididas y una anciana que no se amilana ante nada.

Andrea vino tiempo después, cuando el lumbago aminoró la marcha de Tránsito a través del caos que genera García. Una tarde en que "el señor", como ellas lo llaman, dormía a pata suelta con una mujer en su habitación, conversé con Tránsito en la zona segura del living.

—*¿Cómo empezó su relación laboral con Charly?*

—Totó todavía trabajaba con ellos. Un día él le ofreció a mi nieta trabajar en la casa de Charly en San Isidro, pero ella no podía porque tenía a los chicos chiquitos. Así que me ofrecí yo. Él vivía con Zoca. Cuando se fueron de la quinta, Charly me preguntó si yo quería seguir trabajando con él en la Capital. Sí, cómo no. Vine acá, y sigo acá. Firme.

—*¿Cómo es el movimiento habitual de la casa?*

—Y... hay días. Por lo general es tranquilo. Salvo que Charly se ponga un poquito mal. Pero... yo lo sé llevar: hay que saber llevarle el apunte, porque si no Charly se pierde.

—*Me imagino que le debe costar ordenar las cosas de Charly.*

—Cuando a Charly se le da por desordenar, saca todo: los discos, los casetes. Siempre fue así.

—*¿Cuando estaba con Zoca era más ordenado?*

—Más o menos. Claro, ella le arreglaba las cosas. Él cuando está bien, no te desordena nada. Ahora, cuando está más o menos... alegre como se dice, comienza a sacar todo. Pero cuando él está bien, bien, no... Los otros días, cuando ustedes volvieron de Rosario, vino lo más bien y no se le dio por hacer ningún desarreglo.

—*¿Cómo anda de apetito el muchacho?*

—Hoy, antes de acostarse, me preguntó qué había para comer. Pidió un churrasco de lomo con papas fritas. Cuando se lo llevé, estaba dormido. Se despertó, comió, me trajo la bandeja hasta acá y siguió durmiendo porque estaba molido.

—*¿Cuál es la comida favorita de Charly?*

—A él le gustan los guisos caseros, yo se los hago con verduritas, papas, batatas. Le encantan. Después milanesas, papas fritas, pollo, adora el puré. Los otros días el puré estaba frío, se lo calenté, él le puso mayonesa y se lo comió. Le gusta mezclar la comida.

—*Usted conoce todos los secretos de la casa.*

—Sí, todos. Sé dónde está cada cosa, y también sé a quién hay que abrirle y a quién no. Los otros días vino una mujer, ¡ay, qué pesada! Venía todos los días, tocaba el portero, que dejemé entrar, que lo quiero ver. Yo le dije que se dejara de embromar y la eché. A veces, viene alguna chica que le trae alguna cosita, un regalito.

—*¿Qué es lo que hace Charly apenas se despierta?*

—Si no comió la noche anterior, pide comida. Se despierta famélico. Siempre hay que tenerle algo. Coca-Cola no le tiene que faltar. Cuando se despierta, es lo primero que pide. Es como un chico. Cuando él descansa bien, se levanta de muy buen humor.

—*¿Han venido muchas chicas a la casa?*

—Puf. A muchas las vi paseando por la casa como Dios las mandó al mundo. Y no les importaba que yo las viera. Yo me reía sola. Si yo le contara a usted a todas las que vi estaríamos hasta mañana.

—*¿Hay alguna mujer que sea especial para Charly?*

—Sí, Zoca. Él dice que no la cambia por nadie. Que es la mujer que él quiere. Se pelean y después se amigan. Zoca siempre estuvo cerca de él.

—*¿Charly toca el piano del living?*

—Hace mucho que no lo toca. Él anda con la guitarra o con sus teclados. Pero el piano, mucho no lo toca. El que toca el piano es Miguelito. A Charly le gusta enchufar cosas. Cuando él está bien ¡ah, hace una música! Que no vuele ni una mosca.

—*¿Vienen muchos admiradores a verlo?*

—Sí, siempre vienen. Los muchachos en la calle ya me conocen. Me piden verlo, pero yo les digo que está durmiendo. Los otros días había como veinte pibas preguntando a qué hora sale.

—*¿Charly está loco?*

—Mucha gente me dice que está loco y yo les digo que no. Porque no saben cómo es él. Él no está loco. Es bárbara la inteligencia de este hombre.
—*¿Él la trata bien a usted?*
—Nunca tuve un sí ni un no con él. Es muy bueno conmigo.
—*Charly me dijo que usted le paró algunas internaciones.*
—Sí, es verdad. Una vez vino a buscarlo la policía. Él no estaba, se había ido. Me dijeron que venían a llevarlo preso. Quisieron pasar y yo no los dejé, no entraron. Se quedaron en la calle esperándolo. Entonces yo llamé a donde estaba él y le dejé dicho que no viniera, porque lo estaban esperando. Decían que lo buscaban por un amigo que andaba en algo raro, querían saber si yo había visto alguna cosa. Yo nunca había visto nada y aunque lo hubiera visto, a mí no me interesa. No se lo voy a contar a nadie. Cuando vino de Punta del Este, que andaba medio mal, me pidió que no dejara entrar a nadie. Incluso eché a uno que se lo quería llevar para estudiarlo.
—*Me contaron que una vez usted y otras personas pararon a la gente de una clínica que lo quería internar. ¿Cómo fue eso?*
—Y, se lo querían llevar. Yo les dije: "De acá no se lo van a llevar. Si él quiere ir, va a ir. Pero si no, no". Charly no está loco, está bien. Andará un poco alegre, pero no perdido.

— • —

Un día de 1992, Charly le pidió a Tránsito que llamara a Madonna. El teléfono no andaba, así que la señora bajó al bar a hacer el llamado. En un momento, se da vuelta y lo ve a Charly que estaba en pijama. Le avisa y él se retira. Pero no vuelve a su casa. Pasan las horas y no aparece. Tránsito se preocupa: el señor en pijama y solo en la calle.

Llamó a Carmen, su madre, y avisó de la situación: ellas tenían miedo de que lo hubieran metido preso o que lo agarrara un auto. Charly deambuló catatónicamente por la ciudad y caminó hasta las cercanías de la Facultad de Medicina. Un taxista le habló y él se subió al vehículo.

—Al Hospital Fernández, por favor —solicitó.

El chofer comprendió que algo le sucedía y lo trasladó velozmente. Allí, el músico se dirigió a la guardia y cuando lo atendió un médico, le preguntó, "loco, ¿qué me está pasando?". El taxista tuvo el buen tino de ir a avisar a la casa que Charly estaba bien y regresó a buscarlo. Habían pasado unas cuatro horas.

Tránsito ratifica la historia y agrega: "Cuando lo trajeron, Charly estaba bastante bien, le habían dado un calmante en el hospital. Ahora anda mejor, desde que vino a verlo ese señor de afuera".

—*¿Ken? ¿Ken Lawton, ese señor viejito, de barba blanca?*

—Sí, ese mismo.

—*Pero igual tuvo días bravos.*

—Sí, pero no como cuando estaba viviendo en el quinto. Eso fue lo peor, sobre todo a lo último. Usted estaba, ¿se acuerda?

—*Sí que me acuerdo. ¿Cómo olvidarlo?*

—Eso no se olvida m'hijito.

— • —

Una tarde de julio de 1995, Charly me llamó para pasarme su nuevo número de teléfono y contarme que venía a verlo Ken Lawton.

—¿Quién es? —pregunté.

—Fue el psicólogo de Townshend, los U2 y un montón de otros músicos: los curó a todos. Esto se trata de mi salud: el muñeco no dice nada, pero de vez en cuando hay que atenderlo —confesó.

— • —

A lo largo del tiempo, muchos músicos se preocuparon por Charly García, y no sólo los locales. En un reportaje para *Cla-*

rín, Sting le preguntó al periodista que lo entrevistó qué tal andaba Charly, al que había conocido en el festival de Amnesty. El cronista elogió su memoria, y la respuesta de Sting fue lógica.

—¿Quién puede olvidar a Charly García? —sintetizó.

En 1988, Amnesty International hizo una gira llamada "Human Rights, now!" que viajó por todo el mundo con un elenco de varios artistas: Sting, Peter Gabriel, Tracy Chapman, Youssou N'Dour y Bruce Springsteen. Esa gira terminaba en octubre en Buenos Aires, en un concierto que se llevó a cabo en River, ante 80 mil personas. Los músicos locales invitados para participar fueron León Gieco y Charly García.

Era la época en que grabó *Cómo conseguir chicas*, con su banda y el técnico Joe Blaney, quien se trasladó a Buenos Aires para el trabajo y recuerda esa etapa como muy difícil. "Durante esa grabación, fue cuando tuve mi primer gran disgusto con Charly, que no podía terminar nada porque estaba completamente loco. Le costaba mucho hacer las letras en castellano; quiso hacer algunas en inglés, pero yo le dije que su dominio del inglés no era suficiente como para hacer buenas letras. Alguna que otra quedó. Dos o tres de las canciones fueron descarte de *Parte de la religión*: 'Suicida' y 'Ella es bailarina', seguro. Fue ahí cuando hizo lo de Amnesty, que fue a tocar muy loco, sin dormir. En ese disco recuerdo que le dije a Samalea que íbamos a grabar 'No toquen', sin máquina de ritmo. Su cara se puso pálida, como la de un fantasma. 'Pero yo jamás toqué sin máquina de ritmo', dijo. 'Bueno, es hora de que aprendas. Estamos haciendo un disco de rock and roll', le contesté".

Joe también estuvo presente durante las difíciles tratativas para que Charly pudiera tocar en el festival de Amnesty con su banda, porque los organizadores extranjeros habían previsto que los solistas argentinos sólo tocaran con una guitarra: todo estaba puesto al servicio de Sting, Springsteen y Gabriel. Habrán pensado que los músicos de rock argentinos tocaban el bombo y la criolla. "Los locales tenían muy poco para trabajar —recuerda Blaney— y la banda de Charly necesitaba mucho más: dos tecladistas, un batero que toca con máquinas. Fue gracioso verlo a Charly discutiendo con el manager de Bruce 'The Boss' (el jefe) Springsteen. No se anduvo con chiquitas: 'Acá el jefe soy yo', le dijo. Pude interceder porque era un tipo al que yo conocía, pero al mismo tiempo fue algo terrorífico".

La cosa no quedó allí. Después hubo un ensayo previo para el momento en que locales y visitantes abrían el concierto cantando juntos el reggae "Get up, stand up". Los músicos querían hacerlo en castellano y que el estribillo dijera "Derechos humanos ahora". Charly les indicó que la métrica de la frase no daba, que tenía una sílaba de más. Los que presenciaron la escena sudaron frío: ¿cómo un sudaca se atrevía a decirles a estrellas de tanto renombre que lo que estaban haciendo no era correcto? Bruce Springsteen hizo una mueca de desagrado. Sting, que domina un poco el castellano, intercedió.

—No, él tiene razón: nos sobra una sílaba. ¿Entonces qué sugerís, Charly? —dijo el rubio.

—Derechos humanos, ya.

Así quedó y se cantó de esa manera. Peter Gabriel fue otro de los que mediaron ante los organizadores para que Charly pudiera tocar con su banda. García estaba bastante borracho, pero tenía derecho a subirse al escenario con su banda de siempre. Si no ¿cómo podían llenarse la boca con los derechos humanos y no sentirse incoherentes? Charly tocó con su banda a través de un sonido sumamente defectuoso, que sumado a su poca coordinación de aquel momento, hizo que su parte fuera la más olvidable de todo el festival. Pero hizo valer su punto.

Años más tarde, Peter Gabriel fue entrevistado por otro periodista argentino y preguntó por Charly García. Dijo que le había parecido una persona muy talentosa pasando por un mal momento.

— • —

Fue otro músico, Robert Fripp, quien conectó a Charly con Ken Lawton. El guitarrista de King Crimson había estado en la Argentina dando un seminario en la provincia de Buenos Aires al que asistió María Gabriela Epumer. Ella invitó a Fripp a ver las funciones de *La hija de la Lágrima* en el teatro Ópera: lo que vio en ese concierto fue a un Charly fuera de todo control. Fripp se asustó y se lo dijo a María Gabriela.

—Charly necesita ayuda y pronto. Anotá este teléfono y dáselo. Quizás Ken pueda hacer algo.

La Epumer escribió el teléfono de Ken Lawton en el pizarrón que Charly usa como gigantesca agenda. Una noche, poco después de esa reunión de Sui Generis, García lo llamó y por teléfono fueron cimentando una interesante relación que culminó con el terapeuta viajando a Buenos Aires. Lawton solicitó pocas cosas además de sus honorarios: que alguien lo fuera a buscar al aeropuerto y los gastos de su estadía. Charly, queriendo impresionar, lo alojó en el costoso hotel Alvear. Cuando el analista vio lo que habría de ser su morada durante los próximos días, solicitó que lo mudaran a un lugar más modesto.

Charly siguió su vida habitual durante el tiempo que Lawton estuvo en Buenos Aires, pero no hizo todos los deberes: faltó a la mitad de las reuniones con Ken. Finalmente su idea de "sacarle el jugo" no se concretó. Ken trabaja con lo que llama "renacimiento del subconsciente", que García asoció con una suerte de reparación de "las datas que te tira tu cerebro, que pueden venir mal de fábrica".

Además de las reuniones con Charly, Ken tuvo un par de encuentros con su banda, respondiendo a un expreso pedido de García. Charly quiso demostrarles a sus músicos que no era él quien necesitaba un tratamiento sino ellos. Nuevamente la teoría del espejo por la cual Charly les dice a otros las cosas por no poder enfrentarse consigo mismo.

Tuve el placer de conocer a Ken el día en que se iba. Un señor que cualquiera hubiera querido tener por abuelo, un viejito sabio y simpático. Conversamos acerca de Charly y de sus problemas. Ken me dijo que esto había sido una introducción; si Charly verdaderamente quería tratarse iba a tener que ir a Inglaterra un mes. "Entre nosotros —confió—, yo dudo mucho de que Charly viaje". Había una pregunta que me moría de ganas de hacerle y pude formularla justo cuando Lawton estaba en la puerta de embarque.

—Ken ¿qué podemos hacer nosotros por Charly? —inquirí respetuosamente.

—Es una pregunta muy difícil: él es quien más tiene que hacer las cosas. Pero, como amigo, lo único que podés es ser amistoso, ser amable con él y no decirle que tiene razón cuando no la tiene: Charly necesita fuertes lazos con la realidad.

— • —

Desde que se fue Ken y hasta que Charly viajó a Inglaterra, estuvo especialmente intratable y bardero. Algo lógico: si la intención era cambiar de vida, iba a tratar de quemar todos los cartuchos de su etapa anterior. Lo que desilusionó a todos fue que Charly se quedara nada más que nueve días con Ken. Dijo que tenía que grabar la banda de sonido de una película en Madrid y otros compromisos muy importantes. Según Ken, lo mínimo que hubiera debido quedarse Charly era dos semanas y lo ideal un mes.

La persona que fue a buscarlo al aeropuerto de Barajas, procedente de Londres, recuerda que Charly no daba la imagen de un hombre decidido a conservar su salud. La etapa madrileña fue una pesadilla para todo el mundo: Charly llamaba por teléfono y los aterrorizaba. Hacía con sus amigos lo mismo que hizo con su familia cuando lo internaron. No iba a dejar pasar la oportunidad de hacerles saber que viajó a Londres para darles el gusto a ellos, que tanto le rompieron las guindas para que hiciera algo con sus problemas.

— • —

Durante esa temporada en Madrid, Charly reforzó sus vínculos amistosos con Joaquín Sabina y Andrés Calamaro, que estuvo al lado del español durante su "arresto domiciliario". Sí, Sabina fue condenado a prisión hogareña por un problema que incluía a una mujer, un vaso de whisky y una nariz. "Sabina es un tipo muy correcto —aclara Calamaro—. Lo fuimos a visitar con Charly y se me ocurrió que Sabina podría grabar un disco, porque ya tenía el título (*Arresto domiciliario*) y el estudio en su casa. Charly pidió un whisky, cualquiera menos J.B., que era lo que había: terminaron tomando hasta el agua de los floreros. Grabamos un talking blues larguísimo en el que Charly improvisó letras y músicas, bossanovas, durante toda la noche. Se sumaron Ariel Rot, Claudio Gabis y Sabina. Pero más que nada fue Charly".

Sabina recuerda una anécdota de aquellos días que protagonizó una novia suya "muy atlética ella. Un día en que yo caí rendido, Charly siguió despierto y se metió en la piscina de casa. Él la desafió a una carrera de natación y ella, viéndolo tan flaco, tan así como es él, no quiso aceptar por miedo a que le pasara algo. La cosa es que Charly insistió, hicieron la carrera ¡y ganó Charly! Después él dijo de hacer otra pero por debajo del agua. ¡Y volvió a ganarle! La gente cree que Charly vive bebiendo y tomando drogas: yo no he visto a nadie estar más horas sin soltar una guitarra o un piano. ¡Nunca! Charly es una de las pocas personas de todas las que conozco, y conozco unas cuantas, que lo único que le interesa es el arte".

Durante unas semanas, Charly se instaló en un estudio madrileño registrando la música para la película *Geisha*, como siempre, grabando lo primero que le viniera a la mente. Hubo unas desinteligencias con el director del filme, que finalmente decidió no utilizar esa música de García. En su enojo la rebautizó como "¡Gay ya!". Ese contratiempo le vino bien: en esas músicas anidaba el germen de su próximo disco, *Say No More*.

19. José Mercado

Los cortesanos son los que matan al rey.
JOHN LENNON.

Cuando trato de explicar que durante buena parte de mi vida me han sucedido cosas que me han acercado a Charly de manera inexorable, algunos de mis interlocutores dudan de mi cordura. Supongo que mucha gente podría interpretarlo como un "fanatismo extremo", que opera patológicamente bajo la fachada de un periodista que escribe un libro sobre su ídolo con la intención de estar cerca de él. Si esto fuera una coartada, al menos sería original. Juraría que no, pero ¿quién podría creerme si mi mudanza de 1995 me llevó a vivir a una cuadra de la casa de Charly? El destino parece quererlo así y yo no soy quién para contradecirlo. Mis amigos se han preocupado por el asunto y a veces me preguntan si no voy demasiado lejos con esto del libro. Lo curioso es que, por estar viviendo tan cerca, la relación entre Charly y yo no se ha modificado en absoluto, ni aumentó la frecuencia con la que solemos vernos. Sé, por mi bien, que debo dosificar las visitas a Charly porque me quedo pegado a una realidad paralela.

Entrar a su casa es entrar en la serie *Dimensión desconocida*: uno no tiene la menor idea de lo que puede suceder puertas adentro, ni qué papel jugará en la película. Eso sí, créanme, siempre pasa algo que llama la atención. Vivir cerca me dio la posibilidad de ver también lo que sucede afuera, de observar la interrelación de Charly con la fauna de este barrio tan impersonal como lo es esta zona de Palermo, a quienes muchos llaman "el alto", por las cercanías del shopping.

En algunos reportajes, Charly comentó que en el barrio "ya lo conocían, y lo dejaban tranquilo". Eso puede haber pasado tiempo atrás, cuando Coronel Díaz y Santa Fe era simplemente otra esquina céntrica de Buenos Aires. Con la llegada del shopping, la población aumentó notablemente en número de habitantes que sólo están de paso. Es más: calculo antojadizamente que el 70% de las personas que se encuentran en las cercanías de dicha esquina no vive aquí. Pero muchas de ellas suelen mirar y señalar hacia nuestro pequeño Dakota que es el edificio donde vive Charly.

Él debió haber pensado algo parecido cuando reveló la teoría de Alan Brando, filósofo del barrio, que sugirió poner una cerca y engendrar un sub-barrio. Los límites estarían dados por las siguientes arterias: Pacheco de Melo, Julián Álvarez, Güemes y Pueyrredón. El problema es que la capital sería el shopping, que como un imán atrae a la zona toda clase de visitantes. Se gastaría un buen dinero en visas y aduanas, pero según el pensador palermitano, valdría la pena. Sin embargo, a García no le molesta. "Cuando estaba en Inglaterra con Ken —explica—, estábamos en el medio del campo, muy lejos de Londres. Era la nada: yo pensaba en el shopping y lloraba".

Lo primero que Charly ve cuando se despierta y abre la ventana es el shopping, que desde arriba parece un platillo volador. Ese paisaje urbano es el que debió sugerirle algunos guiones a uno de sus costados cinematográficos: el afamado realizador Eduardo Madera, un hombre que ha hecho filmes de la talla de *La mano en el bife*, *Palomas que caen* y *Vanidad interestelar*. Los recursos de Madera son escasos: estamos ante la presencia de un cineasta pobre que, con un poco de ingenio y buenos guiones, se las arregla para producir arte. Obviamente, Charly García ocupa roles protagónicos en ellos y, como una estrella de Hollywood en el ostracismo, los mira incansablemente.

En *Vanidad interestelar*, hace de jefe extraterrestre. La línea más famosa de ese personaje es inolvidable: "¡Terrícolas! ¿Aún no se han dado cuenta de que son unos ridículos? Traeré el solalfotrón y los quemaré a todos". La trama del cortometraje[16] se desarrolla en una hipotética visita al planeta Tierra por parte de marcianos. El comandante intergaláctico se raya porque los gobiernos terrestres no los reconocen como marcianos y declara la guerra total. El shopping fue utilizado como escenario natural.

Charly lo visita a menudo; es la primera parada en sus recorridas barriales. Una vez, me lo crucé en la disquería, mirando juegos de computadoras y queriendo comprar unos baffles con potencia. Tenía puestos anteojos oscuros por sobre sus lentes normales, así que lógicamente pasamos por la óptica, otra parada obligada. El paseo comenzó a ponerse bueno cuando fuimos a visitar locales de ropa... de mujer. La cara de las empleadas mostrándole distintos modelos de vestidos no admite reproducción escrita, sin contar la de las clientas del lugar. El tour continuó por negocios que venden adornos para el hogar; Charly entraba en todos, miraba un largo rato y a veces compraba algo. Todos esos insumos son los que van a parar a los filmes caseros de los que Charly es productor, vestuarista, guionista, camarógrafo, iluminador, director y protagonista.

Debido a su poca paciencia con los secretos de la electrónica y el funcionamiento de las videocámaras, su presupuesto cinematográfico se consume, principalmente, en la reposición de equipos deteriorados. A veces, se los olvida en algún lugar;

---

16. Según el patrón singular de Leonardo Favio, existen tres clases de películas. "Cortometrajes, largometrajes y eternometrajes, que son los que yo hago".

en otras ocasiones se le caen y se rompen. Es muy común verlo salir de su casa, cámara al hombro y filmando lo que se ponga a su paso. La regla es que no hay edición, salvo con el botón de pausa. Esto le ha jugado unas malas pasadas, porque la pausa se desactiva y la cámara filma lo que haya adelante. Viendo videos al azar, una tarde, Charly puso uno que parecía una porno: comenzaba con una buena chupada (no recuerdo bien el nombre de la actriz). Muy pudoroso, se puso delante del televisor e interrumpió la imagen.

—No es bueno que veas esto —se disculpó y coincidimos.

Otra de sus películas son de índole documental; yo mismo he sido actor involuntario (pero gustoso) de alguna. Una de ellas podría titularse "De compras con una estrella de rock". Comenzaría de la siguiente manera: Charly García se baja de un auto en uno de esos períodos calientes en que su nombre ocupa las primeras planas; en vez de esconderse, sale y se mete en un lugar lleno de gente como el shopping. La gente lo mira como quien ha visto un demonio con tridente; Charly guiña un ojo, onda "mirá y divertite".

Así entramos en Vía Vai y Charly se prueba algunas prendas. Pide una remera porque supuestamente tiene que hacer una nota conmigo (mentira) y quiere dar un buen look en las fotos. Solicita fiado y no le dan.

—A Alan (Faena, dueño del negocio) no le va a gustar nada esto —le dice a la vendedora y abandona el local con aire ofendido.

Pasamos por un puesto donde venden pulóveres, que no es un local sino como un mostrador en el medio del piso superior del shopping. Se quiere probar una de las prendas y lo hace en el baño público; ante la mirada huidiza de señores que cumplen con sus necesidades corporales, Charly se saca la remera y se pone un pulóver en pleno verano. Sale, se mira en un espejo, levanta su pulgar y saluda a la vendedora desde lejos. La chica no sabe qué hacer. Charly no se aleja demasiado, pero no está a su alcance y no ha pagado. La vendedora se preocupa muchísimo, se la ve angustiada y llama a uno de los de seguridad. Le cuenta la situación y justo cuando el guardia va a buscar a Charly, me interpongo y cancelo la factura.

Él vio todo desde lejos y me reintegró el importe no sin una cuota de fastidio: parece que se divierte asustando a las vendedoras y haciendo que no paga. Nos aburrimos del shopping y nos vamos al bar de la esquina. Pedimos algo y cuando el mozo se aleja, Charly sale al exterior. La gira barrial prosigue.

—Y ahora: ¡el maravilloso mundo de Llongueras! —anuncia a cámaras, empujando la puerta del local.

Los ruleros se salen de los pelos de las señoras cuando lo ven entrar por el espejo. Dos empleadas salen a su encuentro. Charly las elude en una gambeta magistral y se sienta en un sillón. Viene un muchacho que lo saluda cordialmente.

—¿Y? ¿Cómo anduvo? —pregunta el joven del local.

—Todo un éxito: el negro azabache ha causado sensación. ¿No me traés un vaso de agua? —le pide a una empleada.

La chica sale corriendo a buscar agua y, al igual que en el bar, Charly se levanta y sale del negocio. Vamos hacia su auto, un modelo rural, color azabache, que García ha identificado muy discretamente con una raya de pintura roja en el vidrio de la ventanilla del acompañante. En el medio de esa franja colorada, un rostro de mujer, como de esfinge, que supo estar en la tapa de *Brain Salad Surgery* de Emerson, Lake & Palmer. El chofer (que tenía una amante) espera pacientemente en su puesto y con el motor en marcha. Una vez que Charly sube, el plano se dirige hacia al mozo del bar con una bandeja trayendo el pedido que Charly había hecho: un sándwich y una Coca. ¡Esto es servicio! El chofer de Charly arranca y nos lleva para la sala.

—Por favor —pide García—, no tomés por Córdoba porque es una arteria horrible. Agarrá por Honduras que tiene arbolitos.

Charly termina su merienda, tira el platito por la ventanilla, toma un trago y después tira el vaso.

—Soy un duque, soy un duque, soy un duque —repite una y otra vez.

La imagen vira a negro.

— • —

Los verdaderos habitantes del barrio parecen ser los que atienden los negocios: todos ellos lo conocen a Charly. Los muchachos de la disquería de la esquina, el diariero de enfrente, los mozos de los bares y los pibes del videoclub que está a la vuelta de su casa y que atiende las 24 horas. Ideal para un cinéfilo de la talla de Charly.

A ellos también les ha jugado alguna broma. Una noche entró al local y agarró una pila de *Batman forever*, las sacó a la calle y las tiró al medio de la avenida Santa Fe. El sereno de la panadería de enfrente llamó a la policía, que llegó de inmediato y le preguntó al encargado del videoclub si quería que se lo llevasen. Contestó que no, que de ninguna manera, que era una broma y que todo estaba bien.

Días más tarde el mismo muchacho ve que Charly toca el timbre de la panadería a las cuatro de la mañana. "Cuando el sereno va a abrir, él se baja los pantalones y le muestra el culo. Fue muy gracioso. Estuvo ofendido con nosotros un tiempo porque nos quejamos del estado en que nos devolvía las películas, manchadas con pintura en aerosol, y lo que demoraba en hacerlo. Una noche vino de tocar del Roxy y entró al local con una pistola en la mano. Dijo que estábamos todos muertos, nos tiró dos chorros de agua, y se fue".

— • —

Charly tiene otra fascinación: los revólveres. Algunas veces me ha contado historias de la época de la dictadura: me dijo que lo raptaron dos veces y que tuvo que asesinar a dos tipos para poder escapar. No lo veo capaz de matar ni a una ladilla. Pero una vez pudieron haberlo matado en serio.

Fue en uno de los shows del teatro Gran Rex, cuando presentó *Filosofía barata y zapatos de goma*. Un tipo de un aspecto extraño se subió al escenario. Los plomos pensaron que se trataba de un fan y, si lo era, respondía a las características de un Mark David Chapman[17]: le pegó una patada en la cara a un miembro de la seguridad que quiso detenerlo, llegó junto a Charly y le apuntó con un arma. "El tipo tenía puesta como una sotana y cargaba unos libros —recuerda Quebracho—; nosotros nos quedamos sin reacción, y si hubiera querido, mataba a Charly".

Encañonando a la estrella delante de todo su público, le pidió tranquilidad.

—Quietito: si me tocan los de seguridad, te pego un tiro —amenazó.

Charly pidió que por favor no le hicieran nada al muchacho. El tipo quiso comprobar si todos se quedaban quietos y se distrajo un segundo, que García aprovechó para arrebatarle el arma. Los plomos redujeron al invasor y comprobaron que el revólver era falso, pero bien pesado. Se lo llevaron y, desde el escenario, García les hizo una petición.

—Por favor: no lo maten... acá adentro.

La gente se quedó helada, y el show siguió adelante, aunque el público jamás pudo salir de su estupor. Cuando terminó todo, llegó la policía para llevarse al lunático. Charly no quiso denunciarlo.

---

17. Asesino de John Lennon, que continúa apelando por su libertad pero los jueces continúan negándosela.

20. Música de fondo para cualquier fiesta animada

> *Nunca tuve problemas con las drogas.*
> *Sólo con la policía.*
> KEITH RICHARDS.

—Venite para acá, que hay joda —fue lo último que me dijo antes de colgar el teléfono.

Lunes de enero de 1996 a la tardecita. No era necesario ser adivino para saber que la actividad frenética de los próximos días pondría a prueba los ánimos más resistentes. El pánico fue el estado natural de todos los allegados a Charly García durante aquellas dos vertiginosas semanas posteriores al recital de Villa Gesell que culminó con un escándalo a nivel nacional. Pánico por verse arrastrado, en un curso de pronóstico poco fácil, por la corriente de información, policías, jueces, periodistas y testigos. Pánico por tener el ánimo quebrado de otras tantas historias como éstas. Hubo primerizos, reincidentes y varios veteranos de todas las batallas. Algunos se quedaron, otros se borraron y unos pocos hicieron lo que estuvo a su alcance para tratar de mejorar la situación. Pero sólo una persona tenía el poder para desviar los acontecimientos: el propio García.

— • —

Este lunes al que me refiero, la banda no había llegado. Todos estuvieron en Buenos Aires a menos de 24 horas del show de Villa Gesell; Charly tardó un poco más en regresar. No había ningún ensayo programado. Pero las papas estaban calientes: los titulares de los diarios informaron a la población que Charly García estaba en serios problemas, imputado por presunta apología del delito. Lo que no quiere decir nada si se goza de prestigio, presencia e influencia en los círculos políticos. Pero si se trata de un artista, hay gente que rechina los dientes. Más si el delito en cuestión es apología de drogas. Mucho más si el artista en cuestión es Charly García. Papas al rojo vivo como brasas de carbón.

Aquel día, La Bruja Suárez estaba en el fondo mirando televisión, mientras el chofer de Charly mataba el tiempo en el patio, leyendo el diario. Charly se había instalado en la sala grande con Alejandrita. Disparaba secuencias pregrabadas de un teclado mientras el televisor de diez mil pulgadas mostraba algunas imágenes suyas. Se lo veía furioso.

—Son todos unos ridículos —dijo a modo de saludo.

Sacudía con frenesí los palillos de su batería con pads, instrumento que es exactamente igual a lo que se conoce como "batería muda", utilizada por los bateristas de departamento para practicar sin volver loco a todo el consorcio. Sólo molesta a los departamentos limítrofes. Daño reducido llama la gente a tan notable virtud. La de Charly, en cambio, se enchufa a un amplificador y a unos parlantes jirafas que sostienen el baffle en lo alto. Tocó un poco, siguiendo el ritmo que disparó desde el teclado. Al rato me pasó los palillos.

—Feel the groove —me indicó.

Traté de tocar lo mejor que pude y me puse a seguir ese ritmo enrevesado que creó[18]. Pensé que se iba a sentar en los

---

18. Ese ritmo terminaría siendo el de la canción "Estaba en llamas cuando me acosté".

teclados a zapar, como tantas otras veces. Esta vez siguió de largo y fue directo a la televisión.

—Keep on drumming —insistió.

Cuando comprendí que Charly se interesaba más en la imagen que en la música, entendí que la mano venía más fulera que de costumbre.

— • —

Una vez más, Charly se había vuelto un protagonista permanente de la portada de los diarios y revistas de variedades. Pareció que esta vez había ido demasiado lejos aunque, viéndolo en retrospectiva, buena parte del problema fue producto del caos en que se desenvolvía su vida por aquel entonces: dormía poco, comía menos y la actividad era demasiada. Había shows programados en Mar del Plata, Villa Gesell, Córdoba, Porto Alegre y Bariloche; muchos kilómetros y poco tiempo entre cada uno de ellos. Eso, sumado a que Charly tenía que tomar todas las decisiones, lidiar con una banda todavía no definida, ensayar, hacer notas para la difusión de la gira y ocuparse de toda una serie de detalles que hacen a la vida de un músico tan expuesto como él, no podía sino terminar en algo parecido a una catástrofe.

Por otro lado, había una necesidad de noticias fuertes ese verano. La temporada se movía muy poco y hacía falta que sucediera algo fuerte, capaz de levantar ventas flojas. Mientras más tremendo sea el asunto, mejor. Y si involucra a un famoso, bingo. A veces, los medios más respetables han tenido que danzar al compás de la prensa amarilla. De esa manera, todo se transforma en una espiral de información que se retroalimenta a sí misma. No es necesario explicar las razones por las que García fue un blanco móvil, aunque tal vez convenga detenerse en un aspecto. Para los periodistas que tenían como misión cubrir la temporada de la costa, su trabajo se tornó aburrido. Enero de 1996 era un embole y García le puso un toque de sabor. La prensa se le vino encima como una jauría de perros. No había otra cosa que hacer y sí gastos que justificar y presencias que sostener.

Charly jamás se quejó por el trato recibido por parte de la prensa, aunque se vio perjudicado en esta ocasión ya que deseaba descansar un poco en Pinamar. Pese al imperio de las circunstancias, tampoco aceptó esa transmutación repentina en la que un "rebelde" se transforma en un "careta" por miedo. Ni aun en los peores momentos. Se la ha bancado como un señorito y su bronca ha ido por dentro en procesiones interminables. También los tiempos han cambiado.

El modelo menemista potenció el fenómeno de la farándula y los medios de comunicación a niveles poco tolerables aun para nuestra clase dirigente. Bastaba con ver alguna de esas notas en televisión, donde los reporteros y los camarógrafos se transforman en una piara desorbitada tratando de conseguir el testimonio de algún imputado en una causa judicial digna de rating, o la palabra de un funcionario en un momento de crisis. Esos cronistas salvajes —con todo respeto— tienen la consigna de conseguir algo a cualquier precio. Todo vale: ponerle el micrófono en la jeta al objeto a perseguir, a tal punto que llegan a golpearlo, y lograr aunque sea un gruñido puede equivaler a ser confirmado en un puesto de trabajo del que dependen ellos y sus familias. Cualquier periodista que tenga un mínimo de pudor ante la desgracia ajena se puede ver enfrentado a un despido. Y eso continúa hasta nuestros días.

Así funciona la tan mentada "flexibilización laboral".

— • —

En las horas de la mañana del 20 de enero de 1996, la alegre caravana llegó a Villa Gesell. Charly venía exigido y se tiró a dormir. Cuando despertó, a eso de las ocho de la noche, ya estaban tocando los Peligrosos Gorriones en un festival que había programado actuaciones de Illya Kuryaki & The Valderramas, Virus y Charly García como número central. Ya en Mar del Plata, pese a que el show había sido bueno, se percibía que algo iba a suceder. Los paparazzi perseguían a Charly por todos lados. Apenas pisaba la playa se sentían los clics de las cámaras fotográficas. Se daba un chapuzón en el mar y cuando salía, todo mojado y despeinado, lo seguían fotografiando. El clima de persecución hacía recordar otro fatídico verano en Punta del Este, exactamente tres años atrás[19], cuando Charly fue declarado persona no grata en la paqueta ciudad oriental.

En Mar del Plata, Charly siguió con sus "decoraciones". La discoteca Go! tuvo por muchos años rincones donde se podían ver rastros del aerosol con que Charly García le puso color a la noche. Dicen que fue allí donde una periodista del canal Fox quiso hacerle una nota al astro rockero. Se llevó una sorpresa.

—Hola, soy Andrea Living. Andrea por Andrea y Living por Living. ¿De qué querés hablar? —se presentó a sí mismo ante la azorada cronista que iba con la intención de entrevistar a Charly.

A los quince minutos de nota, Andrea Living se rayó. "Basta, me aburrí", dijo, cortando la entrevista. Alguien comenzó a sacarle fotos con una polaroid. García le arrebató la cámara, se sacó una foto a sí mismo, la untó con ketchup y le prendió fuego. Arte instantáneo en la mejor tradición de Andy Warhol.

— • —

El seguimiento periodístico tenía sus razones; una buena cantidad de accidentes se venían sucediendo unos a otros. A mediados del mes de diciembre de 1995, Charly fue a dar un concierto en Río de Janeiro. Todo estaba completamente desorganizado. Los promotores trataron pésimamente a los músicos que llegaron un día antes, los fax eran confusos y la

---

19. Ver el capítulo 1.

plata necesaria para señar la actuación tardaba en aparecer. En el avión, Charly tomó un par de whiskies para relajarse y bajó un poco alegre, pero en control, con ese juego perverso que él hace de parecer un patinador a punto de caerse. Su aspecto llamó la atención de las autoridades de inmigración de Brasil, quienes lo sometieron a un largo interrogatorio como si fuera un delincuente. García, que no pudo evitarlo, comenzó a responder con ironías en portugués, idioma que domina bastante bien para su desgracia de aquel momento. Su aliento a alcohol fue la excusa que esgrimieron para hacerle larga la entrada. Las aduanas son odiosas y sus funcionarios también.

Charly dijo una palabra que jamás debió haber dicho: "babaca", cuya traducción al argentino significa boludo. Lo pusieron bajo arresto en el hotel del aeropuerto de Río y tuvo que volverse con el primer avión. Los empresarios quisieron aprovechar el incidente para sacar ventajas de un show que cancelaron por pocas ventas. "En el hotel no había ni reservas hechas para los músicos —resume Ulises Di Salvo—, todo mal. Era una exposición de informática donde no había nadie, muy lejos de Río. No había ido gente a la feria. Cuando se supo que no tocábamos salimos medio de raje y nos siguieron al aeropuerto porque quedó una pieza sin pagar, no cobramos un solo mango y, para colmo, García preso en el hotel del aeropuerto".

Apenas volvió, Charly le restó importancia al incidente. "Creo que hice alarde de mi portugués y me metieron en cana. Ahora voy a hacer una gira original: se llevará a cabo en el lobby de todos los hoteles de aeropuertos en las principales capitales de Latinoamérica".

— • —

Poco después, 22 y 23 de diciembre, Charly García presentó su disco *Hello!* en el teatro Gran Rex. En la segunda función, cuando técnicamente el recital había terminado, Charly se cambió de pantalones a las apuradas y no se puso calzoncillos. Se abrochó el botón y volvió al escenario; la gente seguía reclamando una tercera salida a escena. No se puso cinturón, era un tema fuerte y Charly andaba a los saltos, acompañando con el cuerpo la energía de la música. De pronto el pantalón comenzó a rajársele, sin que él se diera cuenta, hasta que quedó con media humanidad al aire.

—Charly, se te ve ahí —le advirtió una espectadora.

El músico no entendió la seña y siguió tocando como si nada. Cuando se dio vuelta y vio que los músicos se reían, comprendió la situación. Se hizo el boludo y siguió tocando. Al otro día los diarios reflejaron el detalle. Dos de ellos (*Popular* y *Crónica*), enemigos acérrimos de Charly García, amplificaron la nimiedad todo lo que pudieron. Jamás hicieron eso con sus conciertos, ni siquiera con los más brillantes de su historia.

— • —

A Charly siempre le costó despertarse, así como nunca le fue fácil irse a dormir. Hay personas que son así, sobre todo después de pasar por clínicas psiquiátricas, en donde los atiborran de pastillas que alteran el ciclo sueño-vigilia. Había poco tiempo, así que sin ducharse siquiera tuvo que partir hacia el velódromo de Villa Gesell, donde se realizaría el show. Agarró sus cosas y dejó la habitación del hotel. Estaba tranquilo. Pero en dos horas se iba a convertir en un demonio, por un par de detalles que, con el apuro y el sueño, no había tenido en cuenta. Uno de ellos fue olvidarse de tomar la pastilla que venía consumiendo regularmente por indicación médica.

El show de Villa Gesell fue la performance más violenta que Charly García ofreció en su vida. Fue un show bochornoso de rock and roll suicida que los programas de noticias se encargaron de editar para consumo masivo, emitiendo los momentos más salvajes. Charly derrumbando torres de iluminación y sistemas de sonido. Charly despatarrado por el suelo. Charly revoleando guitarras. Charly hablándole a la gente de cosas incomprensibles. Charly en estado de shock. Fue el 20 de enero de 1996. Todos creyeron que Charly se había vuelto definitiva y totalmente loco.

Pero lo que pocos sabían era que su aparente locura tenía una explicación científica: al no tomar el medicamento recetado, Charly estaba expuesto a desbalancearse ante cualquier pequeña cosa. En este caso, el detonante había sido un poco de vodka. Tratando de darse ánimos para subir antes de lo previsto (cuando Virus lo invitó a tocar un par de temas), Charly se tomó un trago, que le cayó más mal que de costumbre.

— • —

Hubo un accidente que fue captado por las cámaras durante el show, en el que nadie reparó. Charly comienza tocando sus teclados, y cuando se va a parar, las piernas no le responden y cae al suelo. Ése fue el inicio de la debacle. Con una buena videocasetera ese instante puede reproducirse en cámara lenta y detenerse en el cuadro en que el músico queda sorprendido y avergonzado de lo que le pasa. La humillación que sintió en ese momento, evidente en su rostro, se transformó en furia ciega que dio lugar a que sucediese lo que sucedió. A partir de ahí, el caos.

Recordó que había olvidado algo en Mar del Plata, y tratando de pedir que se lo fueran a buscar de inmediato, saludaba al público gesellino como si fuera marplatense. La maldita pastilla se había quedado allá pero no se le ocurrió mejor manera de hacérselo saber a sus asistentes. Charly decía "si me esperan veinte minutos, vuelvo y tocamos hasta las seis de la mañana". Ya hacía un par de horas que estaba en el escenario. La gente comenzó a irse. Muchos pidieron que les devolvieran la plata de la entrada. Otros querían que pararan el concierto. Los músicos no comprendían lo que le pasaba a Charly, que fuera de control siguió hablando como un perico. Un par de cámaras filmaban todo lo que sucedía sabiendo que los noticieros iban a pagar mucha plata por ese material.

Charly comenzó a repetir sus consignas habituales de aquel momento, típico de él. La más interesante fue una simple alteración de un lema absurdo con que el Gobierno pretendía hacer una campaña contra el uso de drogas. Se gastaron millones de dólares en stickers, remeras, carteles y demás elementos de difusión. Contrataron a Diego Armando Maradona con el objetivo de causar un fuerte impacto en la opinión pública. Fue una campaña en la que trabajaron fuerte personas como Antonio Lestelle y su sucesor al frente de la Secretaría de Prevención del Uso de Drogas, Gustavo Green, uno de los que más se ensañó con Charly, y que tuvo que abandonar su puesto por un proceso judicial a causa de una privación ilegítima de la libertad. Tan respetables personas habían encontrado la frase perfecta, el eslogan sublime, el pensamiento mágico, el mensaje ideal. Creyeron ser los más avezados creativos publicitarios poniendo una infernal maquinaria mediática al servicio de una frase tan inocua como "Sol sin drogas". Aunque, en verdad, jamás pecaron de tanta ingenuidad.

Y apareció Charly García, justo a tiempo, para escupirles el asado. La venganza sería terrible.

"Drogas sin sol" era el contraeslogan perfecto para una campaña tan poco imaginativa. No era necesario ser un genio para formularla en público. Lo que hacía falta eran pelotas. Y Charly, a lo largo de su historia, ha dado sobradas pruebas de tener un par de bolas que parecen hechas de acero. "O sea que si llueve, o es de noche, te podés drogar sin problemas", razonó. Por otro lado, sus acusadores no deben haber tenido en cuenta las canciones de Charly, en las que el sol ocupa un alto lugar en su escala de metáforas. La frase —en caso de haber existido— fue producto del inconsciente y no fruto de una bravuconada. "Drogas sin sol" pudo tranquilamente haber sido dictada por esa "pobre antena", que en realidad es una parabólica satelital. Si García dijo eso, no hizo sino expresar lo que mucha gente pensaba sobre aquella campaña financiada con el dinero que se pagaba por impuestos.

Si aquella cruzada contra los narcóticos hubiese sido tan brillante como la pensaron sus creadores, no se hubiera derribado tan fácilmente con la palabra de un músico ni aunque fuera John Lennon descendiendo de los cielos. Pero el gobierno, sus funcionarios, ciertos medios de comunicación, algunos "generadores de opinión" y lo más pacato de la sociedad argentina, se hicieron los ofendidos. En realidad, hacía tiempo que querían bajarle la caña a Charly.

Era la oportunidad que tanto tiempo esperaron para crucificarlo de una vez por todas.

— • —

El escándalo fue monumental. Una espectacular cortina de humo que permitía tapar otro humo: el de los bosques de Bariloche, que ardían fuera de control en uno de los mayores desastres de la historia forestal de la Argentina. La cabeza de una de las funcionarias más queridas por el presidente Carlos Menem, la secretaria de Medio Ambiente, María Julia Alsogaray, estuvo a punto de ser guillotinada por la presión de la opinión pública. Charly García era un buen chivo expiatorio.

El músico estaba ajeno a todo esto cuando despertó en un hotel de Pinamar. Ya se había repuesto del golpe que su guitarrista Carlos García López le asestó sobre el escenario cuando Charly le dijo al público que era un mal amigo, que lo incitaba a las drogas y al alcohol. El Negro reaccionó mal ante la broma y lo embocó. Así terminó ese fatídico concierto de Villa Gesell. Más tarde se amigaron y hasta mucho tiempo después, García López —a quien el diario *Crónica* confundió con Cachorro López— fue el guitarrista de Charly García. La excusa que Charly ofreció cuando le preguntaron por el incidente fue que "le pisé un pedal de guitarra, le agarró un ataque de negro, y me boxeó".

Pero Charly tendría que dar muchísimas otras explicaciones. Algunas de ellas serían ante un juez. Pero antes de esa instancia, lo primero que pudo hacer fue refugiarse en el hotel para escapar del acoso periodístico. Ya era tarde: todo el mundo sabía dónde estaba alojado. Del resto, García se enteró leyendo los diarios en Pinamar. Los músicos habían partido hacia Buenos Aires. Los empresarios se borraron. Charly se quedó solo con un par de personas de su confianza.

—Estamos hasta acá ¿no? —preguntó al tiempo que se ponía una mano en la frente—. Bueno, entonces salgamos a dar imagen.

Por una puerta de servicio, Charly pudo fugarse con su chofer del hotel de Pinamar, sin que los medios se dieran cuenta. Fueron rumbo a la playa más concurrida de la ciudad balnearia y alquilaron una carpa por un día. Cuando García apareció en malla lo más campante, la gente se alarmó como si hubieran visto al preso más peligroso del penal de Sierra Chica. Pero el Operativo Imagen deshizo todas sus resistencias. Charly habló con la gente, desplegó todo su carisma, firmó autógrafos, besó niños y hasta se animó a bromear sobre las noticias. "No sé de qué me hablás —le dijo a un veraneante— ¿pasó algo?". Parecía un político en campaña; de haberlo sido hubiera ganado la elección de manera aplastante. Volvió al hotel en el jeep de dos chicas que se ofrecieron a llevarlo hasta la rotonda de Pinamar. Nunca se supo cómo hizo para ingresar en el hotel sin ser visto por los periodistas que merodeaban. Durmió hasta bien entrado el martes.

— • —

El tema de la droga en la Costa Atlántica se había instalado en la opinión pública. Eso era un hecho que, como después se comprobó, fue mucho más grande de lo que se suponía. En ese verano, misteriosamente y armado para los medios, comenzó a aparecer el éxtasis en cantidades industriales. Charly era un bocado tentador para el armado de aquella campaña.

Un sargento de la Policía de la Provincia de Buenos Aires confirmó que habían llegado "directivas de arriba", que ordenaron un discreto seguimiento de Charly García. Buscando pruebas que permitieran encarcelarlo, una cámara policial se puso a filmar todos sus pasos a partir del martes, tarea que prosiguió hasta que Charly finalmente retornó a Buenos Aires. Aparentemente, el gobernador Eduardo Duhalde se interesó en el caso pero no intervino personalmente, dejándolo en manos de la División Narcotráfico de la Provincia de Buenos Aires que, con una eficacia pocas veces vista en la persecución de delincuentes verdaderos, instrumentó un fuerte operativo de seguimiento.

Charly, firme en su consigna de no ocultarse, se encaró con la prensa respondiendo lúcido, y con ironías.

—*Charly ¿hiciste apología de las drogas?*

C.G.: ¿Lo qué? No, querido, eso sería una burrada. Es como mandar a la gente a matar gente. No quiero hablar más de ese tema, no me gusta promocionar veneno.

—*¿Decir "droga sin sol" no es una apología?*

C.G.: Lo que hice fue una humorada. Jamás se me ocurriría negar al sol.

—*Charly, ¿te drogás?*

C.G.: No, mi hobby es comer electricidad.

—*Charly ¿por qué tenés un guante?*

C.G: Esto no es un guante: es el A-Guante. Es pintura y sale con *thinner*.

—*Charly, ¿te pegaron?*

C.G.: A mí no me pega nadie. Yo les pego a los demás.

—*¿Por qué no estás con tu familia?*

C.G: Estoy con mi familia. Mi familia es mi hijo Miguel.

—*¿No tenés miedo de morirte?*

C.G.: Vayan a un hospital a buscar muertos. Esto es un hotel.

Charly exhibía un look pordiosero; usaba unas chinelas, pantalones multicolores, una remera de Los Beatles y un saco con algunas manchas de pintura. Tenía consigo una videofilmadora. Por si las moscas. Lo que desconocía es, que en esos momentos, además de los medios, era la policía la que grababa todo.

— • —

A la noche del martes, Charly fue a comer al restaurante del Hotel del Bosque, donde tocaba la Juanse Pappo Roll Band. Charly se sentó a la mesa como un comensal más, manteniendo un perfil bajo, mientras en el estacionamiento del hotel la policía detenía a una persona en una camioneta de una marca de ropas cuyo nombre en latín no podía dejar de causar gracia a la luz de los acontecimientos: "Equilibrium". Aparentemente, le secuestraron éxtasis y marihuana. Según algunas personas, el muchacho trató de evitar el arresto diciendo "no me toquen, soy el manager de Charly García", como si tal relación fuera a salvarlo. En realidad, lo único que hizo fue empeorar las cosas para el músico. También se comentó que Charly estuvo en la camioneta. El tipo dijo que la droga no le pertenecía, que era de Charly, al tiempo que trataba de apagar el porro que estaba fumando.

García, ajeno a la cuestión, comía y charlaba con los músicos amigos en el restaurante. Pappo, que estaba allí, se preocupó por la salud de su colega y tomó una actitud paternalista para con él, pese a que ambos no se llevan nada bien. Silenciosamente se acercó al jefe del establecimiento y le dijo "si le servís alcohol al flaco, yo te mato ¿está claro?". El Carpo no quería inconvenientes. Era consciente de que estaban siendo vigilados y su precaución ayudó a evitar males mayores.

Al otro día los diarios titularon: "Detienen con drogas al manager y jefe de relaciones públicas de Charly García", asegurando, además, que llegó con él a Villa Gesell y que lo acompañó también en la gira. Nada más alejado de la verdad. Se trataba del primo de un músico que había tocado con Charly hasta pocos meses antes del incidente. Ésa era la única relación que existía. Por otro lado, el jefe de relaciones públicas estaba en Buenos Aires. Charly, se sabe, no tiene manager desde hace unos cuantos años. "Estoy cansado de que me digan que va a haber una flor, y después aparezca una cruz", razona acertadamente.

Toda la situación se prestó a una confusión terrible. Recién en ese momento, en el que también trascendió lo de las filmaciones policiales a su persona, Charly comprendió que no podía quedarse en Pinamar sin que su libertad corriera un serio riesgo. Llegó a Buenos Aires en la noche del jueves. En vez de refugiarse en la intimidad de su hogar, como el sentido común más elemental lo sugería, Charly se fue lo más campante a la disquería de enfrente de su casa a comprar unos compactos. Sujeto incorregible.

— • —

El día en que Charly recibió la citación judicial en la que lo llamaban a declarar a Dolores fue lunes. La policía llegó y Bruja los aguantó en la puerta un rato largo. En un momento determinado, puso el alerta rojo.

—Charly, hace dos horas que están los canas. O los atendés ahora, o entran ellos —le comentó Bruja mientras García se entretenía al lado de la pileta con un juguetito.

—No sé, si quieren venir que vengan —contestó Charly—. Pero antes traeme algo de comer. Si no que no entren.

Charly se dirigió a la habitación de arriba de la sala, cuyo único mobiliario consistía en un colchón desvencijado. Parloteaba sin parar. En un momento se tiró sobre el colchón y nos quedamos solos.

—Charly, si querés, te acompaño a declarar —le propuse.

—No seas ridículo —disparó—; no voy a ir a ningún lado porque todos son unos ridículos y me chupan un huevo. No voy a ir un carajo a Dolores, loco, yo no soy un delincuente, yo no hice nada, me tienen podrido con joderme la vida.

—Te recuerdo que la policía está en la puerta.

—Y a mí qué me importa; no me jodás.

Me quedé callado. Bruja golpeó la puerta y le trajo a Charly un mantelito y un bife con arroz. Charly se pasó a la gaseosa de su agrado.

—Deciles a los ridículos esos que suban —ordenó con la boca llena.

Charly estaba absolutamente sacado. Esperamos un rato que se hizo eterno hasta que de repente se sintió una voz.

—Charly ¿qué hacés? ¿Cómo andás viejo? —saludó el agente.

Era un oficial de la policía federal que se sacaba la gorra y trataba a García como si fueran compañeros de secundario que no se ven desde décadas atrás. El tipo no estaba con la onda de "por fin te tenemos agarrado de las pelotas", que hubiera enfurecido a Charly, sino con la mejor predisposición a hacer de ese trámite una nimiedad. Era gordito, arribado a los cuarenta y hasta simpático, si se quiere.

—Ah, qué hacés, loco —le contestó Charly, con el menor interés, mientras comía.

El poli se acercó con la misma cautela con que podría proceder frente a un sujeto armado. Le dio la mano.

—Ah, estás comiendo. Qué bien, estás muy flaco —se le ocurrió decir.

A García no le gustó.

—Sí, y vos estás muy gordo —le replicó con la velocidad de un rayo, al mismo tiempo que le agarraba la busarda al poli—. Y hablás mucho.

El tipo no supo cómo reaccionar, lo tomó como un chiste y procedió a explicarle.

—Mirá —le dijo—, esto es una citación judicial para el día viernes en el juzgado de Dolores. Te la trajimos nosotros porque ni siquiera tenían el domicilio tuyo (es verdad, en domicilio figuraba una dirección imprecisa). No te asustes, hablá con tu abogado. Si no querés ir a declarar, podés no hacerlo. Tendrías que dar parte de enfermo y te pasarían la fecha para otro día.

—Bueno, loco, ya veré qué hago —dijo Charly, que había vuelto a la comida.

—Chau, buenas noches y buen provecho —se despidió el poli.

Charly tomó un largo sorbo de gaseosa y eructó ruidosamente.

— • —

No quería ir a declarar bajo ningún pretexto. Se sentía inocente, estaba cansado y no podía entender todo el escándalo a su alrededor. Dos importantes abogados penalistas iban a asumir su defensa.

Concretamente, se lo acusaba de infringir la ley 23.737, en la esquina que forman el inciso "a" con el artículo 12, que dice: "Todo aquel que elogia las drogas ante una cantidad de personas, puede estar incurso en apología del delito". Otra vertiente del largo brazo de la ley condena a "todo aquel que preconizara o difundiera públicamente el uso de estupefacientes o indujera al consumo".

Todo se estaba preparando para un proceso judicial que llevaría su tiempo. Tanto el fiscal Jorge Ismael Mola como el juez Hernán Bernasconi sabían que lo de García era una contravención de poca monta. Ambos actuaron coordinadamente y su sintonía sólo se quebró después en el resonante "caso Cóppola".

Antes de definir qué iba a hacer, Charly llamó de urgencia a una persona de su más absoluta confianza: su cuñada Inés. Viuda de Enrique, el hermano de Charly que murió en un accidente en 1986, Inés es una de las que está a su lado sin condiciones ni intereses. Charly le pidió consejo y ella se ofreció a acompañarlo, más como familiar o amiga que como abogada. Inés le aseguró que los dos abogados penalistas que iban a llevar el caso adelante eran de los mejores profesionales disponibles y que era mejor declarar y no dilatar la situación.

El jueves, Charly decidió ir a declarar. Sus abogados pidieron, como correspondía, garantías para su integridad física.

— • —

La llegada de Charly García al juzgado de Dolores produjo uno de los mayores despliegues periodísticos de aquel verano. Sin embargo, todo quedó minimizado por la recepción que el pueblo de Dolores le ofreció al músico.

La gente se reunió espontáneamente en las calles para ver pasar a Charly García. No se trataba de jovencitas que querían tocar al ídolo o de muchachos identificados con un rebelde en problemas. Si bien hubo muchísima juventud, la gran cantidad de personas que saludaban al auto particular que los condujo al juzgado, estaba conformada por lo que se conoce como "el común de la gente".

"Charly estaba asustado, no quería ir a Dolores, pero había que ir —me contó Inés, tiempo atrás—. No valía la pena dilatar ese asunto. Y yo creo que ir le hizo muy bien, porque él se dio cuenta de lo querido que es para la gente: todo el pueblo de Dolores salió a saludar. Yo vi a señoras con sus gallinas, a tipos vestidos de saco y corbata, con la valijita, yendo a trabajar. Todo el mundo. Él se sentía contento, querido, agradecido por todo aquel cariño. Charly es un tipo muy querible, muy sensible, con mucha necesidad de afecto, de abrazo, de que le digan cuánto vale y cuánto uno lo quiere. Es como un osito".

En el juzgado, Charly declaró sin necesidad de ayuda, con su propia voz y sin rehuir nada. Mirando a los ojos al juez y al fiscal. "Charly declaró muy bien —continuó Inés—, a conciencia. Él dijo que si dijo la frase aquella era porque no había tomado la medicación, porque venía sin dormir, sin comer y habiendo bebido una copita. Que si dijo eso, pedía las disculpas del caso, porque era una burrada. Se defendió solo, perfectamente bien. Al juez le cayó simpático, y hasta el fiscal, que lo recibió muy enojado, diciéndole que él era ejemplo para la juventud, terminó dándose cuenta de que Charly era una buena persona. Verlo a Charly me dio la impresión de estar frente a John Lennon declarando ante el juez. Estuvo genial".

La causa terminó, al menos en los hechos, cuando Charly salió del juzgado. El juez le impuso una pericia psiquiátrica y un seguimiento mensual, a fin de hacer algo que justificara todo el proceso. Cuando García comunicó que todo estaba bien, hubo una sensación de alivio generalizada. No sólo porque García había salido bien de este trance, sino porque, al menos por una vez, la justicia había triunfado. Y eso, siempre fue mucho en este país.

21. Sólo un poquito no más

Con moderación, todo se puede.
ROD STEWART.

Para poder entender más cabalmente todo lo que sucede cuando Charly atraviesa uno de sus momentos límite, tal como lo fue el de Villa Gesell, reproduzco una entrevista que tuvimos en diciembre de 1991[20], a poco tiempo de salir de su primera internación en una clínica. En este reportaje, Charly explica lo que le pasó durante todo ese año y reflexiona sobre su entorno, los planteos, la locura y la creación. Quizás, eche un poco más de luz acerca de la razón por la cual llega a tales extremos.

—¿Podríamos empezar con un balance de 1991?

—Para mí, empezó una noche en lo de Pedro, grabando "Mala señal". Él tocando el piano y yo cantando y componiendo la letra al mismo tiempo que él hacía la melodía, creación espontánea. Después de eso, muchas otras canciones, con muchos proyectos y cosas que venían todas juntas. Lo recuerdo así, muy ligado a *Tango 4*. Las primeras conversaciones sobre lo de Serú se dieron en ese momento.

Un buen día me desperté en otra cama (la de la clínica) y

---

20. "Locura enmarcada", reportaje publicado por la revista *Rock & Pop* en enero de 1992. Entrevista hecha por Sergio Marchi.

dije "¡Oia! Me sacaron una muela" (risas). Después retomé lo de Tango, empecé con la pintura y poco a poco fui como trayendo de nuevo algo al cuerpo. Yo, creativamente, estaba a mil, pero algo en mí no estaba junto: tenía el cerebro por un lado, el alma por el otro. Estaba un poco... si hubiera tocado en un concierto me podría haber bajado los pantalones. Esta vez decidí parar un poquito, tomármelo con más calma. Eso significa una serie de cosas. Significa...

—¿*Replanteos?*

—Planteos. Significa, como dice Keith Richards, tres días de treparse por las paredes. Después te vas sintiendo mejor. Lo que más rescato de todo eso es *Tango*, por toda la locura creativa. Al mismo tiempo que estaba internado, digamos, en un lugar, también estaba internado en lo de Pedro terminando la misma locura que había sentido en el comienzo del año, pero desde otro punto.

—*Una locura dirigida.*

—Claro, pero lo que hicimos fue agarrar esa explosión y enmarcarla. Lo que realmente te cura es lo que más te gusta; en mi caso la música, en el caso de otra persona, su llama. No se trata de apagar la llama, se trata de controlarla. En ese momento aparece ese personaje que yo tengo que se llama Gabriela, ¿sabés qué es?

—*No.*

—Bueno, voy a revelar a Gabriela. En el último tema de *Tango 4*, en los créditos, figura "Gabriela: ambiente". Ella es un personaje que me sale a mí, me salía, cuando tomaba algunas copas de más. Rino (Raffanelli) me decía que yo me convertía en un monstruo como El Increíble Hulk. A ese monstruo lo bauticé Gabriela. Es como la mujer de Roger Rabbitt, una especie de *femme fatale:* salgan de adelante porque rompe todo. No tiene paz, es lo más hinchapelotas del mundo. Es la parte mía que a veces se me ve, tipo eléctrico...

—*Al igual que Prince tiene su Camille.*

—Claro, me sale una especie de engendro lesbiano. Lo primero que hubo que hacer fue calmar a Gabriela. Una vez calmada se comenzó a convivir con ella, y ahora estoy tratando de que Gabriela haga un par de apariciones. Pero mostrar una Gabriela, no sé si más recatada, porque ser recatada no va con ella, pero quizás en una dosis más amable (risas).

Pero para todo esto fue muy importante lo que pasó y pasa con la banda. Hubo un parate, pero ninguno de los chicos se fue a tocar con Valeria Lynch, no por desmerecer a Valeria, pero por dar un ejemplo: cada uno se la bancó como pudo. Y esas cosas, a nivel persona, son muy importantes. Si lo que yo necesitaba era una cosa más "together" en lo personal, el entorno fue muy bueno conmigo. Me di cuenta de que uno está más o menos cuidado, valorado.

—*Descubriste quiénes son los que realmente te quieren y quiénes no.*

—(Duda)... sééé; fue como una prueba de fuego, pero es así y no es tan así. Vos te das cuenta de quién te quiere y quién no. Una cosa es querer y otra es cómo querer. A mí me trataron de diez.

—*¿Y cómo te sentiste tratado desde afuera, por la prensa, por ejemplo? En algún momento, temí que algunos te crucificaran.*

—Mirá, dentro de la clínica uno no se entera de nada. Yo veía que querían sacar fotos, y de ese modo te sentís presionado. Me trataron bien, no se ensañaron. Pero no tenía mucho más que contar: no me agarraron en un deal de merca. Simplemente fui a una clínica para gente que está un poco nerviosa (risas).

—*¿Cómo fue volver a la calle?*

—De día, por ejemplo (risas). Primero, me escondí detrás de los vidrios negros de un auto. Después, empecé a bajar la ventanilla, a mirar a las chicas. La onda que hay en la calle es de puta madre. Se nota que estoy bien en la calle ¿no? Cuando estás muy ensimismado, o en el caso de una banda que no para nunca, no estás muy bien en otro lado que no sea el escenario, lo cual es medio patético. Le estoy tomando el gusto a la calle, sin engolosinarme. Hoy la veo bien a la calle, la gente, los chicos contentos. Me tiran una muy buena onda a mí, pero a veces veo sin que me estén mirando y veo parejitas apretando, veo que hay ambiente para arriba. Debe tener que ver con este veranillo económico. No me preocupo demasiado por la política, salvo cuando hay que votar. Pero es que no estoy en una actitud crítica, porque acabo de salir de una actitud crítica mía. En algún momento me preocupé demasiado, y algunas de mis preocupaciones eran ciertas. El caso Maradona, el mío. Hubo una caza de brujas, pero veo a la gente más o menos bien, y por eso no me pongo en una onda egoísta tipo "está todo mal". ¡Las pelotas! Está todo mal para los famosos. Es el precio de la fama, y en 1991 hubo que pagarlo. Fue una cosa medio digitada; lo de Maradona fue muy terrible. Una sensación de desprotección absoluta, como país, como imagen. ¿Cómo se pudo llegar a una cosa así, y nadie hacerle un poco la gamba, cuidarlo?

—*Se buscaron algunos chivos expiatorios ¿no?*

—Sí. Pero por suerte salí de la clínica y arreglé todo ¿no? (risas).

— • —

Buscando aclarar zonas oscuras, hay otra conversación no publicada hasta ahora, que mantuvimos con Charly en 1993. Si se abunda en este punto con las entrevistas, es porque estoy convencido de que la explicación de todo lo que pasa con Charly la tiene él. En él mismo está la cura, si es que la necesita, o la perdición. Si este libro intenta reflejar varios puntos de vista posibles sobre Charly García, el suyo no puede estar ausente. Una madrugada de octubre, en 1993, conversamos sobre la famosa crisis de los 40 años.

—*¿A vos cómo te pegaron los 40?*

—Yo tuve una suerte de crisis. No sé, será porque uno lee muchas revistas en los aviones, en los hoteles, y ve que hay crisis a esa edad, como la menopausia en las mujeres. Pero tuve una historia con eso. Yo cumplí los 40 afuera de un manicomio, casi, le llamo manicomio a la clínica, porque se le dio una carga moral a lo que yo estaba pasando. Pasé tres meses ahí, y yo estaba copado, pero después vino la moral, el exceso. Al mismo tiempo estaba yendo a una especie de místico que encaraba la cosa por otro lado. Y también estaba haciendo el disco con Pedro, que me estaba salvando de todo lo que atravesaba. Los 40 los cumplí en lo de León Gieco, que me hizo una fiesta increíble.

Ahora ya no me afecta: 41, 42, es lo mismo. Estoy disfrutando más, tengo más rango dinámico y llegué, de alguna manera, virgen, porque no transé nunca y eso te da una especie de chapa. Y si además ves que te estás comunicando con la juventud, con los pendejos, entonces, OK. Es como que el tiempo no hubiera pasado. La cosa es más cultural que real. Es como Navidad o el Día de la Madre, ritos establecidos.

Yo me comí un bajón porque estaba en un lugar donde no quería estar. Por suerte, ese día pude salir y hacer lo que quería. Y así hice las travesuras más grandes, no me preguntes cómo. En algún sentido, aunque no creo a pie juntillas en eso, yo viví como ocho vidas: me quedan una o dos, como para tener una seguridad. Yo sé que tengo un poder y que puedo inspirar terror, y usar un montón de cosas. Un flaquito de Caballito se defiende en el mundo como puede, y a veces, transgrede y hace cosas que son un quilombo. Pero para mí son como un chiste, las pienso antes. El cambio de ahora es que, lo que hice, está bien, no tengo arrepentimientos ni nada. Pero ahora va a ser otro personaje que es mi personaje también, que es mi realidad. No quiero pelearme con nadie. Soy "heavy", pero la intención va a ser "light". Hay vivencias que ya las pasé, pero no quiero más.

Yo llegué a un borde bastante importante, jodido, heavy. Hay gente que puede explicar que eso tiene que ver con el arte. Me hicieron un exorcismo, son cosas muy raras. En una novela podés poner cualquier cosa; en una canción pop, no. Es algo muy heavy para tus amigos, para los que te quieren. Esas vivencias ya están: hay gente que es crónica en eso, serial. Que necesita vivir en un útero de vez en cuando. Yo creo que no necesitaré nunca más una desintoxicación, y mucho menos una ideología de la nada. En Alcohólicos Anónimos es otra cosa; yo no fui nunca, pero conozco gente que fue y los tipos que pasaron por ésa son los que te curan. El alcohólico no puede tomar una gota más y los tipos salen bien.

Yo fui muy profundo. Mi problema, a la vez, no era un problema, pero tenía un riesgo pesado más allá de lo que yo hiciera. Dalí hizo cosas que... yo al lado, era un tarado. Pero desde el punto en que yo las estaba haciendo, era como un cerebro y nada más. Me podría haber pasado alguna cosa. Me hice un "electro brain maping", un mapeo cerebral, y no tenía nada. Pero podría haber tenido algo. Y podría ser Syd Barrett[21]. Por suerte, tuve gente que me ayudó.

—¿*Conocés bien la frontera, no?*

—La frontera está ahí. Cuando entrás a Estados Unidos, en el aeropuerto hay una línea amarilla para el trámite de migraciones que no podés pasar, y si lo hacés te cagan a pedos y sos un pelotudo. Como en el personaje de Gasalla, de la empleada pública: hay una línea. El que se mueve sos vos. Si uno sabe dónde puede pisar la raya, OK. Pero no es mi tipo.

—*El tiempo que pasó ¿te hizo ver las cosas más claramente?*

—No. Lo que me hizo ver más claro fue pasar por todo ese proceso científico de lo que me estaba sucediendo. Averigüé científicamente lo que me estaba pasando. Porque hay muchas lecturas: está la mía, la de la gente que tomó cuidado de mí en el sentido de ponerme en algún lugar y estar en ese lugar; y después hablar con el pastor Novelli. Y también estar con un

---

21. Syd Barrett, guitarrista, compositor y fundador de Pink Floyd. El consumo a mansalva de LSD afectó su cerebro y le hizo perder la razón. Fue reemplazado en 1968 por David Gilmour. Murió en 2006.

tipo que te dice que la cosa es al revés de todo, que no tenés nada. De alguna manera hice un zapping de mi cerebro y de mi alma. O sea, yo no quiero joder: morir por el vómito de otro, como en Spinal Tap[22], no. Y ahora sé que mi cerebro está bárbaro, que no tiene daño. Eso te pone bien. Tengo en claro dónde está esa raya donde entrás a Estados Unidos, o a Estados Des-Unidos (risas).

— • —

El razonamiento de Charly en el momento de la charla era sumamente coherente, y reflejaba su visión de futuro. Las cosas no se dieron de esa manera y Charly tuvo que pasar por otra clínica, y unos cuantos horrores más. Hay algo que sucede, y es que Charly no obra en consecuencia de sus propias palabras. Y no lo hace de inconsciente: lo hace a sabiendas. Para ejemplificar, dejemos que León Gieco cuente cómo fue ese cumpleaños número 40 que Charly celebró en su casa, festejando también el alta de la primera clínica.

"Él quiso que fuera en casa —revela Alicia, mujer de León—. Zoca le dijo que había una quinta, otro lugar y lo de León. Y él quiso venir a casa. Y fue con Zoca que el día anterior organizamos todo. Apenas llega —cuenta León—, se toma un vaso de vino blanco gigante. Yo le dije: 'Charly, hermano, acabás de salir de la clínica'. 'Está todo bien, León. Esto sí lo puedo tomar, me dieron permiso'. Lo primero que hizo fue tocar el piano con Los Beatles que estaban de fondo. No sabés los arreglos: Los Beatles, pero más lindos todavía. Estaban todos: Fito, Fabiana Cantilo, los músicos de Charly, su familia, Ludovica Squirru que le regaló una torta con un gato de metal, y muchos otros.

"Charly se fue en un auto a las seis de la mañana, con Zoca,

---

22. *This is Spinal Tap* es una película de 1984 que parodia la vida de una banda de rock, centrándose en el aspecto decadente de la cosa.

Aníbal Forcadas y Facundo Ramírez, hijo de Ariel Ramírez, que tiene oído absoluto como Charly. García se llevó una botella de whisky que estaba por la mitad. La tocó para ver en qué tono estaba, y Facundo le dijo que estaba en si. 'Andá, pelotudo —le dijo Charly—, estás loco: esto es un si bemol'. Discutieron y se fueron a lo de Charly para ver qué nota era. Antes de bajar, se dio cuenta de que se había equivocado y que iba a perder la discusión, y sin que Facundo se diera cuenta, cuando bajó del auto tiró un poco de whisky para que bajara el tono de la botella".

— • —

Charly siempre dice que el problema "no son el sexo y las drogas, sino el rock and roll". Charly es uno de los mejores pianistas de rock and roll clásico que hay en la Argentina, si no el mejor. Conoce todos sus secretos, sus variaciones, y lo lleva en la sangre. Pero además tiene algunas ideas sobre la naturaleza intrínseca del rock and roll, que no han sido muy divulgadas. En un reportaje lo encontré hablando del tema.

"Yo no sé si es la música del diablo, o algo así, pero al rock and roll hay que sentirlo, y yo lo siento. Pero ahora estoy sintiendo su poderío. Porque vos hablabas de sufrir, y qué sé yo; el problema no son las drogas o el sexo, el problema es el rock and roll. Es un problema para quien no lo entiende, para quien lo tiene y no se comunica, para la sociedad, para el dueño del teatro. Pasa algo. Entonces cualquiera se quiere hacer pasar por un rock and rollero, como si su mérito fuera ser rock and rollero, quién es más Keith Richards, cuando en realidad yo quiero ser yo. O sea, creo que no hay que tirar margaritas a los chanchos. No hay que darle rock a quien no se lo merece, porque seguramente te va a dejar en bolas, porque no puede compartir eso"[23].

---

23. "Creo en la cosa curativa de la música". Entrevista publicada por la

Por medio de esa explicación, Charly abre algunas puertas que conducen a diversos niveles de comprensión acerca del rock and roll, que van por el lado de lo místico o lo esotérico, más allá de lo estrictamente vocacional y generacional.

García y sus problemas pueden ser examinados de mil maneras diferentes: a través de la ciencia, el esoterismo o internándose en los mitos y leyendas del rock and roll. Por lo pronto, a Charly se le pasó la hora del mito rockero, que muere a los 27 años de una sobredosis y es glorificado para siempre: Jimi Hendrix, Kurt Cobain, Janis Joplin, Brian Jones, Jim Morrison, Amy Winehouse. La teoría del cadáver buen mozo caduca más allá de los treinta y pico y, si no, pregúntenle a Elvis Presley. Si un rockero no muere hasta más allá de esa difusa edad, la mejor venganza es vivir todo lo que se pueda. Como Keith Richards (53), Iggy Pop (50), o casos más extremos como Little Richard (61), Jerry Lee Lewis (61), B.B. King (71) o el increíble John Lee Hooker (80)[24]. Todos señores de una vida, cuanto menos, agitada.

— • —

—*¿Cuál es la función de las drogas en el rock and roll, Charly?*
—Para mí, la función de las drogas en la música es muy personal: a cada uno le pega diferente. Yo, por ejemplo, no puedo tomar un ácido. Hace mucho que no tomo, y en algún momento tomaría de nuevo. Me hizo ver cosas... pero no puedo afinar una guitarra. Una vez tocamos con La Máquina de Hacer Pájaros, me pusieron ácido en el café, y lo único que escuchaba era un flanger[25] gigante. A David (Lebón) le pasa lo mismo. También podés escuchar música así: podés fumarte un

---

revista *El Musiquero*, en septiembre de 1996. Reportaje hecho por Claudio Kleiman. Publicado con permiso del autor.

24. Edades calculadas en 1997.

25. Efecto de sonido. Se usa en guitarras principalmente, y también en teclados, bajos, y hasta en baterías.

porro y poner un disco; a veces lo escuchás mejor, a veces no. Hay gente que fuma y se pone paranoica, y hasta yo he fumado y me he puesto así. Yo fumaba en el colectivo, en la calle, en la época en que la gente no sabía qué era eso. A cada uno le pega distinto. A John Lennon le gustaba la cocaína porque era una droga que no lo alucinaba, y tenía que tomar una dosis cada veinte minutos; así le pegaba a él.

A veces me da un "chic" para componer. A veces, me hace la vida imposible. Digamos que rescato que antes se usaban para algo, pero ahora, no sé... La droga no te aumenta nada; lo que vos tenés adentro, por ahí, te lo amplifica o te lo cambia, o por ahí te hace ver cosas que no querés ver. Yo, drogadicto no soy; tampoco tengo nada en contra, pero ser adicto debe ser un plomo. Además, después de los 40, uno quiere otras cosas: comer, coger, otras cosas.

Para mí, la cocaína es como la sal: un aditamento. Que no puede ser lo principal, porque no es buena, así como tampoco es bueno tomar ácido. Hay mucha gente que quedó colgada del porro, o de la vida. Yo jamás probé la heroína, no sé lo que es eso. Debe dar un placer increíble, pero después... La droga te puede potenciar en un momento, pero es que uno ya venía inspirado de antes.

Cuando vos te vas de la clínica, tenés que dar un discurso ante tus compañeros, y cuando yo me fui, dije: lo que te da la droga es duda. Porque puede ser que veas dos cosas al mismo tiempo, o una sola hiperpotenciada, y después, cuando bajás, esa cosa es nada. Ahí, uno duda; te podés angustiar o sacar algo positivo.

—*¿Podrías concebir el rock and roll sin drogas?*

—Mirá, ¡hasta Michael Jackson tuvo problemas con las aspirinas! Ésas también son drogas. Ahora la tendencia es todo lo contrario: no te dejan fumar en los aviones. Lo único que te digo es que tomar cocaína es una antigüedad. O es algo que tenés que hacer especialmente, porque la merca es la venganza del Inca contra el hombre blanco, y además se usaba para ciertos ritos. Un rito puede ser una canción, un estado, un poema. Pero hay que bancársela. La mayoría de las personas que ahora toman cocaína son banqueros. Te crea una ilusión de poder increíble, y a tipos que no tienen nada que ver los potencia remal. Básicamente, fumarse un porrito está bien. Lo demás...

—¿*Y el alcohol?*

—Es lo mismo: ¿adónde querés ir? Vos decidís adónde. Por ejemplo, decís "mis conceptos llegan hasta acá y los quiero romper, quiero ver hasta dónde puedo llegar", no sé, quiero ver a Dios, o quiero ver el infierno. Es una experimentación y creo que mata, a un nivel. No digo que el LSD haya hecho *Sergeant Pepper*, pero ayudó. Me imagino a Lennon haciendo "A day in the life", pero es John Lennon el que hace eso, hay otros tipos que han quedado tarados por el ácido y no pueden coordinar. Te puede llevar a la locura, y ahí...

Por eso, cuando me dicen loco, yo tengo mis reservas: loco es muy feo. Todo es relativo, depende de qué tomes, de cuándo lo hagas y cuánto tomes. Pero te puede llegar a pelar los cables y cuando se juntan dos cables que no tienen nada que ver, fuiste. Yo no quiero eso.

—*Yo no quiero volverme tan loco.*

—¡Yo no quiero volverme loco! Cuando detecto esas señales, paro de hacer cualquier tipo de actividad, sea discutir con mi bajista, o no explicarle a mi hijo ciertas cosas. No soy prodroga ni antidroga. Conocí a mucha gente que fue. La droga perteneció a una época. Hablar ahora de drogas es como hablar de plata: no tiene sentido. Ahora no se usan para lo que se tienen que usar. No pasa nada.

—*Si hablamos de drogas y rock and roll, deberíamos hablar de sexo también. Se impone la vieja pregunta: ¿cómo conseguir chicas?*

—Si tengo una receta, es tocar el piano, y conectarme con chicas, no diría desequilibradas, pero bastante locas. En el colegio decían que en mi división estaban todas locas atrás de Charly. Otros, más verazmente, decían que las locas estaban detrás de Charly; es como que me conecto con cierto tipo de histeria femenina. Las chicas así, comunes, no me van: siempre me ligo con gente que puede tener muchas carencias, o muchas cosas para dar. Pero si no son artistas, le pegan en el palo; o son artistas, o son locas, o son psicópatas. Ojo, locas para el común de la gente. Chicas comunes... muy de vez en cuando, no te digo que no. Me siento mejor entre las mujeres que entre los hombres, entonces establezco relaciones de amistad fuerte con ellas.

—*¿Cómo es esa cuestión de amistad? ¿Te hacés amigo de chicas con las que nunca va a pasar nada, o tiene que haber alguna posibilidad, aunque sea remota, de que algo suceda?*

—Tiendo a lo común: generalmente con las chicas es que me pasó algo, y de ahí, bueno, sigo de amigo. Lo otro no lo conozco muy bien, pero también pienso que los hombres y las mujeres son iguales, lo cual es completamente loco. Los hombres tenemos las mismas historias pero las manifestamos de otra forma y además, históricamente, tenemos muchas más chances y mucho más poder para hacer lo que queremos. Entonces, está la chica que se queja de eso, está la que lo supera, la que lo asume..., y me parece que están en desventaja, pero que somos iguales en el fondo. Si uno piensa "qué raras son las mujeres", o que son de determinada manera, es categorizarlas como a un mono. Y para mí, no es así. Las personas que me han dado manos en la vida han sido, generalmente, mujeres. Siempre me rodeo de ellas, mi mejor amiga es una mujer, mi prima ficticia es una mujer, me gusta que María Gabriela (Epumer) esté en mi banda.

No me gusta la onda hombre-hombre, onda solos, en un bar. Bah, eso sí, también. Pero creo que somos iguales, que las chicas que trascienden por inteligencia, o por experiencia, ganan plata igual que el hombre. Quizás un poco menos. Pero pueden. Por ejemplo, Hilda: va de gira con un grupo de veinte tipos y es la única mujer. Y no pasa nada, nadie dice nada. O María Gabriela. Las mujeres tienen un mundo que puede tener ciertas diferencias en el sentido sexual. Pero si nosotros decimos que son diferentes, ya las estamos poniendo en un astral más bajo. Las mujeres tienen un misterio —y nosotros lo tenemos para ellas—, y eso es lo que averiguamos cuando nos enredamos con alguna.

—*¿Las mujeres te funcionan como musas?*

—Sí que funcionan. No sé cómo será con los tipos; vos no te ponés a tocar con un tipo sentado con vos en el banquito, y el mono te está dando un beso... qué sé yo: no soy homosexual, pero puede funcionar igual para alguien que lo sea. El hecho de que vos estés tocando, o haciendo algo, y al mismo tiempo recibas una onda, eso te potencia. Un músico busca siempre una groupie: alguien que te entienda. Y a través de la música traspasás ciertas barreras, incluso la del sexo que a veces puede ser, o no.

—*Las groupies tienen una función social en el rock. ¿Qué opinás de ellas?*

—Creo que ser una groupie es una cosa muy respetable, o lo era; ahora se le dice groupie a cualquiera: no hay más groupies. Un músico siempre se casa con su groupie, con alguien que entiende su música y que no puede hacer cosas muy caretas, como estar todo el tiempo con ella, porque tenés que irte de gira. Tiene como función, también, salvaguardar la música que uno tiene adentro y ponerla para afuera. Es como lo ideal.

—*Y si una chica con la que estás saliendo no produce ese efecto, ¿qué pasa? ¿Lo podés tomar como indicador de algo?*

—Depende, porque la música no es todo. Pero lo importante es que no tenga un mal gusto con la música. Puede no interesarle, o puede no entender, y puede saber de cine, por ejemplo; hay miles de otras cosas en la vida. Pero lo importante es que no tenga mal gusto, porque no lo va a tener con la pintura ni con nada. Creo que todo te puede potenciar. Por ahí alguien está diciendo algo y no tiene nada que ver con lo que vos pensás. Pero, también, lo que uno piensa no siempre es la auténtica verdad. Son gustos.

— • —

¿Quién sabe dónde radica la auténtica verdad? Determinar de dónde provienen los problemas que hicieron que Charly llegara a extremos tales como los de sus presentaciones de *La hija de la Lágrima*, o los de su accidentado show en Villa Gesell, puede llevarnos a cometer equívocos garrafales. Sexo, drogas y rock and roll no es más que un eslogan cierto a medias. Creer que una de las culturas más persistentes y dinámicas de la última mitad del siglo XX se construyó sobre la base de esos tres elementos es, por lo menos, un error de simplificación.

A fines de 1991, en el marco del programa radial *Piso 93* que conducía Rafael Hernández, Luis Alberto Spinetta me dijo algo fuera de micrófono sobre Charly, que ahora reproduzco porque, al menos, aclara un poco su silencio sobre García. "Es muy delicado para mí hablar acerca de Charly públicamente, porque detrás de él hay una historia de dolor", comentó Luis, respetuosamente. Me quedé pensando en su razonamiento. ¿Cuál podría ser la fuente del dolor interior de Charly? El camino más directo, aunque no sea la única ruta, conduce a la muerte de Enrique, el hermano de Charly que perdió la vida en un accidente automovilístico a fines de 1986.

22. NO TOQUEN

Cuando algo anda mal, soy el primero en admitirlo.
Y el último en enterarme.
PAUL SIMON.

El 12 de diciembre de 1986, Enrique García Moreno, jefe de ventas de Ohanián Producciones, perdió la vida en un accidente automovilístico. Viajaba rumbo a un show en la provincia de Buenos Aires acompañado por su amigo Osvaldo Marzullo, que sufrió heridas de importancia en el choque. Quique tenía una mujer, Inés Raimondo, y dos hijas chicas. Era un tipo agradable, querido en el ambiente del rock and roll más por su simpatía y bonhomía que por ser hermano de Charly. Su fallecimiento causó una profunda consternación en todos los que lo conocieron. Cuando Quique murió, Charly estaba en Brasil y hubo que llamarlo de urgencia. "Fue Daniel, el otro hermano de Charly, el que nos dio la noticia. A él lo destrozó", recordó Zoca.

Charly y Quique, los dos hermanos mayores de los cuatro hijos de la familia, mantuvieron una relación de conflicto durante su infancia. Charly era el preferido de Carmen y, para compensar, su padre protegía a Quique. "Charly y Quique se pelearon hasta que crecieron —contó Josi, hermana de Charly—, se agarraban a piñas todo el tiempo. Incluso Charly le

cerró una puerta de vidrio en la cara durante una pelea, y Quique se lastimó el codo. 'Esta cicatriz es por tu culpa', le decía siempre, y Charly se sentía mal por eso. Pero cuando fueron grandes se encontraron: se encontraron de verdad y fue una cagada que Quique muriera al poco tiempo. Se habían encontrado, y desde lugares aparentemente antagónicos. A Quique no le podías decir nada de Charly, porque saltaba y viceversa. Tal vez no podían mirarse a la cara y decirse lo mucho que se querían, pero se defendían el uno al otro".

Charly entró a Ohanián Producciones por Quique y después de su muerte, abandonó la agencia. Alberto Ohanián contó otra versión: le pareció que Charly dejó su productora por una cuestión de celos hacia Soda Stéreo, el grupo mimado de su staff.

"Indudablemente, la muerte del hermano lo marcó —sostiene Inés Raimondo, viuda de Quique y abogada de Charly—. Él lo tapa, no habla más del tema y eso le queda adentro. El

---

Carlos Alberto García Lange y su hermano Enrique García Moreno.

día que vos llamaste por teléfono, fue la primera vez en diez años que habíamos podido hablar un poquito del tema Quique. Me decía que no tenía la culpa de la muerte de Quique; él tiene adentro esas culpas que no tendría por qué tener. 'Yo le dije que el rock and roll era una mierda, que se fuera de ahí. Yo no tengo la culpa, él fue el pelotudo que se metió en esto', me contó. Y yo le decía, 'pero más bien que no tenés la culpa'. Quique se metió en eso porque le gustaba. Fue un accidente, fue una macana: se estroló en una ruta. Y punto. Charly no tuvo nada que ver. Pero me di cuenta de que sufre mucho todo esto. Él cree que el hermano terminó así porque se metió en el negocio de la música por su culpa".

Para Charly y su familia, fue una Navidad sumamente triste, que contrastó con otras que Charly y Zoca pasaron en la casa de Quique, en la calle 33 Orientales; una casa choricera, como las de antes, a la que Charly iba de vez en cuando y siempre en las fiestas. "Hacíamos asados y él venía siempre los 24 —recuerda Inés—. Charly aparecía cargado de regalos y todo el barrio salía a verlo cuando llegaba. A partir de la muerte de Quique, Charly odió las fiestas".

Hay que entender: Charly es un tipo que puede parecer duro, inconmovible, de mucho aguante, pero tras ese exterior hay una persona tierna y con una sensibilidad muy intensa. Claro que la muerte del hermano lo afectó. Sin embargo, Zoca piensa que ese desgraciado accidente no es la fuente que desencadenó en Charly un proceso de sufrimiento interior. "Yo creo que viene de antes, a lo mejor desde la muerte del padre".

— • —

La primera vez que Charly me habló de su padre —sin mencionarlo— fue cuando murió el mío, en 1991. Al poco tiempo hicimos una entrevista, y le comenté que me había pegado muy fuerte su internación, la primera. Él me dijo que no había sido para tanto y yo le comenté que a lo mejor me sentía todavía sensible por la muerte de mi viejo. Ahí le cambió la cara y me puso la mano en el hombro.

—Loco, lo que te pasó a vos es algo muy grosso. Date tiempo, no te vas a recuperar enseguida —me dijo con el tono que un hermano emplea para consolar al otro—. Yo te entiendo.

Años más tarde, en febrero de 1996, volvimos a hablar del tema porque Charly había visto unos borradores de este libro y se sintió conmovido por una de las declaraciones de su hermana acerca de su padre. Josi me contó, con lujo de detalles, la historia de la muerte de Carlos Jaime García Lange.

"El viejo estaba mal: enfisema pulmonar, porquería de enfermedad. Nadie pensó que se iba a morir. ¿Cómo se iba a morir? ¡Menos el viejo que nosotros teníamos, que era bárbaro! Siempre hubo un reclamo de Charly, porque decía que el viejo nunca lo llamaba. Mi viejo era igual. Cuando él enfermó, le avisé a Charly que me dijo que al día siguiente iba a verlo. En los últimos días estuvieron muy juntos. Cuando fue, me lo encontré abajo y me dijo 'el viejo está bien, Josi, va a zafar'. Fuimos a tomar un café y estábamos los dos muy tristes. Cuando Charly se fue, subo a ver al viejo y me lo encuentro llorando. Le pregunto qué le pasa y me dice que 'vale la pena estar como estoy, tan sólo por el abrazo que me dio Carlitos'. Charly fue todos los días y cuando se tuvo que ir a Brasil a grabar con Mercedes y Milton Nascimento, le llevó el disco de Mercedes Sosa en vivo, donde él había tocado. El viejo estaba chocho. Charly le preguntó 'Papá ¿viajo?, ¿vas a estar bien?', y él le respondió 'andá, y hacé lo que tenés que hacer'. Charly siempre se acuerda de eso. Se fue, y a los pocos días papá murió".

Ese adiós marcó a Charly para toda su vida. Él creyó que su padre sabía que iba a morir y que le dijo que viajara porque no le importaba su presencia. Hasta que leyó el relato de su hermana, creo que Charly nunca supo lo que su padre lo había querido. Él insistió para que Charly estudiara y no fuera músico, y su oposición a la carrera siempre fue la nota fundamental en su relación con él. Pero no la única: hubo otras notas, más sutiles, como asordinadas, que ni siquiera el oído absoluto de Charly supo captar en su momento.

"Hubo un tiempo en el que Charly tocó en el teatro Olimpia de la calle Sarmiento —cuenta Josi—. Mi viejo fue pero no se hizo ver, porque se suponía que no estaba de acuerdo y no le decía a Charly que iba. Se sentaba en la última fila y veía a Sui Generis. Es más, en el Adiós Sui Generis, Charly le dio una entrada y mi papá se ofendió porque creyó que era un rechazo a su nueva pareja. Pero apenas se estrenó la película, papá compró su entrada y fue a verla. Creo que Charly nunca lo supo".

— • —

Sobre determinadas cuestiones, Charly no habla jamás. Prefiere esconder su dolor y procesarlo solo. Pero estas cosas, por lo general, requieren de algún tipo de ayuda; una mirada exterior que eche luz sobre los puntos que nosotros mismos estamos impedidos de reconocer. Charly me explicó que ese relato de Josi que leyó en los borradores lo ayudó a completar un crucigrama familiar que él no tenía muy claro. Sus conclusiones acerca de la cuestión lo llevaron a contarme que su padre le enseñó, entre tantas otras cosas, que la única obra hecha por el hombre que se podía ver desde la luna a simple vista era la Muralla China. Inmediatamente recordó un tema de Paul Simon, y me tradujo la letra al castellano; era su forma de hacerme ver lo que él pensaba sobre este asunto, sin tener que exponerlo tan abiertamente.

"*Hay una pared en China/ Tiene mil millas de largo/ para mantener alejados a los extraños/ La hicieron fuerte/ Yo tengo una pared a mi alrededor/ que ni siquiera podés ver/ Lleva un poquito de tiempo llegar a mí/ Algunas personas nunca dicen las palabras: te amo/ No es su estilo ser tan audaces/ Algunas personas nunca dicen esas palabras: te amo/ Pero como un niño, ansían que se las digan*"[26].

Esta charla sucedió poco tiempo después del incidente de Villa Gesell, y me dijo que al haber pensado en todo esto y, sobre todo, en ese disco que le regaló a su padre antes de morir, iba a aceptar la propuesta de Mercedes Sosa para acompañarla a cantar al Paraguay. La cantante tucumana fue un respaldo muy importante para Charly, que venía de pasar malos momentos a la vista de todo el mundo. Sin titubear, Mercedes lo llamó por teléfono y lo invitó a Paraguay. Charly tuvo algunas dudas que se disiparon cuando recordó que al regalarle a su padre un disco en el que él cantaba junto a ella (*Mercedes Sosa en Argentina*), le brindó, quizá, su última alegría. Por eso aceptó la invitación de Mercedes. Fue su manera de cerrar la historia y comenzar un nuevo capítulo.

En Asunción, Mercedes le dijo que tenía la intención de grabar un disco con sus canciones. Cayó de maduro que Charly no iba a dejar que la producción y el acompañamiento musical lo hiciera otro. Me preguntó qué pensaba y yo le di mi total aprobación. Era la oportunidad de hacer algo diferente y de poner sus canciones al servicio de una de las mejores cantantes de la historia argentina. Es más: estaba seguro de que el resultado iba a ser trascendente. Y no me equivoqué.

Pero antes de grabar el álbum en colaboración con Mercedes Sosa, Charly tenía otros planes. Había decidido hacer un nuevo disco solista que tuviera como centro su nuevo concepto, ese con el que venía insistiendo desde hacía tiempo: en esta nueva encarnación, Charly iba a ser *Say No More*, una frase que comenzó a utilizar cuando volvió de Inglaterra.

Say No More, el disco, nació de las cenizas del proyecto *Geisha*, la película de Eduardo Raspo estrenada en 1996 para la cual Charly estuvo grabando música que no se usó en el

---

26. "Something so right". Paul Simon, 1973.

filme. Decidió utilizar lo que ya había compuesto, cosas instrumentales en su mayoría y completarlo con nuevas canciones para hacer un disco. Con ese plan en mente, viajó a Madrid utilizando unos pasajes que le habían llegado gracias a un programa de televisión llamado *Sorpresa, sorpresa*, que logró sorprender a Miguel Ríos, quien tuvo un gran hit interpretando "No voy en tren" en 1996.

Charly comprendió inmediatamente que luego del escándalo que produjo su actuación en Villa Gesell, su imagen pública había quedado bastante deteriorada. Además, hubo otros antecedentes como las accidentadas presentaciones de *La hija de la Lágrima*, el incidente en Río de Janeiro y la visita de Ken Lawton que dejaron ante el público una imagen de zozobra. Había llegado el momento de remontarla con hechos y para esos fines no había nada mejor que un buen disco, que despejara las dudas instaladas con respecto a sus facultades creativas. Durante marzo y abril de 1996, Charly grabó como un poseso en distintos estudios de España.

Trabajó con el mismo desorden que con *La hija de la Lágrima*, pero multiplicado por cien. "Es prácticamente imposible saber quién tocó qué cosa y en qué parte —trató de explicarme Andrés Calamaro—. Charly apiló sonidos en un casete y le fue dando forma al disco. Por ejemplo, 'Por favor, yo necesito un gol' fue una canción que compusimos de entrecasa a mediados de los 80, y que grabamos en un portaestudio. La base que quedó en el disco, diez años después, es la misma. En la grabación original se entendía la letra, pero después Charly grabó encima y sin borrar las anteriores, por eso se escuchan dos letras a la vez. Para aquella sesión yo llamé al *maître* de un restaurante que conocía, cuya voz quedó registrada. Después, hablaron distintas personas desde Buenos Aires; uno de ellos fue Miguel, su hijo, quien pronunció una frase de Dylan. Creo que Claudio Gabis tocó algunas guitarras. Hubo como tres técnicos grabando con él todo el tiempo, y la más resistente resultó ser una mujer: Martita. Los ingenieros se rotaban y se reemplazaban a medida que iban cayendo al piso. Charly hizo verdaderas maratones".

Joe Blaney, el técnico estadounidense que grabó buena parte de los discos solistas de Charly, tampoco acierta a explicarse bien la grabación de *Say No More*, en la que no tuvo participación. "Me mandó las cintas a Nueva York, pero él terminó el disco. Lo único que me pidió fue que supervisara las sesiones de mastering. Hice sólo algunas ediciones, porque para mí, si bien es un disco continuo en el que una canción se funde con la que sigue, había algunos ruidos y sonidos que eran no profesionales, así que los digitalicé y los hice un poco más delicados".

Desde que Charly comenzó a trabajar con Joe en 1983, ésta fue la primera vez que el técnico no tuvo una participación importante en el trabajo. "Él grabó el disco de una forma en la que sabía que yo no iba a estar de acuerdo, porque de alguna manera sigue lo que fue *La hija de la Lágrima*, y para ese entonces yo ya no tenía paciencia con su estilo de grabación. Éste era aun más caótico y él lo sabía, y habrá tratado de evitar que yo lo malinterprete. Además desarrolló unos nuevos métodos de grabación que, siendo francos, yo no entiendo. Graba en una cinta de 24 tracks, lo copia a un casete y después pone esos dos canales del casete dentro de otros 24 tracks. Lo que significa que en la mezcla no tenés control del balance de los instrumentos. Eso lo aprendió de los dos temas nuevos que Los Beatles grabaron para los *Anthology*. Pero, bueno, era para grabar con un muerto".

— • —

Recuerdo exactamente la primera vez que Charly me hizo escuchar *Say No More*. Fue una experiencia fuerte, sobre todo de volumen: para lograr una audición impactante, Charly conectó un radiograbador a dos equipos de guitarra, puso sus potenciómetros en "10", los enfrentó y me pidió que me instalara en el centro. Esto era en el medio de su cama, frente a la pared sobre la que él apoyó su espalda y no me sacó la vista de encima hasta que la escucha terminó. Quería estudiar cada gesto que hiciera: *Say No More* era un disco de choque y él quería ver cómo me pasaba por arriba.

Había llegado de España cuatro días antes. Fue como el Génesis, pero al revés. En vez de crear el mundo y descansar el séptimo día, Charly García durmió el primer día y creó el caos los seis que siguieron a su despertar.

23. Encuentro con el diablo

Cuando atravieses tu fase de estrella de rock salvaje,
no atiendas a la prensa.
BRIAN ENO.

El viaje desde Madrid lo planchó. Charly se fue directamente a dormir a su casa. Las últimas jornadas en la península ibérica habían sido agitadas y decidió recuperar fuerzas de inmediato. Había mucho por hacer, sobre todo ensayar para dos shows en Rosario. Después de Villa Gesell, la banda había quedado herida no tanto por el desatino con que todo se desarrolló sino por la acumulación de hechos similares a través de los años.

Durante los dos meses que Charly pasó en Madrid, los músicos convinieron en que era hora de conversar a fondo con el jefe y trasladarle las inquietudes lógicas. Los horarios de ensayo, cada vez más nocturnos e irregulares, conspiraban contra cualquier intento de hacer una vida normal. La poca constancia de trabajo y la escasez de shows atentaba contra su supervivencia. Por otro lado, la calidad de la música había sufrido un severo deterioro. Charly creyó que simplemente llegando con *Say No More* bajo el brazo iba a encender el entusiasmo de su banda. Se encontró con que no era así.

Fernando Samalea estuvo nueve años con Charly y se las bancó todas como un señorito. Pero viendo que la crisis personal de Charly se ahondaba y que el ritmo de trabajo aminoraba, buscó nuevos horizontes. Ya hacía tiempo que era el baterista oficial de Illya Kuryaki & The Valderramas y se me hace que el contraste entre ambos trabajos debió haber desgastado su resistencia. Pasaba de un grupo ordenado, con el entusiasmo propio de dos chicos muy jovencitos como Dante Spinetta y Emmanuel Horvilleur, con un futuro prometedor, al mundo de Charly García en donde todo estaba enmarcado en signos de interrogación y un desgaste de años. Por otro lado, los viejos compañeros ya habían abandonado el barco uno por uno: Fabián Quintiero, Fernando Lupano, Hilda Lizarazu.

La crisis no tardó en detonarse. En los ensayos, García se mostró hosco e irascible, proclive al exabrupto. Cuando Charly vio que los músicos no le respondían, ya hastiados de la situación, se la agarró con los instrumentos. En esos momentos, Charly nunca parece encontrar un orden que lo conforme. Y así se van las horas, enchufando, desenchufando, decorando, buscando el ambiente, dispersándose. Como una película en pleno rodaje en donde la cámara nunca se enciende del todo. He visto varias veces la misma escena y me canso de sólo pensar en ella.

El miércoles de aquella semana llamé a Charly para ver cómo le había ido en Madrid y me citó en su sala de ensayo para que hiciéramos una entrevista. Llegué a la hora convenida pero García no apareció. En el lugar estaban Rinaldo Raffanelli, Juan Bellia, Quebracho y otras personas que no recuerdo.

—¿No querés ver la pileta? —me saluda Bruja, muy sugestivo.

En el fondo de la piscina, bajo varios metros de agua, yacía un sintetizador que murió ahogado telefónicamente: fue Charly quien llamó a Bruja durante la madrugada, ordenándole que lo tirara al agua. Impuso la misma condena a un redoblante que rompió el día anterior. La cosa venía movida. El tambor escapó a su trágico destino y el sintetizador yació dos días en el fondo de la pileta hasta que alguna mano piadosa lo rescató.

Después fue desarmado y tratado con un secador de pelo que operó milagros: el sintetizador se recompuso y funcionó.

Charly estaba acuartelado en su domicilio, haciendo y deshaciendo en una tormenta que ya llevaba un par de días. Cuando llamé a la medianoche, su chofer me dijo que había quilombo con la banda y que estaba en reunión con María Gabriela. Mal día para nota.

— • —

Restablecí el contacto con García a las cinco de la tarde del jueves. Para tener una noción "espacio-tiempo" de los acontecimientos que sea lo más fiel posible a la velocidad con que se desarrollan los asuntos en el reino de Charly, el dato es que García tenía shows viernes y sábado en Rosario. No nos quedaba mucho tiempo. Tampoco fue necesario.

—Escuchame, me duermo en un par de horas, venite para acá si querés hablar conmigo. No te puedo explicar por teléfono —me conminó.

Apenas arribé a su casa, nos atrincheramos en la habitación, en donde me hizo escuchar su nueva música. Reconozco que *Say No More* me pareció un gran disco; era de una desprolijidad notable y de mucha confusión sonora, pero bajo la capa de desorden había buenas canciones, jugadas y experimentales en su armado. Si bien los temas instrumentales me parecieron hechos de taquito —salvo uno—, sentí que en las canciones formales estaba la chispa de genialidad que uno espera cuando pone un disco de García. *Say No More* lo representaba cabalmente: era un testimonio de su agitada vida en el último año. Un espejo.

Lo felicité, pero los elogios no lo calmaron. Charly estaba muy, pero muy nervioso, gesticulando y haciendo la mímica del disco; cantando las letras por encima de su propia grabación, pero mezclando las palabras. En un momento, estrelló un vaso de vidrio contra una pared. Pegué un salto, pero él me indicó que estuviera quieto. Las esquirlas se desparramaron por el piso y García estaba descalzo. *Say No More* seguía sonando a todo volumen, mientras él repetía como en un mantra, "esto es ilegal, loco". Se refería a que todavía no tenía el sobreseimiento del juez por la causa que le abrieron por apología del delito en el recital de Villa Gesell. Golpeaba el colchón, pateaba, sonreía, se enojaba, y no se quedaba quieto ni un instante. La mancha roja de su frente estaba a full. Su cara era un real indicador de su estado de ánimo: furioso. ¿Contra qué? Veamos...

Durante el reportaje, Charly habló de lo que quiso en forma inconexa, explicándose en un código que los que lo conocen pueden interpretar con una cierta aproximación. No estaba en su ánimo tener una discusión, un intercambio de ideas o una charla normal: lo suyo era la instalación de una monarquía de las palabras y los acontecimientos. Tuve que recordarle varias veces que estábamos haciendo un reportaje y que era necesario que respondiera a algunas preguntas. No quería, pero a lo largo de una hora y media pude sacarle algunas frases sueltas que sirvieron como parlamentos coherentes.

Más tarde hubo que resolver el aspecto fotográfico de la entrevista. Quiso utilizar unas hermosas fotos que Andy Cherniavsky le había hecho, pero las normas del diario establecían claramente que tal alternativa era inviable. Los cierres y la disponibilidad de personal, más la propia urgencia de García, crearon una complicada negociación que terminó solucionándose por el lado más simple. Lo que yo me preguntaba era ¿por qué Charly complicaba todo? Cuando está inmerso en una de sus crisis, lo que hace es bloquear cualquier intento de solución lisa y llana a todo tipo de problema. Finalmente aceptó hacer una sesión corta si el fotógrafo no se demoraba más de media hora en llegar. El elegido fue Roberto Ruiz, un excelente profesional, divina persona, experimentado y de muy buen trato con la gente.

— • —

Los fotógrafos tienen estilos diferentes a la hora de lidiar con los artistas; los que ya manejan cierta experiencia saben perfectamente cómo establecer una relación que los ayude a manejar al personaje. Roberto tiene una impronta encaradora; es hablador y toma la iniciativa en todo momento exigiendo al sujeto a retratar. Sus arengas son veloces, como latigazos: "Daledaledale, ponete ahí, así, así, sí sí sí, eeessso. No te muevas. Sonreí. Pestañeá". A Claudia Puyó le sacó una sonrisa en un día difícil; ella estuvo a punto de volarle los dientes de un castañazo, pero finalmente se rió y las fotos quedaron bien. El hombre es un profesional, sin lugar a dudas, pero no estaba preparado —nunca nadie lo estuvo— para toparse con aquello que era Charly en ese día.

Muy piola, había escogido el único lugar de la casa de Charly medianamente ordenado: el piano, con dos candelabros al costado y la única pared que no tiene rastros de pintura en aerosol. El hombre habrá pensado que la sesión era con Mozart, o con alguien medianamente razonable como Nerón. Pero ese día pintó Dementius[27]. Mientras aguardábamos, Charly le pidió a Adriana San Román que le eligiera un vestuario y a María Gabriela que lo ayudara a definir el concepto de la foto. Cuando estuvo listo apareció, saludó y pidió que pasáramos a su cuarto. El fotógrafo no tuvo mejor idea que decirle "vení, vení" y querer sugerirle el lugar que había encontrado. Charly entró en erupción.

—¿Cóooomo vení vení? ¡¡¡Vení, vení!!! ¡¡¡No, no, no!!! ¿Con quién se cree que está? ¡Decile a tu fotógrafo que modere su lengua! —gritó, y cerró la puerta de su habitación con suma violencia.

Vuelta al living. Charly le pidió a Adriana San Román, María Gabriela Epumer, Pepe Vinci y Eddie Pampín, una reunión de concepto. Yo me quedé en el living tratando de cerrar la mandíbula del fotógrafo, que se había puesto sumamente pálido.

---

27. Dementius: apodo de Charly. Copyright: Javier Calamaro.

—Como están las cosas, te voy a pedir que hables lo mínimo indispensable. Charly está bravo —le dije.

—Bueno, bueno —se disculpó.

Segunda toma. Volvemos a ingresar al cuarto. Charly con una campera brillante, anteojos oscuros, el pelo desordenado y una remera turquesa, posa como una vedette desencantada con el baño de espuma. Tenía una media roja en un pie, el otro seguía descalzo. Ante Garmaz no podría haberlo hecho mejor. Eddie, el iluminador de Charly, ayuda al fotógrafo con el flash.

—Ponelo ahí —le pide.

—Te dije que ni una palabra más —gruñó García, mostrándole los dientes. Le había tomado idea al pobre muchacho.

—Okey, okey —atinó a contestar. Suficiente para que García tronara.

—¡Sacame a este ser de adelante! —rugió.

—Charly, necesitamos esas fotos —le dije, tratando de conciliar.

—¡Sacámelo de acá dentro! ¡Este tipo no me gusta! —me gritó ya en pleno ataque de histeria.

Otra vez en el living. Pasaron algunos minutos hasta que pudimos tranquilizar a Charly. Le pedí al fotógrafo, que a esta altura temblaba como un chihuahua, que no dijera ni una sola palabra. Tercera toma. Charly puso un disco láser en la televisión, mientras ensayaba una disculpa. Algo así como "yo no tengo nada contra tu persona, mumble, mumble". Esta vez, las fotos se hicieron y el fotógrafo estuvo muy ingenioso con las señas, trayendo a la memoria los mejores programas de *Dígalo con mímica*. Charly, muy hinchapelotas, se tapaba la cara. Se escondía tras una almohada, o detrás de María Gabriela, sentada a un costado de la cama. Tapaba el lente con su pata sucia. Sonrió un par de veces. Después dijo basta. Saqué al fotógrafo a toda velocidad. El corazón le latía como un tambor.

Las fotos no quedaron mal, aunque uno bien pudiera preguntarse el porqué de ese estilo en donde parece que el fotógrafo hubiera sido un sádico que retrató a Charly contra su voluntad. En el papel quedó reflejada la renuencia del sujeto a la sesión: el concepto parecía ser "fotos de prepo". Recién cuando vi la tapa de *Say No More*, con Charly fotografiado en una pose similar, pude entender la idea de aquella sesión. La pregunta es ¿no era mucho más fácil explicar la idea sin exponer al pobre fotógrafo al infarto y a la humillación de ser maltratado por un tipo al que admira? Después de tan terrible experiencia, el fotógrafo me contó anécdotas de otras sesiones con Charly en donde le preguntaba si necesitaba dinero, ofreciéndole un préstamo instantáneo.

Evidentemente, resulta muy difícil enojarse con Charly. Aun cuando no haya otro remedio.

— • —

Después de aquella sesión demoníaca le revelé a Charly mis intenciones de ir a ver sus dos shows en Rosario. Le dije que estaba interesado en comprobar en persona la reacción del público ante los nuevos temas de su repertorio. Lo que no le dije era que yo sabía que había despedido a la banda y que lo que en verdad me intrigaba era ver cómo iba a zafar. Le pedí que me reservara un par de entradas, que yo iba a ir por las mías. Un viaje a Rosario en micro no insume más de cuatro horas y una noche de hotel no debía ser demasiado cara.

—¡De ninguna manera! —proclamó García con majestad, dirigiéndose a su productor de aquel momento—. El caballero es mi invitado y va a viajar conmigo.

Me sorprendió con el súbito cambio de modales; si bien continuaba dirigiendo al mundo desde su cama sin tolerar contradicciones, a mí me tocó con la varita mágica de la amabilidad. Lógicamente, acepté de inmediato y Charly me pidió que lo pasara a buscar al día siguiente a las seis de la tarde. El show era a las diez de la noche. Faltaban unas veinticinco horas, Charly no tenía banda, hacía cuatro días que no dormía y todo parecía estar colgado con alfileres. Pero no iba a echarse atrás cancelando los shows.

A las seis y cinco de la tarde del día siguiente, yo ya estaba tomando un cafecito en el living de Charly. ¡Aleluya!, la bestia había dormido y recién se levantaba. La tormenta duró hasta las cinco de la madrugada, por lo que fueron once horas de descanso. Asomó la cabeza entornando la puerta que conecta el living con el pasillo que desemboca en la habitación de Su Alteza.

—¿Qué hacés, loco? ¿Descansaste? —me inquirió y volvió a su habitación.

Una vez más, la modalidad especular. ¡El adorable cararrota me preguntaba a mí si había tenido el tino de descansar, cuando era él quien se había quedado despierto durante cuatro días al hilo! Que hubiera dormido era una buena señal: la jornada iba a ser más tranquila. Iluso de mí. Adriana San Román, que lo estaba ayudando a elegir la ropa para el show, salió de la habitación con una petición de Charly.

—Dijo que vayas haciendo la lista del show —me comunicó.

—¿Lista? ¿Qué lista? —busqué mayores precisiones.

—La lista de los temas de esta noche —me desayunó La Prima.

Digamos que la orden se podía interpretar de varias maneras: los temas que él debería tocar, los que me gustaría a mí que tocase, los que la gente quisiera escuchar. No era fácil con tantos títulos a disposición. ¿Podía elegir del repertorio de Sui Generis o Serú Girán? Decidí no hacerme el vivo y anoté unas veinte canciones de las que venía tocando en sus últimos conciertos.

— • —

A cuatro horas del show, Charly pensaba tocar solamente con María Gabriela Epumer en guitarra y Ulises Di Salvo en cello. Era como un *Unplugged* con poco personal. Pero el destino le iba a dar una mano; minutos antes de salir, apareció Alfi Martins, un ex tecladista de García que ahora reside en Estados Unidos. Había llegado al país dos días antes y tocó el timbre sin avisar para saludar a Charly. Después de los abrazos de rigor, a García se le ocurrió una idea.

—¿No querés venir a tocar conmigo a Rosario? —le disparó sin anestesia.

—¿Cuándo? —preguntó divertido Alfi.

—Ahora —le replicó Charly.

—Bueno —aceptó sin titubear.

Ya eran cuatro en el escenario para enfrentar a la monada rosarina. También estaba a disposición una batería electrónica: Rucci, la vieja máquina de García, hoy totalmente obsoleta en el mercado de los músicos. Charly la quiere, aunque las teclas comienzan a ser como huecos en la dentadura de un anciano. Recién bañado, de excelente humor y encendiendo el primer cigarrillo del día, Charly abrió la puerta del departamento y llamó al ascensor.

—No estaré muy ensayado, pero voy bien vestido —razonó—. Si ésta sale bien, no hay que ensayar más.

Fuimos en un par de taxis hasta Aeroparque. Una vez terminado el papelerío, nos instalamos en la sala de embarque y allí me reveló que tenía planes para mí.

—Hmmmm, ¿sabés que te veo bien para que subas a tocar un par de temas? ¿Te animás? —me explicó.

—Vine preparado: traje mis palillos —contesté.

—¡Ja, ja! ¡Ése es el espíritu! —rió con ganas.

La banda con la que Charly tocó en Rosario se fue armando en tiempo de descuento con la gente que iba apareciendo. Ya éramos cinco, y allá esperaba Quebracho, quien por varias ausencias de Samalea tuvo que tocar en algunos ensayos, mejorando notablemente su técnica. Charly contaba con él como baterista y por eso me ofreció los bises. En el corto vuelo a Rosario, García se comportó como un señorito inglés. En el auto se puso un poco más divertido, vocalizando como si fuera Plácido Domingo en Quaalude y lanzando algunos gallos atravesados desde hacía varios días. "Acabo de iegar —canta impostando la voz y poniendo acento español—, no soy un extranio". Conversó con Alfi recordando viejos tiempos y diferentes shows en Rosario. Nos reímos mucho con los nombres de los hoteles que vimos en la ruta. Charly mencionó a alguno de ellos en el show.

—Charly, ¿qué es esta mancha roja que tenés en la frente? —pregunta Alfi, inocentemente.

—¿En la frente? Ah, es el hígado que se expresa —contesta García.

Finalmente arribamos a la ciudad. La cola de la gente que quería entrar al teatro daba vuelta a la manzana y el público no tardó en descubrir el auto de Charly. Algunos pibes comenzaron a correr a la par. El arribo de la estrella produjo confusión entre los encargados de brindarle seguridad, que no se pusieron de acuerdo. Que se quede en el auto, que vaya por otra puerta, que baje, hacer un cordón, pedir refuerzos. García lo resolvió con admirable simpleza abriendo la puerta del auto, bajando y metiéndose entre la gente. Se escabulló como una anguila y entró a la sala mientras los custodios seguían deliberando.

El escenario estaba prácticamente listo pero el telón estaba cerrado. Mientras la gente se iba acomodando en sus butacas, Charly pidió que armaran la batería. Cuando le comenté a Quebracho la idea de García con respecto a los bateristas, no le hizo mucha gracia: pero por una cuestión de amistad que tenemos, decidimos someternos a los designios del jefe. Tras el show, Quebracho encontraría una aplicación práctica al asunto.

—Por dos sueldos, Charly puede tener un baterista/crítico y un baterista-asistente: dos personas cumpliendo cuatro funciones. ¡No es un mal negocio! —aseguró Quebracho.

Charly descartó la lista de temas que le había acercado un par de horas antes en Buenos Aires.

—La consigna es que todo fluya —dijo García.

Ulises Di Salvo y María Gabriela Epumer descubrieron que tenían nuevos compañeros en la banda, que no habría lista de temas y algunos otros detalles que acentuaban el estado de incertidumbre.

—Los temas, vemos... Yo voy a arrancar con una obertura —concluyó Charly.

Dicho y hecho: se apagaron las luces y García subió a su puesto de combate. Estaba lúcido, concentrado y dispuesto a llevar adelante un show con pocos músicos y casi nada de ensayo. Se corrió el telón, y la gente aplaudió a rabiar. Charly hizo su famosa obertura, que fue simplemente una improvisación para poner los teclados a punto. Después subieron María Gabriela y Ulises para el tema "Say No More". La gente estaba un poco impaciente: querían algo conocido, un tema que pudieran cantar. Cuando Charly llamó a Quebracho, el deseo popular se tornó realidad con "Cerca de la revolución" y "Rezo por vos". Después hubo un impasse con "Eiti Leda", hecha a la manera de *Unplugged*. Yo podía ver todo desde el costado del escenario, pero no podía fumar, así que me fui a camarines a prender un pucho. Faltaba un buen rato para los bises. Sin embargo, García cambió de planes, como siempre, y se olvidó de avisar.

—Ahora van a ver algo insólito: un crítico en el lugar de los músicos. Les quiero presentar al mejor periodista que dijo que mi disco es lo más grande del mundo. En la batería: Sergio... ¿cómo querías que te dijera?

—Como más te guste —le contesté tratando de salir de la sorpresa y de cierto cagazo disimulado con cara de poker, mientras me sentaba en la batería. Le había pedido que no me presentara porque me daba un poco de vergüenza pero, como siempre, García hizo lo que se le cantó.

—Marchi, marchipreso. —Hubo aplausos. Nadie tenía la menor idea de lo que podría suceder. Ulises en absoluto silencio miró a Charly; María Gabriela reía, un tanto sorprendida por la situación.

—¿Qué vamos a tocar, che? —dijo, mirándome.

—No sé, lo que vos digas —respondí devolviendo la pelota.

—Loco, te pagué cincuenta lucas para que hicieras la lista —me quiso hacer pasar más calor frente al público.

—Bueno, toquemos "No voy en tren".

Cuando García terminó de decir sí, yo comencé con el ritmo y arrancamos arando. El público saltaba por anticipado. El tema salió bastante bien, si se tiene en cuenta que no hubo ensayo de ninguna clase. Después seguí tocando unas cuantas canciones más (recuerdo "Promesas sobre el bidet", "Pasajera en trance" y "Fanky") con una seguridad que no estaba muy convencido de tener minutos antes de sentarme a la batería. Quebracho ocupó nuevamente el lugar de músico después de una versión de once minutos de "El fantasma de Canterville".

—No —dijo Charly—, ésta no te la podés perder. Pido un aplauso para Sergio Marchi. Salí a saludar al público, no seas descortés con la audiencia.

Avancé hacia el medio del escenario. Marchi preso: Pampín me puso un spot que casi me calcina. A ciegas, levanté los brazos, hice una reverencia y salí por un costado. Me fui a fumar un cigarrillo detrás del escenario para recuperarme del shock y tomar conciencia de lo que había sucedido. No habrían pasado dos canciones cuando escucho la voz de Charly.

—Mi Dios, qué caos. Me gusta, pero por favor, que alguien toque algo.

Me asomo para ver y compruebo que la guitarra de María Gabriela no sonaba, que el teclado de Alfi fallaba, que el bajo de Charly se había desconectado y que Quebracho dejó el instrumento para arreglar todo. García me hizo señas y volví a ocupar la plaza de baterista para "La sal no sala", "Chipi-Chipi", "Demoliendo hoteles" y varias más. Me quedé allí hasta casi terminado el recital. No sé cuántos temas toqué; fueron muchos pero no advertí ningún tipo de cansancio, probablemente por el entusiasmo.

El show tuvo momentos de mucho caos y algunas inexactitudes, sobre todo cuando Charly salía de los teclados, pero lo sacamos adelante. Me sentí absolutamente feliz y lleno de energía sobre el escenario. En ningún momento tuve nervios y mi impresión es que Charly te contagia. Como músico invitado seguí a pie juntillas todos los cabezazos con los que me indicó cortes, intenciones y finales. Ahí descubrí por qué García siempre habla de la intuición como uno de sus parámetros fundamentales: sin ella, todo hubiera sido un bochorno. Pese a la desprolijidad, el show llegó a buen fin y la mayor parte del mérito le corresponde a Charly, que se tocó todo en los teclados, se mandó al frente con la guitarra y puso los cojones arriba del escenario.

—Bien, ahora podemos hacer una cenita, embebernos un poco y después volver al hotel —dictaminó.

Lo cierto es que Charly se quedó una hora más en el teatro vacío, realizando ajustes de escenario, modificando algunas posiciones de instrumentos, reacomodando los baffles y dando indicaciones para que la función del día siguiente fuera mucho mejor. Con buena onda, sin cagar a pedos a nadie, pero absolutamente seguro de lo que pretendía; nada que ver con su temperamento Emperador del Universo con que trató al fotógrafo el día anterior. Después hubo una salida medio Spinal Tap (no sabíamos por cuál puerta salir) y todos terminamos en Coyote, uno de esos horrendos restaurantes con comida mexicana.

Nos dieron una ubicación VIP, que sin embargo no nos resguardaba de la insoportable música latina con la que se hizo bailar a la gente en 1996. Luis Miguel, Ricky Martin y El Puma Rodríguez se sucedían sin solución de continuidad. Cuando pensé que Charly iba a dar vuelta la mesa y a desatar un caos, el hombre se puso del mejor humor y tras un par de margaritas y varios tequilas, salió a bailar como uno más. Lógicamente, lo rodeó una muchedumbre que no lo dejó en paz. Tras consumir unas *costeletas* de cerdo con la espantosa salsa agridulce mexicana, todos dejamos el lugar.

Charly ya estaba más alegrón y propuso que todos viajáramos en su auto. Llegamos a ser ocho: Charly, el chofer, Eddie Pampín, Adriana San Román, María Gabriela, y en la parte de atrás de la rural, apretujados como sardinas, Mariano Airaldi —escenógrafo—, Ulises Di Salvo y yo. Rumbo hacia el hotel, Charly pidió parar en una estación de servicio para comprar chucherías. Quince minutos más tarde, sentí que golpeaban el vidrio a mis espaldas. Me di vuelta y vi el cañón de un revólver frente a mis ojos.

—¡Documentos! —aúlla García, jalando el gatillo del arma de la que sólo saldrá un haz de luz.

Con las palpitaciones a mil, festejo la broma. Charly volvió repleto de cosas, gastando una cifra inconfesable. Además del revólver, trajo consigo un miniextinguidor de incendios, una muñeca Barbie con su correspondiente Ken de pareja, varios cuadernos, una caja llena de marcadores, un compás, una tijera y varias cosas más. Ya en marcha, Charly destrozó el envase de la Barbie con la consiguiente decapitación de la muñeca.

—No importa, ella es Linda Blair —dijo, mientras le hacía girar la cabeza al mejor estilo *El exorcista*.

Después desenvolvió la tijera y modeló el vestido de la Barbie como si fuera Giorgio Armani en ácido, tajeando la prolija ropita hasta dejarla hecha un harapo. Era un show aparte: García estaba de lo más creativo y gracioso, y culminó su tarea colgando del espejo retrovisor a la muñeca, haciéndola girar como una bailarina acróbata.

—¡¡¡Con ustedes: Maia Plissetskaia!!! —rió a carcajadas, antes de bajarse y desaparecer en su habitación de hotel.

— • —

Charly se pasó la noche sin dormir. Cuando aparecí por su cuarto a las doce del mediodía, estaba con varios teclados enchufados, un equipo de guitarra en el baño y había cables que recorrían toda la suite. Ya había mandado a pedir algunas películas y a colocar su gran televisor en el escenario. La lista de películas incluía *Ed Wood*, *Tron* y *Amadeus*. ¿Qué fue lo que hizo Charly aquella noche? Bien entrada la madrugada, dejó pasar a una señorita a su habitación. El músico quería unos mimos, pero pronto descubrió que la chica estaba asustada, así que dejó la actividad sexual para otra ocasión y la invitó junto con sus amigas, que esperaban en el lobby del hotel, a dar una vuelta en su coche.

En Rosario ya había amanecido cuando el bólido de Charly llegó a las cercanías de una villa de emergencia. Se detuvieron a comer panchos a instancias de García, interesado en un partido de fútbol que se desarrollaba en una canchita. La estrella se sentó a ver jugar a la muchachada que tardó en reconocerlo. Un delantero que merodeaba el área chica le preguntó al arquero rival si conocía al flaco que estaba sentado fuera del perímetro de la cancha. ¿No era parecido a Charly García? El partido siguió su desarrollo normal, más que nada porque nadie podía creer que una estrella del rock and roll estuviera tan temprano viendo un partido callejero en una villa del Gran Rosario.

Al rato comenzaron a caer los pibes de la zona a pedirle una moneda para comer. Charly, que no suele tener efectivo en los bolsillos, fue a su automóvil y le pidió a su chofer (que tenía una amante) que le diera todas las monedas que tuviera. El hombre solía acumularlas cerca de la palanca de cambios y ese día tenía unas cuantas. Charly las agarró todas y comenzó a distribuirlas. Cuando se quedó sin monedas, saludó a los jugadores con la mano y subió al auto. Ya en camino hacia el hotel le hizo una reflexión al chofer.

—¿Vos viste? Ni uno solo me pidió un autógrafo: querían plata para comer —dijo, pensativo, hundiéndose en un silencio impenetrable que duró unas cuantas horas.

— • —

Cuando llegué a la prueba de sonido, Charly me preguntó si iba a hacer una crítica del show. Era evidente que no, ¿cómo iba a criticar un concierto del cual formé parte?

—¡Qué lástima! Tenía el título ideal para tu nota —me confesó.
—¿Ah sí? ¿Y cuál es? —quise saber.
—¡Qué bien que estuve! —respondió.

El show del sábado fue mejor que el del viernes, no obstante algunas señales que hicieron pensar que el humor de García no era el mejor. En la prueba de sonido su furia se dirigió hacia la calidad de los videos rosarinos, ya que la imagen no era todo lo nítida que podía esperarse, con saltos y manchas. Su gigantesco televisor con una mira dibujada en la pantalla ocupaba el centro del escenario. Había una cama que Charly había pedido, reposando en la punta izquierda; era una cama humilde, de una plaza, con un colchón agujereado y unas sábanas de lo más berretas. Su intención era prenderle fuego en el tema "Estaba en llamas cuando me acosté". Pero lo más raro sucedió cuando apareció el pirata de AVH en la pantalla del televisor, ese holograma de la empresa de video que sirve para detectar películas truchas. La cara del pirata enardeció a García, que salió de un salto a presentarle batalla.

—¿Queéééé? ¡Hijo de puta! —dijo a los gritos, y le echó whisky en la cara al pirata.

Obviamente, la bebida resbaló por la pantalla y cayó sobre la video, con el consiguiente riesgo de electrocución general. A Charly no le importó y lo escupió, como si estuviera peleándose con alguien real. Luego del combate virtual se fue del escenario, dando la prueba de sonido por terminada.

El show comenzó con Charly pegándoles enfurecido a los pads que disparaban sonidos de batería, mientras se descorría el telón. Depositados fuera del soporte, sobre sus teclados, los pads se movían como flanes y causaban un ruido estruendoso. Eso fue impactante; la gente aplaudía a rabiar y García golpeaba cada vez más fuerte con el puño cerrado, como si fuera King Kong peleando contra los aviones desde el Empire State.

Finalmente el show comenzó con la "Obertura" del día anterior, "Say No More", "Don't let them bring you down" (de Neil Young, pero en castellano), y Quebracho y yo quedamos absolutamente desconcertados. ¿Por qué? Minutos antes habíamos confeccionado una lista con los temas que tocaba él y los que tocaba yo, aprobada por García. Esa lista fue totalmente alterada y nos quedamos a tiro para salir rápidamente de acuerdo con la canción. Charly arrancó con "El fantasma de Canterville", y corrí disparado hacia la batería. Seguimos con "Rezo por vos" y llegamos a "Yendo de la cama al living", una canción simple, pero que nos había traído complicaciones durante la prueba de sonido.

—Vos mirame a mí. Cuando yo te marco cuatro y te cierro la mano, dejás de tocar. Si la abro, retomás el ritmo —me había indicado.

El problema es que a veces se olvidaba de la seña y ninguno de los músicos conocía la duración de las vueltas de las canciones, una variable que queda a voluntad de Charly. El tema tiene un solo de cello en donde hay que parar y, por su estructura, no existe ninguna forma de saber cuándo llega esa parte (a menos que se ensaye como es debido, suerte que no tuve). No es como en *Unplugged*, no es como en la versión original, no es como ninguna otra versión: es ahí y en ese momento.

En el tema, Charly no hizo la seña sino que dijo "Ulises" y yo seguí de largo. Corté enseguida, pero él me miró con odio. En el momento de los cortes, pateó mi platillo con una fuerza descomunal y como estaba bien ajustado, sólo se inclinó quedando mejor acomodado. Sin embargo, podría haber salido volando con la consiguiente decapitación del baterista. Charly puso cara de alivio al comprobar que seguía vivo y marcando el ritmo pese a todo. Pero no pudo evitar hacerme notar el error. Y lo hizo con saña.

—¡Dedicate a escribir! —me gritó, clavándome un puñal donde más duele.

Me sentí herido, muy lastimado. ¿Qué quería? ¿Que además fuera telépata? Pero con los músicos siempre es así: ellos piensan que los periodistas somos músicos frustrados que los criticamos por envidia. En ese sentido, Charly, por lo menos, me dio la oportunidad de demostrar que puede que sea mal músico, pero frustrado no. Atrás del escenario recibí consuelos de todo tipo. Aparentemente, el error no se había notado y sólo el oído absoluto de García se percató del golpe de más. Un error lógico ya que jamás había tocado ni ensayado ninguna de las canciones que ejecutamos en aquellos shows.

Me quedé detrás del escenario con una profunda tristeza. Más adelante me enteraría de que esa patada y ese reto son como un violento bautismo que Charly impone a sus bateristas. En un show en Chile, pocos meses más tarde, le haría algo similar a Gabriel Said, otro baterista. Lo cierto es que no me quedaron ganas de festejar nada. Y eso que había cumplido con el sueño del pibe: tocar con Charly García. Lo que pasó fue que no quise despertarme.

Tras el incidente, una vez que retornamos al hotel, Charly vino a saludar a mi novia muy afectuosamente.

—Che, ¿ésta es tu mujer legal? Qué bueno que vino a ver el show —dijo, de lo más galante.

Era su manera de hacer las paces.

24. Estaba en llamas

Los hombres de negocios se toman mi vino/
los patanes cavan en mi tierra.
BOB DYLAN, "ALL ALONG THE WATCHTOWER".

Say No More fue la fase final del método de trabajo que Charly bautizó en 1987 como "el demo que se va metamorfoseando". Paulatinamente, García fue perdiendo la paciencia de hacer demos, como en los primeros tiempos de su carrera solista, para después ingresar al estudio con todo el material listo. Según su visión ese sistema le ocasiona algunos contratiempos, más que nada de índole emocional. "Hacés una canción —razona—, la grabás y te enamorás del demo. Después tenés que transformar el demo en disco y nunca es lo mismo". Ahora arribó al punto en que llega al estudio para grabar directamente el disco, sin ningún demo, sin una idea clara de lo que quiere hacer. Mejor dicho: sabe perfectamente lo que desea tener entre sus manos cuando termine, un disco, pero el material se le va revelando a medida que él enchufa cables, toca instrumentos y se mueve en un espacio regido por el azar y la intuición.

Bienvenidos al mundo de *Say No More*. Callate y seguí tocando. Todo lo que se haga en el estudio, hasta un flato del baterista, quedará grabado. El concepto constante, que García le dice. Igual que en *Yendo de la cama al living*, fue su hijo Miguel quien le dio la clave, una frenética tarde en la que Charly enchufaba y desenchufaba toda clase de cables, instrumentos, videos, grabadores, efectos y luces. Más que un arranque creativo, es la impotencia por la inspiración que no llega con la celeridad que García requiere; un tiempo muerto en el que Charly busca sin parar aquello que le dispare el gatillo.

—Soy El Guachón: hago arte hasta que alguien muere —asegura a quien quiera seguirlo durante esas olimpíadas de conexiones.

Miguel había subido varias veces al departamento de su padre en el transcurso de los días, comprobando que la actividad seguía siempre por el mismo camino. Abriéndose paso por el cablerío, consiguió hablar con su padre.

—Daddy, stop with the constant concept (papá, pará con el concepto constante) —le dice en perfecto inglés.

A Charly le gustó. Desde ese preciso instante, el título *Say No More* competiría tenazmente contra el "Constant Concept". Ambos irían de la mano durante la confección del disco.

— • —

Charly se apropió de la idea que Robert Fulghum (un señor americano cuyo aspecto es curiosamente parecido al de Ken Lawton) expuso en su libro *Las cosas que hacemos sin saber por qué* en cuyos primeros párrafos narra un incendio: un hombre que se despierta con su cama en llamas. Llegan los bomberos, la policía, la prensa y, después de rescatar al sujeto y apagar el fuego, preguntan cómo se inició el incendio en la cama. El tipo responde: "No sé: estaba en llamas cuando me acosté". Ese cuento que Charly leyó cuando estaba internado en 1994, le permitió conectar con rapidez; viajó mentalmente hacia atrás y recordó que él ya había vivido otro incendio: el de su casa en 1985.

Esa experiencia le causó una honda impresión. "Me acuerdo perfectamente —recuerda Quebracho—, Charly se puso mal por lo sucedido: para él, su casa es un punto de referencia muy fuerte". Ése fue uno de los peores momentos de la vida de García. Cuando Zoca recuerda esa etapa de su unión con Charly, se le pone la piel de gallina. "Fue el auge de la locura —reconoce—, los dos estábamos relocos". Zoca y Charly estaban momentáneamente separados. La brasileña se fue a vivir a la casa de una amiga. Cada uno comenzó a salir con otras personas.

"Un día nos encontramos en un boliche llamado Fire —cuenta Zoca—; yo había ido con un chico y de repente lo veo llegar a Charly con una chica de la mano. A los dos nos agarró un ataque de celos. Él se me acerca en un momento y me dice que dejemos a las personas que habían venido con nosotros y que vayamos a su casa". Allí se produce una de las tantas reconciliaciones que experimentaron hasta 1997, cuando Zoca decide radicarse en otro país.

"Nos despertamos al día siguiente —sigue contando Zoca—; Charly tenía que ir a tocar con Spinetta a un programa de televisión. Él me pidió que no me fuera, que lo esperara porque quería contarme cómo había salido todo. Nos habíamos reencontrado y fue muy hermoso para los dos". Zoca también se acuerda de que, poco tiempo antes, ya había problemas con las bombillas de luz que se quemaban cada dos por tres. Fue un detalle al que ni ella ni Charly le prestaron mayor importancia. Cuando partió hacia el estudio de televisión a encontrarse con Luis, Charly le dijo a Zoca "rezo por vos", y cerró la puerta del departamento. Ella aprovechó para darse una ducha.

Desde el baño, Zoca comenzó a sentir un olor a quemado cuyo origen no pudo determinar. Había dejado rebobinando un video que vieron juntos la noche anterior. Por como está dispuesto el departamento de Charly, era muy difícil que el humo llegara rápidamente a la ducha. "Cuando sentí el olor, pensé que se habría caído un cigarrillo mal apagado al piso o algo así, después vi el humo: salí y todo estaba en llamas, las cortinas prendidas con fuego, yo no sabía qué hacer para apagarlo. Traté con las frazadas, y como no funcionó, fui a la cocina a buscar un balde de agua. Tiré un baldazo, y tampoco pasó nada; abrí la puerta y empecé a gritar. La señora de enfrente no estaba. El cuarto se quemaba, se quemaba la cama, todo. Era una cosa impresionante. Salieron los vecinos y no me quisieron dejar entrar de nuevo. Cuando estaba abajo me acordé de la plata que estaba en ese cuarto. Volví y había un humo negro. Fui tanteando buscando la plata, pero no pude llegar: ya no podía respirar. Tuve que salir de ahí y, para colmo, no tenía cómo llamarlo a Charly a ATC".

Cuando Charly retornó a su hogar, se encontró con los hechos consumados. Lo peor de todo, para él, fue la impresión, pero se quedó tranquilo cuando vio que Zoca estaba bien. Pero había un problema: Charly tenía guardados 20 mil dólares que desaparecieron. Zoca sostiene que eran 30 mil. Nunca nadie supo si los billetes se quemaron o si los bomberos que entraron a sofocar el fuego se los quedaron. Cuenta la leyenda que la unidad en pleno se ofreció a que Charly los revisara uno por uno. García se negó, y también se rehusó a hacer la denuncia.

"No lo hice —aclaró Charly, a diez años del hecho— porque la principal implicada iba a ser Zoca. Y como ella era brasileña, un montón de gente se alucinó con macumbas y toda clase de boludeces. Como si fuera Yoko Ono. La respuesta es que en ese enchufe que vos ves ahí, yo puse 17 clases de cosas, hubo un corto, una chispa y se me prendió fuego la casa. Ésa es la verdad. Yo me acuerdo bien: fue una imprudencia. Además vivimos en un país que tiene 220 V, y enchufes de plástico. 220 es mortal. Aconsejaría poner un disyuntor en todas las casas, cosa que hice inmediatamente en la mía después del incendio. Pero por como es la mentalidad argentina, ese detalle no se tiene en cuenta: que me compro la multiprocesadora, el microondas y qué sé yo. Bueno, flaco, mejor que tengas buenos enchufes y una buena instalación eléctrica, porque si no te vuela todo. La moraleja es que la electricidad es electricidad. Y es mortal. Con 220 te quedás pegado. ¿Por qué hay

220 cuando puede haber 110? Respuesta Spinal Tap: porque el Marshall funciona con 220, porque es a válvula, y la válvula produce una caída de tensión que hace que el parlante sature, y una serie de cosas. Cuando van los grupos con los Marshall a Estados Unidos, agarran el 110 y lo ponen en 220. Preguntale a Van Halen cómo hacen, o Neil Young que le saca válvulas y una serie de chistes que no te recomendaría que lo hicieras en tu casa. Básicamente es que más voltaje, es más electricidad. 110 es la mitad. Yo me puedo enchufar a 220: es mortal, y te podés quedar pegado. En 110, te pega una patada que también es mortal, pero no te quedás pegado. Yo en Chile, una vez, comí 40 mil vatios de todo el sistema, porque el enchufe estaba fuera de fase o whatever, cuando toqué el micrófono me dio una patada tan grande que volé y aparecí atrás de Willy Iturri. A partir de ese día, cuando me aburro, meto los dedos en el enchufe, y como electricidad. Si alguien me toca... fue".

— • —

Hay una frase que dice que "los mitos son más fuertes que los hechos". En este caso, el hecho fue que el incendio de la casa de Charly coincidió con el final de su proyecto artístico con Luis Alberto Spinetta. La leyenda rescatará algunas declaraciones de Charly, quien sostuvo que "juntos, teníamos demasiada energía", y las palabras de Luis que le dijo a Charly que el incendio fue por su culpa, a lo que García respondió tirándole un cenicero por la cabeza.

Más allá del mito, la verdad es que Charly no andaba muy bien por aquellos tiempos y Luis intentó estar a su lado cuando era necesario. Charly, que no acepta ningún tipo de protección, debe haberlo rechazado, probablemente por vergüenza, y Luis, un acuariano hipersensible, debe haber quedado dolido. Varios de esos encontronazos minaron la comunicación entre ambos. Además de un puñado de canciones como "Una sola cosa", "Hablando a tu corazón", "Rezo por vos" y "La pelícana y el androide", gestados para el proyecto inconcluso, quedaron las palabras de Luis Alberto Spinetta a Charly García que alguna vez publicara un matutino: "Bajá un poco, dejá de ser la omnipotencia y dedicate a ser la belleza".

— • —

Tras el incendio, Zoca, Alicia y León Gieco se dedicaron a la reconstrucción del departamento. Charly había caído en una gran depresión, por lo que le sugirieron que, mientras hacían de su casa un lugar nuevamente habitable, se fuera un tiempito de viaje. Charly partió hacia Nueva York. Una vez que concluyó la tarea, Zoca se radicó en Río de Janeiro. Las cosas entre ellos no funcionaban bien, y prefirió apartarse. Zoca comenzó a trabajar como vendedora en un shopping y no regresó a Buenos Aires hasta 1993.

"Fue mi manera de bajar de la locura en la que habíamos estado —asegura—. Comenzaron a pasar cosas muy raras. Es cierto que la cocaína nos hizo mal a todos; al principio era como algo ritual, ocasional. Después se hizo crónico y entraron a aparecer tipos con una energía muy negativa. Eso es algo que todavía siento cuando entro a la casa de Charly: esa casa no me quiere.

"Me acuerdo de que una vez estaba en una fiesta donde nos regalaban cartas de tarot. Pese a que nací en Brasil, yo siempre fui muy desconfiada de esa clase de cosas. La carta que me regalaron fue 'el diablo'. No lo tomé en serio, la tiré, pero más adelante comencé a ver que sucedían cosas muy extrañas en la casa de Charly. Un día descubrí unos signos muy raros escritos en el placard y unos mensajes que decían 'Mata Charly, mata'. Después vino lo del incendio, y cuando estábamos arreglando el departamento, encontré arriba de un mueble de vidrio la misma carta que me había salido en el tarot. No supe bien qué hacer: primero pensé en quemarla, pero después la volví a tirar, esta vez por la ventana. Jamás supe cómo llegó allí. Él nunca compró velas negras, pero yo he visto velas negras en su casa. Yo le dije a Tránsito que cuando las viera las tirara. Que si Charly quería prender velas, que fueran blancas. En esa época, venía gente rara. Por su sensibilidad, por su ingenuidad, Charly dejaba entrar a todo el mundo".

Más adelante en el tiempo, Zoca siguió investigando el aspecto esotérico de Charly a medida que las crisis se fueron sucediendo unas a otras. "Una vez fui a ver a una señora en Constitución, que me habían recomendado. Le pregunté si le podía dar protección a una persona a la que yo quería mucho. Cuando supo que se trataba de Charly, me dijo que yo era la quinta persona que iba a verla para pedirle lo mismo. Que era verdad que él corría peligro, pero que ya estaba protegido de antemano".

— • —

Sin embargo, a mi entender, Charly necesitaba de otro tipo de protección. A él le hubiera hecho falta alguien que cuidara su dinero, su carrera y sus intereses a lo largo del tiempo. Charly tuvo buenos managers, pero nunca uno que fuera de total y absoluta confianza. Creo que muchas de las crisis que Charly manifestó con actos irracionales tuvieron que ver con la impotencia que le produjo el verse entrampado a lo largo de su carrera.

La persona que más me habló de ese aspecto fue Juan José Quaranta, quien trabajó con Charly desde Serú Girán hasta buena parte de su carrera solista haciendo la iluminación de sus espectáculos. A través del tiempo, Quaranta trabajó con varios de los managers que atendieron los negocios de Charly, sacando sus conclusiones naturales acerca del tratamiento que García fue recibiendo a lo largo de los años.

"Como empresario —comienza diciendo Quaranta—, si vos tenés a Charly en tu agencia, deberás disponer de varias personas que trabajen para atenderlo. Es una inversión: él te puede pedir cosas desmedidas, locas, pero si lo mirás en perspectiva, con una carrera de por medio, a la larga, vos te vas a hacer grande por estar al lado de Charly. Ésa es la visión que no tienen los empresarios.

"A Charly nunca lo atendieron como se merece un artista que representa económicamente la guita que representó siempre Charly. En la parte humana, no hubo nada que se hiciera para entenderlo a Charly. Todo el mundo piensa que Charly está lleno de guita y no tiene un mango; cuando yo comento en mi casa que Grinbank me pide en 1982 plata prestada para darle un adelanto a Charly y que se compre el departamento de Coronel Díaz, me dicen que estoy loco. Él no tiene guita. Llegado el caso, fue una de las cosas que Grinbank hizo medianamente bien.

"Por otro lado, creo que con Charly hay una obligación de amigo. Si sos su empresario no podés darle los números fríos, si vos ves que el tipo se está desarmando, tenés que apuntalarlo. Ver lo que está pasando. Pero no: los empresarios anteponen el billete frente a todo. Así las cosas, los únicos que pueden estar al lado de Charly son los músicos y amigos que, por una falta de madurez, han entrecruzado envidias y celos, fomentados por los empresarios.

"En gira, Charly quiere vivir con lo mejor, que lo traten como corresponde. Para un empresario, tratar al músico como corresponde es costo. Si vos tenés una buena cama acá, ¿por qué no la vas a tener en gira si estás moviendo 2, 3 o 5 mil personas? El empresario es así las 24 horas del día: nunca interviene el sentimiento, nunca la comprensión de que el músico es el que pone la carita arriba del escenario.

"Grinbank, insólitamente, era el que más lo entendía a Charly... Todo el período de crecimiento junto con Charly, él lo disfrutó; Charly era su artista. Lo veía como el talento que era y hasta lo admiraba. En un punto lo comienza a ver como negocio y eso ayuda en dos cosas: Grinbank crece por un lado, y las compañías de Charly, que siempre fueron... caóticas, complicaron la relación. Después no hubo ningún otro que lo entendiera a Charly.

"¿Por qué Charly no puede tener la mitad de lo que tienen los otros? La clave la encontrás en los que lo rodean, empresarios incluidos. Fito labura por todos lados; Charly hace un showcito y vuelve. Primero porque el empresario se la vende siempre cambiada. Nadie le habló de frente (salvo Grinbank en su primera época), y le dijo: 'Negro, venite el día que quieras bien despierto y vamos a hablar de números. Y así me los cumplís o te rompo la trompa'. Hacerle sentir a Charly que, además de músico, es un muchacho como nosotros. Si las cosas no terminan bien, te cagás a trompadas. Todos los conflictos con Charly siempre terminan en una cuestión de cagarlo en guita. Charly te tira un vaso, o te pinta una pared, y vos, en vez de cagarlo a trompadas o darle una patada en el orto, no: le hacés un juicio".

— • —

Charly no es muy dado para hablar de sus negocios y, en un orden más general, está poco dispuesto a hablar mal de otra persona, salvo algún ataque de odio en particular. Una noche de 1988, escuchando *Parte de la religión*, habló de sus distintos managers y una de las chicas que se encontraba en aquella reunión le preguntó cuál de ellos era el que tenía más nivel. Charly respondió que el que tenía más clase era Daniel Grinbank. El empresario fue otra de las personas que declinaron hablar para este libro. Grinbank fue el manager de Serú Girán desde 1979 hasta su disolución en 1982, y estuvo vinculado a Charly hasta 1985. La ruptura entre ambos se pareció más al final de un romance entre adolescentes que a la cancelación de un vínculo comercial.

Las causas se pueden encontrar en el fabuloso desarrollo que Daniel Grinbank hizo de su empresa, pasando de manejar exclusivamente a Serú Girán a la contratación de muchos artistas para el staff de su productora. "Yo creo que fue una cuestión de celos", arriesga Zoca sin equivocarse. En varias declaraciones, Charly asegura que él no estuvo de acuerdo con que hubiera tantos números en su agencia. Y en algún momento, la cuestión se tornó inmanejable para los dos. Según parece, uno de los principales problemas fue que el sello SG Discos, que editó los álbumes de Serú Girán haciendo escuela en la edición independiente, súbitamente pasó a llamarse DG Discos. En algún momento, ese catálogo que incluía a artistas como Los Abuelos de la Nada, Celeste Carballo, Los Twist, GIT y Suéter fue vendido al sello Interdisc de Pelo Aprile, hoy presidente de Polygram Argentina. Los que más perdieron con aquella venta fueron, sin lugar a dudas, los artistas en general y Charly en particular, ya que en dicha transacción estuvieron los derechos de álbumes como *Bicicleta*, *Peperina* y *No llores por mí, Argentina*, de Serú Girán, y *Yendo de la cama al living*, *Clics modernos* y *Piano Bar*, de su etapa solista.

Lo que quedará en las sombras es el hecho puntual que hizo que Charly y Grinbank rompieran. Un buen día, Charly llegó furioso a su casa y le pidió a Zoca que le hiciera un mandado.

—Zoca ¿podés ir a la pinturería y comprarme pintura en aerosol? Te digo los colores: rojo, verde, azul, amarillo y negro.

—¿Qué vas a hacer, Charly? —preguntó Zoca.

—No importa. Por favor, haceme la gauchada —la cortó Charly en seco.

Charly metió todo en una caja, tomó una guitarra, la guardó en un estuche, agarró un Marshall y se despidió.

—Me voy a lo de Grinbank. Le voy a decorar la oficina.

Zoca intuyó problemas y salió inmediatamente después de Charly, quien agarró el primer taxi y bajó por la avenida Santa Fe hasta el 1700. "Yo llegué quince minutos después que Charly —recuerda Zoca—; Grinbank había puesto a un tipo de seguridad en la puerta. Parece que Charly peleó con el gorila, le pegó un guitarrazo y subió a la oficina. Cuando yo llegué, Charly ya se había ido. No fue más de un cuarto de hora lo que demoré, pero pareció que hubiera pasado un huracán: todo pintado, los discos de oro tirados en el piso, los muebles dados vuelta".

Yo mismo pude ver la decoración: grandes rayas que atravesaban toda la oficina, claves de sol de distintos colores. En un momento pensé que habría sido obra de algún artista de vanguardia pasado de rosca.

—¿Qué pasó acá? —le pregunté a la recepcionista.

—Charly García —fue su escueta respuesta.

Charly siempre tuvo problemas de comunicación con aquellos con los que trabajaba, principalmente porque odia las peleas y las confrontaciones. "Cuando le pasaron cosas de ese tipo —asegura Zoca—, Charly se sintió muy herido y me di cuenta de que el dolor después se transformaba en violencia. Él nunca hacía nada, siempre se lo guardaba. Y es más: conozco a mucha gente que lo ha cagado y él la siguió tratando bien. ¿Cómo puede ser? Nunca podía convencerse de que lo hubieran cagado. Es incapaz de cortarle el saludo o el rostro a alguien: los sigue tratando igual, como dándoles la oportunidad de que cambien. A veces no hablaba ni conmigo de esas cosas, se quedaba pensativo. Cada una de esas cuestiones fueron como puñaladas para él".

Valdrá la pena tener en cuenta que en el fabuloso negocio en el que se ha transformado el rock, el eslabón más débil de la cadena siempre es el músico. Algunos supieron preverlo, otros no tuvieron más remedio que resignarse y unos pocos se hicieron cargo de sus propios asuntos, curándose en salud. De un tiempo a esta parte, Charly decidió no tener más managers ni pertenecer a agencia alguna, delegando los aspectos más tediosos en sus secretarias o asistentes de turno. Pero si alguna vez el lector ve nuevamente a Charly García ocupando las primeras planas con asuntos que no tienen que ver con la música, será bueno que se pregunte si no habrá sido alguna clase de traición la que abrió las compuertas de su enojo.

25. Intraterreno

Si te preguntan qué tipo de música hacés, deciles que pop.
No se te ocurra decir rock and roll,
porque ni siquiera vas a poder registrarte en el hotel.
BUDDY HOLLY.

1996 fue un año de muchos viajes para Charly. Sobre todo a España. Resulta raro que un artista que ha grabado sus mejores discos en Nueva York, elija a Madrid como su nuevo puerto de registro, aunque había razones importantes para esta elección. Una de ellas tiene que ver con el recuerdo de un estudio de grabación situado en Ibiza, Mediterráneo Studios, que Charly visitó a comienzos de los años ochenta. A él le gustaba porque tenía unas excelentes cámaras naturales y porque parecía estar bajo la tierra. Ese concepto intraterreno le interesa desde 1993 y en él intervienen razones místicas que no alcanzo a comprender. Le pareció un buen lugar para hacer realidad su proyecto "Say No More", no el disco sino el sello discográfico. En síntesis: Charly quería comprar el estudio. Si sus managers hubieran manejado bien sus negocios, quizás hoy sería el dueño.

De cualquier manera, Charly retornó a Madrid y, aunque estuvo en Ibiza grabando en Dangerous Sound, se quedó en la capital española, entre otras razones, para estar en contacto con su socia: Mónica García, la mujer de Andrés Calamaro. Mucho se ha hablado de esta relación a lo largo del tiempo, sugiriendo guiones telenovelescos, con cuernos, engaños, triángulos amorosos y toda clase de combinaciones. Lo cierto es que entre ellos hay una relación difícil de explicar, pero el propio Charly es difícil de explicar, así que los vínculos que unen a ambos entran dentro de los cánones de normalidad del mundo de García. El asunto es más platónico que otra cosa. Por otro lado, Charly y Calamaro siguieron siendo amigos.

Mónica se ganó el respeto de Charly en los momentos difíciles; cuando era necesario tener una resistencia a prueba de balas y una serenidad tibetana, Mónica hizo gala de esas condiciones. Hubo un momento muy feo en el hotel Emperador —cuando Charly estaba esperando un giro y el conserje desconfiaba—, que Mónica resolvió con sangre fría y una tarjeta de crédito. La cifra era aterradora. Mónica fue el apoyo logístico que Charly necesitaba. El único problema es que no vivía en Buenos Aires, pero el contacto se prolongó telefónicamente cuando Charly tuvo que volver.

Además de *Say No More*, que en verdad quedó registrado entre marzo y abril de 1996, Charly estuvo trabajando con María Gabriela Epumer en el disco de Mercedes Sosa. Adriana San Román le manejaba el día a día de hoteles y desayuno. De pronto llegaba a la recepción de un hotel un llamado desde Buenos Aires, pidiendo el desayuno para la habitación 319.

—Perdón ¿de qué habitación me habla? —preguntaba el conserje.

—De ninguna: lo llamo desde Buenos Aires —respondía Adriana.

Cuando Charly llegó a Madrid en esta ocasión, lo primero que hizo fue encontrarse con Andrés Calamaro y éste recibió un llamado de Joaquín Sabina que estaba grabando en un estudio cercano. Apenas se enteró de que García había arribado, lo invitó a participar de una sesión. "Pancho (mi guitarrista) y yo —cuenta entusiasmado Sabina— comentábamos que en el tema que estábamos grabando ("Es mentira") había algo que nos recordaba a García. Y él entró y nos dio una lección inolvidable. Le pregunté si quería cantar ese tema con nosotros, le puse delante una letra que no había visto jamás, y grabó directamente una canción que no había oído nunca. La primera versión que hizo leyendo la letra nos pareció bastante caótica, en el sentido de que cuando estás meses en el estudio y llega alguien nuevo, no sabés muy bien si eso que propone va a algún lugar.

"Charly pidió que le guardaran esa voz, y que le pasaran el tema otra vez. Grabó una voz encima de ésa. Y ese tipo, que a veces parece tan caótico, clavó exactamente la nueva voz, y las dos juntas es todo lo que hay. No he visto a nadie más rápido, con más rigor. Yo desperté a gente, llamé a que vinieran a verlo. Y me gusta mucho decir en Argentina que ese tipo que para alguna gente va sin dirección es el tipo más brillante y con más rigor que he visto jamás.

"Él tocó teclados en el tema. A Charly es difícil decirle que haga una cosa determinada, pero yo tenía muy claro que quería ese estribillo. Él se resistía; el único modo fue decirle 'Charly, haz esto, y después haz de cuenta que el estudio es tu casa y haz lo que te dé la gana'. Lo conseguí: grabó 3 o 4 teclados impresionantes. Yo podría haber hecho diez mezclas y todas hubieran sido buenísimas. En un momento, Charly se calienta mucho con las cosas, luego las abandona, luego se vuelve a calentar, como todo el mundo, y él más vertiginosamente que cualquiera. Me decidí por la versión que tú has escuchado, una versión más sobria, donde está más presente la voz de él y no hay unos teclados maravillosos que hizo y, si los hay, están muy poquito, porque en un momento él dijo que iba a editar su propia versión tal cual la habíamos grabado, sin mezcla y sin nada y con todos los teclados. Pensé que sería fantástico para el público tener ambas versiones. No lo hizo, o a lo mejor lo hace en cualquier otro momento. Si hubiera sabido que sólo iba a aparecer mi versión, hubiera metido más teclados de Charly en ella".

— • —

Debido a la distancia y a la caótica comunicación, Mercedes Sosa creyó que el proyecto entre ella y Charly se había terminado. Lo que no sabía era que el compositor estaba directamente grabando el disco en Madrid. Yo mismo tuve más información que ella cuando lo llamé a Charly a España para saludarlo: inmediatamente puso el auricular del teléfono contra el parlante de un grabador, haciéndome escuchar a través del océano a la orquesta que había grabado para la versión de "Desarma y sangra". Charly tocando el piano por encima, con la delicadeza que lo caracteriza, terminaba de pintar una situación difícil de creer cuando uno la cuenta. Charly y Mercedes se arreglaron cuando ella recibió los demos que se hicieron en Madrid. Después vinieron las primeras sesiones, los dos juntos en los estudios ION en Buenos Aires.

Mercedes Sosa está acostumbrada a trabajar de otra manera: ella va, pone su voz sobre la base, y ya está. "Loco ¿podés creer que a Mercedes no le multitrackearon la voz nunca?"[28], me contó un día mientras me hizo escuchar unas grabaciones. La Sosa cantaba los temas de Charly con una perfección y un sentimiento tal, que parecía venir de otro planeta. Su afinación era perfecta hasta el punto de lo increíble. Charly había grabado una versión muy loca de "Hablando a tu corazón", que consistía en una guitarrita en plan ukelele, la voz de Mercedes y tres pistas de almohadones golpeados percusivamente por el propio García. Algo así como un huayno hecho por Syd Barrett.

En un momento determinado de la grabación, una máquina

---

28. Multi-track: muchas pistas. Es un proceso por el cual la voz se graba en varios canales y después éstos se van manipulando para conseguir mejores sonidos.

se dispara accidentalmente cuando Mercedes estaba registrando su voz; la base comenzó a acelerarse y la afinación a subir. Lo que nadie, ni Charly, ni yo, podíamos creer era que Mercedes, imperturbable, siguió inconscientemente el pitch de la afinación sin equivocarse ni una nota. Sé que esto es difícil de entender para alguien que no sea músico o tenga conocimiento de técnica de grabación, pero no hay otra manera.

Las cosas que hacía Mercedes con la voz eran muy sencillas, pero fusionándose con la música de Charly producían un efecto sobrenatural. Y hasta casi estaban de acuerdo con el título. Mercedes quería que se llamara *Somos de acá*, como una frase del tema "Los sobrevivientes", que Charly registrara con Serú Girán ("Nunca tendremos raíz, nunca tendremos hogar, y sin embargo, ya ves, somos de acá"). La diferencia con Charly era mínima: él prefería el título *De acá*, y quería poner una foto de Alberto Olmedo en la tapa. Una cuestión de interpretación. Todo parecía marchar maravillosamente, aunque las versiones de los temas fueran rarísimas y, por momentos, inexplicables. Pero Charly miraba por la ventana a la gente, pensaba en las cosas que sucedían en el país, y eso le provocaba un estado de ánimo más bien sombrío.

—Mirá vos; mientras a mí me pasa esto, allá fuera la gente se mata entre sí —me dijo enigmático, como si la propia felicidad fuera incompatible con la infelicidad general.

— • —

Diez millones de horas de estudio más tarde, Charly es expulsado de los estudios ION, que no se bancaron sus insólitos horarios. La próxima parada fue en el estudio de Luis Alberto Spinetta, La Diosa Salvaje. Charly comenzó a familiarizarse con el estudio y a medida que esto sucedía, sus ganas de ambientarlo convenientemente aumentaron. Desde chico, a Charly le gustó prender velas mientras toca: lo hace en vivo, en los ensayos y en las grabaciones.

Una noche, el estudio parecía una santería cuando llegó imprevistamente Luis Alberto Spinetta, a quien la escena lo sacó de sus casillas. Apagó las velas, una por una, y lo encaró a Charly.

—Te recuerdo que estás en un estudio de grabación. Y también te recuerdo que es el mío —le dijo Luis a Charly.

Cualquier otro interlocutor que hubiera pronunciado semejante frase, hubiera desatado la ira de García, transformándolo en un vendaval de improperios. Spinetta es una de las pocas personas a quien Charly venera y respeta. Tal vez por eso se quedó callado (aunque después explotara entre sus allegados) y sin velas.

Días más tarde fuimos a comer al restaurante japonés del barrio, atendido por dos hermosas mellizas japonesas. Charly se casaría con las dos o con ninguna. En ellas quedó la elección del menú. Le traen un platillo en un bol chiquito que contiene toda clase de ingredientes. Si alguien pregunta de qué se trata, le dirán que son los "Fideos a la Charly". Pero el señor, que dejó en manos de las chicas la elección de lo que comería, ha cambiado de opinión. Como a la una se tiene que encontrar con una señorita, pide "la sopita que rejuvenece".

—Sí, rejuvenece: yo soy la prueba —explica estirando la cara en una sonrisa que achina sus ojos.

A todo esto, se para diez mil veces, habla con las chicas, se sienta, habla conmigo y con quien le plantee diálogo, masculla para sus adentros y, cada tanto, le pega un par de cucharadas a la sopa. Cuando está por terminar el plato, agarra el tazón con ambas manos y la termina haciendo ruidos con la boca.

—Muy fino lo mío —diagnostica y se suena la nariz.

Una de las mellizas, conocedora de sus gustos estéticos, trajo una pequeña velita para darle ambiente a la mesa. Charly pidió que la retirara.

—No, porque va a venir Spinetta y las va a apagar a todas —explicó, mostrando todavía el enojo por el incidente en el estudio.

— • —

De alguna manera, los meses que Charly transcurrió en Madrid guardan una similitud con los que pasó en Nueva York durante 1983: una ciudad distinta, una vida diferente para la creación de un disco especial. El ambiente, que le dicen. "En Nueva York —cuenta Charly—, yo tenía la intención de alquilarme un loft por un mes y laburar ahí. Me dijeron que me iban a matar con el precio pero fui con Pirín, que era del lugar y llegamos a uno que mataba. El quía se puso a hablar con la dueña y le batió 'music artist of South America in the kitchen in the morning', mientras yo tocaba el piano que había ahí, un Steinway bárbaro. Finalmente la mina nos cuenta que se va de viaje y me dice 'I like your energy'. Nos cobró sólo mil dólares, nos dio las llaves y nos dijo que cambiáramos el número de teléfono porque ella se llevaba el que estaba. Así de fácil. Me compré un montón de máquinas, teclados y grabadores; era como un artista multimedia. Estaba casi al lado de Electric Lady, el estudio que hizo Jimi Hendrix y que está decorado como él lo quiso. Fuimos a alquilarlo; yo quise bloquearlo por un mes.

"—¿Tu papá es millonario o qué? —me dijo el tipo.

"Pirín sacó un fajo de billetes y le dijo '¿querés o no querés el dinero?'. Nos trajeron café inmediatamente. Cuando estábamos grabando, el tipo venía y me palmeaba la espalda diciéndome 'mi muchachito, sos genial'. En ese momento me presentaron una lista de los ingenieros de la casa; un montón de nombres y, casi al final, estaba el de Joe Blaney, que había grabado *Sandinista!* de The Clash[29]. Pensé que si había hecho eso no se iba a asustar con un sudaca.

"Cuando lo vi por primera vez, me cayó bárbaro; tenía unos lindos zapatitos, era alto como yo y en esa época era rubio (después de tantos discos conmigo el pelo se le puso canoso). Nos sentamos y hablamos mientras Zoca andaba por ahí; el mono vio el ambiente y no sabía quién era yo. Me pidió que

---

29. Blaney grabó *Combat Rock* con The Clash, y no *Sandinista!*

le mostrara algo y le puse 'Yendo de la cama al living'; cuando escuchó 'No bombardeen Buenos Aires' me empezó a preguntar cómo había grabado los tambores. Primero le gustó la música y más tarde vio que era serio. No sé qué esperaría él, pero cuando le dijeron Argentina, había pensado en algo raro".

Joe Blaney sería convocado por Charly para que fuera coproductor del disco con Mercedes. "A mí me pareció interesantísimo el proyecto y además era la oportunidad de grabar con Mercedes Sosa teniendo a disposición un gran repertorio", me confesó Joe cuando vino a Buenos Aires por segunda vez en su vida, en diciembre de 1996. La primera fue en 1988, para grabar *Cómo conseguir chicas*, grabación de la que Joe no tiene precisamente buenos recuerdos. Joe pensó que esta vez todo iba a ser distinto. Y lo fue. Vaya si lo fue.

26. Calambres en el alma

Es muy delicado contar anécdotas cuando
todas son de sexo, droga y rock and roll.
Las que olvidamos fue por el mismo motivo.
ANDRÉS CALAMARO.

Para los que intentamos estar cerca de Charly en 1996, ése fue el año que vivimos en peligro, sobre todo en determinados períodos. Explicar todas las crisis de Charly extendería este libro al doble de su tamaño, pero también es imposible pasarlas por alto tanto como el vano intento por construir una "crisis modelo" que sirva para representar más o menos a todas. Sin embargo, intentaré consignar algunos datos que guíen al lector a poder entender mejor los hechos. Diversos efectos, acumulados y casuales, derivan en brotes que no son psicóticos aunque lo parezcan; durante ellos, Charly será ingobernable, impredecible y, básicamente, insoportable. Que no se comprenda levemente esta palabra: insoportable no es una persona pesada o cargosa; insoportable es intolerable, irresistible, inaguantable, insufrible. Intentar calmarlo será como querer apagar un volcán con el culo: imposible.

Durante estos trances, difícilmente Charly está solo. Es como Keith Moon, que cuando vencía la resistencia de los demás Who y de su entorno, demostraba que siempre iba a encontrar a alguien con quien tomarse otro trago o que le llevara el apunte. Hay acompañantes que son más resistentes que otros. Uno de estos sucesos puede durar días, semanas y, raramente, meses. Son etapas en las que García está superexcitado y se teme que su térmica salte por los aires. Eso no pasa porque siempre salta la de los demás. Tras sus internaciones aprendió rápidamente el argumento por el cual el internado es simplemente un fusible de la familia, que debería estar a pleno siguiendo un tratamiento similar. Siguiendo ese razonamiento, invierte la ecuación y los demás son los fusibles que saltan. Su lógica es perfecta y, es bueno recordarlo, sirve a sus planes ya que en el afán de los demás por ayudar, se consume una energía que alimenta a Charly y que desgasta a los acompañantes.

Las crisis funcionan a modo de revuelta palaciega; Charly es un monarca que gobierna una torre de marfil que se cae constantemente a pedazos. En esa inestable estructura, García hace y deshace: despide gente, los contrata otra vez, amenaza a otros, seduce, conquista y arrasa. Hace un montón de cosas y, a la vez, no hace nada. Enchufa, desenchufa, conecta cables y arma unidades que, al final, no utiliza. Es como una película que jamás puede empezar a rodarse y cuando todo está listo, los actores sufren una lipotimia colectiva. Todo esto tiene que ver con que Charly se aburre. El suyo es un embole cósmico, propio de aquellos que han hecho un culto de divertirse hasta morir: llega un momento en que todo los aburre y, buscando lo que pueda conmoverlos, llegan a extremos casi mortales, en el más literal sentido de la palabra.

El span de atención de Charly García es tremendamente corto y eso le provoca severas complicaciones ya que al no poder concentrarse, todo se ata con alambres. Así se ven esas actuaciones en las que cambia el sonido del teclado todo el tiempo, lo que afecta su ejecución, su fraseo al cantar y así sucesivamente, en un efecto dominó que termina a menudo en bochorno. Tal vez por eso es que en los momentos más críticos suele decirme: "Don't lose focus" (no pierdas foco). Otra forma en la que funciona este asunto de los espejos y reflejos: en realidad se lo dice a sí mismo.

A lo largo de todos estos años, García entró y salió de diversas crisis por las suyas y por el aguante de determinadas personas. Durante 1996, no sé por qué extraña razón, fui convocado de urgencia más a menudo que de costumbre. Cuando Charly llamaba a Zoca, era porque la cosa ardía; cuando Zoca me llamaba a mí, era porque las llamas estaban fuera de control. Lamentablemente, el suyo era un fuego que solamente él estaba en condiciones de apagar. Si no era Zoca, era su chofer, su contador, o alguna de las amigas de Charly, quien me pedía que fuera al rescate. Nunca he podido ser de gran ayuda, debo reconocerlo, pero estas buenas personas creían que sí. Particularmente, no creo que Charly se calme conmigo: lo único que sucede es que no me agrede por una cuestión de cariño y porque siempre salto del tren dos segundos antes del choque. Manejar los tiempos de Charly requiere un nivel de atención superior: no perder foco.

Joe Blaney llegó el 26 de noviembre de 1996 a Buenos Aires para grabar junto a Charly el disco de Mercedes Sosa. Coincidió con su llegada la profundización de la crisis más tremenda que yo haya conocido en Charly. Pocos días antes había salido a la calle *Say No More,* disco que —como todos los de García— recibió una atención inmediata. Una crítica aparecida en *Clarín* lo calificó de "regular", y eso bastó para enfurecerlo. El real problema era que pasaba el tiempo y Charly seguía sin ofrecer un buen recital o discos que fueran inapelables. *Say No More* fue, a mi parecer, un trabajo sumamente interesante y poderosamente testimonial, pero la forma caótica de trabajar se vio reflejada en una desprolijidad extrema que aportaba al concepto, pero que asimismo requería de una dosis de paciencia especial para que el oído se acostumbrara a sortear el sonido altamente informal. Sin embargo, "Cuchillos" logra la perfección en todo ese caos.

— • —

En el transcurso de un rodaje para un unitario, la vestuarista Adriana San Román se encontró con Águeda. Águeda es una cachorra de collie, que apareció sola y muerta de hambre en un descampado cerca de Tigre. Estaba en el medio de la nada, La Prima se apiadó y la rescató. Divino el animal. Negro y blanco. Juguetón, como todos los cachorros. No sabía lo que el destino le tenía reservado, por cierto, mucho mejor que el futuro de hambre y quién sabe qué otras cosas.

La perra pasó de la nada... a morderle los tobillos a Charly García. Fue lo primero que hizo cuando lo vio. No encontró demasiada carne. El bicho era de lo más simpático y ésa fue su manera de romper el hielo. Charly se puso a tocar el piano, y el can despertó de su sueño, levantando las orejas y respondiendo con inclinaciones de su cabeza a las modulaciones de la música. Parecía tener buen oído. Ese sábado, Charly había llegado desde Estados Unidos de excelente humor. La actividad prevista era pintar con aerosol las vidrieras de su negocio de ropa "Say No More". Fuimos todos cargados de tecnología; a saber: un teclado karaoké infantil marca My first Sony, una minifilmadora, un radiograbador y ocho frascos de pintura en aerosol.

Charly entró en una disquería de la galería a comprar música para ambientar. Compró cinco compactos: *The Best of the Box Tops*, *Marquee Moon* de Television, *New Sensations* de Lou Reed, y dos más. Pintó con su singular estilo las tres vidrieras; una con la leyenda "La vanguardia es así", la otra con el símbolo de *Say No More* y, en la tercera, escribió "A-1". Adentro del local pintó varios símbolos más. Después se sentó en un sillón en una esquina.

Águeda comenzó a subírsele encima a Charly, que tiene muy buena onda con los animales; pero la efusividad del can iba demasiado lejos. Le lamía la cara, le mordía las manos y las mangas del pullover, mientras le saltaba por todo el cuerpo. La interrelación perro-García funcionaba a las mil maravillas. Esto duró hasta que Águeda comenzó a olfatear por el piso topándose con el vaso de whisky de Charly. Inmediatamente el can hundió el hocico en el recipiente. A García no le gustó nada; apartó al animal y le gritó: "Perro ridículo: ¡debes morir!". Eso bastó para poner las cosas en su lugar.

Charly realizó unas pintadas impresionistas en todo el local "Say No More", con el clásico símbolo de las tres iniciales encimadas y con leyendas de su propio cuño. El aspecto del lugar causaba un ligero malestar entre los habitantes de la galería Bond Street —jóvenes en su mayoría—, que tienen locales de todo tipo: venta de libros, skates, tatuajes, discos, ropas, artículos para freaks. Pero ni ellos mismos se bancaron el aspecto del local de Charly. Las chicas limpiaron los vidrios y le pusieron un "Say No More", mucho más chico, cansadas de que la gente les preguntara si había habido un atentado contra su negocio.

— • —

Al tiempo que pintaba con aerosol el local, Charly seguía pensando en tocar el día de su cumpleaños, el miércoles 23 de octubre, para lo que apenas faltaban cinco días y una infinidad de tareas para hacer: contratar el teatro, definir el sonido, asignar las distintas tareas, ensayar, encargarse de la promoción y varios etcéteras más. Por supuesto, nada de eso iba a hacerlo desistir de su proyecto. Además, no quería que hubiera entradas de favor (que los amigos y la prensa pagasen) ni contratar seguridad.

El show reflejó la precariedad con que todo había sido organizado y, sin embargo, estuvo lejos de ser un desastre. Hubo momentos flojos, otros desconcertantes pero, en general, primó la idea de un festejo en público de los 45 de Charly. El día del concierto llamó para constatar que hubiera sacado mi ticket. Le dije que justamente iba al centro a comprarle su regalo (un auténtico filme Say No More, una película muda de Buster Keaton) y que pasaría por el teatro Ópera.

—Hay unas entradas bloqueadas que tienen una buena ubicación —me explicó—, pero no saqués la tuya porque quiero que vengas un rato antes y que lo busques a Mariano Airaldi. Él te va a dar una lucecita para que te muevas allí adentro como uno más de la *crew*.

—Okey —le respondí— pero voy a sacar entradas para mi mujer y una amiga.

—Bien, así me gusta. Yo mismo compré veinte tickets, pero no te los ofrezco porque me bloqueé la fila 22.

—¿Por qué tan lejos?

—Para no verle la cara a mi familia.

Un rato antes de que comenzara el concierto, llegué al teatro en busca de la persona que él me había dicho. No la encontré, pero me topé con su jefe de prensa quien me confirmó aquel asunto de las lucecitas, pero que no sabía cuál me tocaba a mí.

—¿Cómo cuál? ¿Hay varias?

—Sí —me aseguró—; están las azules para los músicos, las amarillas para los de la *crew*, y las rojas para las chicas.

La luz amarilla me permitió recorrer con libertad los túneles subterráneos del Ópera que conducen a los camarines, y elegí dos lugares para ver el concierto. Uno de ellos fue al fondo, donde estaba la consola manejada por Guido Nissenson, el sonidista.

—Hoy no tengo mucho que hacer. La consola está en el escenario, así que sólo puedo manejar el volumen. Fue una decisión de García, que va a hacer el sonido mientras toca —me contó Guido.

—¿Y eso es bueno o malo?

—Es lo que es —respondió.

—¿Y cómo va a sonar?

—No muy bien que digamos.

Charly es así: siempre tuvo problemas para imponer su punto de vista, porque lo toman por loco. En los últimos años siguió quejándose por todo lo que tuvo que discutir para que en la presentación de *Clics modernos* sólo hubiera luces negras y blancas, en una época en que estaba llegando buena tecnología lumínica, a todo color. La verdad es que el acierto que fue el concepto de *Clics...*, con la luz tipo flash de cámara de fotos, no se repitió esta vez con el sistema sonoro.

En la zona de camarines deambulaban amigos como León Gieco, Juanse, Fabiana Cantilo y Mercedes Sosa, quien hizo un gran esfuerzo para estar presente ya que una gripe la tenía a mal traer. Vi el set de Charly cantando con Mercedes desde atrás del escenario, sentado en un anvil y camuflado detrás de una escenografía. En un momento, Juanse se arrojó al público e, inmerso en un mar de brazos, invitó a Charly a que lo imitara.

García tiró sus anteojos sobre la tarima que sostenía los teclados y corrió hacia la gente. Lo vi saltar, dar una vuelta carnero en el aire, y caer de espaldas en el sector donde estaban las butacas. Pensé que se había matado, o que al menos se habría roto un par de costillas, y contuve el aliento. En muchas ocasiones hizo piruetas semejantes en su sala de ensayo. Llegaba, se cambiaba rápidamente, se sacaba los anteojos (a veces) y encaraba a toda marcha hacia la piscina. Una vez me saltó por encima, aterrizó en el borde, pegó otro salto, dio una vuelta carnero en el aire, y cayó de cabeza en el agua. Pero de ahí, a hacerlo en un teatro...

Al rato observé que los plomos lo rescataban, vivo por suerte. Cuando terminó la canción, hubo un nuevo intervalo. En camarines divisé a Juanse.

—Che, Hemingway, escribí todo esto —me gritó.

—¿Qué? ¿La locura esta del salto? —contesté.

—No, man: Charly es el único artista capaz de lanzar una función en el Ópera un lunes, y el miércoles llenar el teatro casi sin publicidad. Este tipo vale oro; habría que hacerle una torre de platino en Plaza de Mayo.

—¿Lo pongo textualmente?

—Más bien. Y también poné que, por García, yo me corto un brazo.

Juanse no estaba asustado en lo más mínimo, pero el resto de los músicos, sí.

—¿Qué hiciste loco? ¿No te diste cuenta de que te podrías haber matado? —le reprochó alguien resumiendo un sentimiento general.

—Es que yo crecí en una casa con pileta, manga de grasas —fue la réplica de García que, vaso de whisky en mano, se dirigió a su camarín.

— • —

La historieta del cumpleaños eclipsó uno de los grandes sucesos de la carrera de Charly: cuando tocó, pocos días antes, en el Lincoln Center de Nueva York con Mercedes Sosa. Como siempre que está con ella, el muchacho estuvo impecable, pero lamentablemente no pudo registrar el show con la videocámara porque no se la dejaron llevar al escenario. Como a toda costa quería conservar un testimonio del show, dejó la máquina grabando en camarines y apuntando a una mesita en donde había una botella de champagne y unas copas para la celebración del acontecimiento. Su intención era registrar el audio, pero la cámara captó algo más: el momento en el que el organizador del concierto fue a servirse una copa más, justo cuando Charly estaba tocando "De mí".

En ese viaje a Estados Unidos, Charly pudo comprobar de cerca el tremendo profesionalismo de Mercedes Sosa, quien tuvo que sacar fuerzas adicionales para subirse al escenario en Boston. Un malestar pasajero aunque importante la tenía contra las cuerdas y, pese a todo, no quiso cancelar el show. Mercedes tuvo que hacer un gran esfuerzo para tocar aquella noche y lo logró. Esa imagen impactó tremendamente en Charly, quien después del recital con el que festejó su cumpleaños se quedó pensando en esa frase que dice que "el show debe seguir".

—No, loco —me dijo un día, fastidiado—; el show no debe seguir a cualquier precio.

Estaba angustiado de más por el estado de salud de Mercedes Sosa, a quien había visto dos días antes cantando en el teatro Ópera para su cumpleaños. Fue una tarde de lo más loca que comenzó con un mensaje en mi contestador.

—Sergio, si estás por ahí venite, o mandá una señal —le rugió a mi máquina.

Era mi día libre en el trabajo y me di el gusto de dormir una siesta. Hay veces que pienso en que yo duermo todo lo que él no, como para mantener un equilibrio. Apenas desperté escuché su mensaje; hubiera querido mandarle una señal pero el canuto de Batman no me prestó la suya, así que me corrí hasta su casa.

Charly bramaba sin cesar. Es probable que su exaltación haya asustado a la secretaria de Mercedes quien le juró y rejuró que la señora Sosa estaba bien. García no le creyó. Media hora más tarde un cadete le hizo entrega de un paquete que había enviado Mercedes, conteniendo un regalo: un finísimo perfume. En vez de alegrarse, Charly se enojó aun más y roció todo lo que estuvo a su alcance. Algo raro le estaba sucediendo. Lo único que pudo calmarlo durante la crisis de aquellos días fue un casete que le envió Andrés Calamaro desde Madrid con los demos del disco que un año más tarde se convertiría en *Alta suciedad*. La primera canción era una bellísima versión de "Inconciente colectivo", cantada y tocada con mucha pasión. La segunda contenía un sampler de Los Beatles, y la tercera era "Alta suciedad", una canción que García me hizo escuchar no menos de seis veces seguidas. Andrés cantaba un tema nuevo, por aquel entonces, sobre una poderosa base heavy-rap; una suerte de "Lou Bizarro"[30] en anabólicos. Charly no se cansaba de escucharlo.

—Loco: éste es mi pollo —declaró vehemente—. Y peló. ¡Ni yo lo hubiera hecho mejor!

---

30. Tema de Andrés Calamaro publicado en *Grabaciones encontradas Vol. 1*, (1994).

Nito Mestre y Charly García: Sui Generis, 1973.
(Foto: Gentileza Archivo *Expreso Imaginario*.)

Un alto en el trabajo. Charly García ya piensa en *Películas*, 1977.
(Foto: Gentileza Archivo *Expreso Imaginario*.)

Pedro Aznar, Charly García, David Lebón y Oscar Moro.
Serú Girán en 1981. (Foto: Andy Cherniavsky.)

Bazterrica, Cachorro, Iturri y Calamaro.
Primera banda solista de Charly, 1982. (Foto: Andy Cherniavsky.)

Charly García inicia su etapa solista, 1982.
Foto: José Luis Perotta (Archivo de Prensa Andy Cherniavsky.)

Charly García en su cuarto, 1996. (Foto: Andy Cherniavsky.)

Indómita luz, 1996.
(Foto: Andy Cherniavsky.)

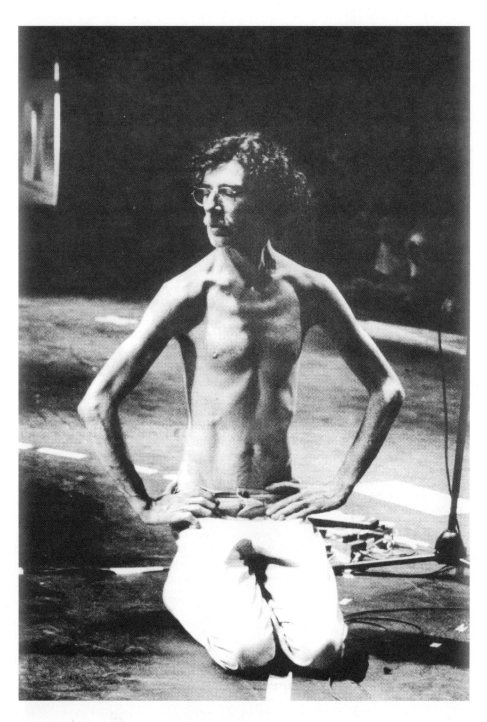

Charles Atlas García. Teatro Ópera, 1996.
(Foto: Andy Cherniavsky.)

Fernando Kabusacki y Charly García, muy elegantes en Las Vegas, cuando Charly recibió el Premio a la Excelencia Musical que le otorgó la Academia Latina de Ciencias y Artes Musicales, 2009.
(Foto: Gentileza Fernando Kabusacki.)

Álvaro Villagra y Charly García en los estudios Monsterland Del Abasto al Pasto durante la grabación de *Random*, 2016.
(Foto: Gentileza Álvaro Villagra.)

Charly García en Boris durante la ceremonia del INAMU por la recuperación de los derechos del material del sello Music Hall. Miguel Mateos, Raúl Porchetto, David Lebón, María Rosa Yorio, Cristian Aldana, León Gieco y Diego Boris, febrero de 2016. (Foto: Sergio Marchi.)

Viejos hábitos que no mueren: Charly sobre la cama, que ya muestra rastros de sus intervenciones. Noviembre de 2013. (Foto: Maxi Vernazza.)

Charly García encapotado. Desde niño se vio atraído por la figura del vampiro, a la que le dedicó una de sus primeras composiciones cuando todavía cursaba la escuela primaria, noviembre de 2011. (Foto: Maxi Vernazza.)

Charly fue honestamente brutal con su elogio, tan honesto como aquel día en que se arrojó a los pies de Fito Páez cuando le mostró los demos de su primer disco *Del '63*.

—Algo que él ha olvidado —comentó en la misma tarde.

Páez, sin embargo, guarda el gesto en un sector privilegiado de sus recuerdos. "Él fue muy generoso conmigo —afirma Fito—, me dio mucha fuerza, sin quererlo y con pequeños gestos. Él vino a algunas sesiones de grabación, me piropeaba mucho, me alentaba. Yo quería estar a la altura, aparte: sabía perfectamente quién estaba liando en el estudio. Escuchamos el disco varias veces. Fuimos a Ibiza, después. Yo estaba muy mal, había tenido unos rollos feos con las drogas en aquellos años y estaba en un período muy abstinente, como de mono. Y él estaba a tope total, con una vitalidad impresionante. Me acuerdo de una tarde que fue muy linda, porque me sacó por el centro de Ibiza, me compró una ropa y me vistió todo de blanco como Lennon. Un traje precioso y con esa ropa yo debuté en el Astros".

— • —

Cuando la conversación pasó de "el show que no debía seguir" a la música, Charly pareció recobrar la forma humana. Cualquiera tiene un arrebato, pero éstos habrían de sucederse unos a otros con breves períodos de calma de por medio. Hasta que la calma murió ahogada en un mar de furia que duró exactamente un mes, época que comenzó cuando llegó Joe Blaney y se puso a trabajar con Charly en el disco de Mercedes.

Las grabaciones con Blaney en Panda se iniciaron con algunas dificultades el primer día de diciembre de 1996. En primer lugar, se cortó la luz. Blaney había llegado al mediodía al estudio, y Charly arribó ya pasada la tarde. Quiso solucionar el problema de inmediato. Sacó un billete de 100 dólares y se lo dio a un asistente.

—Andá a comprar un millón de velas —le ordenó.

El chofer de Charly y el asistente agotaron todas las velas de un kioskero que cerró el negocio para ir a festejar la buena venta del día. No eran suficientes. La luz volvió cuando ambos buscaban en las páginas amarillas la santería más cercana al estudio.

Los músicos estuvieron todo el tiempo a disposición de Charly en el estudio, pero a veces su presencia era en vano: García se empecinó en grabar todo él. El día que yo llegué lo encontré grabando unos extraños sonidos de guitarra en "Cómo mata el viento norte". Joe la jugaba *cool*, pero era evidente que el método de registro de Charly, que consistía en grabar sin una idea clara y dejar que ésta se corporizase en la toma, le producía un gran disgusto.

Hubo tomas que duraron once horas; Charly parecía estar boicoteando su propio disco al insistir en detalles que podían sonar como intrascendentes: la colocación de luces de escenario en el estudio, instalación de velas, decoraciones varias, pérdidas de tiempo en el saloncito de estar, la conexión de un televisor a un Marshall, y miles de detalles más con los que Charly pretende "dar ambiente", esperando que la inspiración se sienta invitada a aparecer.

—Poneme la cámara filmadora: necesitamos motivación —ordenó a uno de los miembros del séquito.

Pero aquel día la inspiración había faltado sin avisar. "Cómo mata el viento norte" se hizo de mil formas diferentes, incluyendo un piano honky-tonk tocado por Charly: nada funcionaba. García no se rendía pese a que parecía que no podía dar un solo paso o generar una sola idea. Tocó arbitrariamente unas guitarras que parecían arruinar la canción y que fueron las únicas que lo dejaron conforme. Ninguno de los músicos se animó a decir "mu", temerosos de la ira del jefe. ¿García estaba haciendo una genialidad que nadie alcanzaba a comprender o simplemente todo era una cagada perpetrada por un hombre que perdió el control?

Por otro lado, el entorno de García había comenzado a nutrirse de gente no muy confiable: tahúres, vividores, yonquis y malafachas.

La única persona que se animó a manifestar su desagrado con el curso de la grabación fue Joe Blaney.

—Para mí es imposible hacer un disco con toda esta basura —dijo, en un momento en que Charly se fue al baño.

Discutieron cuando Joe, a las tres de la mañana, decidió irse a dormir. Estaba fusilado, al igual que Charly, pero razonablemente decidió recuperar fuerzas. Obviamente, García se quedó en el estudio grabando sin parar.

— • —

Fueron miles de horas de estudio, pero Charly pareció estar dando vueltas en círculo sin aproximarse a ningún resultado concreto, cuando en el horizonte surgió la fecha de presentación de *Say No More* en el teatro Ópera: 27 de diciembre. ¿Cómo iba a hacer esta vez? El disco de Mercedes distaba de acercarse a buen puerto. Joe y Charly ya estaban definitivamente enfrentados. El norteamericano quería volverse a Nueva York para pasar las fiestas con su familia. Charly quería seguir grabando a su manera. No era ésta una discusión de gentilhombres, sino una guerra declarada en la que Joe quería abandonar el campo de batalla, cansado de todas las distorsiones que la mente febril de García urdía en el estudio. El 14 de diciembre, Joe me llamó muy preocupado.

—Creo que deberías saber cómo están las cosas —explicó y procedió a darme los titulares.

Almorzamos juntos al día siguiente y me completó el cuadro: todo se había salido de cauce; Charly ya no lo respetaba, nunca bajaba de revoluciones y había habido muy pocos avances concretos con respecto a la grabación. Mercedes estaba preocupada por el destino del disco, al igual que la compañía grabadora. Me explicó las largas conversaciones con Charly para intentar hacerlo entrar en razones, y su inevitable fracaso en ellas.

—Básicamente, se ha vuelto imposible trabajar con él. No

hay comunicación, sumado al hecho de que hablamos distinto idioma, y él se empecina en hablarme con onomatopeyas. No tiene foco, va de una cosa a la otra, vuelve, y graba tomas completamente desquiciadas. No hay modo de hacerle entender que ésta no es la forma de hacer un disco. Cuando yo le digo que tiene que vivir en el mundo real, él me pregunta ¿y qué es el mundo real? —me resumió Joe.

La única solución para ese disco era sacarlo de las manos de Charly y mandarle las cintas a Joe para que las trabajara y las mezclara en Nueva York. Cuando retornó a su patria, había cuatro temas casi terminados, y él estimaba que podría rescatar un total de nueve. Once, si contrataba un bajista. Pero los dos sabíamos que Charly no iba a resignar su rol de productor, y que quienquiera que intentara sacarle las cintas de la mano, iba a tener que matarlo primero.

Mi teléfono comenzó a sonar con llamados de personas clave del entorno de Charly: todos estaban muy preocupados por su estado mental, por su salud y por su conducta. Algunas preocupaciones me inquietaban a mí más que otras. Charly había estado encerrado cuatro días enteros en el estudio de grabación; los músicos se escapaban en cuanto podían y todo el mundo ya estaba muy cansado. Ni siquiera se trataba de que Charly estuviera brotado; lo suyo era un consumirse, un arder sin llama, un desvanecerse paulatino. Como si eso fuera poco, se venían las presentaciones de *Say No More*, y eso era demasiado. Ya nadie podía hacer nada y diversas personas me pidieron que interviniese.

¿Qué hacer en esos casos? Yo sabía qué, pero no cómo vencer la resistencia de Charly a hacer lo que había que hacer. Hablamos varias veces del tema y yo estaba perfectamente enterado de lo que pensaba Charly al respecto. Pero en este caso, todo el mundo convino en que esta crisis podía ser la última. Había que hacer algo, además, porque ya se hablaba de una nueva internación.

Siempre mantuve abierto un canal de comunicación con

todos los amigos de Charly y escuché sus razones, sus quejas y todo lo que tuvieran para decir. Pero en una instancia semejante, al igual que en todas las paradas difíciles, hubo personas de fierro y otras que no. Sin embargo, la fortaleza de Zoca —que aunque no se la viera, siempre estaba— era conmovedora. La brasileña tiene el temple curtido por haber atravesado una y mil veces el infierno de García. Sabe de quemaduras y de milagros que se operan frente al fuego.

A ella fue a la única persona del círculo íntimo de Charly a quien le confié todas mis dudas. Ambos coincidimos en algo: había que evitar una nueva internación psiquiátrica. Ésa era la solución fácil, que demoraba las cosas uno o dos meses, pero que no servía para nada. "La herida es espiritual", suele decir Charly, y siempre recordamos esa máxima cuando tenemos que guiarnos en la oscuridad.

El real inconveniente era que Charly veía conspiraciones por todos lados. No existían las personas para él: solamente los roles. Los aliados, los enemigos, los complotados, los traidores, las muletas, los culpables de emergencia, los fusibles. En esas crisis, así como se ve potenciada su paranoia, Charly ve aumentada la lente de su lucidez. Ahora estaba con aquello de que su chofer tenía una amante. Charly creía que le querían robar el auto y suponía, no sin razón, que se pensaba en internarlo. Conoce los signos, pero se muestra incapaz de detener su propio malestar.

Era hora de actuar. Era el martes 15 de diciembre. Charly dormía y pedí que me avisaran apenas se despertase. Tuve novedades al mediodía del día siguiente.

27. Plan 9

And the castles made of sand/
fall in the sea/Eventually.
JIMI HENDRIX, "CASTLES MADE OF SAND".

Apenas me dijeron que Charly se había despertado, fui a ver si era posible conversar un rato con él sobre cuestiones candentes. Afortunadamente, estaba solo en su habitación. Acababa de despertarse y todavía tenía en su cara las marcas de la almohada. Pero había algo todavía más extraño en su rostro: las facciones le habían cambiado levemente, pero pude notarlo con claridad. No era producto del sueño: la forma de los ojos se había elongado, los pómulos se marcaban con detalle craneal. En un momento, sintió calor y se sacó la frazada de encima. Eso fue lo más duro de ver: lo flaco que estaba. Una cosa es ser flaco, y puedo dar constancia de ello al haber sido yo mismo el "alfeñique de 44 kilos" del que Charles Atlas hablaba. Charly siempre ha sido delgado, pero su flacura actual causaba escalofríos. El vientre se le plegaba como un acordeón. Parecía estar desnutrido. Estuve a punto de largarme a llorar, pero los melodramas jamás solucionaron nada relativo a esta clase de problemas. Conversamos de algunas nimiedades hasta que fui directo al grano: le dije exactamente que se encaminaba rumbo al desastre y que si iba a hacer algo, ése era el momento.

—No podés seguir así, Charly —lo abarajé—. ¿Hasta dónde vas a aguantar?

—Uf, loco —me contestó con fastidio—, ¿vos también? Escuchame: yo soy feliz así.

—Me resulta difícil creerlo —repliqué.

—Pero es la posta —me insistió, mostrándome una sonrisa que necesitaba un tratamiento odontológico.

Discutimos unos quince minutos intensamente. Él comenzó a gritar, y yo traté de hacerme escuchar: parecíamos Joe Cocker y Bob Seger en un dueto imposible. No revelaré jamás cuál fue la frase o el argumento con el que lo convencí de que se encontrara con una persona de mi máxima confianza: un psicólogo muy especial. Me dijo que ya lo conocía —mentira—, y me escabulló el bulto hasta que finalmente quedamos en encontrarnos los tres en su sala de ensayo.

—Escuchame: lo hago por vos, porque estás más loco que yo —me recriminó.

¿Quién sabe? A lo mejor tenía razón y yo había perdido la cordura. En todo caso, tantas veces fue al revés que la situación bien podría bancarse un cambio de rol. La persona a quien yo quería que Charly viera era un analista que es considerado como una de las eminencias en su materia, aunque en los altos círculos psicoanalíticos hablen de él como de "un loco que entiende a los artistas". Era la persona necesaria.

— • —

El encuentro estaba destinado a fallar, porque Charly así lo quiso de movida. No hay peor sordo que el que no quiere oír. Y él estaba sordo como Beethoven y ciego como Ray Charles (¿Rey Charly?). Tuvimos hasta el timing de llegar en un momento en que el ensayo se había detenido para que Charly pudiera ingerir "two de múzarel" (dos de muzzarella). García fue el monopolizador de la palabra y dejó en claro varios puntos.

—Mirá, yo te recibo porque este pelotudo —dijo señalándome— tiene terror de que yo me muera. Y yo estoy fenómeno. Tengo mucho trabajo, y si no duermo es porque estoy entrenado para eso. ¿Viste a alguien que se reciba de profesor de piano a los doce años durmiendo? No. Y además, yo tengo mi analista que está todo el tiempo.

Se refería a Ken Lawton, a quien no veía desde hacía más de un año. Charly monologó durante diez minutos y después se fue a tocar a la sala, justo en el momento en que esta persona iba a empezar a contarle una anécdota. Era clarísimo: Charly no soportaba escuchar. No iba a permitirse escuchar la voz del otro. Ése podía ser su punto débil. Desde la sala, cantaba para que lo escuchásemos.

—"Yo sé que no soy cadáver..." —entonaba cambiando la letra de "Alguien en el mundo piensa en mí".

Después salió al patio diciendo que quería escuchar una anécdota, para demandarla con vehemencia y cortarla en seco cuando esta persona inició su relato. El analista me hizo una seña y le dije a Charly que nos íbamos, que yo ya estaba más tranquilo. Me gruñó en el patio, con mucho enfado.

—Escuchame, ridículo —me batió—, vos estás completa y absolutamente loco. Vas a terminar internado en una clínica. Y lo peor de todo es que el único pelotudo que te va a ir a visitar y a llevar cigarrillos soy yo.

—Bueno —traté de tomarlo con humor—, traeme Marlboro Box.

—Marlboro, vos —replicó agriamente.

El analista quiso saludarlo y despedirse. Charly no aceptó el saludo. Mientras nos retirábamos, nos dedicó una canción: se puso a tocar bien fuerte la Marcha Fúnebre.

— • —

Hasta ese momento yo no tenía dudas sobre la cordura de Charly. Incluso en los instantes de mayor horror, creí en ella. Pero ahora toda esperanza me había abandonado. El analista me dio su opinión que, curiosamente, estaba en las antípodas de lo que yo pensaba.

—Vea, en primer lugar, no se trata de un hombre que esté en un brote psicótico —me aseguró—. En segundo lugar, está lúcido: insoportablemente lúcido. Por último, él asiste estoicamente a lo que le pasa.

—¿Y qué se puede hacer frente a eso? —inquirí.

—Nada —respondió—: ahora es él quien tiene que hacer algo. Y no le queda mucho margen.

Era verdad. Decidí quedarme a la espera. Mucha gente siguió llamándose entre sí, tratando de establecer algún curso de acción. Yo me marginé y me refugié en un silencio de radio, aconsejable para aquella instancia. Los integrantes del entorno de Charly iban cayendo como moscas y lo peor de todo es que la mejor gente era la que caía, mientras que algunas lacras sobrevivían a los embates de la bestia. En un par de ocasiones se me ocurrió la idea de trompear a alguno de ellos (voluntarios nunca faltaron). Después se impuso la cordura: siempre habría más y, después de todo, no eran ellos los que utilizaban a Charly para robarle el auto, la plata y otras cosas; Charly los tenía cerca a propósito, para poder culparlos si algo salía mal. Porque si no, el culpable de todo iba a ser él. Y si a algo le huye García, es a la culpa: ya tiene suficiente con la que lo persigue a través de los tiempos que, en cierto modo, es imaginaria.

— • —

Éramos pocos y las abuelas se pusieron a parir. A todo el complejo entramado de personas que rodeaban a Charly (músicos, amigos, prostitutas y el vigilante de la esquina como presencia simbólica) se sumó una invitada sin tarjeta: Andrea, "la loca", como se la conoce en el círculo. Dice ser pintora y su deseo es entrar al circuito de artistas de la mano de estrellas del rock and roll.

Por medio de algunos amigos pude saber que ya había perseguido a Joaquín Sabina y a Andrés Calamaro, y que su próxima víctima era García. Su presencia podría haber sido inofensiva si Charly hubiera estado medianamente bien o tuviera su vida estructurada como el resto de los famosos del rock and roll, con managers, algún custodio y filtros de diversa clase. Tal como estaban las cosas era una potencial detonadora de conflictos.

Comenzó a rondar todos los lugares que Charly frecuentaba: su casa y su sala de ensayo. Ella es de las que se meten sin pedir permiso y sin medir riesgos, haciendo uso de su condición de mujer (¡y de loca!) en un entorno predominantemente masculino; nadie iba a animarse a usar la fuerza. Un día caluroso, nadie sabe cómo, se introdujo de prepo en la casa de Charly. Él estaba en la pileta, nadando, cuando ella apareció. Sin decir nada, se puso en bolas y se zambulló en el agua. Charly pidió calma.

—Quietos, tranquilos. A estos locos hay que dejarlos hacer lo que quieren —dijo, conocedor del paño.

Todos obedecieron las órdenes, confundidos por la impudicia de la demente que retozaba en el agua. Todos, menos Charly, claro está.

—¡Nena! —gritó—. El agua está electrificada.

Andrea salió de la pileta y Bruja le alcanzó una toalla para que se cubriera. Todavía existen los caballeros pudorosos. Charly le pidió que se fuera y ella no hizo caso. La escupió y ella le devolvió el gargajo: hubo una batalla de salivazos que se tornó digna de figurar en una película de Fellini. Charly y su chofer escaparon por la puerta del frente, pero ella los siguió. Charly entró al auto y ella se arrojó por la ventanilla aferrándose al objeto de su locura. El chofer (que tenía una amante) la agarró por las piernas y logró sacarla mientras ella lo mordía y lo arañaba.

—¡Subite al auto y arrancá! —le pidió a Mario Serra, que contemplaba atónito la situación.

El auto de Mario es completamente diferente del de Charly,

y pasó un buen rato hasta que el baterista logró comprender los cambios. Finalmente se alejaron de allí, no sin antes chocar un par de autos. El incidente lo puso a Charly aun más furioso de lo que comúnmente estaba. Varias veces se llamó a la policía —sin que Charly lo supiera, ya que no lo habría aprobado— para que se la llevaran, pero era inútil: a las pocas horas la loca estaba libre y retornaba al lugar del crimen. Un día más tarde, la escena se repetía; Andrea golpeaba furiosamente las puertas de la sala, mientras Charly se refugiaba en la pileta y Bruja cubría el pasillo armado con una escoba. Justo en ese momento llamó Zoca y le explicaron la insólita situación.

—¡Sáquenla de allí! —pidió la brasileña.

—No, no podemos: no se quiere ir. Es una mina y no le podemos pegar —contestaron.

—OK, ustedes no pueden. Yo sí —replicó Zoca y cortó la comunicación.

Zoca se tomó un taxi y llegó al toque a la sala. Intentó razonar con Andrea, pero al ver que las palabras no daban resultado, la surtió de lo lindo. Andrea se dio a la fuga con un ojo morado, mientras Zoca entraba a la sala para tratar de contener a Charly, en definitivo colapso nervioso.

— • —

A todo esto, García iba pasando de loco lindo a demente peligroso, por así decirlo. En un momento compró un ejemplar de *Say No More* y lo arrojó a la pileta, todavía con el celofán. El compact quedó en la superficie, flotando y meciéndose con el agua.

—¡Miren! Mi obra flota: no se hunde —exclamó maravillado.

Parecía estar divertido y feliz. Pero después no se sabe qué demonio lo poseyó y comenzó a comportarse en forma violenta. Procedió a demoler su propia sala de ensayo sin que nadie pudiera detenerlo, presa de una furia ciega. Su ánimo de destrucción lo llevó a emprender idéntica tarea en un restaurante del barrio. Ya llevaba quién sabe cuántos días sin dormir, bebiendo como un beduino y programando planes imposibles. Cuando me enteré de los acontecimientos, hablé con Zoca y decidimos llamar a Ken Lawton, quizás la única persona que Charly podría llegar a escuchar. Le comentamos la situación y nos dijo que lo principal era que parara con el alcohol y tomara unas flores de Bach cada dos horas.

—Escúchenme bien —pidió Ken—: es fundamental que tome el remedio, que pare con el whisky (por lo menos por un tiempo) y que se tranquilice. Si no, se va a destruir a sí mismo.

Eso fue casi lo que sucedió. En la noche del sábado 21 de diciembre, Charly se descompuso en un taxi. Se puso pálido, comenzó a sudar y perdió el conocimiento poco antes de llegar a su casa. El taxista, con unos reflejos envidiables, sacó un pañuelo por la ventanilla y comenzó a pasar los semáforos en rojo. Quien acompañaba a Charly en ese viaje trató de reanimarlo, sin conseguirlo. Y de golpe, García dejó de respirar o por lo menos así pareció. Con esa lucidez que nace de la desesperación, el amigo le golpeó el pecho a Charly e intentó hacerle masajes cardíacos sin tener la menor idea de cómo se hacían. Justo llegaban a su casa. Eran las seis de la mañana. Alguien esperaba en el bar de abajo, por fortuna. El amigo de Charly pidió auxilio de inmediato.

—¡Pedí una ambulancia! ¡Charly se muere! —gritó por la ventanilla.

Desde el bar se llamó con velocidad al hospital más cercano y se pidió la ambulancia, justo en el momento en que Charly recobraba el conocimiento. Pálido, consiguió salir del taxi. Tuvo la entereza suficiente como para saludar con la mano a la gente que desde la vía pública y el bar seguía la situación con pánico. Una vez que Charly logró llegar al ascensor de su casa, se desplomó sin perder el conocimiento.

—No me quiero morir, no me quiero morir —murmuraba.

—Tranquilo, Charly, no te va a pasar nada —trataron de calmarlo.

La ambulancia llegó en cuestión de segundos. Cuando Charly se enteró, no quiso que subieran. Por otro lado, se temió que con los médicos llegara un malón de fotógrafos. Cardozo, el vigilante de la esquina, tocaba desesperado el portero eléctrico avisando que había llegado la ambulancia. Charly, increíblemente recuperado, no quiso ni siquiera que le tomaran la presión. Se arrastró a su cama y se hundió en un reparador sueño de catorce horas, interrumpido sólo por un breve percance.

— • —

Me enteré de todo esto al día siguiente y volé a casa de Charly. Me lo encontré bajando por el ascensor con Nito Mestre, Miguel (su hijo) y dos amigos.

—Ah, ¿cómo te va? Ahora tengo que hacer, venite después por la sala.

En la esquina, me encontré con alguien que me comentó que el sueño de Charly se vio interrumpido por otra visita de Andrea, la loca. Nadie supo cómo logró ingresar a su departamento, meterse en su habitación y en su cama. García despertó sobresaltado y la echó a los empujones.

Dos horas más tarde, en la sala, Charly estaba visiblemente demacrado, pero tocando. Se fatigaba con facilidad. Al ver la escena hablé con sus allegados y les propuse que cancelaran los shows del fin de semana. Era lunes y todavía había tiempo para hacerlo. El problema era quién le ponía el cascabel al gato, o sea, quién se encargaba de hacerlo y decírselo a Charly. García, claro está, no aceptó la situación y amenazó severamente al que se le ocurriera llevar a cabo semejante despropósito. Al día siguiente, era Nochebuena.

La Navidad vino y se fue sin mayores avances en la coyuntura: el chofer de Charly preparó un asado en la sala de ensayo. A medida que fue avanzando la noche, García volvió a ponerse furioso. Yo llegué de Córdoba el 26 de diciembre por la mañana. Al mediodía fui a ver a Charly.

—Ni loco voy a cancelar los shows —fue su respuesta terminante a mi sugerencia.

Volví a mi casa y media hora más tarde me llamó él. Me pidió que fuera al teatro a ver si estaba todo en orden. Discutimos y me extorsionó.

—Si vos vas al teatro y me decís que está todo bien, yo me voy a dormir y mañana hago un gran show —argumentó.

Fui al teatro y hablé con la gente del Ópera. Les expliqué, a medias, cómo estaba la situación y les sugerí que cancelaran el show. Los dueños quedaron en hablar con Charly. No fue necesario que lo llamaran: al rato apareció él y les aseguró que todo estaba bien.

Pocas horas antes de la primera función, cuando terminó de comprobar que todo funcionaba, Quebracho se plantó firme ante Charly.

—Escuchame: todo está listo para tocar. Pero yo creo que no estás en condiciones de hacerlo. Suspendé todo —le dijo a cara de perro.

—Estás en pedo —dictaminó Charly, dispuesto a llevar todo adelante hasta las últimas consecuencias.

—Entonces, yo me voy —decidió Quebracho.

No hubo forma de convencer a García de que se exponía a un desastre. Su terquedad era indoblegable: ya todo era un desafío. Hacer esos shows se le convirtió en una cuestión de amor propio, y no iba a permitir que se lo mancillaran. No había habido publicidad de ningún tipo, y Charly creyó que el teatro se iba a llenar de cualquier manera, como para su cumpleaños. Se equivocó: el día del estreno hubo unas 800 personas. La capacidad del teatro era de 2.500.

Fui a la primera función de incógnito, comprando mi entrada como uno más del público y evitando encontrarme con la cofradía. Me instalé próximo al escenario y pude comprobar de cerca el bochorno. En primer lugar, Charly decidió que iba a operar el sonido él mismo y eso atentó contra cualquier audición decente, no porque él no pudiera encargarse de una consola (lo ha hecho algunas veces, pero sin estar al mismo tiempo tocando), sino porque todo venía mal barajado de entrada. Los instrumentos no se escuchaban, los micrófonos acoplaban y el audio general oscilaba entre una bola de ruido y un zumbido atroz. Las manos de Charly aumentaron el desastre.

Todo se inició con una larga e intrascendente versión de "Ticket to ride". Después intentó tocar "Estaba en llamas cuando me acosté"; el desánimo del grupo era evidente y la conexión entre ellos y Charly, prácticamente nula. García no terminaba de decidir si iba a cantar, a tocar guitarra, bajo o teclados. Agarraba una viola, se arrodillaba al borde del escenario, tocaba un par de notas fuera de lugar, y cambiaba de instrumento. Era el fantasma de la ópera en persona, paseándose altivo frente a un público atónito que, de cualquier manera, expresaba su apoyo incondicional, mientras sonaban los acordes automáticos de la quinta sinfonía de Beethoven. Era la figura de un hombre solo: presentaba a Mónica y a Sofía representadas en las estatuas del teatro Ópera, iluminadas por un haz de luz.

Por momentos, sobre todo cuando Charly se sentaba al piano, surgieron algunos instantes de genialidad que se perdían en un mar de incoherencias. A la media hora, mucha gente comenzó a irse, resignada a que el show jamás despegara. Vi a un par de veteranos que salieron al hall a fumarse un pucho con los ojos llenos de lágrimas. Uno de ellos me dijo que dejó a su hijo adentro y que salió para que no lo viera llorar. "No sabés cómo me duele ver así a mi ídolo de siempre", le confesó a su mujer que intentaba consolarlo. Varios colegas periodistas vinieron a hablarme, buscando razones para entender todo aquello, pero yo no las tenía: sabía que después de esto, el desastre iba a tomar estado público y por eso opté por el perfil más bajo. Las caras de la gente del teatro, de los que en vano trataron de organizar algo y de algunos miembros del cuerpo técnico lo decían todo. Me fui antes que todo terminara por la impotencia y por el dolor que me provocaba aquella situación.

Los tres años y medio al lado de Charly se me vinieron encima todos juntos.

— • —

La función del día siguiente fue una broma del Día de los Inocentes. Ya había recibido llamados telefónicos del entorno de Charly, que buscaba alguna oreja amiga donde poder cantar su blues. Una de las que llamó fue Zoca, quien me dijo que Charly le pidió que por favor fuera al concierto de la noche del sábado. Quiso saber cómo había estado el viernes y mi informe no le insufló demasiadas esperanzas. Exponiéndose a una rabieta de García, Zoca decidió asistir al show.

Cuando llegué al Ópera me encontré con una situación insólita: cinco patrulleros afuera y un comisario adentro esperando que comenzara la función. Lo había mandado un juez con la orden de que, ante el mínimo quilombo que hiciera Charly, se lo llevaran detenido. A todo esto, García había llegado: se bajó de un auto que no era el suyo y entró al escenario abriéndose camino por entre la gente que ocupaba el pasillo de la sala. Traspasó el telón y con las luces prendidas todavía, lo corrió con sus propias manos mientras sonaba otra vez la Quinta de Beethoven de su piano automático.

—Con ustedes, ¡Mick Richards! —anunció.

En el piano estaba sentado el inefable Javier P. de Laborde, un pibe que se había adosado a Charly durante todo diciembre y que, por el simple hecho de no despegarse ni un momento de él, recibió un ascenso a la categoría de stage-manager. La música sonaba automáticamente, y Javier hacía que tocaba mientras sonreía con esa dentadura tan fatal. Finalmente, Charly arrancó con el show, más desconcentrado que la noche anterior, para interrumpirlo a la mitad del primer tema. Se retiró del escenario, desairado, porque el escaso público no sabía la letra de "Estaba en llamas cuando me acosté".

Poco antes de que el desconcierto comenzara, Juanse llamó

al teatro y pidió hablar conmigo. Quería saber cómo estaban las cosas y prometió hablar con García al día siguiente. La interrupción del show ya llevaba unos diez minutos cuando veo salir a Zoca de la zona de camarines.

—Está intratable —me advirtió—; me dijo un montón de palabrotas, me echó del camarín y no pude hablar con él, porque tiene miedo de que yo lo interne.

—Me lo imaginaba —respondí con letanía.

—No, Sergio —me sacudió—: vos no podés aflojar. ¿Por qué no bajás a camarines a ver si a vos te escucha?

—No me va a escuchar ni a mí ni a nadie —contesté.

—Intentalo, por lo menos —me pidió.

Varias personas de la producción se unieron a Zoca y me pidieron que bajara a hablar con Charly. La verdad es que yo no podía más, pero al ver que el público levantaba temperatura, que el comisario rondaba por el pasillo del teatro, comprendí que aquello era la caldera del diablo a punto de estallar. Sabía de antemano que iba a ser al pedo razonar con él, pero si aquellas buenas personas vieron una lucecita de esperanza en lo que yo pudiera hacer, no podía defraudarlas. Me condujeron a las escaleras que llevaban a camarines y, a medida que descendía, sentía que me aproximaba paso a paso al infierno.

Avancé por un pasillo largo al fondo del cual estaban todos los músicos. Era como la antesala de un velorio. Cuando entré al camarín de Charly, no tardé en darme cuenta de que él estaba en carne viva. Le di un abrazo y lo conduje al sillón para conversar, lo que fue como tratar de frenar a un potro salvaje con un lazo de hilo de coser. Entre corcoveo y corcoveo me dijo que había un complot, que lo querían volver loco, que su chofer tenía una amante, que le querían robar el auto y toda la plata. Pidió ver a su hijo, que no había querido ir. Terminó haciéndome un reproche.

—¿Qué hacés mirándome a mí, pelotudo? Andá y hacé algo: llamá a mi chofer, traeme el auto de vuelta, matá a todo el mundo. ¡No me mires! —dijo a puro aullido.

Volví al pasillo: alguien fue a buscar a Miguelito. Yo pedí que llamaran al chofer de Charly para que le trajera el auto y les dije a los músicos que se quedaran cerca. Vino alguien y me dijo que una chica me buscaba.

—¿Una chica? No, no puede ser —contesté extrañado.

—Sí —me dijo el hombre de seguridad—, lo está esperando arriba.

Era Zoca, escondida tras una puerta del pasillo de camarines, y me dio un par de frascos con el remedio que Ken Lawton había pedido que Charly tomase. Mi tarea era convencerlo a Charly de que le iba a hacer bien. Hubiera sido más fácil que me mantuviera en equilibrio atado de pies y manos sobre un toro mecánico, que lograr que García tomara el remedio. Volví al camarín cuando se había convertido en la tiendita del horror: Charly vociferaba completamente desnudo y presa de una furia imparable. Me armé de valor y le hablé a su mismo volumen, es decir, a los gritos.

—¡Charly! ¡Directo desde Inglaterra! ¡Ken Lawton te manda la poción de la vida! ¡Tomate un trago! —aullé como un vendedor ambulante.

Me arrancó el frasco de las manos, bebió un buen sorbo de la pócima y me lo revoleó por la cabeza.

—¡Boludo! ¡Esto no me hace nada y Ken lo sabe! —me contestó.

—¿Por qué no salís a tocar? La gente va a romper el teatro.

—Ni pienso. Y mucho menos con estos pantalones de cornudo —dijo, señalando los que tenía puestos—. ¡Cornudo, cornudo, cornudo!

—¿Cuál es el problema ahora? ¿Los pantalones? —inquirí.

—Sí —me dijo.

—Te doy los míos, si querés.

—¡A que no!

—¡A que sí! —le contesté y rápidamente me desnudé frente a sus ojos—. Tomá, ponete mis jeans.

Eso operó un corto milagro: Charly se puso los jeans y yo

me puse sus pantalones. Los míos le quedaban grandes; los de él me apretaban de todos lados. Agarró una guitarra y rumbeó para el escenario. Yo me moví como si fuera Brian Epstein en barbitúricos y arengué a los músicos para que salieran a tocar con él. El show se reanudó. Charly tocó unos cinco minutos más, giró como un trompo sobre el escenario y emitió unos cuantos gruñidos inconcretos para volver a retirarse.

No iba a haber más show. Charly ya estaba completamente endemoniado, a puro grito en los pasillos subterráneos del teatro, aterrorizando a todo el mundo. Era una escena dantesca: un hombre flaco y escuálido provocando el terror frente a decenas de seres humanos incapaces de contenerlo. Arriba cundía el pánico. Veinte minutos más tarde, una voz por los parlantes decretaba el final.

—El concierto del señor Charly García queda suspendido. Los que quieran retirar el importe de sus entradas pueden pasar por boletería. ¡Ya no sabemos qué hacer!

— • —

Charly se quedó una media hora eterna deambulando por camarines con mis pantalones puestos, sobre los que ya había derramado una combinación de whisky y cerveza. Ninguno de sus músicos se había quedado con él, prefiriendo mantener una distancia prudente frente a sus arrebatos. Las más golpeadas por los acontecimientos parecieron ser las chicas de la banda, María Gabriela Epumer y Erica Di Salvo. El personal del teatro quería irse a su casa, pero Charly estaba decidido a permanecer en el lugar durante un rato largo. Le propuse que nos fuéramos ya que formalmente se había cancelado el show, pero no hizo caso.

Fue insólitamente un personal de maestranza del Ópera que se acercó a decirle que ya no quedaba casi nadie, quien logró hacerlo mover. Beto, el gerente del teatro, me había contado una anécdota sucedida años atrás en la que Charly se llevó a esta persona aparte y le dijo que no la veía bien. El hombre estaba perfectamente, pero García insistió en ayudarlo: le dijo que si tenía algún problema personal o económico, que contara con él para subsanarlo. Así es Charly: si siente que alguien que le cae simpático anda con dificultades, va a ser el primero en tenderle una mano.

En este caso fue al revés; el hombre, un señor mayor, lo condujo a Charly al ascensor del teatro y junto a él subió hasta el hall, como si su presencia le diera la confianza necesaria para salir de su refugio. Salimos del ascensor y el único de los músicos que tuvo una actitud cariñosa para con Charly fue Mario Serra, que fue a su encuentro y le puso una mano en el hombro. En ese momento se disparó un flash: una de esas fotógrafas que transitan la noche porteña había podido eludir la seguridad del teatro y permaneció en el hall, al acecho. Instintivamente le tapé la cámara con mis manos: no era momento para andar lucrando con la desgracia ajena. Pedí a la seguridad del teatro que se la llevaran y lo único que recibí fue un encogimiento de hombros. Charly estaba a la buena de Dios, sin ningún tipo de protección. Todos se habían cansado de él y sólo querían que se fuera.

Sin medir riesgos, García atravesó la puerta del teatro rumbo a la calle. Afuera había unas cuarenta personas esperándolo enfurecidas por la cancelación. Y se le fueron al humo, no para tocar al ídolo sino para cagarlo a trompadas. Afortunadamente, el contador de Charly, algunos tipos de la seguridad, Ulises Di Salvo y yo pudimos meterlo en un auto para que se lo llevara a su casa. Intercepté con la cara un par de bifes que iban destinados a la estrella y repartí unas cuantas patadas y empujones. Era como la batalla de Cancha Rayada: una derrota difícil de tragar. Mientras se produjo el accidentado tránsito hasta el vehículo salvador, García se la pasó puteando a sus atacantes. En el auto quedó solo con un chofer desconocido.

—¡Se va solo! ¡Que alguien lo acompañe y pague el remís! —rogó Reinaldo, el contador de Charly.

—¡Yo voy! —me anoté—. ¿Quién viene?

El único que alzó la voz fue Ulises, que no podía dejar su cello en camarines. Descartado: iba a tardar demasiado. Reinaldo tenía que arreglar las cuentas. El resto de los que estaban ahí se hicieron los pelotudos: querían quedarse a cobrar el show.

—¡Manga de cagones! —aullé—. ¡Voy solo!

Paré un taxi y seguí al auto de Charly, al que perdimos de vista. Cuando llegué a su casa, él ya había subido. Logré que me abrieran la puerta del edificio; no bien traspasé la de su departamento, Charly empezó a gritarme.

—¡Cornudo, cornudo, cornudo!

—¡Pará, loco! ¿Qué te pasa? —lo abarajé.

—¡Que todos los que usan esos pantalones son cornudos! —me replicó.

Charly deambulaba enloquecido recorriendo todo el perímetro de su casa. Intenté llamarlo a la cordura.

—Todo terminó, Charly. ¡Basta ya! ¡No podés seguir así!

—¡Cornudo, boludo, forro! —me seguía insultando, al tiempo que agarraba una varilla de plástico, transparente, de esas que tienen un líquido adentro en el que flotan papeles de colores.

—¡Dejá de golpear con eso! —le pedí, al tiempo que iba esquivando las esquirlas.

—¡No te estoy pegando a vos! ¡No me jodas más!

Al rato llegó Adrián, otro amigo de Charly, acompañado por Miguelito. Ver a su hijo hizo que García bajase de revoluciones. Se encerró en su habitación y a los quince minutos veo volar unos jeans apestosos: eran los míos. Lo tomé como una señal y me los puse rápidamente. Estaban empapados de alcohol, un olor al que soy fóbico. Antes de descomponerme fui a decirle a Charly que me iba. No me dejó hablar.

—¡Andate, andate, andate! —me gritó mientras se cubría el rostro con las manos.

Recorrí la cuadra y media hasta mi casa con la mayor velocidad que pude. El olor que manaba de mis jeans hacía que la gente de la calle me mirara con desprecio y lástima. Entré a mi departamento, tiré los vaqueros dentro del lavarropas y me desmayé en un sillón.

28. Despertar de mambo

El rock puede ser visto como un intento
de salir de este universo muerto y sin alma,
para poder reinstalar el universo de la magia.
WILLIAM BURROUGHS.

Desperté de mi desmayo alrededor de las dos de la madrugada, cuando recibí el llamado de Adriana San Román, una de las tantas personas de confianza de Charly que quedaron al margen de la situación por haberse peleado con él poco antes de los shows del Ópera. La puse al corriente y no pudo creer todo lo que había sucedido. Yo era algo así como el vocero de interiores, la central de información de los amigos, de manera que después se sucedieron otros llamados, como el de Zoca. Nos reímos mucho recordando la escena del pasillo del teatro Ópera, donde ella se refugiaba en la sala de máquinas, como si fuera a ser baleada y me pasaba un misterioso frasquito que no contenía drogas sino las flores de Bach que Ken Lawton había sugerido. La situación nos llevaba sin escalas a *Misión imposible*. Otra gran escena de la película fue cuando la tuve que escoltar hasta un taxi, porque Andrea "la loca" se apareció por el teatro con su ojo en compota.

—Vos sos Zoca, ¿no? —le preguntó Andrea—. Vos me pusiste el ojo así como lo tengo ahora.

—No, yo no soy Zoca. Me llamo Marisa —mintió la brasileña.

—Charly es mío, sólo mío —le dijo "la loca", por las dudas.

Con todo el conflicto desatado por Charly, no quise correr riesgos de que otra situación desagradable se produjese arriba y le recomendé a Zoca que se fuera.

—¡Qué historias vas a tener para el libro! —me gastó Zoca.

—No, querida; esto va directamente a Hollywood: es una película de terror —le aclaré.

— • —

Al día siguiente me fui a Banfield, a comer un restaurador asado en la casa de mis suegros. Mi mujer estaba muy preocupada; tenía miedo de que una vez que me relajara de los nervios de los últimos días me fuera a pique. Pero no tuve tiempo: al chequear el contestador encontré un nuevo mensaje de Zoca, desesperada. La llamé y me dijo que se había enterado de que León Gieco y Mercedes Sosa habían decidido entrar en cuadro y que una nueva internación de Charly era cuestión de horas. Era lo que nos temíamos, sabedores de que Charly no iba a resistir otra internación. Tampoco había muchas opciones. Zoca ya no podía hacer nada, y el único aliado que me quedaba en esta instancia era Juanse, que estaba con su familia en una quinta en las afueras de la ciudad. Evité la congestión de tránsito, típica de los crepúsculos dominicales, y me subí al tren temprano. Durante todo el viaje no dejé de pensar en alguna alternativa que frenase la internación, pero que a la vez le proporcionase a Charly alguna solución a sus problemas o, mejor aún, algo que lo hiciera recuperar su maldito cerebro: lo único capaz de sacarnos de este lío. La internación solamente iba a sedarlo hasta la tontera y no era la forma de resolver nada.

Al llegar al domicilio de García no encontré a nadie. Toqué el timbre de Miguel, que me hizo entrar y me dijo que no sabía nada de ese plan, que León lo había llamado preocupado y nada más. De Mercedes, ni noticias. Sólo más tarde sabría que todo había sido un teléfono descompuesto y que cuando Zoca recibió la señal el mensaje real era otro bien distinto: León y Mercedes estaban preocupados, pero no querían internarlo ni mucho menos.

—Mirá —me esclareció Miguel—, yo recién lo fui a ver al viejo que acababa de despertarse. Le pregunté si iba a tocar y me dijo que si le compraba un helado de dulce de leche me contestaba.

Hasta donde yo sabía, la noche anterior se había decidido cancelar la función del domingo. Pero nada quitaba que Charly quisiera hacerla de todos modos. Ulises Di Salvo fue otro de los que se pegó una vuelta por la casa para ver como andaba todo. Juntos nos animamos y subimos. Javier nos abrió la puerta y Ulises pasó a la habitación. Teniendo en cuenta lo que había pasado la noche anterior, preferí quedarme en el living temiendo otra rabieta inexplicable del señor García. Esperé unos diez minutos y como no escuché gritos ni explosiones me animé.

Charly estaba en la cama, todavía agotado por la noche anterior, con los pelos revueltos y con cara de sueño. Apenas me vio, comenzó a reírse.

—¡Ja, ja, ja, ja! ¡Estuviste en la primera línea de fuego! —rió a modo de saludo.

Nos dimos un gran abrazo y le pregunté cómo se sentía. Me contestó tarareando el famoso "chachacha-chán" de la Quinta de Beethoven, señal de que estaba mejor y para nada arrepentido del curso de los acontecimientos: para él todo había sido una gran broma. Estaba claro que no iba a haber función.

—Bueno, después de todo esto ¿adónde vamos a ir a tocar ahora? —preguntó.

Nos miramos con Ulises, incrédulos, y le sugerimos que era momento de unas vacaciones para todos, que se venían los días lindos para estar en una playa panza arriba.

—Podría ser —pensó Charly en voz alta—, pero también

se podría hacer alguna. A la noche no vamos a ir a la playa; podríamos copar un boliche y armar zapadas.

La idea nos aterrorizó; este hombre no parecía tener conciencia de lo que se venía: los desmanes del fin de semana no iban a tardar en tomar estado público, dinamitando así el prestigio que le quedaba. Pero a Charly le chupaba un huevo.

—Podríamos ir a Pinamar, poner un piano en el lobby de algún hotel y yo tocaría por las noches. ¿Qué tal? —siguió adelante con su idea de tocar—. Charly García: Sólo piano. En una de ésas hasta podemos hacer una gira por hoteles, o zafar los gastos de alojamiento. ¿Qué dicen? ¿Vamos en ésa? ¿Me hacen la gamba?

Dijimos que sí para dejarlo con la cabeza ocupada, conversamos con él un rato más y nos despedimos para que siguiera durmiendo. A la medianoche, apareció Juanse por la casa de Charly y conversaron durante un rato bien largo sobre el futuro. Juanse le planteó la idea de irse juntos a Nueva York para que se desintoxicara del clima argentino, a lo que Charly se negó, pensando en su gira hotelera del verano de 1997.

— • —

Charly se pasó el lunes 30 de diciembre recuperando sueño y bajando de velocidad, en un intento por recobrar la forma humana. Yo me había quedado preocupado por su plan veraniego: Charly en Pinamar, Villa Gesell o Mar del Plata iba a ser un blanco móvil para la prensa. Cuestionado, interrogado y defendiéndose de los paparazzi, era una ecuación que llevaba al desastre nuevamente; la situación podía llegar a dispararlo una vez más. Además muy poca gente de confianza había quedado en pie y en buenas relaciones con él como para acompañarlo. Era muy riesgoso. Cuando despertó, a las cuatro de la tarde del 31 de diciembre, a pocas horas del Año Nuevo, me fui a proponerle un nuevo plan.

Lo encontré envuelto en una frazada que cubría sus hombros

como una capa. Charly parecía un viejito, mirando por la ventana, pensativo, con los ojos chiquitos y con un hilo de voz. Estaba flaco, tosiendo y acusando el recibo del ajetreado fin de semana. Pero pese a su aspecto de extrema vulnerabilidad —como si el contacto con la luz del sol pudiera desintegrarlo—, lo vi tranquilo por primera vez en varios meses.

—¿Qué hacés? ¿Sobreviviste? —me dijo con una sonrisa a media asta.

—Por supuesto. ¿Cómo estás vos? —respondí sentándome en el piso a su lado.

—Bien: yo estoy súper. Todavía estoy medio dormido. Lindo fin de semanita ¿no? —preguntó guiñándome un ojo.

—Sos un hijo de puta —le contesté, riéndome.

—¡Ah, ja, ja!

—Y encima tenés suerte: la prensa no te pegó demasiado. Los periodistas parecen quererte todavía.

—Claro que me quieren. Aparte, estos conciertos van a quedar en la historia.

—Sí, y vos también: como Ed Wood.

—¡Chachachachán! —volvió a tararear la Quinta de Beethoven.

Le pregunté si quería venir a pasar Año Nuevo con mi familia. Dijo que no, que estaban llegando Andrés Calamaro y Mónica y que lo iba a pasar con ellos y con Miguel. También le propuse alquilar una quinta en algún lugar apartado durante el verano y llevar amigos e instrumentos. Me dijo que no sabía, que por ahora no. Sin ningún otro plan para ofrecerle, me callé. Charly encendió un cigarrillo, pitó fuerte y se quedó en silencio, con la mirada puesta en algún punto de la habitación.

—Bueno —volvió a hablar—, el Plan 9 terminó exitosamente.

—¿Y ahora que viene? ¿El Plan 10?

—No, el Plan 10 no se puede —contestó.

—Menos mal, porque el Plan 9 casi te mata —le retruqué.

—Pero estoy vivo —me sonrió, abriendo sus manos en un gesto falsamente inocente.

—Sí, pero estuviste a un tris de no contar el cuento. Zafaste por un pelito.

—Bueno, ahí está el arte del maestro: zafar por un pelito. Pero zafar.

1997 llegó puntual, como todos los Años Nuevos: a la medianoche; las copas se chocaban en todos los hogares, las cañitas voladoras iluminaban el cielo de Buenos Aires y los petardos asustaban a los perros. La familia de mi mujer festejaba llevando adelante un rito que ya es toda una tradición. Todos los fines de año, después del brindis, cada uno escribe seis peticiones en dos papelitos distintos. Son tres deseos que uno espera que se cumplan durante el transcurso del año, y otros tres pedidos de cosas que uno quiere que no sucedan. Estos últimos se queman; los buenos deseos se ponen en agua.

Esta vez yo no participé de la costumbre, aun a riesgo de quedar como poco sociable. No di razones; sólo mi mujer supo la verdad y ahora la saben los lectores: mis deseos del año anterior se habían cumplido. Me casé con Gabriela. Charly y yo sobrevivimos, y bien contentos estamos con ello. Para que se cumpliera mi tercer deseo, sólo tenía que ponerme a escribir. Tampoco era cuestión de cargosear al destino o a la divinidad que se encarga de hacer que los deseos se hagan realidad.

29. Cuchillos

> *Esa navaja gris, te cortó la voz/*
> *se hizo cuchillo al fin.*
> CHARLY GARCÍA, "CUCHILLOS", 1996.

A fines de 1996 Charly casi se muere. Los que leyeron hasta aquí, tendrán una noción de las causas y también sabrán que zafó, como siempre. Pero era una locura que quisiese ir al festival folklórico de Cosquín, donde sería imposible que lo tratasen bien. Los medios se habían encargado de calentar la polémica entre los "tradicionalistas", que no querían verlo ni en estampitas, y los más abiertos, que pensaban que si estaba en sus cabales tenía todo el derecho del mundo de ser el invitado de lujo de Mercedes Sosa. ¿Pero se encontraba Charly en condiciones de hacer frente a semejante desafío? En los primeros días de enero de 1997 algunos pensábamos que quizás Charly no llegase a fin de mes si no se hacía algo urgente. Por supuesto, estábamos equivocados.

Si las cosas seguían el curso de demencia alcanzado en la recta final del '96, algo feo iba a suceder. Charly estaba preso de sus propios demonios y aparentemente muy feliz con todos ellos habitando en diabólica armonía. Nadie quería hacerle un exorcismo, pero tampoco existía persona alguna que pudiese lidiar con sus problemas, porque para eso él tendría que aceptarlo. La única posibilidad era Ken Lawton, el terapeuta británico con quien había entablado una relación muy singular como para considerársela médico-paciente. Era el único que, tal vez, pudiera decir algo que García quisiese escuchar. A instancias de Zoca, hablé con él por teléfono y negocié una nueva visita suya a Buenos Aires para trabajar con Charly. Más allá de sus honorarios, no pidió nada muy especial, pero sí enfatizó que no quería estar en el Hotel Alvear, donde ya se había alojado en su primera visita: demasiado lujoso y poco cercano a Charly. Obviamente, fue García quien eligió esa locación en aquel momento para tenerlo a una distancia prudencial y con todo el glamour.

El problema era el dinero: unos cuantos dólares se hacían necesarios para costear su estadía. Obviamente, ni Zoca ni yo teníamos esa suma o podíamos reunirla. Se me ocurrió hablar con la gente de Sony Music, el sello que tenía a Charly bajo contrato. La situación era rara, porque el álbum en el que Charly estaba trabajando era *Alta fidelidad*, y al estar Mercedes Sosa como coprotagonista, iba a ser editado por Universal. Ni siquiera había seguridad de que García quisiera seguir ligado a la etiqueta, o que esta misma deseara retenerlo: el contrato expiraba con su próximo disco. Sony no había tenido buenas experiencias con él en todos estos últimos años; sin embargo, después de algunas negociaciones y pedidos de garantías de que esto no era una locura, aceptaron hacerse cargo de los costos. ¡Fantástico! Sólo restaba un detalle. ¿Charly debía saber de la llegada de Ken o no? Por un lado, podría rechazar el plan y sabotearlo. Por el otro, no era conveniente imponerle una situación en la que no quisiera participar. Él tenía mucho respeto y confianza depositados en Ken, pero las veces que el hombre estuvo acá, no cumplió con ninguna pauta de trabajo. Ken era una persona grande y someterlo a un viaje tan largo para perder el tiempo no era justo.

Durante una conversación de madrugada en su departamento, convencí a García para que al día siguiente viniera a cenar a mi casa; mi mujer iba a prepararle unos ñoquis con tuco que alguna vez había pedido. Pese a la cercanía geográfica y personal que atravesábamos en aquellos días, ésa fue la única ocasión en la que aceptó visitarme: Charly siempre rechaza las situaciones de convención y normalidad, o simplemente no acepta que alguien quiera agasajarlo, darle una rica comida y una dosis de calor de hogar. Pensé que tan distinguida ocasión quizá fuera el mejor momento para plantearle la probable visita de Ken. Sumamos a Hilda Lizarazu a la cena para que hubiese más interlocutores afines. Llegó tarde, pero de buen humor, portando dos pinturas en aerosol. Temimos por nuestras paredes, pero salvo una marca en el balcón, no los utilizó. Después de cenar quiso conectar su cámara digital a la televisión.

—¿Dónde tenés la conexión? —preguntó.

—Detrás del aparato —le expliqué.

—Ah, OK —y se puso a cantar como quien silba: "Detrás de las paredes, que ayer te han levantado...".

—No cantés esa que me deprime —gatilló mi mujer.

—Mirá que es de él —le aclaré.

El rostro de mi por ese entonces flamante esposa se puso lívido. Charly ni se inmutó (es más: sonrió) y terminó de conectar los cables para que viéramos algo que nunca pudimos visualizar. Durante toda la noche subió y bajó varias veces hasta su auto, esa suerte de batimóvil donde su chofer lo esperaba. En alguno de esos viajes en ascensor para poder abrirle la puerta, le comenté que Ken Lawton estaba por embarcarse a Buenos Aires para poder trabajar con él, y que si estaba de acuerdo le poníamos fecha al viaje.

—No, loco, ahora no. Evitámelo —fue su respuesta.

Decidí cambiar de tema y sondearlo por su tan mentada aparición en Cosquín. Le sugerí que quizás, como estaban las cosas, no fuera la movida más conveniente.

"Voy a Cosquín. De una", dijo tajante. Y no se habló más. La noche terminaría por disolverse en su sala de ensayo donde intentó, sin éxito, cantar algo con Hilda, quien tenía la mejor disposición. Pero la cabeza de Charly iba de un lado al otro como un péndulo y se hacía imposible seguirlo.

Al día siguiente hablé con Ken y le comenté los acontecimientos. Sentí cierta gravedad en su tono.

"Sergio, definitivamente no es bueno que viaje. Y tampoco es bueno que vos intentes seguir ayudándolo. Estás comenzando una familia y toda tu energía debería estar puesta allí, no en Charly", me dijo el venerable anciano.

Sin embargo, no podía dejar de preocuparme. Faltaban pocos días para Cosquín, Charly no estaba bien, su reputación había alcanzado su pico más bajo y en ese contexto su presencia en el festival folklórico auguraba un desastre. Nuevamente, todos estábamos equivocados.

— • —

Charly García subió al escenario de Cosquín bendecido por la sonrisa de Mercedes Sosa y concentró todas las miradas. Fueron muchísimas porque el festival se transmitía por televisión, y su participación en él alcanzó status nacional. Había algo de morboso: todos lo miraban como quien observa el paso de un hombre que marcha a su propia ejecución. Flaco, demacrado, pero con un brillo intenso en sus ojos, se sentó al teclado y dejó en claro de qué madera está construida su leyenda. Se trató de una milagrosa resurrección que arrancaba en sus mágicos dedos que construían deliciosas armonías, y terminaba en esa mirada acerada, determinada a demostrar una vez más que el genio de su música y su carisma eran inagotables. Y vaya si lo demostró. Sobrio, profesional y sumamente inspirado, interpretó cuatro temas, el último de ellos nada menos que el Himno Nacional Argentino. Atrás quedaban sus últimas y penosas actuaciones, sus escándalos y la polémica, sepultados a pura música. Un mar de ovaciones y aplausos saludó su despedida. Fue un final apoteótico.

"Mi plan era ser un soldado de La Mecha —resumió Charly

su propia visión—. Creo que ella se preocupó de más y la hicieron preocuparse. Había cierta ideología que apostaba a que yo fuera un bochorno, pero son cosas viejas de nuestra cultura y que no tienen que ver con la gente, porque con el público estaba todo más que bien. Sentí que si no lo hacía, todo iba a ser peor después. Igual me hinchó las bolas: ¿tengo que estar dando examen todos los días? ¿Hace cuánto que vengo tocando?"

La concreción de *Alta fidelidad*, el disco en colaboración con Mercedes Sosa, fue algo más difícil. Charly comenzó grabando en los estudios Panda con Joe Blaney en la consola, pero su técnico y productor acusó el cansancio acumulado durante incontables sesiones con Charly y se bajó del barco. Es algo que se nota en el álbum cuyos tres primeros temas fueron mezclados por Blaney, y tras su partida hubo un largo parate hasta que Charly retomó el trabajo asistido en su desarrollo por Maximiliano Miglín, un técnico muy joven y paciente que de a poco fue sacando las cosas adelante. Le corresponde bastante mérito el haber logrado resultados inteligibles de la maraña de sonidos que García tocó una y otra vez hasta que la superposición quedó de su agrado. Mercedes Sosa también fue paciente y contuvo a García no pocas veces durante el proceso. Su convicción de que Charly es un enorme artista fue crucial para que este proyecto se concretara.

No se puede decir que Mercedes Sosa se limitó a poner la voz, ni que Charly se hizo cargo de todo el proyecto. Por lo pronto, cuando Mercedes no se sentía cómoda con una canción, la trabajaba y le buscaba la vuelta haciendo cambios en la letra. Charly pegó un par de respingos ante esa libertad artística, pero por fortuna decidió escuchar primero. Es así como "Cuchillos", una de las mejores páginas del Charly de los 90, abandona su carácter casi mortuorio y se convierte en un himno de redención. "Cuando el cristal/ se hunda en el mar/ verás que toda esta canción es alegría", canta Mercedes en la nueva versión y también agrega una frase en "Cómo mata el viento norte", donde antes había un arreglo instrumental. "Es como que ella se apropia de las letras y les da un pequeño giro —explica Charly—. Por eso, en 'Cuchillos', la agonía se vuelve alegría y hay una frase de más en 'Cómo mata el viento norte', que es muy buena: los asesinos son los demás".

"La idea —continúa García— fue volver a cosas de alta calidad, que no tenían necesidad de que se inventara lo digital. Yo tenía a *Mujeres argentinas* como concepto para este disco: quería algo natural, tipo Elis Regina. Mercedes y yo somos como instrumentos naturales que de por sí sonamos bien. Yo con un piano sueno bien, no necesito diez millones de cámaras para llegar a un standard tipo Luis Miguel, en el que sonás igual que todos los otros. Eso te quita lo natural que es tu cualidad verdadera y lo que te distingue del resto".

— • —

A lo largo de 1997, Planeta Júpiter, una suerte de boliche enclavado en una galería al aire libre, frente al Alto Palermo, se convirtió en el lugar donde Charly estableció una sede de su casa. Todos los jueves, Charly se armaba un set mínimo para zapar con quien pintase, y la joda tenía un nombre: Leonor Manson, un homenaje a la actriz Leonor Manso y a Marilyn Manson, uno de los nuevos fetiches de Charly García. ¿Qué fue lo que hizo que Charly se interesara en ese músico, cuya estética se aparta tanto de la de él? Las revistas, que se convirtieron en el modo que Charly eligió para seguir la actualidad musical. "Ya no escucho más discos nuevos —razonó—, todos se ven mucho mejor en las revistas que cuando escuchás su música". Encontró en su vampírica facha un punto de contacto estético con el estilo *Say No More*.

Una tarde le comenté que al otro día tenía una entrevista con el mismísimo Marilyn Manson, de visita en Buenos Aires para un show. Su pedido fue inmediato: "Llevame". Me pareció una buena idea, de manera que lo pasé a buscar el día de la cita y el hombre se produjo para la ocasión. Con su vaso de whisky en la mano, tomamos un taxi y nos dirigimos a la calle Aráoz, a una discoteca que ambos supimos frecuentar cuando se llamaba San Francisco Tranway. El tachero olfateó el líquido como si fuera un sabueso y lo definió con una palabra: "seduce".

Tras la espera de rigor, rodeado de un séquito y algunos hombres de seguridad, Manson se hizo presente ante mí en la penumbra de la discoteca, ambientada para el momento como si fuera un calabozo del infierno, y Charly, respetuoso, se hizo a un lado para que se llevara adelante la entrevista. Manson y yo nos sentamos en un banco largo, paralelos el uno junto al otro, y se produjo una charla, letánica por parte del artista, que jugaba su papel cadavérico a la perfección. Contestaba con agudeza y extremada síntesis cada una de mis preguntas y nunca miraba en mi dirección. Yo lo tenía a mi derecha y podía ver el ojo donde tiene una lente de contacto que le da el aspecto de un muerto viviente. Mi duda era si esa lente le permitía la visión, por lo que después de una respuesta me llamé al silencio. Pasaron unos pocos segundos y Manson tuvo que torcer todo el rostro para ver si yo estaba allí todavía. Respuesta: de su ojo izquierdo no veía.

Cuando terminó el cuestionario, ambos nos pusimos de pie y Charly fue al encuentro de Manson.

—Hey, Marilyn. Soy yo, soy Charly —disparó a modo de saludo.

El supuesto "anticristo" se sobresaltó, y tras ese leve titubeo se acercó lentamente a Charly García para estrechar su mano en cámara lenta. Fue como una coreografía: se acercaron, se dieron las manos y se alejaron muy lentamente. Pero el que se asustó fue Manson. Charly les dijo a los organizadores: "Si se aburre, que me llame".

—¿Y? ¿Qué te pareció? —le pregunté a Charly.

—Que su look es buenísimo —rió, contento de haber conocido a ese extraño sujeto.

— • —

1998 fue un año en el que Charly pudo reunir una nueva banda mezclando algunos de los miembros de la anterior (la siempre fiel María Gabriela Epumer, Mario Serra, Ulises y Erica Di Salvo, y Gabriel Said), a los que se sumó una pareja joven: Diego Dubarry (de ahora en adelante "Murray") y Mariela Chintalo. En esa combinación de gente nueva y de antes, Charly desempolvó viejas páginas, compuso algunas nuevas y con una generosa dosis de covers llegó a los diez temas que componen *El aguante*, que sería su último disco con Sony, por lo menos hasta fin del milenio.

"Éste es un disco de transición", me dijo cuando fui a entrevistarlo a Miami para aquella mítica portada del primer número de la *Rolling Stone* argentina, "en el sentido de que hay tandas comerciales entre programa y programa. Bueno, esto es la tanda". *El aguante* se grabó en Criteria Studios, donde muchísimos grandes de la música como Eric Clapton, Bob Marley, Bee Gees y otros registraran páginas doradas del rock. "Pedro trabaja en el cine" es un tema clave porque ayuda a entender la sintonía de Charly en el momento, reviendo algunas cosas de su vida y tratando de encontrar el hálito vital que lo poseyó en la adolescencia, que era algo que le había disparado un reportaje a Paul Simon. "Las mejores canciones vienen de alguna parte que está situada en algún lugar de tu adolescencia", razonó García en su habitación del Hotel Delano, que poseía una espigada piscina con parlantes subacuáticos (vale la pena tener la referencia en mente, porque García habla muchas veces de hacer un disco para escuchar bajo el agua).

"Pedro trabaja en el cine" es una de las tantas canciones que Charly compuso en su adolescencia junto con "Estación", "Natalio Ruiz" y "Dime quién me lo robó", pilares de *Vida*, álbum debut de Sui Generis. Es decir: *El aguante* se construyó con fragmentos del pasado, recombinados convenientemente y desorganizado según las reglas del saynomorismo. Diez temas, de los cuales cinco fueron covers, y los otros cinco arribaron de distintos puntos de la historia de García. "Tu arma en el sur" fue compuesto para Fabiana Cantilo en 1985; aquí Charly lo interpretó por primera vez y lo cantó a dúo con su amigote Joaquín Sabina. "Lo que ves es lo que hay" data de 1988 y fue pensado para la banda de sonido de la película *Lo que vendrá*. "Pedro trabaja en el cine" perteneció al repertorio de la adolescencia. "El aguante" fue un rock que Charly compuso en 1997, cuando era amo y señor de Planeta Júpiter. Y "Kill my mother" se creó a partir de un riff zapado en Madrid con Ruben Giorgis (quien se encargó aquí de la dirección orquestal) y mezclado con un motivo musical de "Transatlántico Art Decó" de la banda de sonido de *Pubis angelical*. "Hay gente que tiene sueños recurrentes. Yo tengo melodías recurrentes", ha explicado en varias ocasiones su propia cita.

Lo más importante, empero, fue ocurriendo sin que García ni nadie se diese cuenta. El perfil *Say No More*, zarpado, arriesgado, demente si se quiere, pero absolutamente determinado, prendió en un segmento de los adolescentes. Se suponía que García era transversal en su audiencia, que gustaba a varias generaciones, pero el "saynomorismo" asustó a muchos de sus viejos fans y encendió el entusiasmo de los más jovencitos, que vieron en Charly a un tipo que lucha por algo en lo que cree firmemente y no hay nada que pueda detenerlo. Una suerte de Dalí vivo, suelto y peligroso que no impacta tanto por su visión como por el modo de llevarla adelante.

Por eso, los shows de García en Obras estuvieron llenos de chicos y chicas de secundario con mochilas que tenían estampado el logo de *Say No More*, que consiste en sus tres letras superpuestas. Si las mejores canciones vienen de algún lugar de la adolescencia, puede pensarse que las conexiones más sinceras y sin filtro se producen también allí. Había una nueva alianza que era como una resistencia: los nuevos tiempos del rock no pasaban por la música de Charly, sino que paraban en una típica esquina barrial de la que el rock nunca abjuró, pero que siempre miró de costado, porque era un territorio que pertenecía al imaginario tanguero. Los Piojos, La Renga, Bersuit, todos grupos de alguna manera distantes de García, aunque respetuosos, tocaban temáticas callejeras y más inmediatas. Entonces, los adolescentes que no comulgaban con la mayoría de sus pares, necesitaban mirar otra cosa, más afín a sus afanes. Y la encontraron en Charly. Lo cual es lógico: en sus comienzos, en la Argentina, el rockero era el "diferente" de la clase; el raro que no andaba en la onda general. El que no iba a boliches, ni se vestía a la moda. El que pretendía "no vivir como digan". En ese sentido, Charly encarnaba una coherencia absoluta. ¿Y qué mejor para un adolescente lleno de dudas que un tipo coherente, aun en sus momentos diagnosticados como de máxima incoherencia?

— • —

Charly siempre ha sostenido que la mejor posición dentro del mundo de la música es la de *fan*, cuando todo es puro, ideal y movilizador. Una de las razones por las cuales García se mantiene activo y creativo tiene que ver con que no ha perdido su entusiasmo por la música, lo que se trasluce cuando toca temas de otros autores. Siempre que se sube a un escenario ajeno y no hay algo ensayado quiere tocar temas de otros y no los de su autoría. Pero hubo una clara excepción.

Una noche de noviembre de 1998 abandoné una aburrida celebración familiar alegando que Charly me necesitaba. Habíamos quedado en salir, pero yo no tenía la menor idea del lugar al que iríamos. En cuclillas sobre su cama, García extendió un recorte de diario y vi que le surgió esa sonrisa maléfica que enarbola cuando se le ocurren las peores fechorías, sólo que ésta era inofensiva. En el papel había un aviso remarcado en el que se publicitaba un show de una banda tributo a Serú Girán (si no me equivoco se llamaba "Cosmigonón").

—¿Y si vamos? —consultó.
—Esos pibes se desmayan —le contesté.

—Entonces pedite un remise —concluyó, paladeando ya la diablura.

Abordamos el auto rumbo al Teatro de la Cova en San Isidro, junto con Florencia (su novia de aquel entonces) y Juan Beatle, un pibe que filmaba todo lo que hacía Charly. En la radio pasaban "Walk the dinosaur", un tema del grupo Was (not was) que le encantó, por lo que entonamos el estribillo durante todo el viaje: "Boom boom, shaka laka laka boom, boom boom, shaka laka boom boom". Obviamente, llegamos tarde, el show había concluido. Me bajé y encaré a un flaco de la puerta.

—¿Terminó el show? —pregunté.

—Sí, tendrías que haber venido más temprano —respondió.

—Es verdad, lo que pasa es que Charly se demoró un poco.

—¿Qué Charly? —preguntó otro que me vio cara conocida.

—¡García! ¿Cuál otro? —le largué.

—¿Qué? ¿Charly está acá?

Le señalé el auto desde el cual Charly saludaba por la ventanilla. Inmediatamente nos invitaron a pasar. Los pibes no se desmayaron pero no lo podían creer. Fuimos al camarín, nos ofrecieron todo lo que tenían y enseguida le preguntaron si quería tocar. "Y... si tienen ganas", dijo con pretendida inocencia García. Rápidamente conectaron todo y nos subimos al escenario; lógicamente yo aproveché para hacer uso de la batería. ¿Me lo iba a perder? Comenzamos con una versión slow de "Twist and shout", que ya habíamos estado tocando en casa de García, con teclados y pandereta, y después se sucedieron "Voy a mil", "Cuánto tiempo más llevará", "Perro andaluz" y otras páginas de oro del mítico grupo. A la mitad del repertorio le cedí los palillos al batero de la banda tributo: no era justo que él se quedara fuera del sueño. Hubo unas treinta personas alucinadas con un García íntimo, de buena onda y mejor memoria. Creo que pocas veces vi a unos músicos tan contentos y aplicados como aquella noche.

— • —

En algún momento de 1998 estalló la guerra entre Andrés Calamaro y Charly García. Si había dos personas que no podían estar peleadas, eran éstas; compañeros de muchísimos años, con una enormidad de escenarios tomados en complicidad para realizar zapadas interminables, y tantas otras cosas que no se pueden mencionar. Andrés era, en los peores tiempos de Charly, alguien con quien se podía conversar sobre esas cuestiones tan delicadas que uno no alcanzaba a entender y que sólo deben ser tratadas en la más absoluta intimidad pero con la mayor confianza. Andrés tenía la suficiente experiencia como para entender bien a García; conoció la fama que se torna manía y que desacomoda lugares bien temprano con Los Abuelos de la Nada, a quienes Charly les produjo el primer disco. Brilló junto a él en aquel grupo de acompañamiento que también incluía a Gustavo Bazterrica, Cachorro López y Willy Iturri, con el que se presentó *Yendo de la cama al living* en la cancha de Ferro. Fue natural que se convirtiera en compinche musical y humano de Charly.

Se conocieron en los estudios Fonema, cuando un todavía adolescente Andrés era el tecladista de Raíces, el grupo de Beto Satragni, que estaba grabando allí su primer disco. Charly llegó una tarde de 1978 junto a David Lebón para escuchar las cintas grabadas en el Festival del Amor, el concierto con el que despidió una etapa de su carrera, la de La Máquina de Hacer Pájaros, y dejó trazado un surco con Lebón, que finalmente devino en Serú Girán. Amistades en común los irían acercando, y Charly visitaría en alguna ocasión el Club Palta, con sede en lo de Andrés: una suerte de encuentro de amigos, tóxico, fraterno y periódico.

El debut solista de Andrés se grabó en 1983 y se editó al año siguiente: *Hotel Calamaro*, que cuenta con Charly como ejecutante en cuatro canciones. También participó en "Desde que vi la raya", un tema del segundo álbum de Calamaro, *Vida cruel*. A su vez, Calamaro fue el tecladista de Las Ligas, una efímera banda de Charly en la que también estaban Richard

Coleman, Fabiana Cantilo, Christian Basso y Fernando Samalea (salvo Fabiana, todos ellos miembros del grupo solista de Andrés). Su última colaboración conjunta fue en la composición y ejecución de "Necesito un gol", incluida en *Say No More*, donde también aparecía la voz de Mónica, la mujer de Andrés durante los 90. Y por ella se iniciarían las hostilidades entre estos dos amigos, que hasta hacía poco, ambos junto con Mónica, se hacían llamar "Los Tres Chiflados Bien".

"La historia salió publicada en todos los periódicos sensacionalistas", comenzaba profetizando el primer tema de *Say No More*, "Estaba en llamas cuando me acosté". La voz de Mónica narraba los hechos con un tono de locutora pastilleada. Lo que ella no podía suponer es que quedaría atrapada en un fuego de celos cruzado entre Andrés y Charly. He conversado con ambos sobre el tema y sus visiones sobre los supuestos acontecimientos son tan diferentes que parecen dos películas distintas, imposibles de compaginar. Pero sí, la historia saldría publicada en todos los periódicos sensacionalistas y causaría flor de escándalo. Después de atravesar océanos de tinta, la verdad quedará encerrada en la intimidad de esas tres personas y difícilmente recuerden algún día dónde la dejaron.

Lo que más contribuyó al escandalete fue el ego de estos dos artistas que quisieron dirimir una cuestión de estatura artística (aunque en el barrio llamemos a esa misma cuestión de otro modo, más soez, y relacionada con partes nobles de mamíferos macho), de manera que hubo bravatas, agresiones y desafíos, mediáticos en su mayoría. La última vez que los vi juntos fue en mi fiesta de casamiento, donde los tres tocamos rock and rolles de Chuck Berry junto con otros amigotes hasta que el amanecer y los mosquitos nos corrieron. Ninguno sabía que iba a ver al otro. Percibí cierta tensión entre ambos, de la cual yo tenía pistas por una frase que Andrés pronunció en este libro: "La amistad es una cosa que seguiremos tratando de saber qué es", pero sobre el escenario parecían muy divertidos tocando juntos. Esto fue a fines de 1996; pocos meses atrás la amistad entre ambos era inquebrantable y soy testigo de ello. Recuerdo muy bien los elogios de Charly hacia los demos de Andrés y declararlo, con orgullo genuino, su "pollo" (pág. 320). También tengo en la memoria fragmentos de una larga charla telefónica que sostuve con Andrés, cuando quedé esperando la salida de un vuelo demorado en Madrid. "Acompañalo en lo que quiera hacer", me dijo, ayudándome a buscar la salida del laberinto García de 1995. "Él va a saber qué es lo mejor".

En 1997 se editaron *Alta suciedad* de Andrés y *Alta fidelidad* de Charly y Mercedes Sosa. Y en esos dos títulos es donde aparece un fuerte roce. Charly creyó que había algún mensaje para Mónica en "Flaca" y que el título del álbum le estaba dedicado, por ser una respuesta directa a *Alta fidelidad*. Es en ese momento donde arrancan los disparos y los teléfonos descompuestos que originaron esta enemistad pública, y a estas alturas, legendaria. De algún modo, Andrés entabló una competencia musical con García, de la que quedaron marcas en *Honestidad brutal* y *El Salmón*. Charly invitó para su show de Buenos Aires Vivo a Javier Calamaro y juntos hicieron "Sweet Home Buenos Aires", una adaptación del "Sweet Home Alabama" de Lynyrd Skynyrd.

Se dijeron cosas muy feas a través de la prensa. Hubo llamados telefónicos candentes y hasta encuentros cara a cara donde, por algunos instantes, depusieron las armas en pos de un entendimiento. Pero los sentimientos hostiles prevalecieron, alimentados por los alcahuetes de turno, que ambos poseían y en alta proporción. Hubo también exabruptos como Charly llamándolo "calamar asqueroso" por el programa *Televisión abierta*, o Andrés yendo a tocarle el timbre a García munido de un bate de béisbol, después de haber demolido una batea con la letra G en Musimundo. Al haber charlado con ambos en los tiempos en que las declaraciones y las bravatas iban y venían como bandadas de murciélagos con el radar estropeado, me quedó en claro que el más enojado era Andrés. Y García me aseguró firmemente que la razón que tanta ira despertó en Calamaro jamás había existido. ¿Y por qué peleaban? Ninguno de los dos estaba muy en sus cabales que digamos, pero la parte más fea arranca con aquel reportaje de *Noticias* a Andrés donde éste decía que "Charly necesita médicos y enfermeras" y que quería que tanto él como Luis Alberto Spinetta dijeran algo lindo sobre *Alta suciedad*.

En privado, Charly siempre pareció guardar un resto de afecto por Andrés, y hasta lo hizo público. "¿Viste que en mis recitales los pibes cantan cosas contra Andrés? —me explicó una tarde, con mucha tranquilidad, en momentos en que el enfrentamiento había pasado su peor momento—. Pero cuando yo llego, ellos paran. En el fondo saben que si uno es amigo de alguien durante tanto tiempo y comparte la misma senda, no es de 'saynomores' tomar partido y juzgar cuando faltan elementos concretos y todo es un chusmerío. Yo me lo tomaba con mucho humor porque no podía tomármelo en serio. Esta noticia hizo que corriera mucha tinta, lo cual era lógico, porque hubo mucha gente alrededor de nosotros que habló de más y tomó partido por Andrés o por mí. Todos, sin saber por qué. Porque la única noticia que tenían era que *Say No More* estaba concebido por dos personas: Mónica y yo. Y eso era todo. Igualmente me parece que fue más una cosa de chimentos que algo real. Fue como un chiste".

Pero para Andrés esto no fue ninguna broma y me lo hizo saber una tarde en la que me llamó al celular. "¿Seguís comiendo hamburguesas?", me saludó. "¿Por qué no comemos una juntos?", me invitó y pasé por su casa. No hubo comida y sí una larguísima conversación en su estudio conocido como "Deep Camboya", que inevitablemente desembocó en Charly García. Inmediatamente entendí que no se trataba sólo de una charla entre dos viejos amigos, sino que yo estaba ahí también por haber sido el biógrafo de Charly. Al rato nomás me puso una inmensa pila de CD en la falda y me dijo: "Todo esto lo compuse la semana pasada". Supe que había un mensaje para

Charly allí. Pero además, entre el fárrago de cosas grabadas en esos CD, había temas hermosos que en algunos casos no han visto la luz. Allí entendí que había algo en el orden de lo artístico que también molestaba a Andrés. Y que el desafío que le planteaba a Charly con esa cantidad de material compuesto tenía como objetivo final mojarle la oreja para que todo se resolviera en términos creativos. Me pareció infantil, pero sin malicia y hasta con buena onda.

Muchos años más tarde Calamaro declaró a un diario algo que resume el estado de situación en la actualidad: "Prefiero tener un buen enemigo que un mal amigo". Cuando Charly leyó la declaración dijo: "Contestó muy bien". En un futuro, volvieron a entablar relaciones bilaterales; Andrés se separó de Mónica, tuvo nuevas parejas y se convirtió en padre. La comunicación entre Mónica y Charly se fue desvaneciendo.

"A mí no me gustó para nada estar peleado con Andrés. Yo siempre, ante cualquier ironía o broma de mal gusto acerca de Andrés, en relación con Mónica o con lo que sea, la paraba de una porque creía que Andrés seguía siendo mi amigo. La pelea fue lo último. Acordate de que todo sucedió mucho antes de que esto llegara a los medios. *Say No More* salió en 1996, y entonces fue cuando Mónica y yo trabajamos juntos. ¡Es como si lo hubiéramos engañado a Andrés durante tres años! Cuando él estaba perfectamente al tanto de todo y, además, vivía con Mónica en España... ¿Dónde está el engaño? Bueno, a mí me jodió por Mónica. Incluso lo charlamos y nos reímos, porque entre nosotros no pasó nada. Andrés dijo que yo me había acostado con su mujer, pero, en realidad, quizá alguna vez nos acostamos en la misma habitación o en habitaciones contiguas cuando Mónica me salvó con su tarjeta de crédito aquella vez que me echaron de un hotel en Madrid. Pero de ahí a lo otro... ¡pará un cachito! Y Andrés lo sabe. Son muchos años... Creo que todos tenemos en la vida una vez 'con todo el límite'. Hay un riesgo de volverse loco, que yo lo corrí con *Say No More*. Existe el riesgo de pirar. Yo creo que a Andrés le pasó algo de eso. Porque, en verdad, el quilombo se armó cuando Mónica vino a Nueva York a verme tocar con Mercedes Sosa en el Lincoln Center, y un paparazzi le sacó una foto. Ella se hizo mucho problema. Yo le dije que no tenía por qué. Y después vi por qué".

30. El show de los muertos

¿Cuántas veces tendré que morir para ser siempre yo?
CHARLY GARCÍA, "EL SHOW DE LOS MUERTOS".

Si los últimos dos años habían sido de transición, Charly iba a encargarse de que 1999 fuese uno de acción. Hay veces en que su carrera parece un plan trazado de antemano, con subidas, bajadas, rectas y curvas, diseñado para evitar el aburrimiento. En otros momentos, todo parece ser producto del azar que juega a favor de García como para lo que se presenta como un desastre inminente no sea más que un vuelo turbulento que aterriza sin mayores inconvenientes.

La Secretaría de Cultura de la Ciudad de Buenos Aires organizó para el verano del '99 una serie de conciertos gratuitos, probablemente inspirados en los que realizara la misma secretaría bajo el gobierno de Raúl Alfonsín, en 1984, bajo la dirección de Pacho O'Donnell. El ciclo llamado "Buenos Aires Vivo" se desarrolló en Puerto Madero, bien al sur, en el boulevard Rosario Vera Peñaloza. Tuvieron la arriesgada idea de invitar a Charly García para que hiciera un show como clausura, en momentos en que muy poca gente confiaba en su aptitud para llevarlo adelante con un marco razonable de solvencia.

Cuando García visitó el lugar y notó la cercanía con el Río

de la Plata tuvo la idea de montar un súper espectáculo con helicópteros y una orquesta sinfónica tocando desde un barco anclado en el margen de la ciudad. Quería algo al estilo de *Apocalypse Now*, la recordada película de Francis Ford Coppola. Y se le ocurrió algo más: que los helicópteros arrojaran maniquíes al río y que estuvieran presentes las Madres de Plaza de Mayo. La idea subyacente era representar los siniestros vuelos con los que la dictadura militar eliminaba los cuerpos de los desaparecidos, en la segunda mitad de los 70.

Al cobrar estado público la ocurrencia, estalló una inevitable polémica con Hebe de Bonafini, que se mostró horrorizada ante el concepto. Ingenuamente, Charly no había contado con esa susceptibilidad, por otro lado lógica. Ambos habían desarrollado una incipiente amistad un par de años atrás, cuando Hebe difundió una "carta abierta" que en verdad se trataba de una solicitada con el objetivo de hacer contacto; unas declaraciones cariñosas hacia él en momentos en que habitaba los titulares de los diarios por escándalos diversos. Yo mismo fui a casa de Charly, le mostré una fotocopia de la "carta abierta" (que él desconocía), y le sugerí que hablara con Hebe, que podía ser una buena interlocutora. Eran tiempos en que García necesitaba todo el cariño y la contención que pudiera obtener.

La cumbre fue cubierta por *Página/12*, diario invitado especialmente por Hebe. Lejos estuvo la reunión de desarrollarse en la armonía con la que el periódico la retrató. Se saludaron con cariño, intercambiaron elogios de cortesía y se improvisó un asado para agasajar a Bonafini en la sala de ensayo. Sin embargo, a medida que se fueron relajando cada uno mostró su verdadero rostro. En un punto, las consignas políticas de Hebe durante el encuentro lo cansaron y García la frenó de mala manera. Bonafini lo cruzó con modales que no eran de madre precisamente. Como los chicos, después de la pelea, se entendieron un poco mejor, y tuvieron largas conversaciones telefónicas y algunos encuentros personales. El 30 de abril de

2007, Charly cerró el festejo por los treinta años de Madres de Plaza de Mayo, interpretando el Himno Nacional Argentino.

Pero en aquel caluroso verano del '99, se vertieron ríos de tinta en torno a los límites de la libertad artística y la cuerda se tensó más de lo esperado en torno a los muñecos que García quería arrojar desde helicópteros. Hebe decía que Charly no podía hacer eso, y García sostenía que podía hacer lo que quisiese. Hubo un desencuentro total en una agitada charla, y la cosa quedó allí. Sin embargo, después de la conversación, Charly decidió no arrojar los maniquíes, pero no se lo dijo a nadie y dejó que el circo siguiese. De manera que cuando llegó el 27 de febrero la cosa ardía, y el ánimo popular estaba exasperado por los continuos apagones a los que se vio sometida la ciudad por fallas en el sistema eléctrico. En un punto se dudaba de que el recital pudiera concretarse por falta de energía, pero dos días antes el tema comenzó a solucionarse.

Los medios, en un principio, dijeron que hubo 130 mil personas, pero después el entusiasmo fue subiendo y no faltó la agencia que llevara la cifra hasta 300 mil. Números aparte, la concurrencia fue masiva y de algún modo respaldaba a Charly, que había sido vapuleado por algunos intelectuales bienpensantes que sin dudar tomaron partido por Bonafini. Los helicópteros estuvieron presentes todo el tiempo, pero no en el cielo sino en los parlantes. Esa noche, García hizo uno de los conciertos más memorables de sus últimos años; inspirado y entero, les pasó el trapo a viejas y nuevas glorias de su repertorio con invitados como Nito Mestre, Javier Calamaro y hasta Fabiana Cantilo, que anduvo por ahí. También subieron al escenario las Madres de Plaza de Mayo, a las que Charly presentó como "mis amigas". Fue bizarro que a continuación García interpretara "Kill My Mother", pero era parte del mensaje oculto. También tocó "El show de los muertos" de Sui Generis, y conociendo al artista, no parece haber habido una casualidad.

Lo más importante para García, más allá de lo mediático,

era poder representar la "Pirámide". El concepto había surgido de mezclar el blanco (para que se entienda, hablamos de esa serie de círculos concéntricos que sirve para determinar puntería) dibujado que tenía su gran televisor en el centro de la pantalla, con diagonales que lo atraviesan. Charly dibujó esa pirámide en toda su habitación, y cuando el enigma se le hizo insoportable, buscó respuestas. La consejera de lujo fue nada menos que Yoko Ono, de visita en Buenos Aires, a quien Charly conoció en una reunión con diferentes artistas que se realizó para agasajarla. Allí Charly comenzó a hablarle de la pirámide, y Yoko pareció entender lo que los demás no. Y le sugirió que debía apuntar hacia el Este. "¿El Este con respecto a mí?", le pidió precisión García. "El Este es el Este", cerró Yoko la conversación. Así las cosas, la base de esa pirámide fue la multitud que desbordó el show, y Charly la punta. Exactamente, apuntando al Este. De hecho, el escenario y los afiches que promocionaron el show mostraban esa forma piramidal. La fórmula funcionó: el show fue brillante. Y no hubo corte de energía.

Dos días más tarde, Charly se robó la tapa del suplemento de espectáculos de *Clarín*, que tuvo el título más ingenioso de todos con los que se aclamó el concierto: "Volvió la luz". El show se grabó en vivo y se mezcló con audios de "El flautista de Hamelin", un cuento que a García le apasiona porque, según me desasnó, "la flauta estaba prohibida en la antigüedad, ya que su sonido seducía a las vírgenes que marchaban cual ratones detrás del flautista". De esa combinación de las canciones en vivo, un viejo disco del cuento y algunas conversaciones extraídas de distintos lugares (hasta aparece una entre ambos al comienzo de "Pasajera en trance", en la que Charly me cuenta que hacía fierros en Barcelona) decanta el concepto de *Demasiado ego*, nombre del álbum que documenta aquel momento.

La reactivación del prestigio y la confianza en la capacidad de Charly tuvo efectos colaterales no deseados, aunque tampoco hay que desconocer que alivió algunas cuestiones. En primer lugar, fue un masaje al ego que venía necesitando: un mimo para el alma, un halago, un cariñito. Boludeces que hacen bien. Pero por otro lado una gran convocatoria dispara los ratones de cierta gente que siente que detrás de eso hay dinero y que una buena parte debería corresponderles.

Cuando terminó aquel show del Ópera de 1996, en el que su carrera pareció irse a pique, también concluyó su banda de aquel momento. Mario Serra fue el único que en ese instante en el que todos se borraban se quedó para ponerle una mano en el hombro a García. María Gabriela también estaba cerca, y no andaban lejos las cuerdas, Ulises y Erica Di Salvo. Pero la gente que se suponía que era amiga de verdad de García, tipos de fierro, amigos de añares, no sólo no estuvieron a la altura de las circunstancias, sino que después hicieron desorbitados reclamos judiciales. Y en algún caso, hasta falseando la verdad de una manera tan desproporcionada que habría que preguntarse quién tiene realmente demasiado ego. El Negro García López fue uno de los que hizo juicio, pero la cosa se arregló rápidamente en las primeras instancias de una manera justa para ambas partes. Hubo equilibrio entre el reclamo y la realidad. En otros casos se pidieron sumas desmesuradas que harían sonrojar a Mick Jagger y Paul McCartney juntos, hasta por trabajos que lejos estuvieron de hacerse. Por otro lado, todo el mundo sabía de antemano que Charly no podía ofrecer la seguridad de un trabajo común y corriente. Para eso están los bancos y las oficinas con horarios regulares y la guita en los primeros días de cada mes. Cada uno sabía a lo que se exponía.

A esa gente hay que sumarle otra que indirectamente ha tenido alguna relación contractual con Charly García, y que en las demandas aseguraban ser empleados fidelísimos de toda la vida. También habría que contar a la gente del medio periodístico que, a propósito, se hacía agredir por García para poder después pedir resarcimiento. He leído algunas de las argumentaciones judiciales de los demandantes, y en algunos casos superaban lo patético. Hay que hablar además del descalabro de sus propias cuentas, que en el mejor de los casos fueron mal manejadas, ya que en la mayoría no hubo siquiera atención, y aquí el máximo responsable es el propio García. Todo eso fue formando una fea situación judicial que embargó su cuenta de SADAIC por mucho tiempo y que lo dejó en la ruina económica. Este panorama pudo verse con claridad en 2002, cuando Charly publicó una solicitada en la que pedía... ¡un millón de dólares! El texto es simpático, sensible y no tiene desperdicio:

"Hola amigos. Hola país. Imposibilitado de pagar deudas al Estado y a particulares, acosado por la necesidad de trabajar en shows de fin de semana y harto ya de estar harto, apelo a su amabilidad y comprensión para reunir U$S 1.000.000, que solucionarían estos problemas y así podría quedarme en mi casa (Buenos Aires, Argentina) en vez de tener que irme a trabajar en el extranjero. Con $ 1 per cápita está todo bien. Si no tiene un mango (motivo real en muchos casos) no se preocupe, hay gente que puede poner por usted. Gracias por ayudarme a vivir tranquilo. Me lo merezco. Charly".

Si Charly hubiera desplegado ese ingenio en enfrentar todos estos problemas que se han enumerado, las cosas habrían tenido un resultado mucho mejor para él. Puedo dar fe de que Inés Raimondo, su cuñada y abogada en algunas de sus causas, ha intentado todo lo posible para acompañarlo en cuestiones legales. Pero García se empecinó en no reconocer la gravedad de la situación y cayó en la trampa de confundir moralidad con legalidad. Y por eso no comparecía ante las citaciones de los jueces, o no activaba ningún recurso dejando todo a la buena de Dios, con lo que los otros ganaban partidas judiciales que con su simple firma hubieran perdido. Hay que entender lo pesadillesco que resulta para cualquiera, pero sobre todo para un músico, y más para García, tener que atender situaciones de esa índole. Pero las consecuencias son peores.

Todo esto ayuda a explicar un tema sensible: la relación de Charly García con Carlos Menem, ex presidente de la Argentina. Al verse tantos titulares sobre los juicios a Charly, la intimación de la justicia y alguna que otra detención para obligarlo a comparecer en el banquillo de los acusados por situaciones ridículas, hubo mucha gente que creyó que el acercamiento de Charly a Menem era por conveniencia, para que lo ayudara a birlar a la justicia, para que lo protegiera con el manto del poder. Los "progres" fueron los más escandalizados y varios de ellos se rasgaron las vestiduras sollozando que García era un traidor, que cómo podía darle la mano al presidente que firmó los indultos de los genocidas militares, culpables de incontables muertes, olvidando que Carlos Menem, mal que les pese, fue elegido democráticamente dos veces.

Charly ni siquiera lo votó y en 1989 hizo campaña en su contra, pero el tiempo pasó y ambos se encontraron en la clásica sesión de fotos de la revista *Gente*, en la que reúnen a los que fueron, para la publicación, los personajes del año. En ese entonces, Fernando Szereszevsky, allegado a Alberto Kohan, formaba parte del círculo de conocidos de García, y fue quien vehiculizó la invitación a la quinta de Olivos. Charly siempre sintió curiosidad por los presidentes más que por el poder, y en aquella sesión de fotos lo fue a saludar. Haciendo gala de esa cintura política que hasta sus adversarios más encarnizados le reconocen, Carlos Menem le devolvió el saludo con un afecto especial y le enjabonó el ego.

—Charly, justo ayer estuve escuchando tus canciones —le dijo.

Intercambiaron algunas cortesías, y el caradura de García se despidió como quien se despide de un íntimo. "¿Te llamo?", le dijo. "Llamame cuando quieras", le devolvió el por aquel entonces presidente.

Vale la pena tener en mente la fecha del encuentro para derribar cualquier especulación por parte de Charly: 29 de junio de 1999. A pocos meses de las elecciones a las cuales Menem no podía (aunque quería) presentarse, por orden de la nueva

Constitución Nacional. Era, como se dice en la jerga política, un pato rengo: un presidente que veía menguar su poder cada día que pasaba. No tenía muchas chances de poder proteger a García de la justicia, ni siquiera le hubiera convenido: no había rédito en aquella hipótesis.

La noche de la invitación a cenar en Olivos, todos estuvieron puntuales en la casa de Charly. Fue la banda en pleno, junto con Pipo Cipolatti y el manager de aquel entonces. Lo que más lo intrigaba a García era si los iban a revisar cuando entraran, pero no hubo nada de eso. "Imaginate —me contó tiempo más tarde—, si yo quería podía entrar con un cuchillo". Menem los recibió en la entrada como buen anfitrión y estuvo en todo momento acompañado por su hija Zulemita, y se fueron agregando varios allegados al gobierno con sus hijos. Charly saludó uno por uno a los integrantes de aquella bizarra comitiva, al igual que lo hizo Menem con su banda. Lo primero que Charly pidió fue conocer la cocina de Olivos. Menem lo acompañó y después lo llevó a caminar para charlar a solas. Terminaron comiendo un chorizo al pie de la parrilla presidencial. García le pidió permiso para que lo dejaran grabar el sonido de la carne crepitando al fuego. "Quiero saber en qué nota suena el asado de Olivos".

Mientras tanto, en un salón de la quinta se armaba un improvisado escenario y se microfoneaba todo para registrar en digital el acontecimiento. Hubo charlas sobre música en las que Menem sorprendía conociendo algunos datos y nombres muy puntuales; después confesó que había estudiado unos apuntes que le acercó su gente de prensa. Para ese entonces, García había logrado que todo el mundo se pusiera los brazaletes rojos con el logo de *Say No More* y el primero en colocárselo fue Carlos Menem. Se contaron chistes verdes, se degustaron vinos de la bodega del presidente y se armó un clima distendido, del cual surgió la idea de crear la fórmula Menem-García para las elecciones de 2003. Charly contestó rápido como un rayo: "¿Y no podría ser al revés?".

Tras los postres y antes de subir a tocar, aconteció algo que dejó a todos mudos. Estaban sentados, el músico y el presidente, juntos en un sillón; Charly se levantó para tomar una guitarra. Como suele suceder, el cinturón y los calzoncillos son como dos extraños para García, y apenas se incorporó... se le cayeron los pantalones y su culo quedó al natural delante de la prominente nariz presidencial. Menem se rió y siguió como si nada. Charly comprendió que debía ganar puntos con rapidez y se apresuró a dar inicio al recital. Los detalles del mismo se pueden apreciar con claridad en *Charly & Charly en vivo en Olivos*, un CD que se editó de forma limitada e independiente, por lo que hoy constituye una pieza de colección. Hay inserts de conversaciones ininteligibles, ruidos extraños y en el track 9 se los puede escuchar a Carlos Menem y a Charly intentando tocar algo juntos y hablando de la supuesta fórmula presidencial que en un momento torna en triunvirato cuando se sube Pipo Cipolatti. El siseo que aparece intermitentemente en toda la grabación es la ya famosa "parrilla presidencial".

Se despidieron tarde, quedaron en volverse a ver, y dos días después la cumbre Menem-García estalló en la tapa de los diarios. Allí quedó claro lo surrealista del asunto y parte del motor de todo esto: Charly y el presidente en tapa. Menem con el brazalete *Say No More*, que satiriza al que usaban las juventudes hitlerianas, que en verdad deriva de la película de Mel Brooks *The Producers*. Ahí se cuenta la historia de dos personajes que quieren caer en la bancarrota para poder hacerse millonarios cobrando el seguro. De manera que planean la peor obra de todos los tiempos: "Springtime for Hitler" (Primavera para Hitler). Lo que sucede es que ese fracaso asegurado termina siendo un éxito millonario.

"Los que me critican por haber ido a tocar a Olivos lo hacen porque no los llaman a ellos —se defiende García—. En primer lugar, me divierte lo frágil que es el poder. Y que él haya sido tan loco de invitarme a Olivos, y yo le haya podido decir todo lo que pienso en mis canciones. En principio, me parece más sincero que muchos, y no es peor que ninguno de los otros. Se puso el brazalete y me dijo que los que pasan a la historia son los músicos y el arte, no los políticos. Y que la gente se acuerda de Mozart y de Sui Generis, pero no de los ministros de Economía. Chupada de medias o no, fue la única vez que algún presidente pareció notar mi presencia y poner las cosas en perspectiva. Pero además es muy gracioso. Me mandó un millón de dólares... truchos. Pero el tipo está. Además que hay una parte de la mafia que a uno lo seduce siempre. En realidad, nos vimos tres veces. Pero tuvo la gentileza de ser solidario conmigo, cuando yo fui en cana por tocar para el gobierno de los radicales; ellos me metieron en cana, y el que llamó para interesarse por cómo yo estaba fue él".

Más adelante en este libro, podrá entenderse mejor este último asunto.

— • —

Sorpresivamente, en el 2000, apareció un nuevo disco de Serú Girán que llevó como nombre *Yo no quiero volverme tan loco*, un doble en vivo que se grabó a lo largo de tres conciertos realizados en diciembre de 1981 en el Teatro Coliseo. Los que hemos tenido la suerte de poder haber visto a Serú Girán en vivo recordamos esos conciertos como la cúspide del grupo. Y lo mejor es que este doble restaurado pacientemente por Pedro Aznar hace absoluta justicia a la memoria emotiva de aquellas mágicas noches en las que Serú Girán logró su mejor nivel.

Se lo puede escuchar a Charly, de un registro tomado aparentemente la segunda noche, presentando a las Bay Biscuits, un grupo teatral con aire vanguardista, en el que revistaban Fabiana Cantilo, Vivi Tellas, Mayco Castro Volpe y Diana Nylon. "Ayer fue increíble, cuando salió esta gente todo el mundo se volvió loco —dijo con ironía—. Me acuerdo que cuando comenzó Serú Girán, primer show en Obras, en el medio de un recital hicimos un tema disco. Que para entonces era un horror, pero que era un poco de humor, de sátira, porque creíamos que esto tenía que estar en la música. Siempre nos dicen que por qué no tocamos con alguien, por qué no apoyamos a los nuevos grupos. Nosotros hemos encontrado nuestro grupo de apoyo y espero que no se porten como los de ayer. Si no les gusta, no aplaudan, o tírenles tomates, lo que quieran, pero por lo menos traten de escuchar lo que pasa, porque es bastante interesante. Con ustedes, las Bay Biscuits".

En la primera noche, cuando aparecen las chicas cantando un tema llamado "Marcianita", con una especie de nave espacial plateada, el público no toleró el segmento y las echó a pura chiflatina. Realmente quedaba descolgado el asunto y cortaba un clima espléndido que Pedro y Charly habían conjurado con una magistral interpretación de "Cinema verité". Hubiera sido mejor ponerlas al comienzo, como aperitivo kitsch, pero más allá de eso, es importante notar la actitud del Charly de aquellos días, cuando primaba la protección a los más nuevos, el pedido de apertura a su propio público y una actitud diferente a la del músico rockero promedio de aquel entonces insertando el humor donde no lo había. Hoy, que el chiste malo, fácil y chusco es una plaga en el rock nacional, aquello no parece todo lo atrevido que era animarse a descontracturar por medio del humor una música aquejada de cierto *rigor mortis*. Por esas cosas, a Charly le batían "cirquero", que era como una marca maldita.

"Creo que inauguré la parte del espectáculo que en el rock argentino de aquel momento estaba muy descuidada: la visual —reflexionó Charly un par de décadas más tarde—. En esa época, lo del look era todo lo contrario: uno se desproducía para subirse a tocar. Se ponía más feo. ¿Bailar? Ni hablar. Creo que sí, fue una liberación de lo que se suponía que no tenía que hacer. Y cuando vi las críticas, dije 'bueno, a tomar por culo, lo voy a hacer más exagerado todavía'. En esa época, me batían 'cirquero'. Y, bueno, vos sabés que cuando me tiran esas flechas yo las doy vuelta y en vez de herirme, me potencian. Así que con 'el circo' hice arte".

De algún modo es paradójico que aquel álbum en vivo se llame *Yo no quiero volverme tan loco*, nombre que recibió la canción en el primer disco de Charly como solista. En el momento de su primera ejecución era un estreno de Serú Girán que se llamaba "Pena en mi corazón", un decidido intento new-wave que electrificó a los fanáticos del grupo, al igual que "No llores por mí, Argentina". Pero ese magnífico doble tiene más sorpresas como la versión de "Inconsciente colectivo" (aún no grabada en estudio, pero sí interpretada en vivo por Serú desde 1980), el rescate de "Alto en la torre", un tema de Sui Generis que salió en un simple en 1975, y "Oh, Dios, qué puedo hacer" de David Lebón, que terminaría en *El tiempo es veloz*. Todas esas maravillosas canciones podrían haber configurado el quinto álbum de estudio de Serú Girán, de no haber mediado una separación.

Supongo que Pedro Aznar y David Lebón deben haber pensado mucho en García cuando realizaron un excelente ciclo de shows a dúo durante abril de 2007, en la mejor tradición de David Crosby y Graham Nash, y retomaron algunas canciones de aquellos tiempos como "María Navidad" de Lebón. Quizás el verdadero espíritu de Serú Girán haya estado más presente en aquellos conciertos en el teatro ND Ateneo que en la reunión de River que se produjo en diciembre de 1992. No es fácil para un músico haber sido parte de uno de los grupos de rock más fantásticos que se hayan escuchado en estas comarcas, y tener plena conciencia de que jamás podrán volver a reunirse: Oscar Moro murió en el 2006. Aznar y Lebón lo recordaron desde el escenario sin melodramas, explicando que iban a tocar un tema de Edgar Winter que solían escuchar en "el auto de Morito, con Charly también".

Una noche de aquel ciclo Charly cayó de visita y terminó de rubricar que Serú Girán no podrá ser nunca más lo que fue. Hasta ese momento hubo un tecladista que hizo "de Charly"

(Andrés Beeuwsaert), cantando armonías también y todo se desarrolló con un nivel espectacular. Cuando García tiró un vibrador al escenario la noche en que asistió (según el diario *Clarín*), lo invitaron a subir, y como siempre, todo se descontroló a su paso, las cosas comenzaron a no sonar: el delirio de siempre. No deja de ser curioso que hasta ese momento todo hubiera funcionado a la perfección. Aunque quizás, lo más doloroso haya sido comprobar que Charly ya no puede hacer cosas con otros, sino que son los otros los que deben seguirlo. Por más "genio" que se sea, nadie tiene derecho a imponer su orden en casa ajena. La caída del telón tras su abrupta participación fue como cuando el rincón arroja la toalla de un boxeador con el conocimiento de que no hay más por hacer. La arrogancia tiene un límite, sobre todo en presencia de viejos amigos.

31. Aguante la amistad

> *Vieja es la historia que te cuento/*
> *amigo desde siempre que fue igual/*
> *el poderoso tiempo que nos toca/*
> *nos va gastando el tiempo que nos da.*
> CHARLY GARCÍA, "AMIGO, VUELVE A CASA PRONTO".

Un día caí de visita por la casa de Charly, sin motivo alguno, tan sólo para saludarlo. Nos estábamos viendo mucho menos por cuestiones laborales de ambos, y no tardé en percibir que el ambiente estaba más agitado que de costumbre. Apenas traspuse la puerta, Adriana San Román me preguntó si me podía quedar con Charly, que ella venía enseguida. García estaba en su cama: no había teclados, ni música. Tan sólo él, con la mirada vidriosa y pitando furioso un cigarrillo. Nito Mestre había tenido un accidente con el auto: ahora estaba en el Hospital Fernández. Jamás lo había visto a Charly tan seriamente preocupado por alguien. Había una tensa calma que finalmente resolvió un llamado de Adriana que comunicaba que Nito estaba bien, que la cosa no era de gravedad.

Charly respiró aliviado, puteó un rato y de a poco fue recobrando cierta alegría que es natural en él. Creo que allí comenzó el germen de lo que después sería la reunión de Sui Generis. No demasiada gente sabía que Nito Mestre había pasado un tiempo muy malo, enredado con el alcohol. Su carrera y su vida iban barranca abajo y el accidente había sido uno de los últimos estertores de esa caída, que Nito sabría aprovechar para enderezar su andar. Años más tarde, él mismo me lo contó. Había perdido las ganas de todo y presentía que llegaba el final; se había separado de Pamela, su mujer, y vivía demasiado solo. A tal punto que en un momento le dio la llave de su departamento a un amigo que le preguntó para qué. "Sólo para que la tengas, por si se pierde la mía". Nito mentía: su intención era que pudieran sacar su cuerpo si él se moría.

Hubo un par de internaciones. En la segunda creyó que no estaba vivo: cuando despertó una figura conocida, con cara de madre pero que no era la suya, le estaba secando el sudor de la frente. Parece un pasaje bíblico, pero se trataba de Mercedes Sosa que había ido a visitarlo cuando todavía estaba inconsciente. Nito despertó atado, para que no se hiciera daño. Fue demasiado para él y decidió dejar de tomar, como tantas otras veces, pero en esta ocasión fue en serio y a fondo. Buscó ayuda en uno de esos centros donde había gente que compartía su mismo problema, y le encontró la vuelta al asunto. Cuando estuvo bien, Nito intentó ayudar a varios músicos a salir del mismo problema que él había tenido, incluyendo a Oscar Moro. No lo probó con Charly porque sabía que podía ser peor. Pero volvieron a verse y a tener algún tipo de contacto después de años de estar cada uno por su lado.

Charly dirá que para él Sui Generis comenzó a dar vueltas en su cabeza cuando compuso "El día que apagaron la luz", un tema que tocó en un show que se televisó y que lo mostró en espléndida forma; una de sus tantas resurrecciones que suelen generar un entusiasmo a veces injustificado. 1999 se terminaba y, con él, también el siglo veinte. El futuro había llegado y no era como lo imaginábamos de chicos, pero Sui Generis tenía todo por delante. Y también iba a ser muy diferente a lo imaginado.

Con la llegada al poder de Fernando de la Rúa, algunos

hábitos restringidos a la ciudad de Buenos Aires tomaron carácter nacional. La idea de Buenos Aires Vivo se trasladó a distintas ciudades del interior y el ciclo se renombró como Argentina en vivo. Con la buena experiencia del show de Puerto Madero protagonizada por Charly, se decidió que formara parte de la gira. Sólo que no tuvieron mejor idea que asignarlo a Mendoza, una hermosa ciudad que tiene una pátina conservadora contra la que García chocó no pocas veces. Para que hubiera una instancia de contención, Mercedes Sosa fue como artista invitada. Se la veía como una persona capaz de serenar a Charly si se pasaba de rosca pero, pese a algunas desinteligencias en el concierto, no hizo falta. También participó Nito Mestre y antes del show tuvo una larga conversación con Charly, "en donde la onda era casi la misma que teníamos en el secundario —recuerda hoy Nito—. Charlamos hasta por los codos, hicimos chistes, cantamos alguna canción y después tocamos en vivo tres temas de Sui".

El recital terminó en paz y los músicos se fueron al hotel. Después de la cena, Charly y un par de amigos decidieron ir a tomar algo a un lugar, uno de los pocos abiertos en la madrugada mendocina. Todo estaba en calma hasta que apareció una mujer, no muy agraciada ni de buenos modales, que le pidió un autógrafo a Charly de un modo que no era el más apropiado. García no quiso firmarle y eso fue todo. Al rato, regresó la mujer, le gritó algunas cosas y le arrojó un vaso por la cabeza, el que impactó sobre la frente de Charly, que queda sangrando. Pero no tuvo ni tiempo de reaccionar: alguien le arrojó a la mujer un sillazo por la cabeza en su defensa.

Convengamos que una riña en un bar es una cosa de todos los días, casi siempre exacerbada por el consumo de alcohol y el stress de la vida cotidiana. Incidentes de este tipo suceden a diario y nadie más que los involucrados se entera. Por consiguiente, la muchachada se fue a dormir al hotel, salvo Charly, que se quedó despierto como es su costumbre. Al poco tiempo, el lugar se comenzó a poblar de policías y eran demasiados como para que todo pudiera seguir tan normal. Lo despertaron al que era el jefe de la delegación artística por parte de la Secretaría de Cultura de la Nación, y le informaron que había un problema con Charly García, que un juez pidió que comparezca ante él. Eran las siete de la mañana: nadie entendía nada. Pero un policía, por pedido de su superior, se puso a montar guardia en la habitación de Charly, que obviamente no tardó en enterarse y entró en brote paranoico. La cosa no era para tanto, o por lo menos le dijeron eso a la persona representante del Gobierno; era simplemente que fuera, que le tomaran declaración y que eso era todo. Un mero trámite que García se iba a encargar de convertir en una epopeya por la libertad.

La delegación de la Secretaría de Cultura, tras pedir instrucciones a Buenos Aires, siguió viaje a San Luis, el próximo punto en la gira y, al enterarse Charly, razonó que lo habían dejado solo con el enemigo. Su habitación era, como de costumbre, un chiquero y el policía que montaba guardia en la puerta (fan del músico) le sugirió a uno de los asistentes que ordenaran un poco y que no mostraran tanto quilombo cuando fueran a entregarle la citación. Mientras tanto, un teléfono sonó en Anillaco, La Rioja. García insistió y logró finalmente comunicarse con Carlos Menem, ya todo un ex presidente.

—Presi —insistía en llamarlo así, aunque ya no se encuentre en ejercicio del poder—, me tienen rodeado y no pienso entregarme a menos que usted así lo disponga.

Menem no entendía nada de lo que Charly le explicaba y le dijo que se quedara tranquilo, que todo iba a salir bien y que él le iba a dar una mano. Es él quien lo convenció de que fuera a declarar. Aquí, la historia admite otro desarrollo y es la leyenda que mete la cola. Supuestamente, Charly logró contactar al ex presidente al tiempo que un batallón de policías irrumpía en la habitación y que era demorado valerosamente por sus asistentes, hasta que el manager le pasó el teléfono al jefe del operativo, que escuchó una voz familiar por el auricular.

—Muchachos —pidió una voz con tonada riojana—, cuídenmelo a Charly, por favor. Ió soy su abogado.

Finalmente Charly fue detenido y obligado por la fuerza a presentarse ante un juez. Como era de esperar, todas las cámaras de televisión ya estaban al tanto de lo que sucedía y con mayor información que los que estaban adentro. García perdió unas horas muy largas en los tribunales mendocinos, cuyos orgullosos empleados le hicieron saber que el hecho de que estuviera en ese lugar no era gratuito, y que hablaba de su independencia de criterios. El juez se lo dijo más clarito: todos somos iguales ante la ley. Y eso era una mentira total. Porque Charly fue tratado como Charly García y no como Juan Pérez. Porque a Juan Pérez ningún juez le libra una orden de comparecencia en tiempo récord, ni la policía va a buscarlo con tanta premura y tantos efectivos, ni le avisa a los medios, ni obtiene tanta repercusión. Pero lo más grave de todo es que Charly esta vez es inocente: la mujer dijo que fue él quien le arrojó esa silla produciéndole gravísimas lesiones (otra mentira, no tenía nada), faltando así a la verdad de los acontecimientos que me narraron no menos de cinco personas.

Finalmente García es liberado y se transforma en un tornado furioso que arrasa todo lo que esté a su alcance, refugiándose finalmente en su suite del hotel Aconcagua. Después de un largo rato despotricando contra esa mentira de que "todos somos iguales ante la ley", idea un plan para demostrar que no todos son iguales. Comienza a rondar el balcón y a observar la pileta del hotel, nueve pisos más abajo, como quien le toma el ojo a la distancia. Hace cálculos matemáticos y después pasa a la comprobación empírica. Primero lanza un objeto de madera que se parte contra el borde de la piscina. Después arroja un gato Silvestre inflable, que alcanza, raspando, el objetivo. Charly calcula el viento y, sin decir nada que pueda denunciar su intención, se tira al agua.

En otro salón del hotel Aconcagua, unos periodistas asombrados miran por un ventanal de vidrio a espaldas del por ese entonces ministro de Trabajo, Alberto Flamarique, que da una conferencia de prensa sin darse cuenta de que por detrás suyo pasa Charly García en salto mortal a la pileta. Y es por eso que la acción queda filmada: las cámaras estaban siguiendo en realidad al ministro, que se quedó hablando solo mientras los periodistas fueron a ver si conseguían la primicia del año: el suicidio de Charly García. Grande fue su sorpresa cuando lo encontraron nadando feliz en la alberca y con cara de haber protagonizado un pequeño milagro.

¿No tenía miedo de morir en el intento? No, él sabía perfectamente que iba a caer en el agua. Hay un repaso genial de la anécdota en donde un empleado del hotel le grita cuando se encuentra en el aire: "No te tirés... que la están llenando". Cuando me contaron lo que pasó, ni siquiera me llamó la atención porque conozco su oficio de clavadista y su vocación por seguir vivo, o al menos por no suicidarse. Después de ver la filmación de ese hombrecito con cara de velocidad y una malla que flamea al viento (hasta parece otra cosa) cayendo desde los nueve pisos, el hecho me impresionó un poco más.

Como siempre que sucede algo, inmediatamente tomo contacto con él para lo que pudiera necesitar. A veces, es tan sólo poder hablar las cosas con alguien. Lo encontré bien, pero más serio que de costumbre.

—¿Te asustaste? —me preguntó, con la conciencia de quien sabe que pudo haber matado de un infarto a varios que lo quieren.

—Si voy a ser sincero, no. Sé que sabés tirarte a una pileta.

—Vos y Flor son los únicos dos que no se asustaron —reconoció.

—Igual, no es para repetirlo —sugerí.

—Quedate tranquilo, que no lo voy a hacer más.

A los pocos días la noticia recorrió todo el mundo, y el video circuló tupido por Internet, no tanto por la importancia del personaje sino como un hecho bizarro: existen muy pocas personas en el mundo (tal vez sólo una) que se arrojen desde un noveno piso a una piscina y que después vivan para contarlo.

— • —

Charly y Nito volvieron a coincidir durante un festival en Miami y en aquella ciudad decidieron reunir a Sui Generis, con la idea de registrar un álbum con temas nuevos que pudieran actualizar al año 2000 el espíritu original de la banda, más allá del lógico recital y su correlato grabado en vivo. Cuando Nito terminó su show, se encontró con el periodista Javier Andrade, que por aquel entonces residía en Miami. Conversaron un rato y Nito no pudo contenerse. "Te doy una primicia: se va a reunir Sui Generis", le reveló pensando que la noticia iba a tardar un tiempo en aparecer, pero se había olvidado que Javier es el marido de Silvia Maestrutti, periodista de *Clarín*. "Al otro día ya me estaban bombardeando a llamados", cuenta hoy muerto de risa ante su propia ingenuidad.

Sinfonías para adolescentes terminó siendo el nuevo álbum de Sui Generis, pero estaba diseñado para ser el próximo solista de Charly García. El nombre es una evocación del productor Phil Spector, quien definió a esas maravillosas produccciones que hizo con su ya célebre método de la "pared de sonido" como "sinfonías adolescentes". García ya tenía las ideas más o menos claras una tarde en la que me mostró un par de canciones, cuidándose de decirme que eran temas de otros. "Aguante la amistad" (cuyo original es "Set you free this time" de The Byrds) me pareció una maravilla, y aún hoy lo sostengo aunque me cuesta afirmarlo cuando escucho la versión plasmada en el disco. Lo que en la casa de García suena bien, intenso, impactante, termina como si fuera una recepción de una radio de onda corta que traspasa el océano y que, a través de túneles y más túneles de fritura, aterriza en el receptor de tu Noblex Siete Mares. Bienvenidos a la maravillización.

Por su naturaleza, Sui Generis terminó volcándose hacia las

pretensiones de García, en vez de moverse por un equilibrio que también incluyera los deseos de Nito Mestre. Se dirá que Sui Generis siempre fue así, pero para esa unilateralidad no hacía falta reunir al grupo. "Con Charly redactamos una especie de constitución que constaba de varios incisos que me salieron mal —reconoce Nito Mestre—. Uno: no nos metemos con la pareja de los demás. No queremos que la pareja influya en el grupo, sabiendo que él tenía una relación un poco complicada con Florencia. Por lo tanto, en las grabaciones decía 'traiganmé a Florencia si no no grabo, traiganmé a Florencia si no no toco'. Pero como estaba esa cláusula de que uno no tenía que meterse, yo debía callar, pero me daban ganas de decirle que se dejara de hinchar las pelotas.

"Otra cláusula era que yo trabajo y grabo siete u ocho horas por día, no más. Que no sigo de largo tres días, ni a palos. Por lo tanto, si yo comenzaba a grabar lo hacía a las siete u ocho de la noche, y no a la una de la mañana para terminar a las ocho o nueve, porque sino me cagaba los horarios de vida. Y otra cosa era que no me insistiera para que me quedara cuando yo me iba del estudio. Eso lo cumplió a rajatabla. Vos sabés que Charly te compra para que te quedes a vivir. El primer día de grabación fue el más duro; Charly comenzó con la cantinela de Florencia, que si no no grababa, y yo me fui a la mierda. No tenía por qué ser la mano John Lennon y Yoko Ono: Sui Generis no podía depender de una piba de 18 años".

La grabación de *Sinfonías para adolescentes* fue bastante tortuosa, aunque Nito intente disimularlo. "El método era raro: primero se tocaba el tema y después se grababa la base. La cosa comenzó bastante desbolada y después se fue encauzando, cuando le pusimos metrónomo a todo. Charly se emperró en grabar con su banda, y a mí no me parecía lo ideal. Pero como él estaba mucho más que yo en el estudio, lo dejé. La banda que yo hubiese querido tener eran los tres GIT (Guyot, Iturri, Toth) con Fito Páez en teclados, más algún buen saxo". Sui Generis terminó en manos de García por entero porque si no se respetaban todos sus deseos no estaba dispuesto a trabajar; nunca fue un buen negociador. Eso de "no pido nada a cambio de darte" será una letra muy linda de "Quizás, por qué", pero no tuvo ningún correlato en la reencarnación del dúo.

—¿Cómo fue la experiencia de resucitar a Sui Generis?
CHARLY: Completamos la fase uno, y es alucinante. El disco me encanta y creo que la tapa es increíble. Es como un objeto, como un juguete. Desde un punto de vista personal es como una pequeña venganza, de no sé quién, y está totalmente al día con la historia que cuenta. Es un disco con muchas lecturas. Creo que tocarlo en vivo va a ser buenísimo porque el disco es muy de hoy: tiene cosas que quiero decir ahora.
NITO: A mí me gusta todo, sobre todo el hecho de tener un disco de nuevo en las manos (N. del A.: Lo dice por la tapa que se asemeja al tamaño de los viejos vinilos). Dentro del disco, tengo mis favoritos: "Yo soy su papá", "El chico y yo", que es de los Shakers, y "Espejos".

—¿Chocaron mucho con el criterio de lo que debería ser Sui Generis 2000?
NITO: Yo no discutí (risas).
CHARLY: Yo sabía que lo que quería hacer le iba a gustar a Nito.
NITO: Él tenía ganas de utilizar el criterio Phil Spector, de la pared de sonido. Y eso lo tomás o lo dejás. Si te enganchás en ésa, es divertido de hacer.
CHARLY: La gente me comenta que se pone los parlantes como está en el dibujo de la tapa, o sea que se enganchan con la historia, se hacen el bocho, perciben las capas de sonido. Estará escrito, será una fantasía, pero ojo al piojo que funciona. Eso es muy alentador. Recibí un par de cartas de chicas que dicen que les encantó y que les gustan más los temas nuevos que los viejos. Eso es súper. Es bueno que hagas un disco que sea actual, y que la gente se enganche con lo de ahora.

Nito: La curiosidad que viene ahora es la reacción del público en vivo. Creo que va a responder de puta madre. Va a ser divertido. Arrancar en Boca me alegró más que empezar en otro lugar. Me gusta arrancar con todo. Que sea una explosión. No tengo cagazo: a mí me asusta más un lugar chico que la cancha de Boca porque le veo la cara a la gente.

—*¿Por qué eligieron ese sonido a lo Phil Spector?*

Charly: Yo sabía que una de las especialidades de Nito es doblarse a sí mismo: es muy divertido cantar muchas voces.

Nito: Cuando yo tenía el Winco, ponía un parlante adicional para que sonara mejor. La historia de escuchar el sonido tipo sensorround viene ya de hace mucho tiempo.

—*¿Cómo les resultó a ambos tener la oportunidad de grabar esos temas que habían quedado inéditos como "Monoblock" y "Espejos"?*

Nito: Tenemos la suerte de que Charly se acordaba de todo.

Charly: Me pareció buenísimo, eso es como la raíz. Y en el nuevo contexto, los temas viejos adquirieron otro volumen. Se tomaron su tiempo, pero volvieron con una venganza.

Nito: En el caso específico de "Monoblock" fue una venganza, porque ése era el hit de Sui Generis. Pero cuando apareció "Canción para mi muerte", lo borró al tema, pobre santo, y quedó olvidado veinticinco años.

—*¿Por qué aparece tanto la palabra "tren"?*

Charly: Es como si le preguntaras a Spinetta porque usa tanto la palabra "sol". Si a él le quitan el sol y a mí me quitan el tren, estamos listos (risas). No te olvides que yo soy del oeste; pasaba todos los veranos y los fines de semana en una quinta en Paso del Rey, y de ahí a la Capital el medio de transporte obligado es el tren. Además, convengamos, el tren es mucho más romántico que el colectivo, hace más ruido, qué sé yo (risas). Tiene esa cosa como que es poderoso. Cuando yo era chico, la avenida que te llevaba a Paso del Rey, Gaona, era toda de tierra. Y el tren era la referencia obligada. Además, todos los pueblos tienen el tren. O lo tenían.

—*Si bien el disco es actual, cuando cuentan cosas, Sui Generis parece remitirlos al pasado.*

NITO: Cuando comenzamos a hablar con Charly, la idea era que el disco te llevara hacia atrás. Pero es hacia atrás para nosotros, vos podés interpretarlo como algo que pasa ahora.

CHARLY: La primera vez que se me ocurrió decirle a Nito que rearmáramos Sui Generis fue cuando compuse "El día que apagaron la luz". Sentí que era como un tema de Sui, entonces lo primero fue invitarlo a cantar al disco mío. Pero después pensé ¿y por qué no? Me pareció que iba a ser una manera de potenciar todo lo que yo estaba haciendo. Pero la idea fue de a poco. El tema salió en enero y Nito vino al show en donde lo estrené. Todo se fue cerrando naturalmente. El tema es como "Bestia de carga" de los Rolling Stones, y en el estribillo es The Police. Incluso los cité: "¿No podés ver que ya me pertenecés?". Esa parte la canta Nito, porque él es de Leo y es machista.

—*¿Y vos no?*

CHARLY: Yo soy de Escorpio, y... soy machista también.

—*¿No es raro un disco de Sui Generis que no diga que todos los temas pertenecen a Charly García?*

CHARLY: Lo hice porque quería que la gente le dé bola a las letras de esas canciones y que las redescubra. Son tan lindas... Nadie me puede decir que las canciones son malas. Son como vueltas que da uno.

—*¿Sentís que este disco es la síntesis de Sui Generis?*

CHARLY: No, creo que es el disco que hubiera sacado si Sui Generis no se hubiera separado. Encaja justo después de "Instituciones".

— • —

La presentación de *Sinfonías para adolescentes* se llevó adelante en el gran local que Tower Records había abierto en la esquina de Juramento y Cabildo. La idea se presentó como una firma de autógrafos, pero en verdad todo estaba planeado para que hubiera un poco de caos, una especialidad que García domina, y así lograr mayor exposición mediática. "La idea de la grúa fue de Pelo Aprile (en ese entonces presidente de Universal Records) —asegura Nito Mestre—. Era una firma de autógrafos, y teníamos que llegar a firmar algo, entonces pusimos una grúa. Fue un momento delicado porque subirse con García ahí arriba, y hacernos pelota con toda la gente al lado, era una perspectiva aterradora. La grúa era muy chiquita, y la gente estaba muy apretada: no era algo muy estable".

Charly y Nito subieron por una ventana con la grúa porque la entrada a la disquería estaba taponada de gente. Una vez allí dentro, Charly y Nito intentaron firmar algunos autógrafos, pero enseguida la multitud comenzó a romper vidrios, de manera que iniciaron una sabia huida. No era el fanatismo por Sui Generis el que generó el desmadre generalizado, sino la intención del público de afanarse todos los discos que pudiera. Esto habla a las claras de la diferencia entre 1972 y el año 2000 en un mismo país llamado Argentina.

Hubo una orquesta a disposición de García, no sólo para la grabación del disco, sino también para el show programado en el estadio de Boca el 7 de diciembre. Gabriel Senanes dirigió así a los músicos de la *Say No More Symphony Orchestra*: 28 finos músicos de extracción clásica, que no quedaron, sonoramente hablando, bien retratados en las canciones nuevas de Sui Generis, grabadas en estudio. Sin embargo, fueron de lo mejorcito en el show de Boca Juniors, donde por razones de acústica y ubicación de la prensa en la platea alta, el sonido de la orquesta llegaba mejor que el de la banda. En el campo era todo lo contrario.

"Charly vino casi nada a los ensayos. Estuvieron buenos pero fueron pocos: cinco o seis. Sin él, el laburo era menos caótico", recuerda Nito. "El día de Boca todos estuvimos nerviosos porque Charly comenzó de vuelta con la historieta de Florencia. No vino a la prueba de sonido, lo que estuvo bien. Porque mi idea era que Charly hiciera lo que quisiera, que hinche las pelotas, pero que palme el día del show a la mañana temprano, así se despierta dos horas antes de tocar, está lúcido, fresquito y todo sale mejor. Yo había ido la noche anterior al estadio para probar sonido, había arreglado los horarios con Cerati, Pedro Aznar y León, y todo fue muy profesional. A mí me relaja probar sonido, y a Charly le da lo mismo.

"Me quedé en el estadio, me llevé una masajista, tuve un camarín lindo, con las velitas, todo bien. Del otro lado estaba el camarín de Charly por si se le ocurría poner música fuerte, etc. A la noche, una hora y media antes de empezar, viene gente de la productora a decirme que Charly pide tal cosa, que quiere a Florencia, etc. Me hinché las pelotas y les dije 'arreglensé'. Si no quiere tocar, que se vaya todo a la mierda. Pero yo no voy a estar corriéndolo para traerle a Florencia: no me voy a poner nervioso en la cancha de Boca con toda la gente ahí, antes de tocar con Sui Generis. Querían que yo lo llamara. Al final hablé con Fito Páez, él lo llamó y le dijo que lo pasaba a buscar, y contrataron un colectivo o algo así y se vinieron".

—*¿Cómo va a ser la ambientación del show?*

CHARLY: Va a ser como una kermese, ya que es en la Boca. Con lo de Tower me quedó claro una frase de Yoko Ono: ante el caos no se puede usar la teoría del dominó ni ninguna otra teoría. Lo mejor es estar uno concentrado, alerta, hacer poco y que se caiga todo a pedazos. Eso me pasó en Mendoza cuando me quise portar bien, y en Tower fijate el quilombo que se armó.

—*¿Pero pensabas que iba a estar todo tranquilo? Se junta Sui Generis, vas con una grúa, con un aerosol, lo hacés en una disquería...*

CHARLY: A mí me parece bárbaro que se rompan cosas y que haya escándalo. Pero yo estaba en la misma fila del público, tratando de subir o bajar. Lo que entendí es que no hay seguridad que me pueda dar seguridad a mí. En Boca voy a ver hasta dónde me involucro. Me contrataron para tocar ahí, lo hago, pero ¿cómo? ¿Voy como cualquier artista, subo, toco y me bajo o hago algo más? También puedo hacer algo fuera de lo común. Si hago la primera, subir, tocar y bajar, siento que lo hago por la guita y chau. Pero, si quieren algo más, tendré que verlo...

Nito: Pero yo ya estoy nervioso. Sui Generis no es cualquier grupo, y si salís a la calle te das cuenta. Estoy seguro que va a pasar algo más.

—*¿Cómo van a articular el presente con el pasado?*

Charly: Con mayonesa (risas).

—*Digo, cómo van a mezclar los viejos temas con los nuevos en el show.*

Charly: Yo pensaba hacer todo junto, mezclarlos. Quiero hacer un show tipo *Lovesexy* de Prince, que haya movilidad. Va a tener cuatro sonidos: uno es Nito, otro soy yo, otro es la banda y el restante, la orquesta. Incluso me gustaría poder vender las entradas de manera que al que le gusta escuchar la batería, se siente en un lugar determinado. Después, quisiera que el recital tenga determinados climas, que sea como un viaje. Lo lógico sería que comenzara con "El día que apagaron la luz", pero tal vez arranquemos con "Cuando ya me empiece a quedar solo", como para establecer el nivel de lo que va a venir. Ah, y va a explotar todo al final. Voy a hacer explotar mi auto.

—*¿Les jode que la gente pueda llegar a pensar que se reunieron por el dinero?*

Nito: No, a mí me chupa un huevo.

Charly: A mí me parece que está bien que piensen eso. ¿Qué tiene de malo?

Nito: Los otros días vino uno y me preguntó si nos juntábamos. Le dije que sí. "¿Y se llevan un palo verde? ¿No les da vergüenza?", me dijo.

Charly: Claro, llevémonos diez.

Nito: Igual, de ésos sólo hay uno entre cien.

Charly: Se enojan porque amenazamos al rock chabón, porque estamos primeros en el ranking.

—¿*Por qué amenazan al rock chabón?*

CHARLY: Porque me parece una mierda. Porque si a partir de Sui Generis se crearon un montón de dúos, comenzó a cantar y a tocar una bola de gente, que ahora lo que uno ha creado sea rock chabón... Spinetta diría "¿y para eso me operé?" Que se pongan las pilas.

—¿*Cuál sería la esencia de Sui Generis frente al rock chabón?*

CHARLY: Haber estudiado.

—*Desarrollá un poquito más.*

CHARLY: Todos dicen que Sui Generis es la adolescencia, el colegio, bla, bla, bla. Pero nosotros no fuimos al colegio y nada más: lo usamos al colegio. El colegio nos dio información, cosas; si vas al colegio y no aprendés nada, sos un burro, y después no tenés nada en la vida. Si estás en la música, te hacés el listo y no sabés música, ¿cómo hacés para tocar? De caradura. Sui Generis estaba suficientemente preparado para todo lo que vino después.

—*Ustedes le dieron un marco de referencia a los jóvenes de los 70. ¿Creen que Sui Generis hoy puede repetir el fenómeno con los adolescentes de hoy?*

NITO: Yo creo que vamos a dar una bocanada de esperanza. Cada vez que Sui Generis estuvo funcionando, las situaciones fueron críticas. Períodos traumáticos de la historia. Y para mí, Sui Generis es muy romántico, pero no blando. Yo comparto con él lo del rock chabón y creo que venimos a dar la otra cara. Creo que se va a escuchar algo como la gente. Y aparte otra cosa: que emocione. El rock chabón es solamente una descarga. Sui Generis no es así, la música queda, te produce sentimientos.

CHARLY: Antes, en la cancha, la hinchada copiaba una canción y la cantaba. Ahora el procedimiento es al revés: la canción se hace desde la hinchada. Ése es el nivel: "somo' lo mono de la hinchada, todo somo' iguales, ja, ja, ja". Viva el Che Guevara, se comen unos panchos, se ponen pantalones gansos; son todos gordos horribles, se tiran pedos y cunde la mano 'despreciémonos todos'. Ahora, de estudiar, nada. Estudiar en el sentido de dedicarse a algo. El aire no está ahí para que lo llenen de mierda. Por lo menos que sea afinado o una cosa así. Esos chabones tendrían que estar en la fábrica laburando. Mi tía Mecha, que era de Castelar, solía decir: el que trabaja y estudia no tiene tiempo para protestar; el que no trabaja ni estudia no puede ni debe protestar.

—*¿Cómo evolucionó la relación entre ustedes dos?*
CHARLY: No evolucionó, eso es lo mejor (risas). Siempre adolescentes. Para mí, la relación es la misma.
—*Antes eran dos adolescentes que no sabían qué querían de la vida.*
CHARLY: Bueno, ahora somos dos adultos... pero sí sabíamos lo que queríamos.
NITO: Sí, queríamos ser músicos, nos rompíamos el lomo y nos teníamos una fe ciega.
CHARLY: Estábamos las 24 horas con la música, pegábamos carteles, éramos promotores de nosotros mismos. Era nuestro empleo. Nos bancamos cualquiera.
NITO: Y para promoverte a vos mismo, te tenés que creer. Si no mandás a otro.
CHARLY: Yo lo mandaba a él (risas).
—*¿Nada ha cambiado?*
CHARLY: Sí, él dejó de ser sonámbulo (risas).
—*¿Y vos?*
Charly: Y... yo, no (risas).

— • —

Los organizadores del concierto del regreso de Sui Generis en la Bombonera dijeron que se vendieron unos 27.500 tickets y que el resto fueron invitados. Los medios apreciaron la multitud en un número más amplio que de todos modos tocaba su techo en 35 mil personas. Muy poco para Sui Generis, pero hay que tener en cuenta la recesión descomunal imperante en diciembre de 2000. Apenas 45 días más tarde, enero de 2001, Sui Generis se presentó gratuitamente y con muy poca difusión en el Parque Sarmiento. Y todo lo que falló en Boca fue un acierto en ese momento: 150 mil almas presenciaron allí el verdadero regreso de Sui Generis. No asombra que Nito haya estado bien, porque su afinación y expresividad son de una regularidad pasmosa, pero Charly fue una lucecita aquel día de Parque Sarmiento. Hasta la banda sonó ajustada, lo que no era habitual, más por la desorganización reinante y la escasez de ensayos que por impericia musical. Pero lo más importante fue la gente, el clima, la tranquilidad: 150 mil personas y sólo un incidente con un punga que le arrancó la cadenita a un pibe, lo lastimó y quedó internado. Al día siguiente Nito y Charly fueron a visitarlo al hospital.

"Todo se organizó bien, con tiempo, y por eso las cosas salieron como corresponde —asegura Nito—; había luna llena esa noche, y después del show fuimos a ver cómo se iba la gente. Con una tranquilidad tal que Charly dijo 'éste es el público de Sui Generis'. Antes habíamos estado en Uruguay, y estuvo bueno. Después de Parque Sarmiento fuimos a Chile, y el lugar no era de lo mejor. Y por último fuimos a Perú, donde se me ocurrió decirle a Charly que había que ocuparse mucho, porque los peruanos nos querían muchísimo. Entonces vino a la prueba de sonido. A las tres de la tarde estábamos probando sonido, y desde entonces García siguió tocando hasta las nueve de la noche, cuando comenzó el show. Por lo tanto, los músicos no daban más y se nos iban desmoronando durante el concierto".

A mediados de febrero de 2001 Charly y Nito tomaron las cintas registradas durante los conciertos en Boca y Parque Sarmiento para hacer un disco doble en vivo, una suerte de *Adiós Sui Generis II*. El proceso resultó largo y tedioso porque se reveló algo sobre lo que Nito Mestre venía avisando: la banda no estaba sólida. Pero no era lo único. "Esa grabación fue un parto. Comenzó durante el verano; yo me había ido a Pinamar, lo llamé a Charly que se vino al hotel Algeciras, porque la dueña es fan, y lo pusimos en un cuarto arriba de todo donde podíamos grabar cositas en un estudio portátil de 16 canales. La idea era completar cositas y grabaciones en el cuarto, lo que se hizo, pero el criterio era tratar de hacerlo lo más parecido posible al vivo, no tocarlo todo de vuelta. Ahí saltó que la banda no estaba bien, se desmembraba, y Charly empezó a emparchar. Durante ese tiempo hicimos un show muy informal, muy divertido, en un parador de la playa: llevamos el grabador, pasábamos temas del show en vivo en Boca, y grababamos otros canales tocando en vivo".

En marzo García encontró el "concepto" que es el que se ve graficado en la críptica portada, donde se puede apreciar un muro difuso, como pintado de amarillo, y en el medio una especie de volcán rojo, con dos rayitas que emergen desde lo que sería el cráter. Para que todo cobrara sentido hacía falta el celofán transparente que recubre la tapa y que termina de ordenar la cosa. En ese celofán aparece un supuesto título entre paréntesis ("detrás de las paredes") y un pentagrama donde está marcado el verdadero título: *Sí*. También se ve algo como una coma que ocupa el lugar de la nota sí en el pentagrama. Cuando el celofán se une a la primera portada, queda escrita la palabra "Sui". Pero si le requiriésemos a García el sentido que quiso darle a su arte de tapa, nos diría que ese pseudovolcán es una pirámide y que las dos rayitas que emergen del cráter (una de las paralelas que ayuda a formar la palabra Sui) son en verdad una vagina.

Lo que parecía un trabajo intenso de no más de dos semanas se fue estirando porque Charly comenzó a regrabar todo. Pasó marzo, pasó abril, y Nito perdió la proverbial calma que lo acompaña en la vida. "El disco se estaba convirtiendo en una pasta; había sólo algunas cosas rescatables. Fui a grabar 'Mariel y el capitán', y Charly me pide el colchón de voces. Después lo borró".

—Lo tenés que grabar otra vez, Nito —le requirió García
—Pero ¿por qué lo borraste? —preguntó Mestre.

—Estaba demasiado perfecto.

Ya en el mes de mayo la cosa se pudrió porque García no soltaba el disco que, a su vez, iba quedando cada vez más raro. Ya habían peregrinado por varios estudios y Nito se hartó cuando llegó a El Pie, el estudio de Alejandro Lerner, en el momento en que Charly estaba grabando una toma de bajo. "¡Se estaba quedando dormido mientras tocaba!", aúlla hoy cuando recuerda ese momento.

—Loco, esto es un desastre: te quedaste dormido mientras tocabas —lo encaró Mestre.

—No, ¿qué decís? —farfulló García.

—Sí, que te quedaste dormido. Y que además estás tocando como el orto.

—¡A mí nadie me dice eso!

—Bueno, yo sí te lo digo: estás tocando como el culo y arruinando este disco.

García se ofendió como si le hubieran tocado a la novia y comenzó a ver a Nito como el enemigo. Un día le mandó uno de sus mensajes en la tapa de un disco, en el que decía que iba a terminar el disco, pero que no quería que él estuviese en la parte final. Concluyó o abandonó el proceso y fue a la masterización con Mario Breuer. Ése es un proceso delicado, al que antes se llamaba "el corte", y García lo sabe muy bien. Se trata de una ecualización final de donde se extrae el original, del cual se harán todas las copias. Charly se llevó los teclados al corte (donde nunca, jamás, se agrega algo), que ya tenía 120 canales llenos y se puso a tocar encima de la masterización. No hubo modo de frenarlo ni hacerlo entrar en razones. La atmósfera de Plutón era más cálida que la relación entre Charly y Nito.

—*¿Cómo fue la grabación de este disco?*

Charly: Peliaguda. Porque nunca escuchaba lo que yo quería. No sé si es por las computadoras, o los pro-tools, pero nunca tenía el cuadro terminado. Vos grabás cincuenta canales, pero esas cosas te dejan escuchar sólo ocho. Te volvés un fantasma en la máquina: sos una data en un programa y vivís ahí. Hasta que tuve una pelea con la máquina como si fuera Hal, la de *2001, Odisea del espacio*: me metí adentro y le hice hacer lo que yo quería. Gané.

NITO: Es como si fuese una película y a los costados un cinerama. Que ahora se llama iMAX. O sea la versión original, con los agregados en pantallas adicionales, que en este caso se grabaron en estudio.

CHARLY: Yo soy de mucho borrar y grabar. En este caso, cosí las canciones: agarré el estribillo y lo puse adelante. Puse el público de un recital en otro. Le puse público a canciones que no lo tenían.

NITO: Es un disco en vivo, con acompañamiento de estudio. El efecto que da es muy llamativo, como por ejemplo el comienzo con "Cuando ya me empiece a quedar solo". Apenas arranca se me pone la piel de gallina porque me remite directamente a Boca. Incluso hay una pequeña demora entre la instrumentación y la voz, que es el tiempo que tarda el sonido en recorrer el estadio. El público fue tratado como un instrumento en "Mariel y el capitán". En otras canciones fue tratado como público, como en "Te daré algunas cosas", que me gusta más que la de *Sinfonías*...

—*¿Hubo dificultades en el procedimiento?*

CHARLY: Me llevó mucho trabajo porque no pude grabar como yo quería. Fue como una gira por los estudios; de gira conmigo mismo, porque yo tenía todo en mi cabeza, sólo tenía que encontrar el estudio que se adaptara. Los estudios deben ser instrumentos al servicio de uno y de la música y no al revés. Es como si fueras a pintar y cuando vas a pegar una pincelada, el software te para la mano.

NITO: Hay temas en donde yo le pedí dejar la voz en vivo, porque cuando escuché la grabación quise salvaguardar, casi por orgullo personal, a ese que soy yo cantando en vivo en el año 2001.

—*Charly, ¿estás enojado con las computadoras?*
CHARLY: Sería una estupidez: las computadoras no piensan. Pero fueron diseñadas por humanos que no son músicos. No me gusta eso de tener que grabar sí o sí con computadora. A la mayoría sí, obvio: cualquiera puede cantar. ¿Desafinás? Te afinan. Pero cuando viene alguien en serio, la burocracia digital te pone loco. A mí, ninguna máquina me viene a decir qué es lo próximo que tengo que hacer. ¿Por qué no me dejan tocar?
—*Nito, ¿cómo te llevás con Charly?*
NITO: Los dos tenemos personalidades distintas, sabido es. Dentro de Sui, yo soy lo que va más a tierra, y Charly es más volátil. En el escenario, yo estoy cantando al medio y Charly está paseando. En el disco de estudio, él estaba de un lado y yo del otro, pero en vivo buscamos repetir ese efecto de que uno está más quieto que el otro. Buscamos el equilibrio. Pero no es fácil.
—*¿Este disco se va a cantar en los fogones?*
CHARLY: A mí siempre me asociaron con el fogón; no sé por qué ya que nunca fui a ninguno. No me los banco mucho; sé que deben ser con guitarras, pero no me gusta que me asocien con el fogón. Fogón, fogón, qué grande sos. ¿Un asado no podían hacer?
—*¿De dónde sale "Telepática"?*
CHARLY: Comenzó con la gira móvil, en Pinamar. Agarré una secuencia de acordes y la repetí hasta que me vino la melodía y la letra. Fue en la época en que Herbert Vianna tuvo el accidente. Ahí cambió el sentido del tema. Puede ser una canción de revancha, de revolución, de amor, de solidaridad. La letra fue la cacofonía de varias letras superpuestas. Se grabó en Cuba, con los músicos de Pablo Milanés, que me había invitado a ir a cantar un tema en su nuevo disco.
—*¿Para quién cantan ahora?*
NITO: Para los pendejos. Cuando muchos suponían que la reunión de Sui Generis era para la gente grande, no se dio así. Los grandes son más nostálgicos, pero los pendejos lo ven con

otra mirada a Sui: ellos te tararean los temas de antes, pero saben lo que sucede ahora.

—¿*Una frase final?*

CHARLY: Vivo en el peligro, pero con esperanza.

— • —

El corte final se produjo durante la (frustrada) conferencia de prensa. El lugar elegido era la Biblioteca Nacional. García había pensado que el lugar donde se concentra el saber era lo que él necesitaba para... "exponer".

—Quiero llevar un pizarrón, dibujar y explicar lo que quise hacer —decretó García ante un Nito Mestre con el fastidio acumulado de un año y medio de lidiar con él.

—Te querés excusar —lo cruzó sin vueltas Nito—. Los discos no se explican.

Charly "se vengó" cuando Nito lo fue a buscar el 7 de julio de 2001 para ir juntos a la conferencia de prensa. Lo recibió en bolas en la cama, escuchando música y le dijo que no iba. Abajo estaba toda la gente de Universal Records, esperando impaciente, y le pidieron a Nito que lo convenciera. Charly quiso pasar parte de enfermo, pero nadie le creyó. Un montón de alcahuetes de García revoloteaba al borde del espasmo cerebral, y casi lo experimentan cuando Nito decidió ir a la conferencia en la limusina que esperaba a tal fin.

—Noooo, es de Charly la limusina —lo quisieron frenar—. ¿Y si se le ocurre ir después? ¿Cómo hace?

—Si García quiere venir después que se tome un taxi —contestó Mestre cerrando la puerta de un portazo.

"Charly quería tocar en esa presentación —me explicó Nito unos años después—, y yo sabía perfectamente que no le gusta ese disco. Ni a mí tampoco: jamás lo volví a escuchar en mi vida. Fueron meses grabando y borrando, pero cuando más me enchinché fue cuando escuché cosas que estaban bárbaras, bien ingeniosas, bien tocadas, y él las borraba porque decía que lo iba a hacer mejor. Yo le decía que las dejara y que hiciera otra toma y después decidía. Y al otro día aparecía un horror. Eso me fastidia de cualquier músico".

La explicación de García es diametralmente opuesta: "Sui Generis fue una idea que era como una florcita, y se comenzó a llenar de abogados y de falsedades. No tuvo nada que ver con el otro Sui Generis, con Jorge Álvarez, que tenía una producción quizás ladrona, pero jugada. Acá sentí que en un momento iba a tocar en un casamiento, y que con el disco estaba haciendo el que quería la grabadora, como que tenía que dar una prueba. Lo bueno fue que no enloquecí, aunque al final llegué dos horas tarde a la cancha de Boca y aterroricé a todo el mundo. *Sinfonías para adolescentes* para mí es buenísimo. Podría haber sido de otra forma. Más que nada Sui Generis es un sentido poético, más que un sentido comercial. Que se logró, pero los que lo entendieron son los que llenaron la cancha, no los productores. Yo creo que... Nito se puso el brazalete, pero el problema era que los músicos sacaban fotos en escena antes de tocar. Los chicos de mi banda no se sintieron partícipes, lo vivieron más como si fueran fans. Quizás era algo demasiado grande para ellos. Mi error en el disco en vivo fue que no me preocupé demasiado por la grabación, ya que estaba ocupado con que la banda suene, ensayar con Nito. Al final, tenía 48 canales que no me servían para lo que yo quería. El chiste del disco es que todo el tiempo hay una nota sonando, y la nota es si. El si es una nota tan cortante, que prácticamente está enemistada con toda la música. El si es una nota muy renga; si bemol, ya es más normal: es como están afinadas las bocinas. El si es muy border. Durante todo el disco hay una oscilación de si: hice algo completamente experimental".

32. Desarma y sangra

Si las sanguijuelas no pueden herirte/
No existe una escuela que enseñe a vivir.
CHARLY GARCÍA, "DESARMA Y SANGRA".

Cuando Charly García decidió darse un gusto e interpretar un tema de The Byrds en castellano, abrió una cajita musical cuyos efectos afectarían el devenir de su obra. "Me siento mucho mejor", versión castellana de "I'll feel a whole lot better", de The Byrds, se incrustó directo en la lista de sus más grandes éxitos y en sus recitales levanta el show como si fuera una grúa. La idea del "cover" ya lo venía rondando a Charly en 1990, cuando grabó ese tema para *Filosofía barata y zapatos de goma*. No era el primero de su carrera: "Popotitos", originalmente "Bony Moronie" de Larry Williams, que tomaba la versión en castellano de los Teen Tops (aunque deformada), y "Volver a los 17", de Violeta Parra, formaron parte de algunos conciertos anteriores. Pero sí fue el primero en una especialidad: el inglés adaptado al castellano. La inspiración llegó a través de *Full Moon Fever*, de Tom Petty, quien concretó su propia versión en ese álbum de 1989. Eso le hizo el "click" del permiso que los propios prejuicios le requerían a Charly.

García es un maestro de la adaptación, sobre todo en lo letrístico. Su trabajo reside en una minuciosa revisión del sentido de la canción y la musicalidad en las palabras para, de alguna manera, volver a componer la letra; algo así como lo que sucede en el cuento de Jorge Luis Borges "Pierre Menard, autor del Quijote". García no traduce sino que hace una adaptación a su estilo personal tan rigurosa, tan ingeniosa y tan respetuosa, que logra que la canción pase a ser suya. Y eso es lo que le otorga mérito artístico a una versión: la apropiación total del tema, la transformación a un nuevo lenguaje personal pero cuyo secreto reside en el respeto absoluto de la creación original. Ojo: el respeto también se puede lograr a través de una herejía, de una versión diametralmente opuesta ("Sweet Dreams" de Eurythmics por Marilyn Manson constituye un buen ejemplo), siempre y cuando no sea la composición de otra canción. Ése es un defecto en el que el jazz cae a menudo, sobre todo cuando interpreta cosas del rock (pasa mucho con los temas de The Beatles), y traslada su lenguaje al del jazz fracturándolo en el proceso. Ahí se nota la falta del último y más preciado ingrediente de una exitosa conversión: el amor. Y no hay dudas de que Charly ama las canciones que elige tocar.

Ha repetido esa fórmula con "Rompan todo" de The Shakers, en *Tango 4* o con "The Locomotion" en *La hija de la Lágrima*, que no han quedado tan bien como aquella de The Byrds. Después hizo un disco de covers, *Estaba en llamas cuando me acosté*, donde las canciones quedaron cantadas en inglés. Y retomó la senda de la adaptación en *El aguante*, un disco con sólo tres temas nuevos de los diez que lo componen, y el resto dividido entre reversiones de temas propios y covers. Algo similar sucederá con *Sinfonías para adolescentes* y habrá buenas, regulares y malas versiones. Dos que están un escalón por encima del promedio aparecieron en *Charly & Charly en vivo en Olivos*: "El peso", adaptación de "The weight" de The Band, es una pequeña exquisitez con el sabroso agregado de la presentación de Charly en la quinta presidencial: "Vamos a tocar 'El peso'... próximamente el dólar", dijo ante la carcajada general en un contexto donde se hablaba de una futura dolarización del país. Un escalón más abajo viene "Out on the weekend", de Neil Young, también del disco "presidencial". Hubo otra más de Neil Young, "Don't let it bring you down", que interpretó varias veces en vivo ante la imposibilidad de grabarla, porque Young no acepta versiones en otros idiomas. La misma suerte corrió "Con su blanca palidez", de Procol Harum, porque alguien de la editorial argentina consideró que la estrofa "yo soy una cajita/ con un polvo, ya lo ves", era una apología de las drogas.

Tuvieron que pasar doce años para que Charly pudiera realizar otra adaptación tan buena como aquella de The Byrds. Daniel Melingo, el cantante de tangos y conocido de García de Los Twist, la escuchó y emitió un diagnóstico preciso: "Es un tango. Y es tuyo". Melingo hablaba de "Influencia", esa genial adaptación de "Influenza" de Todd Rundgren, que se constituyó en el mejor tema de García de los últimos años, lejos. Coincido con Melingo: es de Charly. Rundgren perdió la patria potestad de su canción en manos de una versión antológica. La letra respeta punto por punto, con una notable cintura literaria y fina pluma de autor, la idea original del tema. Pero en boca de Charly se transforma en una delicada página autobiográfica, tan agridulce como sincera y ambivalente.

Es, tal vez, el tema más "normal" de García en su etapa reciente: todo está en su lugar, melodía, armonía y ritmo; su interpretación vocal es sorprendente buena y los teclados revelan esa genialidad que nos mezquina asiduamente. "Influencia" puede estar hablando de una mujer, de una sustancia o de una fuerza sobrenatural, reforzada esta hipótesis por los ojos demoníacos que García porta en la portada del álbum homónimo. La mayor ambivalencia está en el siguiente verso: "Debo confiar en mí/ lo tengo que saber/ pero es muy difícil ver/ si algo controla mi ser". También habla de una fascinación nueva. ¿Un amor tal vez? ¿O no es tan nueva la fascinación? "Mi vida dormirse bajo tu influencia" es una frase elegante y hermosa que puede servir para graficar cosas que son su opuesto. Nuevamente, el laberinto de los espejos en donde García deambula con el conocimiento de un baqueano un territorio que para todo el mundo sería como una extensa pampa inmotivada.

El video clip de la canción no es menos fabuloso; Charly logra en él la máxima expresión del "saynomorismo". Allí se puede ver a una multitud de Charly Garcías tocando la canción, pero no haciendo mímica como en la mayoría de los video clips, sino tocando "sobre" el tema, o quizás, tocando la canción de nuevo sin que eso sea una versión en vivo. Hay un Charly en blanco y negro, y varios en colores en los que predominan el rojo y el negro. Hay otro que está pintándose y maquillándose. Algunos tienen lentes, otros sacos rojos y pantalones a rayas. Algunos con anteojos, otros no y varios tocan teclados o guitarras. Hay uno (¿o dos? ¿o son tres?) que canta solo con el micrófono.

Y es como una impresión sobre impresión sobre impresión, muy parecida a la cosa que hace Charly con sus libros, sobre los cuales dibuja y vuelve a dibujar creando algo irreconocible que al mismo tiempo sigue siendo el original. Montones de "Charlys" y montones de Garcías. Pero para que no nos olvidemos de cómo son las cosas, hay uno que está al mando. Es el que está en blanco y negro, a veces con un vaso, pero siempre tirando de las cuerdas. Tiene el humor de los supervillanos, y es sumamente siniestro. "Tiro de las cuerdas", asegura con los ojos malvados. "La vanguardia es así", "Mi capricho es ley", "La entrada es gratis, la salida, vemos", "Soy el emperador del Universo: tiro de las cuerdas... Influencia, influencia". Es como un mensaje satánico dicho al derecho. Muy fuerte: una obra de arte maravillosa. La canción dice cosas amargas de una manera muy dulce. El video clip prueba cómo se puede decir lo mismo pero que quede de un modo absolutamente diferente, desfigurado en su sentido y en su estética, pero con la misma energía que el tema.

No me gusta ese Charly de blanco y negro; lo conozco muy bien y le rajo cuando aparece. Es el vampiro que García tiene adentro. Prefiero al que está en colores, como suspendido horizontalmente en el aire, y toca dos teclados a la vez. "Elija usted de cuál..."

— • —

Florencia Zabala fue considerada durante varios años "la novia de Charly". Sus dulces diecisiete o dieciocho de cuando la conocí, y su figura espigada de escaso relieve, la convirtieron en la clase de chica que a García le gustan. Las pulposas, exuberantes y ardientes lo dejan frío, al igual que las de su edad. Flor comenzó a aparecer en el séquito en los tiempos de Planeta Júpiter y ganó, probablemente sin planearlo, lugares en el corazón de García que pronto la ubicó en el sitial de alumna, para pasarla después al de querida. El romance duró unos años y tuvo, como todos, sus características particulares. Salvo arrebatos de cariño de García, había como una distancia física entre ellos. Florencia era callada, educada, femenina, y bastante inteligente por lo que pude observar, sólo que estaba intimidada por Charly, y a la vez desconfiaba del entorno que la trataba con forzada amabilidad para que el "rey" viera cómo se cuidaba a su "princesa".

Florencia, por su edad, no podía darle a Charly aquello que él requería y que no tiene que ver con lo sexual, sino con lo que de maternal puede tener una mujer para con su pareja. Una comida, cuidados hogareños, cierto orden doméstico y toneladas de contención afectiva. Recuerdo que una vez, cuando estaba Ken Lawton en la Argentina, Charly le pidió a Florencia que se armara una "picadita" para agasajar al británico, que iba a pasar por el estudio de grabación. Ella me pidió que la acompañase y ahí me di cuenta de que no tenía la menor idea de qué comprar para armar una picada. La llevé al lugar indicado para comprar los ingredientes y con la ayuda de un vendedor Flor pudo cumplir la misión. Un día en el living de Charly, se presentó ante mí... su suegro. Un flaco simpatiquísimo y de la edad de García, llamado Willy, si mal no recuerdo. Conversamos un rato y me quedó claro que era un fan que a la vez tenía el extraño privilegio de que su hija fuese novia de Charly. Aunque no se lo veía preocupado por el tema, ése era un ingrediente exótico en cualquier picada familiar.

Lógicamente, la inestabilidad emocional de Charly tornó imposible esa relación. Florencia tenía obligaciones escolares —cursaba la secundaria nocturna— y Charly la pretendía todo el tiempo a su lado. Y cuando ella se ponía firme, Charly aplicaba la táctica del terror, consiguiendo solamente que Flor se replegara. Ante esto, Charly entraba en crisis. Entonces tomaba de rehenes a los demás exigiendo la presencia de Florencia para cualquier cosa: grabar, subirse a tocar, lo que fuese. Ella vivía en Ituzaingó y no tenía la menor intención de ir a lo de Charly, que lloraba como un chico, a veces en serio, y otras veces compitiendo para el Oscar. Lo peor de todo es que Florencia, en algunas ocasiones, acudía a su casa para intentar tranquilizarlo y García le hacía unas escenas pavorosas que retroalimentaban su lógico miedo. Era como un vampiro al que se le rebelaba su diabla; parecido al brote que le agarra a Jack Nicholson en *Las brujas de Eastwick*, donde encarna a un demonio sacado porque nadie le plancha la ropa.

La cosa llegó a un límite cuando Charly fue a buscar a Florencia a la salida del colegio. Yo ya había tenido una charla con su "suegro", en la que desahogó su tristeza con una frase esclarecedora. "¿Sabés con qué poquito podría tener a Florencia a su lado, contenta y feliz? —me dijo con ojos que, más que bronca, trasuntaban pena—. Pero es incapaz de entender que se trata de una piba de 18 años como todas las demás. Necesita respirar, necesita vivir, no puede ser su esclava". Al rato, Flor salió de la habitación de Charly con los ojos enrojecidos. "Nos vamos", le dijo a su padre que hasta se ofreció para ir a intermediar con el músico. Allá, en su habitación, García aullaba como un lobo al que le dispararon con una bala de plata. Pocos días más tarde, se desató un bolero infernal: "Preso por amor".

Una noche fue a esperar a Florencia a la salida de sus clases en un colegio de Ituzaingó. Obviamente, parecía un ser fosforescente en esa geografía y los partidos aledaños no tardaron en detectar su presencia. Estaba nervioso, angustiado, sacado, y se le fue al humo apenas pisó la calle. Flor dio media vuelta, Charly la atajó y discutieron hasta que ella se zafó y entró en una comisaría cercana. "Vive persiguiéndome, por favor, hagan algo", les pidió a los policías, que la tranquilizaron y llamaron a sus padres. Cuando Willy Zabala arribó a la comisaría se lo encontró a Charly, y le brindó un consejo. "¿Para qué viniste a buscarla? Así no la vas a recuperar jamás". Al grito de "fuck you", García se fue a las manos, pero Don Zabala lo esquivó con buena cintura. Allí intervinieron los uniformados que fueron atacados por Charly, transformado en un remolino de patadas y arañazos que impactaron contra los policías, que lo redujeron sin esfuerzo y lo depositaron en un calabozo para que se calmase.

Cuentan que hubo un llamado de la Secretaría de la Presidencia de la Nación para interesarse por la situación de Charly, que ya había estallado en el rojo sanguíneo de Crónica TV. Habían pasado ocho horas, y lo llevaron esposado a la fiscalía de Morón, donde lo procesaron por "heridas leves". Nadie quiso hacer una denuncia, y Zabala padre tuvo hasta declaraciones amistosas. "Cuando venía a casa y nos tocaba pasodobles, estaba en buen estado y era todo un caballero. Si ves a un amigo borracho, lo que te causa es lástima. Fue simplemente un mal momento, no pasó nada", dijo a la prensa.

Un incidente de estas proporciones seguramente marcaría el final de cualquier relación. Sin embargo, en este caso la historia se estiró y se estiró, como si Florencia no pudiera salir de su influjo o García fuera incapaz de entender las asimetrías entre una famosa estrella de rock que sobrepasó los 50 años y una chica del oeste bonaerense de 18. Es más: muchos aseguran que se siguieron viendo. Pero Florencia ya no era una adolescente.

¿Qué carácter tiene esta relación? ¿Es un romance real, un

noviazgo forzoso, un extraño amorío, un cortejo, un festejo, un filito, un compromiso? Charly, como siempre, dio la mejor respuesta. "Me tienen podrido con si ella es mi novia, mi pareja o mi no sé qué. ¿Por qué todos los boludos quieren encasillar nuestra relación o ponerle un nombre? Si lo mejor que hay es no saberlo".

— • —

—A mí me gusta ver sangre. ¿Ves? Me corté acá. En vez de tatuarme, me hago estas cosas.
—¿Por qué? —le pregunté a Charly.
—Per codere (risas). Me gusta, hay tipos que se pintan todo de negro; yo me hice tres rayitas y de lo más prolijas.

La sangre es vida y la muerte siempre está a la espera. Cuando la sangre se detiene, la muerte avanza. Pero cuando la sangre se transfunde, la vida adquiere otro significado y muy probablemente no sea conocido por ninguno de nosotros, en especial si estás leyendo esto a la luz del sol y no te has desintegrado. Desde tiempos muy remotos, la sangre ha sido un símbolo de vida utilizado por todos los artistas, cada uno con su estética e imaginería. Y de Bram Stoker para aquí, la sangre se convirtió en protagonista de toda clase de relatos vinculados a extraños mercadeos vitales. Stoker escribió su célebre *Drácula* entre 1890 y 1897; es una historia por casi todos conocida, la de un conde transilvano que se alimenta como vampiro, succionando la sangre de sus víctimas y convirtiéndolas en demonios que transitan una existencia que no tiene la apacibilidad de la muerte eterna ni las características de la vida terrena.

Drácula ha tenido innumerables adaptaciones cinematográficas, y desde aquí me sumo al pedido del escritor Rodrigo Fresán para que algún día le den a Christopher Walken ese papel que interpretaría como el mejor Bela Lugosi. Hubo verdaderos bodrios que incluyen al vampiro y a todos sus parientes pero ha habido escasos "dráculas" tan poco memorables como el que hace Gary Oldman en la versión cinematográfica que dirigió Francis Ford Coppola. Claro, la competencia estaba dentro de la propia película con Winona Ryder como Mina (novia de Jonathan Harker), o Anthony Hopkins haciendo de Van Helsing, o el increíble Renfield que encarnó Tom Waits. Es ésta la versión de la película la que impactó de lleno en las retinas de Charly García mientras estaba componiendo los temas de *Influencia*.

Al comienzo, la cosa venía de candelabro; los chicos de su banda, Murray y Mariela, querían producirle el próximo álbum en el que imperaba el concepto de "sólo piano". Es más, ese álbum fue grabado (pero no terminado) y llevaba por título *Dos edificios dorados*, en honor al tema del primer álbum solista de David Lebón. Transcurrían con llamativa normalidad la grabación del disco y el mes de septiembre de 2001. El día 11, todo cambió cuando dos aviones piloteados por terroristas dieron de lleno sobre las Twin Towers en Nueva York y las tiraron abajo en un hecho que cambió la historia mundial. García lo tomó como una premonición.

"La canción de David me remitía directamente a las Twin Towers —clarificó Charly—. La toqué en ese momento; sentí todo el peso de esos aviones, que para mí eran la canción. Era muy pesada la mística de todo eso y ese evento me pareció como un signo de los tiempos. Y un disco de piano, que era mi intención en aquel entonces, no podía funcionar con un tema así. Pero la canción degeneró el disco, lo hizo mejor, y yo me puse más libre; al mismo tiempo pensé que no estaba muy seguro de con qué vara medir ese disco. Por otro lado me interesaba mucho más hacer una revista con historieta, que el disco en sí. La mano *talibanesque* se me conectó con el tema 'I'm not in love', y la asocié con una historia de un hombre y una mujer, como en cualquier disco, aunque hay discos gay también.

"Me impactó una cosa que leí sobre los musulmanes en una revista de cine. Decía que a principios del siglo pasado, los ingleses y algunos otros piratas colonizaron el norte de África. Sabemos lo que es la colonización: matar a todo el mundo. Mucha de esa gente colonizada era islámica, y en el Islam está prohibido ver o reproducir la figura humana: los libros no tienen figuras. Imaginate eso. Como hablaba acerca de una película que cuestionaba esa historia, ahí se me ocurrió lo de 'Película sordomuda'. Esos colonizadores solían armar funciones de cine en África, en el medio de la selva, un poco para entretener a los muchachos, y otro poco para mostrarles el Imperio y que ellos eran unos negros de mierda. Y la mayoría de la gente, como era islámica, miraba la pantalla con los ojos cerrados, ya que era contra su religión ver figuras humanas. Entonces, me pregunté ¿qué tipo de reconciliación puede haber entre los islámicos y los occidentales? No tenemos nada que ver. Eso me pareció muy fuerte. Que en este momento del mundo, no hay excusas; es como lo de los virus: el más fuerte se va a comer al más débil. No puede haber más coexistencia. Y de esa cosa salió 'I'm not in love' que dice, 'lo único que quiero es no ser como vos'".

Con el atentado, el disco no podía seguir llamándose *Dos edificios dorados*, ni tampoco podía continuar siendo el mismo porque ya rondaba por la cabeza de Charly el cambiar de banda. La única que quedaría iba a ser María Gabriela Epumer, y el resto sería reemplazado por un grupo chileno de tributo a Charly, una banda que pasó de tocar temas de su ídolo en pubs de Santiago de Chile a ser el grupo de acompañamiento del mismísimo idolatrado. Era un paso necesario; si Charly hubiese estado bien, el otro grupo podría haber salido adelante con unos pocos cambios, pero sin muchas ganas de meterse en ese trabajo; los chilenos, que se sabían todos los temas y los tocaban a la perfección, eran una salida ideal.

—¿Qué te parecen los chilenos? —me preguntó una vez García.

—Son correctos —contesté, sin ahondar en matices.

—Son más que correctos —dejó claro su parecer.

— • —

A lo largo del tiempo, la obra de Charly ha registrado no pocas alusiones a la sangre o al vampirismo, comenzando por "Rasguña las piedras", que generó el mito urbano de que había sido dedicada a una novia, supuestamente epiléptica, a la que enterraron viva, potenciado por un jadeo audible en su versión original. "Y escarbo hasta abrazarte/ y me sangran las manos/ pero qué libres vamos a crecer", cantaba Nito en el inmortal clásico de Sui Generis. "Yo estaba en el baño, sentado en el inodoro con la guitarrita —afirmó Charly en un par de ocasiones cuando le pregunté por la leyenda—, pero nunca hubo una novia muerta o viva en mi cabeza". "Mr. Jones", en clave de joda, también en *Confesiones de invierno*, menciona dos veces al vital elemento; la primera cuando Mr. Jones descubre a su madre muerta en el ropero y se limpia la sangre en el chaleco, y la segunda cuando su esposa pone mal la mesa, él le hunde un hacha en la cabeza, y la sangre mancha el tapizado. En "El show de los muertos", la sugiere cuando pregunta "¿Qué es eso rojo en su pantalón?", y habla de la pantalla que sangra en "Las increíbles aventuras del Sr. Tijeras".

Ya en La Máquina de Hacer Pájaros, se alude al vampirismo en "No puedo verme" con la frase que dice "no hay maquillaje para quien no ve/ su reflejo por ningún lado". La "sangre prometida" aparece en un tema de Serú Girán, "Voy a mil"; Charly habla de las heridas que no paran de sangrar en "No llores por mí, Argentina", y Lebón la menciona a secas en "Noche de perros". También forma parte del título en la exquisita "Desarma y sangra". La sangre brota en "Plateado sobre plateado", ya en su etapa solista, aludiendo a la represión de la dictadura militar con una frase sencilla y conmovedora: "sangre en nuestro hogar" e invierte la ecuación en "Cerca de la revolución" cuando menciona que "mi pueblo pide sangre". Habla de su corazón sangrando en "Ella adivinó" (dedicada a Zoca), y también indica algo más (no especifica) que vierte su sangre en uno de sus peores temas: "Curitas", de *Filosofía barata y zapatos de goma*. Justamente, el tema que le dio su nombre al álbum evoca algo vampírico en la línea "no vi tu alma y quería tus venas", que me recordó inmediatamente al vampiro que García protagoniza en *Adiós Sui Generis* con la boca desbordante de un líquido rojo. La última alusión que viene a mi memoria es la de "esa sangre en la pared" de "Víctima de soledad". ¿Y qué es un vampiro si no una víctima de la soledad que busca revancha?

Más allá de esta enumeración hay tres ejemplos que son los que me parecen más significativos en el orden de aclarar la idea poética de Charly sobre la sangre, a la que ve más como objeto redentor que como dadora o símbolo de vida. Uno es un tema que compuso de muy chico y que recién apareció en 1991, cuando grabó *Tango 4* con Pedro Aznar: "Vampiro", una postal draculiana muy bien articulada en donde queda implícita una dualidad y una resistencia al Mal, que no lo deja dormir tranquilo. Con Gustavo Cerati haciendo "sarcófagos" con su guitarra, el tema encuentra su forma ideal en aquel álbum, quizá no suficientemente apreciado.

En tiempos de Sui Generis compuso un tema que no apareció en ningún álbum y que fue cedido al Trío Lluvia, que lo publicó con el nombre "Te daré algunas cosas". Charly lo rescató en *Sinfonías para adolescentes* con su nombre original: "Cuando te vayas". Para él tenía un valor adicional porque lo relacionaba con su novia Florencia. "Y te daré mi sangre cuando te vayas/ para que vos la guardes cuando te vayas/ y mi sangre en tu cuerpo se convertirá en Flor/ y así cuando te vayas, me iré con vos". Es la sangre el elemento que permite que el amor sea eterno, lo que une a dos personas para siempre. Charly siempre habla de que hizo un pacto de sangre con Annie Lennox del dúo Eurythmics, a quien habría conocido en un bar de Nueva York, donde ambos competían a ver quién tomaba más tequila. Según García, Lennox ganó, lo llevó a su departamento, lo hizo esperar y volvió vestida como en el video de "Sweet dreams", y con ese atuendo le profirió la famosa frase: "Sweet dreams are made of this". No recuerda más: perdió la conciencia, y en ese desvanecimiento se habría producido ese pacto de sangre del cual no hay más evidencia que el relato del propio García.

Es probable que "Anhedonia", además de una gran canción, sea el vehículo que mejor traslada al afuera la idea que Charly tiene de lo que le pasa, sanguíneamente hablando. Antes, una aclaración médica: anhedonia es la incapacidad de experimentar placer. Se la asocia tanto a la esquizofrenia como al abuso de drogas, específicamente cocaína. Musicalmente, García logra manifestar el congelamiento de emociones provocado por la anhedonia en una melodía gélidamente bella. Invoca nuevamente al pacto: "Ella hizo un pacto de sangre a pesar de mí/ no tengo que hacer maletas, no siento nada/ nada más en mí", y también toca el núcleo de su propia cuestión existencial cuando canta: "No tengo que volver/ sangre en la calle, calle/ No hay que vivir así/ Porque antes que tu madre/ mucho antes que el dolor/ El amor cambia tu sangre". Ése es el momento en el que la canción derrite el hielo y un sentimiento parece posible: la ilusión de la redención a través del amor que revive las emociones mediante una transfusión de cariño. Algo así como el "All you need is love" para anémicos.

Todo esto nos ayuda a ubicarnos en el encanto que García le descubre al *Drácula* de Francis Ford Coppola. "Es que la sangre es vida, y quizás a esta edad uno la empieza a apreciar más —expresa Charly, de 51 años en ese momento—. Igual, la parte de carnicería no me va: Drácula es en realidad una historia de amor. El tipo era como el rey de Transilvania y era famoso por la crueldad con sus enemigos, pero en verdad estaba defendiendo al cristianismo. Drácula gana la batalla definitiva y deja a su mujer en el castillo, pero los turros que pierden arrojan una flecha con un mensaje que dice que Drácula murió en la batalla. Entonces la piba no tiene mejor idea que tirarse del noveno piso del castillo, al río que está ahí abajo. Muere, obviamente, no es como mi salto (risas). Al encontrarla muerta, unos sacerdotes raros le dicen a Drácula que su alma está condenada por Satanás, porque su mujer se suicidó. Entonces Drácula, clavando su espada en la cruz, dice que se vayan a la mierda y comienza a correr la sangre por todos lados. Y cuando la historia comienza, Drácula tiene como mil años.

"En la película está todo muy maravillizado; los efectos son de cine antiguo. Y es muy roja y negra, muy Say No More, en el sentido de que nada es verdad ni mentira, sino según del color del cristal con que se mira. Y a la vez, cuando Drácula encuentra a su amada, no la quiere morder para no condenarla a la no-vida, bah, a esa vida que tiene él, que es un poco extraña (risas). Y toman ajenjo, y el líquido se metamorfosea en glóbulos sanguíneos. Puede ser vampirismo, y también el hombre, la mujer, el hijo: sangre por todos lados. No nos da impresión porque no la vemos.

"El sueño de Drácula era... la vida... Desde su punto de vista, él tiene razón. Porque sería cruel, pero defendía a su nación y a Dios; entonces Dios le quita su amor y lo condena a Satán. De manera que el mono dice 'voy con mi amor a Satán'. Es el amor lo que sostiene la vida de Drácula. El drama es que las dos formas de vida son incompatibles. Y yo quiero teatralizar lo que me pasa. Drácula intenta fabricarse una vida paralela: es expulsado de la vida en vida, y queda en un lugar que él no decide. Seguramente a Bram Stoker le pasaba algo similar. Y yo quiero hacer una historia de ese tipo, no es que yo sea un vampiro. El yo que quiero mostrar es artístico, no el yo que está hablando ahora con vos. El making of no me gusta: la vida cotidiana es un making of gigante. Me gustaría hacer un espectáculo que tenga un valor artístico propio".

Bram Stoker tuvo una intención similar a la suya: teatralizar lo que le pasó. Se cuenta que escribió la obra a la medida de un actor con el que se hallaba obsesionado, Henry Irving, para impresionarlo. Pero Irving sólo fue la excusa para que brotara una historia que exorcizara algunos traumas. Stoker, que recién comenzó a caminar a los seis años, sufrió una enfermedad paralizante (se sospecha que poliomielitis) que lo obligó a largas temporadas en el hospital. Y en aquellos tiempos, lo más avanzado de la medicina era la sangría, es decir la aplicación de una cantidad de sanguijuelas al paciente que, literalmente, le chupaban la sangre con el objeto de obligarlo a generar sangre nueva que lo sane. Las sanguijuelas no son utilizadas actualmente en medicina y el animal, hoy extinto en estado salvaje, sólo se utiliza con fines investigativos, como el de analizar las propiedades anestésicas de su saliva. A esto hay que sumarle que los doctores en hospitales de aquellos tiempos iniciaban sus rondas al caer el sol, exactamente como el famoso conde para quien la luz del día resultaba letal.

— • —

Otra cosa que estimuló las membranas de García de cara al show presentación de *Influencia* fue la experiencia de subir al escenario del Teatro Colón, que constituía un viejo anhelo. "Te cuento cómo la viví yo —se entusiasma Charly, frotándose las manos, disfrutando del relato—. Me llamó Maximiliano Guerra unos días antes y me dice que me invita a cerrar su espectáculo tocando el Himno. Me pareció bien; lo poco que lo conozco a Maxi, me parece muy gamba, buena persona; alguna vez lo fui a ver y cenamos juntos: me pareció una persona de mi palo. Y cuando me lo propuso me quedé pensando qué iba a ser todo eso. Llega el día, pasa la limousine, llegué, bajé, me puse a caminar por esos recovecos maravillosos, y me metí en mi camarín que tenía su piano afinadísimo, como los grandes teatros del mundo. Y me había preparado en la portaestudio un playback para tocar encima y hacer una versión orquestal. Tenía inseguridad: por ahí el piano no sonaba bien. Pero estaba todo bien: tenía el sintetizador y el viejo piano Yamaha que me prestó Fito Páez, característico de mi sonido. Cuando comencé a tocar el Himno, traté de darle el tono; ser como un actor que busca el tono adecuado para expresar un texto. Y a lo que llegué es a una cosa musicalmente clásica; empieza con una introducción tipo Eric Satie, ambiguo, sereno, *melancasínosesabe*. El canto no es con fervor patriótico, es como con una melancolía afirmativa. Y cuando dice 'y los libres del mundo responden', yo lo canté 'y los libres del mundo ¿responden?'. Los argentinos tenemos esa cosa de que los libres del mundo... como si el mundo estuviera pendiente de nosotros. Después, cuando viene la parte tipo chacarera, 6/8, le hice el riff de 'Todos quieren dominar al mundo' de Tears for Fears, y terminé en tonos menores. Me parece que lo hice bien.

"La subida fue increíble, estaba en el foso de la orquesta, abajo, y cuando llegó mi momento emergí en el escenario. El trip para mí fue mirar la cara de la gente. Vi, sobre todo, a una persona; a un tipo parado —porque era el Himno—, que era como un Bioy Casares, viejo, y vi cómo entendía lo que yo estaba haciendo y cómo el tipo viajaba en sus recuerdos. Realmente toqué para él. No vi a nadie más: te digo todo si te cuento que estaba Dolores Barreiro y no la vi. Saludamos, y Maximiliano me invita a tocar una canción más, entonces hice 'Desarma y sangra', y me fui feliz a casa. Me enteré de que hubo gente que protestó porque yo tocaba en el Colón, al día siguiente, por los diarios. Pero a mí nadie me dijo que había quilombos, lo cual es raro y piola: seguramente no habrán querido molestar el estado de ánimo. Pero mirá que estaba con los tramoyistas, gente del teatro, y nadie mencionó nada. Así fue mi debut en el Colón".

Además del atentado terrorista del 11 de septiembre de 2001, la consiguiente modificación del álbum, el cambio de banda, la obsesión por la película *Drácula* y la presentación en el Teatro Colón, *Influencia* se constituyó en un álbum que se transformó en un puente entre Charly y sus fans. No sólo los ultraortodoxos que, como sindicalistas de la CGT, le perdonan todo, sino también aquellos a los que le gustaría acercarse a sus conciertos y discos sin sentirse maltratados. "Vicio" sonó mucho en las radios al igual que "I'm not in love", potenciado por el aparato de difusión de la grabadora y cierto entendimiento de que estos temas podían ser radiales pese a su tratamiento sonoro. "Influencia", en cambio, se transformó en un hit, algo distinto a "un corte", porque es una de esas canciones que suenan en todos lados pero que también la gente puede cantar; piezas musicales que provocan identificación, orgullo y una serie de sensaciones que sólo las verdaderamente grandes pueden lograr. García percibió claramente ese calor popular que se iba gestando a fuego lento y esta vez no tiró todo por la borda.

También lo espoleó convenientemente un show que brindó en Nueva York y que fue elogiosamente criticado por el periódico *Village Voice*, que comparó su trabajo con el de Elvis Costello, Arto Lindsay y Silvio Rodríguez. Venía de tocar en Miami, una ciudad a la que detesta, y llegar a Nueva York le produjo un estado de alegría tal que "ya me sentía feliz en el hotel, con sólo mirar la mesa de luz". García continúa: "El hotel se llamaba Empire. Estaba frente al Dakota y al Central Park. En Miami me hinché las pelotas y me peleé con medio mundo: los acusé de traidores, de que iban a la playa en vez de ensayar, de que nunca habían visto una hamburguesa, etc. Entonces, sabiendo que tenía dos shows completamente vendidos en Nueva York, comencé a exigir, por ejemplo, que la barra no pueda vender bebidas mientras yo toco y un montón de otras ridiculeces. Y que por favor, no quería ver ni a un negro, ni que me atiendan ni nada. Porque en mi país no hay negros y me dan miedo: una picardía; si Miles Davis lo hizo al revés. Te la hago corta; me estoy yendo, y viene el negro de seguridad y me dice 'a lo mejor a vos no te gustan los negros, pero a los negros vos le gustás'. Impresionante, me fui con todos los laureles. En Boston, la seguridad estaba de moñito, era un lugar muy fino. Y yo, como siempre con mi torpeza, tirando vasos de agua, y en un momento se retiraron. No sé, habré mojado a alguno o les habrá molestado que viniera uno a hacer tanto quilombo. Y en un momento, cuando ya se habían ido, de la nada vuela un vaso de agua, me pega y me moja. Para qué: la gente se enardeció y quería matarlos. Los tipos eran seis, había dos mil personas: iban a perder. Y yo mediando. '¿Quién se creen que son, motherfuckers?' Y al público le encantó. ¡Si no me hubieran matado los guardaespaldas y el público juntos!

"Una acotación más con respecto a Estados Unidos: el romanticismo está out. El amor no es un artículo de moda. Sí de consumo, en las berretadas en que se usan. Pero no pasa de la telenovela. Los gestos románticos que se admiran en otras personas en uno son ridículos. ¿Quién dice estar enamorado? Sólo los que van a los reality-shows y es un amor de mierda. El amor no está en el ranking, el amor se devaluó. La frivolidad es lo que manda en estos tiempos. Y con el tema de las Torres Gemelas, creo que Estados Unidos tuvo que cuestionarse eso. ¿Qué tienen que ver los Backstreet Boys hablando de un amor tan falso mientras les tiran abajo las Torres Gemelas? Mientras te están atacando hay que cantar algo que sea mucho más útil que eso, para salvarse. Con eso quedás como un tonto".

—*¿Hace cuánto que no vas por el Luna Park?*
—Fui como público para ver los Premios Gardel, y me acuerdo que la pasé muy mal. Fue horrible: me invitaron por correo, estaba nominado en muchas cosas, pero parecía una kermese; estaba despojado: me parecía feo. Pero lo vi por fotos ahora y está bueno para dar justo lo que quiero, que es hacer algo íntimo pero masivo a la vez. El Luna Park lleno hoy es lo mismo que antes. Tiene esa cosa de estadio comprimido: parece siempre a punto de explotar. Si lo llenás de música y la gente está copada, fervorosa, se arma un calor muy lindo.

—*¿Te trae buenos recuerdos de tus shows?*
—Sí. Creo que lo mejor que hice ahí fue *Clics modernos*, que lo vi hace poco y me gustó, salvo por las partes donde yo hablo, porque uno queda sin gracia y además no piensa que lo van a agarrar. *Clics* fue una cosa muy clara, moderna en serio, y estaba hecha con esa idea de "hombre máquina". Y ahí es cuando comencé a enfatizar la polirritmia y ese tipo de cosas, que siempre hice, pero empecé a mostrarlo más. *Piano*

Bar también fue lindo, pero fue más decadente, ya la banda no estaba bien. Si lo hubiera hecho antes hubiera sido mejor. En el recital de Ferro, que es como una gloria, yo la pasé bastante mal. Hay veces que por equis, hay algún factor que pone nerviosa a la gente o que hace que la complicidad no sea la misma. Como que cada uno hace su parte y chau.

—*También tocaste otras veces en el Luna Park...*

—Síííí: el Festival de la Genética Humana... (debut de Serú Girán, 1978). Me acuerdo del cartel que tenía unos hongos y cosas raras. Ése fue un curro que engarzó Billy Bond para traer a Serú acá para que pudiéramos volver, porque no teníamos guita. Y fue un festival a beneficio de unos seres que jamás conocimos. Unos tipos de una fundación genética; aparentemente estábamos ayudando a la ciencia, pero no sé si no estábamos ayudando a Hitler también. Fue muy raro, como todo el principio de Serú Girán. Como si ahora, en la era del corralito, apareciera un grupo tipo Queen: completamente ajeno a la realidad. Y nosotros caímos en un estadio vacío tocara quien tocase.

—*Había una correlación entre la música y lo que pasaba. "Autos, jets, aviones, barcos" parece una postal de hoy...*

—Sí, ahora se van a España. Pero cuando hice ese tema fue porque yo me iba a Brasil. Uno se iba para otra cosa: se iba al sol, a la playa, a la libertad.

—*Muchos se iban por la dictadura...*

—Ya sé, pero ése no fue mi caso: ya habíamos vivido dos años de dictadura cuando yo me fui. Y lo hice para componer con David, para estar con Zoca. Era como una aventura después de haber pasado la guerra... Me pareció un premio por haber aguantado.

—*Se corrió la bola de que te habían amenazado, por eso te fuiste...*

—No, a mí no me amenazó nunca nadie. Lo máximo que me dijeron fue "no me toques a la nena" o algo así.

—*¿Y el Adiós Sui Generis?*

—Ese recital es el padre de todo, es "el invento". En esa

época a nadie se le hubiera ocurrido tocar en el Luna Park. El Luna era boxeo. Si bien había tocado La Pesada, era ese supuesto "rock subversivo" —como se lo llamaba—, que era ya un cliché. Sui Generis no se sabía qué mierda era. ¿Era rock? Para los rockeros. Pero también era repueblo.

—*¿Y cómo vas a encarar ahora el Luna Park?*

—Voy a hacer el show como lo hice en New York. Básicamente voy a tocar solo: en trance. Es como que yo llegara a la puerta... entre el adentro y el afuera... no sé qué voy a encontrar adentro. Tengo una idea, tengo ganas, curiosidad. Así que entro solo. De alguna manera, Say No More te lleva a eso y lo voy a compartir con la gente. Va a ser como una misa, una cosa uterina. Voy a ser como la puerta entre lo que me influye y lo que yo puedo influir.

—*¿Qué cosas influyen en vos?*

—Hay algo desconocido para mí, inmanejable: el tiempo y el humor. A veces me pasan las cosas que más quiero en un momento en que no las quiero, o que las disfruto como de afuera. Estoy logrando lo que quería, pero no estoy gozando. Porque tendría que haber pasado antes o tendría que pasar después porque no estoy preparado. Pero ahora, las seis influencias más importantes del refrán, están apuntando todas al centro y me siento con mucha suerte asociativa y como dominando muy bien el espacio en el cual puedo hacer las cosas. Hago películas para mi habitación. Seis cosas hay en la vida: salud, dinero y amor; sexo, droga y rock and roll.

—*Vamos con la primera: salud.*

Cuando a vos te duele algo, o te vas a morir, es lo más importante. Si no, no. Cuando la perdés, es lo principal. Si está bien, como en mi caso, seguís adelante.

—*¿Te duele algo?*

—El alma, pero a veces, nomás.

—*Dinero.*

—¿Qué dijo Mick Jagger en Altamont?

—*¿Rajemos?*

No, cuando le preguntaron si se sentía satisfecho. El preguntó ¿filosóficamente, económicamente o sexualmente? Y dijo: sexualmente, sí; de dinero, mal; y filosóficamente, voy tirando.

—¿*Y en tu caso?*
—Es lo mismo: estoy con Jagger.
—*Amor.*
—Es lo que recubre las paredes de tu habitación, de tu espacio. El amor es como la sangre en Drácula: el elemento vital. Pasa, fluye...
—*Sexo.*
—Es el postre del amor, el dulce.
—¿*Sos goloso?*
—Sí, muy goloso.
—*Drogas.*
—Yo también como todo rockero de mi generación puedo decir que dejé las drogas. No recuerdo adónde.
—*Rock and roll.*
—Me siento el James Brown del rock argentino. Porque soy el hombre más trabajador del negocio. Cuando uno tiene dos de esas cosas, se puede sentir bastante contento. No es una cuestión de cantidad, sino de calidad. Una cosa puede ser lo mismo que mil.
—*Cuando te hablan de madurez no te gusta...*
—Porque... todavía no voy al gimnasio ni siento la presión de tener que dejar todo como hacen algunos cincuentones que se ponen viejos y hacen un cambio de vida. Y se lo anuncian a todo el mundo: ¡Hey! Dejé las drogas, dejé de tomar, dejé de coger, dejé todo... A mí me da el cuero, y todo lo que se dice de llegar a los cincuenta puede que le sirva a otras personas. Pero a mí, no. Yo básicamente hago con moderación —¡de acá!— lo mismo que hacía a los veinte. Será que puedo hacer lo que me gusta, y vos sabés que lo que te gusta, en esta vida, está prohibido o engorda. Hay tipos que perdieron la juventud muy temprano y están haciéndose los maduros desde los vein-

ticinco, y cuando llegan a los cincuenta son unos pelotudos gigantes. Yo no tengo la culpa de que tipos así estén muertos. ¿Por qué hay que tener madurez? Yo quiero ser un viejo verde.

—*Bueno, viejo no estás.*

—Pero estoy verde.

—*¿Estás verde?*

—¡No me dejan salir!

—*También estás tocando temas que hacía mucho que no hacías...*

—Es que las canciones que más llegan al alma, por ahí no hay que tocarlas mucho, o hay que tocarlas en un estado o ambiente especial. Si en otro momento hiciera un repertorio como este que estoy preparando, seguro que se armaría quilombo, porque no hice lo que dice el Estatuto del Rock Nacional que yo debería hacer. Ahora con años de Say No More, las reglas las pongo yo. Soy el doorman, ésta es mi fiesta, se ponen el brazalete y va a estar todo bien. El que quiera tirar mala onda que no venga, porque se va a aburrir mortalmente.

— • —

La presentación de *Influencia* en el Luna Park fue todo un éxito, y esos shows fueron de los mejores de los últimos diez años de Charly. A María Gabriela Epumer y a los chilenos se sumó Hilda Lizarazu, que aceptó regresar a la banda para esos conciertos. El repertorio elegido fue impecable, incluyendo viejos temas de Serú como "Llorando en el espejo", que es uno de los mejores aunque no de los más conocidos; o "Seminare" que siempre lo cantó David Lebón. García mismo no podía creer lo prolijo que había salido el show y en el primer bis anunció "¡Hasta aquí llegó la civilización! Lo que viene ahora... vemos".

Entre 2002 y parte de 2004, la vida de Charly García cobró sesgos de lo que se podría llamar normalidad, al menos en el sentido de que no fue regida por el escándalo público y la tragedia en ciernes. Se lo veía públicamente bien, y de hecho, en las ocasiones en las que nos encontramos a conversar, lo encontraba de buen humor, rápido, inteligente, agudo: lúcido, en el mejor sentido de la palabra. "Dentro del universo *Say No More*, que es la gente que está conmigo, y la gente que se acerca, el público, todo parecería estar en una relación inversamente proporcional a lo que pasa (se refiere a la crisis argentina de 2002). Los shows tienen cada vez más público, cada vez más respeto: es una fiesta. Creo que conecto con la cosa argentina; la gente sabe que soy argentino y aunque mis colores emblemáticos de Say No More sean rojo y negro, los huesos son celestes y blancos. Así que lo que recibo es consideración; la gente me agradece por ir a tocar al interior, las entradas se venden y la cosa funciona cada vez mejor.

"Parecería que Say No More es una puerta. Estás en tu casa, escuchás la radio y hablan de política, tus viejos se quejan y todo es un bajón. Yo me acuerdo de épocas del pasado, por ahí no por problemas del país sino de la familia, donde la casa era un infierno. Y la música era ese lado donde uno se tira, se baña y se caga de risa. Y es tan real como lo otro. Estar cantando ahora y cagándose de risa no es antagónico a lo que pasa. Tampoco el artista tiene que ser como un cronista de la realidad como condición *sine qua non*. El famoso 'compromiso', que en un momento se hacía como una restricción; como también puede ser ahora salir con 28 mil bailarines y los micrófonos en la oreja. Creo que el verdadero artista tiene que hacer la de él. Y si conecta y tiene el grado de influencia sobre la gente que tengo yo, ya no tiene que preguntar todos los días 'a cuánto cerró el dólar'. Tiene que hacer como cuando se cae un avión en una isla desierta, y te das cuenta que tenés que buscar comida, agua. Siempre tiene que haber un capitán que esté contento, que diga 'hey, vamos, vamos'. Ése es el mejor lugar donde yo puedo estar: siendo una lucecita. Creo que el luto del país cada uno lo vive a su manera. Me parece que hasta que no podamos salir de la dualidad peronista-radical, que me parecen ideologías muy superadas, y no entremos en concordancia con lo que pasa en el planeta, vamos a seguir así, siendo tan... argentinos".

—*¡Qué artista responsable! ¿Vos creés que va a brotar algo nuevo en términos sociales?*

—Es de suponer que sí. Si no tuviera esa esperanza, no sé si haría lo que hago. Como vos decís, soy responsable, y sí me siento responsable, sobre todo de la adolescencia, que es el lugar con el que yo conecto más rápido. Vos ves un recital mío, y ponés *Adiós Sui Generis* (grabado en 1975, cuando se despidió el grupo), y el público es igual en edad. Ésa es la franja de la audiencia que más interactúa conmigo. Yendo a recitales, comprándose los discos, preocupándose, pasándole una letra a un amigo. Usan lo mío para crear o para lo que sea, pero lo usan. Después está el oyente casual, que podrían ser los padres de esos chicos, a los que yo les gusto, pero que me escuchan más de lejos porque no tienen tiempo de dedicarse a la música. Porque ser fan exige una gran dedicación. O sea, yo estoy corrompiendo la juventud lo más que puedo: ¡es de esperar que haya algún tipo de cambio!

33. Cerca de la revolución

¡Huid, mortales!
PRIMERA ESTROFA DEL HIMNO NACIONAL
ARGENTINO, SEGÚN CHARLY GARCÍA.

Apuntes tipo *Billiken* para la mejor comprensión democrática: El 25 de Mayo de 2003, Néstor Kirchner asumió la primera magistratura del país, sucediendo en el ejercicio de la presidencia a Eduardo Duhalde. Las elecciones del 27 de abril fueron fruto de un país irregular y de una trampa del Partido Justicialista que suspendió las elecciones internas y permitió que todos sus candidatos utilizaran su simbología para presentarse a los comicios. En la primera vuelta, el vencedor fue Carlos Menem y en segundo lugar quedó Néstor Kirchner, ambos del mismo partido pero con ideas absolutamente diferentes. Menem obtuvo un 24,45% y Kirchner un 22,24%, por lo que debían enfrentarse en un Mortal Kombat conocido con el nombre francés de *ballottage*. Conocemos el final: al ver las encuestas que le indicaban que recibiría una paliza de proporciones bíblicas, Menem retiró su candidatura y Kirchner se convirtió en presidente.

Charly siempre fue un gran comentarista político, en el estilo satírico que tuvo su mejor exponente en el extrañado Tato Bores. Debido a sus propios tiempos, ese hábito de hacer declaraciones divertidas o pensar ideas al respecto de los tiempos políticos sufrió un largo eclipse. Sin embargo, en este proceso democrático no quiso estar ausente y generó una idea brillante: el Hare Kirchner, un sketch pensado para hacer en el programa de Susana Giménez. "Era parte de una joda interna. Fui a hablar con Méndez y le propuse ayudarlo. Yo iba al otro día a lo de Susana, entonces íbamos a hacer como un falso teletón donde estaba la carita mía, abajo la de él y la de Kirchner, y como que yo ganaba el power y lo señalaba a Méndez. Después venía Tristán, llevándome la valija como si fuera mi manager, haciendo de Hare Kirchner. A Méndez le encantó la idea y me prometió todo: mi vida solucionada.

"El otro sketch era con Scioli, en un lugar tipo peñón de Gibraltar con humo; lo iba a interpretar César 'Banana' Pueyrredón, y yo le iba a cantar 'Instituciones': "... porque yo esperé en vano/ que me dieras tu mano". Le conté la idea a Menem y me amó. Después me dijo que ni siquiera hacía falta que lo hiciéramos, que le había alegrado el día, y que le íbamos a poner 300 mil negros en la plaza, un helicóptero...". Charly no fue consciente de que había obtenido una primicia: Menem se bajaba del ballottage.

No es que García haya reflexionado en torno a los diez años de gobierno de Menem, los haya juzgado en su totalidad, y después haya decidido convertirse en su aliado. Tan sólo expresó su preferencia por un presidente que tuvo la deferencia de prestarle atención, de invitarlo a cenar en la Quinta de Olivos. Políticamente hablando, Charly pertenece a cierta porción de los porteños que miran no sin pena cómo el concepto de progresismo se ha ido vaciando de contenido. "Los radicales —me explicó— me hacen acordar mucho a las universidades; gobiernan como si estuvieran jugando. Eso derivó en un blandenguismo, falsos marxismos. Yo hacía el Manifiesto Comunista en tiempo de rock cuando estaban los militares (N. del A.: No existe evidencia grabada al respecto). Yo era del Partido Comunista Revolucionario. O sea que los conozco bien. Los progresistas son un fracaso; se llenan la boca hablando y después se la llenan comiendo en un restó de Palermo. Son como los del rock alternativo. Mi último chiste es que yo voy a todos lados en limusina, pero la limusina adentro es más pobre que lo que hay afuera. Me conecto con la gente del pueblo en limusina".

El enojo con el progresismo tiene su origen en una percepción propia de la realidad, tanto como en los ataques que recibió por parte de los intelectuales "progres", que prefirieron cerrar posiciones en torno a Hebe de Bonafini, que abrir la posibilidad filosófica de discutir la idea de García de arrojar muñecos desde un helicóptero. Esa gente es la misma que lo crucificó cuando aceptó ir a cenar con Menem, porque sigue una moral estricta que indica que solamente sus ideas son las correctas. Pues bien, Charly tiene no sólo las suyas sino una moral propia muy importante, y eso no es percibido por sus críticos, ni por buena parte de la prensa, pero sí por el propio público. Es verdad también que García ha sido consecuente con su propia manera de entender el mundo, y que además se contradijo muchas veces, pero lo cierto es que su concepto de lo moral existe.

Esa moral estricta a la que García obedece sin mucha precisión, se contrapone a la idea del rock "como-cualquier-cosa", que ha llevado a que, por ejemplo, famosos músicos quisieran establecer una hermandad entre el rock y la cumbia, que son dos universos diferentes con una moral antagónica. Durante un par de meses, García sometió a su entorno a largas lecturas de *El hombre mediocre*, libro de José Ingenieros. Le gustaban esos párrafos donde el autor hablaba de esas personas que "viven su vida a la birlonga". Esa lectura reforzó algunos conceptos entre lo bueno y lo malo, que García después trasladó a su visión del rock argentino.

"En una época, ser joven mataba; ahora no sé si está tan bueno. No me gusta la gente que quiere vivir de la música como si fuera una puta. Esa mano 'yo hago lo que me sale', o los quieren ser estrellas de rock vía reality show; eso ya es cualquier cosa. Entonces, el rock parece ser cada vez más como el tango: es más un sentimiento que otra cosa. Ya no se puede saber qué es rock o no y creo que es mundial. Parecería ser que si no hay una opresión, no hay estímulo. Hay gente que va a una rave a bailar como un pelotudo doscientos años tomando agua y una pastilla. Se la pasan saltando como idiotas mirando a un tipo que pone un disco. Una boludez más grande que una casa. Para esos que dicen que la electrónica va a reemplazar todo: faltan como cinco mil años. Son unos desubicados y los que van ahí son una manga de tarados. ¿Por qué no se pican heroína y hacen algo como la gente? Los odio.

"Creo que hay un estancamiento en la humanidad: el rock no está separado de nada. Cuando había dictadura acá, sabías quién era el enemigo porque tenía uniforme. Ahora cuando no hay, no sabés, pero el enemigo sigue estando. Y copó la onda Bandana, el reality show, y todo se convirtió en una pelotudez. Fui a un par de reality shows, a estar con los que hibernan ahí y están todos locos. Me dan pena. Yo voy a hacer un 'Real E.T.': vos entrás famoso a una casa, y salís anónimo. El asunto es bancártela afuera y no adentro".

Charly nunca fue anti Kirchner pese a que el presidente encarna cierto ideal progresista, que tanto escozor le provoca. "¿Kirchner? No sé, no tengo la menor idea. Ojalá que le vaya bien, así nos va bien a todos", decía al comienzo de la gestión. "Yo leo el *Clarín*; no tengo tele, y el diario es la única referencia. Es tendencioso, pero dice que va bien. Que está haciendo algo. ¿Qué? No sé, pero vamos a darle tiempo. Parecería que un cachito mejor estamos".

El jefe de Gabinete de Kirchner, Alberto Fernández, y el ministro del Interior, Aníbal Fernández, han declarado su pasión por el rock de estas tierras. Con su impronta, la Casa Rosada comenzó a celebrar un recital mensual en un ciclo titulado *Música en el Salón Blanco*, donde pasaron artistas de todos los estilos y García también. Claro que no faltó quien le quisiera recordar que él era, supuestamente, menemista. "No —contestó con suma astucia—, yo soy radical y creía que Kirchner era radical". Terminó su ironía pasando al contraataque, cuando en el show alguien gritó "¡Maten a Menem!". "¿Por qué no lo matás vos? —retrucó Charly—. ¿Menem no era peronista igual que ustedes? Yo soy rockero igual que Jagger". La ovación duró un largo rato. Antes, había sido recibido por el mismísimo Néstor Kirchner. Se ve que Menem dejó sentado un precedente que no fue tenido en cuenta por otros presidentes como Fernando de la Rúa, que se ligó el verso: "Chupete, ponete el brazalete".

Según García, "Kirchner es súper simpático y fanático mío, un karma nacional parece", aunque habría que recordar que fue el mismo presidente el que le hizo el "aguante a la cumbia" y que aseguró que veía los programas de música tropical de los sábados a la tarde. Pero a la hora de una ceremonia trascendente, la que convirtió a la sórdida ESMA (Escuela de Mecánica de la Armada, un centro clandestino de detención donde se secuestró, torturó y mató a un enorme número de personas) en el Museo de la Memoria, la versión del Himno Nacional que se eligió para el acto no fue la versión instrumental, ni la interpretación progresista de Víctor Heredia, sino la de Charly.

"Por un lado —dijo García meditando cada palabra—, me parece lógico. Porque la gente que está ahora en el gobierno es gente de mi generación. Y creo que deben sentirse identificados con lo que suena subconscientemente, con la onda de este himno. Si bien no conozco a nadie del gobierno, supongo que debe haber sido una forma de establecer una identidad para esta generación de gobernantes que se deben sentir más cercanos a mi himno que al que escuchábamos en el colegio. Es una forma de decir acá estamos".

—*¿Te hubiera gustado asistir al acto?*

—Yo iba a ir. A la mañana cuando leí el diario, vi que había controversias políticas y eso me hizo ruido. Quería ir, pero también sentí que no pertenecía a ese ambiente. Y tenía la duda de si, por ahí, lo mío distraía. Tampoco conozco a los políticos y por ahí uno se saca una foto conmigo y dice que yo soy de tal ala de tal partido. Quise evitar eso también. León fue a tocar y él me invitó en su momento. Cuando me contó que era en la ESMA me pareció que era un lugar que, kármicamente, debe tener una energía medio terrible. Pero por el otro lado es también un exorcismo. El tema de los desaparecidos es tan infernal que trato de tocarlo con muchísimo cuidado. Lo del Museo de la Memoria me parece bien, pero mi hijo me preguntaba por qué esto sucede ahora, pensando en que quizás pueda haber alguna maniobra política detrás. No lo sé. Éste es un tema muy serio y lo peor sería hacer política.

—*¿Cómo atravesaste los años del proceso militar?*

—En la época de la dictadura yo le dije a un militar: "Yo sé que a vos no te gusto, pero a tu hija sí". Y su hija por ahí simpatiza con los derechos humanos ahora. No me parece un disparate, y la verdad es que me siento honrado. Yo nunca estuve en un centro clandestino, pero fui a otros "centros", tipo comisarías. A mí nunca me pasó nada físicamente grave; sólo un par de cachetadas y chau. A mí me llevaban por hippie... hasta que se avivaron. En una ocasión me dieron un par de piñas y me dijeron "¿Así que las heridas son del oficial?". Y yo le hablaba de la poética y trataba de suavizar la cosa...

—*Muchas radios eligieron tu música para editorializar; temas como "Los dinosaurios", "Canción de Alicia en el país". ¿Cómo te repercute esto?*

—Todo tiene que ver con la manera en que yo traté ese tema: con pudor, con censura y con arte; era un momento donde vos tenías que usar la metáfora porque no había otro modo. Después hubo un millón de canciones más obvias, pero que sonaban a panfleto. Creo que las mías también duraron porque eran lindas canciones, a pesar de los temas que tocaban. Me parece que es un reconocimiento a la forma en que se trató, sin una intención de negocio o una necesidad de inspiración periodística, de hacer un tema al toque. Quisiera decir algo más...

—*Adelante.*

—La culpa de todo la tiene Federico Peralta Ramos, porque él me arengó a hacer mi versión del Himno. Estábamos en el Open Plaza un 25 de Mayo, se paró en la mesa y comenzó con una de sus arengas en contra de lo que pasaban por televisión, de cómo estábamos invadidos, insuflando el espíritu patriótico en mí. Salí corriendo, lo llamé a Quebracho, que vino con una bandera, armamos la batería y lo grabamos al toque. Quería recordar al gordo porque de buenas a primeras cambió el humor de ese lugar, y todo el mundo, aunque fuera concheto, se dio cuenta de lo que estaba diciendo.

— • —

En el rock nacional, los años 90 fueron una década en la que se produjo un cambio de guardia, sólo que en vez de imponerse por una cuestión de talento artístico, muchos artistas adquirieron renombre a fuerza de ganar espacios mediáticos con cierta prensa amiga como cómplice. Y por otro lado, el público fue deviniendo en hinchada por lo que todos los recitales se comenzaron a poblar de banderas, bengalas y camisetas identificatorias: la pertenencia a un determinado sector se había convertido en el factor aglutinante, desplazando a la música en muchos casos. Luis Alberto Spinetta y Charly García fueron destronados como reyes indiscutidos del estilo, no porque hubiera mejores, sino porque los había más representativos para los jóvenes de aquella década. Sin embargo, ninguno perdió prestigio ni significado, el que se reactualiza apenas alguien vuelve a poner sus mejores obras en el tapete de la discusión artística.

Spinetta decidió recluirse en un silencio que ha roto muy pocas veces, y hablar sólo con su nueva obra y en sus recitales. No participa de la discusión mediática, ni tampoco, a la hora de opinar, busca criticar a los nuevos exponentes del rock, sino que por el contrario procura la mejor mirada. Charly García, no. En 1988 me dijo, en inglés, una máxima que aún hoy sigue rigiendo en su espectro de afectos: "Si me amás, te amo; si me odiás, te odio". El "rock chabón", como se habrá visto en la parte dedicada a la reunión de Sui Generis, pasó a ser un enemigo natural de García. Sin embargo, varios de los integrantes de la nueva camada de músicos del rock argentino (no necesariamente "chabones") me han manifestado su respeto, cariño y admiración por Charly García. Recuerdo especialmente a dos. Uno de ellos es Pity Álvarez, cantante de Intoxicados, que me contó cómo jugaban al pool con García en los estudios Circo Beat, cuando él estaba con Viejas Locas registrando *Especial*, tercer y último álbum de aquella banda.

El otro fue Fernando Ruiz Díaz de Catupecu Machu, grupo con el que García tuviera un memorable choque en el Roxy, cuando se subió de prepo y con malos modales a tocar. Sin deseos de esperar que el grupo se aviniera a hacer "Hablando a tu corazón", el tema en el que era invitado a subir, Charly arremetió contra el escenario, empujó a Gabriel Ruiz Díaz y le quitó el bajo. Obviamente se le fueron todos al humo y, de acuerdo con lo que me narró Fernando, nada extraño sucedió: simplemente no le dejaron pasar por alto la agresión. Y aclaro que Fernando habló como media hora de García, con cariño, y minimizando el incidente que, obviamente, es más sabroso en la versión que corrió como mito urbano. Es así:

Cuando Charly empuja a Gabriel y le quita el bajo, ante la resistencia general le grita a uno:

—Arrodillate. Yo te inventé: soy Dios.

—Dios tiene todos los dientes —replicó Fausto, el manager del grupo, o Fernando, o Gabriel, de acuerdo con la versión.

Antes del incidente, García me habló bien de Catupecu cuando le pregunté por su opinión acerca de la banda. "¿Los que saltan? Sí, estuve tocando con ellos 'Hablando a tu corazón'. Tienen la característica de afinar las guitarras medio tono abajo, como Stevie Ray Vaughan, para poder usar cuerdas más gruesas y que suene fuerte y duro. Yo no puedo hacer eso; este oído que tengo me lo impide. Si afino la guitarra medio tono abajo no puedo tocar; yo no sé de memoria cómo son las cosas. Si toco la y suena la bemol, me mato".

—*Estás haciendo buenas migas con los nuevos muchachos del rock nacional.*

—Creo que más que buenas migas, es algo que depende más de ellos que de mí. Yo siempre fui de tocar en cualquier lado con cualquiera; no es que voy a tocar con Capucheto Machu (sic) como si fuera una cosa histórica. Voy porque son pibes que tocan una canción mía, me caen bien y son del palo, supuestamente.

—*También te hiciste amigo de Los Piojos.*

—Me regalaron un muñeco de James Brown que canta "I feel good". La irrupción de Los Piojos a las cuatro de la mañana en mi pieza de Miami, que ya estaba piojosa, realmente me sorprendió. Ni sé quiénes son; bah, más o menos, pero con esto ganaron mi simpatía. Pensaba en ponerlo en un show, pero supongo que Los Piojos lo van a usar antes. Me parecieron gente muy respetuosa, no los conocía y lo que percibí me copó.

Los más cercanos a García fueron los actualmente disueltos Turf: la única banda del rock alternativo que se declaró discípula de Charly desde el primer momento, mientras el resto mostraba un rechazo que quedaba bien y encantaba a los periodistas. García, que grabó con ellos en varios de sus discos, fue generoso con la devolución de gentilezas: "Turf no sólo tiene futuro, sino que ellos además tienen cara de tener futuro", me dijo en su habitación. Con el resto no hubo tal desprendimiento. "Los otros días lo vi al bajista de Los Fabulosos Cadillacs, que salía de ver a Hugo Fattoruso y le dije, no sé por qué: 'Me parece que estás entendiendo algo'. Me miró y comenzó a decir 'soy un boludo, soy un boludo'. Ahora a los alternativos, ese menjunje que hay, les parece simpático lo que yo hacía con Serú Girán y La Máquina de Hacer Pájaros, pero en esa época me querían matar. Son unos boludos. Los

Cadillacs no me gustan, no me parecen ni rock; los Babasónicos me parecen horribles también".

Pese a su aversión por el mundo alternativo, García vino conmigo y de muy buena gana a un show en el Centro Cultural Ricardo Rojas en el que se presentó un disco tributo a su persona bautizado *Cerca de la revolución*. Allí varios grupos, alternativos y no tanto, realizaron sus interpretaciones de las canciones de Charly en un trabajo muy criterioso, cuyo arte de tapa captó la fina sintonía del "saynomorismo": un corazón aerosoleado con una mancha de gris. Hubo trabajos horribles, otros aceptables, y algunos notables; el que más le gustó a Charly fue la versión que hiciera Grand Prix de "Quiero ver, quiero ser, quiero entrar", en donde se mezcla la introducción de "My sweet Lord" de George Harrison con la impronta de *sweet melody distortion*, habitual en grupos como Teenage Fanclub.

—*Charly, todo eso que te vincula para bien o para mal con las nuevas generaciones de rockeros es lo que se llama "influencia".*

—Justamente. Pero seamos más malos, saquemos la perversidad de adentro. Hay varias maneras de mirar la influencia. Si uno reconoce la influencia de uno en otro, y el otro se hace el boludo: es odio. No hay nada peor que eso. Que te robe y que diga que no te conoce. Los genios le roban a todo el mundo, agarran cualquier cosa que les guste, la decodifican y la incorporan a su código. Eso lo dijo Stravinsky y se lo dije a Fito Páez en una discusión sobre Prince —no me acuerdo si él estaba a favor o en contra—, que es: que los genios roban, los mediocres piden prestado. El que le roba a uno es un pelotudo, el que les roba a todos es un genio. Cuando alguien me dice que Fito Páez me roba, yo digo que es un buen alumno. Porque él lo dice y reconoce la influencia. Es como si Bob Dylan no reconociera a Woody Guthrie. Es estúpido tratar de hacerse el genio y decir que uno inventó algo cuando se nota que no. Lo que más quiere uno como fan, y como músico, sobre todo cuando empieza, es sonar como alguien porque no tenés ninguna referencia de nada. Podés agarrar y hacer tu temita con Ciclotón Atómico de Villa Urquiza, lo que quieras, pero siempre está el test de sonar como un disco. Ahí se ve el buen alumno. Yo fui alumno, y sigo siéndolo de la vida, pero me gusta el tipo al que no le da vergüenza que yo sea de acá. Hay una diferencia entre el que me saca algo y lo toma normal, y no me tiene que venir a agradecer todos los días ni mucho menos, porque la influencia es gratis... Mejor dicho, barata, no gratis. El que lo hace no tiene que rendirme pleitesía, ni tiene que sonar como yo o como Spinetta... Bah, por lo menos tiene que sonar así. La influencia es una cosa increíble, porque influís por cualquier lado. Por ahí me entiende mucho más un tipo al que no le gusta la música que hago o ni sabe quién soy, y por una cosa que escuchó se le metió.

34. Chipi-Chipi

Voy a gritar tan fuerte que vas a entender.
Voy a saltar tan alto que voy a volar.
Voy a girar tan rápido hasta desaparecer.
MARÍA GABRIELA EPUMER, "PERFUME".

No habrá en todo este tiempo noticia más dolorosa que la muerte súbita de María Gabriela Epumer. Querida por todo el ambiente del rock argentino, la guitarrista se fue el 30 de julio de 2003 y nos partió el alma. Aún hoy retumba el dolor de su pérdida. Fue como la caída de una bomba atómica en el ánimo colectivo del rock, en el que ella era una artista completamente diferente al resto. Muy femenina en un mundo donde los hombres son mayoría, nunca necesitó parecer "una rockera" para ser aceptada por todos los músicos tanto por su calidad artística como por su carácter afable, tranquilo, tan concentrado como determinado en su vocación por la música.

María Gabriela comenzó su trabajo como guitarrista de Rouge, un trío femenino que surgió en los tempranísimos 80 y que además integraron Claudia Sinesi y Andrea Álvarez. Después se sumó al grupo de María Rosa Yorio para finalmente aterrizar en un experimento teen-pop argentino: Viuda e Hijas de Roque Enroll. La banda tuvo un suceso fulminante que la convirtió en un extraño fenómeno de masas en un público preadolescente, similar en forma al que encarnaría Miranda! en la década del 2000. Las Viudas eran una especie de Supremes argentinas pero psicodélicas, portando extraños aditamentos que hacían de María Gabriela, Claudia Ruffinatti, Claudia Sinesi y Mavi Díaz algo parecido a unas heroínas pop. Su productor, Bernardo Bergeret, las diseñó al modo de las bandas femeninas de los inicios de los 60 (The Ronettes, The Shangri-las, The Shirelles, The Chiffons, The Crystals), influenciado tal vez por el suceso monumental de Los Twist que hizo bailar a todo un país con los temas de *La dicha en movimiento*.

Pese a su ascendente sobre un público infantil, Las Viudas eran ácidas y, bajo su aspecto pop, las letras escondían un mensaje sexual y zarpado, que constituía parte de su encanto. Por ejemplo, "Carolina Amoníaco", compuesta por María Gabriela y Mavi, era la historia de una chica y su primer porro, mientras que "El templo del azulejo" aludía a la masturbación. Cuando editaron su tercer álbum, *Vale 4*, buscaron desprenderse de la guía de su productor, y se perdieron en la construcción de una nueva identidad, más irónica, menos alegre, que las llevó al fracaso. María Gabriela era de las que, lejos de encerrarse a llorar, marcaba cuatro e iniciaba un nuevo camino y así formó Maleta de Loca, un efímero grupo con Claudia Sinesi que sucumbió a los embates de la hiperinflación.

Ya en los 90, la Epumer participó de la banda de Sandra Mihanovich y Celeste Carballo, tocó con Luis Alberto Spinetta en los tiempos de *Pelusón of milk*, y un buen día se encontró a Charly García en Prix D'Ami, quien le contó que tenía que salir de gira pero que le faltaba un guitarrista. "Llevame a mí", le dijo sin anestesia al bicolor. Así comenzó su prolongada estadía en el grupo de Charly García. Los que conocían a ambos se sorprendieron porque no podía haber extremos más opuestos; Charly, el rey del desenfreno, y María, portadora de una calma absoluta que García puso a prueba durante todos esos años. Más allá de sus quilates musicales, María Gabriela sobrevivió a todos los embates de los tiempos más agitados de Charly García por nunca dejar de ser como fue. Sabía manejar los silencios, las ausencias, las distancias, y hacerse respetar sin levantar la voz. Era un samurai al servicio de la música sin perder la ternura ni el humor. A Charly lo llamaba "el niño". Soportaba sus berrinches, pero no era de las que se quedaban teniéndole la vela. García la escuchaba y, a veces, buscaba su consejo.

Charly en cambio tuvo dos apodos para ella. Uno de ellos era el célebre "Chipi-Chipi", producto de un comentario que la Epumer le hizo sobre *La hija de la Lágrima*. No tuvo mejor idea que decirle que al disco le faltaba un hit, que García se abalanzó sobre un teclado y en 20 minutos compuso "Chipi-Chipi". El otro requiere una explicación, porque "Dead Mosquit" (mosquita o mosquito muerto/a) suena feo sin su presencia en este mundo. Pero se refería a que con ese perfil tan bajo que la Epumer acostumbraba a mantener, ella siempre hacía cosas y avanzaba como una hormiguita, construyéndose caminos. Así, de la nada, y con escasos recursos pero mucha inteligencia, editó *Señorita Corazón*, su primer disco solista. María Gabriela había quedado fascinada con un guitarrista que Iggy Pop había traído en una de sus visitas a la Argentina: Eric Schermerhorn. Y consiguió que el músico viniera a Buenos Aires a poner su poderosa e inventiva guitarra al servicio de varios temas de su álbum.

La Epumer cometió una audacia que hasta el propio Charly le reconoció, cuando grabó "No te animás a despegar", una canción que García compuso para Fabiana Cantilo, en tiempos difíciles para ella. Cuando María Gabriela la incorporó a su disco era como un mensaje subliminal al mismísimo Charly. Al tiempo que tocaba con él, y desarrollaba una persistente labor como solista, María Gabriela encontraba el tiempo para investigar sobre sus raíces mapuches y, de paso, crear un personaje para ella misma: "Mapu". Todo lo hacía a pulmón, con poca plata, con la ayuda de amigos que cosechaba en todas partes, no como producto de un plan, sino como resultado de su temperamento noble y gentil. Siempre estaba investigando y estudiando. Quisiera hacer un comentario personal que ayuda a ilustrar a María Gabriela. Cuando Robert Fripp vino a la Argentina a dar un seminario ella quiso asistir, pero no sabía inglés. Entonces hicimos un trueque: yo le enseñaba inglés y ella me daba clases de guitarra. Reconozco haber sido un pésimo alumno, pero María Gabriela no: con unas pocas nociones que le transmití, siguió después avanzando por su cuenta y no tardó mucho en tener cierto dominio del idioma que le permitió asistir al seminario y muchas otras cosas. Así era ella.

Su muerte nos sorprendió a todos. Hacía vida sana, se alimentaba bien, no fumaba, rara vez tomaba alcohol y siempre en una cantidad escasa; se levantaba temprano y jamás se la vio consumir droga alguna. Nadie pudo haber imaginado que María Gabriela iba a morir súbitamente. La fueron a despedir con profundo dolor todos los músicos, desde Luis Alberto Spinetta hasta Juanse, pasando por Ricardo Mollo y muchísimos más. Pese al terror que les tiene a los velatorios, Charly supo que tenía que ir. Había en él una bronca emparentada con la desesperación. "Loco —casi me aulló con los ojos rojos—, decime por qué no fue al médico. Si yo mismo le dije que se hiciera ver". Lo vi darse un fuerte abrazo con Spinetta. Después fue a abrazarse con Lito Epumer. Pocas veces lo noté tan humano, tan vulnerable, tan desolado.

"Yo no caí todavía —intentó explicarme semanas más tarde—. Fue tan irreal todo... No creo que todavía haya sentido la pena que tengo que sentir... El otro día tocando, ahí sí que lo sentí. Porque se fue de una manera irreal. Es como si yo estoy hablando con vos, me doy vuelta y ya no estás. Obviamente, que la lloré y de vez en cuando la voy a llorar. Pero, ¿sabés qué es lo que predomina en mí? Bronca... Una amiga que estuvo conmigo ese día y se portó muy bien me dijo que le pareció que estaba muy mística, que no les daba bola a los antibióticos.

Que la había visto dos días antes y que no tenía nada. Y que los tipos en el hospital no le detectaron nada. Es un misterio. No quiero caer en las conversaciones de velorio, pero me alegró que todos los músicos fueran a despedirla. Hubo manifestaciones de cariño, me llamó gente de otros países, o sea que ella era un ser muy querido. Nunca fue una amiga culo y calzoncillo conmigo. Creo que cierta distancia fue lo que hizo posible que estuviéramos diez años juntos. La extraño muchísimo".

— • —

Una nueva genialidad de Charly García estuvo estrechamente vinculada con la geografía de Buenos Aires, a menudo tan alterada por propósitos comerciales. No le pasó por alto el desarrollo inmobiliario que ha tenido el barrio de Palermo desde el vamos, ya que enfrente se le instaló el Alto Palermo, un lugar que curiosamente adora. Pero Palermo siempre ha sido un barrio muy rockero, desde antes que la moda lo tocara con la varita mágica de los inversores, ya que hubo muchos lugares en los que se tocaba en los 80 cuando su fisonomía estaba dominada por las casas chorizo: La esquina del sol, Fandango, Látex, el Club Eros, Crónico y otros tantos animaron una buena cantidad de madrugadas. Paradójicamente, Charly no vive en Palermo desde un punto de vista técnico ya que su vereda de Coronel Díaz y Santa Fe pertenece al barrio de Recoleta.

Sin embargo sintió como una afrenta el atrevimiento de las inmobiliarias de dividir el barrio en nombres fashion como Palermo Soho o Palermo Hollywood, o incorporar otros como Villa Crespo (cuyo límite con Palermo es la avenida Córdoba) y agraviarlo con la aberrante denominación de "Palermo Queens". Entonces, fiel a sus principios, García brindó un espectáculo en el Centro Cultural Konex titulado *Palermo Bagdad*, mezclando su guerra por la nomenclatura barrial con el conflicto bélico en Medio Oriente, por lo que salió vestido con turbante y atuendo árabe. De hecho, podría decirse que Palermo Bagdad existió y su perímetro fue delimitado por las calles Soler, Scalabrini Ortiz, Coronel Díaz y Córdoba; una zona que recibió los frutos del "derrame" cuando el Soho se saturó de restaurantes, ofertas gourmets y cafés fashion, por lo que los diseñadores de ropa buscaron refugio y economía al este de la avenida Scalabrini Ortiz. Cuando esta "invasión" se transformó en población estable, la zona comenzó a encarecerse, Palermo Bagdad supo del progreso y fue convertido en... Palermo Design.

Esto fue el caldo de cultivo para lo que sería el próximo álbum de Charly García, *Rock and roll yo*, un título que no le hace justicia a su idea original. "Con lo de Palermo Bagdad, me imaginé como que la guerra hubiera sido acá. Y que las mujeres tuvieran chador, esas cosas para enmascararse. Siempre dije que las cosas iban a cambiar, un poco por chiste, un poco convencido. Nosotros siempre criticamos a Estados Unidos, pero después somos unos chupaculos tremendos. Entonces se me ocurrió, ¿y si ganan los iraquíes? Es una amplificación de 'I'm not in love', que es la historia de un hombre y una mujer que no se pueden entender porque son planetas distintos. Lo mismo pasa con Irak y Estados Unidos".

A partir de ese concepto troncal, la idea comenzó a tomar una forma que se fue perdiendo rápidamente al llevarla a la práctica. "Lo que estoy haciendo también tiene que ver con los secuestros express, con la intranquilidad. 'Asesíname' tiene una cosa de tango, pero en vez del tipo matar a la mina, le pide a ella que lo mate. Es una idea desafiante y me pareció que tenía clima. El primer tema se llama 'Dileando con un alma', tiene fragmentos en iraní, hay helicópteros, y un ritmo a contratiempo, monótono. El segundo tema se llama 'Rehén', donde el tipo secuestra a una mina, la mina se enamora de él, y lo mata al tercer tema". Después, la inquietante historia se deshilacha: García mató al protagonista a la tercera canción y ella sigue siendo un misterio tanto para el oyente como para él mismo.

Una tarde sonó el teléfono en lo de Charly, que atendió a un tipo que le comunicó que su hijo había tenido un accidente. Tratando de entender qué había pasado, prolongó la conversación más de lo conveniente y terminaron comunicándole que habían secuestrado a Migue, y que tenía que pagar diez mil pesos de rescate. Cuando dijo que no tenía esa suma, el hombre le dijo que recurriera a toda la familia para armar una "vaquita". "Loco —le dijo—, yo no tengo familia, soy Charly García". Del otro lado hubo un silencio, pero insistieron con la amenaza. Charly entró en pánico durante un largo tiempo, sin saber qué hacer, hasta que golpearon la puerta de su departamento. Era Migue, que volvía del odontólogo sin la menor idea de que había sido "secuestrado". Eran días de mucha intranquilidad en el país. Al día siguiente fue entrevistado por *Clarín*, y narró los hechos todavía nervioso. Y pronunció una frase de esas que iluminan el momento: "Lo único que sé es que, aquí, se acabó el dulce de leche".

— • —

El 11 de julio de 2006 murió Oscar Moro, otra persona importantísima para la carrera de Charly García. Fue "el" batero del rock nacional, por talento y pergaminos generados con Los Gatos, Huinca, Color Humano, La Máquina de Hacer Pájaros, Riff y Serú Girán. Combinó fuerza y una linda técnica que no se aprende en conservatorios sino tocando sin parar. Un tipo bueno, destrozado por el alcohol y "los guanacos que se le juntan alrededor", como dice Litto Nebbia. Hubiera sido el baterista ideal para Los Piojos, por su ductilidad y habilidad tanto con el rock como con los ritmos latinos. Una tarde en el Roxy, me hizo sentarme en su batería, para que yo pudiera por unos minutos "tocar con Color Humano", que era el grupo que estaba entrevistando. Un divino. Su familia intentó todo para salvarlo, al igual que algunos amigos, pero fue inútil. Se lo veía mal y andaba peor.

Obviamente, su estado no ayudaba a que pudiera conseguir trabajo como baterista.

No por esperada, la noticia dejó de ser dolorosa. A Charly le pegó especialmente, no sólo porque Moro fue su batero entre 1976 y 1981, al mando del ritmo de La Máquina de Hacer Pájaros y Serú Girán, o porque simplemente lo quería: Oscar solamente le llevaba tres años. Además de un amigo, era un par. Los seres humanos no podemos evitar cierto egoísmo, y cuando vemos morir a un amigo pensamos secretamente que esa bala del destino pudo haber impactado en uno mismo. Es una confrontación directa con la mortalidad y el destino; un triste modo que tiene la vida de decirnos que nuestra presencia en el planeta tiene fecha de vencimiento.

Otra muerte que golpeó fuerte a Charly fue la de Pappo, a quien admiraba desde siempre, pese a que no era recíproco; aunque en el 2003, Pappo mismo me dijo que "con Charly está todo bien". En los primeros minutos del 25 de febrero de 2005, el guitarrista resbaló con su moto y cayó al suelo: un auto que no pudo frenar lo atropelló y murió en el acto. García se sintió shockeado por la noticia y no pudo evitar canalizar su pena a través de la música, por lo que grabó en su casa una nueva versión de un tema suyo llamado "¿No te sobra una moneda?", que puede verse tanto como un homenaje al típico rockero argentino que mangueaba plata a la entrada de un recital para comprar su entrada, como una suerte de reconocimiento a Pappo que justamente encarnaba a ese arquetipo.

El original se editó en el álbum *Billy Bond and the jets* donde Serú Girán fue el grupo de acompañamiento. La autoría fue acreditada a Peti Bon, pero era un seudónimo que utilizaba García. "Loco, ¿no te sobra una moneda?/ Quiero estar la vida entera escuchando rock and roll/ Flaco, tengo un mambo que me caigo/ Esta noche toca Pappo/ No me lo puedo perder". La canción fue parte intermitente del repertorio de Serú Girán y Los Enanitos Verdes realizaron una versión impecable para su disco *Guerra gaucha* de 1996. Charly volvió a ponerla en carrera cuando armó el repertorio para la presentación de *Influencia*, y cuando se presentó en el programa inaugural de "Badía en concierto", invitó a David Lebón al escenario para tocarla juntos.

Al enterarse de la muerte de Pappo, grabó una nueva versión, un tanto alocada, y llamó él mismo a Mega, emisora de rock nacional, para que la pusieran al aire, y poder decir unas palabras sobre Pappo. Fue un hermoso gesto, más propio de un fan que de un colega, y tal vez por eso valga más. Me recuerda al impetuoso Andrés Calamaro, cayendo de sopetón a *Domingos para la juventud* a poco de morir Miguel Abuelo, para tocar en su memoria. Charly y Pappo habían tocado pocas veces juntos. Es bueno buscar en YouTube una versión de "Desconfío" en donde además toca Botafogo, para ver allí al mejor Charly: al músico respetuoso del escenario ajeno que distingue con su toque a un viejo blues.

La secuencia de muertes tocó hondo en García. María Gabriela era la fiel compañera del camino reciente, así como Oscar Moro lo había sido de otros tiempos. Pappo, en cambio, era uno de esos pocos músicos argentinos por los que Charly siente el respeto reverencial que se les otorga a las personas que nos precedieron en la senda. Al fin y al cabo, Pappo era también una estrella de rock and roll, un compañero de ruta que circulaba por otro carril y que terminó su camino abruptamente. Es parte de la vida, pero no deja de ser doloroso comprobar que hay quienes no podrán completar su camino, y ese pensamiento nos hace reflexionar sobre nuestra propia mortalidad. Algo así dejó entrever Charly en un reportaje, en el que hablaba sobre "mis muertos", y de que, cada día, pensaba más en ellos.

35. Total interferencia

La puerta de salida tenía un farolito azul/
él se desmayó delante de mí/ no fueron las pastillas/
fueron los hombres de gris.
CHARLY GARCÍA, "NOS SIGUEN PEGANDO ABAJO".

Hay dos declaraciones que son fundamentales para entender la relación entre Charly García y su hijo Miguel Ángel (de ahora en adelante "El Artista Conocido Como Migue"):

- "Podés usarme las camisas, pero no mirar a mis chicas", le dijo el padre al hijo cuando éste con trece años se fue a vivir a su casa.

- "Si mi viejo quiere tener ochocientos parlantes al lado de la cama, los va a tener en medio segundo y yo voy a hacer todo lo posible para que suenen bien", expresó el hijo acerca de la relación con su padre.

Ése es el espíritu que mantuvo las cosas en relativa calma y armonía no convencional (los Garcías jamás hubieran sido vulgares en ese asunto). Migue no sólo ha manifestado amor incondicional por Charly, sino que le ha parado internaciones, lo ha contenido en los peores momentos y estuvo casi siete años manejando algunas de sus cuestiones administrativas a una edad en la que la sociedad le dice a uno que está habilitado, pero sin la experiencia necesaria como para poder hacerlo bien. Sin embargo, Migue sacó varias cosas adelante, cuidó que la guita no se fuera por una alcantarilla (o al menos por una ajena), y con un perfil bajo muy destacable, también fue abriéndose camino en la música, primero como parte de un trío junto a Fernando Kabusacki y Fernando Samalea, y después como tecladista de A-Tirador Láser, grupo de su amigo Lucas Martí.

El conflicto que los enfrentó sucedió hacia fines del año 2005, cuando Migue inició su propia carrera como solista, y con veintiocho años nadie le podía negar ese derecho. Ni siquiera su padre. *Quieto o disparo* es el nombre de su álbum debut, y fue producido por Lucas Martí. Lo editó el sello EMI, que también tiene bajo contrato a Charly García, quien evidentemente no soportó que su hijo utilizara una de sus camisas: la de músico. ¿Por qué sucede esto? ¿Qué es lo que hace que un padre le declare la guerra a su hijo cuando éste pretende seguir sus pasos? Antes, se peleaba por lo contrario, y el rock fue un activo contendiente en el derecho a decidir la propia vida de uno y poder plantarse firme si se decidía no ser abogado, médico, contador "como papá".

Se trata del mismo comportamiento que Charly tuvo cuando murió su hermano Enrique en un accidente automovilístico hace veinte años. Como Enrique trabajaba en una agencia de representaciones donde él estaba contratado (Ohanián Producciones), Charly sintió que su hermano murió "por estar en la ruta del rock and roll" que él transita desde hace varios años. Como si fuera un flautista de Hamelin que lleva a su propia familia a la destrucción. Inés Raimondo, viuda de Enrique, sabe que las cosas no son así. "Quique se pegó un palo con el auto: fue la fatalidad, no culpa de Charly", me ha dicho una tarde en su estudio hablando sobre el tema.

Cuando Migue sacó su disco, en vez de apoyarlo, Charly

trató de detenerlo por miedo a que le pasase algo. Un miedo irracional y muy destructivo que liquidó la relación entre ambos, porque se abrió una herida que no haría otra cosa que profundizarse. Sus celos artísticos también jugaron un rol de importancia. Porque el gran problema de *Quieto o disparo* es que fue un buen disco en sus propios términos, no en los de su padre, ni en los supuestos para el hijo de Charly García. Era un paso personal, meditado, madurado y bien dado. La estética es completamente de Migue aunque cualquiera podría establecer una conexión con los primeros discos de su padre: canciones bien construidas, cristalinas, prolijas, bien cantadas, y con letras que no tienen que ver ni con las características de las de Charly ni con las del rock de su tiempo. Puede gustar o no, producir rechazo o amor incondicional; ese disco no le debe nada a nadie y puede mirar de frente a cualquier audiencia.

Es público que Migue García es fanático de James Taylor, y que ha heredado ese gusto de su padre y también de su madre, María Rosa Yorio. Allí ha habido una fantástica conexión entre los tres; cada vez que el tiempo, los hechos, el humor y los horarios lo han permitido, James Taylor ha sido un fantástico catalizador de los gustos de los García. Después, cada uno ha mirado su propio canal. Cuando se llegaba en los 90 al departamento de Migue, en el quinto piso que Charly habitó alguna vez, se sabía que seguro iba a haber dos cosas: el piano y partituras de canciones del rock de los 70 de Taylor, Joni Mitchell, Stevie Wonder y algunos otros. Todo eso forma parte de la identidad musical de Migue y está presente en *Quieto o disparo*; tan presente como algunos coros tipo Beach Boys o una pátina de influencia del sonido clásico del rock nacional, al que su padre ha aportado. Es llamativo y tiene sabor a independencia que el disco cierre con una hermosa versión de "Penumbra", una canción de Luis Alberto Spinetta, detectada con oído clínico entre las canciones de *Fuego gris* (1993), músico al que su padre también adora.

Apenas editado el álbum, corrió el rumor de que Charly llamó por teléfono a las radios para exigir que no pasen el disco de su hijo. Nadie ha podido afirmar a ciencia cierta si esto ha sido así, pero el rumor parece tan extraño como la hipotética acción. En los reportajes, Migue siempre habló bien de Charly, alabando tanto su persona como su talento y ponderando como maravilla cualquier encuentro musical que se produzca entre ambos. Hasta han cantado juntos y en vivo "El karma de vivir al sur", tema de *Parte de la religión* que García compusiera para Migue. Charly concurrió al show presentación de *Quieto o disparo* en el Teatro Coliseo y se comportó como debía; "vengo acá como el papá de Migue, no como Charly", declaró a una revista de actualidad.

Hubiera sido una interesante experiencia observar a García escuchando las canciones de Migue. "Recordatorio" tiene aire de blues y un toque de opresión en la música que finalmente desemboca en un rock and roll liviano, y es el tema que más explícitamente habla de la relación entre padre e hijo. El mensaje es fuerte y claro: "Nuevo recordatorio de la desintegración de nuestro hogar/ Siento entre las sombras/ Como una mutilación de algo familiar", arranca la letra en la que menciona la exigencia paterna de tocar rock and roll. Analizar todas las letras de *Quieto o disparo* como un silencioso monólogo de Migue frente a sus padres puede inducir a un error, pero también puede ser revelador en la posibilidad de una segunda lectura. Desde ese impreciso lugar, la suposición, surge "Historias de terror", el tema que fue la carta de presentación de Migue García ante el público, aunque la composición le corresponda a Lucas Martí; una melodía gentil con su correspondiente estribillo y un puente que es toda una delicia: "Sin tus dudas no hay solución/ Al no haber discusión/ no hay conflicto ni amor". El verso parece aludir a la falta de comunicación en una relación que puede ser amorosa o familiar. "Has recibido mis dudas y me ha contestado otra voz/ Siempre supuse que hay algo mío en vos", canta Migue en otra parte siguiendo ese sendero tan ambiguo como agudo. Lo que se hereda no se hurta, dice el refrán.

"Siempre vi en él a una voz espectacular —declaró su madre, María Rosa Yorio, hablando de Migue—. Sabía que en algún momento iba a querer hacer sus cosas. (...) Su estilo tiene muchas cosas de James Taylor y Paul Simon, de esas voces muy melodiosas que no gritan jamás. No te puedo explicar lo hermoso que es ver a mi hijo en esta situación". Antes había hablado sobre Charly. "Estuve escuchando el disco que está por sacar (por *Kill Gil*) y es muy bueno. Me parece que el tema del hijo lo cimbroneó e hizo que se pusiera las pilas". No se equivoca y es el propio García el que lo admite cuando le dice a una revista que tiene ganas de competir "con Babasónicos, con mi hijo".

Públicamente, lo que ha predominado en Migue han sido la mesura y el respeto. Si ha tenido algo feo para decir, eligió callarlo y aplicó calma y prudencia sobre todas sus declaraciones, sin por ello perder la naturalidad. Pero en el verano de 2007 toda noción de cordura voló por los aires. Charly quiso vender el departamento de Migue, en el quinto piso de su edificio; es tan probable que necesitase dinero como que éste se esfumara enseguida producto de un absurdo despilfarro, o que fuera robado por alguna de esas ágiles manos que nunca faltan. Migue no tenía ganas de que lo desalojen del lugar donde vivió buena parte de su vida.

Las hostilidades fueron in crescendo y los relatos de enfrentamientos se fueron cebando hasta límites inverosímiles. Aparentemente, Charly fue invitado a una fiesta en la que también estaba Migue, y le pidió al anfitrión que lo echara. "De ninguna manera —dijo el hombre—, él es un invitado al igual que vos", lo que desató la furia de Charly que fue a pegarle sin razón. Otro relato, acaso del mismo hecho, asegura que Migue se tuvo que escapar por la puerta de servicio de otra reunión a la que acudió su padre. Al día siguiente fue a enfrentarlo. La discusión se acaloró y desembocó en una pelea que terminó con el departamento de Charly destrozado; de manera que él mismo decidió comenzar un forzado exilio hotelero que arrancó en el Faena y que siguió por otros dos establecimientos, por lo menos. Según me han contado, Migue quiso que su padre dejara de molestarlo, pero la situación salió de cauce.

"Parecía Rambo", declaró García a los medios. Mucha gente aseguró que Migue subió con un cuchillo y el propio Charly dijo que su hijo le pegó, lo apuñaló, y lo pateó. Pero desde la primera vez que tuve un relato de primera mano hasta la última, cada versión agregaba un arma más, por lo que en las últimas narraciones ya parecían dos superpotencias detonando alegremente su arsenal nuclear. Ni Migue es Stallone, ni Charly un pobre viejecito indefenso que asustado correría de su departamento. Cuando han querido internarlo señores de gran porte capaces de asestarle un sedativo en fracción de segundo, no han podido. Un tiempo ha pasado desde entonces, es verdad, pero Charly no estaba tan desamparado y eso iba a quedar claro. Aunque de la peor manera.

— • —

La gira hotelera finalizó cuando Charly viajó a Estados Unidos. Por esos días, un amigo me habló seriamente durante el almuerzo y me comunicó que García había regresado de su estadía en el exterior y que se encontraba habitando su casa de nuevo. "Está muy solo, asustado y muy enfermo: creo que amerita un llamado tuyo", me aclaró sin rodeos. Disqué su número, me atendió alguien que me conoce, pregunté cómo estaban las cosas y su relato no fue nada alentador. Al instante, la contraseña: "dice Charly que si querés pasar por aquí...". Fui a su casa y no me encontré con lo que esperaba sino con el horror de los viejos tiempos: los peores momentos de Charly lo encuentran desnudo. No tenía coordinación motriz y le costaba mucho hacerse entender. "Me cambiaron la sangre", me informó. Ajá. "¿Y cómo te sienta?", le pregunté. "Maravillosamente bien", farfulló, pero no lo parecía. Tenía puesta una pulsera que decía "¡Alerta! Alérgico".

Me dijeron que su incoordinación motriz, ese andar de fantasma, era producto de unos calmantes recetados en Estados Unidos. Debía tomar uno, ingirió cuatro y tuvo un cuadro como de parálisis por el cual manos amigas lo trasladaron a un sanatorio porteño. Por su obra social le correspondía el Güemes, pero en esos momentos se encontraba Diego Armando Maradona. Los dos juntos hubiera sido una hecatombe, por lo que lo llevaron al Santa Isabel, en el barrio de Flores. Estuvo muy poco tiempo allí: una noche en observación, tras lo cual le dieron un alta demasiado veloz para el gusto de cualquiera. Aparentemente, no le encontraron nada. Lo cual me resultó tan extraño como las piezas del rompecabezas que iba encontrando en mi visita.

Así estaban las cosas: él intentaba actuar como si nada pasara, tratando de enchufar y desenchufar equipos para lograr un efecto sonoro apropiado y hacerme escuchar *Kill Gil*. Entretanto, como pudo, me habló de *Theo*, una ópera que compuso antes de que Sui Generis existiera como grupo, y después me habló de Pete Townshend, de Andrew Loog Oldham y retomó lo del cambio de sangre. El departamento de Charly estaba prácticamente en ruinas: era la máxima expresión de la pobreza por la dejadez. Había un equipo suyo dejado en consignación en un hotel por falta de pago. Una postal de los peores tiempos, sólo que con el curso remarcado por el paso de los años. Sabía cómo seguía esto que parecía una crisis terminal pero que no lo fue: en algún momento Charly caería rendido en la cama, dormiría un día entero, se despertaría lentamente y puede que cierto orden se reestableciera.

O tal vez no: estaba escrito en la pared del living de Charly. Fénix, la agencia que tenía bajo contrato a Migue, y su propio hijo eran declarados enemigos. Charly se enardeció contra su hijo por alguna razón que no queda clara, y le llenó el celular de mensajes satánicos, y entiéndase por esto toda clase de insultos y amenazas. Migue siempre se las arregló como para permanecer pacífico y sereno en medio de todos los huracanes, pero se alteró cuando vio que le pasaban por debajo de la puerta de su departamento un cartel que decía "salida" con una flecha que apuntaba al ascensor. No pensó más y salió a aclarar los tantos.

Charly estaba esperando la reacción de su retoño del otro lado de la puerta, con una botella de whisky en la mano. Y con ella golpeó a Migue, produciéndole un corte en la frente. Después le pegó un piña en un ojo, y volvió a darle con la botella. Los gritos, la sangre y la adrenalina, más el horror de haber visto lo que hizo, deben haber congelado la escena. Migue salió a la calle ensangrentado y alguien llamó a una ambulancia, que lo trasladó al Hospital Rivadavia donde le dieron unos cuantos puntos. La policía quiso intervenir pero fue el propio Migue el que los frenó y no hizo ninguna denuncia. Si lo hubieran encontrado desmayado, Charly terminaba preso por intento de asesinato, agravado por el vínculo. Había cruzado una raya que no pertenece ya a la demencia y que lo deposita en el de la criminalidad, porque además hubo una estrategia: no se trató de una emoción violenta. Esto pudo haber terminado en una auténtica tragedia cuyas llamas se hubieran devorado a García de una vez y para siempre. Una vez más, la Providencia le tendió su generosa mano.

"Entiendo que uno puede no querer a su padre —declaró Charly—, que puede odiarlo, y hasta tenerle bronca, pero no justifico que se llegue a la agresión". Entonces no hay razón, ni exceso, ni rapto de locura que sostenga la más mínima razonabilidad sobre una violencia de esta naturaleza, y menos en un padre. Dos días más tarde, al enterarme de la situación, llamé inmediatamente a Migue y tuvimos una buena charla telefónica. Me asombraron dos cosas. Una, que lo que más le preocupara fuera que yo pensara que estaba loco; se había echado a correr la bola de que se había hecho adicto a la ketamina y parece que vino del campamento del séptimo piso, por lo que buena parte de la conversación se dedicó al tema de la supuesta cordura o no, lo que quedó completamente aclarado. Loco no estaba. Herido sí, pero más que los cuatro puntos y los golpes, le dolía el alma. Y la segunda cosa que me asombró fue su juicio y sensatez. En todo momento quiso poner la pelota bajo el pie y descartar cualquier intento propio o ajeno de venganza.

Migue quiso seguir en su casa lo más tranquilo que pudiese y trabajando. Faltaba poco para que se editara su segundo álbum, *Ciencia Ficción*, y en ese momento era lo que más le importaba. "Con el viejo, paz y amor", me explicó queriendo decir que no iba a entrar en el terreno de la agresión y sostuvo ese principio en todo reportaje que brindó a posteriori. "Las heridas van a cerrar", dijo a Radio 10. "Pase lo que pase, lo voy a seguir amando", declaró a revista *Gente*.

— • —

Kill Gil comenzó como una de esas tantas bromas cinematográficas que Charly se va armando, pero pronto terminó convirtiéndose en el título de su nuevo álbum. Ha tenido el desarrollo más tortuoso de todos los álbumes de García que se recuerden. Comenzó a gestarse en algún momento del 2005, y en el mes de diciembre ya estaba prácticamente listo. Se había grabado en el estudio de Palito Ortega, pero se rompió un disco rígido y todo el trabajo se perdió. *Kill Gil*, entonces, debió rearmarse durante todo el 2006, y se siguió grabando durante mucho tiempo más. No tiene que ver con la obsesión por la perfección o por el detalle, sino por la propia inseguridad de Charly o por no querer terminar su disco. García asegura tener poderosas razones para querer agregar algo más. "Creo que este disco necesita una alta fidelidad y parecer sobreproducido. Por otro lado, tocar el sonido que logró Oldham me parece un pecado. Así que tan sólo voy a agregar una pista de polymoog o algo así para remarcar las canciones".

La historia que Charly tiene en la cabeza es como una película. "Más como una novela —corrige—. Es la historia de un tipo como yo, más joven, nacido en Nigeria con un tío holandés que lo pone en una embajada y lo manda a Estados Unidos. Apenas llega lo contratan de modelo por su look exótico; es una especie de Hendrix del fashion, de ahora. Y tiene una remera que dice 'I hate New York' (odio a Nueva York). Un día pasa por un café y escucha 'We've got to get out of this place' de The Animals, y se le despierta el instinto patriótico en el buen sentido. Es como que su sangre revive y sale del adormilamiento y de la comodidad que disfrutaba. Él era semi-feliz: con eso le alcanzaba. Entonces un día decide hacer una bomba como para volar algo, al estilo de las Torres Gemelas. Entonces empieza a cambiar; deja de dormir con la novia porque en esa cama no hay lugar para la bomba y la novia. Deja de dar propinas. Cambia sus hábitos. Se convierte en una persona rara. Y juega con eso. Entonces pasa el tiempo, y termina de grabar un disco con músicos amigos, donde deja mensajes crípticos para sus seres queridos porque conocen la historia de la bomba y si esta gente se aviva de lo que quiere decir, se salva. Él no la quiere salvar de todo a su gente: hay que ser inteligente para salvarse. Treinta años después, New York sigue igual que siempre: no pasa nada. Pero hacen dos películas con Bruce Willis sobre la vida de este tipo; una especie de biopic donde Nueva York es atacada por los mosquitos, los comunistas, Godzilla y otros monstruos que hacen pelota todo. No queda nada, salvo una chomba amarilla que dice 'I love New York'.

"Divididos hizo *La era de la boludez* un poco por Méndez. Entonces yo digo que ésta es la era de la gilada. Para mí, ahora está todo mucho peor; no solo acá, sino globalmente. La guerra es un horror, pero a la vez hubo algo de artístico en esos dos aviones que tiraron abajo las Torres Gemelas. Y de algún modo, alguien que pelea contra otro que no le teme a la muerte es un gil. Alguien que gasta plata y manda soldados para enfrentar a gente que no teme morir está loco: esa guerra no la van a ganar nunca".

Kill Gil comienza a tomar forma en el 2005, cuando García encuentra al aliado más inesperado de todos: Palito Ortega. Su relación data de varias décadas atrás, cuando Palito era todavía considerado "El Rey", y era, junto con Sandro, el cantante más popular de la Argentina, merced a una enorme cantidad de éxitos que fueron cantados por toda la nación y que serían como una fuente inagotable de melodías para todas las hinchadas de fútbol. Esas canciones fáciles y pegadizas harían que el imaginario rockero lo considerara un enemigo, aunque el propio Palito fuera producto del rock, ya que su fama arranca a comienzos de los 60 en el Club del Clan, un grupo de diversos solistas reunidos en torno a un programa de televisión de "música joven". Y lo que había nutrido esa idea había sido el éxito planetario del rock and roll y Elvis Presley. Claro que había un abismo de distancia artística entre ambas expresiones, y el rock nacional aparecería como una instancia superadora. "A lo mejor algún rockero lo puede ver así —afirma hoy Palito Ortega—, pero yo nunca fui enemigo del rock, porque además me gusta. Y nunca ningún tipo de música sería mi enemiga. Cuando uno habla tanto de la libertad de expresión, ser enemigo de una forma de música es caer en lo mismo que vos criticás. Si a vos te disgusta tanto lo que yo hago y no querés que lo haga, hay un resorte de represión en tu interior, porque cada cual puede hacer la música que quiera".

La primera vez que se vieron las caras Palito Ortega y Charly García no fue en una situación feliz sino en tribunales alrededor de 1977. Palito le había iniciado un juicio a Charly por unas declaraciones que hizo sobre una película suya. Hubo una retractación por parte de García, y no se vieron más las caras hasta 2005. Luis Ortega, uno de los hijos de Palito, invitó a Charly a un evento en el Faena Hotel y allí se produjo el nuevo encuentro. Había pasado mucho tiempo y no existía ningún tipo de animosidad por ninguna de las partes. "Che —lo saludó Charly—, no nos peleemos". Se sentó a la mesa, conversaron y Palito le ofreció que utilizara su estudio de grabación, situado en Luján, cuando quisiera. Charly aceptó la invitación y comenzó el registro de Kill Gil en Los Pájaros, el estudio de Palito. Y allí también arrancaría una entrañable amistad.

"El factor tiempo es lo que pone todo en perspectiva —arranca Charly hablando sobre Palito—. Yo siempre hablé mal de él porque en una época era como el enemigo. Pero a pesar de eso, yo siempre fui fan: era el que más me gustaba del Club del Clan. Yo le tenía miedo en realidad. Al final pasó como con Luis Alberto, que todo el mundo creía que estábamos peleados pero fue todo un mal entendido. Supongo que él en su momento me debe haber atacado por los hijos y ahora, un poco por los hijos, abrió su mundo y me dijo que fuera al estudio cuando quisiera. Y yo pensé 'bueno, esto por ahí sirve para sanar viejas heridas'. Y fue un anfitrión excelente, un tipo bárbaro".

A Palito Ortega le brillan los ojos cuando habla de Charly García para este libro. "Yo siempre le tuve admiración a Charly. A partir de que comenzó a venir empezamos a tener más tiempo para hablar; cuando lo vi sentí que su enorme talento estaba como desperdiciado. Hizo todo el disco, y algo pasó entre él y el ingeniero que tenía (Marcos Sanz). Lo sentí mucho porque la primera parte de ese disco era extraordinaria. A la vez fue toda una experiencia verlo a Charly ahí, en crudo, tocando los teclados, las guitarras, el bajo, armonizando; hubo una noche, a las cuatro de la mañana, en que agarró una guitarra y yo sentí que el que estaba tocando era Jimi Hendrix. Había otro guitarrista, y cuando Charly comenzó a tocar así, el tipo se quedó mirándome como diciendo que él tampoco sabía que podía tocar de esa manera. Evidentemente, estamos ante un fenómeno real de genialidad".

Hay algo que a Palito lo desvela. "¿Cómo es posible que otra gente que tiene mucho menos talento esté más organizada, le vaya mucho mejor, tenga una vida más cómoda? Lo de Charly no es así; él se asombra un poco cuando yo le pregunto si no tiene una reserva económica. Como todos los seres humanos, mañana nos quedamos afónicos... ¿y qué pasa? Yo le digo esas cosas porque lo aprecio y quiero ver en qué lo puedo ayudar. Y me parte el alma que un tipo con ese enorme talento no se capitalice mejor. Charly a veces dice que la música no es para ganar plata, pero los demás ganan plata con su música. Lo nuestro no es una relación profesional sino afectiva, le tengo un gran cariño. Lástima que no me puedo dedicar a ver cómo lo puedo ayudar más, porque tengo viajes permanentemente. Pero yo le tendría paciencia a Charly porque creo saber cómo llevarlo; después de estar en este medio durante tantos años, uno más o menos sabe cómo manejarse. Lo que necesita Charly es un Manager, así, con mayúsculas".

Ortega no habla así sólo por su propia experiencia musical. Habrá que recordar que el hombre fue alguna vez un chico humilde de Tucumán al que se le congelaban los pies en las únicas alpargatas que tenía y con las cuales pisaba la escarcha cuando repartía diarios. Ese mismo chico, un día, decidió que su futuro estaba en la música y que para eso tenía que viajar a Buenos Aires. Los amigos lo cargaban y le decían que se llevara pan en la valija porque se iba a cagar de hambre. Y él pensó que en el futuro todos esos iban a tener que pagar una entrada para verlo. Así fue. Después de una de las carreras musicales más exitosas que la Argentina pueda recordar, se le ocurrió transformarse en empresario y traer a Frank Sinatra al país en 1981. El ministro de Economía era Lorenzo Sigaut, quien pronunció la frase "el que apuesta al dólar, pierde". Y Palito perdió un millón setecientos mil dólares en esa empresa, porque lo agarró la devaluación que Sigaut dijo que no sucedería. "El dólar tenía que estar para esa fecha —recuerda Palito—, más o menos, dos pesos y medio. Cuando llegó el momento del show valía siete". Tuvo que vender varias propiedades para pagar las deudas. Sinatra lo supo y le dijo que lamentaba mucho lo que le había sucedido, y que cuando fuera a Estados Unidos, él sería su garante. Dicho y hecho: Palito se radicó como empresario en Miami y entre 1985 y 1991 realizó exitosos negocios con su propia productora, gracias a las puertas que Frank Sinatra le abrió.

Es desde ese punto de vista, que conjuga al empresario con el chango pobre y el cantante exitoso; al millonario que de pronto sufre una pérdida fatal y ve tambalear su estabilidad económica; es desde allí donde Palito habla y se preocupa por Charly García. "Yo daría cualquier cosa para ver de qué manera pongo lo positivo de Charly en perspectiva para que tenga un gran respiro, que se lo merece, desde el punto de vista económico o del pasar. Que él no lo quiera es una cosa, pero que la gente que lo queremos no lo procuremos es peor".

Marcos Sanz fue el técnico de grabación de *Say No More*, y fue otro de tantos que se deslumbró con el talento de García, a tal punto que dejó su España natal y se radicó en la Argentina para ser su técnico. Fue uno de los mejores soldados de Charly, a tal punto que grababa sus discos y operaba su sonido en vivo. Pero mucho tiempo al lado del artista termina erosionando la paciencia de los que más lo quieren, y en un punto la situación debe haberse hecho insostenible para el español, que dejó de trabajar con García. El disco rígido que contenía la primera parte del disco fue destruido, por manos propias o ajenas, y el proyecto entró en una impasse.

Kill Gil se levantó de su hibernación forzada cual Frankenstein en 2006, cuando Charly encontró una nueva aliada que pudo suplantar a Marcos. Se trataba de María Eva Albistur, además cantante, bajista, guitarrista y compositora. Su carrera arranca en 1996 en un grupo llamado Imán, con Alejandro Franov, Santiago Vázquez y Fernando Kabusacki, un guitarrista amigo de Fernando Samalea, que conoce tanto a García como a su hijo Migue, y que ha tocado con ambos. María Eva fue cantante y bajista de la banda de Joaquín Sabina, coincidiendo con Fernando Samalea en su estadía en aquel grupo. Durante los shows del español en el Luna Park y el Teatro Gran Rex, María Eva fue su bajista, y Charly no tardó en descubrirla, ya que una mujer que toque bien su instrumento es algo que inmediatamente despierta su atención, además de recordarle a María Gabriela Epumer. En los últimos tiempos, María Eva se dedicó a su carrera solista y demás actividades. Ella fue una de las personas que más estuvo al lado de Charly durante la grabación de *Kill Gil*, por haber sido su ingeniera de sonido, y por prestarle su propio estudio durante siete meses, entre abril y octubre de 2006.

"Todo arrancó —cuenta María Eva— cuando yo volví a vivir en la Argentina y comenzamos a grabar el disco de Fernando Kabusacki *The flower and the radio*; una noche iba a grabar Charly y lo hicimos en mi estudio. Evidentemente se sintió cómodo, así que cuando terminamos me contó de su disco y de unos temas que tenía para un proyecto con Horacio Molina, y me preguntó si quería grabar el fin de semana unos temas. Así fue como grabamos un año sin parar". María Eva compara el método de grabación de Charly con el de un pintor. "El método Say No More es grabar por capas la 'pared de sonido'. Es como si estuviera pintando en óleo, como un artista plástico que va trazando texturas y colores, pero con el sonido. Una pintura que no se ve: que se oye. En esta etapa el caos es su elección, su recurso estilístico, pero dentro del caos hay cierta lógica; muchas veces logra una mística increíble gracias a ese caos. Creo que la razón por la que trabajamos juntos es porque nos entendemos bien. Yo vivo como él, grabando y tocando día y noche. No tengo la lógica de alguien que es solamente ingeniero de sonido, porque principalmente soy un músico que usa las máquinas para grabar. Y creo que por eso hasta llegamos a tener telepatía muchas veces: puedo saber lo que quiere antes de que me lo diga".

Una noche, Charly llegó al estudio muy tarde y muy cansado. Echó a todo el mundo y se quedó a solas con María Eva. "Poné a grabar", le dijo. "Empezó a tocar un rato largo sin parar —cuenta María Eva—; hacia el final pasó algo increíblemente mágico: se me llenaron los ojos de lágrimas y se me puso la piel de gallina con la música que estaba tocando. Cuando lo miré estaba semidormido, como conectado con el más allá, hasta que se durmió completamente. Esa música maravillosa era el tema 'King Kong': lo compuso dormido. Para mí es una de las perlas del disco y nunca me voy a olvidar de ese momento".

"El primer tema que compuse para el disco —retoma Charly— fue 'Los fantasmas', que lo hice porque Miguel me pidió un hit, pero después no le dio pelota y me lo guardé. Después vino 'No importa' que lo hice contra Leticia Brédice, en el sentido que yo tocaba y ella hablaba y lo que era más fuerte ganaba". Las cosas fluían y una de las razones, entre otras, es que García sintió que podía confiar en María Eva porque era música como él y también porque se tomó el trabajo de ir amigando a García con la tecnología que hoy se utiliza en un estudio de grabación.

"María Eva fue la primera persona que me hizo ver al Pro-Tool de una manera en la que me podía servir —reflexiona Charly—. Ella es la que más entiende de eso, y entramos en una vibración muy alta. Entonces entendí que para grabar en Pro-Tool hay que hacer los discos como películas en cámara lenta. El tiempo real no existe; es un compás, otro compás: es como King Kong moviéndose cuadro por cuadro. La música no sucede. La gente que lo usa se vuelve muy fiaca, María Eva no, porque es música. El Pro-Tool sirve para artificializar prácticamente todo, y hacer arquitectura; está para corregir a cantantes desafinados y poner bateristas a tempo. Es como la computadora".

María Eva tiene otra visión del mismo asunto. "El único conflicto que veo que tiene con la tecnología es la poca paciencia para aprender a usarla. Y es concretamente con las computadoras, porque por otro lado Charly tiene el don de poder pelar un cable y conectarte la licuadora con la máquina de escribir al calefón, y usarlos de parlantes y amplificador. Te hace andar cualquier cosa. A medida que trabajamos yo traté de que vaya entendiendo las posibilidades del Pro-Tool, porque con su forma de conectar todo, si entendía más de qué se trataba podía desarrollar ideas de grabación y producción. Él usa esos grabadores digitales que son bastante complejos, y que, aunque a él no le guste pensarlo así, son computadoras".

Las sesiones avanzaron hasta un punto determinado y después se estancaron. Charly no terminaba de encontrarle la vuelta que quería al disco. Sintió que necesitaba ayuda externa, y que *Kill Gil* requería un productor para el proceso de mezcla final. El problema era encontrar uno que estuviese a su altura, que fuera un par o algo más, que es justamente lo que se requiere de un productor: una opinión autorizada. No era fácil encontrar una persona que pudiese dar la medida de lo que necesitaba un artista de la estatura de Charly García. Pero cuando se le ocurrió quién podía ser, no tuvo dudas de que se trataba de la persona necesaria para llevar a cabo esta nueva misión.

36. Los sobrevivientes

Es muy duro sobrevivir/
pero el tiempo ya nos ha vuelto desconfiados/
Tenemos algo para decir/
No es la misma canción de dos por tres/
Las cosas ya no son como las ves.
CHARLY GARCÍA, "CANCIÓN DE DOS POR TRES".

Andrew Loog Oldham es un personaje lateral pero sumamente importante dentro de la historia del rock. Su trabajo más conocido fue como manager y productor de los Rolling Stones en la primera parte de su carrera, trabajo que dejó en 1967. Se lo indica como el hombre que estableció la imagen "mala" de los Stones frente a la "buena" de The Beatles, con slogans como "¿Dejaría usted que su hija se case con un rolling stone?". También se lo hace responsable de haber encerrado a Mick Jagger y Keith Richards en una habitación hasta que compusieran su primera canción. Lo que sí es seguro es que su ojo avistó a una belleza llamada Marianne Faithfull y la transformó en una artista pop, que debutó en los charts con "As tears go by". Ella después continuaría su carrera de actriz y se convertiría en la mujer de Mick Jagger.

Antes de conocer a los Stones, Oldham fue un adolescente al que le gustaba el buen vivir y que entendió rápidamente que el cambio cultural que traía consigo el rock and roll iba a alterar las costumbres británicas de un modo que lo favorecería, y desde muy joven estuvo ligado al show-business en el área de publicidad y relaciones públicas, por lo que trabajó con varias estrellas musicales de Estados Unidos, organizando su promoción cada vez que visitaban Inglaterra. Eso lo llevó a trabajar brevemente en el área de relaciones públicas para los mismísimos Beatles cuando ingresaron en el turbulento ojo de la fama en 1963, pero antes que terminara aquel fantástico año ya se había ido con los Stones. Sin embargo, logró convencer a John Lennon y a Paul McCartney de que le dieran un tema para sus nuevos protegidos. Oldham también fue el fundador del sello Immediate Records, la primera compañía discográfica independiente de Gran Bretaña, y tuvo bajo contrato a grupos como Small Faces, Amen Corner, Fleetwood Mac y Humble Pie.

Semejante currículum atrajo poderosamente la atención de Charly García cuando se enteró que iba producir un disco de sus amigos, los Ratones Paranoicos, en 1991. Oldham hizo un excelente trabajo con *Fieras lunáticas* y con *Hecho en Memphis*, que inauguraron los años de masividad del grupo con hits como "Rock del pedazo", "Ya morí", "Cowboy" y "Vicio". Hasta se dio el lujo de cantar un tema dedicado a Charly García compuesto en colaboración con Juanse, titulado "Charly, stay on the ground" (Charly, quedate en la tierra), incluido en *Fieras lunáticas*. A través del cantante de los Ratones, Oldham y Charly no tardarían en conocerse y a encandilarse el uno al otro.

Con sesenta y tres años cumplidos en enero de 2007, Andrew Loog Oldham fue el productor de *Kill Gil*, y la primera vez que Charly utiliza los servicios de alguien en ese rubro desde 1978, cuando Billy Bond produjo el primer álbum de Serú Girán. En honor a la verdad, habría que decir que Pedro Aznar coprodujo con él *Clics modernos*, y que se cargó al hombro *Tango 4*, mientras García estaba internado. Lejos de ser un demérito, considero un gran paso adelante que Charly haya decidido contar con algo de ayuda para su nuevo álbum. Lógicamente, esta situación convirtió a Andrew Loog Oldham en un testigo de lujo de aquel tiempo de Charly García. Tal vez sea un poco más que eso; su perspectiva es enriquecedora aun con la cautela con la que contesta las preguntas para este libro, seguramente por ser Charly García su cliente, tal vez por la proverbial serenidad británica, y quizás por su innegable experiencia en el show-business.

—*¿Recuerda la primera vez que supo de alguien llamado Charly García?*

—Yo estaba en Memphis con los Ratones Paranoicos; estábamos grabando lo que terminó siendo *Hecho en Memphis*. Juanse, Sarco, Roy y Pablo fueron un excelente grupo de gente muy talentosa. Les debo mucho. En tiempos en los que estaba ocupado haciendo nada, me invitaron a trabajar con ellos y esta experiencia me hizo recobrar el espíritu de trabajo en mi vida, lo que había estado ausente por una docena de años. Era eso o nadie iba a llamarme. Los Ratones estaban en un camino ascendente y estábamos trabajando juntos por segunda vez, y grabando en los estudios Ardent de Memphis. Mi función como productor era básicamente agendar el estudio y crear el entorno en el que los artistas pudieran hacer su mejor trabajo. Eso es la base. El resto es ajo o azúcar; no es la carne y las papas. Estábamos en la etapa de los condimentos; los Ratones habían grabado un gran tema, yo sugerí un pequeño fraseo, una suerte de motivo auditivo, y no recuerdo si Juanse o Sarco se dieron vuelta y me dijeron: "No sabíamos que conocías la música de Charly". Pregunté "¿Qué Charly?". "Charly García", me contestaron. Yo sabía quién era Charly García, obviamente, pero no estaba familiarizado con su trabajo. Los Ratones me dijeron que ese fraseo era de un disco de Charly y era como extraño que yo lo conociera. Les dije que jamás había escuchado esa grabación; había sacado la idea de un simple de Larry Williams de 1957, porque el tema de los Ratones me lo había recordado. Esto fue en 1993, así que allí fue cuando supe que Mr. García era alguien que realmente conocía este oficio.

—*¿Qué fue lo que lo inspiró a escribir "Charly, don't die" (Charly, no te mueras), aparecido en* Fieras lunáticas?

—Querrás decir "Charly, stay on the ground" (Charly, quedate en la tierra)... hay una diferencia, chica, pero diferencia al fin. Yo no tengo ningún derecho a pedirle a Charly que no se muera; cada hombre conoce su propio ciclo y si puede bancarse otros doce rounds, pero vos podés pedirle gentilmente que siga creando, que siga produciendo: que siga siendo. Yo todavía estaba un poco loco cuando escribí las letras para ese tema con Juanse o, como solemos decir, "salimos a almorzar".

Yo estuve con Phil Spector, Harry Nilsson y John Lennon. John estaba en su famoso "fin de semana perdido" (N. del A.: En 1973, John se separa de Yoko y se va a vivir a Los Ángeles, donde comienza a consumir cocaína y alcohol en cantidades industriales. Retorna a Yoko en 1975. Los historiadores aún discuten si este tiempo fue beneficioso o nocivo para Lennon), y como conocía el camino, la ruta, pensé que le podría escribir una carta de fan a Charly, aunque también me estaba escribiendo a mí mismo y a cualquiera que se diera cuenta que, quizás, sólo quizás, no eran ellos tomando drogas sino las drogas tomándolos a ellos.

—*¿Recuerda su primer encuentro con Charly?*

—Creo que fue cuando él estuvo tocando con los Ratones Paranoicos que fueron soportes de los cinco shows de los Stones en Buenos Aires en 1995. Ésa fue una semana mágica: la ciudad pertenecía a ese show. Yo estaba con un amigo, el artista Mario Badaracco, y andábamos dando vueltas por la ciudad. Era como un set de película y la película era de los Rolling Stones. Buenos Aires era una gran celebración; una semana en donde todo Buenos Aires se encontraba adorando a los Stones. La luna flotaba sobre el estadio de River, y podías tocarle la sonrisa. Los shows fueron magníficos y Charly y los Ratones la pasaron bárbaro. Yo me alojaba en el Hyatt bajo el nombre

Robert De Niro. Todavía tengo los tags de las valijas. Toda esa semana fue un trip.

—*Usted grabó "Sympathy for the devil" para el álbum de Casandra Lange* Estaba en llamas cuando me acosté. *¿Cómo recuerda esa experiencia?*

—Juanse me dijo que Charly quería hacer algo conmigo. Fui a un estudio en alguna parte, Charly me recibió en la puerta: fue todo un caballero, un gran anfitrión, un placer. Fue un profesional que trabajo rápido y duro y que sabía lo que quería de mí. Yo nunca había estado antes en esa posición, donde yo era el artista que estaba siendo producido. Sólo tenía que cantar. Llevó unos veinte minutos. Todo lo que Charly dijo fue que Juanse le había pedido que se asegurara de que yo no tomara drogas. Debería decirte que dejé de tomar drogas en 1995. De cualquier manera, ser producido por Charly García fue una experiencia memorable.

—*¿Estuvieron en contacto entre esa grabación y la de Kill Gil?*

—Me parece que nos vimos en Nueva York cuando yo estaba mezclando algo de los Ratones Paranoicos. Charly estaba de vacaciones y pasaba por el estudio. Yo tenía un guardaespaldas en la puerta para mantener a Juanse alejado; él y La Rata, que era el manager del grupo (y utilizo ese término en sentido relativo), estaban de trip en ácido o en Nueva York, por lo que me conseguí uno de los guardaespaldas de Robert De Niro para mantenerlos alejados. El tipo venía ocasionalmente y me decía "el señor García está aquí".

—*¿Cómo fue que terminó siendo el productor de Kill Gil? ¿Él se lo pidió? ¿Se lo rogó? ¿O usted quería trabajar con él?*

—Charly no ruega, sólo hace una vuelta de más. Yo no tenía idea de que iba a trabajar de nuevo, con él o con cualquiera. Yo no estuve de verdad en un estudio por diez años. Primero me puse bien después de parar con las drogas. Una vez trabajé con los Ratones "posdrogas", y como siempre fueron maravillosos, pero estaban en un período de transición. Trabajamos en un estudio cerca de lo de mi nutricionista en Nueva York, por lo que podía monitorear mi salud mientras volvía a trabajar. Después de eso trabajé en mis dos libros que ahora van a salir en un solo tomo en la Argentina y que se va a llamar *Rolling Stoned*. Volviendo, me había olvidado de cómo era estar trabajando en un estudio. Me mantuve en contacto con Charly, y en alguna ocasión hice algo con Keith Richards, o con Yoko Ono, o con Pete Townshend. El mundo de la música es como un hotel íntimo: todo el mundo está trabajando, y Charly me envía algunas canciones en las que estuvo trabajando y me pregunta si me gustaría ayudarlo a que las termine. Y eso es *Kill Gil*.

—*Ambos sabemos que Charly es muy trabajador y, a veces, un genio, pero que también puede ser un poco complicado para trabajar. ¿Fue agotador producir este disco?*

—Realmente, no; Charly es un chico grande y él me estaba invitando a subir al ring para ser yo un chico grande de nuevo.

—*¿Cómo fue el trabajo previo? ¿Qué pensaba de su nuevo material? ¿Qué era necesario hacer?*

—No soy George Martin, gracias a Dios, de modo que no voy a devaluar mi trabajo dándote detalles que me hagan quedar bien. El gran trabajo de todo artista refleja su reacción al momento, y todo el trabajo de Charly hace eso. Yo estoy feliz de haber pasado tiempo con él, dándole claridad de audio y significado a lo que Charly sentía, a lo que pensaba de la vida en ese momento, y a lo que él escribió y arregló para que lo exprese. Fue un viaje interesante y, por supuesto, no siempre terrestre.

—*Escuché el álbum varias veces y creo que usted hizo un buen trabajo. Porque le dio cierto orden y organización al sonido respetando el caos que Charly conjura sobregrabando pistas una y otra vez. ¿Estoy en lo cierto?*

—Creo que sí; solo traté de darle a la grabación el orden que Charly quería. Y no te estoy vendiendo nada con esto. Traduje su imaginación y arrendé The Magic Shop, un estudio en Nueva York, que venía con el ingeniero Tim Latham, que pudo llevar a cabo esta misión.

—*¿Hubo algún momento donde sintió que era imposible seguir trabajando en este disco?*

—Por supuesto, entonces parábamos, salíamos de compras, o íbamos a ver un show: The Who, Tony Bennett o la reunión de The Zombies, y después volvíamos a trabajar.

—*¿Tuvo que elegir de una lista de canciones o tuvo que impulsarlo a que compusiera un poco más?*

—Charly tenía material más que suficiente. Simplemente desarrollamos todo y después decidimos cuáles eran aquellas canciones que no podían entrar en este vuelo.

—*¿Le impuso a Charly alguna clase de reglas u organización?*

—No, sólo impuse reglas de trabajo sobre mí mismo para lo que yo tenía que hacer por Charly y su trabajo. Y Charly operó en torno a ellas.

—*Usted dijo que encontraba similitudes entre Charly y John Lennon en cuanto al modo de trabajar. ¿Podría ampliar esta definición?*

—Bueno, cuando comenzamos en Nueva York, le dije dos palabras al ingeniero: " John Lennon" . Charly pareció traerme el trabajo perfecto como para que esto sea apropiado. Por un lado, las canciones tenían que ver con lo que había hecho Lennon en el estudio Record Plant, que es por lo que terminamos rentando el amistoso Magic Shop, cuyo propietario es un anglófilo, Steve Rosenthal, que lo equipó convenientemente, y que trabajó conmigo y los Ratones años atrás, y en donde hice remasterización de material de los Rolling Stones y Phil Spector. Y trabajar con Charly que es un solista, algo opuesto a un grupo, era una experiencia dinámica que no he tenido muy a menudo. Con John Lennon experimenté un poco eso, cuando hice las relaciones públicas de The Beatles durante cuatro meses, al comienzo de 1963, y después lo vi un poco más en encuentros sociales, cuando los Beatles ya se habían separado. Los dos vivíamos en Nueva York al mismo tiempo, y lo vi un poco aquí y otro poco en Los Ángeles. John era un tipo con mucha frecuencia; no podías ser vago con tus palabras frente a John; él esperaba que fueras consecuente con lo que decías. Y que te bancaras el significado de tus palabras. En ese sentido, John no era frívolo aunque podía ser un tipo gracioso cuando quería. Charly es igual. Con los dos todo tiene que ver con el trabajo y el deber.

—*¿Cómo fue la grabación de "Corazón de hormigón" con Palito Ortega?*

—Todo ese tema lo produjo Charly. Elegiste la canción que requería menos de mí. Sólo tuve que lustrarle los zapatos.

—*¿Cuál fue la parte más difícil de la grabación y cuál la más divertida?*

—Esperar que la tecnología alcance las ideas de Charly. Lo divertido fue estar con esta Enciclopedia del Amor a la Música, el Mundo y el Juego... Mr. García.

—*En caso de diferencias, ¿quién tenía la última palabra?*

—Del modo en el que trabajamos no teníamos desacuerdos. Todo tenía que ver con el trabajo, y en esa situación el trabajo se termina haciendo. Creo que ambos somos un poco más sutiles... quiero decir, no es el primer matrimonio para ninguno de los dos.

—*Estuvo en el show de cumpleaños de Charly, el 23 de octubre de 2006. ¿Qué recuerda de esa noche?*

—Su gracia, su ansiedad, su bronca ante los problemas técnicos. Su preocupación por los fans, el caos, el orden, y cómo, atravesando al público para entrar al teatro con Charly, perdí un adorable par de zapatos.

—*¿Está contento con el resultado final?*

—Muy.

—*¿Volvería a trabajar con Charly?*

—En un segundo.

— • —

Cuando Charly volvió de Nueva York con el disco supuestamente finalizado, continuó grabando cosas por su cuenta hasta bien entrado el 2007. *Kill Gil* apareció en internet en el mes de marzo, como si estuviera ya listo. Tanto la compañía como Charly me han dicho que lo que se escucha allí no es el disco, lo cual constituye una verdadera lástima... porque está muy bien. "Al saber que estaba en internet —me dijo Charly por teléfono—, decidí agregar algunas cositas como una medida antipiratería". Si me atengo a lo que he podido escuchar del álbum, es probable que *Kill Gil* sea el mejor álbum de Charly García desde la edición de *Say No More*, y el más ordenado sonoramente desde *La hija de la Lágrima*. Sé que mucha gente está esperando el momento en que Charly haga un click y que vuelva a ser el genio que nos deslumbrara con sus discos de los 70 y los 80, pero cada vez veo más distante ese momento y no creo que vaya a suceder algún día. Charly García es un artista que ha cambiado su estética de un modo radical, casi reaccionando contra ella, como si se rebelara contra algo del orden de lo "sonoramente aceptable". Y ya ha pasado el tiempo necesario como para descartar de plano la posibilidad de una fase pasajera.

Kill Gil es, en muchos años, el primer disco terminado de Charly que no requiere de segundas versiones o una enorme cantidad de temas ajenos para llegar a una cantidad de tiempo musical decorosa que justifique la edición de un CD. Son trece canciones de las cuales la última funciona al modo de un bonus track: "Play with fire", de los Rolling Stones, cantada por Oldham y que cuenta con un arreglo completamente diferente que revela el talento de Charly al piano. La otra versión es "Watching the wheels", de John Lennon, mitad en castellano y mitad en inglés. Pero hay un truco: tres de las trece son temas que Charly ya ha grabado con anterioridad. Una es "Transformación" —aquí "Kill Gil Transformación"—, que conociera su origen en *Serú '92*, el álbum grabado durante aquella accidentada reunión y que aquí recibe un arreglo completamente diferente, volcado hacia un groove tropical por la programación de la batería. Otra es "Telepáticamente", mucho más redonda que la versión registrada en *Sí (detrás de las paredes)*, que era opaca, oscura y confusa. Y la tercera es "Happy and real", que ya viera la luz en *Tango 4* e *Influencia*; en esta encarnación se ve potenciado el aire hollywoodense de la canción.

Kill Gil arranca con un collage sonoro donde confluyen teclados, extractos de la película *Kill Bill* de Quentin Tarantino e interferencias de la radio *Say No More* (con la voz de Juan Alberto Badía) que funcionara en el show del Teatro Gran Rex donde Charly festejó sus cincuenta y cinco. Todo eso deja paso a "No importa", un tema pesado, bien rocker, opresivo, que evoca a "No toquen" de *Cómo conseguir chicas*. Paranoia de alto vuelto y desdén por los deseos ajenos. El sonido impresiona desde el vamos, no por tener una fidelidad asombrosa, sino porque parece haber un orden; una coherencia entre las distintas capas y una dinámica lógica que no lleva a pensar que la canción se cae a pedazos, o que contiene baches inocultables. Ese mérito parece corresponderle a Andrew Loog Oldham, que logró domesticar el potro desquiciado del *Say No More* aural, y deja que García brille con sus teclados por detrás, con la voz escuchable y con la guitarra al frente cuando tiene que ir, con los planos de las voces a lo Spector. Y eso abarca a todo el disco. Un dato: el bajo se escucha en todas las canciones, que es algo que García se ha esforzado por ocultar desde 1996 en adelante. Eso ordena y mucho, y quizás sea María Eva Albistur, también bajista, quien haya hecho un aporte. Pero el mérito más interesante es que Oldham logra que el caos Say No More se avenga a convivir en un marco de sonido razonable con otras texturas, lo que no es poco.

Kill Gil, al momento, tiene dos canciones que sobresalen del resto. "King Kong" es una bellísima canción de amor que tiene cosas de "Ojos de videotape" o "Total interferencia" y hasta una bajada que evoca a "Peperina". "Hey, hey/ No me mires desde el puente/ hey, hey/ ya volverás a mí", dice la letra y hace pensar en quién será el cantante de esto, si la chica o el inmenso simio, que al final rubrica la canción: "King Kong estuvo aquí". Hacía añares que no escuchaba un tema tan contundente de García (compuesto por él, claro está), quizás desde esa versión *lennoniana* de "Todo el mundo quiere olvidar", que terminó desguazada en *Influencia* bajo el nombre de "El amor espera".

El otro tema es toda una sorpresa. Palito Ortega protagoniza el comeback (regreso) más sorprendente en el mundo musical argentino, desde un disco de Charly García, que funciona como productor de Palito más que de sí mismo. Y lo hace estupendamente bien. Es realmente Palito 2007: el hombre canta como si fuera su propio coro de monjes, multitrackeado a rabiar, creando una textura que tiene algo de evangélico. Claro que en el segundo verso se incorpora como coro la voz de García (también multitrackeado), lo que le da cierta cuota demoníaca al asunto y equilibra los tantos. "Corazón de hormigón" es tan sabroso como el segundo chicle que hayas comido en tu vida; en el primero, uno se asusta de la textura gomosa que se pegotea en los dientes, pero cuando se repite, la experiencia es adictiva.

Es una auténtica melodía típica de las que solían abundar en las canciones de Palito Ortega, que Charly compuso a los nueve años (1960), y se la dedicó a su madre. No se trata precisamente de una canción de amor. Una noche, Charly estaba cenando en Luján con Palito y le dijo que quería grabar con él. Ortega se sorprendió pero aceptó la invitación. "Me mostró la canción y me contó la historia —dice Palito sonriendo—. La canción tiene la pureza de los nueve años de cuando la hizo. Parece que la hubiese escrito pensando en que algún día íbamos a grabar juntos. Es como un traje a medida".

"El twist nos une —proclama García—. Palito es Elvis. Pero si te voy a contar la verdad, cuando me acordé de la canción, en realidad pensé que era para Miranda! Porque cuando yo la compuse tenía la edad del público que sigue a Miranda! Entonces un día se las ofrecí y no les pareció que el tema tuviera un ritmo lo suficientemente rápido como para grabarlo ellos. Entonces se la pasé a Palito". Lolo, el guitarrista de Miranda!, explica que las cosas sucedieron en una forma ligeramente distinta. "Charly nos ofreció la canción, y nosotros grabamos un demo. Se lo dejamos a gente allegada a él, y nunca obtuvimos respuesta. Tiempo después nos enteramos leyendo en algún medio que el tema lo iba a grabar Palito, y en realidad nos pareció lo más acertado, porque el tema era perfecto para él. ¡Nunca lo rechazamos! Es más, al día de hoy ni sabemos si Charly escuchó nuestra versión, pero con él siempre va a estar todo más que bien".

— • —

Después de un tiempo y muchas preguntas a muchas personas, pude entender qué fue lo que pasó con Charly en ese misterioso viaje a Estados Unidos en el mes de marzo de 2007. "Oldham me llama un día y me dice que Pete Townshend va a tocar en Texas, que tenemos que ir a conocerlo —cuenta Charly—. Yo no tenía un mango, pero de alguna manera me las arreglé y viajé. Texas es un estado donde sólo podés consumir whisky y se me hizo difícil. Llegué al show de Pete Townshend y lloré como una rana: mostré mi hilacha de fan como el mejor. Me mató, me rompió el alma. Después me quedé tomando whisky y fumando un cigarrillo esperando no sé qué, no me daban ganas ni de salir. Y en un momento agarré una Gibson SG y rompí un espejo, como si fuera Tommy. Ahí apareció el embajador; vino el gerente del hotel, me saludó, me pusieron en una silla de ruedas, me llevaron al aeropuerto y me quedé dormido. Me preguntaron '¿qué mes es hoy?' Y dije junio, pero era marzo. Entonces me llevaron a un hospital para ver cómo estaba. Allí me dijeron: 'ya que estás acá, ¿no querés cambiarte la sangre?' Me pareció una buena idea y contesté que sí".

María Eva Albistur fue quien lo acompañó a Austin, Texas,

para asistir al show de Townshend. "Como llegábamos tarde —recuerda—, nos tomamos un carrito guiado por un tejano en bicicleta. A las cinco de la tarde nos encontramos en la puerta de atrás del local con Andrew Oldham y su hijo Max, que nos esperaban para entrar por camarines. Vimos el concierto, que fue impresionante, pero ya Charly comenzó a sentirse mal y me pidió que lo llevara rápido al hotel. Con los días se fue sintiendo peor y le pedí una mano a la gente del consulado argentino en Houston, que se portaron diez puntos, se vinieron a Austin y me mandaron a un médico. Después lo llevamos a un hospital en Houston donde lo atendieron". Andrew Oldham precisa que "lo que hizo que Charly se largara a llorar —aclara Oldham— fue Pete Townshend tocando 'Let my love open the door'. Fue como si el tiempo se congelara. Algo conmovedor, fue un momento musical muy especial que quedará en mi memoria como uno de los mejores. Charly terminó en el hospital, pero eso fue unos días más tarde, y dada la calidad de los hoteles en Austin, es probable que el hospital haya sido una mejor elección".

"Es como si Oldham se hubiera confabulado con Pete Townshend para cambiarme la sangre", asegura Charly, que aceptó el procedimiento que duró tres días y que consistió en un tratamiento de desintoxicación general y calmar una aparente pancreatitis crónica que se agudizó. Uno de los médicos, al revisarlo, notó algo aun más extraño que su estado: su cuerpo estaba repleto de cortes que no parecían ser de vidrio.

—¿Por qué tenés tantos cortes en los brazos? —preguntó el doctor.

—Es que estoy estudiando tatuaje por correspondencia —contestó Charly.

"Estaba consciente —asegura Charly—, pero sentía que me iba para arriba. Yo veía cómo me salía por un lado toda una sputza empetrolada y por el otro me ponían una cosa perlada y divina. Imaginate a los órganos de mi cuerpo aplaudiendo, poniéndose todos contentos. Según cuenta la leyenda es sangre de una virgen del Amazonas. Es como que yo tuviera que estar muerto y estoy vivo". ¿Y los efectos terapéuticos? "Me dio más hambre, veo mejor, se me para más: tengo la sangre más linda. Y me parece que tengo el subconsciente de otra persona. Pero eso es una fantasía".

— • —

"Cuando tengas la impresión que todo se acaba/ cuando todo el mundo te parezca descortés/ Te daré un trébol de cuatro hojas/ y quitaré la preocupación de tu cabeza/ Deja que mi amor abra la puerta de tu corazón". Estas estrofas forman parte de "Let my love open the door", una canción maravillosa de Pete Townshend, que pertenece a uno de sus discos como solista, *Empty glass*, editado en 1980. Cada tanto algún avispado director de cine la rescata por su cualidad esperanzadora: cuando todo esté mal, yo estaré allí, parece decirnos Townshend, acaso la mente más lúcida de la historia del rock, junto con la de John Lennon.

Las mejores canciones son aquellas capaces de transformarnos, de partir el momento al medio y arrojarnos un rayo de claridad cuando la vida parece encerrarnos en un callejón oscuro y sin salida. No es sólo la letra ofreciéndonos un trébol de cuatro hojas cuando los perros parecen haber entrado en canina combinación para mearnos al unísono: también tiene que ver con el sonido, con la melodía, la armonía, el ritmo, y una dosis inmensurable de algo que va más allá de lo natural. Son Canciones Mayúsculas, una categoría especial que tiene mucho que ver con la propia experiencia, con lo subjetivo. Tal vez a otro le puedan parecer temitas comunes y corrientes. Pero nuestro corazón sabe que es magia en estado puro, polvo de hadas, herraduras de caballo recién lustradas, una galera de donde sale el conejo que nos entrega el trébol, sonriendo con dos dientes. Esas Canciones, nos iluminan el camino cuando la oscuridad es impenetrable; nos hacen reír en medio de la desdicha, nos hacen llorar de felicidad: nos ponen de rodillas ante su grandeza y sólo podemos rendirles alabanza empuñando una guitarra ficticia, hecha de aire, voluntad y agradecimiento.

Debería haber un comité mundial dedicado a buscar esas canciones y ponerlas a salvo de la necedad humana. No hay tantas: serán apenas unos miles. Pocas contra las toneladas de desperdicio que la industria musical suele arrojar sobre nuestros oídos, transformando nuestra experiencia auditiva en la triste recorrida por un basural de sonidos, paradójicamente, diseñados para agradarnos. Pero también tendría que haber un comisión protectora de aquellos compositores que hacen esas Canciones. Y si nos pusiéramos a hacer una lista, nos alarmaríamos al comprobar que son pocos y que su número no supera las tres cifras en el más optimista e indulgente de los cálculos. Por lo general, son gente cuya capacidad no tiene explicación, cuyo talento excede con creces cualquier promedio; puede que haya por allí algunos que, por accidente nomás, componen esas canciones que brindan ese amigo invisible que nos abaraja cuando se cae la estantería que sostiene nuestras identidades, pero por lo general son artistas que no componen por casualidad algo de este calibre. Suelen hacerlo de modo sostenido y en una cantidad generosa, porque intuyen que la humanidad las necesita para sobrevivir a su propia tontera.

No es un gasto superfluo: si hubiera existido ese ente protector, John Lennon estaría con vida y ningún psicótico hubiera entrado a la casa de George Harrison para intentar apuñalarlo. En la lista de "genios a proteger" entraría gente como Pete Townshend, como Jagger y Richards, Chuck Berry, Bob Dylan, Ray Davies y una serie de nombres que deberían ser considerados "benefactores de la humanidad a salvo de todo peligro". Por supuesto que habría miembros argentinos, y nadie discutiría la urgencia de poner a Luis Alberto Spinetta y Charly García en la lista. Sí, hay otros, pero a ellos dos primero, por favor.

El problema con el Ente Protector es que no sabemos si

hubieran podido proteger a Elvis Presley. O a Janis Joplin. O a Jim Morrison. O a Brian Jones. O a Jimi Hendrix. ¿Se puede cuidar a alguien de sí mismo? ¿Se puede cuidar a alguien en lugar de sí mismo? Palito Ortega me hizo recordar, con su afecto y sus ganas frescas de hacer algo para ayudar a Charly, a Juan José Quaranta, iluminador de Serú Girán, que me decía que sólo quería que lo dejaran asegurarse que todo iba a estar bien puesto como para que Charly se viera bien. Podría hacer una larga lista confeccionada con nombres de personas de buena fe que quisieran proteger el arte y la humanidad de Charly García. Hombres y mujeres que, si los dejaran actuar a todos juntos, podrían realizar maravillas porque, además de su bondad, son profesionales destacados. Sería como una legión de súper amigos al servicio de una de las usinas argentinas más poderosas en eso de componer Canciones Mayúsculas.

¿Sabrá Charly García que cuenta con un ejército de ese calibre? Es probable que sí. ¿Pero dejaría que esa súper alianza se articulara? Seguramente, no: hay un mecanismo en él que boicotea las mejores intenciones de los demás. ¿Por qué? No lo sé; habría que entrar en conjeturas que no son más que eso. Hay un amor que se le escurre como arena de las manos. Tiene la misma cara que la mujer con la que John Lennon soñaba, cuando creía que en el mundo había una chica capaz de rescatarlo y redimirlo. Más se afana Charly por atrapar a esa figura, más lo elude. Entonces, llega el odio, que se transforma en una venganza contra el mundo; venganza que viene habitando su obra de los últimos tiempos. ¿Qué es Drácula, que tanto tiene que ver con *Influencia*, si no la historia de una venganza por haber sido despojado de un amor? ¿Cuál es el motor por detrás de la película *Kill Bill* si no la venganza? ¿De qué se trata "La chica que se robó al mundo", ese cuento que Charly escribió en la portada de *Sinfonías para adolescentes*? ¿Qué es lo que alimenta a los terroristas que cometen horrendos atentados y que inspiraron parte de *Rock and roll yo*? ¿Qué hay detrás de *La hija de la Lágrima*? No hay que confundirse: la venganza es sólo un cable de descarga, no sirve para otra cosa, salvo desparramar dolor. Lo que alimenta los mejores momentos de Charly García es el amor en potencia. Pero de algún modo se ha encargado de ahuyentarlo. Ha dicho que le ha complacido "demostrar que una vida así es posible". Sí, aún vive, pero... ¿a qué costo? ¿Y quién lo paga? ¿Y con qué motivo?

Charly dice que una simple gota de odio arruina todo un balde de amor. ¿Será esto así? ¿Será el odio más potente que el amor? Y de ser así, ¿cual es el sentido de oponerle resistencia? ¿No será mejor dejarse llevar por el odio y destruir todo alrededor, incluido uno mismo? Por suerte, García duda, aun cuando diga que no. Por eso ha pronunciado una frase conmovedora: "Estoy en guerra contra la Nada". Nada, con mayúscula, al igual que el protagonista de *La historia sin fin*. Esa historia infinita tuvo un final feliz. ¿Cómo terminará ésta? No digas nada. La batalla continúa.

37. Sangra sin parar

Estoy perdiendo el color/ Me estoy durmiendo al amanecer.
CHARLY GARCÍA, "VAMPIRO".

Llegamos a la hora indicada, unos minutos después del mediodía; tal vez un poco temprano porque fuimos los primeros. Un enjambre de paparazis disparaba sus flashes sin demasiado entusiasmo en la entrada; el mío era un auto chico, común, no muy lujoso, con la medida adecuada de mugre. Esperaban celebridades y por el tipo de vehículo, yo debía ser un repartidor, un gasista matriculado, o a lo sumo personal de la finca. Se aproximó un oficial de la policía, me pidió el nombre, el documento, constató que estuviera en la lista y me dejó entrar. Ahí respiramos. Mi compañera de viaje, una indocumentada en tiempo y regla al menos en esa ocasión, no estaba autorizada por la justicia para visitar a Charly García el día de su cumpleaños número 57. Fernando Szereszevsky, mánager del músico en aquellos días, me había pedido que la llevara por pedido expreso de Charly.

Traspusimos la tranquera de Mi Negrita, la chacra de Palito Ortega que sería la residencia de Charly durante lo que durase su recuperación, y recorrimos un kilómetro hasta llegar al segundo acceso donde había unos árboles para dejar el auto a la sombra: la primavera se hacía sentir ese 23 de octubre de 2008.

Nos recibió una señora que nos indicó dónde esperar, que "el señor" ya venía. No fue el Segundo Advenimiento pero me sentí aliviado cuando unos minutos más tarde Palito Ortega salió a nuestro encuentro. Cálido y afable como siempre, nos invitó a pasar al quincho, nos preguntó si queríamos tomar algo y luego comenzaron a llegar los otros autos. El Zorrito Fabián Quintiero, Fernando Samalea, el Negro Carlos García López, León Gieco y otros nombres fueron poblando el área de festejo donde todavía el fuego del asado no se había encendido.

El lugar era de sueño: constaba de una casa principal, no demasiado grande, con una suerte de vereda que conducía al estudio de grabación Los Pájaros, que se encontraba dando la vuelta; a pocos metros, pastito de por medio, se encontraba el quincho, un lugar amplio que Palito destinaba a los asados del domingo con su familia. Había verde por todos lados, y en esa zona intermedia entre la primera y la segunda tranquera, creo haber visto unas vacas aunque no recuerdo ningún perro: había casi un kilómetro hasta la ruta y la distancia eliminaba cualquier ruido automotor. La tranquilidad era total y absoluta; el lugar era austero, pero cómodo, nada faltaba ni nada sobraba: no había ostentación. El predio contaba hasta con una capillita que Palito se complacía en mostrar a sus visitantes.

Sospecho que fue el Zorrito quien procuró una pelota para amenizar la espera hasta que apareciera el cumpleañero. Pateamos civilizadamente, me dio calor y fui a dejar el abrigo al auto. Cuando estaba regresando advertí que Charly avanzaba hacia el quincho con suma dificultad, del brazo de una enfermera que parecía mayor que él. Verlo así, encorvado, con algún temblor y sin paso firme, me bajó el alma a los pies, y creo que fue una sensación compartida con aquellos que no lo habían visto en los últimos meses. Los corticoides lo habían hinchado y su piel delataba alguna exposición al sol, o una sensibilidad a la medicación expresada en un rojo intenso y los ojos muy lejos, chiquitos, detrás de sus anteojos. Yo no estaba preparado para esto, si bien estaba muy al tanto de cómo se encontraba Charly. Pero una cosa era saberlo y otra muy distinta era verlo. Fue algo muy fuerte.

Me sumé a los amigos que lo saludaron y le desearon feliz cumpleaños en fila. Cuando llegué a su lado y lo vi bien de cerca le di un abrazo suave. No sé si me reconoció, pero lo traté como si fuera de porcelana y pudiera romperse tan solo con una mirada cargada. Lo solté rápido. "Me voy a buscar tu regalo al auto, ya vengo", le dije. En realidad, lo que yo quería era poder recuperarme del shock de verlo tan vulnerable, tan medicado. Caminé rápidamente hacia el vehículo, me cercioré de que no hubiera nadie cerca, cerré con traba y me largué a llorar como un chico. O como un adulto que entendió perfectamente lo que representaba ese nuevo estado de cosas, el costo en sufrimiento contante y sonante de aquel cuerpo frágil, recuperado, pero a un precio infernal.

— • —

Los primeros meses de 2008 habían sido tremendos para Charly. Se habían acabado el dinero, el crédito, las sonrisas, los trucos: todo. Después de una cantidad de conciertos que terminaron en escándalo, o directamente no terminaron, sumado a un disco trunco, *Kill Gil*, que aparentemente se había filtrado por internet, hecho del cual García había acusado a su hijo, la demanda por el artista tendía a cero. Y sus gastos eran enormes. No había ni para el whisky. Y sin combustible, Charly encalló en una depresión que lo tumbó en la cama. La única que cuidó de él en esos días fue Adriana San Román, conocida como La Prima, que administró como pudo los pocos recursos existentes para la comida. Y nada más. Se acercaba el punto en que no habría dinero ni para eso, pero un llamado providencial hizo que Adriana pudiera conseguir unos fondos frescos con los que pagar algunas deudas que podrían destrabar el virtual bloqueo de los distintos proveedores y poner a Charly nuevamente de pie. Y apenas eso sucedió, García volvió al modo demoníaco, se peleó con La Prima y se quedó aún más solo.

Ya casi no había prestamistas de última instancia y solo quedaban algunos resortes que tocar, los que ya tenían su mecanismo gastado por la repetición. Uno de ellos era Fernando Szereszevsky, que por aquel entonces había dejado de ser su mánager. Su figura merece alguna explicación. Fernando fue la conexión que permitió el encuentro de Charly García con el presidente Carlos Menem en 1999, a pocos meses de dejar la primera magistratura. "Menem no tenía reelección, ya se iba —explica Szereszevsky—, y estaba en plan de darse gustos. Yo era jefe de prensa de Alberto Kohan, secretario general de la presidencia, y lo ayudaba en cuestiones culturales que eran de mi palo. Los jueves había reunión de gabinete y cuando terminaban, Menem se iba a jugar al golf con otros políticos, pero antes de eso íbamos a la quinta presidencial de Olivos, donde se comía una pizza de parado". Fernando tenía una porción en la boca cuando oyó tronar la voz del mismísimo presidente.

—¡Fernando, quiero que te retires inmediatamente de aquí!

—¿Por qué, Presidente? ¿Qué pasó?

—Me he enterado de que al Alberto le armás recitales, lo llevás por todos lados. ¿Y yo qué soy? ¿El último orejón del tarro?

—No, Presidente: solo me tiene que pedir lo que quiera y yo lo armo.

—Ya te voy a pedir... —le dejó Menem el suspenso con la frase.

En marzo, Fernando comenzó a armarle al presidente cenas temáticas con figuras destacadas del deporte y la cultura en general: futbolistas, escritores, actores y representantes de otros rubros. "El tono de las reuniones —retoma Szereszevsky— era informal: una charla con Menem; él quería pasarla bien y las cenas eran hermosas, relajadas, sin tensión política. Un día, Alberto me dice que vaya a ver al presidente, que me quiere hacer un pedido especial, pero cuando voy a verlo me devuelve y pide que Kohan me indique la misión. Próxima cena: Charly

García. Y yo le tuve que decir que Charly no iba a venir, que lo odiaba". Eran muy recordadas las expresiones del músico en 1989, cuando hablaba pestes del que iba a convertirse en el próximo presidente; lo llamaba Nemen o Never. Pero ya había pasado mucho tiempo de aquello. Kohan tomó a Fernando por el hombro, le dio un abrazo y le dijo: "Vos vas a poder hacerlo". "Y para mí fue una presión y un desafío", reconoce hoy Szereszevsky.

Fernando tomó contacto con Marcelo Della Valle, que hacía un tiempo era el mánager de Charly y que había logrado poner un poco de orden en el caos en que el músico operaba. La reunión fue positiva, ya que Marcelo venía de trabajar muchos años en España y no estaba contaminado por la política del país. Sabía que el encuentro de Charly con Menem era buena cosa para la imagen del músico. "Yo esperaba un no —reconoce Fernando—, pero me fui con un sí. Me cayó muy bien Marcelo y nos hicimos amigos. Charly y Menem no se conocían, solo se saludaron en una sesión fotográfica para la tapa de la revista *Gente* de los personajes del año. Le expliqué que no había nada ni político ni monetario de por medio, que lo único que podíamos hacer era darle asesoría jurídica a Charly que estaba con algunos temas legales, como para que los encaminara. Luego de algunas reuniones, pusimos una fecha".

Menem y su comitiva viajaron a Ecuador y al regreso de la visita a Quito se había programado el encuentro cumbre. Pero Charly entró en una de sus crisis que a veces funcionaban como un sabotaje que provocaba el descarrilamiento de una agenda normal. Marcelo se comunicó con Fernando y le transmitió las malas nuevas. "Ahí aprendí que 'Charly no se siente bien' es que se encuentra mal —confirma Szereszevsky—; casi me largo a llorar porque tenía todo listo, pero Marcelo insistió en que íbamos a hacer la cena en otro momento". Solo quedaba comunicárselo al presidente. Fernando esperó a su jefe Kohan al pie de la escalerilla del avión, le comentó el contratiempo y recibió una orden: "Decile al hombre". Fernando caminó como yendo al patíbulo pero se encontró con un panorama distinto cuando concluyó la conversación con Menem.

—Presidente, no se va a poder hacer la cena con Charly García hoy. No se siente bien y tuvo que cancelar, pero podemos programarla para más adelante.

—¿Está bien de salud Charly? —se preocupó el mandatario.

—Sí, es que hoy no se siente bien.

—Averiguá si necesita algo, que le mandemos un médico, lo que sea. Comunicale de parte mía que le mando un gran abrazo, que cuando él se sienta bien cenamos, que no hay ningún apuro, que lo que yo quiero es que él esté bien.

La preocupación presidencial abrió un compás de espera hasta la próxima tentativa, y en ese intervalo, Marcelo invitó a Fernando a conocer a Charly. "Y ahí me cambió la vida por los próximos veinticinco años —confiesa Szereszevsky—, porque pegamos buena onda, yo era muy fan y además empecé a entender el *saynomorismo*, que me sirvió mucho. Entonces cuando se hizo la cena, monté otra cosa: mandé a fabricar treinta brazaletes con el símbolo de Say No More, y todos los que estaban en la cena, desde el presidente hasta el mozo, tenían puesto el brazalete porque yo sabía que eso iba a impactarlo favorablemente".

El encuentro se produjo en la Quinta Presidencial de Olivos, el 30 de junio de 1999. Fueron a buscar a Charly y a sus músicos en una combi que abordaron Mariela Chintalo, Murray, Mario Serra, Ulises y Érica Di Salvo, Gabriel Said y un invitado adicional: Pipo Cipolatti. Szereszevsky puso en práctica un protocolo: en la puerta del chalet de la quinta solo debía bajar Charly para encontrarse con el presidente a solas, y luego descendería el resto. "Como dos jefes de Estado: dos mandatarios". Charly estaba nervioso, pero cuando el vehículo se detuvo tomó valor y bajó a encontrarse con Menem. Solo alcanzó a dar cinco pasos y regresó con urgencia a la combi.

—¡Loco, loco! ¡El presidente es Say No More! ¡El país es Say No More!

Todos miraron por la ventanilla y lo vieron parado a Carlos Menem de impecable saco y corbata, intervenido por un brazalete rojo. "Charly enloqueció —recuerda Fernando—, volvió a bajar y fue a abrazarlo. Menem fue muy astuto, no lo recibió con remerita para hacerse el rockero: se vistió de traje para darle importancia al encuentro". El resto de la velada estuvo poblado de anécdotas muy divertidas. Pero es esa noche donde se inicia el vínculo de Charly con Fernando, a quien percibió como un hombre "del poder", cosa que lo fascinaba. Más tarde Fernando sería su mánager durante algún tiempo y una vez extinguido ese vínculo, seguirían en contacto.

En 2008, Charly acudiría a él como hombre de última instancia. Durante su breve período como mánager, Szereszevsky había comprendido que era muy difícil estar vinculado a Charly cuando él estaba comenzando a formar una familia. Sin embargo, siempre le atendió los llamados y solucionó no pocas cosas. En esta ocasión, Charly le pidió que fuera a verlo y le confesó su escasez material. "No quiero que me des plata: inventame un negocio", le dijo y procedió a comentarle su idea de un *reality-show* al estilo de *The Osbournes*, pero con él de protagonista y algunas otras particularidades. Szereszevsky se movió rápido y a los pocos días regresó a la casa de Charly para coordinar una reunión con potenciales inversores.

"Conseguí un grupo chileno de inversores —continúa Fernando— en donde también había venezolanos que residían en Miami y los hice viajar a Buenos Aires para comprar el proyecto. Le dije a Charly que iba a pedir que le dieran un adelanto fuerte para que él pudiera salir adelante, pero que se tenía que comprometer a hacerlo". La sorpresa de la reunión, pautada para un viernes, fue que al finalizar Charly les dijo que tenía que viajar para hacer dos shows, y que se quedaran hasta el día lunes. Los inversores no disponían de tanto tiempo. Fernando hizo un aparte con García.

—Charly, no vayas. Te doy yo el dinero del show, siempre te pasa algo, no es para vos ese lugar de mierda.

—Escuchame, me dijiste toda la vida que no había que faltar a los shows y ahora me pedís que no vaya a uno. Después van a decir que Charly García no fue.

—Bueno, tenés razón, lo único que te pido es que te cuides mucho y vuelvas el lunes a primera hora.

Insólitamente, los inversores aceptaron quedarse unos días más en Buenos Aires para cerrar el trato con García. Pero el lunes las cosas iban a tomar un curso inesperado.

— • —

Los shows de Charly fueron dos; el primero se realizó el 6 de junio en Hugo Espectáculos, en la provincia de San Juan y al día siguiente se presentó en el Cacano Bar de Chacras de Coria, en Mendoza. Un par de lugares chicos que no alcanzaban la categoría que el artista merecía, pero Charly se encontraba en su punto más bajo; eso se sabía y así surgían ofertas que alguien de su talla podría haber descartado pero que en su necesidad se veía obligado a aceptar. Dentro de la inestabilidad permanente de García, fueron dos recitales bastante aceptables, no hubo ningún imprevisto, más allá de la costumbre del músico de arrojar algún micrófono, fastidiarse y no seguir cantando, o tocar cambiando el sonido del teclado todo el tiempo. Aterrizó en el aeropuerto El Plumerillo de Mendoza y se subió a una suerte de limusina con las dos chicas que lo acompañaban, Florencia Wagner y Mecha Iñigo, quienes formaban parte de su entorno habitual. En el camino hacia San Juan, Charly se puso molesto porque el estéreo reproductor de CD que tenía la limusina se negaba a leer los ejemplares maltratados del astro, y se bajó para continuar la marcha en el auto del empresario. Su show comenzó tarde pero estuvo bien.

Al emprender el regreso a Mendoza acusó un malestar estomacal, pero ni siquiera él mismo le otorgó importancia y todos pensaron que eran los efectos del whisky que consumió toda la noche. El show en el Cacano Bar fue todavía mejor que el de San Juan. Todo terminó muy tarde en Chacras de Coria, y cuando el reloj marcó las seis de la mañana del domingo arribó al hotel Solaz de Los Andes con Mecha, Florencia y su banda, el trío de chilenos todoterreno que solía acompañarlo. No se supo de él en todo el domingo, pero el lunes amaneció temprano. Y furioso.

Había tenido una fuerte discusión con Jorge Rodríguez, que le manejaba algunos shows. Hombre conocido en el ambiente del rock como Monitor, Rodríguez trataba de explicarle un problema que había surgido con los pasajes. Aparentemente, Charly supo que los chilenos habían regresado a su país de origen antes de que él volviera a Buenos Aires, y que lo mismo había hecho alguno de los miembros de su tripulación. La dimensión de su furia se fue de cauce y arremetió contra todo lo que pudiera romper en su habitación. Destrozó espejos, vasos, ventanas: nada quedó en pie. Monitor sintió que se encontraba en riesgo su vida y escapó a su habitación. Charly salió desnudo de la suya y cegado por la ira destruyó todo lo que encontraba a su paso al grito de "¡te voy a matar!". Rompió el vidrio del extinguidor de incendios y con el tanque, al mejor estilo Hollywood, arremetió contra la puerta de la habitación de Monitor como si fuera la entrada de un fuerte. Al romper aquel vidrio, se cortó las manos; las esquirlas en el suelo le hirieron los pies, resbaló, se lastimó el torso y sangró todavía más: era como Iggy Pop en los tiempos de The Stooges. El escándalo duró unas cuantas horas hasta que llegó la policía con personal médico. "¡Soy Charly García! ¡Denme whisky y Rivotril![31]", los recibió el músico que sabía lo que necesitaba para recuperar la calma. Los policías no lo podían controlar hasta que se impusieron por número, lo ataron a una camilla y una doctora le administró unos generosos miligramos de lorazepam.

Un empleado del hotel filmó todo con su cámara y lo subió

---

31. Diario *Clarín* y otros, 10.06.2008

a YouTube, donde se viralizó el lento degradé de Charly, que insultaba al personal médico de todos los modos posibles: "Sos una burra", "Andá a estudiar", "Sos Hitler", "Tengo inmunidad política". La doctora intentaba razonar con García no sin alguna dulzura, soportando estoicamente la andanada, pero la escena parecía un sacrificio ritual, con Charly ensangrentado, boca abajo en la camilla. Y se prolongó demasiado porque el fármaco tardó mucho en hacer efecto. Apenas se pudo lo trasladaron al Hospital Central de Mendoza, donde lo ingresaron en terapia intensiva, no tanto por la gravedad del cuadro, sino para resguardarlo de la prensa y el público. Los médicos lo encontraron desnutrido y se habló de que estaba cursando una pancreatitis, pero nunca se comprobó. El director del hospital habló de un estado de "excitación psicomotriz", y comunicó que el paciente se encontraba durmiendo. Luego lo trasladaron al Sanatorio Policlínico de Cuyo.

    El personal policial no tuvo que hacer mucho esfuerzo para encontrar marihuana y cocaína en muy poca cantidad en las habitaciones, dieron parte a la justicia, y por tratarse de drogas intervino la justicia federal. Eso complicaba las cosas; no era una simple contravención, y por su estado y ante la falta de alguien que se responsabilizara se instituyó una medida cautelar sobre Charly García. Durante tres días reinó la incertidumbre con respecto al destino del artista. ¿Quién iba a hacerse cargo de él? Ya no quedaba nadie a su alrededor. Estaba solo por completo. Ante esa desolación, sus cuñadas, Inés Raimondo y Verónica Gambini, esposas de Enrique y Daniel García Moreno respectivamente, intentaron alguna maniobra para trasladarlo a Buenos Aires. Mientras ellas se movían, Miguel, el hijo de Charly, contactó al que había sido hasta no hace mucho tiempo vocero de Néstor y Cristina Kirchner, Miguel Núñez. A este hombre hay que agradecerle esa gestión que hizo (los relatos difieren sobre la participación de Alberto Fernández, por entonces jefe de Gabinete, que habría dado la autorización final), por la cual se pudo procurar un avión sanitario que rescatara a García. ¿Era necesario un avión sanitario? Desde el punto de vista médico, no, pero era conveniente porque no se podía tener a una figura pública como Charly García en ese estado en un vuelo de línea.

El 12 de junio, Charly aterrizó en el Aeroparque de Buenos Aires y fue trasladado con chaleco de fuerza al Hospital Argerich, en donde había una suite presidencial que Néstor Kirchner dejó reservada para cualquier emergencia, un gesto político con el que quiso demostrar que el presidente se atendía en hospitales públicos y no en sanatorios privados. También se usaba para situaciones especiales, y sin dudas ésta era una de ellas. Parecía que lo peor de la crisis había sido conjurado. Al día siguiente el contexto fue otro. Como la prensa siguió minuto a minuto la evolución del escándalo, todo el mundo sabía que García estaba en el Argerich y algunos ciudadanos cuestionaron el tratamiento privilegiado que estaba recibiendo el músico con el dinero de los contribuyentes. Sobre todo se enojaron aquellos familiares de pacientes internados en el Argerich que a veces tenían que procurar ellos mismos insumos de los que el hospital carecía. Y no pocos fueron a increpar al hijo de Charly, Miguel, cuya cara era conocida. Simultáneamente, los médicos y las enfermeras lidiaban con el paciente que se quería ir a su casa y causaba incontables trastornos resistiendo cualquier tratamiento o acercamiento. La situación interfería con el funcionamiento de todo el hospital, porque buena parte del personal se asomaba a ver si podía atisbar al ídolo. Había que sacarlo cuanto antes.

En ese momento intervino la jueza María Rosa Bosio, que se apersonó en el Argerich a tomar contacto con la causa judicial. Y con el motivo de la causa. Se presentó ante Charly y le dijo: "Soy la jueza que está a cargo de su caso. Su situación está judicializada y va a entrar en una curatela donde habrá un abogado designado en carácter de curador para cuidar de su patrimonio. Lo único que usted puede hacer si así lo desea es nombrar una persona de su confianza para que sea el nexo con nosotros". Charly estaba agotado física y mentalmente, con los ojos desviados y piezas dentarias faltantes. En un rayito de luminosidad que se abrió paso en sus neuronas alcanzó a responder: "Llamen a Fer". Cuando Szereszesvky atendió la llamada del Poder Judicial, supo que no podía decir que no. "Ya salgo para el hospital", respondió. Y respiró muy hondo.

— • —

El panorama en el Hospital Argerich era alarmante, porque había médicos, enfermeras, empleados del Poder Judicial, medios de prensa y policía. Charly estaba atado a la cama y aunque ligeramente sedado, lucía vociferante. Apenas lo divisó a Szereszevsky le dijo: "Sacame de acá, ya". Esa facultad no estaba al alcance de Fernando, y la jueza, después de evaluar las opciones psiquiátricas que ofrecía la cartilla de SADAIC, tuvo que ejercer cierta presión para que lo admitieran en Dharma, una clínica de la calle Chiclana.

En primer lugar, como ya dijo para este libro Steven Tyler, el cantante de Aerosmith, una clínica psiquiátrica no es la mejor opción para alguien que lucha contra sus adicciones. En segundo, Charly no luchaba contra ese problema: para él era una elección de vida, por extraño que parezca. Tuve referencias de primera mano sobre Dharma por parte de Adrián Otero, cantante de Memphis La Blusera, que permaneció internado allí un tiempo cuando combatía temas de drogas y alcohol. Su descripción fue lapidaria. La poca gente que pudo atravesar esas paredes para visitar a Charly brindó una reseña digna del Asilo Arkham, de la saga de Batman. "Era como en las películas de terror —contó Fernando Samalea—, había que atravesar varios pasillos con rejas y cerraduras para llegar a Charly". La clínica trató a García como a un loco muy peligroso, y por el estado que presentaba, tenían razones para pensar de aquel modo. Las pocas personas que tuvieron acceso a Charly en ese tiempo están de acuerdo en que se le suministró una cantidad excesiva de fármacos para "sacarle el brote psicótico". Allí se le formaron las "manos de garra", por el efecto de las drogas psiquiátricas combinado con la artrosis que Charly padecía. "El tiempo de Dharma fue terrible —reconoce Szereszevsky—, lo peor que le puede pasar a un ser humano. Yo estuve todo lo que pude, incluso dispuesto a internarme con él pero tampoco me dejaban quedarme demasiado tiempo. Durante esa internación solo lo podíamos ver Nito Mestre, Fabián Quintiero y yo; después conseguí que pudiera visitarlo León Gieco y Fernando Samalea para un show al final".

Esa reunión de Sui Generis no fue consignada en ningún lado ni tampoco fue filmada. Pero ya en los últimos de los cuarenta días de la internación de Charly se aflojaron un poco los controles y como parte de su "terapia", se permitió que entraran todos los acompañantes juntos para aquel show que solo pudieron presenciar algunos internados y miembros del personal de la clínica, que asistieron atónitos a performances de clásicos como "Bienvenidos al tren", "Canción para mi muerte" y "Rasguña las piedras".

Del otro lado del espejo, la jueza María Rosa Bosio designó como curador al abogado Santiago Bignone, que tenía muchas experiencias en curatelas pero que nunca se había topado con un caso tan inusual como este. "Cuando me nombran —cuenta Bignone—, Charly había llegado muy mal de Mendoza, en un episodio complicadísimo. El problema principal era que no podía estar mucho tiempo en Dharma y que había que resolver el tema de su internación más temprano que tarde. La doctora Bosio, con mucha preocupación por cumplir su tarea, se rodeó de dos o tres personas que la asesoraron: un médico clínico, un psicoanalista y un neurólogo". Al mismo tiempo, Bignone comenzó a intentar ordenar el caótico patrimonio de Charly García y apenas trascendió su nombre comenzaron a tomar contacto con él los acreedores del músico, sorprendentes en su variedad. "Fue un trabajo muy desgastante, de siete u ocho meses de ocupación permanente. Tuve que ir a ver su departamento, totalmente destruido, tomar contacto con el portero, abonar las facturas impagas de luz, gas, teléfono. Le debía al bar de abajo una enormidad, a la pizzería. Y el problema es que Charly no tenía un peso".

Su estudio comenzó a recibir llamadas extrañas de personas que él no conocía para nada. Szereszevsky se presentó como su apoderado. "¿Samalea? Yo no sabía quién era. ¿Von Quintiero? Me llamó Fito Páez que quería autorización para visitar a Charly y le dije lo mismo que a todos: que hiciera un escrito y que yo se lo presentaba a la jueza, que era quien determinaba. Me vino a ver la mamá de Charly, muy preocupada por el estado de su hijo, preguntando qué se podía hacer. Tuvimos una conversación muy naif: yo no podía darle datos. Al mismo tiempo, hablaba con los médicos que me decían que Charly tenía un problema muy serio de drogadicción, que arrastraba desde hacía décadas y que sus posibilidades de recuperación eran escasas". Usaron un lenguaje técnico donde una palabra resaltaba sobre otras: decían que el paciente estaba completamente *frontalizado*. El término, utilizado en neurología, es muy amplio y puede querer decir muchas cosas pero básicamente una: daño cerebral.

En algún momento de la internación de Charly en Dharma, apareció la figura de Palito Ortega ofreciendo su ayuda. Durante una conversación que sostuvimos para la primera actualización de este libro, en 2007, el popular cantante me dejó claro su deseo de poder hacer algo por Charly, ayudarlo de alguna manera. Por lo pronto, el ofrecimiento de su estudio personal, Los Pájaros, en las cercanías de Luján, fue de inestimable ayuda durante los registros de *Kill Gil*. Pero Palito se refería a otra cosa, y en esta ocasión pudo dejar constancia. Ortega tomó contacto con Fernando Szereszevsky después de escucharlo en un reportaje radial y se comprometió a arrimar el hombro. A través suyo se gestionó una entrevista con Guillermo Ocampo, alto directivo de SADAIC, a la que asistieron Szereszevsky, el curador Bignone y el propio Palito. "SADAIC le hizo un adelanto importante de dinero a Charly —confirma Bignone—, para poder pagar las expensas del departamento y otras cuestiones. Palito me explicó que Charly figuraba en una categoría de grandes proveedores de SADAIC, igual que él, que cuando le fue mal con el show de Sinatra en 1981 tuvo un adelanto de dinero de regalías. Lo de Charly se depositó en el Banco Nación y no se usó dinero en efectivo". También se recuperó la cobranza de los derechos de AADI que no estaban en las manos adecuadas. Con eso se comenzaron a sanear las finanzas de García, que aun inactivo es una fuente de divisas.

Más providencial resultó Ramón Ortega cuando ofreció su chacra en Luján para la recuperación de Charly, una vez que hubiese sido dado de alta. El curador y la jueza desconfiaron, y fueron a conocer el lugar. Apenas franquearon la tranquera se dieron cuenta de que si se tomaban todos los recaudos, no habría mejor lugar para que Charly pudiera terminar de ponerse bien. Visto desde afuera, el ofrecimiento de Palito parecía una locura por razones evidentes, pero a él no le tembló el pulso en ningún momento al colocar su firma y hacerse responsable de un problema que podía desbordar a un ejército. Y es así como Charly pudo conseguir el alta de Dharma el 25 de julio de 2008, cuarenta días después de su ingreso. Su talante no parecía haber mejorado y se las arregló para proferir unos cuantos insultos para el personal de Dharma a su salida, los que continuaron en la ambulancia como en un loop. Luego de un par de horas de viaje, García llegó a Mi Negrita, y apenas se quedó a solas con Palito le dijo:

—¡Gracias, macho! ¡Me salvaste la vida! ¡Traeme un whisky!

—No, Charly, no podés tomar: lo tenés prohibido.

Y allí comenzó una nueva crisis, potenciada por un mal ajuste en la medicación del músico y cierta frustración al comprobar que no se encontraba en potestad de su libre albedrío. Un nuevo brote lo puso en estado de excitación durante unas cuantas horas que pusieron a prueba la infinita paciencia de Ortega, quien logró calmarlo a duras penas. Pero una fiebre súbita hizo que se encendieran las alarmas, y apenas la justicia fue anoticiada de la situación se dispuso que una ambulancia pasara a buscar a Charly para llevarlo al Sanatorio Güemes y poder hacerle estudios que determinaran las causas de su fiebre. Todos entendieron lo obvio: Charly todavía no estaba listo para salir de su internación. Y no había modo de que volviera a Dharma. No sólo porque él no quisiese, sino porque la clínica no estaba dispuesta a reingresarlo.

"La jueza resolvió —explica Bignone—, diría que casi *manu militari*, que Charly continuara su tratamiento en la clínica Avril. No lo querían aceptar pero por la resolución de la jueza le tuvieron que abrir la puerta". Intervino también el defensor de menores e incapaces, el doctor Atilio Álvarez, que por su función tenía injerencia en los destinos de García, y se resolvió que nadie podía ir a verlo, pero hubo que hacer excepciones porque Bignone tenía que entrevistarse con Charly para ponerlo al tanto de su situación patrimonial. Y para que el encuentro fuera menos tenso se acordó que estuvieran presentes Szereszevsky y Ortega, junto con las autoridades de Avril. García no vio con buenos ojos al curador, pero su enojo era por la perspectiva de un nuevo calvario en una institución diferente. "Me maltrató —se ríe hoy Bignone—, me miró con desprecio. Me acuerdo que subíamos la escalera y le dije que tendría la oportunidad de ejercitarse en el piano, que podíamos conseguirle uno".

—Sé que tenés una buena formación, podés practicar cosas difíciles, como (Serguei) Rachmaninoff.

"Desde su altura, me miraba como diciendo: 'sos un pelotudo, vivís en la estratósfera'. No hay una explicación: cuando un extraño con la chapa de Tribunales aparece en tu vida, es porque hay una situación muy difícil. Las curatelas siempre son complicadas porque uno se mete a ordenarle la vida a una persona con muchas dificultades".

Se preveía un rosario de dificultades y un durísimo camino para Charly, que entró en una depresión total y absoluta. Pero bajo los techos alumbra el sol.

38. No me dejan salir

En el fondo no es un misterio/ Deberías saber por qué.
CHARLY GARCÍA, "DEBERÍAS SABER POR QUÉ".

La internación de Charly en la clínica Avril fue más prolongada que la de Dharma: dos meses y medio. Y también fue mucho más amable y llevadera. "En Avril lo trataron bien —confirma Fernando Szereszevsky—, y mejoró mucho". Las instalaciones eran mucho mejores, el personal más amable y al deprimirse, Charly abandonó toda belicosidad y no tuvo que ser atado a la cama para ser controlado. Puso en práctica el viejo plan que tantas veces vio en películas de presidios (y que aplicó en anteriores internaciones): buen comportamiento para una liberación más temprana.

Las solicitudes para visitarlo se intensificaron en el estudio de Santiago Bignone. "Me vinieron a ver dos chicas; una que se llamaba Mechita y otra llamada Florencia, muy linda, medio colorada. Había una diferencia muy notoria entre ellas porque a Mecha parecía faltarle un patito, y la otra chica estaba muy angustiada y se presentó como la novia de Charly". Trató de tranquilizarlas, y se enterneció con Florencia, que no le quiso revelar su edad.

—Pero… ¿qué piensan tus padres de esta relación?
—Ellos no están de acuerdo.

—Yo no puedo autorizarte a visitarlo, pero si querés puedo pasarle algún mensaje.

No hubo un recado elaborado más allá de enviarle cariños, deseos de pronta recuperación y esas cosas. Declinaron presentar un escrito para que la jueza evaluara la posibilidad de una visita.

Fue en ese nuevo tramo de las internaciones de Charly en donde yo rompí mi silencio y brindé un par de entrevistas. Después de la primera, recibí un llamado de Fernando Szereszevsky, a quien no conocía en persona aunque sabía quién era. Me dijo que estaba muy de acuerdo con lo que había dicho, y que Charly necesitaba que todos los amigos sanos estuvieran a su lado. Lógicamente yo no tenía problemas en ir a verlo, pero las visitas estaban restringidas. Fue después de la segunda nota que hice que me llamó Palito Ortega (¿o fue Nito Mestre?) y me contactó con el curador para que pudiera gestionar una visita a Charly.

Llamé por teléfono al doctor Bignone, que me atendió con respeto, pero con un trato muy seco, lo que era absolutamente lógico: unos cuantos locos lo llamaban a diario y no había razón para suponer que yo estaba más cuerdo que el resto. En esa instancia, este libro, que le dejé en su estudio, tendió un manto de seriedad sobre mi persona. El curador me llamó para agradecerme y explicarme que yo debía llevarle un escrito para la jueza Bosio, en el que me presentaba como amigo de Charly, explicaba brevemente quién era, y solicitaba formalmente su autorización. Lo hice al día siguiente y nos vimos cara a cara con Bignone, y en el diálogo se reveló que él no era una persona tan dura como yo creía y que yo no estaba tan loco como él podría haber supuesto; él tenía afición por el tango, los cantaba muy bien, y allí encontramos un terreno común sobre el que conversar. Con el correr del tiempo, comencé a llamar a su estudio, para ver cómo iba lo del escrito y de paso recabar información sobre Charly. Y un día me llamó él, para contarme cómo estaban las cosas, que parecían encaminarse. "Lo llamo porque veo que usted se interesa", me confió Bignone.

En el medio recibí otro llamado que me sobresaltó un sábado a la hora del crespúsculo. Era Julieta Ortega, actriz e hija de Ramón, que me pedía por favor que fuera a visitarlo a Charly, que estaba muy triste y deprimido.

—No tengo problema, Julieta, pero no tengo autorización de la jueza.

—No, mi papá te puso en una lista para que puedas entrar.

Yo sabía que no estaba entre las potestades de Palito el poder autorizar el ingreso de nadie, pero le prometí a Julieta que iba a ir en ese mismo momento a Avril, que quedaba a diez minutos de mi hogar. Me subí al auto y previendo que no iba a poder entrar, preparé un pequeño obsequio para García: unos chocolates y una escueta misiva en la que le enviaba un abrazo y mi esperanza de poder verlo pronto. Obviamente, no pude ni siquiera traspasar la puerta. Fueron muy amables, pero para ellos el loco era yo.

—Lamentablemente, usted no se encuentra autorizado por la jueza. El señor Ortega no decide los accesos, pero quédese tranquilo que su amigo está siendo muy bien cuidado, y si recibimos autorización lo contactaremos. Mantenga usted la calma.

El 21 de octubre recibí otro llamado de Bignone donde me comunicaba que la jueza había dado el visto bueno sobre mi persona, y que oficialmente era una de las ocho o diez autorizadas a visitar a Charly García el día de su cumpleaños en Mi Negrita, la chacra de Palito Ortega. Tal como escribí antes, no fui solo sino acompañado por Marianela Pelzmajer. Ella no estaba autorizada y yo no la conocía, pero decidí jugármela porque era un pedido de Charly. En el camino hacia Luján fuimos conversando y me di cuenta de que estaba ante una persona sensible e inteligente, con quien estábamos de acuerdo en todo lo referido a la salud de García y cómo sería deseable que evolucionase.

Charly y Marianela se conocieron en 1999, durante un evento en el Shopping Abasto al que Charly fue invitado. Era un ciclo de cine donde se iba a proyectar la película de Sofía Coppola, *The Virgin Suicides*. Marianela trabajaba en un centro cultural y era alumna de guitarra de María Gabriela Epumer, además de ser ella misma la guitarrista de Francisco Bochatón. García prefirió no ver la película y quedarse en una mesa donde tuviera cerca a Marianela. Después comenzó a no perderse ni un show de Bochatón. La amistad entre ellos comenzó a fluir, pero se interrumpió en una cena en Edelweiss, donde Charly sacó a relucir una vieja rencilla con las Madres de Plaza de Mayo. Marianela lo enfrentó, le habló de igual a igual, y se fue enojadísima del restaurante.

Al poco tiempo, el jefe de Marianela en el centro cultural Plaza Defensa le hizo un comentario:

—Marianela, tenemos un problema.

—¿Qué pasa?

—Charly quiere cerrar el año en Plaza Defensa con una instalación.

Más que una instalación fue una exhibición llamada "La casa de la pasión" con objetos de Charly pintados en aerosol, algo que venía siendo su hobby desde hacía mucho. Brindó una amena conferencia de prensa para la promoción del evento. "Yo nunca pensé que era un artista —dijo—, pensé que era un buen artesano, que sabía hacer discos. Discos redondos con un agujero en el medio, sillas que no se caigan, cosas así, que eran útiles. No tengo idea de si lo que hago es bueno o... malo no es, me parece. Pero no tengo la idea de si está dentro de los cánones de la pintura. O sea: estoy haciendo una transgresión a mí mismo"[32]. Entre otros objetos figuraba un viejo carrito de supermercado, que era parte del mobiliario del balcón de su casa, un par de auriculares, un amplificador, un teclado, todos tratados con pintura en aerosol. Hasta se animó

---

32. Extracto de la conferencia de prensa.

a hacerlo frente a las cámaras, pintando de dorado el vaso del que bebía. "¡El vaso del Rey Arturo!", proclamó ante la risa del público presente. En ese marco, la relación con Marianela se reanudó.

"Él me recordó el entredicho —recuerda Marianela—, y ahí me empezó a respetar porque le paré el carro hablándole de frente, cosa que nadie hacía. Venía a los shows de Bochatón, yo iba a la casa, y nos hicimos amigos. Charly estaba muy triste por lo de Florencia (Zabala, su novia del fin de milenio); se quería vengar y yo le decía que la venganza no lo llevaba a ningún lado. Y pasados tres años comienza una relación un poco más amorosa entre nosotros. Todos buscamos alguien que nos cuide y que nos quiera; yo lo cuidé un montón y cuando él estaba rayado me costaba seguir los rayes, porque en un momento estás tan adentro de la historia que te perdés. Al comienzo la relación fue un poco conflictiva; ahí me pone en la tapa de *Rock and Roll Yo*, donde aparezco dibujada con corpiño. Luego vino una etapa más tranquila donde pasábamos los domingos mirando películas, pedíamos comida y él desconectaba el teléfono y el portero eléctrico. Vimos *Truman Show*, *Gladiator* un montón de veces, *The Hours*; él tenía en DVD todas las colecciones de Woody Allen y Stanley Kubrick, y los limpiaba con Blem. Yo le hacía el aguante con las conexiones; se compraba un teclado y me pedía que fuera a ayudarlo porque me daba maña, y eso que él es muy hábil. Me regaló una grabadora digital".

La relación era particular, porque Charly recibía también a otras chicas, muchas de ellas fans que subían a su piso con cierta frecuencia; de algún modo era como una relación abierta, pero al mismo tiempo Marianela no se percibía como "la novia" de García. "Era muy difícil —retoma—, tuve una época en la que me fui un poco al carajo, pero después me rescaté por completo. A mí no se me ocurriría ser la novia de Charly, pero se ve que a él sí, porque lo dijo en una entrevista con *Newsweek*, cuando estaba en lo de Palito". Cuando la llevé a la quinta de Ortega, yo no conocía nada de la historia entre ambos, que concluyó con una buena nota en el momento en que Marianela se puso a grabar su disco solista, *Cajita Feliz*, y García apareció por el estudio para tocar en el tema "Rara".

Durante la celebración del cumpleaños de Charly en aquel 2008, una vez que me recuperé del shock de verlo tan frágil, traté de averiguar por métodos caseros cómo se encontraba él, mentalmente hablando, lo que no era fácil porque hablaba muy poco, entrecortado, y con la dicción filtrada por el efecto de los fármacos. Intenté establecer una conversación casual sobre música, a través del regalo que le hice: un reproductor de mp3 completamente cargado con los artistas que él venera. Le expliqué el funcionamiento que no requería demasiada sabiduría. Yo quería indagar un poco su memoria:

—Y además de todo lo que te conté, también te puse algo de esta banda, que no me acuerdo como se llama. Esa banda rara, de la que vos hiciste una versión en *Rock And Roll Yo*.

Tardó un rato en responder, pero le sostuve el silencio mientras buscaba el dato en su mente: había que tenerle paciencia porque la medicación le ralentizaba el tiempo de respuesta.

—¿Cuál? ¿Left Banke? —aventuró.

—¡Sí! ¡Esa misma!

—Ah, qué bueno. ¡Gracias!

Con ese dato me volvió un poco de serenidad al alma, porque quedaba establecido que Charly podría estar muy medicado y en estado de suma vulnerabilidad. Pero como decía Borges, su cerebro todavía encontraba lo que se le encargaba. De la memoria estaba bien.

A la hora del brindis con gaseosas y agua ante la primera fila de achuras que Ramón Ortega había preparado, Charly tomó la palabra con un breve discurso.

—Estoy muy contento. Estoy con la gente que quiero estar. Ahora, coman.

— • —

No hubo una sobremesa muy larga, al menos para Charly, que poco después de los postres fue conducido por la enfermera a sus aposentos. Se notaba que para él era todo un esfuerzo sostener su presencia aun en un marco tan amoroso e íntimo como el de un sobrio asado en la quinta de su amigo Palito. Cuando vi el regalo que Ramón le hizo a Charly descubrí en Ortega una profundidad que le desconocía, porque el obsequio en sí era un objeto bastante humilde. Ahora, simbólicamente, me indicó que Palito había llegado a una zona sensible de Charly y la había tocado de un modo inteligente y sutil. Le regaló una remera blanca, estampada con una foto de García de muy niño, sentado en el borde de una ventana con su papá al lado (que figura en este libro). Y una leyenda que la cruzaba: "Los carceleros de la humanidad no me atraparán dos veces con la misma red". En esos días, Palito ocupó un rol paternal para con Charly, como obturando una herida aun no cicatrizada.

Yo volví diez días más tarde a la quinta. Llegué a una hora razonable de la tarde de un miércoles, justo para compartir un café. La que nos invitó a degustarlo en el estudio de grabación fue Julieta Ortega, a quien seguimos con García como si fuéramos niños de jardín de infantes. Había una sorpresa muy grata: cinco temas nuevos de Charly, con muy buen audio y una claridad considerable. Uno era "Deberías saber por qué", el que fue terminado junto a Pedro Aznar; otro era una versión de "So You Want To Be A Rock'N Roll Star", de sus amadísimos The Byrds, pero en una ingeniosa adaptación al castellano, y el tercero era "Oh, tía", un tema inspirado en su tía Mecha, que solía sentenciar refranes como: "Si hay un hueco en tu vida, llénalo de amor"; "Más vale rancho propio que palacio ajeno" y "El que trabaja y estudia no tiene tiempo para protestar/ El que no trabaja ni estudia no debe ni puede protestar". El toque de color es que estas oraciones estaban interpretadas en voces duplicadas nada menos que por Palito Ortega y su esposa Evangelina Salazar, una mujer que me pareció encantadora por su trato exquisito con todo el mundo, y ultraamoroso con sus nietos. Se ve que "Tía Mecha" era un tema viejo porque en YouTube existe un video protagonizado por Charly, vestido de Papá Noel. Las dos canciones restantes, "Piensa en mí" y "La medicina del amor", parecían tener un origen similar. Era una muy buena producción teniendo en cuenta los estándares de las últimas creaciones de García. Sugerí que hicieran un EP y lo lanzaran al mercado así como estaba, pero me dijeron que iban a esperar.

En un momento en que nos quedamos solos, Palito me confesó que "estaba hinchado".

—Te súper entiendo, Charly es muy demandante.

—No, ¡estoy hinchado por la Coca-Cola! Nunca tomé tanta en mi vida.

Era la bebida que a Charly le gustaba y el alcohol se encontraba guardado bajo siete llaves para que no se tentara. Era la puerta más simple como para que el tenue equilibrio que el artista había alcanzado se desbalanceara. La otra persona que se quedó a hacerle el aguante a Charly desde el día en que llegó fue Marianela, que, obviamente, comenzó en calidad de indocumentada, "pero luego se legalizó mi estadía en Luján, me hicieron una entrevista. Yo iba, me quedaba tres o cuatro días, y volvía a Buenos Aires. Estaba en calidad de amiga; había una cama doble que era para Charly y una chiquita al lado que ocupaba yo. Al principio lo vi muy mal, pero el bocho le funcionaba. Recuerdo una escena de estar sentada mirando la tele, y que Charly llega recontento del estudio y me dice: '¡Vení a escuchar esto!'. Y era una canción nueva, que después publicó en *Random*. Ocho canales, todo limpito. Y me dije: '¡Qué bueno! ¡Volvió Charly!' Era el de *Clics modernos*".

Los domingos en Mi Negrita se volvían numerosos porque era el día del asado en familia y los Ortega no sólo eran muchos sino que observaban cuidadosamente ese ritual. Siempre había algún invitado extra para que Charly se sintiera más a gusto y han ido Nito Mestre, Pedro Aznar y Fabián Quintiero. Se jugaba a las cartas y también al ¿Quién soy?, donde alguien pensaba un personaje y por medio de preguntas los demás, alineados en equipo, trataban de adivinar de quién se trataba. Los progresos de Charly en el día a día eran ínfimos, pero si alguien no lo veía durante un mes en el siguiente encuentro lo hallaba en franca mejoría. Había días y días, el ánimo de García no era lineal y cualquier cosa podía desbalancearlo.

Con el alcohol parecía haber mayor libertad y también mayor inconsciencia, como si no se tratara de una droga. La bodega estaba en un lugar oculto, lejos del alcance de García. Pero evidentemente en algún momento se relajó el control y en una noche de expedición, Charly encontró el lugar y la llave que le franqueaba la entrada. Aparentemente se tomó dos botellas de vino, y desacostumbrado al efecto del alcohol se le detonó una borrachera feroz y la resaca correspondiente. "Esto no es para mí", confesó al día siguiente. Incluso en conversaciones, Palito le dijo a Charly que "el mayor placer que puede tener un hombre es ir a París, alojarse en un buen hotel, y compartir un vino con un amigo". A mí se me frunció el ceño por dentro pero no moví un músculo, no me parecía una buena idea para un alcohólico. Pero pensándolo bien, la estrategia de Palito era no dejarlo a Charly sin la ilusión de que el día de mañana podría ser tan exitoso y millonario como para poder darse ese gusto. Ortega parecía conocerlo mejor que varios de los psicólogos y psiquiatras que lo trataron. "Charly no tenía problemas con el alcohol —opina Marianela—; el problema de Charly es que tiene un vacío emocional enorme que tiene que ver con su vida, sus padres, su carrera y un extra que es cargar con el peso de ser Charly: que la gente lo idolatre tanto".

Un domingo en el que tenía que ir a ver a Charly a Luján, se me rompió el auto, entonces llegué tomándome "la lujanera", el colectivo 57, que atravesó la distancia sin aire acondicionado en un trayecto de una hora y media durante una ola de calor. Bajé sulfatado como una pila vieja, abordé un remise en las mismas condiciones que el micro y arribé casi deshidratado. Charly me recibió sonriente y me indicó que me pusiera la malla y fuera a disfrutar de la piscina con él y Marianela. Me cambié con la velocidad de Batman y me arrojé al agua. Pasamos una tarde encantadora charlando de música y por alguna razón nos pusimos a hablar de Ringo Starr: Charly tenía curiosidad por saber cómo le había ido al legendario baterista con sus adicciones. Yo estaba estudiando ese tema para un libro[33] y tenía buena información. Le conté que Ringo se internó con su mujer y que desde 1988 no había vuelto ni a beber ni a consumir cocaína. Luego me preguntó por otros casos, como el de Eric Clapton y Keith Richards. Su interés era obvio.

—Me pregunto cómo va a terminar mi caso —me confió.

—Charly, yo creo que ya pasaste lo peor, y me parece que ahora viene lo mejor. De a poco vas a recuperar la movilidad en tus manos y vas a poder tocar bien, y la gente no se fue: está ahí y te espera. Quizás estés ante el período de mayor éxito de tu carrera, donde puedas disfrutar de los frutos de tantas décadas de trabajo. Siempre y cuando no vuelvas a lo que te trajo hasta acá.

—Sí, pero yo no me veo sin un vinito, un whisky, un porrito, un saque.

—Pero ya viste dónde te llevó todo eso y por qué estamos acá, que la estamos pasando muy bien pero vos atravesaste un infierno por las drogas.

—Sí, pero yo soy eso.

—¡Nooooo! Vos sos un músico genial: vos sos música, no sos droga.

—Yo tomaba merca y tocaba el piano como la puta que lo parió.

—Pero tocabas así porque siempre tocaste así, no por la merca.

---

33. *Room Service: la escandalosa vida de las estrellas de rock* (2014).

A la charla se sumó Marianela, que muy cariñosamente apoyaba mi punto de vista y le enumeraba a Charly las razones por las cuales sería muy bueno que se mantuviera saludable. Y entre los dos fuimos explicándole lo bueno que se venía si él no se dejaba llevar por la tentación. Hablamos unos quince o veinte minutos, y cuando parecía que lo habíamos hecho entrar en razones, García nos cortó en seco.

—A mí nunca nadie me dijo que fuera un adicto. Ya escuché demasiado.

Y se zambulló en la pileta como para dejar claro que aquella conversación había terminado y no tenía el menor interés en reanudarla.

Nos quedamos callados y al poco tiempo llegó Palito, que se puso a conversar con Marianela y conmigo, y a contar una de sus fantásticas historias: la de la detención del Malevo Ferreyra, un policía tucumano que había ejecutado a supuestos delincuentes y que además había participado de la represión ilegal en los 70 durante la dictadura militar argentina. Ortega había sido gobernador de Tucumán, y en un momento tuvo que detenerlo por pedido de la justicia. Ferreyra era célebre por su resistencia a la autoridad y sus escapes. Palito contaba esa historia como si estuviera relatando una película y su narración era hipnótica. Al punto tal que ya adentrado en el relato, Charly salió del agua y le preguntó si estaba contando otra vez la historia del Malevo, que él ya había escuchado. "¿No podés comenzar de nuevo?", le pidió a Ramón, que hizo una síntesis de lo que nos había dicho.

"Muchas veces nos quedábamos con Palito, los tres solos —cuenta Marianela—, entonces desayunábamos, almorzábamos y cenábamos. Ramón nos contaba historias, como por ejemplo la de aquella vez que trajo a Frank Sinatra. Y a Charly, eso le encantaba".

— • —

Un viernes por la tarde, el asistente social del juzgado que llevaba la causa de Charly García llamó al curador tras una visita legal que le hizo al músico en Luján para constatar su estado. Había anotado algunos pedidos.

—Bignone, Charly necesita sexo —le comunicó al curador.

—¿Y usted quiere que vaya yo? —respondió, risueño, el abogado.

En realidad, Charly lo que quería era que fuera Mecha a la quinta. Pero no se podía porque era menor y tampoco estaba autorizada por la jueza. Marianela estaba en calidad de amiga y sostén emocional. Pero había que atender esa demanda aunque fuera un ardid de García. "Siempre ocurren estas cosas en una curatela —explica Bignone—, recuerdo que Charly había indicado que le gustaban las minas con pocas tetas. Era un fin de semana, yo no podía intervenir más que para avisarle a Palito la situación".

Se aproximaban las fiestas navideñas y en otro gesto que lo enaltece, Palito Ortega corrió a treinta de sus invitados habituales para que Charly pudiera invitar a sus familiares y amigos la noche de Año Nuevo. Había un problema: el alcohol. ¿Cómo hacer una fiesta de fin de año sin brindis? Ese tema fue tratado en un cónclave que se realizó en el consultorio de uno de los tantos psiquiatras que trataron a García. En realidad, el profesional quería hablar con aquellos que estábamos cerca de Charly en aquellos días, pero la discusión se estancó en si Charly podía, o no, tomar dos copitas de champagne en la celebración.

Mi posición era absolutamente la contraria a la que imperaba en aquella reunión de seis o siete personas (Palito, Szereszevsky, Fabián Quintiero y otras que no recuerdo): Charly no debía tomar alcohol. Nadie parecía entender que Charly era un adicto polifarmacéutico y que entre tantas cosas de las que dependía se encontraba el alcohol. Por eso me quedé callado mientras se discutía si Charly podía tomar dos copas. ¿Quién iba a vigilar que fueran solamente dos? Nadie iba a ejercer ese control mientras todo el resto bebía a gusto y placer.

Me planteé si debía callar y acompañar el parecer unánime o si, por honor a la causa de una recuperación verdadera, debía convertirme una vez más en el amargo de turno. Viendo que el psiquiatra minimizaba la cuestión decidí intervenir.

—Perdón, doctor —dije—, le hago una consulta: una persona que se toma una botella de whisky todos los días durante varios años, ¿es un alcohólico?

—¡Por supuesto que sí!

—Bueno, ése ha sido el hábito de Charly durante unas cuantas décadas. ¿No deberíamos tener eso en cuenta?

Todos me calcinaron con la mirada, el psiquiatra dijo que no era eso lo que se estaba discutiendo. En realidad, no se estaba discutiendo nada: el hombre se la pasó hablando de vinos con Palito Ortega.

El 31 de diciembre todos llegamos a la chacra de Ramón, que había hecho una producción espectacular, con gazebos, una variedad de mesas de la cual servirse toda clase de delicatesen, muchos lugares para sentarse y una iluminación que permitiera pasear por el parque. Además de eso, se montó un escenario con sonido para que la mayoría de los músicos presentes pudieran divertirse. Fue el primer show de Charly García después de su internación y tocó unas cuatro o cinco canciones con Fernando Samalea, Fabián Quintiero al bajo y el Negro García López en la guitarra, que salieron razonablemente bien. Hasta Palito subió a cantar con él y siguió tocando con Lalo Fransen, otro miembro del Club del Clan, que además de haber compuesto una enormidad de éxitos, es el guitarrista y director musical de Palito Ortega.

En un momento hubo una momentánea deserción de Fernando Samalea que dejó a la batería sin dueño. Obviamente, ésa era mi oportunidad para tocar. Sólo estaban en el escenario Palito y Lalo Fransen cuando agarré los palillos. Me miraron con alguna sorpresa.

—¿Qué tocamos, Lalo? —le pregunté lo más campante.

—"Muchacha de luna" —respondió.

—No la conozco.
—¿Cómo no conocés "Muchacha de luna"?
—No importa, cantame el ritmo.
—Pun, pá, pun pun.

Fabián Quintiero vino al rescate con su bajo, marqué cuatro y la tocamos como si la hubiéramos ensayado. Salió tan bien que Charly, que se había bajado del escenario, volvió a subirse y creo que tocamos otro tema del Club del Clan. Cuando bajé recibí felicitaciones de Ana María Picchio y Leticia Brédice. Pero el que se robó la noche fue Luis Ortega con un set de sus delirantes canciones que hizo primero acompañado y luego solo. Fue él quien nos acompañó hasta el auto cuando nos fuimos. Esa noche Charly conoció a mis hijos y le acarició la cabeza a Antonio, que tenía cinco años. ¿Qué pasó con el alcohol? Charly bebió más de dos copas de champagne, pero cuando encontró un límite le pidió a la enfermera que lo llevara a su habitación. El 2009 comenzaba milagrosamente bien.

39. Separata

Soy un tonto en seguirte/ Como un perro andaluz.
SERÚ GIRÁN, "PERRO ANDALUZ".

Hubo mucha gente que quiso visitar a Charly durante el verano de 2009, pero el criterio de selección fue bastante riguroso y controlado más por Fernando Szereszevsky y Palito Ortega que por la jueza y el curador, que sentían que la situación estaba bastante bien llevada por ellos, lo que era verdad. Juan Alberto Badía, el extrañadísimo hombre de radio y locutor de televisión, se preocupó mucho por el estado de salud de García, y cuando le dieron la luz verde no dudó en ir a visitarlo. En esa ocasión, Juan me pidió que lo acompañase por alguna razón que supongo que tenía que ver con ser varios para que la conversación no recayera solamente en él: Nito Mestre también vino con nosotros.

La visita de Badía fue una grata sorpresa para García, que tenía una larga relación con él no sólo por su trayectoria en radio y televisión, sino también porque fue el primer mánager/productor de Serú Girán. Durante el encuentro, Juan Alberto contó varias historias, entre ellas, aquella vez en que fue invitado por la compañía discográfica al lanzamiento mundial del disco *Jazz*, de Queen, en 1979. Se había clausurado un hotel para la banda y sus invitados, que luego de una presentación formal asistieron y participaron de una bacanal que incluía las mejores bebidas, los platillos más exóticos y exquisitos, y también drogas, que enanos y enanas transportaban en bandejas haciendo equilibrio sobre sus cabezas. Fue una mención casual, pero luego hubo quejas sobre esa conversación porque Charly se puso inquieto y no durmió esa noche.

Otra visitante ilustre durante aquel prolongado verano fue Mercedes Sosa, porque Charly aceptó la invitación para grabar con ella. Lo que fue el primer encuentro "profesional" en esta nueva etapa *detox* de Charly. En esta ocasión, se encontraron en Los Pájaros para registrar "Desarma y sangra", un tema de Charly para Serú Girán que formó parte de *Cantora 2*, el segundo disco de duetos de Mercedes. Y Charly aprovechó para mostrarle a ella los temas que él tenía grabados. Se notaba que para García era importante la aprobación de Mercedes, porque le cantaba y le bailaba todas las notas. Se puede ver un extracto del encuentro en YouTube.

Después de la escucha de "Desarma y sangra", que quedó espectacular y que Charly cantó muy bien, Mercedes dijo como al pasar pero para que la escuchen: "¡Qué maravilla lo que ha hecho Palito con Charly! ¡Canta como un pajarito!". Y era verdad: mucha gente no ha tomado nota de lo afinado y sensible que estuvo García en esa performance, tomando un tecito, absolutamente concentrado y con el oído abierto a la garganta poderosa de Mercedes, que elevó la canción a nuevas alturas. Para él, era un desafío, sobre todo porque estaba completamente sobrio y uno de los vértices donde se edificaban sus adicciones era la inseguridad. Se ve claramente en el video que Charly está como inquieto, pero que su voz está segura, incluso en un registro de falsete que manejó con maestría en algunas partes de la canción. No había dejado de fumar, pero sus cuerdas vocales estaban en buen estado. Y con la mente clara, lo que habría insumido muchas tomas se resolvió con simpleza y facilidad.

Eran todas buenas señales. Aunque detrás de la ligustrina

había movimientos extraños que pasaban desapercibidos. De alguna forma misteriosa, Charly consiguió marihuana y una noche le pidió a Marianela que lo acompañase. "¡No se podía! —se ríe ella hoy de la travesura—. ¡Estaban las enfermeras! Pero me convenció y lo acompañé afuera, al campo, a la luz de la luna, detrás de unas camionetas. El problema es que se había desacostumbrado y empezó a toser, y con su tos se despertaron las vacas y comenzaron a ladrar los perros. ¡Hasta se despertó una enfermera! Pero no se dio cuenta".

Al ir recuperándose, Charly fue ganando territorio y comenzó a reclamar la presencia de Florencia y de Mecha, las dos chicas que estaban con él cuando cayó en Mendoza. Decía estar enamorado de ambas. Eso ponía la presencia de Marianela entre paréntesis, lo que era lógico: Marianela era más grande, más consciente, no convalidaba todos los planes que tenía Charly y trataba de mantenerlo en el sendero de lo razonable. Tanto insistió García, que se salió con la suya y finalmente logró que Florencia pudiera visitarlo. Lamentablemente, le tocó un mal día de Charly, estuvo unas pocas horas y se fue. Después ya Charly no pidió: demandó que fuera Mecha. Y ahí se produce la partida de Marianela, no por celos o desprecio sino porque la fruta maduró y cayó del árbol.

"Me fui por decisión propia —confirma Marianela—, y porque Charly quería que vaya Mecha, cosa que me decía a mí también. Y yo, en ese momento, me puse a leer un libro que me ayudó a pensar mi vida; decidí que habían sido diez años de acompañar a Charly, le escribí cuatro páginas con birome, dejé esas hojas escritas y me volví con el remise. No regresé nunca más y me sentí feliz, aunque también rara. Creo que él buscaba alguien que fuera su mánager en la cama y en la casa. Yo necesitaba recuperar mi vida. Con los años aprendí que, a veces, la mejor manera de cuidar a alguien es dejarlo que resuelva solo. Charly no sabe valerse por sí mismo, y si sos una persona bondadosa que tiene el don de dar, tardás en darte cuenta".

El modo en que Mecha conoció a Charly, antes de su internación, difiere de acuerdo a quién se le pregunte. Una versión dice que fue Pipo Cipolatti el que se la presentó a Charly en un evento; otra descripción sostiene que se conocieron a través de Ana Cámara, que era profesora de piano de Mecha. Participó en unos shows que Charly brindó en La Trastienda bailando y en el círculo del artista la conocían como "la talibana", nombre que le puso el propio García porque tenía un look arabesco. Lo cierto es que cuando yo la conocí, ella ya estaba instalada como novia de Charly en la chacra de Palito y era una chica muy bonita, que trabajó un tiempo como VJ de MTV; durante la tarde que pasé con Charly habló muy poco, ofreció gaseosas y café, mientras lo acompañaba en su rutina de mirar televisión. Vimos cuatro horas de televisión, alternando entre National Geographic y History Channel. Conversábamos más sobre lo que sucedía en la pantalla que de otra cosa. En un momento, lo convencí de que viéramos un documental de Justin Timberlake que estaban pasando en uno de los canales. Le aseguré que era muy talentoso, muy bueno, le dije que era del estilo de Michael Jackson, pero a Charly no le gustó una mierda y en un momento propuso que saliéramos a caminar por el parque. Cuando nos alejamos un poco, sacó un porro del bolsillo, y comenzó a fumarlo naturalmente. Se puso de buen humor, vimos otro documental y comuniqué que me tenía que ir.

Charly me acompañó al auto, agradeció que lo hubiera ido a visitar y me dio un abrazo. Intercambiamos un par de frases más, volvió a abrazarme, me dio un beso y finalmente partí. Mientras conducía los ochenta kilómetros de regreso me quedé pensando que Charly, sin drogas, recuperaba la humanidad, la amabilidad, la capacidad de demostrar cariño, cosa que ya había observado en su relación con otras personas. Años más tarde, con mucha agua de por medio entre nosotros, concluí que en realidad se alegraba de mi partida y lo demostraba. ¿Quién sabe? Quizás estuviera interrumpiendo algo entre los tortolitos.

— • —

A mediados de febrero, regresé de mis vacaciones y me puse en contacto con Fernando para saber cómo seguía Charly. Me contó que las cosas iban para atrás; la descripción que me dio fue la de un hombre deprimido, poco motivado y que no hace ningún esfuerzo para progresar. Palito ya estaba harto pero nunca lo manifestó, aunque sí aceptó que necesitaba un respiro, que unos días atrás su entrenador físico tuvo que hacerle masajes por los nudos en la espalda. A otras personas les confesaba que estaba con ganas de volver a sus asuntos. Sus hijos estaban muy preocupados por él. Palito Ortega era un señor mayor que estaba haciendo un esfuerzo demasiado grande, por el que encima tenía que tolerar campañas de prensa en su contra.

Yo mismo salí al cruce de alguna y acepté hablar para un programa de chimentos donde estaban defenestrando a Palito sin ningún sustento. Les dije que se había hecho cargo de un problema gigante, sin ningún beneficio a la vista, y que eran injustos todos los ataques que estaba recibiendo. Que yo era testigo de cómo lo cuidaba a Charly y toda la energía que se le iba en eso. Mi textual fue: "Palito no es el villano que ustedes quieren inventar".

En otro frente, Migue García se había transformado en una persona peligrosa y amenazante. Yo había respondido a uno de sus llamados en donde contaba que no tenía ni un peso y que estaba hablando con los amigos de su padre para que lo ayudaran. Pocos días más tarde fui a su casa a llevarle algo de efectivo para colaborar con la colecta. "¡Buenísimo! —me dijo—. Sos el primero en producir el *money*". Creo que fui el único. Luego, declaró barbaridades a los medios y cuando quiso apretarme para que le diera más dinero, le dije que no y al primer grito corté la comunicación (que grabé por precaución).

Yo sabía que el doctor Atilio Álvarez, el defensor de menores e incapaces, no estaba de acuerdo con que la jueza hubiera aceptado el ofrecimiento de Palito Ortega para que Charly terminara su recuperación en su chacra. Su idea era trasladarlo a una granja de rehabilitación de adictos, y solo estaba esperando el más mínimo traspié de García para hacerlo. Lo peor es que yo sentía que Charly estaba más que propenso a dar ese mal paso. Fui a visitarlo en son de paz y como ofrenda le llevé cuatro CDs con música de Elton John y Paul McCartney. Ya le había llevado películas como *Iron Man*, algunos capítulos de *Doctor House*, pero nada lo motivaba. Como le habían permitido una copita de vino por día, solo esperaba ese momento y ver la televisión. No quería hacer los ejercicios de rehabilitación y tampoco quería tocar el piano: estaba con miedo porque sentía que los dedos no le respondían. Todo era un gran revés para sus progresos, frecuentes en este tipo de casos. Fernando, Palito, y hasta Nito Mestre, León Gieco y Pedro Aznar intentaron acercarse y darle ánimos pero todo fue en vano.

Mi opinión, que me la guardé, era que no le había caído la ficha de su adicción, y que por eso negaba el problema, se ponía en posición de víctima y rechazaba cualquier ayuda. ¿Cómo podía progresar aquella escena? Nadie lo sabía.

— • —

El anuncio fue súbito: el 30 de marzo de 2009, Charly García daría un recital al aire libre y gratuito frente a la basílica de Luján. Me sorprendí porque yo todavía no lo veía como para subirse nuevamente al escenario y supe que Szereszevsky y Palito estuvieron en disidencia sobre ese punto. Ortega lo había expresado en forma de sueño en alguna de las charlas colectivas que se daban en su chacra: Charly tocando frente a la basílica de Luján, como agradecimiento a la ciudad, al lugar en el que pudo recomponerse y resurgir. Y decidió hacerlo realidad, consiguió la venia de la Municipalidad (la propia intendenta concurrió al show), el escenario y el equipo de sonido. Leonardo García, el técnico de grabación de Los Pájaros, fue el encargado del sonido general. Se decidió hacer un anuncio el mismo día por la mañana para evitar que viniera demasiada gente. A la hora del show había casi cinco mil personas.

Fue algo no muy pensado, un arrebato del momento y Charly ensayó muy poco y básicamente con el Zorrito Quintiero. Pidió que lo acompañaran los músicos chilenos con quienes había venido trabajando en los últimos años. Iba a ser algo corto, de siete temas, pero muy intensos. Alejandro Bértoli, un stage-manager de muchísima experiencia, fue convocado para trabajar en este show de "agradecimiento". "A mí me llamó el Zorro —explica Bértoli—, porque Charly volvía a tocar y quería ir armando un staff con gente sana. Ese día fuimos a lo de Palito a hablar con García, y de ahí partimos hacia la plaza para hacer la prueba de sonido sin él. Después lo fueron a buscar, se hizo el show y enseguida llevamos a Charly de vuelta a lo de Palito. Charly estaba recuperándose todavía, se lo veía dopado, pero estaba. Yo trabajé en los 80 con él, y te saludaba cuando te veía; aquí no, te saludaba cuando llegabas y cuando te ibas. Noté que recuperó esa cuestión social, de hablar con la gente. Me dio la impresión de que Luján fue algo para la prensa, pero no conozco esa interna. El sonido lo hizo el sonidista de Palito, que también manejaba el estudio. El escenario era una cosa muy ridícula, una tarima de material adentro de la plaza y Charly tocaba en un semicírculo".

¿Fue una movida muy apresurada aquella? Sin dudas, pero si se hizo fue por voluntad de Charly, que pese a estar en tratamiento tenía sus bemoles y sus sostenidos y capacidad para decir que no. Me tocó cubrir el show para el diario *Crítica de la Argentina* y esto es lo que escribí.

> Llegó a horario. No rompió nada. Cantó todos los temas con todas las letras. Y se lo vio sonreír. ¿Hacía cuánto que no pasaban estas cosas en un recital de Charly García? Años, seguro; lustros, tal vez. (…) Ayer, Charly García protagonizó una más de sus tantísimas resurrecciones, en una suerte de "anochecer de un día agitado" versión argentina y

a 220 voltios. Una furgoneta blanca lo trajo y lo depositó en la plaza a las 18.03. La banda ya lo esperaba con los parlantes calientes y "Demoliendo hoteles" en la pista de largada. Subió, levantó los brazos y apenas oteó la multitud. Se dirigió al teclado, e inmediatamente pronunció los versos tan ansiados: "Yo que nací con Videla", en un registro de voz clara, lejos del graznido que caracterizó sus últimos años. La plaza estalló. (…) En el segundo tema, "Promesas sobre el bidet", Charly pudo relajarse un poco, y ahí le afloró la sonrisa, lejos del rictus adusto que lo aquejara en los no tan viejos tiempos y que él disfrazaba de hidrofobia transgresora. Era una sonrisa de niño; ni siquiera el sabor pícaro de "lo hice de nuevo". No, fue una señal de humanidad. Tanto como que después de décadas volviera a interpretar "No me dejan salir", uno de sus temas más conocidos del que había abjurado alguna vez y que, en las circunstancias judiciales que hoy padece, hasta parece una ironía.
Luján fue, para los fanáticos de Charly García, la plaza del triunfo; esa satisfacción de poder volver a ver al querido artista en su hábitat natural: haciendo música. Hubo tanta leña de ese árbol que parecía haber caído de una vez por todas, que finalmente hasta sus más leales seguidores pensaron que había llegado la hora del fuego. No todavía: García dio un paso pequeño para un músico de su estatura, pero un gran tranco para un hombre que arma lentamente los pedazos de ese espejo en el que los argentinos gustábamos vernos, aunque no nos gustara lo que viéramos, porque él sabía reflejarnos. (…) Hoy, Charly García es como un deportista que viene de una importante lesión que estuvo por dejarlo inválido. Necesita más tiempo de recuperación y entrenamiento que le permita volver a la actividad. Lo de ayer fue el gustito de salir a la cancha un rato para alegría propia, de Palito que alguna vez soñó con ver a Charly tocando frente

a la Basílica de Lujan, y de un puñado de fans en representación de los miles que pacientemente aguardarán el silbato que indique que un nuevo tiempo ha comenzado en la vida de Charly García.

Ya estábamos en otoño y se comenzó a evaluar la posibilidad de darle a Charly mayor autonomía porque se temía por el efecto que los rigores del frío campestre pudieran traerle a su salud y también porque iba siendo hora de que pasara a otra etapa. También serían mucho menos fatigosos los viajes que debía hacer para un tratamiento que comenzó en INECO (Instituto de Neurología Cognitiva), y a los que respondía muy bien, sobre todo porque hubo una doctora que logró establecer una buena comunicación con García. El problema era a dónde trasladar a Charly; su departamento no sólo estaba hecho trizas, sino que no cumplía con uno de los requisitos que había impuesto la justicia: que el edificio tuviera un servicio de vigilancia de veinticuatro horas. Eso era para evitar visitas indeseables que lo llevaran a una recaída.

"Se vieron varios departamentos —cuenta el doctor Bignone—, pero cuando se enteraban de que se trataba de Charly García no querían alquilarle. A través de Julieta Ortega, que vivía en el edificio Los Patos, se consiguió una unidad en el lugar. Pidieron varias condiciones y mi recuerdo es que nadie quería salir de garante suyo, salvo Pedro Aznar, a quien no conocí pero que me dejó una imagen de hombre transparente y luminoso en una conversación telefónica". "Dígame dónde firmo", allanó el camino Aznar. Y el otro garante fue León Gieco, que también tuvo la valentía de dar un paso al frente.

Tuve la oportunidad de conocer aquel departamento, de buenas dimensiones, en un estado impecable y con mucha luminosidad proveniente del amplio jardín de la manzana que alberga al notable edificio. Todo lucía limpio e inmaculado. Fui al día siguiente de que Charly se hubiera mudado y quedé con la impresión de que podría vivir allí mucho tiempo. Sin embargo, la realidad era otra: Charly se encontraba profundamente deprimido y tirado en la cama. Intenté hablar con él.

—¡Qué lindo es el departamento, Charly! ¿Qué te pasa que estás triste?

—Nada...

—Aquí vas a tener mayor independencia. ¿Querés que charlemos un rato?

—No, no quiero hablar. Vení mañana.

Ese mañana nunca llegó. Podía entender un poco su estado de ánimo, más que por conocerlo, por saber que toda mudanza deja encapsulado cierto duelo, aunque fuera una mejora en su vida. No iba a estar solo: Mecha se iba a mudar con él, Fernando Szereszevsky estaría cerca, habría enfermeras pero también tendría de vecina a Julieta, a quien quería mucho y Palito no iba a desentenderse de él porque vivía muy cerca. Al mismo tiempo que esto sucedía, Fénix Producciones había hecho un ofrecimiento para realizar una serie de conciertos por Argentina y Latinoamérica, entre ellos un show en un estadio a determinar en Buenos Aires. Eso trajo discusiones en el seno de la Justicia, que debía decidir si la oferta se aceptaba o se rechazaba.

"Ya Charly tenía un abogado —vuelve a intervenir el doctor Bignone—, Gabriel Salcedo, que tenía un buen trato y me hizo llegar un contrato que me parecía razonable. Cuando lo llevé a Tribunales para que lo aprobaran, el Dr. Atilio Álvarez, a cargo de la Defensoría de Menores e Incapaces, se opuso con el argumento de que Charly García era una estrella y que el ofrecimiento era muy pobre. Mi opinión era que Charly García *había* sido una estrella, que ahora era sólo un nombre y que no creía que surgiera un mejor ofrecimiento. Insistí en que no estaba de acuerdo; Charly estaba saliendo de un proceso muy difícil, muy medicado todavía. Álvarez dijo que no podía ser y ahí presenté mi renuncia como curador. Designaron a otro abogado y la cosa siguió. Un viernes a la noche fui a ver a Charly al departamento, Palito Ortega y Nito Mestre estaban en la esquina comienzo una pizza y me acompañaron. Mechita ya oficiaba como pareja oficial. Pero noté algo: entre la medicación y su desconexión natural, Charly no podía abrir una latita de Coca-Cola. Fui a despedirme. Finalmente, en otra instancia, ordenaron la desvinculación del Dr. Álvarez por innecesaria, y creo que ahí quedó libre para firmar el contrato".

— • —

Finalmente llegó el día en que Charly tuvo que comenzar a ponerse en marcha como músico, ya que con los contratos firmados se disparaba la cuenta regresiva hacia su primer concierto profesional posinternación. El objetivo era llegar diez puntos a su cumpleaños 58, cuando tocaría en el estadio de Vélez Sarsfield, con capacidad para 45 mil espectadores. Para eso había que ensayar, y para poder volver a ensayar Charly necesitaba algún entrenamiento, más allá de la rehabilitación que estaba realizando. Se eligió un conocido complejo de salas en la calle Tronador para que Charly pudiese trabajar. Me pidieron que lo acompañara ese primer día con Szereszevsky donde él estaría un rato solo, conociendo la sala que le habían asignado, que ya tenía un piano adecuado para que pudiera tocar.

Se sentó al piano, dejó que sus dedos se desplazaran sobre las teclas: era como alguien que tiene que volver a aprender a caminar, otra clase de rehabilitación. Había cosas que le salían, otras que no podía realizar. Sus dedos todavía estaban dormidos por la medicación y la artrosis.

—¿Cómo te sentís, Charly? ¿Estás cómodo? ¿Te gusta el lugar, el instrumento?

—Sí, todo bien, pero no sé qué tocar.

—¿Te puedo pedir temas?

—Dale.

Lo tomé como una prueba; primero le pedí los que tocaba siempre: "Cerca de la revolución", "Pasajera en trance", y fui subiéndole el nivel de dificultad. No cantaba las canciones, las susurraba como para orientarse, y tampoco las completaba. Pero las sabía. Hacia el final le pedí dos bien difíciles y si bien le costó un poco, pudo ir recordando los acordes: "Canción de 2 x 3" y "Perro andaluz". Otra evidencia de que su memoria funcionaba, y que con un poco de esfuerzo, sus dedos también lo harían.

Tal vez por esa buena primera experiencia en la sala, Fernando me contactó por Skype y me encomendó una nueva misión.

—Si tenés tiempo y ganas, ¿sabés qué me gustaría que hicieras? Que te prepares un repertorio acorde a la nueva banda y a la voz actual de Charly.

—¿Cuál es la nueva banda? ¿La vieja banda?

—El trío de chilenos, el Negro García López, Hilda Lizarazu y, falta confirmar, a Fito Páez.

—Ok, ¿y qué hago con el profesor de canto que me habías pedido que buscara? Ya tengo dos buenos y discretos.

—Por ahora, tenelos en stand-by.

—De acuerdo. Para hacer bien la lista debería saber a qué tonalidades llega hoy Charly, pero en la sala tuve la impresión de que no tenía problemas con la voz.

—La tonalidad es importante, pero tené en cuenta que al estar más lento de habla y movimientos, las letras más rápidas le cuestan más.

—Un buen detalle. Preguntale en qué tonalidad se siente cómodo, que luego las busco en el piano. ¿Sabés qué tiene ganas de tocar?

—Él quiere clásicos y temas con glamour. Nos falta confirmar Fito; si dice que no ¿a quién ves en los teclados?

—El natural es el Zorrito.

—Sí, pero él haría colchones y fantasías; Fito tocaría lo que Charly hoy no puede tocar.

—A Charly le encanta Hugo Fattoruso, pero creo que el hombre está en otra clase de música. Hay un pianista fantástico que tocó con Ratones Paranoicos que es Germán Wiedemer, y que tiene muy buena onda con Charly. Después, eminencias del piano como Juan Del Barrio.

—Sí, pero necesitamos una figura muy conocida que "haga de Charly".

—Mediáticamente, el único que se me ocurre es Andrés Calamaro. ¿Pero querrá él? ¿Querrá Charly?

—No sé, esperemos a ver qué dice Fito.

—¿Va a tener nombre el grupo?

—No sé, posiblemente el tour se llame Charly García De Luxe & Big Band.

—Bueno, comienzo a trabajar.

Fue como si me dieran la llave de la golosinería y el médico hubiera dicho que necesitaba azúcar. Me divertí mucho y a la vez sentí, más que la responsabilidad de hacer una lista para Charly, la necesidad de ser muy cuidadoso con la elección y que fueran canciones donde García no tuviera muchas dificultades. Su resistencia a la frustración siempre fue muy baja. Encontré mi lista archivada con fecha 15 de mayo de 2009. Ahora veo que tenía cierto encuadre conceptual; el lector atento lo sabrá apreciar en el orden:

1. Me siento mucho mejor
2. Buscando un símbolo de paz
3. No soy un extraño
4. Promesas sobre el bidet
5. Pasajera en trance
6. Rezo por vos
7. Influencia
8. Raros peinados nuevos
9. Nuevos trapos
10. Inconsciente colectivo
11. Yendo de la cama al living
12. Tuve tu amor
13. Asesíname

14. Cerca de la revolución
15. Yo no quiero volverme tan loco
16. No voy en tren
17. No me dejan salir
18. Nos siguen pegando abajo
BISES
19. Hablando a tu corazón
20. Demoliendo hoteles

La idea era que no resultase demasiado larga porque todavía no se había podido medir cuánto tiempo podría Charly sostener un show, pero con el correr de los días se fueron agregando canciones, y de esta lista original de veinte sobrevivieron quince. De todos modos, la lista estaba hecha no para que Charly la respetara sino para que tuviera un indicio de por dónde podría arrancar, y que agregara y tachara a placer. Mi vínculo era el de un amigo cercano que ayudaba, como un ministro sin cartera. Szereszevsky me ofreció ser el jefe de prensa de Charly pero lo descarté: no me sentía cómodo lidiando con mis colegas. Fui a hablarlo con Charly una mañana y le dije que podría ser más útil en otro rol, más artístico, más vinculado a su música, su imagen, el diseño de las campañas publicitarias. "¡Il consigliere!", me dijo. Sonaba mafioso, y por eso le dije que me gustaba el nombre del cargo. "Bueno, lo voy a pensar", respondió.

"Cuando lo vi nuevamente en la sala de ensayo —cuenta Ale Bértoli—, Charly ya estaba mucho mejor que en Luján. Era algo increíble: llegaba en punto y se iba en punto; quince minutos antes de terminar me preguntaba cuánto faltaba para las siete. Y terminaba en punto. Durante el primer mes y medio ensayó García solo con el Zorrito, después se incorporó Hilda Lizarazu, luego el Negro García López y más adelante los chilenos". Me invitaron al final de un ensayo a una cena en la mismísima sala donde se comió algo y se bebió agua y gaseosas. Charly parecía contento con cómo iban las cosas, pero se retiró temprano para cumplir con los horarios establecidos. Me causó mucha gracia ver que apenas García traspuso la puerta de salida, los chilenos comenzaron a sacar bebidas alcohólicas y otras cosas de un escondite. Para mí era algo bueno que existiera esa conciencia de cuidado hacia Charly.

— • —

En el plan de marketing que diseñó Fénix Producciones con vistas al show del 23 de octubre en el estadio de Vélez se plantearon una serie de acciones y en dos me pidieron colaboración a través de Fernando Szereszevsky. Una de ellas era una película, un corto en verdad, que iba a servir de introducción al show de Vélez. Encontré un archivo propio donde hay algunas anotaciones sueltas:

Se ve a Charly enfrentando el regreso: las dudas, las convicciones, los estados de ánimo. Esperando subir al escenario. Dos horas antes. Recuerda cosas...

"Canción para mi muerte". Comienza con fotos, pasa por "BA Rock" y termina arriba del Luna Park.

Flashback al futuro. Gente hablando de él. Plan 10. La vuelta. La expectativa. Los ensayos. El lanzamiento (otra vuelta). Backstage del video. Un tipo que vuelve de sus vacaciones. Que vuelve a trabajar después de mucho tiempo. Y se plantea: ¿podré?

Backstage. Salida al escenario de Perú. Primer tema.

Charly vs. Mendoza. Tres escándalos: el de Fabi y el Negro, el de los nueve pisos, el escándalo final. Yendo de la cama al living, Clics modernos, Piano Bar. Nuevamente en Vélez. Recuerdo del Festival Rock & Pop.

Evidentemente era un bosquejo más que un guion delineado. Y la otra cosa que encontré fue el texto que acompañó al lanzamiento de "Deberías saber por qué" como simple. Alguien tuvo la idea de la "Cadena Nacional de Rock" y el 7 de agosto, a las doce del mediodía, una amplia red de radios y canales de televisión emitirían la canción y el video simultáneamente. No recordaba haberlo escrito, pero el archivo está ante mí, fechado el día 3 de agosto. Me pidieron un texto corto y neutro y otro más largo y personal, dirigido al periodismo gráfico. Comparto el primero:

<u>Estimado radiodifusor:</u> Aquí tienes el nuevo tema de Charly García. A continuación hay dos textos: uno corto, para ser leído como introducción por radio, y otro más largo, con mayor detalle. Puedes usarlo como quieras. Leer el corto, el largo, mezclarlo, tomar cosas del largo. Desarma y disfruta de lo nuevo de Charly García. Estamos muy contentos de que tengas esto entre tus manos, pero más contento estarás tú cuando lo escuches.

<u>*Versión corta (radio edit)*</u>
"Deberías saber por qué" es el primer tema que Charly grabó cuando salió de la clínica. Con la ayuda de Pedro Aznar, registró esta hermosa melodía y se resistió a agregarle cosas. Lejos de la etapa "Say No More" en donde apilaba sonidos, Charly volvió a lo cristalino y a las melodías simples pero maravillosas.

Esto es un documento histórico: el primer nuevo trabajo de un artista que creíamos perdido. Es Charly García en su estado más puro, con una canción que emociona a primera oída. Una canción nueva de una etapa distinta. Es un adelanto de una primavera que promete estallar en los corazones.

"Deberías saber por qué" es el regreso del más grande: Charly García, por la Cadena Nacional de Rock.

El segundo texto es mucho más largo y en primera persona. Para no fatigar al lector, comparto solamente el final:

Charly siempre dice que la intuición es lo que más nos aproxima a la verdad. Que lo primero que dispara tu mente siempre es la mejor respuesta; que cuando la mente tiene un segundo para procesar, ahí nos alejamos. Por lo tanto, como alumno aplicado de las Academias García, me quedo con lo primero que se me cruzó por la cabeza cuando estaba escuchando "Deberías saber por qué" por primera vez: "¡Qué lindo que va a ser cuando pasen esta canción por la radio!". Y cuando la escuches, vas a saber por qué.

Aquel día en que fui al ensayo con la banda, me quedé con una espina. En la sala había otro invitado que era un colega que estaba allí como periodista de la revista *Rolling Stone*, y me desayuné con que ya había una nota acordada con la publicación. Indagué un poco más y descubrí que también habría entrevistas con *Clarín* y *La Nación*. Como yo trabajaba en un diario de circulación nacional como aquellos hablé con Fernando Szereszevsky para que me pusiera en la lista: sería algo muy interesante para *Crítica de la Argentina*. A los pocos días, Fernando me llamó.

—Sergio, lamentablemente Charly dijo que no va a hacer la nota con vos.

—¿Cómo?

—Tal cual lo escuchás, dijo que no. Si querés llamarlo vos, hacelo, pero fue muy contundente.

La lógica del escorpión comenzaba a manifestarse. A lo largo de mi vinculación con Charly, yo había sido, además del encargado de escribir su libro, su nexo con *Clarín*, donde trabajé hasta 1998. Es más: yo sabía cuándo una entrevista era algo publicable y cuándo una conversación con García era simplemente un método de descarga de su enojo eventual. Él mismo lo reconocía: "Eso: necesito traductores". ¿Por qué ahora que estaba nuevamente en su entorno y jugando para su equipo de manera *ad honorem* me decía que no? Antes, en las eras tóxicas, uno podía entender que algo así podía formar parte de un delirio general, sin embargo nunca hubo una negativa. Ahora, con Charly sobrio, esto parecía una decisión de él. No pedí ningún privilegio, tan solo ser uno más en la lista de los medios que tendrían una entrevista con él. Hubo publicaciones que, conociendo mi vínculo, me han pedido información o me ofrecieron que escribiera sobre la intimidad del ídolo y su recuperación. No lo hice. ¿Por qué entonces era castigado? ¿Por ser su amigo? Si ese hubiera sido el caso, ¿no ameritaría una explicación? Nada. Yo tampoco quería confrontarlo porque su recuperación estaba en curso y no quería ser factor de desestabilización. Me dolió en el alma, porque era un ninguneo, y ésa era una herramienta que vi a Charly utilizar con gente a la que despreciaba. ¿Había pasado a formar parte de esa lista? No se condecía con mi permanencia en el entorno. Callé y creo que fue un error.

Tuve un bis que me confirmó lo que estaba pensando. Fernando me pidió que hiciera unas cuantas copias en CDs de los temas de mi lista, para repartir y que la banda pudiera contar con la versión original de las canciones. Todavía no existía Spotify, pero con i-Tunes pude resolverlo rápidamente.

—¡Qué rápido! Te mando a Charly con el chofer, que pasan por tu casa antes de ir a la sala de ensayo.

Cuando tocaron el timbre, pensé que podía ser Charly y por eso me apuré en abrir la puerta, pero era su chofer. Recibió los CDs y atinó a volver al auto como un robot que ejecuta órdenes. Como vi que García estaba en el vehículo, se los quité de la mano y decidí entregárselos en persona. No por desconfianza. ¿Ni las gracias iba a dar este hombre? No esperaba que bajara del auto, dados sus problemas de movilidad, que ya estaban bastante superados, pero sí un saludo, un mínimo agradecimiento. Algo. Se sorprendió cuando me vio alcanzarle los compacts por la ventanilla.

—Ah, ¿qué hacés? —musitó.

—Tomá, aquí están los CDs con las canciones para que los músicos se las aprendan.

—Bueno, gracias.

¡Al fin la bendita palabra! Pero si hay que hacer semejante trámite para algo tan trivial es que están pasando demasiadas cosas raras para que todo pueda seguir tan normal.

Sentí que era otro ninguneo y que se sumaba a los anteriores. ¿Por qué insistía yo en querer seguir ayudándolo cuando él manifestaba claramente que no tenía la menor importancia para él? No era mi trabajo, no iba a recibir ni créditos, ni honores, ni dinero: ni siquiera las gracias. Y después de tantos años me harté, me consumió la santa bronca y tomé la decisión de alejarme. Al fin y al cabo, Charly no iba a notarlo.

Pero decidí hacerlo público en mi Facebook para que los colegas, los amigos y los lectores supieran que ya no iba a tener nada más que ver con Charly García. Con bastante educación escribí que mi conexión con Charly ya no existía, que no podía saber qué depararía el futuro, pero que me alejaba de su entorno. Fue medio escandalete, pero restringido a la red social. Al toque, Fernando Szereszevsky me llamó y pidió que nos reuniéramos.

—¿Por qué hiciste eso? ¿Qué te pasa?

—Estoy harto del ninguneo de Charly: primero me niega una nota y le da reportajes a todo el mundo. Después le grabo lo que me pediste, lo viene a buscar, ¿y ni siquiera le dice al chofer que me acerque para saludar?

—Para Charly es importante la normalidad, y parte de su normalidad es que vos estés ahí.

—Te aseguro que no lo va a alterar mi ausencia. Y si fuera así, que me llame.

—Pero ¿qué querés? ¿Es un tema de dinero? Entiendo que trabajaste y que nunca pediste un peso.

—Lo hice por cariño, no por dinero. Pero hasta acá llegó mi amor.

—No seas necio: decime qué querés y te lo consigo.

—Nada: quiero irme, Fernando.

—Si es tu deseo, sólo puedo respetarlo. ¿Pero no hay algo más? ¿Qué le digo a Charly si pregunta?

—La verdad o lo que quieras, pero lo único que sí querría es un par de entradas para el show de Vélez.

Fernando quedó enojado conmigo. Entendía mi actitud y mi bronca, pero como el gran mánager que es, lo que debía preservar era el bienestar del artista. Y yo me quería ir con dignidad, sin hacer más revuelo del que correspondía. No volvimos a hablar con Charly hasta… siete años más tarde y de casualidad.

40. Esperando nacer

¿No escuchaste esta canción? Todo el mundo te quiere ver.
SERÚ GIRÁN, "ESPERANDO NACER".

En su camino hacia el show que lo depositaría nuevamente frente al gran público, Charly encontró un poderoso aliado que lo tonificó en su sala. Al comienzo los ensayos de Charly fueron en la planta baja del complejo, y un día Fernando Szereszevsky le contó algo que le venía ocultando para no dispararle la ansiedad: que Luis Alberto Spinetta ensayaba ahí también. Al ver la reacción de Charly, con la cara iluminada, muy pronto le sugirió que lo fueran a saludar.

Se ubicaron del otro lado del vidrio, mientras Spinetta y su banda ponían a punto viejas canciones con destino al mismo estadio de Vélez, sólo que un mes y medio más tarde, cuando Luis le devolviera la vida a sus Bandas Eternas: Invisible, Pescado Rabioso y Almendra. Nerina Nicotra se dio cuenta de que estaba Charly García y se lo dijo a Claudio Cardone, que le hizo señas para que entrara. A García le costaba dar el paso, pero cariñosamente empujado por su mánager, entró con él a la sala y en silencio se sentaron en el suelo. Spinetta no se había percatado de la presencia de ese otro gigante del rock argentino, pero cuando se dio vuelta y lo vio, se le inundaron los ojos de lágrimas, y continuó cantándole a él solamente.

Luego se abrazaron y Luis le dijo que tenían que verse en la sala y hacer cosas juntos. Y en un punto eso sucedería.

Cuando Charly comenzó a ensayar con el grupo completo, se trasladó al piso de arriba y sus ensayos comenzaban cuando terminaban los de Spinetta, por lo que comenzaron a verse con cotidianeidad. Por eso, Spinetta era candidato natural a ser invitado al concierto del 23 de octubre, pero a Charly le costaba formular la invitación, por lo que Fernando armó un almuerzo en Bruni y forzó a que le dijera a Luis que quería que tocara en el show de Vélez. Luego, Spinetta devolvería gentilezas y lo invitaría a tocar en el show de Las Bandas Eternas el 4 de diciembre. Cada vez que se cruzaban en los pasillos, Spinetta saludaba a Charly con mucho cariño y le infundía aliento sin atosigarlo ni crearle presión. Tenía claro que había que apuntalarlo.

En los ensayos, quedó demostrado que el Zorrito Quintiero podía hacerse cargo de sus teclados y de los que solía tocar García y que no hacía falta la presencia de ningún otro músico. Además, Charly comenzó a soltarse y a sentirse más seguro. Iba a llegar en buena forma al primero de sus shows, el 23 de septiembre en Lima. Se tomaron precauciones y una neuróloga con la que había trabado buena relación se sumó a la comitiva, más para que Charly se sintiera seguro que porque su presencia fuera indispensable. "Él ya tenía muchas ganas de tocar —cuenta Ale Bértoli, mánager de producción—, y los shows de Lima y Santiago de Chile, que se programaron para que fuera agarrando ritmo, fueron muy buenos y muy tranquilos. Llevábamos la caja de un piano, pero sin la estructura; la llevábamos porque Charly quería hacer de cuenta que estaba tocando en un piano, pero era un piano eléctrico". Fue una de las pocas excentricidades que hubo en aquellos dos conciertos en los que García subió al escenario, decidido, sin miedo, como si hubiera tocado la semana pasada. Ambos salieron impecables. Los que antes se quejaban por sus excesos ahora trinaban porque estaba demasiado tranquilo. Y es verdad: pero terminaba los shows y cantaba todas las canciones. "Estoy muy contento por mis amigos —dijo Charly en el escenario—, pero más por mis enemigos".

Pero la verdadera prueba de fuego para García iba a ser el 23 de octubre en Vélez. No sólo por tratarse de su cumpleaños 58, o de tocar para el público argentino, sino por la cantidad de contratiempos que iba a haber por cuestiones meteorológicas. Según registros, a las 22.30 cayeron 12 milímetros de agua en diez minutos, y el total del día acumulado desde las primeras gotas, antes de las ocho, fue de 30 milímetros: una barbaridad. "Ese show fue dificilísimo —recuerda Bértoli—, porque desde que comenzó hasta que terminó hubo viento y lluvia. El viento venía de frente y al Zorrito se le quemaron dos teclados; Pachorra tuvo que entrar a taparlos con un nylon. A Charly en cada tema le dejaba una toalla arriba del piano para que se secara él, y para secar el piano yo. Se lo tuve que apagar y prender dos veces. Para colmo, había momentos escenográficos que no se pudieron hacer: en 'Pasajera en trance', dos bailarinas bajaban desde una de las torres con un cable, aterrizaban sobre el piano y bailaban la canción mientras él tocaba: no se pudo. Había otro tema en donde bajaba una suerte de árbol colgando de dos cadenas de motores, al que Charly subía y se elevaba para cantar desde lo alto, tampoco se pudo. Más que show fue un milagro, pero Charly estaba bastante mejor y se la bancó muy bien". Tocó 28 canciones en un show que superó las dos horas. Con la voz un poco empastada y los dedos todavía con alguna telaraña, superó la prueba con holgura y hasta con humor como cuando dijo: "¡Say No More es impermeable!".

Y de esa manera, El Concierto Subacuático encontró su bautismo con agua bendita y todo, si se tiene en cuenta que cayó del cielo.

— • —

Un mes después del show en Vélez, Charly volvió a los escenarios para dos presentaciones en Ecuador, una en Quito y otra en Guayaquil, que salieron perfectas. Por fin, el público latinoamericano podía disfrutar de un repertorio completo y un artista en buena forma. Y eso se extendía al grupo humano, porque lúcido y normal, Charly iba a comer con el resto de la banda, y no se encerraba en su habitación como había hecho los últimos treinta años. Como si fuera poco, se sumaba a las excursiones, subió a un teleférico, cosa que jamás había hecho en su vida y también fue a la Mitad Del Mundo, un monumento que está ubicado en la línea ecuatorial.

Habría más viajes para Charly como el que realizó en el mes de mayo a Israel. La idea surgió a través de un amigo del mánager que le dijo que había que llevarlo a tocar allí. Szereszevsky pensó que la idea era riesgosa para él, porque iban a decir que lo hacía por ser judío, pero se imaginó las manos de Charly en el Muro de los Lamentos, y le dio luz verde a la idea, que no tardó en materializarse. García estaba cada vez mejor y eso quedó demostrado en los shows que hizo en el Luna Park en 2010, donde se lo vio completamente recuperado, natural, casi sin efecto de la medicación que aún seguía tomando, restringida a niveles mínimos. Muchos de los que estuvieron allí aseguran que fue la mejor versión de Charly en aquel tiempo. Juanse, León Gieco y Pedro Aznar concurrieron en calidad de invitados, pero el momento más emotivo de aquellas cuatro funciones en el viejo estadio fue cuando David Lebón se sumó a Pedro Aznar, Charly y su banda para una emotiva versión de "Seminare" (que salió de perlas). Era prácticamente Serú Girán. Con García bien, parecía no haber límites para las cosas que se podían hacer.

Israel fue el destino más lejano en toda la historia de Charly García. Szereszevsky contrató a un fotógrafo argentino, Guido Adler, para que los acompañara y documentara el viaje. Y también logró que el diario *Clarín* reservara un espacio en la portada, lo que no fue nada fácil, pero prometió la foto más importante de la historia de Charly. Cuando finalmente los editores lo vieron apoyando su cabeza, con los ojos cerrados, en el Muro de los Lamentos, la imagen ocupó un buen espacio en la tapa. Lo notable fue el respeto y la emoción que García experimentó durante aquel momento en un lugar tan histórico. Para alguien que durante su tiempo de convalecencia en la chacra de Palito Ortega miraba constantemente el History Channel, era previsible que experimentara un sentimiento fuerte al depositar sus manos en el Muro de los Lamentos, sobre todo después de casi dos años de una recuperación que había parecido imposible.

"Estuvimos dos horas en el Muro —evoca Szereszevsky—; Charly se súper emocionó, lloró mucho, se quedó muy pegado con el Muro. Si bien fueron dos shows, la visita a Israel duró nueve días y la embajada nos organizaba recorridos y Charly los hizo todos: Jerusalén, Tel Aviv, el Mar Muerto, la Vía Dolorosa, el Santo Sepulcro. Terminó muy cansado porque hacía muchísimo calor". Se hizo primero el show en el anfiteatro Cesárea, que fue originalmente construido por el rey Herodes, un siglo antes de Cristo. Allí, las autoridades del Centro Peres para la paz y la innovación le dieron a Charly el título de "Embajador de la paz para la juventud", que recibió con gratitud y alegría. El lugar se llenó con cinco mil argentinos, latinos e israelíes, que pasaron una noche inolvidable. Más adelante tocó un poco improvisado en un pub llamado Barby en Tel Aviv, donde sorprendió a trescientos parroquianos.

Acaso lo más emocionante para García haya sido tocar "Canción para mi muerte" como despedida en el Cesárea, porque la cantó el anfiteatro completo y él se retiró del escenario, como si no pudiera absorber ese momento único. Había llegado a un punto de recuperación completa. Finalmente, a su vida se le abría un futuro. A su lado estaba Mecha, con quien tenía una relación abierta, pero relación al fin y al cabo. Se sintió orgulloso y agradecido. Pero hay una frase bíblica que dice que el orgullo es lo que viene antes de una caída. No sólo eso: la frase forma parte de una canción de The Beatles, "I'm a Loser". Nadie lo pensó en el momento, pero desde el presente aquella idea parece profética.

— • —

Mercedes Sosa, la prodigiosa cantante tucumana, murió en 2009, poco antes de que Charly hiciera su regreso en Vélez. Habiendo compartido un tiempo con ella cuando grabó "Desarma y sangra" para *Cantora*, García la vio frágil de salud y quizás haya presentido un final cercano. El 9 de julio de 2010 pudo homenajearla en Tucumán, su tierra natal, participando en un festival que comenzaba las celebraciones del Bicentenario de la República Argentina. El show se inició con mala pata; un mal movimiento de García le había provocado un esguince y tuvo que subir al escenario enyesado. Era un día frío y Charly se puso un gorro que le daba cierto aire a su admirado David Crosby. Se sorprendió de la calidez del público tucumano: "Antes, no era así", dijo, recordando para sus adentros la lluvia de escupidas que tuvo que tolerar cuando tocó en los 80 con Pedro Aznar en el marco de la presentación del grupo Tango.

No se sabe si fue el accidente, la molestia de tener que encarar una rehabilitación, el estar enyesado o alguna otra cosa, pero Charly fue cambiando su actitud. Se lo veía más impaciente, menos tolerante y más recluido en sí mismo. La banda quedó en un paréntesis. En realidad, estaba intentando componer nuevo material con vista a grabar un nuevo álbum, pero no lograba avanzar en sus canciones. Sentía que le faltaba algo, y esa carencia tenía que ver con situaciones pasadas. Charly venía arrastrando una crisis de inspiración, que es una modalidad de la inseguridad, natural en todo artista. Y la venía arrastrando de décadas. Creía saber la solución y tenía claro que su resolución iba a causar desilusión en su entorno, que ya creía superados los problemas que hicieron eclosión en 2008. Charly no había dado vuelta esa página. El *whiskycito* ya había vuelto a ser como un apéndice de su teclado o su brazo derecho.

La situación iba a decantar a fines de año cuando aceptara participar en un show en Chile bautizado como "El Abrazo", en donde se buscaba celebrar aquel abrazo histórico entre el prócer argentino José de San Martín y el general chileno Bernardo O'Higgins, símbolo de la independencia del país, que también conmemoraba sus doscientos años de independencia. Cuando llegó al aeropuerto para abordar su avión hacia Santiago, Charly lucía distinto, con anteojos oscuros, incrustado en un sobretodo y con las uñas pintadas de verde. Su comportamiento en el avión parecía el de otras épocas, y en el show se lo vio como desatado y no en el buen sentido. Había en él cierta agresividad que parecía haber perdido. Pero también hay que reconocerle cierto autocontrol cuando explicó: "¡Se inundó la mesa! No sé qué mesa y se cortó la tensión de todo el lugar (…) Vamos a tener un poco de paciencia, y ya que bancamos la lluvia, banquemos la espera así no me rayo, ni rompo nada, ni corto el concierto, ni los mando a la reconcha de su madre, ni digo viva la patria o lleno el vacío con algo". Un discurso de otros tiempos.

Ágil de reflejos, propuso hacer una acústica y se lanzó con "Canción para mi muerte", para delirio y alegría del público chileno. En un momento, el micrófono le dio una patada de electricidad a Charly, que sin más que un respingo dijo: "¡Volvió!". Interrumpió la canción para seguir adelante con su show, aunque el público insistió en que la terminara. El set de García continuó sin mayores contratiempos aunque los que siguieron con atención todos los shows desde su regreso en Vélez pudieron ver a un Charly distinto, un poco menos atento, más propenso a salir de su silla, más activo. Más Say No More.

El viaje de regreso a Buenos Aires fue un tanto escandaloso pero bien cubierto y disimulado. Había que tener mucho cuidado porque era el número central del festejo musical del Bicentenario, organizado por el gobierno argentino. Algunas capas tectónicas comenzaban a moverse y si bien el 12 de diciembre de 2010 brindó una presentación caótica, no se le puede atribuir a Charly ese desorden que vino desde el sonido que falló. Bastante bien lo toleraron García y sus invitados esa noche: Gustavo Santaolalla y León Gieco, con quienes hizo una afiebrada versión de "El fantasma de Canterville". Era una velada de celebración de los derechos humanos y la democracia recuperada un 10 de diciembre, pero que también pretendió mostrarse como impulso gubernamental para imponer una ley de medios muy controvertida, lo que se notó desde el discurso de la mayoría de los artistas, partidarios del gobierno, que tocaron antes de Charly, quien cerró acertadamente la noche con su versión del "Himno Nacional Argentino". Una catarata interminable de fuegos artificiales cubrió su salida del escenario, más no de la Casa Rosada, donde Charly permaneció hasta las tres de la mañana, cuando el último ordenanza rezaba para que se fuera de una vez.

Era el final de una etapa pero desde afuera se hacía imposible divisarlo con claridad. Durante dos años, Mecha Iñigo, esa chica linda y silenciosa, permaneció al lado de Charly desde que reemplazó a Marianela como acompañante hasta este caliente fin de 2010. García la quería cerca, al lado. Lo acompañaba a los shows y viajó con él a Israel y a Chile. Fue ganando poder porque Charly era su fuente. Y chocaba con Szereszevsky porque ella era la portavoz de determinadas ideas que el músico no se atrevía a expresar de frente. Mecha fue un peón que de a poco fue subiendo en el tablero hasta la categoría de reina, comiéndose varias piezas en el camino. No hay que confundirse con el poder: viene detrás del trono. Y el rey es Charly.

"De julio a diciembre no fue lo mismo que antes —explica Szereszevsky—; el show en Tucumán lo hizo enyesado y empezó a decaer físicamente. Para sentirse más seguro se daba inyecciones de Decadrón para la garganta y eso no fue bueno para su pierna. Charly no se quedaba solo, tenía un acompañante terapéutico y una cocinera que vivía con él en Los Patos. Mecha estaba con él, pero no convivía. A veces desaparecía, Charly se deprimía. Yo lo notaba raro, y definitivamente no estaba bien en Chile, que fue la última vez donde estuvieron en un mismo escenario Charly, Fito Páez, Luis Alberto Spinetta y Gustavo Cerati. Sentí que algo se rompió, que las cosas no eran como antes. Charly eligió otro camino y yo decidí que no quería ir por ahí. Me criticaron mucho por dejar de trabajar con Charly, que me escapé, que lo dejé tirado, que no era tan amigo, que no lo quería. A mí me hubiera gustado que Charly fuera como Mick Jagger, sanito, como un dandy, con pañuelito, trajecito, viajando en avión privado. Pero no se pudo".

El lugar del mánager fue ocupado durante varios años por diferentes personas, algunas de las cuales solo duraban un show y luego se escondían en la habitación del hotel. Otros fueron simplemente facilitadores de negocios que organizaban la presentación de Charly García en un evento determinado, luego del cual su responsabilidad expiraba. Y otros comandaron las presentaciones en vivo durante algún período más prolongado, pero dejó de haber una cabeza que decidiera, planeara y ejecutara. Más adelante en el tiempo, llegaría José Palazzo, el creador del festival de rock Cosquín Rock, que impondría un poco de orden en los asuntos de Charly que ya no estaban tan desmadrados como antes de 2008. Y ni siquiera él, que tiene mucha espalda y experiencia, terminaría por asentarse como mánager. Mecha se convirtió así en la aduana de García: quién sí, quién no, adónde va, adónde no va. No obstante esa precariedad de liderazgo y planeamiento, habría grandes proyectos que se concretarían.

La banda sólo sufrió una modificación cuando Hilda Lizarazu decidió continuar con la carrera solista que había interrumpido para estar un par de años al lado de su amigo. Y contra lo que se cree, fue ella misma quien sugirió a Rosario Ortega como su reemplazante. Palito Ortega no hizo nada para que su hija ocupara ese lugar. Rosario era conocida en el ambiente musical como una espléndida cantante volcada hacia el jazz, que trabajaba sin prisa en un proyecto musical de bajo perfil. No era de extrañar que le costase la adaptación, más que a la banda de Charly, al estilo musical. Por otro lado, cierto sector del público la rechazó sin haberla escuchado cantar una nota.

El bautismo de fuego de Rosario fue en la edición 2011 de Cosquín Rock, con un público revoltoso al que García le ordenó "obediencia y amor". Los medios luego comentarían sobre la "hiperactividad del ídolo"[34] que pateó varios pies de micrófonos e intento derrumbar una pared de equipos Marshall. La gente sintió que volvía el viejo García: que el hombre estaba mejor. A tal punto que Mecha declaró a la prensa que le gustaría tener hijos con Charly. Epa. "Sé que voy a terminar siendo madre de muchos hijos, esperándolos a la salida del colegio, con un look muy clásico, en un departamento de Palermo"[35].

La declaración no pasó inadvertida para nadie y mucho menos para el hijo de Charly, Miguel Ángel, que replicó con declaraciones fuertes en otro medio, en las que arremetió contra Palito Ortega y "el fantasma japonés que tengo de madrastra". Cuando le preguntaron si se refería a Mecha asintió y agregó: "Yo la conocí cuando ella pululaba entre mis amigos patricios, promiscuamente entre la marginalidad y la toxicidad. Fui su profesor de piano". Después finalizó con un martillazo: "Esto ya pasó y va a volver a pasar muchas veces: estamos asistiendo al suicidio público de mi padre"[36]. Lo más importante que reveló la nota pasó desapercibido: Charly García y su hijo tenían contacto… aunque no una buena relación. Hasta ese momento parecía pesar sobre el vástago una especie de veda que habría sido quebrada cuando hablaron, como contó Miguel en el reportaje, aunque no de muy buena manera.

---

34. *La Voz del Interior*. 13.02.2011.
35. Revista *Luz* de Argentina. Marzo de 2011.
36. Revista *Noticias*. Abril de 2011.

Hubo otras controversias, quizás menos serias, convenientemente amplificadas por los medios. A saber:
a) Una demanda que dos empleadas domésticas (Zunilda Báez y Adriana Castro) entablaron contra Charly, solicitando un millón de pesos, al considerarse despedidas por malos tratos de Mecha[37].
b) Unas supuestas declaraciones de Charly cuando fue atendido en una guardia hospitalaria tras una crisis nerviosa, en la que dijo: "Me dan merca para tocar y después me la sacan". Su mánager de aquel entonces, Martín Pommerenck, le restó importancia al incidente: explicó que el artista sufrió unos cortes en el hotel y que luego de una rápida atención fue dado de alta[38].
c) Como resultado de unas buenas presentaciones que García brindó en México durante 2010, fue invitado a participar en el festival Vive Latino 2011 que se celebró en el mes de abril. Algunos medios lo notaron falto de aire y tembloroso pero la mayoría de las críticas dieron cuenta de una muy buena presentación. Buscó la simpatía del público al salir vestido de charro mexicano, una indumentaria que le quedaba muy graciosa.

— • —

Un proyecto enorme pudo convertirse en realidad durante una serie de nueve conciertos en el teatro Gran Rex y con la excusa de los sesenta años que cumplió el artista. *60 x 60* fue una ocurrencia que permitió disfrutar de tres series de shows de Charly, que interpretaría 20 canciones por noche, dando por resultado unas 60 canciones interpretadas coincidiendo con sus 60 años, las que luego verían la luz en un impresio-

---

37. *Exitoína:* "Charly García demandado por maltratos físicos y psicológicos". Julio de 2011.
38. Aldo Guizzardi. *El show de la mañana*. Canal 12 de Córdoba, *La Nación* y otros medios.

nante box-set, detrás del cual estuvieron las manos expertas y cariñosas de Juan Alberto Badía y Alejandro Pont Lezica. En el box-set habría 3 compact-disc de audio y 3 DVDs que permitirían visualizar el concierto. Para la ocasión se acopló a la banda Fernando Samalea, que tocaba percusión, golpeando sobre unos maniquís que disparaban sonidos y también con instrumentos más tradicionales. Era un guiño a unos viejos shows de Charly en su etapa violenta de los 90, donde puso a dos maniquís en el palco principal del teatro Ópera. Hubo además una gran sección de cuerdas dirigida por Alejandro Terán (viola) y Julián Gándara (cello), que conformaron un exquisito trío con Christine Brebes (violín).

En la mayoría de los shows se vio a un Charly en magnífica forma y a una banda que ya evidenciaba que había años de experiencia sobre sus espaldas, lo que a su vez retroalimentaba a García dándole seguridad. El box-set *60 x 60* fue un objeto de lujo hecho con una eficacia inobjetable; el libro que lo acompañaba mostraba una calidad inusual en las fotografías, el diseño y el papel de buen gramaje. Contiene hermosas fotografías de Maxi Vernazza, que a través de su seguimiento de años y sus fotos para la revista *Gente* se convirtió en hombre de confianza. En ellas se pueden ver a los invitados participantes como Nito Mestre, Juanse, Pedro Aznar, Fito Páez y Os Paralamas Do Sucesso, sobre el escenario y departiendo en camarines. Dos fotos resultan especialmente emotivas: las que Charly se tomó con Lilian Clarke y Benito y Lisa Cerati. También se ven en ellas a Renata Schussheim, Palito Ortega, Graciela Borges y Juan Alberto Badía. En uno de los créditos aparece Guillermo Tato Vega, que fue el presidente del club de fans de Charly García y que con el tiempo se convertiría en asistente privado del músico.

Con una cinta blanca aterciopelada que va al fondo de un hueco diseñado a medida, se presentan los 3 DVDs y los 3 CDs, finamente diseñados con distintos motivos. El detalle de los CDs es que parecerían evocar diseños de sellos discográficos de los 60. *Detrás de las paredes* tiene la fisonomía del sello

EMI-Odeón en los tiempos en que editaban los álbumes de The Beatles, mientras que *La vanguardia es así* es casi un calco de la etiqueta de los discos de Polydor, y la que corresponde a *El ángel vigía* parecería ser una etiqueta de Music Hall. La cinta es para poder extraer los compactos sin dificultad ni violentar el envase. Vienen acompañados de un desplegable que de un lado trae todas las letras y del otro un collage de fotos e imágenes de toda la carrera de García, que por fin logró un producto a la altura de su impresionante trayectoria y con una estética acorde. Un lujo que la industria discográfica no podía ni soñar en ofrecerle. La lista de temas es impresionante y va desde lo que integra desde siempre el repertorio de Charly ("Cerca de la revolución", "Rezo por vos", "Fanky"), hasta canciones que nadie hubiera supuesto que el artista desempolvaría: "La grasa de las capitales", "Tango en segunda", "Perro andaluz" (con Pedro Aznar como invitado), y "Plateado sobre plateado", por mencionar algunas. El sueño húmedo de cualquier fan de fuste.

Como para cerrar un 2011 con un broche de oro, Charly García pudo conocer a uno de sus máximos ídolos: Roger McGuinn, el guitarrista y cantante de The Byrds, una banda histórica que creó el folk-rock cuando interpretó "Mr. Tambourine Man" de Bob Dylan en clave eléctrica, como si fueran The Beatles. Hasta ese entonces, Bob Dylan cumplía con el precepto folk de tocar solo con instrumentos acústicos, pero muy pronto se editó *Bringing It All Back Home*, álbum en el que Dylan se subió a la onda eléctrica. En el primer disco de The Byrds figuraba un tema de Gene Clark, "I'll Feel A Whole Lot Better", que García convertiría en un megaéxito de su carrera al traducirlo al castellano como "Me siento mucho mejor". "Me contaron que tuvo un gran éxito con esa canción —dijo McGuinn—, y también pude ver en YouTube la versión de otra de mis canciones, "It Won't Be Wrong", que también es muy buena"[39].

---

39. En entrevista con Sergio Marchi.

Los organizadores del concierto de Roger McGuinn invitaron a Charly García a compartir un asado con su ídolo. Para que estuviera más contenido y en una situación más cómoda invitaron a otro amigo de Charly, el guitarrista Fernando Kabusaki, que también lo acompañó a tocar tres canciones al teatro Coliseo: "I'll Feel A Whole Lot Better", "So You Wanna Be A Rock'n Roll Star" y el cierre con "Knockin' On Heaven's Door". Nunca terminaron de acoplarse del todo y la garganta de García luchaba al mismo tiempo contra los nervios y una ronquera que también lo visitó durante los conciertos de *60 x 60*.

Pero el 8 de febrero de 2012 todo cambió para el rock argentino y quizás Charly haya sido uno de los más afectados: murió Luis Alberto Spinetta, que con su lucidez, su humanidad, sus geniales canciones y su voz, terminó convirtiéndose en una especie de padre espiritual del rock argentino; símbolo de honestidad, rectitud, imaginación y ternura, Spinetta murió a los 62 años a raíz de un cáncer de pulmón. Conmocionado, Charly asistió a su velatorio y dijo: "Yo tendría que estar ahí". Una vez más, León Gieco lo contuvo en un momento difícil. "Ahora me siento más solo", declaró García a la prensa. La muerte de Spinetta fue un *cross* de derecha al estado de ánimo de Charly, que lo veneraba. Para colmo de males, pocos meses después, el 29 de junio, también falleció Juan Alberto Badía, que parecía haberse recuperado milagrosamente de un cáncer de mediastino. O por lo menos ésa fue la impresión que tuvo Charly cuando caminó junto con él las calles de Nueva York en el mes de abril.

En agosto fue entrevistado por Mario Pergolini en su radio Vorterix, quien le trajo a la memoria el recuerdo de Spinetta y no tuvo peor idea que adosarle el de Badía. Charly pudo responder que "*60x60* está dedicado a él, que le puso toda la polenta que pudo, pero me da melancolía y rabia porque la gente buena se está muriendo". El programa fue a un espacio publicitario que se prolongó porque Charly tuvo lo que pareció ser un bajón de presión. "Fue un gran susto —explicó Pergolini fuera del aire—, pensé que se nos moría acá"[40]. No pasó de ahí e incluso Charly se recuperó lo suficiente como para subir al escenario de la radio, montada en el interior del viejo teatro Argos, y tocar unas canciones.

Ya había sucedido un incidente similar el 9 de junio de 2012, cuando Charly se desmayó en pleno escenario del Orfeo de Córdoba y tuvo que ser trasladado a un sanatorio. Tuvo la entereza de decirles a los músicos: "Ustedes sigan", pero se vino abajo y todo el mundo entró en pánico, sobre todo el público. Logró recuperarse y dijo que se tenía que ir. "Deben ser las nuevas pastillas que estoy tomando", musitó. Luego, un médico del Instituto Cardiológico de Córdoba dijo que fue sólo un bajón de presión y que quedó internado por precaución.

No fueron las pastillas, ni los hombres de gris, ni la emoción. Uno de los más reconocidos neurólogos de Argentina les explicó en su momento a los más allegados a Charly que su cerebro era como una esponja con agujeros, valiéndose de imágenes de estudios que le habían realizado con un año de diferencia: en la imagen más reciente, esos agujeros parecían haberse reconstruido. "No se equivoquen", dijo el médico y expuso que los huecos seguían estando pero recubiertos por una frágil membrana, y que si no se cuidaban aparecían nuevamente y podían dar lugar a episodios que se conocen como "microinfartos cerebrales". Hay conexiones que son como surcos que trasladan la energía cerebral; en un microinfarto, la energía se ve interrumpida y es como un auto que quiere salir de un bache y no puede. Suelen durar veinte segundos y la energía se restablece.

Ese episodio en Córdoba fue un primer aviso y es difícil saber si lo que sucedió en Vorterix constituyó un segundo, o fue otra clase de evento, acaso gatillado por la emoción de la gente buena que ya no está. Verdaderas alertas.

---

40. Conversación en el pasillo de la radio con Sergio Marchi.

41. Tango en segunda

Puedo ver, y decir, y sentir/ Algo ha cambiado.
CHARLY GARCÍA, "INFLUENCIA".

Finalmente, llegó el día en que Charly García se convirtió en bronce junto a su compañero de siempre, Nito Mestre, cuando se inauguraron las estatuas de Sui Generis que ya forman parte del paisaje de Mar del Plata. Se celebraban cuarenta años desde que el grupo debutó como dúo en el Teatro de la Comedia de la ciudad costera. Para evitar el óxido, Charly entró en la era digital de la mano de un iPad con la idea de registrar el momento.
—¡Mirá, Nito! ¡Estoy filmando con el iPad!
—Estás filmando al revés, Charly —le explicó Mestre.
El iPad, un obsequio de Mecha, se convirtió en un objeto amigo de García, siempre y cuando hiciera lo que él le ordenara. Con algo de ayuda de asistentes pudo tomarle la mano al Garage Band, un software que le permitía grabar aunque siempre solicitara ayuda externa porque le costaba entender el tema de las compatibilidades. El problema era que se le rompían por manejo brutal, o él los destrozaba con un martillo cuando quedaban bloqueados.
El 2012 transcurrió con la mayor normalidad que un sujeto como Charly García puede encontrar y realizó tres presentaciones de *60 x 60* en el Luna Park a fin de año. Los shows

podían ser muy buenos, o encontrarlo a García con la frecuencia baja. "Cuando Charly estaba mal, el que hacía el show era el Negro García López, que era el movimiento de la banda. También estaba el Zorrito que sostenía desde los teclados. En una época, también Hilda aportaba mucho movimiento", recuerda Mauro Rogatti, asistente de guitarras de García López, que fue ganando medallas y que sería ascendido con el correr del tiempo.

Al año siguiente, más allá de algunas fechas en el verano, Charly se puso a diseñar un proyecto importante: *Líneas paralelas*. El inicio del plan tenía que ver con la concreción del viejo anhelo de tocar en el Teatro Colón, lo que sucedería 23 y 30 de septiembre de 2013, y esos conciertos vendrían acompañados de su primer libro también llamado *Líneas paralelas (Artificio imposible)*. La idea central era muy vieja y se remonta al tiempo en que Charly conoció a Yoko Ono, muy presente en el libro, y sostiene el postulado de que las líneas paralelas se juntan en el infinito. Es más: de modo muy tosco fue plasmada en *Sí (Detrás de las paredes)*, el disco "en vivo" que documentó la reunión de Sui Generis en el estadio Boca Juniors durante el 2000.

Lo mejor que tiene el libro es que logra captar gráficamente el estilo intervencionista que Charly ha venido desarrollando por décadas. Su casa solía estar llena de libros sobre los que él colocaba su impronta y añadía dibujos, rayas, coloraturas y roturas, cosa que también hacía sobre tapas de discos o sobres internos de los mismos. Los dibujos propios tienen un estilo con semejanzas a algunos trabajos de Jean Michel Basquiat, un artista que desafortunadamente murió a los 27 años, y que fue parte del neoimpresionismo de los 80, muy presente en Nueva York, cuyas calles Charly fatigó en aquella década.

Los textos son escritos que Charly puso sobre papel, y que después se imprimieron tipográficamente para mayor comprensión. Más que viejas ideas, son antiguas obsesiones que no parecen haberlo abandonado: la idea del artista excluido por ser diferente, la tercera nota que le da el sexo al acorde (su ausencia lo hace andrógino, según él), la citarina que tocó de chico; definiciones físicas o musicales de manual impresas sobre hojas que parecen haber sobrevivido a un incendio. Letras, partituras e ilustraciones componen un libro que tiene un orden a partir del desorden. Los dibujos arrojan claves, apenas perceptibles. *Líneas paralelas (Artificio imposible)* es un libro hecho instalación, diferente, divertido, diverso, divergente: acaso la idea original que tenía para este otro libro que el lector sostiene entre sus manos.

La marcha hacia los conciertos en el Teatro Colón fue menos asfaltada y concluyó con el reemplazo de Alejandro Terán por Patricio Villarejo como arreglador. Se dijo que la desvinculación del primero fue a los gritos, pero el propio Terán lo desmintió al autor de este libro. Da la impresión de que Terán hizo una partitura muy ambiciosa y Charly quería algo más simple que Villarejo le proporcionó. A Juan Alberto Badía le sucedió lo mismo cuando filmó *60 x 60*: "Yo había hecho una producción de 16 cámaras distribuidas estratégicamente y Charly me pidió que fueran menos porque se parecía a una película y él quería que vieran un recital"[41].

Bajo la dirección estética de Renata Schussheim (eso explica el look de Charly, parecido al que lució en la presentación de *Piano Bar* en 1985), el espectáculo fue visualmente atractivo y musicalmente agradable. Se podía advertir algún desacople, pero se notó que Charly estaba muy concentrado y que había planteado una lista de temas muy ambiciosa, bien pensada, que le daba espacio a la orquesta para que se luciera; que no se había estacionado en la idea de los grandes éxitos, sino que tomó caminos insospechados cuando interpretó temas instrumentales de *Pubis angelical*, o sacó de su vitrina grandes canciones como "No te dejes desanimar", "Vos también estabas verde" o "Reloj de plastilina". Más allá de la performance de Jean François Casanova en una sección instrumental de "Tango en segunda",

---

41. En conversación con Sergio Marchi.

los invitados parecieron seleccionados con precisión: Bernardo Baraj subió al escenario para "Constant Concept", un tema instrumental del álbum *Say No More*, rara vez interpretado en vivo, mientras que Pedro Aznar y Bernard Fowler (coreuta de The Rolling Stones) se sumaron al final para "Happy And Real". La nota emotiva de la noche la constituyó la voz de Mercedes Sosa cantando "Cuchillos", mientras el escenario era surcado por un láser rojo y otro azul, simbolizando las "líneas paralelas", ese artificio imposible que García tornó real y feliz.

Fue una pena que un trastorno de salud le impidiera a Charly compartir escenario con Fito Páez a mediados de noviembre en El Campín de Colombia. Los medios titularon con la palabra "preinfarto" pero el percance pareció más una suba de presión arterial. Todo el mundo se asustó y al tiempo que Charly era internado en un sanatorio de Bogotá, el empresario tuvo que explicar que el artista no brindaría su show, justo después de que Fito Páez se despidiera anunciándolo. Este, al igual que el de Córdoba durante su show en el Orfeo, fue un hecho aislado que, no sin lógica, dio lugar a muchas especulaciones. García no parecería ser un paciente cardíaco porque estos hechos no volvieron a repetirse, aunque sí habría más descompensaciones, una de ellas en público, donde Charly pediría a gritos que corrieran el telón. A diferencia de etapas anteriores, en este nuevo tiempo, el músico aceptó el socorro de la medicina. Ya contaba con 62 años y no podía actuar con la inconsciencia de los 57. Al menos había aceptado eso. En Colombia le prescribieron 48 horas de reposo y nada más.

En los años siguientes, Charly se presentaría en vivo muchísimo menos. Tampoco es que en los anteriores tocara tan seguido: 22 shows en un año es una cifra muy baja para un artista de su magnitud. Pero la frecuencia decaería notablemente. En parte era su salud, que no le permitía estar tan activo, pero por otro lado había distintas urgencias que atender. Tras su aparición en el Cosquín Rock 2014, no hubo más shows, y eso coincidió con un tiempo que se acababa, que era el de su residencia en el palacio Los Patos, donde ya había transitado por dos departamentos diferentes. Se vencía el plazo y se imponía un destino ineludible: que Charly volviera a su departamento de Coronel Díaz. Había una interminable serie de impedimentos que derivaban de un inmueble destruido por su dueño y por el tiempo.

De manera que Charly tuvo que estar un tiempo de gira interna: viviendo en hoteles. Al comienzo fue el Hotel Faena, que tenía todo el glamour que García adoraba. Pero el precio era altísimo y por más amistad que hubiese habido entre Charly y el dueño del hotel, le cobraban todo y más también. Comenzaron por ajustar gastos y comprarle el whisky en un kiosco situado a la vuelta del hotel para no pagar un disparate por una botella. Más tarde, García aceptó cambiar a hoteles más modestos y contrarreloj, Mecha Iñigo se puso a trabajar en lo que todos coinciden que fue su mejor obra: la reconstrucción de Coronel Díaz, que insumió un tiempo y un costo altísimo. No solamente en dinero. La salud y la vida junto a Charly le cobraron un caro importe a Mecha, que tuvo que encarar un proceso de recuperación de su salud en El Diquecito, Córdoba, donde hay una clínica de primer nivel que trabaja con pacientes con problemas de peso, estrés, adicciones y dependencias. Le insumió un mes y medio volver a recuperar cierto equilibrio, tiempo en el que Charly estuvo custodiado por enfermeras, acompañantes terapéuticos, su secretario y un asistente con el que congenió muy bien: Mauro Rogatti, que vio muy de cerca cómo la muerte del Negro García López impactó sobre la psiquis de García. "Perder al Negro lo destrozó —revela—, fue terrible para todos, pero él lo sintió un poco más".

Carlos Alberto García López fue uno de los grandes guitarristas de la historia del rock argentino: un Slash antes de Slash. Su estilo rockero, aguerrido, filoso, vistoso, combinado con una presencia escénica notable se robaba las miradas de cualquier show en el que estuviera sobre el escenario. Trascendió a través del grupo La Torre a comienzos de los 80, y luego pasó a integrar la banda de Miguel Mateos. Hasta que en 1987, Charly García se vio obligado a renovar su plantel y entró en su banda junto con Fernando Samalea, Fabián Quintiero, Fernando Lupano y Alfi Martins en el momento en que el músico preparaba las presentaciones en vivo de *Parte de la religión*. Charly lo adoraba más allá de sus dotes musicales porque era su mejor compañero en las travesuras y el que no se achicaba en los momentos bravos. En uno de los tantos arrestos en Mendoza, el Negro quiso acompañar a García y no lo dejaban.

—¿Qué tengo qué hacer para ir con él? —le preguntó a un oficial.

—Y... te tenés que mandar alguna.

—Bueno —dijo García López, y le encajó una trompada al uniformado.

Charly recompensó esa lealtad de su guitarrista con unas minivacaciones en Río de Janeiro. Cuando el Negro encaró su carrera solista, fue reemplazado por María Gabriela Epumer, pero volvió a la banda integrando una formación que conoció los naufragios de los shows del teatro Ópera en 1996. Y como todos, cuando la banda se disolvió, se consideró despedido e inició acciones legales. Pero a diferencia de los demás, apenas medió un gesto conciliatorio depuso todas sus demandas. Los dos se querían y mucho. A los 55 años, el Negro perdió la vida en un accidente automovilístico el 27 de septiembre de 2014, cuando regresaba a Buenos Aires después de ir a rodar un videoclip perteneciente a una canción como solista en el campo de Ricardo Iorio. Con la ruta atestada de camiones a la noche, quiso pasar a uno y no alcanzó a divisar una camioneta que salía de un campo con las luces apagadas. El choque fue tremendo y el Negro perdió la vida en el acto. Todos los músicos acudieron a su velatorio a la tarde de uno de los domingos más tristes que el rock argentino haya conocido. García López era querido por todo el ambiente, no sólo por su excelente dominio de la guitarra, sino por su buen humor, su sonrisa eterna y esa picardía de porteño a la que le metía una simpatía única.

Nada volvería a ser lo que fue en la banda de Charly sin el Negro, que además supo combinarse con Kiuge Hayashida, el guitarrista chileno que tenía un estilo bastante afín. Sin lugar a dudas, éste fue el fin de una era para Charly, que ya venía golpeado por la muerte de Gustavo Cerati, a quien también había querido mucho y había visitado en la clínica durante su coma de cuatro años. Demasiadas muertes en un momento muy incierto de su vida, donde además de deambular de hotel en hotel, su cuerpo comenzaba a acusar recibo de los años en que no lo cuidó.

— • —

Mauro Rogatti, hijo de otro legendario guitarrista, Eduardo Rogatti, era el asistente de guitarras del Negro García López, y luego de su muerte le propusieron ser el asistente de Charly. Aunque muchas veces jugó el papel de hombre de emergencia cuando Mecha no podía más con García y necesitaba un respiro. El problema era que el trabajo que a Rogatti le rendía mejor económicamente era su tarea como asistente de Miguel Mateos, y Mecha le exigía lealtad con Charly pero no pagaba lo suficiente como para tenerlo exclusivamente a su servicio.

"Comencé a trabajar directamente con Charly después de la muerte del Negro —cuenta Mauro—; cuando sucedió, yo estaba de gira con Serrat y Sabina. Pero me fui incorporando durante el tiempo en que ellos vivían en hoteles porque el departamento de Coronel Díaz no estaba habitable. Mecha lo dejó diez puntos, pero tenía dudas porque estaba distanciada de Migue, el hijo de Charly, que vivía dos pisos más abajo. Mi trabajo con García era facilitarle lo que él quisiera hacer, ese siempre era el plan A. Pero aprendí que con él siempre tenías que tener un plan B, por si falla el primero; tener alguna salida, llevarlo hacia otro lado. Por ejemplo, me pedía conectar un iPad con un teclado Casio, que son incompatibles, entonces le conseguía un iRig, que es una interfaz de audio, con eso le conectaba un pianito al iPad y lo llevaba por ahí. O le hablaba de Jimmy Page, sabiendo que había una viola cerca. Listo, agarró eso y se fue por ese lado".

Esos juegos lo fueron llevando a Charly por el lado de la creación, sobre todo a medida que se le revelaban los secretos y las posibilidades del iPad que vienen con el Garage Band incorporado. "Él no tenía mucha idea de cómo usarlo —prosigue Rogatti—, pero era parecido al teléfono y le gustó. Cosa rara porque odia los teléfonos celulares. Al comienzo se mandó mil cagadas con el iPad, entonces yo se los reemplazaba: lo he llegado a ver con pilas de siete u ocho iPads". Ya manejaba relativamente bien el artefacto cuando recibió una invitación del popular grupo uruguayo No Te Va Gustar, que estaba grabando bajo la producción de Joe Blaney. Llegó al estudio y pidió que le conectaran un iPad y grabó un teclado para el tema "Comodín". Es más: el 12 de abril de 2015 consintió en subir al escenario de Vélez donde los uruguayos presentaron *El tiempo avanza otra vez* para tocar en el medley de "No voy en tren/ Comodín".

"La rutina de Charly era despertarse a las dos de la tarde —prosigue Rogatti—, prendía el iPad, miraba televisión; al principio veía *Intrusos* pero luego se pasó a *Bendita Televisión*. Desayunaba con jugo de naranja, café con leche al que le ponía azúcar a morir, Coca-Cola, cigarrillos, auriculares, compact-disc, y después veía qué otra cosa. Más a la noche, whisky o Baileys. No hablaba mucho con la banda, pero a la que adoraba era a Rosario Ortega; estaba como enamorado, quería que estuviese todo el tiempo, locura por ella". Un detalle es que Rosario y Mecha tienen bastantes similitudes físicas y que dan precisión del tipo de chicas que le gustan a Charly: morochas, delgaditas, no muy exuberantes, siempre jovencitas, tal vez porque se veía a sí mismo de esa manera: *forever young*.

En estos años, Charly pudo darse el gusto de conocer a muchos de sus héroes, como Roger McGuinn, aunque no siempre lograba tocar con ellos, ni tampoco lo intentaba porque sabía que no estaba en sus mejores condiciones. Uno de los encuentros más anhelados por él se cumplió en 2017 cuando, por fin, The Who pudo tocar en Argentina como soporte de Guns N' Roses en el estadio Único de La Plata. A través de José Palazzo, lo más parecido a un mánager que ha tenido en sus últimos diez años, y las relaciones públicas de Fabián Quintiero, pudo acceder al *hospitality zone* de The Who, donde Roger Daltrey y Pete Townshend lo recibieron con la mayor de las consideraciones, firmaron el ejemplar de *Quadrophenia* que Charly llevó a tal efecto y, para retribuir gentilezas, Charly les obsequió un vinilo de *Clics modernos*. García se quedó impresionado con una frase que Pete le dijo y la repitió en varias oportunidades: "En ocasiones, hay que aprender a morir, más que a vivir". Era paradójico; la dijo el hombre que escribió "espero morir antes de llegar a viejo", a otro que a su vez cantó "sabés que no aprendí a vivir".

Para García, conocer a un beatle fue algo tan conmocionante que ni siquiera la presencia tranquilizadora de David Lebón a su lado pudo atemperar. Eso sucedió en los bosques de Palermo, marzo de 2015, cuando Ringo Starr se presentó junto a su All-Starr Band. "Ringo se asustó con Charly —recuerda Mauro Rogatti—, estaba como un nene, muy sacado y no se quería ir. Ringo se puso nervioso. Pero con el que me quemaba la cabeza era con Todd Rundgren, que venía como miembro de la banda de Ringo, y pudieron encontrarse en el Four Seasons. Esos dos se llevaban bárbaro: uno más loco que el otro". "Alguien me preguntó alguna vez —explicó Todd Rundgren— si sabía que había una versión de una de mis canciones en Sudamérica. Entonces la busqué y la escuché y me pareció una gran variación de mi interpretación. Mucha gente, cuando hace una versión, realiza casi una copia del original, algo muy literal. Lo que me gustó de la versión que hizo Charly de 'Influenza' es que se trató de una idea muy diferente, y disfruté mucho escucharla del modo en que él la oyó. Me encantó el video y los pantalones rayados que usa en él. Se lo ve aparecer, como en sombras; no sé cuándo se hizo pero me pareció un video muy moderno"[42].

Si ante la presencia de Ringo Starr, Charly García se sintió desbordado por su fan interior, es casi imposible imaginar cómo se sintió cuando el destino lo puso al alcance de Paul McCartney en 2016. Más que el destino fue José Palazzo, que era coproductor del show del exbeatle en Córdoba y que lógicamente tenía acceso a camarines. Con buen criterio, Palazzo invitó a Charly a ver el show de Paul en Córdoba dejándole entrever que podría llegar a conocerlo, pero situando en lo remoto la posibilidad. Equilibró las cargas lo suficiente como para que Charly fuera y no se pusiera inmanejable. Paul tiene una agenda muy estricta diseñada por sus asistentes, pero es lo suficientemente inteligente como para saber cuándo quebrarla. García no figuraba en su listado de actividades, pero Palazzo insistió a través de Fernando Moya, el que verdaderamente era el gestor de la visita de Paul y logró que incluyeran el nombre de Charly luego del saludo al intendente. "Charly García: local star", así figuraba en la lista de Paul. García, que nunca fue tonto, sabía que sus chances eran mayores de lo que se le decía.

Con mucha cintura, Paul salió de su camarín y saludó con flema británica al intendente de la ciudad de Córdoba y olfateó a la estrella local y lo primereó.

—¡Hey, Charly! —le gritó mientras se despedía de la autoridad cordobesa.

García no se lo esperaba. Había llevado una guitarra para obsequiarle y tenía en mente sobre qué podía hablarle, pero Paul McCartney lo había llamado por su nombre y eso fue un torpedo sobre su línea de flotación. Paul fue rápido a darle un abrazo y le habló en castellano, mientras Charly balbuceó algo en inglés, alguien les pidió que se pusieran juntos para una foto, Paul agradeció la guitarra, y le dijo al oído: "You are a rock'n roll star" y se fue. Charly es rápido pero no alcanzó a reac-

---

42. En entrevista con Sergio Marchi.

cionar. ¡Paul sabía quién era! Y no sólo eso: ¡Paul McCartney sabía que Charly García era una estrella de rock! Si eso no lo afectó cardíacamente era simplemente porque su corazón era más fuerte de lo que todos pensaban, Charly incluido.

— • —

En el mes de febrero de 2015, Charly participó de una sitcom llamada *Viuda e hijos del rock and roll*, obviamente inspirada por la banda Viuda E Hijas de Roque Enroll en su nombre, pero que tenía una ligazón con Bernardo Bergeret, que fue no sólo el productor que creó el grupo de chicas sino también uno de los directores artísticos de la emisora Z-95, un boom a fines de los 80 y principios de los 90 por capitalizar la atención de los jóvenes a través de la música tecno. En la ficción, Julieta Ortega encarnaba a Sandra, directora de una radio llamada "Zeta-Rock" que consigue que Charly vaya a tocar a una fiesta de la emisora. En el trayecto en limusina, Charly aprovecha para tirar algunos conceptos de los que ya había hablado en décadas anteriores, como "una radio que se vea" (hoy eso es realidad), y contarle sobre Orson Welles y "La guerra de los mundos", un episodio radial que en 1938 aterrorizó a Estados Unidos. Cuando arriban a destino, un desbocado Fernán Mirás hace de fan de Charly, en una interpretación genial porque algunos de los fans más locos de García son exactamente así de desorbitados.

Lo importante de todo esto son dos cosas. La primera es que Charly habla de que está haciendo dos películas, una basada en su actuación en el Teatro Colón, que fue registrada nada menos que por Daniel García Moreno, su hermano, y otra película de "Yoko como yo"; cuenta que está filmando, robando de otras películas y le muestra un tráiler que el chofer proyecta en la limusina. En él, se ve a Charly saliendo de Los Patos y entrando a otra limusina mucho mejor pertrechada con botellitas y los títulos que anticipan: "¡Sin música! ¡Sin cámaras! ¡Sin extras! ¡Sin argumento! ¡Sin película! Sean ustedes los primeros y únicos que disfrutarán el placer del autoconvencimiento: Say No More". Luego, Antonio Birabent, uno de los presentadores de la radio ficticia, lo presenta y aparece Charly con un bajo Hofner como el de Paul McCartney, tocando sobre la pista de "Parte de la religión".

Mientras Charly toca y se roba las miradas, una pantalla por detrás proyecta una sucesión de imágenes que pertenecen a la película que en verdad Charly estaba rodando. Era como un gran collage que se editó en Underground, la productora de Sebastián Ortega. No debería llamar a asombro que alguna vez esa película se estrene en la vida real, porque el film llegó a su edición final y sólo faltaba que Charly lo viera para dar su aprobación. Nunca lo hizo. Jamás lograron que fuera a visualizar su propio film y luego sucedieron cosas que alejaron aún más la posibilidad de finalizar verdaderamente el proyecto. Todo se construye y se destruye tan rápidamente...

En la ficción televisiva, la canción termina, todos aplauden, y luego la secuencia pasa a otro plano con Charly en el teclado y un gran pez azul que preside la escena en donde el músico presenta sin fanfarria, sin alboroto y también tocando sobre una pista su precario teclado, una canción absolutamente inédita. No se trataba de ninguna de las cinco canciones que había registrado en 2008 en el estudio de Palito Ortega. Esto era algo completamente nuevo, y no una vieja idea regurgitada y presentada como novedad, modus operandi típico de García. No, "La máquina de ser feliz" aún no poseía la que después sería su forma definitiva, pese a que Charly la hizo funcionar en aquel verano de 2015. Lo veía como la fundación de una nueva religión: La Iglesia del Pescado. Pero todavía no había llamado a misa.

El que sí había abierto la capilla era Palito Ortega. Siempre se habló de los supuestos beneficios que habría obtenido por ayudar a Charly García, argumentos que terminan naufragando en los océanos de las teorías conspirativas jamás demostradas. Si algo se llevó Palito de todo esto fue un renacer de su carrera artística, como si todo el proceso de ayudar a su amigo, tan vinculado al rock, le hubiera sacudido alguna cuerda interna cuyas vibraciones terminaron concretándose en nuevos proyectos como una serie de presentaciones en el Luna Park que terminaron en un disco en vivo: *El Concierto* (2011). Al año siguiente, viajó a Estados Unidos a registrar *Por los caminos del rey*, siguiendo la ruta de su admirado Elvis Presley, que lo llevó a Memphis, Nashville y Los Ángeles, tres ciudades en las que Elvis solía grabar. En 2015 publicó un álbum nuevo titulado *Cantando con amigos*, que contiene una canción cuyo protagonista es Charly: "A mi amigo le gusta el rock". Arranca con un sample de "Reloj de plastilina" y al final del tema utiliza otro de "No voy en tren". Aparentemente contento con los resultados, en 2017 editó *Rock & Roll*, haciendo covers en castellano de Chuck Berry, Carl Perkins, Little Richard y otros popularizados por Elvis Presley. Lógicamente, contó con algunas notas de piano tocadas por García para su versión de "Popotitos", que también canta la parte del aire fuerte que parece hacer volar a la protagonista. En definitiva, la experiencia con Charly le hizo recuperar cierta fibra de rock and roll que había estado sujetada por su gigantesco éxito como cantante popular. Así como Charly fue influenciado por El Club del Clan en su niñez, García inspiró a Palito unas cuantas décadas más tarde.

Charly se daba máquina en Coronel Díaz escuchando música, grabando con el iPad, experimentando con equipos, cables, instrumentos y parlantes. "Escuchaba desde David Crosby —cuenta Mauro— hasta Marilyn Manson, que era un quilombo. También se copaba con Sly & The Family Stone, Led Zeppelin, The Who, sampleaba cosas: iba de Sex Pistols a Dire Straits. Mucho Prince, le encantaba. Y también escuchaba The Plasmatics: quería prender fuego el escenario en su próximo show, hacer lo que hacían ellos. Decía que él lo iba a hacer bien, que los de Cromañón fueron unos pelotudos que quemaron todo. Quería poner un auto y cortarlo a la mitad con una sierra, que hubiera sangre, fuego. Yo le decía que no se puede hacer eso. Y él insistía con que sí".

Todas esas ideas volaron por los aires con la detonación de una bomba real, de la que se tuvo noticia el 13 de julio de 2015 cuando Charly fue internado en el sanatorio Fleni. Cuando se quiso conocer la causa de su ingreso la versión que se dio fue, cuanto menos, confusa. Habría sido internado por una sobredosis aunque se utilizó el eufemismo de "sobreconsumo"... de analgésicos, los que le habrían causado una hemorragia digestiva. Esa cantidad excesiva de calmantes habría sido provocada por un intenso dolor a raíz de un golpe en la cintura, que le provocó una fisura de cadera. Tuvo que someterse a una cirugía, que luego derivaría en otra operación en marzo de 2016 en la cual le pusieron una prótesis. Una situación muy simple se complicó en la comunicación por querer disimular un accidente del que nadie está exento. La prensa también se impresionó al verlo en silla de ruedas cuando Charly insistió en tocar en un homenaje al Negro García López en el Club Palermo en el mes de noviembre de 2015. Parecen haber quedado en el olvido sus presentaciones de *La hija de la Lágrima* en el teatro Ópera (1994) en las que subió al escenario en silla de ruedas. Aunque en ese entonces nadie se asustó porque Charly venía haciendo algunos escándalos y se trataba de una puesta teatral. En 2015, la situación era diferente y García tenía veintiún años más.

Sorprendió que finalizando el mes de julio Charly García emitiera un comunicado de repudio a una imitación que los actores Benjamín Rojas y Felipe Colombo hicieron de él y Luis Alberto Spinetta interpretando "Rezo por vos". Sobre todo porque el tono del comunicado parecía más redactado por alguien más vinculado a lo legal que por el propio Charly:

Ante la emisión del programa Tu cara me suena por Telefé, Benjamín Rojas y Felipe Colombo interpretaron una versión de REZO POR VOS. Dejo expresa constancia que dicha "parodia" es categóricamente repudiada por los siguientes fundamentos:

REZO POR VOS es una obra que nació desde la colaboración entre los dos máximos referentes del rock argentino. La misma fue enviada a su Santidad, el PAPA FRANCISCO, a través de monseñor Guillermo Karcher. El Sumo Pontífice en sus audiencias públicas o viajes oficiales pide que recemos por él, y REZO POR VOS es el himno a dicho pedido, con lo cual no corresponde ni desde la parodia, ni desde lo caricaturesco destrozar el espíritu de dicha canción.

REZO POR VOS, representa la historia de Jesucristo, su encarnación por obra del espíritu santo: "La indómita luz / se hizo carne en mí...'", su sacrificio en la cruz: "...Hice el sacrificio / Abracé la cruz al amanecer...", y su resurrección "...Morí sin morir (...) y curé mis heridas/ y me encendí de amor/ de amor sagrado/ y entonces rezo..."

Respetemos la obra, su espíritu, y a nuestro querido Luis Alberto Spinetta.

En primer lugar, la parodia no pareció tal cosa: tenía más espíritu de homenaje y un divertido paso de comedia inspirado en la presentación de Charly en su Concierto Subacuático que tuvo como invitado a Spinetta. En segundo término, no parecen palabras que García utilice. También sería la primera vez que se interpretase que "Rezo por vos" representaba la historia de Jesucristo y que Charly se ofendiese por algo tan nimio. Justamente él, que cuando fracasó el intento de hacer un disco con Spinetta (autor de la mayor parte de la canción), entre otras cosas por un incendio cuyas causas explica en este mismo libro[43], le dijo a su entonces compañero musical: "¡Esto nos pasa por hacer canciones religiosas!".

---

43. Ver capítulo 24.

Da la impresión de que alguien escribió esto en su nombre, quizás por orden de algún allegado a Charly. En ese entonces, García estaba patrocinado legalmente por la Dra. Karina Bardiani, cuyo apellido vinculado a Charly García podría prestarse a algún chascarrillo, al que este libro se sustrae aunque la oportunidad sea tentadora. Felipe Colombo enseguida pidió disculpas por un paso de comedia inofensivo.

— • —

Los comunicados prosiguieron y la oportunidad la trajo el recambio presidencial de 2015. Tras 12 años de mandato presidencial, el kirchnerismo fue derrotado en las urnas por la coalición Cambiemos, y a una semana de la asunción de Mauricio Macri como presidente, Charly García arremetía, ya sí con su impronta, contra la designación de un funcionario que décadas atrás escribió un libro llamado *Montoneros, soldados de Massera*, en base a testimonios recabados de militares vinculados a la dictadura militar que devastó Argentina entre 1976 y 1983. Que el comunicado llegara a las redes sociales y a los medios de la mano de Gabriela Cerruti, experiodista y cuadro político del kirchnerismo, llamó la atención. Mecha Iñigo y su familia son militantes de la misma tendencia política. Pero esta vez, es claramente Charly quien empuña la pluma (o el dictado) y la dirige a Hernán Lombardi, que fue secretario de Medios de Cambiemos, quejándose por la designación de Carlos Manfroni como subsecretario de Asuntos Legislativos del Ministerio de Seguridad.

Sr. Hernan Lombardi:

Hace unos días mis amigos vinieron a visitarme con un ejemplar del Diario Página/12 y debo reconocer que no tengo ninguna "culpa", ni pienso entrar en una guerra con el gobierno.

Mi política es la de los insectos. Los insectos no tienen política, ni vanidad, ni ego.

Cuando fueron mis funciones en el Teatro Colón, más allá de muchas desprolijidades, usted me cayó simpático y me pareció que comprendía mi obra.

Ahora, resulta que soy un animal, pervertido, drogadicto, homosexual, etc.

Hágame un favor, a mí y a los demás que trabajan por el arte y con buena intención.

Si este pensamiento está con ustedes, (QUE YA LO VEO ASI) van a corroborar que soy todo eso.

¿Será que tener un cargo público arruina a la gente?

Merezco una disculpa.

Yo compuse Los Dinosaurios, y luché contra la dictadura y ¿UN PELOTUDO está en contra de la Revolución Francesa? ¿De John Lennon? ¿Del amor?

No cuenten conmigo, ignorantes. Siento que la lucha fue en vano,

Pero aun así, estaremos presentes en nuestras letras… todos nosotros… como en aquellas épocas negras.

Charly García

¿A qué respondía Charly? A un párrafo del citado libro de Manfroni (que ni siquiera llegó a asumir su cargo) en el que aseguraba que "la música rock es el movimiento 'artístico' más subversivo, anticristiano, antimetafísico y contracultural de todos los tiempos. La 'filosofía' del rock conduce al deseo desesperado de la muerte e induce al suicidio, como lo demuestran las letras de las canciones de Charly García, Spinetta y Moris. Ofrece la posibilidad de convertirse en un animal o un marica". Para que la información sea completa, hay que volver a citar a Charly y a su pedido a Gabriela Cerruti (más adelante vocera presidencial del gobierno de Alberto Fernández) de hacer conocer su comunicado. "Me internaron muchas veces, pero no soy paranoico. Y sin embargo veo todo muy feo. No soy macrista ni kirchnerista, soy Charly, soy del aire. Pero quiero que se conozca esta carta". Era pertinente: le estaba respondiendo a un dinosaurio. Aunque resultó raro que se la dirigiera al secretario de Medios cuando en realidad el personaje cuestionado era una figura propuesta a asumir funciones en el Ministerio de Seguridad. Es realmente difícil que Charly haya tenido la oportunidad de leer el libro de Manfroni. Da la impresión que alguien sí lo leyó y encontró la oportunidad de hacer una operación política utilizando a García como ariete.

Manfroni respondió que había escrito eso a los veinte años y que cuarenta y dos años después no pensaba de esa manera. "Lo comprendo perfectamente y lo lamento mucho. Lamento en ese momento haber escrito esa cosa que ni siquiera recuerdo. En cuanto pueda sentirse ofendido, le pido disculpas. Yo no pienso así hoy". Más adelante, Charly haría comentarios sobre la presidente Cristina Fernández de Kirchner ("Me parecía muy autoritaria") y sobre Mauricio Macri, en quien no confiaba porque brindaba con agua[44]. Según Charly, compartieron una noche de Año Nuevo junto a Alan Faena en Punta del Este, Uruguay. Jamás trascendió una foto de aquella velada, lo que es muy raro dada la trascendencia de los personajes, que deben haber estado en compañía de sus familiares.

---

44. Revista *Rolling Stone*. 2018. Entrevista de Claudio Kleiman y Pablo Plotkin.

42. Amigos de Dios

No me mostrés tus celulares/ Con su gramática fatal.
CHARLY GARCÍA, "PRIMAVERA".

A mediados de 2016 se supo que Charly García estaba trabajando en un nuevo disco. El pulso maestro de Fernando Samalea venía empujando la idea desde hacía un par de años. Y finalmente florecía.

—Estoy con Charly, que anda con muchas ganas de grabar y pensé en vos.

—Genial. ¿Qué es lo que quiere hacer?

—Y, hay que ver qué decide él.

—Yo quiero hacer un disco. ¿Hay temas?

—Sí, pero hay que ir buscando.

Nelson Pombal, músico y productor del sur bonaerense, se sorprendió sobre todo porque había leído con tristeza que Charly García había declarado que no iba a componer nuevas canciones. "Después del Cosquín Rock en 2014 —cuenta Nelson—, se guardó, no siguió tocando, y me dio pena lo que dijo". El llamado de Samalea le cambió la polaridad, sobre todo cuando Charly se puso al teléfono e intercambiaron palabras. "No le entendí mucho, pero quería grabar". Nelson no era un extraño para Charly porque ya lo había visto en el estudio Los Pájaros, de Palito Ortega.

Existieron dos intentos previos que naufragaron por esa capacidad de García de enfilar el Titanic hacia el iceberg. Sucedieron en distintos lugares. El primero de ellos fue en los estudios Catedral, propiedad de Fernando Caloia y Nicolás Ottavianelli, miembros del grupo Turf, durante algunos tramos de 2014. "García grabó varios demos allí —prosigue Nelson—, porque son amigos desde hace muchos años y les tenía confianza. Charly se sentía muy cómodo con ellos". Pero esos demos no terminaban de converger en un proyecto discográfico. También hubo otras sesiones, en octubre de 2015, en el estudio Del Abasto al Pasto Monsterland, del prestigioso ingeniero Álvaro Villagra, que grabó a Pappo, Ricardo Iorio, Fabulosos Cadillacs, Carlos Santana, Los Pericos, Joan Manuel Serrat y siguen las firmas.

"Un día me llamó Vivi Stallone —cuenta Álvaro—, que por aquel entonces era su mánager, y me dijo que Charly quería venir a grabar al estudio. '¡Vengan ya! Charly es mi músico favorito de la Argentina, y está muy lejos del segundo. Pero como yo grabé mucho con Pappo y Ricardo Iorio, mucha gente no me relaciona con él'. Ese día lo trajeron en una camioneta que parecía una ambulancia. La situación era una locura porque Charly grababa todo en un iPad, hacía una mezcla él, borraba todo lo demás, y quedaba esa mezcla suya que era un delirio chino. Entonces empezaron a rescatar las cosas del iPad antes que él las borrara, y se vino con todas esas pistas que tenía, su iPad y con un tecladito que parecía una calculadora Casio. ¡Era increíble cómo manejaba ese iPad y ese tecladito! Yo no lo podía creer, no entendía cómo hacía para tocar ahí, para manejar el iPad a esa velocidad. Aparte se grababa la voz también y en el retorno se ponía su propia voz pero sonando como si fuera una ardilla. Una locura, increíble, y me lo fue mostrando en el estudio".

Charly tenía que rellenar temas, grabar bien las voces, algún teclado, y Álvaro, muy previsor, le tenía preparado un teclado Nord y el piano acústico bien afinado que supo ser del Padre

Segade, que fue quien hizo todos los arreglos corales de la *Misa Criolla*: un cura músico que le vendió el piano a José Villagra, el padre de Álvaro, también ingeniero de grabación, que trabajó con personajes de la talla de Chico Novarro, Jairo, Les Luthiers, Nacha Guevara, Ringo Bonavena, Edmundo Rivero y hasta Billy Bond y La Pesada del Rock and Roll. "Le puse dos micrófonos Neumann para grabar la voz, otros dos más en el teclado y uno en el control por si quería cantar acá porque estaba en silla de ruedas. Comenzó grabando cosas con el tecladito suyo y después lo fui guiando porque se distraía. ¿No querés grabar una voz? ¿Querés ir al piano? En un momento comenzó a cantar la letra de otro tema; yo me daba cuenta porque tenía la referencia y la letra que salía era otra".

Se paró la grabación y comenzaron a escribirle la letra en varias hojas, con letra bien grande. Lo gracioso es que Mauricio, el asistente de Álvaro, tenía que ir siguiéndolo a Charly con un segundo micrófono en la mano porque no dirigía su voz hacia el micrófono principal. "El tema era 'Primavera', pero sólo cantó un pedacito y comenzó a romper el papel a tempo, y así fue rompiendo todas las hojas rítmicamente y quedaron todos los pedacitos de papel tirados por el piso".

—¡Hice un solo de hoja! —exclamó Charly.

"Básicamente grabamos teclados arriba de lo que estaba —prosigue Villagra—, y grabamos las letras de lo que pudimos lograr que cantara. Fueron cinco o seis horas de eso y después le pregunto si quiere tocar el piano. Me dice que sí, entonces lo llevé frente al piano de cola y lo grabé. ¡Y fue glorioso! Toda la locura se esfumó y tocaba de una manera que no se podía creer. Era otro tipo. Pero yo escuchaba un ruido rarísimo y me pregunté si tenía pulseras puestas. Hasta que me di cuenta de que tocaba con las uñas, porque él tiene los dedos torcidos. Pero fue algo increíble, tocó temas de The Who, de Bob Dylan, 'Mrs. Robinson' de Simon & Garfunkel, se inventó una canción en el momento, contaba cosas, me explicaba cómo era la estructura de una canción pop. Además cantaba suavecito y tenía una voz divina, no como cuando canta fuerte que ahora le cuesta".

En algún momento, sucedió algo para la historia, preparado por Álvaro que le propuso a Charly grabar con una guitarra que, aparentemente, fue el instrumento con el que Luis Alberto Spinetta registró su inolvidable "Muchacha (Ojos de papel)": una Fender Shenandoah 1963 de 12 cuerdas. "Fue Ricardo Mollo —continúa Álvaro— el que me explicó por dónde había pasado esa guitarra, con la que también se grabó 'Una casa con diez pinos' de Manal. Y subí un video en Instagram con él tocando un tema que no recuerdo[45]. Antes que se fuera le hice firmar la consola y él escribió 'Charly console'. Y en un momento me mira y me dice que me parezco a Vitico".

—Qué raro que me digas eso, Charly —comentó Álvaro.

—Vitico era malo, le pegaba a Nito.

Es probable que Charly confunda a Vitico con Pappo en el recuerdo, porque cuando Polifemo tocó en el Luna Park, Pappo se cruzó con Nito en camarines y le encajó un tortazo sin mediar palabras. Mestre siempre minimizó ese encuentro y comentó que incluso se han llegado a prestar autos en la costa. Álvaro, intrigado, consultó a Vitico sobre el asunto.

—Che, Vitico. Estuvo Charly grabando y me dijo que vos le pegabas a Nito. ¿Es verdad?

—Puede ser... —la dejó picando enigmáticamente Vitico.

Para Álvaro Villagra la grabación de Charly García en su estudio fue la consumación de un sueño, dada su admiración, a tal punto que no canceló la sesión pese a que lo aquejaba un fuerte dolor de muelas. Le pidió a un dentista conocido en Luján que fuera a atenderlo a su estudio. El odontólogo concurrió acompañado por su mujer, que también era su asistente, y los dos se pusieron los guardapolvos reglamentarios y aguardaron en la sala de espera. Charly alcanzó a verlos.

---

45. El tema es "Out On The Weekend", de Neil Young, que Charly adaptó al castellano como "El chico del fin de semana".

—¿Quiénes son esos dos con guardapolvos? —preguntó nervioso García.

—Ah, es mi dentista y la mujer.

—¿No serán los enfermeros que vienen a llevarme de vuelta a la clínica?

Fue un chiste divertido, pero a la vez, por el tono de voz con el que preguntó, también se trataba de un temor que continuaba rondando en su cabeza.

— • —

El empujón que Fernando Samalea intentó conectando a Charly con Nelson Pombal para apoyar sus nuevos deseos de grabar contó con un nuevo aliado: Palito se enteró de la conversación entre Fernando y Nelson, y apoyó la movida él también invitando a todos a un asado en Mi Negrita, como para que Charly no sintiera que se trataba de una reunión de trabajo. Concurrieron Samalea, Nelson, también estuvo Julieta Ortega con su novio de aquel tiempo, pero cuando la presencia de Charly se hacía desear recibieron un llamado de Mecha avisando que Charly no iba a ir porque no podía despertarlo. Fue como un baldazo de agua fría porque todos estaban entusiasmados, pero a la distancia se puede comprobar que el modus operandi de García seguía siendo el mismo de sus peores años y la prueba de esto fueron los demos: todos iguales. Iba al estudio a grabar sobre lo que ya estaba grabado lo mismo que había grabado. Una pérdida de tiempo.

Pese a todo, Samalea y Pombal no se desanimaron y volvieron a empujar la roca hacia la cumbre de la montaña como modernos Sísifos, y se reanudó el circuito, sin asado de por medio esta vez. Palito ratificó una vez más que su estudio estaba a disposición de Charly y lograron pautar una primera sesión en Los Pájaros un día a las tres de la tarde, que coincidió con una fuerte gripe del técnico de grabación Leonardo García, que lo dejó fuera de combate pero disponible por WhatsApp y con las cosas listas para grabar. Ellos ya tenían las maquetas anteriores para poder usarlas como guía. Nelson se hizo cargo de la consola y procuró microfonear la batería de Samalea para arrancar por allí, como es lógico. Finalmente, García arribó a las ocho de la noche y dijo que quería grabar una guitarra acústica. Hubo que quitar dos micrófonos de la batería, lo que fue una pena porque durante las cinco horas de espera habían trabajado y logrado un sonido excelente. "Ahora quiero grabar un bajo", dijo García después de la toma de su acústica. Luego pidió grabar una guitarra. Le costaba tocar, sólo podía usar dos dedos. "Lo curioso —cuenta Nelson— es que no grababa una toma entera, sino que tocaba ocho compases y dejaba". Más entrada la noche, fue hacia el piano donde podía desenvolverse un poco mejor. A las cuatro de la mañana, se fue con Tato a la casa.

—¡Vamos a grabar las batas! —dijo Samalea, aprovechando el momento.

Ya no tuvieron esa prudencia de esperar a Charly para grabar las baterías, por si él quería sugerir alguna cosa. Grabaron todo de una y con la precisión habitual en Fernando, a las seis y media de la mañana las baterías de casi todos los temas que tenían estaban grabadas.

Para la segunda sesión, Nelson pidió refuerzos y le comentó a Palito Ortega lo que había pasado, de manera que cuando en el auto de Javier (Javito es el conductor designado de García) arribaron Tato y Charly, Ortega lo estaba esperando en el estudio. Charly se levantó de la silla de ruedas y le dio un abrazo que parecía una llave de lucha libre. Su presencia ayudaba a que las cosas se pudieran encarrilar. "Palito lo puede y Charly lo adora —cuenta Nelson—; fue una sesión más tranquila, y Ramón lo iba guiando. Así trabajamos en 'La máquina de ser feliz', en un poco de 'Mundo B', que era una canción vieja. Palito sabía cómo comunicarse con García".

Con las sesiones de Catedral rescatadas por Samalea, Nelson llamó a Álvaro Villagra (tienen una amistad laboral de años) para ver si podía usar lo que Charly había grabado en su estudio. "Llevate todo", le contestó el ingeniero, que le bajó el material a un disco rígido. Había allí un pequeño tesoro, monedas de talento en peso fuerte. "Había voces lindas —cuenta Nelson—, claras, bien grabadas con micrófonos Neumann, algunos pianos hermosos, cosas que grabó con el iRig. Con esto y lo que Fernando rescató de Catedral ya teníamos todo el material profesional que servía, y luego cosas que me proveyó Tato, que se grabaron mal en lo de Charly, con micrófonos muy baratos. Pero como a él el audio low-fi le queda bien algunas de esas cosas sirvieron para el disco".

Más que la grabación de un álbum, el trabajo era como una pesquisa en donde se van encontrando diferentes pistas que llevan a la resolución de un crimen. Una noche en Coronel Díaz, Nelson le preguntó a Mecha si tenía algún iPad de Charly.

—Ah, ¿vos querés ver iPads? —respondió ella.

Y le trajo una pila de iPads, casi todos rotos. "A martillazos —se ríe Pombal—, no servían para nada porque no se podía extraer el audio". Era lo que había y no se veía mucha posibilidad de que Charly se aviniera a hacer nuevas grabaciones, porque en el medio de todo este proceso, atravesó un montón de problemas de salud (ya consignados). En un nuevo encuentro, Nelson le hizo la pregunta fatal.

—Charly, ¿me puedo llevar el material y trabajarlo un poco en mi estudio?

Y recibió la respuesta menos probable.

—Sí, dale, llevate las canciones.

"Charly no es boludo ni maleducado —confirma Nelson—; cuando contesta mal es porque está con un pelotudo. Yo ahí vi una oportunidad y me la pasé quince días trabajando en dos canciones, 'La máquina de ser feliz' y 'Rivalidad'. Te diría que trabajé con distintos estados de ánimo: entusiasmado, sorprendido y muy nervioso". Claro, es en esa ventana de tiempo donde Nelson se jugaba la chance de poder terminar algo, y a la vez, en la calma de su estudio en Bernal, comienza a descubrir diferentes cosas en las grabaciones de Catedral y Monsterland Del Abasto al Pasto.

"Tenía muchos pianos que grabó con Álvaro: una hora tocando el piano y haciendo lo que se le cantaba el culo. Tocó un tema de Pete Townshend, canciones viejas, haciendo bromas y unos cuantos acordes sueltos. No se sabía qué libertad podía tener: me puede matar, pensaba. Fui entre libre y respetuoso y empecé a limpiar como un arqueólogo; lo que estaba lindo lo iba levantando, y ahí empezó a desaparecer el concepto Say No More. Sigue estando medio loco, pero ya no es más el Charly de antes de la internación". De todos modos, Nelson respetó la idea de García que hace décadas comienza sus discos con diálogos cinematográficos, y dejó los que el artista había elegido de las películas *Lolita* y *2001: Odisea del espacio*.

Hubo otra aliada que sumó sus talentos para que el proyecto progresase: Rosario Ortega fue una tarde a Bernal a grabar coros. Y su registro fue la piedra de toque para que "La máquina de ser feliz" comenzara a funcionar; su voz, combinada con la de García o haciéndole un gentil colchón generaban una magia inexplicable. "Es una canción muy sencilla —explica Nelson—, no tiene nada que ver pero hasta se parece a 'Juntos a la par' de Pappo, que nació por acá[46]. La frase 'la máquina de ser feliz la tiene el Papa, la tengo yo', salió de una de esas grabaciones que hizo con Álvaro. Y quedó justa".

"Rivalidad" surgió el día en que murió Gustavo Cerati pero no tiene nada que ver con él. La rival era una vecina de García en el edificio Los Patos a la que el músico volvía loca con los ruidos. Una tarde en la que Charly se puso a martillar un disco rígido, la mujer llamó a la policía y se entabló una discusión vecinal que no duró demasiado tiempo pero que permaneció en la mente de García, que se tenía que vestir para ir a darle el último adiós a Gustavo en la Legislatura de la Ciudad de

---

46. Se refiere a que el autor de "Juntos a la par" es Yulie Ruth, también ciudadano de Bernal.

Buenos Aires. Esa misma noche se celebraba la entrega de los Premios Gardel en el teatro Gran Rex, y hubo toda clase de expresiones de pesar por el fallecimiento de Cerati. No muy lejos de allí, Charly lo definió con acierto como un "arquitecto de la música". Cuando regresó a Los Patos, escribió la letra del tema. En la grabación, Nelson se permitió un chistecito. "Había una frase grabada de Charly que decía que le dedicaba el tema a la conchuda de la vecina del edificio Los Patos. Si escuchás atentamente, por debajo, después del primer estribillo Charly dice 'conchuda' con Vocoder".

Llegó la tercera sesión en Los Pájaros y el momento en que Nelson saldría eyectado por la ventana... o no. Estaban Charly, Samalea y él, que le dijo nervioso:

—Charly: te traje "La máquina de ser feliz".

—Ponela al palo.

Charly se sentó en el sillón central, frente a la consola; Nelson le dio play al tema y retrocedió estratégicamente. "Era a todo o nada —cuenta hoy—, si volaba algún zapato... Pero después de los diálogos y cuando termina el 'Nocturno' de Chopin[47], veo que comienza a levantar los brazos y a dirigir. Ahí sentí que acerté". Ante la señal positiva, Nelson se acerca con precaución a García, que le toma la mano y le imparte la bendición.

—¡Muy bueno, maestro!

A "Rivalidad" no le dio mucha importancia. Para Charly, la cuestión era tener un buen single. Y "La máquina de ser feliz" cumplía todas sus expectativas.

— • —

En la primavera de 2016, florecieron otras cosas que estaban latentes, como una semilla que espera el riego que la haga

---

47. Charly puso un sample del "Nocturno Op 9 N° 2" de Frédérick Chopin en la versión que sirvió como demo.

brotar y emerger a la superficie. Durante la estadía de Charly en la casa de campo de Palito Ortega, hubo varios visitantes que pasaron bajo el radar y no fueron detectados por la prensa. Uno de ellos fue Raúl Porchetto, viejo amigo de Charly, que fue junto a León a pasar un rato con él. Cultor de un bajo perfil, Raúl conoce a Charly desde antes que Sui Generis grabara *Vida* e incluso lo hizo debutar discográficamente en su primer álbum, *Cristo Rock*.

En 2010, Porchetto y Gieco grabaron una canción llamada "Bicentenario", por los doscientos años de historia que cumplía Argentina, para el disco *Dragones y planetas* de Raúl. Quedó tan bien, pese a la modestia de la producción, que León también quiso grabarlo para su futuro disco, *El desembarco*.

—Tenemos que grabarlo con los chicos —dijo León.

Los chicos eran los Porsuigieco: Charly García, Nito Mestre y María Rosa Yorio, quienes dijeron que sí y recibieron la versión del disco de Raúl para aprenderse la letra. León fue a grabar su disco a Los Ángeles y registró la base de la canción con monstruos legendarios: Godzillas de la grabación, como Jim Keltner, Dean Parks, Jimmy Johnson y Mark Goldenberg. Gieco dirigía la sesión desde Los Ángeles a través de Skype, y el resto lo veía desde el estudio que tenía León en el barrio de Caballito. Cuando les pone la base, García escucha y protesta.

—Ésta no es la versión que escuchamos.

—¿Qué pasa, Charly? —pregunta León desde Los Ángeles.

—Yo quiero la versión de Raúl, yo creí que íbamos a hacer Porsuigieco.

—Pero Charly: en esta versión toca Jim Keltner, el baterista que tocó con John Lennon solista, con George Harrison solista.

—¿Ves? Ése trae mala suerte. Se murieron todos los que grabaron con él.

Finalmente, la versión que quedó en *El desembarco* terminó siendo hermosa e incluso León tuvo la delicadeza de respetar la de Porchetto y logró hacer que Dean Parks tocara una parte del Himno Nacional Argentino. La relación entre ellos fluía, y cada tanto se reunían en lo de Nito Mestre para ver alguna película, y hasta coincidieron en el recital que Crosby, Stills & Nash brindó en Buenos Aires el 6 de mayo de 2012.

Cuatro años más tarde, el 22 de septiembre de 2016, Raúl Porchetto se presentó en el Teatro Coliseo para celebrar sus 45 años de música, y los amigos se apresuraron a dar el presente. La noche anterior, Charly llamó a Porchetto para decirle que iba. Le pidió que asistiera a la prueba de sonido para ensayar aunque más no sea "una que sepamos todos". Habían quedado a las cinco de la tarde. La prueba comenzó puntual y un buen rato después, Nito y León lo vieron a Raúl preocupado.

—Raúl, no te ilusiones —le dijeron con todo el amor del mundo—, no creemos que Charly vaya a venir.

—Anoche me llamó y dijo que venía.

—Bueno, vos viste cómo es él.

"Y a eso de las nueve de la noche —cuenta Raúl—, veo a dos tipos bajando la escalera llevando a otro de los hombros: era Charly, que ya se había roto la cadera y no podía caminar. Los chicos no lo podían creer". Optaron por hacer "El fantasma de Canterville" que encuadraba perfectamente en ese formato. Se cerró el telón, entró la gente y Porchetto repasó su extensa carrera con muchos invitados. La sorpresa iba a ser esa aparición de Porsuigieco para el bis, pero cerraron el telón del teatro para poder acomodar a Charly en el piano y mucha gente creyó que el show había concluido y se fue. Los que se quedaron asistieron, asombrados y emocionados, a la reunión de Porsuigieco. Y los que ya estaban cruzando la plaza para dirigirse a sus hogares regresaron.

"Sólo teníamos pensado tocar 'El Fantasma de Canterville' —reconoce Porchetto—, pero cuando terminamos la gente estaba al mango y Charly quería seguir tocando. Juanse propuso que hiciéramos 'Ruta 66', pero jamás habíamos tocado ese tema. Charly quería hacer 'Sentado en el umbral de Dios', pero era un tema mío solista, no era Porsuigieco. Entonces volvimos a tocar 'El fantasma de Canterville' otra vez. La gente no creía que era Charly, pensaba que habíamos puesto un muñeco". La reunión histórica terminó con todos arremolinados en torno a García, que pareció disfrutar la cercanía de sus amigos de toda una vida, incluyendo a la madre de su hijo. Era lo más parecido a una reunión familiar.

— • —

El trabajo conjunto de Fernando Samalea y Nelson Pombal fue dando sus frutos. Con lo que habían registrado en esas dos primeras sesiones, más el material de Catedral Estudios y la sesión con Álvaro Villagra, García se fue entusiasmando y en esa tercera sesión donde escuchó "La máquina de ser feliz", se lo vio más conectado con el proceso y más proclive a trabajar donde había huecos que a remachar lo que ya estaba. Nelson se había tomado el asunto muy a pecho y había estudiado a García con mucha dedicación. "En esa sesión grabamos 'Spector' y me hizo feliz —reconoce Pombal—; cuando grabamos esa canción agarró dos palillos de batería y le pegaba al atril mientras cantaba. ¿Cómo sacar ese ruido? Hicimos varias tomas, yo fui componiendo el esqueleto con las frases sin ruido, y en un momento fui a acomodarle el micrófono, agarré el palo de la batería y lo mandé al tacho". Charly siguió grabando como si nada hubiera pasado. Más que evocar al tristemente célebre productor Phil Spector, lo que Charly buscaba era su "pared de sonido" y por eso el tema tiene tanto eco más allá de citar el ritmo de "Be My Baby" de The Ronettes, acaso el mejor ladrillo de Spector.

—Poneme "Primavera" —ordenó Charly repentinamente.

Se sentó en el Tritón, un teclado de la marca Korg que tenía Palito Ortega en el estudio, pidió que le pusieran la canción y comenzó a tocar encima. "Fue como con el celular: cargó —grafica Nelson—. ¡Tocó y parecía Herbie Hancock! Con una perfección increíble y el manejo que él tiene de los rodillos, ya desde la época de La Máquina de Hacer Pájaros. Y en cuanto al sonido general me basé en los discos clásicos como *Parte de la religión*, *Cómo conseguir chicas* y *Filosofía barata y zapatos de goma*, porque *Piano Bar* era más crudo y *Clics modernos* más electrónico". Nelson está casi seguro de que "Primavera" es "El hombre de atrás", un viejo tema de Charly, pero lo que desconcierta es que esa canción originalmente tenía un riff muy funky y una letra muy diferente. El link que conecta a los dos temas es la melodía de la voz. El motivo que da comienzo a la canción —y aparece también en el final— es un sonido preseteado que dispara el teclado. Hacia el final de la canción, Charly toca en el órgano el riff de "California Dreamin'" de The Mamas & The Papas.

Otros temas en los que se trabajó en aquella sesión fueron "Ella es tan Kubrick" y "Believe", la única canción cantada en inglés, que hubo que incluir porque Charly quería la batería de Toño Silva, su baterista chileno. La idea de Nelson era que Samalea tocara todo el álbum, pero Charly insistió en la presencia de su percusionista trasandino. "Entonces tomé esa batería de un ensayo y la hice pasar por un monitor para acercarla al sonido que Charly quería, que era el de Keith Moon y como yo también soy fan no me costó mucho hacerle caso". La canción recuerda un poco a otra de García: "Chiquilín". La teoría es apuntalada por Pombal cuando cuenta que "en esa época, Charly estaba muy retrospectivo; me mostraba canciones de *La hija de la Lágrima*. Me mostró el intermezzo, creo que escuchamos 'Kurosawa' y terminamos escuchando a David Bowie. Encima habían muerto Bowie y Prince y hablábamos mucho de los dos".

Una tarde, Charly convocó a Nelson y a Samalea a una reunión general en Coronel Díaz para decirles: "Voy a hacer un disco, se va a llamar *Random*, y ésta es la lista de las diez canciones que quiero". Una vez expresado su deseo se pusieron a trabajar en lo que faltaba aunque Charly se tentó con que las canciones fueran nueve (el número mágico de John Lennon), porque una de ellas no le cerraba: "Amigos de Dios". "¿Y si le damos una chance más?", propuso Nelson, quizás consciente de que sin ella el disco sería muy corto. Charly dijo que no recordaba la letra, pero la fueron reconstruyendo desde viejas maquetas y Mecha fue tomando nota. "Había una parte que no se entendía —cuenta Nelson—, nosotros escuchábamos 'una puta sin dientes', pero no era eso. Charly dijo que la dejáramos así".

Hubo seis o siete encuentros en Coronel Díaz, y en el primero Nelson saludó a Mecha y le hizo escuchar, ya terminada, "La máquina de ser feliz". "Y se emocionó —dice Nelson—; ahí la entendí un poco más y creo que escuchar eso la terminó liberando. Venía de años muy duros de lidiar con Charly y creo que ahí sintió que estaba con un genio. A partir de ahí tuvo muy buen trato conmigo". Los planetas parecían estar alineados y *Random* comenzó a tomar forma definitiva. "Charly estaba bien, de buen humor. Pero con limitaciones, teníamos que acomodarlo para que no se cayera. De eso se encargaba Tato". García tenía arranques de independencia y de repente se paraba de la silla de ruedas para ir solo al baño, pero eso implicaba un peligro porque si se caía nuevamente era otra visita al hospital.

Random está lleno de citas y para los fans de Charly ha sido una fuente de delicias y especulaciones que llevaron a acaloradas discusiones en las redes, pero algunas no podrían ser aclaradas de no haber estado en la grabación. "Para mí —continúa Nelson—, 'Ella es tan Kubrick' es el tema más *Say No More* del disco; ahí le puse un flanger a los platillos porque habíamos estado hablando de 'Flying', el tema instrumental de Los Beatles. Hay citas en todos lados. 'Rivalidad' la llevé para el lado de 'Buscando un símbolo de paz', le hice grabar un bongó a Fernando y me la pasaba buscando reminiscencias a propósito". La canción en donde más abundan esas citas es el tema final, "Mundo B", que parece una composición de otro disco. "El final agónico de ese tema lo armé pensando en 'Total interferencia' porque tiene esa atmósfera de canción de final de disco. La secuencia de acordes al final es parecida a 'Pastillas' de *Kill Gil*. Los coros del puente son un guiño a David Bowie"[48].

Faltaba algo todavía: Charly quería que sí o sí participara Joe Blaney. "García vivía hablándome de él". Y su idea era que mezclara todo el disco, pero ya prevenido por varias situaciones atravesadas, Joe limitó su talento sólo a dos canciones: "La máquina de ser feliz" y "Spector". Por su participación un año antes en *Cantando con amigos* de Palito Ortega, Joe y Nelson ya habían trabajado juntos. "Yo viajé a mezclar la mitad de ese disco de Palito con Joe, por invitación de Ramón; la otra mitad la habíamos mezclado con Leonardo García en Los Pájaros. Ellos estaban más de paseo y me invitaron a salir, pero preferí quedarme codo a codo con Joe, diez horas todos los días. Yo lo admiraba porque soy fanático de The Clash[49] y le hacía muchas preguntas. Él me hablaba mucho de todo, un tipo muy profesional, muy trabajador". De manera que para la mezcla de aquellas canciones, se le mandó el material y Nelson habló tres horas con Joe a través de Facetime para explicarle algunas cuestiones de la grabación.

La portada del disco, como no podía ser de otra manera, la resolvió García con su técnica intervencionista. Utilizó una foto que había dejado el contratista que remodeló Coronel Díaz en donde mostraba el antes y el después de la cocina; Charly le puso algunas manchas, luces al extractor de aire, escribió *Random* con una letra ininteligible y se reforzó el título con el símbolo del pez (Ichtys o Ichtus). También dibujó una mujer en la cocina, que seguramente es Mecha. Ya no podía hablar de una "casa vacía" como en *Say No More*.

Sin embargo, saltaron las alarmas cuando Sony dijo que el

---

48. La cita es a los coros de "Absolute Beginners", tema que Bowie compuso en 1986 para la película homónima de Julien Temple.

49. Joe Blaney fue ingeniero de grabación de *Combat Rock*, publicado en 1982.

disco no podía ser editado a raíz del copyright de los diálogos de todas las películas que figuraban en el álbum. Entonces se hizo en algunos un tratamiento acústico y en otros se contrató a un locutor para que los reprodujera tal cual. Conjurado ese peligro final, Sony le puso play a su fábrica y "La máquina de ser feliz" comenzó a ser irradiada a fines de enero de 2017. Allí se comprobó que su funcionamiento era perfecto: a mucha gente se le dibujó una sonrisa en el rostro, o se le cayó una lágrima de emoción al tener una prueba de verdadera vida del artista antes conocido como Charly García.

43. Alto en la torre

El pasado no me condena/ El presente no me da pena.
CHARLY GARCÍA, "EL MUNDO B".

A Charly, los 65 lo encontraron bien acompañado en el Hotel Faena, rodeado de una gran cantidad de músicos amigos y otros no tanto que comenzaron a frecuentar su círculo y lo seguirían haciendo aun cuando luego los amigos de la primera hora se quejaran de que no podían acceder a él. Pero el 23 de octubre de 2016, Charly tocó con toda su banda y estaban presentes: Juanse, Palito, Sebastián y Julieta Ortega, Hilda Lizarazu, Fabiana Cantilo, Gillespi, Fito Páez, Raúl Porchetto, Roberto Pettinato, David Lebón, Nicolás Repetto y Florencia Raggi.

Todos lo vieron impecable, y él mismo se mostró feliz frente a las cámaras de los fotógrafos, lo que no impidió que hacia fines de 2016 hubiera que trasladarlo de urgencia al Instituto Argentino del Diagnóstico por un cuadro de deshidratación severa. Circularon versiones más dramáticas pero después de tres días de internación fue dado de alta y pudo pasar la Nochebuena en su casa. Pocos días después atravesó por otra nueva internación en la que también pudo evitarse que tuviera que recibir Año Nuevo en el sanatorio. Se habló de una nueva deshidratación, pero lo que llamaba la atención de los médicos era una fiebre persistente que no bajaba. Ese cuadro se repetirá unas cuantas ocasiones más pero con menor frecuencia. La hipótesis más razonable era cierta complicación infecciosa secuela de la intervención quirúrgica para colocarle una prótesis de cadera.

Cuando la música comenzó a hablar, se olvidaron las penurias médicas de Charly García: a fines del mes de febrero de 2017 se publicó *Random*. Diez canciones nuevas de García, sin repeticiones, ni tomas inconclusas, fallidas o alternativas, sin covers, o excusas que disimularan un disco sin terminar como sucedió en *Influencia* o *Rock And Roll Yo*. *Random* tenía todos los papeles en regla, con buena producción y canciones que no se habían filtrado ni habían sido escuchadas, salvo por los íntimos. Lógicamente, hubo polémica y diferentes miradas sobre su nueva música, pero lo que no se podía discutir es que era nueva. "No está ni por asomo cerca de lo mejor de Charly García, pero tampoco es el raquítico lamento de un soberano a punto de abdicar", opinó el diario *La Voz del Interior*. *Clarín* opinaba que era "el regreso del mejor Charly García posible".

Random es un disco que proporciona módicos milagros, pero milagros al fin y al cabo; son diez canciones, ninguna del todo mala y algunas muy buenas donde los rasgos dominantes son cierta ingenuidad tierna que de vez en cuando muestra los dientes. Es como un disco del primer Sui Generis en 2017, con algunos elementos característicos de la etapa Say No More, pero bien llevados por la producción. Se notan las citas a "The Locomotion" en los versos de "Rivalidad", y en muchos otros: sin ir muy lejos el "cambiarme, baby" alude al "Anticipation" de Carly Simon, pero Charly García hizo eso siempre, como las dos notas de teclados en "La máquina de ser feliz", que remiten a "Misery" de The Beatles. Lo verdaderamente destacable es que García vuelve a mirar hacia afuera, lanza críticas a los celulares, a los programas de pastores, se pelea con una vecina, discute con la medicina, y tiene unas cuantas canciones brillantes. Eso sí que constituyó una novedad.

"La máquina de ser feliz" tiene puntos de contacto con "Asesíname" pero suena infinitamente mejor y parece flotar en el espacio; se anticipa a la inteligencia artificial, hablando de la inocencia artificial, utiliza palabras nuevas en el vocabulario de García y cuenta una historia con principio, desarrollo y final. Con tanta vacuidad sonora imperante, "La máquina de ser feliz" se eleva, plateada y lunar, frente a la mediocridad reinante. Y no tiene absolutamente nada que ver con "The Miracle of Love" de Eurythmics (se dijo que era una versión en castellano). Aun mejor es "Otro", donde no hay ingenuidad y García defiende en tono robótico su derecho a ser quien ha decidido ser, aunque el mundo pretenda que él sea "otro", una palabra a la que exprime y le extrae sus diferentes sentidos. Tampoco se hace ilusiones frente al futuro e ironiza sobre su rehabilitación y una supuesta internación futura para robarle en "Primavera".

Charly no pretendió en *Random* ser vanguardia sino ejercer en todas las facultades que todavía le quedaban disponibles su condición de clásico y compositor de buenas canciones. Y mostró que todavía tenía oficio y filo en la mirada. No, tampoco inventa nada pero recobra una calidad de la que ya nadie lo creía capaz. Tal vez ni siquiera él mismo; al "milagro de la mala actuación" al que García alude en "Amigos de Dios", habría que anteponerle el milagro de hacer un buen disco completo a diez años de la grabación original de *Kill Gil* y a casi veinte de *El aguante*, que fue el último disco sin trampas como dos versiones de una misma canción o volver a grabar un tema ya editado en otro álbum, o castellanizar un tema en inglés (arte en el que García siempre se destacó), aunque rascaba la olla del pasado con un tema viejo de Sui Generis o una versión de un tema de Chuck Berry con Menudo. De hecho, *Random* es superior a *El aguante*.

Antes que su disco quedara terminado, Charly se había quejado ante un amigo por su encierro: "¡Mirá cómo me tienen!", rezongó con alguna angustia. En realidad, quería salir a tocar, exponerse frente al público, pero hay que admitir que entre la muerte del Negro García López y su fractura de cadera existían condiciones objetivas que lo impedían. Estaba muy negativo y todo su entorno debía lidiar con ese estado de ánimo. "Charly es muy gracioso —recuerda Mauro Rogatti—, y cuando lo miraba a los ojos sabía cómo venía, y cuando venía para atrás eran dos o tres días de remontarla. Y hubo temporadas donde no tenía nada para hacer; aunque estuviera en silla de ruedas, quería salir todas las noches. A veces podía tocar, a veces no; en una ocasión entramos en el Hotel Puerto Madero a una fiesta de quince, y se puso a tocar un tema suyo en un piano que había ahí".

El control sobre Charly lo ejercía Mecha, que era la que tenía la última palabra en todo, procurando la tranquilidad antes que la actividad, dándole algunas licencias para que no se tornara insoportable. El show del 16 de marzo de 2017 fue la primera presentación real del artista desde el show en Cosquín en el verano de 2014. *Random* se presentó sorpresivamente en el teatro Caras y Caretas, y el show se anunció en redes sociales el mismo día. Como era lógico, la sala para cuatrocientas personas colapsó rápidamente. "Cuando Charly tenía un show, se enchufaba —reconoce Rogatti—, siempre dije de hacer cosas chiquitas, como un ciclo, jueves y viernes, para doscientas personas. Y Mecha y Tato no querían, la excusa era no exponerlo, pero a mí nunca me cerró: Charly necesita tocar las veinticuatro horas del día. Él es música desde que se levanta hasta que se duerme. En Caras y Caretas me encargué hasta del catering: no había una organización profesional en torno a él. A la hora no había más entradas y eso le gustó".

Fue un show feliz, donde García tocó todo *Random*, se dio el gusto de hacer sonar "Springtime for Hitler" de su adorado film *The Producers*, de Mel Brooks, y luego tocó cinco clásicos como bis. "Me reconocieron que gracias a mi trabajo —dice Nelson Pombal— Charly cambió la cabeza y empezó a recuperarse y a volver a tocar. Mi objetivo era hacer un gran disco, no que vuelva a los escenarios, pero bienvenido fue eso también". Gracias a *Random*, Charly se ganó el Gardel de Oro al año siguiente y cosechó seis estatuillas. Todos festejaron arriba del escenario, pero Pombal y otros colaboradores no tuvieron invitación: se metieron de prepo. De hecho, Nelson no figura como productor del disco: ese crédito quedó para Say No More, y Pombal es el último en la lista de los que grabaron. Guillermo "Tato" Vega figura al lado de Charly en el crédito del estudio Say No More, que no existe: es la casa de Charly. Tato solamente apretaba el botón de rec con la mejor buena voluntad.

Nada es perfecto.

— • —

Ante la repercusión obtenida por *Random*, era de esperarse que Charly se entusiasmara y quisiera volver al estudio. Pero antes que se ajustara cualquier micrófono, lo bautizó: *La Torre de Tesla*. Fue una ocurrencia que surgió en la prueba de sonido del show que hizo en el teatro Coliseo el 15 de febrero de 2018. "Ahí está la torre", exclamó cuando vio la escalera del teatro. ¿Por qué Tesla? Se trató de un homenaje velado a la memoria de su padre, Carlos Jaime, al que consideraba un genio y al que todos adoraban por su inventiva[50]. Y Nikola Tesla fue un gran inventor, cuyos descubrimientos sirvieron para el desarrollo de la corriente eléctrica. Pero en su afán de competir con Guglielmo Marconi, que inventó el sistema de telégrafo, Tesla desarrolló una teoría bastante parecida al concepto inalámbrico de hoy en día. Su idea era que aprovechando la electricidad de la Tierra podía transmitirse energía a larga distancia. Hizo unas demostraciones en Estados Unidos, pero fue por más y consiguió que el financista J.P. Morgan destinara una buena

---

50. En el capítulo dos de este libro está contada la historia del padre de Charly.

cantidad de dinero para construir una torre que le permitiera transmitir la energía atravesando los mares. Tesla consiguió erigir la torre que en realidad se llamó Wardenclyffe Tower pero nunca llegó a estar operativa y fue demolida en 1917 para venderla como chatarra.

La fascinación de Charly por el idealismo de los inventores fallidos no es nueva y, más allá de la ligazón emotiva con su padre, tiene una conexión directa con el film *The Producers*, donde los protagonistas idearon un disparatado esquema piramidal para ganar dinero con obras teatrales diseñadas para el fracaso pero que lograban el efecto contrario. De ahí sale la idea de "Springtime for Hitler" y el título en castellano que trataba de explicar el argumento del film: *Con un fracaso... millonarios*. Es una de las tantas obsesiones de Charly que, a veces, de tanto insistir, lograba el éxito: la frase Say No More es de uso popular en Argentina aunque mucha gente desconozca su traducción cabal. Hoy, Say No More es sinónimo de Charly García.

Pero el hombre a veces se equivoca y tanto que se ha jactado de "robar" en su música, esta vez denunció que le robaron a él. La acusación pesó sobre Bruno Mars y el tema "Uptown funk" y Charly la hizo a través de la revista *Billboard Argentina*. "¿Cómo se llama el que me robó? ¡Me debe dos millones de dólares!". Concretamente, lo acusaba de robarle "Fanky". "Te mandaría el riff. El bajo lo compuso Fernando Lupano (...) además me robó la ropa y la casa porque yo vivía en Greenwich Village. ¡Y hasta los pasos de baile! Habría que hacer un mashup al revés". Tal vez haya sido una humorada de García, pero para ratificar que no, aseguró: "¡Yo tengo más talento!". ¿Un cierre de la humorada? En primer lugar, el tema no es de Bruno Mars sino del productor Mark Ronson, y fue editado en 2014. En segundo, Charly alude a un mashup que es el que publicó la cuenta "Mashupland" de YouTube, en donde hábilmente fusiona las dos composiciones, la de Ronson y la de García. "Uptown Funk" fue una de las más grandes canciones de los 2010s junto con "Get Lucky" de Daft Punk. En el tema de Charly, no figura Fernando Lupano como compositor. Quizás García estuviera buscando cien años de perdón, o causar revuelo para seguir promoviendo *Random*. Los dos temas tienen un ritmo funk, pero no hay punto de comparación entre ambos.

Mientras tanto, por propia iniciativa, Fabián Quintiero llegó a Roma para visitar nada menos que al papa Francisco y le llevó un ejemplar de *Random*. Un alto funcionario de la oficina de protocolo del Sumo Pontífice había sido compañero de colegio del Zorrito y fue quien gestionó el encuentro. El Papa recibió encantadísimo un ejemplar de *Random*, firmado y dedicado por el propio Charly, y otro de *Alma de diamante*, de Spinetta Jade. Esa profecía proferida en la canción que da inicio a *Random* sí se cumplió: ahora, además de su compositor, el Santo Padre estaba en posesión de "La máquina de ser feliz", al tiempo que García no parecía estar pasándola muy bien: se lo vio muy desmejorado en una cena homenaje que se le hizo a Cacho Castaña en Edelweiss (restaurante favorito de Charly), donde, aun sostenido por su secretario Tato y Palito Ortega, no terminaba de hacer pie. Es claro también que la prensa amplificaba cualquier desventura mínima y las redes se llenaban de hashtags y posteos de preocupación por la salud del ídolo.

A mediados de 2017, la situación fue completamente al revés y nunca se vio tan bien a Charly García en toda su vida. El mérito fue de Andy Cherniavsky, Hilda Lizarazu y Nora Lezano, a quienes se les encargó una exposición fotográfica con todos sus registros. *Los Ángeles de Charly* fue un evento hermoso que se llevó a cabo en el Palais de Glace, acorde con la alcurnia del homenajeado, en base a una idea de Marcelo Panozzo y la curaduría de Elio Kapszuk, que planteó una idea tan simple como efectiva: un círculo con un cuadrado en el medio. El propio García fue a ver la muestra un día antes de su finalización y quedó encantado. En un momento, se quedó a solas con Andy, de quien se hizo amigo en 1975 ya que ella había sido novia de su hermano Daniel.

—Me pregunto —dijo Charly— si te acordarás de todas las cosas que vivimos juntos, de la casa de la calle Salguero, de todo lo que curtimos.

—Por supuesto, Charly —respondió amorosamente Cherniavsky—, me acuerdo permanentemente de nuestros días, no los voy a olvidar y no quiero que vos los olvides[51].

Tuvo un diálogo parecido con Hilda y Nora, un poco de evocación y otro poco de agradecimiento. Con cada una de ellas vivió distintas circunstancias en tiempos diferentes, pero sobre todo fue retratado por sus hábiles miradas, impregnadas de cariño y admiración. Tres mujeres hicieron un solo Charly, y, a su vez, lo multiplicaron en un sinfín de imágenes que ya forman parte de la memoria colectiva.

— • —

García volvió a asomar sus bigotes en forma semiprivada para su cumpleaños 66 en Lucille y sorpresivamente en enero de 2018, el día 22, cumpleaños de Fabián Quintiero, para tocar en Medio y Medio, el célebre establecimiento de Portezuelo, en Punta del Este, que ese año contó con un ciclo generado por el Zorrito. Después de las doce, ya era el cumpleaños de Spinetta, a quien Charly homenajeó como siempre con "Rezo por vos". Luego llegó el turno de Rubén Rada, que cantó su hermoso tema "Malísimo", que provocó una nueva aparición de García, que terminó en una gran zapada en la que todos tocaron "Break it all", el imperecedero éxito de Los Shakers, y "Demoliendo hoteles".

Sin decir "agua va", por medio de las redes, Charly García anunció la presentación de *La Torre de Tesla*, y las entradas se agotaron en media hora. El genio no lo podía creer: le gustó esa rapidez de sus fans, que en minutos dieron cuenta de toda

---

51. El diálogo fue extraído de *Acceso directo*, libro de Andy Cherniavsky.

la capacidad del teatro Coliseo, cuya escalera de luces apropiadamente adornada con una cúpula tuvo una nueva noche de gloria presidiendo el escenario y haciendo de torre. El concierto dio inicio a una serie de conciertos espaciados durante el año, que luego se trasladarían al teatro Gran Rex, que casi duplica el aforo del Coliseo, y que serían anunciados con la misma modalidad de guerrilla. La puesta era simple pero efectiva; la escalera/torre se iluminaba desde abajo, impactando en la cúpula, y detrás, de una pantalla, se emitían imágenes de rayos y centellas.

Charly había entrado en una corriente de energía positiva y sus conciertos fueron muy buenos; es más: 2018 fue su último año de conciertos programados con cierta continuidad. Hubo quien le atribuyó este bienestar a la terapia ortomolecular, un tratamiento que hacía con el doctor Rubén Mühlberger, un esteticista conocido como el "médico de los famosos", y además de Charly entre sus pacientes se encontraban Moria Casán, Diego Armando Maradona y Susana Giménez. "Con esta terapia me siento Superman", declaró Charly a la revista *Gente*.

¿En qué consistía la terapia? No se supo en verdad. Según el médico era un tratamiento personalizado que por eso era distinto en cada paciente pero tenía un poco de psicología, algo de juego, indicaciones para una dieta, inyecciones de complejos vitamínicos. Había un buda en el consultorio y eso le cayó muy bien a Charly, que salía eufórico de las sesiones que parecían sentarle de perlas, pese a que la sociedad médica cuestionaba los tratamientos ortomoleculares por la falta de evidencia clínica en cuanto a su ayuda para vencer enfermedades. En aquellos años ese tipo de tratamientos eran llamados *anti-aging* (antienvejecimiento); tenían un poco de efecto vigorizante por las vitaminas y algo de pensamiento mágico, mejor o peor administrado de acuerdo a la magia del profesional. En este caso, Mühlberger pareció hacerle bien a Charly, pero su carrera terminó mal cuando fue condenado en 2021 por ejercer la medicina sin la autorización correspondiente. Su consultorio era una clínica de estética que funcionó en plena cuarentena, cuando no se movía ni una pluma, y el doctor aseguraba haber logrado la cura para el covid-19. Logró una *probation*, se le impusieron restricciones a su ejercicio de la medicina y todo lo que había en su consultorio fue incautado y donado al hospital Garraham.

En el mes de junio, *Random* arrasó en los Premios Gardel a la música: seis estatuillas se llevó, incluida la de oro. Ya se había vivido con euforia la entrega de las anteriores, pero cuando Charly subió a recibir la de oro acompañado por Rosario Ortega, cuyo padre sería el encargado de la entrega, Charly sorprendió a todos caminando sin ayuda y con su discurso: "Palito y yo somos refans de Gardel —arrancó—, por eso me parece apropiado dedicarle este premio… a Gardel. Pero no sé una canción de Gardel, más que una que canto con tu hija (se dirige a Palito), 'Lluvia', que salió en… algo del año, no sé si disco del año". Se estaba refiriendo a su propia canción de *Random*. Después, se distrajo. "Uy, mirá. El imitador de Sandro. ¡Animate! Bueno, voy", dijo recibiendo la estatuilla y ahora sí, dispuesto a dar su verdadero discurso. "Quiero dedicar este premio a: Carlos Gardel, María Gabriela Epumer, el Flaco Spinetta, el Negro García López, Prince, Cerati, y hay que prohibir el auto-tune. Muchas gracias".

La frase fue un dardo a lo que en ese momento comenzaba a ponerse de moda: el trap, que junto con el reggaetón, un pariente no muy lejano, abusaba del auto-tune, una herramienta que permitía corregir digitalmente errores mínimos de afinación. Lo que había hecho el trap con ese uso intensivo era tomarlo como herramienta estética del estilo y generar una sonoridad robótica. Lo que no le quitaba cierta razón a Charly García: muchos de esos artistas no podrían cantar ni una nota sin la herramienta. Y lógicamente sus palabras causaron un revuelo importante entre los seguidores del género y sus intérpretes.

¿Charly tenía al género en la mira? Para nada. "Esa noche, Charly andaba con una libretita —cuenta Nelson Pombal—, y cuando escribió ahí su discurso, en el escenario estaba cantando Duki. Me preguntaron si usamos auto-tune en *Random*; si usé alguno, fue en un coro, en alguna desafinación por falta de aire. En *Cantora*, sí hay auto-tune y en Las Bandas Eternas también, pero no lo hubo en *Random*". En una posterior entrevista con *Clarín*, Charly profundizó su concepto particular sobre el auto-tune: "Cualquier pendeja va a un estudio de grabación, le muestra el culo a un productor y la contratan. Eso es el auto-tune".

No tardaron en llegar los llantos de los traperos y luego de su posterior declaración, las rasgaduras de vestidos por parte de colectivos feministas. Una vez más, García salió al cruce: "Fue una humorada decir que hay que prohibirlo. La primera que lo usó bien usado fue Cher, una mujer. Lo que digo es que hoy no importa si podés cantar o no. No tengo nada en contra de la tecnología, las mujeres o el trap… Solo quise decir que la música queda emparchada como un Frankenstein y no importa la inspiración. El auto-tune solo distorsiona la voz: no está pensando en quién lo va a usar, así que es igual para hombre y mujeres. Quise decir que así canta cualquiera".

— • —

En el plano práctico, Charly pareció haberle encontrado la vuelta no sólo a la estética de sus conciertos, sino también a sus inconvenientes con la movilidad sentándose en un gigantesco sillón acolchado que bien podría haber pertenecido a un monarca. Además, logró articular con maestría un gran repertorio que abarcaba toda su carrera solista, incluyendo temas de *Kill Gil*, *La hija de la Lágrima*, *Random*, entre su repertorio de clásicos, que no excluyeron canciones de Sui Generis o Serú Girán: David Lebón se hizo presente en el recital de agosto en el Gran Rex para tocar "No llores por mí, Argentina".

Ante tanto bienestar y la buena sintonía que había entre García y Lebón, alguien se hizo la pregunta obvia. ¿No se podrá pensar en reunir a Serú Girán? Oscar Moro había muerto en 2006, pero su hijo, Juanito Moro, bien podría haber sido el Jason Bonham que permitió la reunión de Led Zeppelin el 8 de noviembre de 2012 en el O2 de Londres. No trascendió, pero existieron dos o tres ensayos con García, Lebón, Aznar y Moro. Finalmente, la cosa no prosperó porque Charly se emperró en que el baterista fuera el de su banda, el chileno Toño, y los demás prefirieron dejar que la idea se fuera diluyendo porque no les parecía que pudieran llamarse Serú Girán sin un Moro detrás de los parches.

Sin embargo, fue Juanito Moro uno de los bateristas que tocó en la gran sesión que armó Billy Bond, siempre intentando su eterno retorno, para regrabar dos clásicos de La Pesada del Rock and Roll: "Gracias al cielo" (Bond donó sus derechos autorales al coautor de la canción, Alejandro Medina de Manal, que estaba atravesando un serio tema de salud) y "¿No te sobra una moneda?, que es un tema que Charly compuso en tiempos en que Serú Girán grababa en 1978 su opus debut producido por Billy en San Pablo. Y fueron unas sesiones gloriosas que revivieron en todo su poderío el seleccionado que fue originalmente La Pesada: Claudio Gabis y Dante Spinetta en guitarra, Juanito Moro y Nicolás Daniluk en la batería, Javier Malosetti al bajo, Fito Páez y Hugo Fattoruso en teclados y Sergio Dawi, Gillespi y Daniel Melingo en los vientos. Pero la figura central en los videos es García, intercambiando gestos y bromas con Billy Bond, toqueteando teclados con el cumbiero Pablo Lescano (participó en "Gracias al cielo"); deslizando sus dedos sobre el iRig (que bien podría ser "el pianito de juguete que tocás tan solo vos"). Las dos canciones se pueden ver en YouTube en ambos videos que transmiten el buen momento general y lo bien que se lo pasa Charly en esa reunión de leyendas, que lo tuvo casi a la cabecera de la mesa.

No sería exagerado aventurar que 2018 fue el mejor año de Charly García en mucho tiempo, al menos desde 2010. Pudo darles continuidad a sus actuaciones, recobrar el entusiasmo por la música, recibir el cariño de sus pares y abandonar la inmovilidad durante algunos pasajes. Pero hubo una alarma en Rosario cuando Charly se presentó en un predio durante los primeros días de septiembre; a la lista le faltaban diez temas pero Charly comenzó a mostrar una inclinación extraña, alejándose del micrófono y acercándose al suelo, pudo agarrarse de algo y gritar que bajaran el telón. Sin embargo, volvió para un bis. José Palazzo informó a la prensa que se había tratado de un pico de presión, que el médico que lo acompañaba siempre le había prescripto una pastilla y que se encontraba bien. Otro susto. No obstante, algo parecido le sucedió en otro Gran Rex que hizo a fin de año: el concierto duró una hora. Quizás poco para los estándares actuales, tal vez mucho para el Charly García de fines de 2018, y acaso suficiente para aquellos que recuerdan esas caóticas presentaciones de los 90 donde el show parecía terminar antes de comenzar. Fue una hora y mucha gente pensó que era un intervalo, hasta que el recio personal de seguridad del Gran Rex se puso a desalojar la sala.

¿Nuevamente su salud se encontraba en los riscos? No parecía, porque el mes anterior se había presentado reluciente en la recepción que se les dio a los medios cuando se estrenó el primer capítulo de *BIOS*, una serie de documentales que retratan la vida de un artista extraordinario, que tuvo a Charly García en su primer capítulo y que continuó con Gustavo Cerati y Luis Alberto Spinetta. El fin de año lo encontró celebrando en la casa de Roberto Pettinato, uno de los tantos favorecidos por Mecha Iñigo con el acceso al ídolo. Existe un video muy oculto en YouTube en donde se pueden visualizar algunos segundos de esa reunión donde, por una noche, Charly abandonó los rigores de la dieta ortomolecular y se abocó a los placeres más mundanos que no figuran en ningún régimen de sanidad. Existe la probabilidad de que se tratara de un permitido. O varios.

Más que de salud inestable se podría hablar de salud ondulante, porque en el verano a Charly se lo vio bastante bien en Punta del Este, dispuesto a repetir el divertimento del año anterior junto a Fabián Quintiero, como si hubieran vuelto a los 90 y a Pinamar. Y el 13 de febrero sorprendió al público que fue a ver a Pedro Aznar que se presentó en el marco del espectáculo *Únicos* en el Teatro Colón. Su presencia arrancó una ovación; fue custodiado por un asistente hacia su lugar en el escenario y sin anestesia encararon una fogosa interpretación de "Confesiones de invierno" (que ya la habían interpretado en un Coliseo de Aznar en 2014). La emoción sólo pudo ser superada cuando por un costado ingresó David Lebón.

—¿No querés hacer un grupo, Charly? —le preguntó Aznar, con gracia.

—Los engrupidos —respondió García, que sabía que las manos que lo atenazaban por la espalda eran las de David.

Y los tres juntos hicieron una bellísima versión de "A cada hombre, a cada mujer", una canción que vio la luz originalmente en *Serú 92*, el disco de reencuentro de los míticos Serú Girán. García no sólo tocó muy bien sino que además cantó de la misma manera y sin ayuda de ningún apunte. Pedro casi se quiebra cuando termina la canción, y se lo ve emocionado, pero profesional como ningún otro va a abrazar tenuemente a Charly y a reunirse con David y él en el centro del escenario. Para alquilar balcones. O palcos.

Con esos antecedentes, no se puede comprender qué fue lo que pasó el 27 de febrero, cuando García se presentó solo en el Gran Rex y su concierto duró apenas 45 minutos. Toda una pena porque había sonado fabuloso, aunque se detectaba que a Charly le faltaba el aire, lo que es lógico en un fumador tan empedernido como él. En el programa del recital el espectáculo se anunciaba como *Charly García Lange en La Torre de Tesla o cómo dejé de preocuparme por el gobierno y amé la Torre*, que es una cita a la película *Dr. Strangelove: cómo aprendí a dejar de preocuparme y amar la bomba*. El concierto parecía ir por la mitad, cuando repentinamente García se despidió con un lacónico chau y, apoyado en Rosario Ortega, dejó el escenario. Pasó un buen rato y volvió para hacer tres canciones más. Regresó dicharachero y hasta jovial, pero aun así transmitía cierta fragilidad. Había sido otro apagón de su sistema. Y, a la distancia, resulta casi freudiano que el primer bis hubiese sido "El día que apagaron la luz".

Evidentemente, Charly García ya no estaba para recitales prolongados y esta situación se ratificó cuando se presentó en el Luna Park a fines de diciembre de 2019 y su concierto, esta vez sin alteraciones de salud, duró menos de una hora. Se lo había visto bien, de excelente humor, lanzando frases graciosas como "soy el rey de la bachata porque la vendo más barata", y con el espectáculo ya consolidado como *La Torre de Tesla: Una analogía de utopía*. Estaba para seguir, pero tras "Demoliendo hoteles", salió de escena y después de mucha insistencia del público regresó solo para tocar "Desarma y sangra". Se esperaba una actuación suya en Cosquín Rock 2020, pero una caída doméstica que terminó en una nueva internación concluyó con ese anhelo. Esta vez hubo un comunicado médico que ratificaba que el golpe había sucedido en el mismo lugar en donde ya se había lastimado en 2015: la cadera izquierda. El médico prescribió un mes de reposo y una nueva evaluación en diez días para estudiar los pasos a seguir. Otra vez sopa.

— • —

En el mes de marzo se presentó un escenario inédito, casi salido de la imaginación de George Orwell: el mundo debía someterse a un confinamiento masivo y total sin fecha de liberación a la vista debido a una pandemia que primero se llamó coronavirus, y después covid-19. En Buenos Aires, los periodistas habían sido invitados a las oficinas del Inamu (Instituto Nacional de la Música) para apreciar la maravillosa restauración que Pedro Aznar había logrado de *La grasa de las capitales*, el disco resurrección de Serú Girán que levantó una carrera que en 1979 parecía muerta. El sonido había sido mejorado sin alterar la mezcla y sonaba fresco, como grabado un mes atrás. En noviembre había circulado un video en donde Pedro les hacía escuchar a Charly y a David el resultado final, y los dos parecían encantados. No sólo eso: la nueva "Grasa" reaparecía con nuevo material fotográfico sobrante de la sesión de tapa en un *insert* al cuidado del fotógrafo Rubén Andón, que había sacado la foto original en 1979. Lo que se celebraba en marzo era la edición en vinilo, que además venía con el disco en formato CD y el mencionado *insert*. Musicalmente, era como si se hubiera desempañado el pasado: todo sonaba cristalino, con la cualidad que tiene la memoria que se despierta y reconoce detalles que siempre estuvieron allí aunque jamás con tanta nitidez.

A medida que transcurrían los días de encierro en una ciudad como Buenos Aires, que jamás fue tan silenciosa, donde hasta la salida a un supermercado para aprovisionarse hacía sentir al consumidor como un ser vivo en *The Walking Dead*, no hubo quien no pensara en el tema "Yendo de la cama al living". El encierro se hacía sentir y si bien Charly hacía tiempo que vivía en una suerte de reclusión, también lo padeció pese a su afición a seguir las noticias de la peste, tocar sus instrumentos y, sobre todo, ver películas. La única actividad musical que tuvo fue una participación en teclados para un tema de Sandro, "Eso que se hace de a dos". Fue un pedido de Nelson Pombal que produjo junto a Jon Aguilera *Tengo una historia así*, álbum póstumo de Sandro. El productor quiso recrear, a treinta años, el trío original de *Tango 4*: Sandro, Charly García y Pedro Aznar, que junto a Fernando Samalea grabaron la canción. Curiosamente, el sello no difundió que Charly y Pedro participaron en "Eso que se hace de a dos".

Y fue durante la pandemia que *La Torre de Tesla* se vino abajo y nació *La lógica del escorpión*, un nuevo título para un disco que García gestaba lentamente. Tuvo tiempo de sobra en la pandemia para terminar de delinear su forma. Lo que le disparó la idea fue un film de Orson Welles, *Mr. Arkadin*

(1955), la historia de un asesinato y un millonario que finge tener amnesia para pedirle a quien investiga el crimen que investigue su propio pasado. En algún momento, el villano cuenta la fábula de Esopo sobre la rana y el escorpión, en la que la rana se niega a cruzar al escorpión al otro lado del río por miedo a que la pique. El escorpión la engaña y le dice que sería tonto hacerlo porque ambos morirían; la rana confía y recibe el aguijonazo fatal. "Pero ¿por qué lo hiciste?", le reclama al escorpión. "No podía evitarlo: está en mi naturaleza". Toda la idea, bien leída, es también una fábula sobre el propio García, que no la descubrió, sino que la recordó mirando *Mr. Arkadin*.

Al escorpión le salió competencia; en mayo se publicó *Pettinato plays García*, un disco en el que Roberto Pettinato, ya muy metido en el entorno de Charly a través de Mecha, intenta llevar algunas melodías de García al otro lado del río del rock, o sea, a la orilla del jazz. Y la fábula termina con el saxo picándolas en el medio de la travesía y hundiéndolas sin remedio. Los músicos acompañantes intentan mantener todo a flote con su capacidad y sapiencia, pero la ley de gravedad prevalece. El ingreso de Pettinato al círculo íntimo de Charly viene de larga data, más allá de que ambos se conocieran de reportajes para *Expreso Imaginario*, revista que el saxofonista llegó a dirigir. Históricamente García se ha quejado de quienes han querido elegirle los amigos o decirle cómo vivir, pero delegó en Mecha Iñigo toda potestad y así ella se transformó en la frontera que permite o niega la entrada de las personas que quieren acceder al ídolo. De esa manera, Charly García termina grabando con Brenda Asnicar, actriz que participó en la tira televisiva *Patito feo*, una buena versión de "You're So Vain", hit de Carly Simon, y otras figuras de la farándula artística comienzan a tener contacto con él.

Pettinato se ganó el corazón de Mecha al mismo tiempo que Mauro Rogatti, el asistente de Charly, era corrido del círculo áulico. "Mecha es una buena mina que dio todo por Charly —reconoce Mauro—, pero en algo está equivocada: Charly era Charly antes que ella naciera, no podés querer manejarlo. Hay que reconocer que siendo tan joven y bonita podría haber tenido una vida mejor; ella tenía su habitación enfrente de la de Charly. En el comedor dormía yo, que me quedaba todas las noches y las enfermeras llegaban por la mañana; si Charly salía de alguna internación o estaba mal, se quedaba alguna a la noche. Iban pocos amigos porque tenían que pasar el filtro de Mecha: Pedro Aznar, David Lebón, Juanse, a veces Fito Páez. Al que verdaderamente habilitaba era a Pettinato. Mi salida se da cuando Charly vuelve a tocar y Mecha se pone a averiguar cuánto cobraba cada uno, ahí comienza a dejar menos plata chica y todo se complicaba. Yo cobré siempre bien, pero no era enfermero, y por eso agarraba los trabajos con Miguel Mateos para hacer mi verdadero trabajo de asistente de escenario. He vuelto de México a quedarme en Coronel Díaz tres días y recién ahí poder irme a mi casa. Yo ya estaba cansado, tenía mi familia, pero para que me fuera Mecha me quiso salpicar con una acusación muy fea y no pudo. Lo que pasó entre nosotros ahí queda. Lo que no entendí nunca es por qué Charly es tan pollera. Todos le dicen que sí a Charly pero yo lo he enfrentado con la mirada y entraba en razones. No es boludo, sabe todo. Me fui a mediados de 2018, pero no peleado con Charly".

El 8 de mayo de 2020 el geriátrico Carpe Diem fue evacuado por un brote de coronavirus, que era una situación que sucedía con cierta frecuencia y que alarmaba porque el virus era más severo con las personas mayores. En este caso, trascendió que una de las evacuadas era Carmen García Moreno, la mamá de Charly, que por precaución fue internada en el sanatorio Güemes pero que no sufrió consecuencias. Lo que no se sabía era que Charly había vuelto a tener contacto con ella y también con su hermana Josi. Él había acusado a ambas de haberlo internado en 1994 en una clínica psiquiátrica y desde entonces las extirpó de su vida. Cuando Carmen fue muy grande y ya era imposible que siguiera viviendo sola, Daniel y Josi decidieron trasladarla a un geriátrico donde estuviera cuidada las veinticuatro horas. Por lo costoso de la estadía en cualquier hogar para gente mayor, le pidieron ayuda a su hermano Charly, que estaba en una posición económica que posibilitaba un aporte. La respuesta que recibieron los dejó estupefactos: "No soy Ricardo Fort". Una negativa rotunda.

Y aquí es donde Mecha se anota varios puntos porque convence a Charly de ayudar a sus hermanos a solventar ese gasto, aunque lo único que tenía que hacer era autorizarlo porque es ella quien maneja todo el dinero de Charly, que ni siquiera en los buenos tiempos les pedía rendición de cuentas a sus mánagers. Sí tuvo que convencerlo de que reanudara la relación con Josi, que en realidad no fue demasiado complejo porque entre ella y Charly siempre hubo un cariño muy especial. Y así la familia se fue acercando, a medida que Miguel Ángel se volvía mayor y más razonable. Los sobrinos, los hijos de Quique, Daniel y Josi también fueron admitidos, y de esa manera Mecha estuvo más acompañada en la titánica tarea de su día a día con García, quien a su vez disfruta hoy los beneficios de tener cerca a su familia a la que alejó durante décadas. Ese proceso fue paulatino, secreto y terminó de fraguar cuando Charly aceptó una comunicación telefónica con Carmen, costumbre que cada tanto practica. Es una situación buena para todos: García necesita que todos tiren del carro ante sus recurrentes crisis médicas.

Una de ellas se produjo a pocos días de la evacuación de Carmen, cuando ingresó en el Instituto del Diagnóstico con alta temperatura y fuertes dolores musculares. No era covid-19, sólo una infección urinaria. Y desde entonces, cada tanto tiene alguna internación donde la causa que trasciende siempre es la de una fiebre misteriosa que va y viene, tal vez producto de su prótesis de cadera. El 17 de octubre salió al balcón a saludar a sus fanáticos y recibió el 2021 en la casa de la familia Cerati, lo que sorprendió a mucha gente. Había vasos comunicantes porque Facundo, el hermano de Mecha, era novio de Lisa Cerati. ¡Y hasta ensayó unos breves pasos de baile con Lilian Clarke, la mamá de Gustavo!

44. Una familia muy normal

El mundo es un patio de prisión/ ¿A dónde querés ir?
CHARLY GARCÍA, "NO IMPORTA"

2021 venía signado por un número: Charly García iba a cumplir 70 años, y la fecha se volvió casi magna por efecto anticipatorio de los medios. También era otro de los pequeños/ grandes milagros de la vida: ¿quién hubiera supuesto veinte o treinta años atrás que Charly llegaría a los setenta? Claro que era para celebrar, y por eso las festividades comenzaron temprano; primero con un muy lindo mural que se depositó en la terraza del edificio de García. La idea provino de un vecino del edificio: Marcelo Ferrán, un diseñador que junto a Tian Firpo le dio forma al mural aéreo, ayudados por la topografía de la terraza. Pintaron un teclado (el Oberheim, presente en *Yendo de la cama al living*) en el alero del edificio, un pentagrama en la pared lindera con la terraza propiamente dicha, y allí escribieron con fina tipografía: Av. Charly García. Fue un gesto muy lindo y simpático, cuando Argentina comenzaba a desentumecerse del prolongado confinamiento impuesto por el gobierno. Eso sucedió en junio y ya faltaba poco para el 23 de octubre.

Se organizaron dos festejos distintos. Pero Charly no estaba como para tocar bajo ningún concepto; varias de sus patologías le impedían encender sus motores, de manera que hubo que forzar la imaginación y en las órbitas gubernamentales germinaron un par de ideas diferentes, las cuales fueron negociadas con Mecha que por razones ideológicas privilegió las del gobierno de Alberto Fernández. Eso impidió que, como se había convenido, Charly estuviera presente en el concierto que brindó Fito Páez en el teatro Colón basado en el repertorio de su admirado García. Se esperaba que subiese a tocar una canción o que al menos ocupara una butaca destacada en la sala, pero al estar bajo la órbita de Ciudad de Buenos Aires, gobernada por un signo político opositor, aquello no sucedió.

Distinto fue el homenaje que se gestionó en el CCK[52], adscripto al gobierno nacional, que abarcaría unas cuantas horas en la sala principal, conocida como "la ballena azul". En el primer tramo, una orquesta de cámara abordaría la obra del músico entrelazando con gracia y rigor distintos pasajes de sus infinitas canciones, arregladas por Julián Caiero y Pablo Salzman, con la dirección de Pablo Britez. En el siguiente segmento, distintos artistas de estilos no rockeros (jazz, tango, folklore) rendirían tributo a su repertorio, comenzando con una simpatiquísima versión de "Pasajera en trance" en arpa, ejecutada por Sonia Álvarez. El tercer y cuarto bloque sería presidido por la banda de Charly que acompañaría a distintos artistas. Pero… ¿cuál era la banda de Charly?

Una nueva banda que bien podría haber sido la definitiva con Fernando Samalea en la batería, Fabián Quintiero en teclados, Fernando Kabusacki en guitarras y María Eva Albistur en bajo. Los músicos fueron elegidos por el propio García y todos tienen mucho tiempo a su lado; Kabusacki, más silencioso, ha tocado en *Kill Gil*, lo ha invitado a Charly innumerables veces a tocar detrás de pantalla en las películas mudas que se

---

52. Nombre con el que se reconocía en aquel entonces al ex edificio del Correo Central, que se transformó en el Centro Cultural Kirchner. En 2024, el nuevo gobierno argentino tomó la determinación de renombrarlo como Palacio Libertad.

ofrecían en el MALBA, y fue quien estaba tomando un café con Robert Fripp en 1994 en el bar de la esquina del teatro Ópera cuando el guitarrista de King Crimson le recomendó a María Gabriela Epumer que convenciera a Charly de hablar con Ken Lawton, gestión también impulsada por Kabusacki. María Eva Albistur, gran bajista, fue su pata inclaudicable en los días de *Kill Gil* y quien acompañó a Charly a Estados Unidos cuando viajaron a terminar el disco y a ver un show de Pete Townshend[53].

"Nos consiguieron la sala Mozart en el CCK —cuenta Kabusacki—, y nos encerramos los cuatro durante un mes a sacar un repertorio larguísimo que armó Charly. Vinieron algunos invitados como Hilda Lizarazu y Rosario Ortega, y la idea era que viniera Charly también pero no llegó. Yo hice un laburazo de estudiarme todo y me preocupaba quién se iba a cargar los teclados de Charly, porque había cosas de Serú Girán y La Máquina de Hacer Pájaros. Pero ahí me sorprendió el Zorrito, que se tocó todo; él y Samalea eran los directores. Yo entiendo que en ese momento estaba bien, pero con Charly todo es incertidumbre: ¿vendrá? ¿No vendrá? ¿Podrá bancarse un show?" La segunda parte de ese tramo, o sea el cuarto segmento, sería con lo que se llamó la banda "Piano bar", que incluía a Pablo Guyot en guitarra, Alfredo Toth en el bajo y Fito Páez en los teclados, que tuvo que desdoblarse porque también tenía su propio show en el Colón.

A todo esto, Charly se iba deprimiendo cada vez más a medida que se acercaban sus 70. La idea de ese número redondo no le gustaba para nada y se lo comentaba a algunos íntimos. El proceso inverso se daba en todos sus fans, un efecto contagio comenzó a impregnar no sólo a los seguidores acérrimos sino también a todos los amantes de la música, para terminar convirtiéndose en celebración nacional toda la semana previa al sábado 23 de octubre. Las pocas entradas disponibles para

---

53. Ver capítulos 35 y 36.

los eventos del CCK y el Teatro Colón desaparecieron en cuestión de minutos pese a que la cola para retirarlas desanimaba a cualquier paciencia. En la celebración del CCK, solamente daban un ticket por persona y había que elegir un segmento. ¿En cuál estaría Charly? El gran público daba por descontada su presencia que no estaba garantizada. Todos intentaron ir a lo seguro y pidieron entradas para el cuarto y el tercero, donde estaría presente la banda de Charly al menos.

Los medios amplificaron el sentir popular e hicieron sonar la música de Charly en todos lados, entrevistaron a músicos, periodistas, especialistas, actores y toda piedra que pudiera articular dos oraciones en torno a García, que cuando percibió esa oleada de cariño se sorprendió: "Nunca hubo tanto consenso en torno a mi persona". Quizás lo había pero nunca se había manifestado tan rotundamente. El día previo dijo que quería ir y tocar. Varios llamados de amigos lo convencieron y fueron derribando las prevenciones que pudiera haber en su medio ambiente.

A las seis de la tarde, todos aquellos que seguían las alternativas de los festejos en el CCK creyeron observar una señal como de Batman cuando el escenario fue cubierto por un telón con el logo de Say No More. Hubo que esperar bastante hasta que ese telón se descorriera y un poco más hasta que el escenario fuera iluminándose desde el centro hacia los costados. Y ahí lo vio el público que estalló en gritos. Era un momento histórico. Charly García había cumplido 70 años, su figura resaltaba en el escenario, y Argentina, más buena parte del continente, estaba feliz. Previamente había habido saludos de personalidades musicales como Joan Manuel Serrat, Caetano Veloso, Silvio Rodríguez, Rubén Rada, Andrew Loog Oldham, Jorge Drexler, Herbert Vianna, Hugo Fattoruso y Claudio Gabis entre otros.

A un costado del escenario, antes que los asistentes se llevaran al artista para ubicarlo en su trono, un sillón de peluquería, Fernando Kabusacki le tomó el pulso.

—¿Te das cuenta de cómo te quiere la gente? ¿Lo sentís?

—Si no lo sintiera, sería un miserable —respondió García, mientras le conectaban los auriculares *in ears*.

Vestido de saco y pantalón blanco y luciendo un sombrero y una remera negra con un escorpión en el centro, el artista arrancó con una pregunta: "¿Por qué no vienes hasta mí?". Y el resto se cantó solo. Se lo vio rígido, con un brazo que no movía, producto de otro accidente casero que le había destrozado la mano izquierda, pero con una chispa inconfundible en los ojos. La banda sonaba como un tractor y el entusiasmo del público era un combustible de alto octanaje. El más suelto de todos y el más divertido también parecía ser Fito Páez, disfrutando, riendo, intercambiando miradas cómplices con los otros músicos, cómodamente instalado en el centro del escenario. Los cuatro temas en los que Charly tocó pertenecían a *Piano Bar*: "Cerca de la revolución", "Promesas sobre el bidet", "Raros peinados nuevos" y "Demoliendo hoteles". Para el cierre hubo una versión no ensayada de "Canción para mi muerte". ¿Disfrutó el show? Es muy difícil saberlo, porque por momentos se lo vio muy tenso, pero también con algún guiño imperceptible: la situación era un torrente emocional de esos cuyo impacto cae a tierra días después.

El show debía seguir con la banda titular del Zorrito, Samalea, Kabusacki y María Eva, con el aditamento de Alfi Martins (miembro de la banda de Charly de la época de *Parte de la religión*) que pilotearon una catarata de artistas con solvencia de roca, interpretando con precisión todo el repertorio de García, bien diseñado para la ocasión, recorriendo todos sus años, casi todos sus grupos (La Máquina de Hacer Pájaros no tuvo representación) y con músicos que pertenecían a su historia, y otros que parecían haber sido colocados a presión en la lista. Hubo versiones magistrales como la de Celeste Carballo cantando "Rezo por vos", que contó con un detalle especial: Lito Epumer tocando la guitarra de su hermana María Gabriela; también hubo derrapes históricos, desafinadas monumentales, presencias inexplicables y aciertos inesperados como el de Nahuel Pennisi cantando "Los dinosaurios" o Benito Cerati apoderándose de la escena en "Raros peinados nuevos".

Raúl Porchetto tuvo la difícil tarea de ser el primero y cantar "Dime quién me lo robó", elegido especialmente por Charly. Él hubiera preferido hacer "Canción para mi muerte", porque la cantó en el Festival del Amor en 1977, recibió una silbatina histórica y todavía quería revancha. Luego desfilaron María Rosa Yorio, Julia Zenko, Cucuza Castello, Leo García, Julieta Venegas, Alejandro Medina, Richard Coleman y Christian Basso (ambos formaron parte de Las Ligas, una breve banda de acompañamiento de Charly), Hilda Lizarazu, Rosario Ortega, Turf y Fernando Ruiz Díaz, entre muchos otros y otras. Fue un tramo tan largo como emotivo. Alguno esperaba una nueva presencia de Charly, pero era imposible que regresara al escenario. La fiesta terminó sin el cumpleañero pero con un nivel de emoción inigualable. Sus canciones hicieron la magia a través de las distintas gargantas, pero sobre todo a través de esa banda que fue un vehículo fiel y todoterreno.

Para cerrar un año histórico, una reedición histórica: *Serú Girán*, el opus debut del cuarteto de oro, experimentó el mismo tratamiento rejuvenecedor que *La grasa de las capitales* y se vio tan beneficiado como aquel de la nueva masterización donde nuevamente Pedro Aznar y Ariel Lavigna hicieron posible la "maravillización" con la que García alguna vez soñó.

— • —

El 2022 habría de ser muy diferente. Comenzó muy mal y Charly tuvo que ser internado en febrero nuevamente en el Instituto Argentino del Diagnóstico, esta vez por quemaduras. Resultó una triste ironía del destino que al hombre que escribió "Estaba en llamas cuando me acosté" se le prendiera fuego la cama y le ocasionara terribles quemaduras en su pierna y en partes nobles de su anatomía. Fue un descuido se dijo, pero no de quién. García entró al IADT y estuvo internado más de un mes porque tuvieron que realizarse una importante cantidad de injertos.

Lo que pasó es que se le incendiaron las sábanas, aparentemente por un cigarrillo que dejó encendido y sin poder movilizarse quedó a merced de las llamas. El hecho sucedió entre la noche del 22 de febrero y la mañana del 23 y aparentemente Charly estaba solo. ¿Y Mecha? ¿No había una enfermera de guardia? ¿Qué pasaba allí? La noticia recién trascendió en marzo pero no los motivos. Otros relatos dicen que se quemó haciéndose un mate, pero Charly nunca fue consumidor habitual de la infusión. Un poco más de sentido tiene otra reconstrucción que indica que la enfermera habría ido a la cocina a servirse un vaso de agua, que Mecha justo había bajado a recibir un paquete y que en ese mínimo descuido sucedió el accidente, lo que contradeciría las versiones de que, en esos días, Charly estaba abandonado. Pero no que entró al establecimiento médico presa de una crisis de angustia inconsolable.

El conductor Beto Casella se transformó en el portavoz del "círculo íntimo" durante todos aquellos días. Bendecido por Mecha Iñigo que le había habilitado acceso a Charly, Casella serenó las aguas desde su cuenta de Twitter (hoy X): "El círculo más íntimo de Charly García informa que está perfectamente atendido por personal médico; que está sanando su pierna quemada y que está absolutamente contenido por su hijo Migue, por su hermana y por su pareja Mecha. ¡Vamos, maestro! También lo rodean otros familiares. Desmienten rotundamente que el cantante esté 'solo' atravesando este trance como informan algunos medios". Lo que era verdad, es que ante el grito de alerta su familia (Miguel, Josi, Daniel, y algunos sobrinos) se movilizaba de inmediato. Lo mismo que Mecha, que trataba por todos los medios de que ninguna crisis llegara al ojo del público.

Que el estado psicológico de García era sumamente frágil quedó en franca evidencia cuando salió al aire en el mes de julio en la radio El Destape con Taty Almeida, una de las Madres de Plaza de Mayo, que evidentemente leyó algunos datos dispersos de las miles de biografías que circulan por internet para confeccionar su cuestionario. Charly no parecía muy consciente porque comenzó preguntando "¿quién es?", para después recordar que Mecha le había dicho de la entrevista. Respondió algunas preguntas biográficas, no se le notaba muy clara el habla, pero llevaba la charla como podía ante el amateurismo del reportaje. Dijo estar "bien, rodeado de gente linda", ante lo que Almeida terció: "Además a tu lado esta preciosa, hermosa mujer Mecha, ¡qué valor que es! ¡Madre querida!", dejando claro quién había facilitado la nota. "Sí —dijo Charly—, ella vino de… Brasil. Y nos cagábamos de risa". ¡Alerta roja! La que vino de Brasil fue Zoca, no Mecha. Y Zoca se fue en 1997 a Alemania y nunca más volvió.

La entrevista alarmó aún más a los que conocen la trayectoria de Charly. En un momento dijo que estaba haciendo una canción nueva, a lo que un conductor en el estudio preguntó si les adelantaba algo. "Nos va a dar una primicia, ¡iupi!", se entusiasmó Taty Almeida, y Charly, con voz quebradiza cantó: "Te recuerdo, invierno", que pertenece a su adolescencia, que nunca integró formalmente el repertorio de Sui Generis, pero que sí rescató para *Estaba en llamas cuando me acosté*, el disco en vivo que grabó en Pinamar durante 1995. Evidentemente, no era su mejor día pero en la despedida mostró que su desorientación no es tanta. "Bueno, nos veremos algún día", lo despidió Taty Almeida saludando una vez más a Mecha, y Charly respondió: "Llevemos una bomba y pongamoslá".

También se lo vio sin mucha autonomía pero con glamour el día de su cumpleaños 71 en BeBop, donde lo sentaron en sus teclados, lo rodearon con su banda, y cantó algunas de sus canciones como pudo. Pese a sus limitaciones físicas, más acentuadas que en su última aparición pública un año atrás, se lo vio a gusto; aunque Rosario Ortega haya sido quien más cantó, cada tanto Charly subrayaba alguna línea o gesticulaba.

Era un público de amigos, conocidos y algunos faranduleros colados. En el momento de la torta se le acercaron Mecha, su hijo Miguel y Palito Ortega, del que se decía que se había alejado. Su presencia desmintió ese rumor. "Lo de BeBop fue algo más pequeño —explica Fernando Kabusacki—, pero hicimos un show entero. La idea, entre el CCK y BeBop, era hacer un show grande como en Obras o una cosa bien pequeña, pero eso se fue diluyendo. Charly se siente un poco inseguro, pero él puede tocar dos o tres notas y ya está, esa banda con el Zorrito, María Eva y Samalea era muy profesional y lo podía sostener perfectamente. En BeBop no hubo bajista porque Charly no quiso. Pero esta cosa con los bajistas es desde siempre".

A través de la Galería Popa del barrio de La Boca (algo así como el otro lado de la gran galería de la zona, que se llama Proa), Charly García hizo su debut como pintor que expone en la feria de Arte BA. Sus cuadros no estaban muy caros: desde 400 dólares uno podía llevarse a la casa un auténtico García, que tenía un rinconcito en el sector Utopía, donde exponían los artistas nóveles y en esta disciplina, si bien hace años que pinta, dibuja e interviene revistas y tapas de discos de una manera irreverente e ingeniosa, Charly García es un novato. La artista Marta Minujín compró uno de sus cuadros. El texto del catálogo de la muestra decía que "como pintor, Charly García representa un movimiento artístico que en nuestro país casi no tuvo repercusión: el Art Brut. Las imágenes salvajes que atentan contra los contornos y los significados claros que pinta Charly recuerdan imágenes de sujetos esquizofrénicos, que desde hace unas décadas vienen considerándose obras de arte como cualquier otra. Pero la pintura de Charly, como también su obra musical desde los años 90, es una pintura para la que el color, el rayón y la mancha bastan".

La categoría es bastante exacta en lo que a Charly concierne; su nombre fue acuñado por el pintor y filósofo Jean Dubuffet en 1945 para referirse al arte creado por personas sin formación académica. Su teoría es que las normas sociales anulan las posibilidades artísticas, y el arte creado por locos, autodidactas, inadaptados, niños y ancianos es tan arte como cualquier otro. Se lo llamó Arte Marginal, pero se consideró que Art Brut era una etiqueta mucho más elegante. Los cuadros de Charly tienen algún punto de contacto con el Street Art de Jean Michel Basquiat, otro artista "maldito" que murió a los 27 años. En algunos de sus cuadros evocaba su salto a la pileta mendocina desde un noveno piso; en otro parecía haber dibujado a María Gabriela Epumer al lado de la letra de "El amor espera". Había una simple hoja de cuaderno donde dibujó una suerte de máscara con marcador negro en la que decía: "I'm happy. I can walk under ladders", citando el tema "Walk Under Ladders" de Joan Armatrading (1981).

2023 fue un año inmóvil en el que Charly no hizo show alguno y sus apariciones públicas se tornaron casi inexistentes. Ese silencio de radio hizo mucho ruido y comenzaron los rumores, que primero se preguntaban por la no aparición de su álbum *La lógica del escorpión*. El disco estaba terminado hacía dos años pero en ese tiempo, Charly volvía a los estudios Happy Together donde Matías Sznaider, un joven ingeniero talentoso y entusiasta, lo recibía gustoso en la calle Felipe Vallese. Tato y Javito escoltaban al artista cada vez que manifestaba su deseo de ir al estudio. Era casi una labor terapéutica más que un trabajo duro en la confección de un disco que ya estaba hecho. Primero fue la excusa de que Renata Schussheim no había terminado con el arte de tapa. Luego, que se requerían autorizaciones de derechos editoriales porque Charly había decidido versionar una vez más "El chico del fin de semana"[54], aun sabiendo que Neil Young no autorizaba versiones de sus temas en otro idioma que no fuera el inglés. Algo similar aconteció (o se dijo que aconteció) con "Watching The Wheels", de John Lennon, que también figuraría en el álbum. Pero tal vez

---

54. "Out on the weekend", tema de Neil Young que se publicó en Harvest (1972). Ya había sido escuchado en Charly & Charly en Olivos (1999).

fuera como le dijese a Pettinato en su programa radial: "La lógica del escorpión es... que no hay lógica. ¡Es suerte, nomás!".

Ya en 2023 no había más excusas que inventar, sin embargo, cada tanto se hacía circular una foto de Charly en estudios, como si todavía siguiera trabajando. Más laborterapia. La palabra final sobre el disco la dio un comunicado del sello Sony, acompañado de la foto de varios directivos de la compañía rodeando a Charly en la firma del contrato. Lo que sucedió recién a fines de abril de 2024. La gente de la compañía lo vio a Charly "feliz, conectado, contento", pero la firma fue solamente una formalidad porque el disco ya lo tenían escuchado hacía varios años y si hubo alguna variación realmente fue inaudible. Se presume que para el mes de agosto 2024 (ya pasado para este libro), el disco estaría fabricado y puesto a disposición del público en formato streaming, CD y vinilo. También se dijo que la exigencia de García era que no se conociera nada del álbum hasta que el vinilo no estuviera a la venta. La idea de Sony es publicar todo al mismo tiempo, lo que puede hacer que el tiempo estimado para agosto se dilate y la edición de *La lógica del escorpión* coincida con la primavera. La confección de vinilos en Argentina, pese a la recesión de la era Milei, parece no dar abasto y hay pocas fábricas.

Entre el disco paralizado y la confirmación de la edición, en ese generoso par de años, hubo mucho oleaje y las redes dispersaron muchos peces, algunos de ellos en mal estado[55]. El periodista Esteban Trebucq hizo un alto en su programa de televisión para comunicar que había mucha preocupación en el entorno de Charly García "porque no habla ni camina; gente que lo quiere muchísimo dijo que su situación se parece un poco a la de Diego (Maradona)". La noticia terminó por ser falsa, pero cuando el río suena es porque agua trae: Charly no camina porque nunca rehabilitó su cadera cuando se la rompió.

---

55. En la jerga periodística, a la información falsa se la llama "pescado podrido".

Y cuesta mucho trasladarlo porque mide un metro y noventa centímetros y sus piernas cada vez más largas saben que no es bueno mirar atrás y se rehúsan a encogerse. Además, se encontraba deprimido; no se pudo constatar si era una simple tristeza o una depresión clínica. Hablaba menos de lo habitual, se encerraba en silencios prolongados frente al televisor. Reinaba cierto desconcierto en su entorno al respecto. Una vez más, Beto Casella fue el portavoz de la desmentida desde Twitter (X): "Afortunadamente, Charly García no padeció ningún percance en su salud en las últimas horas o días. Está haciendo sus trabajos de kinesiología, escucha música, ve películas y hasta toca su tecladito, siempre acompañado de su inseparable compañera Mecha y su amado hijo Migue. Su familia agradece las innumerables muestras de preocupación y cariño de parte del público".

Un mes y medio más tarde, el 12 de agosto del 2023, Charly García es nuevamente internado en el Instituto del Diagnóstico. Parece repetirse un circuito que es como una cinta sinfín: ingresa para unos estudios, lo encuentran mal, con temperatura o deshidratado, y queda internado tres o cuatro días para compensarlo. Obviamente, después de lo que dijo Trebucq, esta nueva internación contó con una cobertura mediática muy intensa. Mecha intentó cerrar la crisis mediática (la médica ya estaba controlada) con dos fotos de Charly que no hicieron más que incrementar la preocupación. Y no era que él se viera mal de salud, pero lucía muy descuidado, despeinado, sin lentes, como en un planeta inaccesible.

La tormenta no amainó porque la periodista Fernanda Iglesias comunicó en el programa *LAM*, antes conocido como *Los ángeles de la mañana*, que Mecha Iñigo sostenía un romance con Roberto Pettinato, algo que había circulado con mucha fuerza en el ambiente rockero y que a esa altura parecía una noticia vieja. Y no sólo eso, sino que el disco *Pettinato plays García* fue grabado con dinero de Charly, y no se supo si con su consentimiento. Lo que podría ser enteramente cierto porque tanto Charly como Mecha figuran en los créditos del disco como supervisores generales. La tormenta amenazó con convertirse en un tornado, pero el viento aflojó enseguida: más allá del momento, el mundo y la vida de Charly siguieron su curso. No hubo un escándalo mayúsculo.

Todo cambió cuando salió a la venta el ejemplar de la revista *Noticias* con Charly en tapa. El titular decía: "Entorno en la mira: La prisión de Charly". Y la bajada en tapa era fuerte: "Cercado por su círculo íntimo, apenas sale de la casa y no camina. Sus amigos históricos tienen prohibido verlo. Apuntan contra Mecha (35), la novia, que controla la caja. Disco frenado y celular secuestrado. Las denuncias de Cantilo y Juanse: 'Va a terminar como Maradona'". Si bien el artículo resaltaba los aspectos más sórdidos había mucha información cierta. Lo del celular secuestrado, era verdad, pero básicamente para que no recibiera llamadas porque Charly no sabe cómo hacerlas. Y cuando hace alguna, es Mecha quien le tiene el teléfono en speaker para que hable. Como cuando "retó" a Fernando Samalea, que ha sido su baterista histórico y que posteó algo en Facebook que retiró rápidamente después de que Charly lo llamara a expensas de Mecha, que es quien patrulla las redes sociales.

"Lamentablemente, somos demasiados los músicos amigos de Charly a los cuales se nos impide verlo. Ojalá eso cambie pronto. Lo queremos bien. Contento y libre, unido a la música, que es lo que más ama", escribió el baterista, otro desplazado por la corte. Otros impedidos de verlo eran Pipo Cipolatti, Fabiana Cantilo y Juanse, que hizo las declaraciones más fuertes hablando de un entorno "siniestro y oscuro" que lo estaba usando[56]. En cambio, Graciela Borges sostenía que Mecha era "una chica fantástica", pero que no obstante quería hablar con ella para entender qué estaba pasando. Este tipo de

---

56. De acuerdo al artículo de la revista *Noticias*, Juanse hizo esas declaraciones en el sitio Ser Argentino.

declaraciones no eran nuevas y estos participantes y otros ya las habían vertido en otros medios. El verdadero proscripto era Pipo Cipolatti porque se lo estimaba peligroso para la supuesta sobriedad del artista. Pero es verdad que Fabiana Cantilo no lo podía ver y que refería sus quejas a Fito Páez. El artículo dejaba a Mecha en la línea de tiro. Y la dama se movió.

Pero no la dama en cuestión. Josi García Moreno, hermana de Charly, pidió hablar con *Clarín* y brindó un reportaje extenso en el que desmentía todas las acusaciones de la revista, aun sin haber leído el artículo, como sostuvo en la entrevista, tan solo con la vista de la tapa. Josi siempre ha cultivado un perfil muy bajo y su aparición causó sorpresa, pero sirvió para calmar las aguas sobre todo cuando circulaba por todas las redes sociales el hashtag #freecharly y se agolpaban fanáticos frente a su departamento de Coronel Díaz. Josi desmintió que hubiera un entorno, y dijo que en realidad lo que había era una familia, junta como nunca antes y que el mérito era de Mecha. Que lo estaban acompañando, que Charly está bien cuidado por sus hermanos y sobrinos, que visitaban a Charly a menudo y que ella lo hacía con su sobrino Miguel, el hijo de Charly que vive a dos pisos del astro.

Josi, además de compartir meriendas y prepararle sanguchitos a su hermano, comparte otras cosas con Charly: música. Melómana de la vieja escuela, oyen a James Taylor, Steely Dan, Joni Mitchell y recuperan un largo tiempo perdido. Los hijos de ella, de Dani y del fallecido Enrique ya están grandes y pueden establecer una relación muy distinta con su famoso tío. Esto desmiente el cerco en torno a Charly: el amor de una familia es incuestionable. Pero no es ése hoy el problema de García. En la nota de *Clarín* se habló de los "malpensados y malintencionados", lista que incluye al autor de este libro que declaró una sola cosa para *Noticias*: "Me llega de muchos lados que Charly está muy descuidado y muy solo. Es hora de que lo dejen ver a sus amigos. Yo ya no lo soy, pero le deseo lo mejor a Charly; y si me necesita voy a estar a su lado". Lo que ratifico palabra por palabra. Aun alejado de él por razones que ya han sido explicadas en esta actualización, estaré siempre dispuesto a ayudarlo si fuera menester. Afortunadamente, la cercanía de su verdadera familia hace muy remota esa posibilidad.

Luego de todo este incidente mediático, Juanse fue indultado, se lo vio en varias fotos junto a Charly (la última en marzo de 2024, en el cumpleaños de Fito Páez), y sus quejas cesaron. "Sería bueno que todos los que dicen que lo aman lo vayan a ver", declaró Josi en su entrevista con *Clarín*. El problema es que mucha de esa gente que lo quiere bien y que no entraña ningún peligro para él tiene una sola puerta de acceso: Mecha. Y esa aduana es muy difícil de cruzar. Una fotografía que dice mucho es aquella en la que Josi y Mecha aparecen en un evento de SADAIC en representación de Charly, y comparten la imagen con Emilio Del Guercio. Josi se ubica exactamente detrás de Mecha, que se recuesta sobre ella; gestualmente, la foto afirma que Iñigo cuenta con el respaldo de la familia. Say No More.

Charly García cumplió 72 y tuvo un festejo íntimo en su casa, con torta, familiares y amigos. Trascendieron algunas fotos en las que Charly no se veía muy bien, más de aspecto que de salud. Era como si lo hubieran vestido y peinado a las apuradas, con el pelo alisado y una camisa a cuadros. En el video que está en YouTube se puede ver a Josi, Mecha, Renata Schussheim, Fito Páez, Nito Mestre y Raúl Porchetto; poco después habría llegado León Gieco. Charly parece contento aunque con aire ausente, como si estuviera pensando en otra cosa. Y es así: lo que ves es lo que hay.

Charly García tiene como todas las personas días buenos y malos. Eso, en él, se refleja como conexión. Hay días en que está "conectado con todo lo demás", y días en los que se desconecta. Por voluntad propia o porque actualmente su cerebro está configurado de esa manera. Nadie lo sabe. Pero cada tanto aparece un estímulo externo que es capaz de encenderle todo el tablero.

45. Fantasy

*Fantasy es un lugar/ Del que nadie puede regresar/
Fantasy es ilusión.*
CHARLY GARCÍA, "FANTASY".

El 13 de junio de 2022, en el día de su cumpleaños, Mariano Cabrera salía de dar clases de actuación en Nueva York. Encendió su celular, que explotaba de saludos, pero le interesó más un dato que le acercó un amigo: apareció la dirección exacta del lugar donde Charly García se sacó la foto de tapa de *Clics modernos*. Consultó en Google Maps y en veinte minutos llegó al lugar: Walker St y Cortland Alley, en el Lower Manhattan, no muy lejos de Tribeca. Mariano pensó en que iba a tener que adivinar cuál de las cuatro esquinas sería, Nueva York cambia todo el tiempo, pero se dio cuenta enseguida. Se sentó, se imaginó viendo lo que Charly habría visto en su momento; observó un depósito de mercadería china, y al primer chino que vio le pidió que le sacara la fotografía y la subió a Instagram. "No podía creer que nadie supiera de ese lugar —cuenta hoy Cabrera—, pensé que había que hacer algo. Y lo hice".

El hombre se pertrechó con todos los antecedentes y papeles habidos y por haber para presentar su iniciativa de poner una placa en la histórica esquina que, lógicamente, debería llamarse Charly García Corner, pero la primera respuesta que obtuvo en el consulado argentino lo desanimó: "¿Y no se va a enojar Charly?". Por fortuna, se recuperó rápido y fue empujando el sueño. Le encontró el ángulo justo del Street Art, ya que la figura que aparece en la tapa de *Clics modernos* fue obra de Richard Humbleton, un artista que se hizo conocer mediante el *shadowman* que aparece en la portada, dibujo con el que inundó Nueva York. Fallecido en 2017, hoy es considerado una leyenda, y entre sus tantas figuras dibujadas en las calles que aparecen en todos sus libros, no estaba la de *Clics modernos*. "Después tenés la firma de otro grafitero famoso, Zephyr, que está arriba de la leyenda Modern Clix, que a su vez era una banda pospunk multirracial de los 80, cuyo líder se llamaba Frank Powers".

En el consulado argentino comenzaron a averiguar si se podía hacer algo y le dijeron a Mariano que si el hotel que está en la esquina no lo aceptaba, la cosa no iba a avanzar. El Walker Tribeca Hotel recibió prontamente la visita de Mariano. "Me costó un montón, imaginate tener un loco que plantea eso en la recepción de un hotel, hasta que conseguí el mail del mánager del hotel, le escribí contándole todo, le presenté el mismo proyecto que al consulado. Y me quedé esperando respuesta". No pasó demasiado hasta que el hombre que podía definir la historia dio a conocer su parecer: "Estaremos felices de ser parte de la historia".

Con el visto bueno del gerente, Mariano regresó al consulado que se puso a trabajar con la alcaldía de Nueva York y contra todos los pronósticos, el proyecto capturó al viento en sus velas. "Fue en tiempo récord —asegura Mariano—, lo presentamos en enero y el 19 de abril de 2023, conseguimos la última autorización". A todo esto, al revés de los mortales, Mariano ya tenía hecho un video de presentación de la Charly García Corner por si el proyecto llegaba al final feliz. Lo que no tenía era cómo llegar a Charly, y a través de Fernando Samalea, y de Alfi Martins, que a su vez contactó al Zorrito

Quintiero, hizo que el video arribara al celular de Tato, el secretario de Charly, que llamó a Mariano de inmediato.

—¿Esto está ok? —le preguntó.

—Esperá hasta mañana.

Al día siguiente, Mariano le comunicó a Tato que, efectivamente, todo estaba listo, que la Charly García Corner era un hecho. A la noche, Mecha lo llamó a su celular y le contó que al enterarse, Charly se largó a llorar. "¡No lo puedo creer!", repetía una y otra vez. Mariano trabajó como loco para que ese evento no quedara en la nada y fuera algo más y armó una convocatoria por Instagram para músicos latinoamericanos que estuvieran para la fecha en Nueva York y tocaran canciones de Charly. "Seleccioné a tres; uno de ellos era Pablo Jubany, un músico rosarino, un solista de Perú y una artista argentina llamada Lyon radicada en Dinamarca. Todo fue creciendo y le dio pista al *Charly García Weekend*, que comenzaba el sábado anterior al evento, con una charla que iba a dar en Central Park contando todo el proyecto, seguía con un tour que llamé *Huellas en el Fanky*, donde fuimos a todas las locaciones donde se hizo el video del tema Fanky y otras más. Y el lunes 6 de noviembre terminaba con la inauguración de la Charly García Corner".

Al acercarse la fecha, Mariano comenzó a recibir llamados de todas partes pero atendió a pocos. La primera fue Hilda Lizarazu, que le contó que se iba a pasar su cumpleaños a Nueva York con dos amigas y que ellas también querían estar: Andy Cherniavsky y Gabriela Aisenson (ambas muy ligadas a la historia de Charly). Luego Samalea confirmó su presencia, Alfi Martins viajó desde Miami y se completó la formación con Fabián Quintiero. Pero hubo más porque los chilenos también quisieron participar y Kiuge y Toño volaron a Nueva York. La nota triste es que Charly quería estar presente con todo su corazón, pero realmente su estado no se lo permitía y finalmente se convino que fuera su hermana Josi en representación. Alex Pelz, el director del video de "Fanky", fue otro de los participantes. Pero faltaba uno: Joe Blaney. A través de Mario Breuer, Mariano consiguió hacerle saber del evento pero no tuvo respuesta hasta la mismísima ceremonia, cuando divisó su melena blanca. "You are, Mariano, right?", le dijo. Y se fundieron en un abrazo.

El 6 de noviembre de 2023, Charly García tuvo su propia esquina en Nueva York y la ciudad fue una fiesta. La banda de argentinos y chilenos tocaron sus canciones cantadas por Hilda y por Josi, se juntó un montón de gente y se le puso historia a una esquina que, para los neoyorquinos, era anónima. Ahora, cualquier mortal que la busque en Google Maps la encuentra porque aparece y si amplía la imagen, puede ver la placa. ¿Y el cartel verde? Todavía no, porque eso pertenece a la autoridad de tránsito y, como en Argentina, no se les pueden poner nombres de personas a los lugares hasta diez años después de su fallecimiento. Charly siguió todo el evento, emocionadísimo, desde la pantalla gigante de su casa, a través de Instagram Live.

Mariano no lo sabe, pero con toda esa proeza, le brindó una gran alegría al artista que venía arrastrando una fuerte depresión desde que salió de la internación del mes de agosto. No lo comentó con casi nadie, pero en el sanatorio fue descubriendo por qué le pasaban determinadas cuestiones. La gente, mucha a su alrededor, cree que Charly no se da cuenta de las cosas. Pero él sabe todo lo que le sucede como lo supo siempre, sólo que a mediados del 2023, ya con información médica, le cayó la ficha definitiva y fue mucho para él. El juego acabó. Sin embargo, la vida prosigue y todavía quedan muchas mañanas por andar.

Y en una de esas mañanas, el mundo recibirá *La lógica del escorpión*. Probablemente, esa mañana ya sea pasado cuando el lector recorra estas líneas. Los que estuvieron en contacto con el nuevo material dicen que "es un disco muy García", "se van a sorprender porque es muy moderno", "se escucha su voz, sin procesar", "no se puede creer que ese tipo tenga todavía esta lucidez para hacer estas canciones", "un Charly auténtico".

El 25 de abril del 2024 firmó el contrato correspondiente con Sony, lo que certifica que el álbum, finalmente, aparecerá. O habrá aparecido, si todo fue bien.

Fue David Lebón el que cantó que "el tiempo es veloz". Y tan veloz fue que finalmente lo alcanzó a Charly, eterno fugitivo del tiempo, experto en el pase hacia adelante y la carrera alocada para eludirlo. El hombre y el artista ahora son uno, quizás lo hayan sido siempre, pero en la teatralización de los artilugios imposibles daban la impresión de ser cosas diferentes. Ahora Charly puede observar cómo el tiempo se le pone por delante y lo mira fijo mientras él lo contempla con la mirada de lo inevitable. Durante 60 años, Eduardo Blanco, hermano de Roberto, uno de los compañeros de primaria de Charly en la escuela Aeronáutica Argentina, guardó una cinta que parece ser el primer registro grabado de Charly García, un documento que fue exhumado gracias a la tenacidad de la cuenta *Rarezas SNM* de YouTube.

—¿Y, García Moreno? ¿Qué tal esa guitarreada?

—Y, yo con la guitarra voy bien —responde Carlos Alberto García Moreno, de 12 años, que acompaña a su sexto grado en un viaje de egresados.

—Bueno, a ver, cántenos un poco ese (palabra ininteligible) usted, que ha creado.

—¿Vampiro? Bueno, empiezo.

Así, el alumno García Moreno canta *a capella* una breve versión de "Vampiro", tema que conoció su versión discográfica en *Tango 4*. Y como en *Adiós Sui Generis*, hubo una segunda función a la noche, en el marco de un fogón (¡nada menos!) en donde, con una criolla completamente desafinada, Carlitos canta velozmente y con desenfado un twist, que si no fuera por la letra podría haber pertenecido al repertorio del Club del Clan. "Entrás a morder de noche/ a la casa ya lo sé/ se te prende en el pescuezo/ y la sangre entra a correr/ ¡Vampiro! ¡Dejame dormir tranquilo!/ ¡Dejá de molestar, vampiro!/ Escalofríos siento cuando te veo a ti".

Claro, el único problema hubiera sido la letra: El Club del Clan no había avanzado sobre el género de terror, y Black Sabbath todavía no se había formado. Pero la entonación de Carlitos es inconfundible y lleva la influencia de Palito Ortega, el hombre al que una vez consideró su enemigo y terminó siendo su mayor benefactor. ¿Quién podría haber previsto la trama de esta película?

Sí, con la guitarra venía bien. ¡Y no quieran saber cómo se ponía frente a un piano!

Sesenta años más tarde la historia prosigue pero, amigos, todavía no hemos visto su final.

Agradecimientos

La cantidad de gente que directa o indirectamente colaboró con este libro es enorme y abarca un período de catorce años. Sin todos ellos prestando una ayuda valiosísima, esto no hubiera posible ni hubiera sido divertido. Con el correr del tiempo se han agregado nombres a la lista original, así que agradezco en un desorden tan profundo como la gratitud a las siguiente personas:

Gabriela Widmer, Zoca, Cora Rampoldi, Laura López, Marisel López, Marcelo Fernández Bitar, Rodrigo Fresán, Ximena Giussani, Alfredo Rosso, Adriana San Román, Tránsito, Miguel Panetta, Ulises Di Salvo, Lucía Capozzo, Reinaldo Vaisplett, Pipo Lernoud, Claudio Kleiman, Eduardo Berti, Luciano Di Vito y Fernando González, Adolfo, Beto (teatro Ópera), Bruja, Laurita Casarino, Fernando Samalea, María Gabriela Epumer, Fernando Lupano, Gabriela Esquivada, Fabián Quintiero, Quebracho, Virginia, Erica Di Salvo, Gabriel Said, Mario Serra, Javier P. de Laborde, Sofía, Inés Raimondo, Juanse, Todos los plomos que trabajaron con Charly, Mercedes Sosa, Nora Koblinc, Sergio García, Ken Lawton, Fernando Kabusacki, Miguel Ángel García, Hilda Lizarazu, Tito Losavio, Luciana Vásquez, Guido Nissenson, Alejandro Ariel, Morizono, Coy Páez, Maxi (del Beverly Video Club), Ana María Losilla, Isabel Marchi, Librería México 920, Guillermo Allerand, Marcelo Franco, Javier Febré, Ariel y Mónica Torrone, Marcelo Berestovoy, Pedro (encargado del edificio de Charly), Eduardo Cardozo, Familia Widmer, Juan Forn, Guillermo Saavedra, Andrew Loog Oldham, Francisco Cerdán, Nito Mestre, Mariela Chintalo, Diego Dubarry, Martín Rea, Iván Noble, Palito Ortega, María Eva Albistur, Sebastián Grandi, Diego Mancusi, Jésica Rosenberg, Conejo Gómez, Luis Chitarroni, Gloria Rodrigué, Miguel Panetta, Mariana Creo, Florencia Cambariere, Andy Cherniavsky.

Antonio Ariel Marchi: la actualización 2007 de este libro terminó de escribirse el día que cumpliste tres años. Sin tu sonrisa, todo hubiera sido mucho más difícil. La actualización 2024 terminó de escribirse cuando cumpliste los veinte. Que nadie te borre la sonrisa jamás. En el momento en que el autor corrige la última prueba, su hija Nina se recibe de Diseñadora de Imagen y Sonido en la UBA. Glad all over.

Índice

Prólogo a la edición 2024 7
Prefacio 17

1. Ángeles y predicadores 27
2. Ojos de videotape 38
3. No soy un extraño 49
4. Botas locas 59
5. Los dinosaurios 74
6. Promesas sobre el bidet 86
7. En la ruta del tentempié 93
8. Raros peinados nuevos 102
9. La vanguardia es así 109
10. Fax U 119
11. Cinema Verité 129
12. Bailando a través de las colinas 141
13. Pequeñas delicias de la vida conyugal 149
14. Amigo, vuelve a casa pronto 165
15. Demoliendo hoteles 175
16. No voy en tren 187
17. Llorando en el espejo 201
18. Pasajero en trance 217
19. José Mercado 227

20. Música de fondo para cualquier fiesta animada 234
21. Sólo un poquito no más 252
22. No toquen 266
23. Encuentro con el diablo 275
24. Estaba en llamas 293
25. Intraterreno 304
26. Calambres en el alma 312
27. Plan 9 326
28. Despertar de mambo 343
29. Cuchillos 349
30. El show de los muertos 366
31. Aguante la amistad 379
32. Desarma y sangra 402
33. Cerca de la revolución 426
34. Chipi-Chipi 437
35. Total interferencia 446
36. Los sobrevivientes 463
37. Sangra sin parar 480
38. No me dejan salir 497
39. Separata 511
40. Esperando nacer 530
41. Tango en segunda 545
42. Amigos de Dios 563
43. Alto en la torre 579
44. Una familia muy normal 598
45. Fantasy 613

Agradecimientos 619